北京市朝阳区

常营回族乡志

常营回族乡地方志编纂委员会 编

国家图书馆出版社

图书在版编目（C I P）数据

北京市朝阳区常营回族乡志 /常营回族乡地方志编纂委员会编. --北京:国家图书馆出版社,2018.3
ISBN 978-7-5013-6310-0

Ⅰ.①北… Ⅱ.①常… Ⅲ.①乡镇－地方志－朝阳区 Ⅳ. ①K291.5

中国版本图书馆CIP数据核字(2017)第299688号

国家图书馆出版社官方微信

书　　名　北京市朝阳区常营回族乡志
著　　者　常营回族乡地方志编纂委员会　编
责任编辑　耿素丽　廖生训
特邀编审　夏红兵
设　　计　熊玉凤

出　　版　国家图书馆出版社（100034　北京市西城区文津街7号）
（原书目文献出版社　北京图书馆出版社）
发　　行　010-66114536　66126153　66151313　66175620
66121706（传真）　66126156（门市部）
E-mail　nlcpress@nlc.cn（邮购）
Website　www.nlcpress.com →投稿中心
经　　销　新华书店
印　　装　合肥锦华印务有限公司
版　　次　2018年3月第1版　2018年3月第1次印刷

开　　本　787×1092（毫米）　1/16
印　　张　30
字　　数　700千字

书　　号　ISBN 978-7-5013-6310-0
定　　价　155.00元

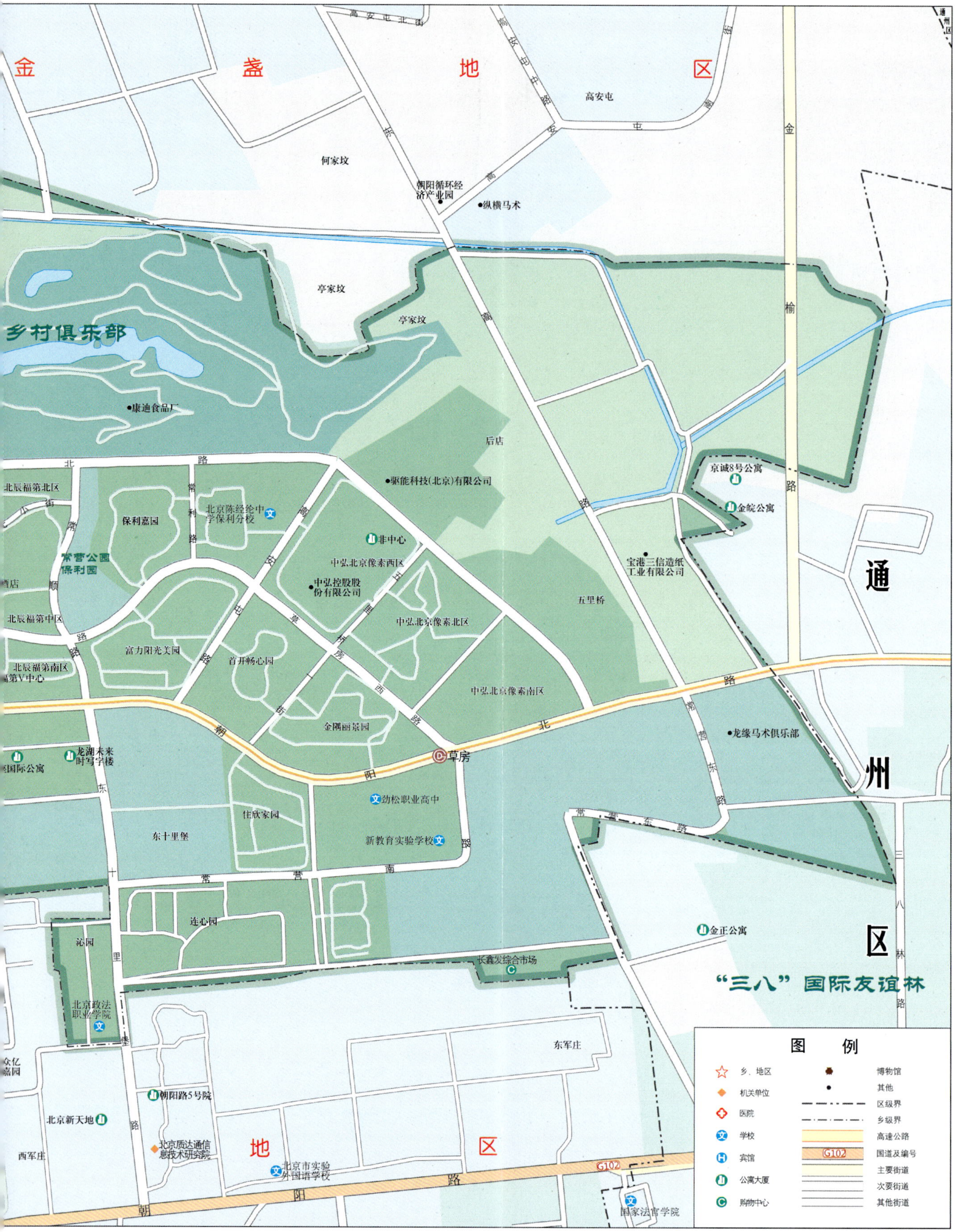
金盏地区
通州区
地区
高安屯
何家坟
朝阳循环经济产业园
纵横马术
亭家坟
乡村俱乐部
康迪食品厂
后店
驱能科技(北京)有限公司
京诚8号公寓
金皖公寓
北辰福第北区
保利嘉园
北京陈经纶中学保利分校
常营公园保利园
非中心
中弘北京像素西区
中弘控股股份有限公司
宝港三信造纸工业有限公司
五里桥
北辰福第中区
中弘北京像素北区
富力阳光美园
首开畅心园
北辰福第南区
中弘北京像素南区
金隅丽景园
龙缘马术俱乐部
龙湖未来时写字楼
国际公寓
草房
劲松职业高中
佳欣家园
东十里堡
新教育实验学校
连心园
沁园
金正公寓
长鑫发综合市场
“三八”国际友谊林
北京政法职业学院
东军庄
朝阳路5号院
北京新天地
北京质达通信息技术研究院
西军庄
北京市实验外国语学校
国家法官学院
G102
朝阳路
朝阳北路
金榆路
常营南路
常营东路
图例
乡、地区
机关单位
医院
学校
宾馆
公寓大厦
购物中心
博物馆
其他
区级界
乡级界
高速公路
国道及编号
主要街道
次要街道
其他街道

中国地图出版社编制

常营回族乡地图
京城槐园
东坝地区
朝阳区
平房地区
三间房地区
管庄地区
常营公园
☆常营回族乡
☆常营地区
蝶泉花园
万象新天一区
万象新天二区
万象新天四区
苹果派
常营民族家园(B区)
常营民族家园(C、D、F区)
常营民族家园(G区)
常营民族家园(J区)
常营民族家园(N区)
北京市民族学校
常营清真古寺
燕保常营家园
柏林爱乐
常营社区卫生服务中心
鑫兆佳园
北京市忠德学校
荟康苑
汇鸿家园
万方家园
常楹公元
北京科技大学
朝阳北路
常营中路
管庄路
机场第二高速
石各庄路
黄渠
常营
审图号:京S(2018)001号

常营回族乡位置示意图

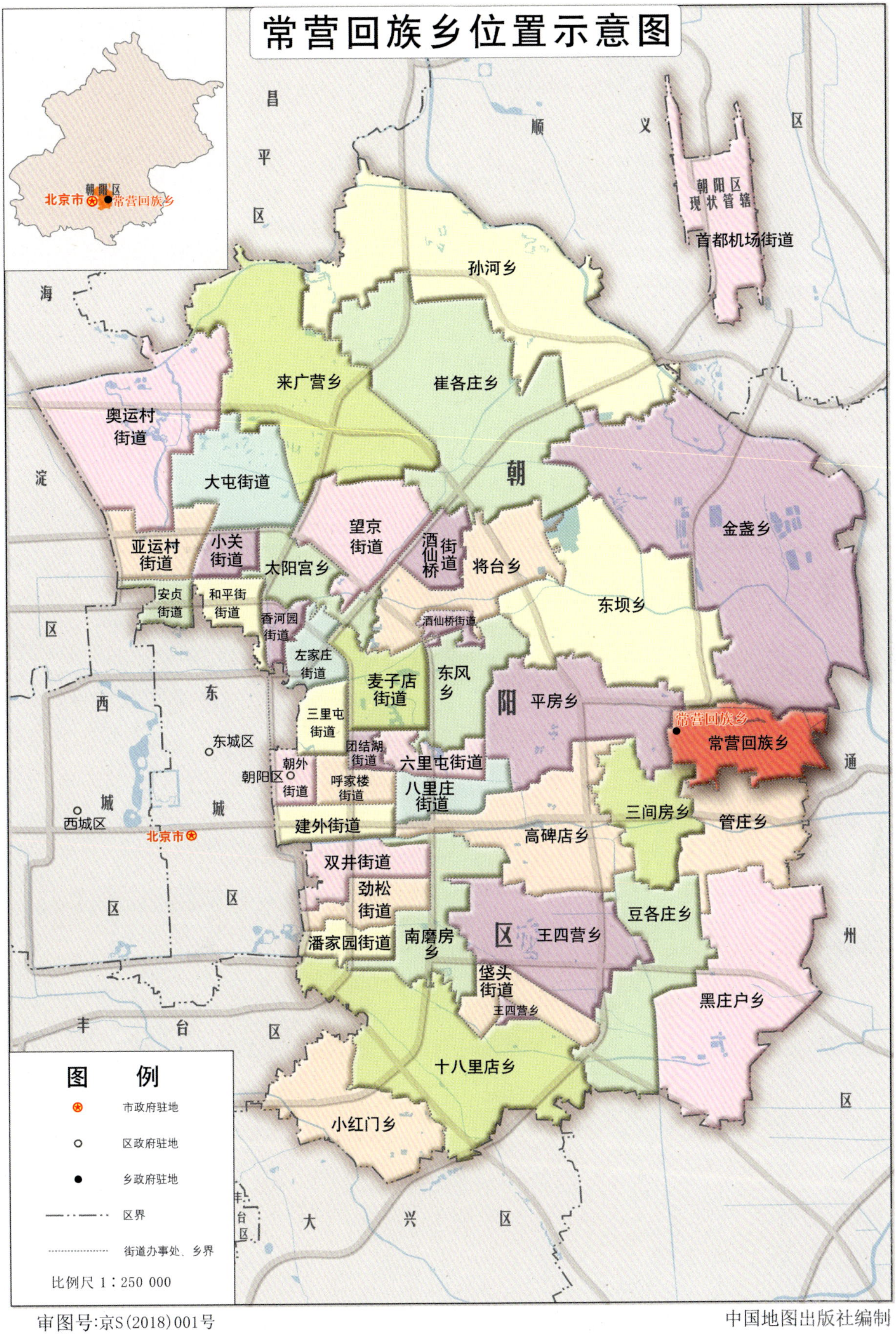

审图号：京S(2018)001号

中国地图出版社编制

常营回族乡卫星影像地图

审图号:京S(2018)001号

中国地图出版社编制

2016年中共常营地区第八次党员代表大会开幕仪式

2013年常营地区党员服务中心挂牌仪式

常营地区“5280”（我爱帮您）党员志愿行动

常营地区三线促廉“爱廉说”座谈会现场

常营地区纪念党建95周年暨“两学一做”主题党课活动

常营地区“两学一做”党建知识竞赛

常营地区村、社区党支部换届选举现场

连心园社区“党员代言行动”启动仪式

2016年11月常营回族乡第十七届人民代表大会第一次会议在昌平阳坊大都酒店举行

2003年常营地区工委、办事处挂牌仪式

2015年常营回族乡第十六届人民代表大会投票现场

2016年常营回族乡人大换届选举工作培训会

2015年常营回族乡第十六届人代会第二投票现场

常回族乡村、社区换届选举

常营地区旧貌全景

常营地区
旧貌

城市化发展

龙湖—长楹天街商业区

常营公园（2008年建成）

常营农民新村（2004年建成）

常营新建城市社区

常营地区建设中的市政道路

2006年常营回族乡老年空竹表演队到澳大利亚悉尼参加表演

2009年常营回族乡老年空竹队参加第九届全国少数民族运动会

2012年北京市朝阳区第八届农村地区全民运动会常营回族乡代表队入场

2004年常营回族乡第二届农民运动会

2013年常营地区艺术节合影

常营清真寺东门

常营穆斯林服务中心

清真寺内井亭

常营清真寺内大殿（摄于2015年）

2015年乡长方泽与常营穆斯林群众共度圣会

2004年印尼前总统瓦希德到访常营清真寺

常营穆斯林群众欢度开斋节

常营穆斯林群众聚礼

常营穆斯林群众欢度古尔邦节

常营穆斯林群众聚礼后开斋

2016年编委会成员讨论《常营回族乡志》篇目

2017年朝阳区区志办领导到常营乡指导《常营回族乡志》的编写

2017年总纂欧阳发老师与编辑部成员研究《常营回族乡志》补充修订的工作

序言

常营回族乡是北京市朝阳区唯一的少数民族乡,自1929年建乡以来,已经走过了80多年的风雨历程。其间,虽几经变更并转,但其独特的地域文化、风俗民情并没有改变。特别是中华人民共和国成立后,它在不同历史时期的发展与进步,不仅体现了京郊农村的发展特色,而且也饱含了常营历届党委、政府和全乡干部群众的智慧与探索。从某种意义上可以说它是首都北京迈向国际化大都市的一个缩影。自2000年起,北京市开始实施城市绿化隔离带建设,常营回族乡被整体划入第一道绿化隔离带地区,由此开启了农村城市化快速发展之路。2006年,基本完成拆迁腾退和绿化任务,村民从低矮杂乱的平房搬入了统一规划、环境整洁的小区楼房;2008年年底,开始全面实行城市社区化管理体制;2014年,全乡近7000农民顺利实现整体转工转居,全部纳入城市社会保障体系;2016年完成村级集体资产的量化处置工作;目前,正在进行乡级集体经济产权制度改革。破茧化蝶,断喙成鹰,常营以其特有的姿态走在了全市6个"一绿"试点乡农村城市化的前列,也创造出了全新的农村城市化的"常营模式"。我们一直试图跟随历史的脚步把常营的奋斗历程完整地保留下来。

国运昌盛,盛世修志;志载信史,史鉴未来。2015年10月,在朝阳区区志办的指导和帮助下,常营乡启动了乡志编纂工作。由于乡级层面没有专门机构和专业力量,加之史料匮乏,我们特地聘请了中国地方志协会原副秘书长、国内著名的地方志专家欧阳发先生担任志书的总纂,熟悉乡情的老领导、老同志和宗教界人士担任顾问,抽调专职人员组成编辑部,采取编辑部收集整理资料、由专家全程指导编纂的方式,经过两年零五个月的艰苦努力,广征博采,三议篇目,数易其稿,而今乡志终于编纂成书,就要和广大读者见面了。作为常营回族乡的第一部文献资料,这部乡志真实记录了朝阳区乃至北京市全面推进城乡一体化发展、努力实现首都功能定位在常营的伟大实践,也是一曲民族团结进步的颂歌!

《常营回族乡志》乃一地之百科、一乡之全史。志书分卷首、正文、卷末,共55个类目约70余万字,涉及政治 、经济、人文、社会、宗教等诸多领域,详尽反映了常营回族乡的基本概况和不同时代的发展脉络,记述了常营自明代初年建村以来的悠久历史。总体上做到了特色鲜明,资料翔实,图文并茂,编排得当,是一部不可多得的集史料性与可读性于一体的新志书。相信它的问世,一定能给我们以及曾经生活和战斗在这片乡土上的人们营造一个共同的精神家园,留下一份永久的记忆和珍藏。在《常营回族乡志》即将付梓之际,我谨代表常营回族乡党委、乡政府以及全乡干部群众向参与志书编纂、付出辛勤劳动的全体工作人员,向一直关心支持修志工作的新老领导、专家以及为这部志书编纂提供珍贵史料的相关单位和个人表示衷心的感谢!由于时间关系和资料存档不全等原因,志书也难免有缺憾和遗误之处,真诚地希望广大读者能够给予谅解、指正,以期后续更加完善。

星河欲转千帆舞,九万里风鹏正举。回首过去,我们感慨万千;展望未来,我们豪情满怀;立足当前,我们深感重任在肩。让我们坚定信心,在朝阳区委、区政府的正确领导下,立足首都城市功能定位和常营600多年深厚文化积淀,开拓创新,奋发作为,向着建成“一化三区”、率先全面实现城市化的目标砥砺前行,绘就常营回族乡更加美好的蓝图。我坚信并真诚地期待着。

是为序。

乡党委书记

2017年11月

凡例

1. 本志遵循国务院《地方志工作条例》和中国地方志指导小组《地方志质量规定》《中国名镇志文化工程实施方案》的基本原则,全面客观地记述常营回族乡自明代以来发展变化的历史,力求思想性、科学性、资料性相统一。

2. 本志记述范围,悉以常营乡 2015 年辖区域为限,其历代辖区大于现辖者则删之,有小于现辖者则增之。记事上溯不限,下限 2015 年。下限之后至志书付印前新发生的重要资料,以纪要形式或统计表格方式收入附录"限后重要资料辑存"之中。

3. 本志按科学方法分门别类,体例注重眉目整然,卷帙保持大体均衡。全书分为 10 卷:卷一曰基本乡情(上),卷二曰基本乡情(下),卷三曰党群组织,卷四曰行政机构与政事纪略,卷五曰民族与宗教,卷六曰经济产业,卷七曰文化建设与传承,卷八曰民俗与地方特色语言,卷九曰丛谈,卷十曰人物。卷下不分章节,以类目贯之。各卷中加附图表,藉省文字之烦冗,更期事物之明显。

4. 本志除主体 10 卷外,加卷首、卷末各 1 卷,卷首列概述、大事记为本志总纲,使期览常营全史者,但阅卷首,皎然可寻其经纬,粗领古今之变。卷末则列重要文献辑存、考辨、志余、限后重要资料辑存、参考文献,实为精研本志者而设。卷后有索引,方便读者检索。

5. 本志"基本乡情"分设上、下两卷,着重记述常营自然环境和人文地理,鉴于城市化是当今常营的最大乡情,特设"农村城市化"专目以记之。

6. 本乡为少数民族乡,历史上回民人口长期占全乡人口的 80%—85% 以上。回民信仰伊斯兰教,本志特设"民族与宗教"卷,以凸显地方特点。并在民俗中,做到回族、汉族习俗兼记。

7. 本志特设"丛谈",以专题形式,集中记述常营回族乡的历史概貌、重大事件以及中华人民共和国成立后所经历的政治运动和经济体制改革史实,以彰显史脉，强化志书存史、资治、教化的功能。

8. 本志遵循“生不立传”惯例，凡在常营发展历史上有影响的已故人物予以立传；对于有影响的在世人物以简介或表录形式予以记载。

9. 本志重点记述常营原住民生活与经营，兼记随着城市化进程域内出现的大型居住区、现代服务业窗口区和绿色产业区发生和发展的史实。妥善处理“乡属”与“乡域”的关系。详记“乡属”，略记“乡域”；先记“乡属”，后记“乡域”。鉴于“长”与“常”谐音，历史上常营亦称之长营，现统一按常营称之。

10. 考虑到历史原因及习惯，目前在中国广大农村“亩”仍是最主要的土地面积计量单位，本志在记述农业及农村事项时仍使用“亩”作为土地面积的计量单位，1 亩≈666.67 平方米，随文不再进行换算比例的括注说明。

11. 本志中未冠有行政区划专名的“市”“区”“乡”，分别指代“北京市”“朝阳区”“常营回族乡”；其他各级行政区划则冠以行政区划专名，如“通州区”“公主坟村”。本志中涉及机构首次出现用全称，括注简称后用简称。

12. 本志中所述“解放”系指常营、十里堡、五里桥、公主坟解放时间，即 1948 年年底。

13. 历史纪年用汉字数字表示，同时采用阿拉伯数字括注公历。如：“明洪武二年（1369 年）”“民国 9 年（1920 年）”。1949 年 10 月 1 日中华人民共和国成立后，用公历年月日。对本志中辑录的一些历史文献中的数字用法，本志编者未做修改。民国纪年用阿拉伯数字表示（1912 年 1 月 1 日至 1949 年 9 月 30 日）。

14. 本志中所述中华人民共和国简称为新中国。中国共产主义青年团、中国共产党北京市朝阳区委、北京市朝阳区人民政府、常营回族乡党委、常营回族乡人民政府、中国共产党党员等，分别统一缩写为中共（或党的）、共青团、区委、区政府、乡党委、乡政府、党员等。

15. 鉴于本志资料主要源于档案与采访记录，入志前均经过认真审核，除重要资料加注出处外，为节省篇幅，一般资料不再注明出处。

目　　录

卷　首

序言 …………………………………… (1)
凡例 …………………………………… (1)
概述 …………………………………… (1)
大事记 ………………………………… (9)

卷一　基本乡情(上)

一　区位、面积 ……………………… (27)
二　自然环境 ………………………… (27)
三　建置沿革 ………………………… (33)
四　行政区划 ………………………… (37)
五　人口 ……………………………… (39)
六　人民生活 ………………………… (49)

卷二　基本乡情(下)

一　文物古迹 ………………………… (53)
二　市政建设 ………………………… (58)
三　公用事业 ………………………… (63)
四　农村城市化 ……………………… (72)

卷三　党群组织

一　早期中共党员及地方组织 …… (87)
二　中共常营乡地方组织 ………… (88)
三　党的建设 ………………………… (92)
四　群众团体 ……………………… (105)
五　人民武装部与民兵、预备役组织 ……………………………… (120)

卷四　行政机构与政事纪略

一　乡人民代表大会 …………… (123)
二　乡政府 ……………………… (127)
三　乡级财政 …………………… (134)
四　民政事务 …………………… (135)
五　社会保障 …………………… (144)
六　治安司法 …………………… (148)
七　市容、环卫管理 …………… (157)

卷五　民族与宗教

一　民族宗教的流传 …………… (161)
二　清真寺沿革与管理 ………… (163)

三 常营穆斯林服务中心 ……… (173)
四 民族与宗教事务处理 ……… (176)
五 民族团结进步创建 ………… (179)

卷六 经济产业

一 经济综述 ………………………… (185)
二 农业 ……………………………… (188)
三 工商企业 ………………………… (201)
四 特色产业 ……………………… (218)
五 房地产开发 ………………… (223)

卷七 文化建设与传承

一 教育 ……………………………… (231)
二 医疗卫生 ………………………… (243)
三 文化与体育 ………………… (250)
四 专题:精神文明创建 ………… (274)

卷八 民俗与地方特色语言

一 回族习俗 ………………………… (279)
二 汉族习俗 ………………………… (293)
三 地方特色语言 ……………… (305)

卷九 从 谈

一 常营旧事 ………………………… (317)
二 新中国成立后社会生活片断 …………………………………………… (323)
三 农场记忆 ……………………… (332)
四 土地承包与企业承包 ……… (341)

卷十 人 物

一 人物传略 ………………………… (345)
二 人物简介 ………………………… (351)
三 人物表录 ……………………… (362)
四 名人与常营 ………………… (377)

卷末 附 录

一 重要文献辑存 ………………… (379)
二 考辨 ……………………………… (401)
三 志余 ……………………………… (416)
四 限后重要资料辑存 ………… (422)
五 参考文献 ……………………… (431)

索 引 …………………………………………………………………………… (433)

后 记 …………………………………………………………………………… (455)

概 述

常营 全国民族团结进步模范乡；

常营 北京农村城市化先进典型。

（一）

从北京朝阳门东行13.2公里，就到了600多年前明代回族大将常遇春镇守北平时在通州驻军的营地，这里就是古老的常营回族乡。

常营乡以明初常遇春在此驻军而得名。《明史》记载：常遇春于洪武二年（1369年）四月至六月初在此驻军一个多月，虽然时间不长，但却开启了一个回族乡的历史。据传，常遇春移营攻打开平时，曾留下少数追随他的回族士兵在此屯垦，士兵们和这里汉族移民和睦相处，繁衍生息。这些常营的先民们，筚路蓝缕，开创基业，将一片野岭荒原变成良田阡陌。到了清代，常营村已成为顺天府通州较大的回族聚居区之一。

走进常营，最引人注目的是古朴庄严的清真寺。据寺碑记载：常营清真寺始建于明正德年间（1506—1521年），清代曾一度被毁，后于嘉庆元年至三年（1796—1798年）重建。该寺里外两进院落，占地2800平方米，与别处不同的是，它更具有中国建筑特色。布局严谨大方，气势宏伟典雅，飞檐斗拱，古意盎然。直到新中国成立后的1950年基本保存完好。它比世界知名的中国新疆喀什的艾提卡大寺建成的年代还要早，比京城著名古寺——西城三里河清真寺历史还早半个世纪。2002—2005年又进行了历史上最大规模的扩建，而今该寺占地面积8459平方米，改造后建筑面积4578平方米，前中后三进灰砖绿瓦的院落，并装有现代化设备，院墙的四角有攒光顶的角楼，朝东依然开设五开间三门王府式的大门建筑，一次可容纳3000人进行礼拜活动。它既是一座穆斯林宗教活动场所，又是北京市对外开放的窗口。

古都北京，称公主坟的地名颇多，然而有一座特殊的公主坟却坐落在常营乡公主坟村（今草房村）。这里埋葬的是清太宗皇太极十四女和硕恪纯长公主，她是清朝唯一嫁给汉人的皇帝的女儿。她于顺治十年（1653年）13岁时嫁给平西王吴三桂之子吴应熊，晋封和硕长公主。后因吴三桂反叛清廷，她的丈夫和儿子均被处死。这位公主在孤独、凄凉和愁苦中度过余生。康熙皇帝对这位长辈的遭遇寄以同情，在她死后予以厚葬，其坟墓工程宏伟，在当时也算京东无二。虽然1958年坟墓被平毁，但历史的悲剧却给人留下无限的遐想。

在中国近现代历史上，北平和平谈判有其特殊的历史地位，而此事就发生在常营乡五里桥村。1949年1月15日至16日，中国人民解放军平津战役前线司令部领导人与国民党傅作义代表就北平和平解放问题进行的重要谈判，地点就是选择在五里桥村张家大院举行的。五里桥谈判最终达成北平和平解放全面协议，使古都免遭战火涂炭，其历史功绩与见证这一重大历史事件的五里桥村一并永载史册。和平谈判纪念碑至今矗立于常营乡五里桥村旧址。

这一切，足以表明常营乡的不平凡的历史。

常营乡源于常营村，是一个颇具名气的回民村落。历史上在此3次建乡：第一次建乡于民国18年(1929年)，号为通县第六十八编乡，时辖500多户，2000余人，其中回民占85%以上。直到民国31年(1942年)常营乡并入大乡，降格为村。第二次建乡于新中国成立后的1953年7月，建为常营回族自治乡。1956年，因县以下不再设少数民族自治机构，改称常营乡。1958年10月，成立人民公社，撤销乡的建置，常营乡成为常营管理站(后为常营农业生产队、常营分场)。第三次建乡于1984年7月，重建常营回族乡。此外，在常营乡发展历史上还有一个非常特别的情况，即从1958年9月至1998年9月，整整40年，常营乡先后处于“以场带社”“以场带乡”的双桥农场体制之中。

总之，自常营第一次建乡至今已有80余年，它经历了两个不同的历史时期，在政治、经济、文化、社会、生态各个方面均发生了翻天覆地的变化，特别是中共十一届三中全会以来，各个方面都展示出中国特色社会主义在常营乡所取得的伟大胜利。

(二)

常营乡地处华北平原，乡域总面积9.3平方公里，地势平坦，土壤肥沃，气候温润，宜耕宜牧，历史上以农耕为主。旧社会常营乡处于阶级和民族双重压迫下，生产力低下，村民过着衣不蔽体、食不果腹的困苦生活。新中国成立后，经过土地改革实现了耕者有其田，生产有了发展，生活有了改善。接着响应人民政府号召，推进互助合作，短短的四五年，由互助组转初级社，又由初级社转高级社，基本上是一种经济所有制还未站稳脚跟，又转向高一层的经济所有制。1958年“大跃进”和人民公社运动席卷全国，常营乡成为双桥公社(后并入朝阳公社)的组成部分。在常营乡建置撤销后，它既是双桥公社的管理站(后改为农业生产队)，又是双桥农场的常营分场。虽说长期实行“以场带社”的体制，但基本上执行的是公社制度+农场管理元素。在单一的农业集体经营体制下，常营的经济发展始终处于缓慢发展阶段，“步子不大年年走，贡献不多年年有”。1973年常营农业生产队公主坟村156户576人，生产队总收入2万元，社员人均年分配26元。1978年以前，常营农业生产队单纯搞农业生产，人均年分配不足100元。农民生活依旧贫困。导致这种状况的根本原因是，人民公社体制缺乏有效的激励机制，束缚了农民生产积极性，农民被控制在各个生产队之中，剩余劳动力被捆绑在集体耕作的土地上面，非农经济缺乏发展空间。在这种体制下，尽管常营历届乡、村干部念念不忘艰苦创业，学大寨赶上海，但也难以摆脱贫穷落后状况。

中共十一届三中全会之后，1981年常营农业生产队推行土地承包，释放了长期被压抑的生产力，不到二三年在常营农业生产队就产生了91户“万元户”、专业户。与此同时，常营农业生产队依旧抓住集体经济不放，实行统分结合，较好地发挥了承包个人和集体两个积极性，随之乡、村两级的乡镇企业异军突起，使常营经济发展进入了快速发展时期。1986年，常营乡的乡镇企业和多种经营收入已占总收入的70%以上，全乡4000多个劳动力,从事农业管理的仅占 15%,85% 的劳动力从事乡镇企业和多种经营。1992—1995 年常营乡平均总产 333 万公斤,平均亩产 473.74 公斤,1995 年比 1992 年单产增加 90.13 公斤,总产增加 54.16 万公斤。1995 年乡镇企业发展到 67 个(其中乡办 20 个、村办 44 个、户办 3 个),年总收入 3.15 亿元,纯收入 1 亿元,人均年分配 4910 元。1995 年与 1979 年相比,常营乡的乡镇企业总收入 16 年间将近递增了 105 倍。2000 年,全乡经济总收入达 30032.4 万元,利润总额 5460.9 万元,人均收入 7112.3 元。常营乡进入了初步繁荣、富裕的新农村行列。

2001 年常营乡整体纳入绿隔建设范围,随着绿化建设腾退和国家建设征地,乡域原有的农业退出历史舞台,乡镇企业亦被全部拆除,致使常营乡经济收入锐减,经济发展迅速陷入低谷,各种压力接踵而至。常营乡党委、乡政府全力推行产业结构调整,改造提升传统产业,调整不符合地区发展的产业,优先发展现代服务业及传媒产业。具体做法:(1)支持房地产开发;(2)重点发展第三产业;(3)招商引资。2001 年之后,有 300 家工商企业入驻常营。经济由复苏转入新的发展,特别是产业发展出现了新的变化,即努力构建"四区三街"的产业格局。四区:一是临港国际商务产业园区。占地面积 18.4 万平方米,建筑面积 28 万平方米。依托临近首都机场和 CBD 优势,发展集办公、会议、文化、商业配套多功能于一体的、面向市民服务的综合性产业项目,重点发展企业管理服务、会议展览服务、国际商贸、现代物流及总部经济等产业。二是非中心信息传媒产业园区。占地面积 40 万平方米,建筑面积 70 万平方米。重点发展信息服务、专业设计、文化教育、科技工程、金融投资等产业和创新型、增长型中小企业集群。三是新型商业服务区;依托地铁六号线、华联商厦、龙湖地产等商业综合体,发展集购物、娱乐、餐饮、休闲等功能于一体的新型商业区。四是阳光东方文化广场产业区。占地 2.67 万平方米,建筑面积 7.5 万平方米。依托定福庄文化创意产业走廊和周边高校,建设集商业、金融、体育、行政办公、文化娱乐功能为一体的商业写字楼项目。重点发展咨询服务、文化教育、媒体制作等产业。三街:即清真餐饮一条街、便民服务品牌一条街、时尚生活一条街。这些产业项目,有的已经实现,有的正在实施过程中,毫无疑问常营地区产业的新格局势必给地区经济发展注入巨大活力。

(三)

常营乡开始只辖常营 7 个村,是少数民族的居住区,回族人口占全乡总人口的 85%,后来加入了公主坟(草房)、十里堡、五里桥 3 个汉民村,回族人口占全乡总人口的 70% 以上,民族团结便是立乡之本。

历史上常营乡就有民族团结的好传统。600 多年来,这里的回汉民族世代友好。汉民尊重回民的宗教信仰和民族习俗,无论多大的压力都不肯破坏这道底线。在常营许多汉民应顺回民生活习惯;回民不做的,他们不做;回民不食的,他们不食。回汉群众同住一个村,同饮一井水,同吃一个食堂,同餐清真菜饭。回民重大节日,乡、村领导前往清真寺祝贺,回民有红白喜事,汉民邻居也去登门搭把手,或送上乜贴。回民当汉民为兄弟,处处为汉民着想,不仅常以节日美食相赠,更令人感动的是,在副食品供应紧张的岁月里,回民们把政府照顾他们的牛羊肉票节省下来,补贴给汉民。汉民邻居家婚丧嫁娶,回民也去做客，帮助打理“清真宴”。偶尔在生活中发生矛盾，总是以和平方式解决，民族之间从未诉诸暴力。苦日子大家一起同熬，富日子大家一齐共享，双方都念着对方的好。特别是自民族团结进步创建活动开展以来，常营乡的民族团结又有了新的发展和升华。

常营乡党委、乡政府深知民族地区的特殊性，十分注意工作方法，推动民族团结进步事业不断向前发展。其成功的经验就是“三到位”：一是组织到位。乡党委、乡政府始终把民族工作摆在议事日程，建立了乡、村两级民族工作领导小组，党政一把手亲自抓，完善各项工作制度，每个季度专门听取一次民族宗教工作汇报。一方面加大对民族干部的培养使用，巩固民族工作基础，另一方面利用清真寺民管会作政府与穆斯林群众之间的桥梁和纽带，扎扎实实地将民族团结工作落实到实处。全乡上下形成民族团结工作的网络，既有分工负责，又有密切配合，齐抓共管，为全面推进全乡民族团结进步事业提供有力的组织保证。二是宣传到位。常营乡坚持对内“提倡民族团结”，对外“打好民族品牌”的方针，利用各种渠道，通过多种形式在群众中广泛、深入进行民族政策、民族法规和“三个离不开”的思想宣传教育，使汉族群众充分认识到尊重少数民族风俗习惯的重要性和必要性，自觉做到不利于团结的话不说，不利于团结的事不做。使少数民族群众增强大局意识，进一步领会新形势下民族宗教工作的新思想新观点新要求。三是措施落实到位。本着“民族问题无小事”和“确保一方平安”的原则，一方面在民族村和社区建立民族服务咨询室，明确专人负责民族事务以及民族纠纷的调解工作，妥善处理各种矛盾。对于外地因民族宗教问题而产生的矛盾纠纷，常营乡坚决做好正面宣传，对各种传言做到“五不”：即不听、不信、不传、不介入、不声援。一旦发现违反回族民众风俗习惯的苗头，及时妥善处理，避免事态扩大，将矛盾及时化解在萌芽之中。同时，常营乡还以改善民生为抓手，落实“穆斯林民心工程”，加大对宗教活动场所——清真寺、穆斯林服务中心和清真食品街的建设等，将民族团结事业推向新水平。

由于常营乡民族团结基础好，加之对民族团结进步教育常抓不懈，从而促进了民族之间相互交流、培育融洽情感，政治上团结合作，信仰上相互尊重，尊重差异，包容多样，手足相亲，守望相助。故从 1988 年开始，常营乡 6 次荣获全国和北京市授予的“民族团结进步模范乡”的称号。

（四）

在大城市扩张战略下，郊区农村势必走上城市化的道路。通过城市化让农民过上与城市无异的生活。自 2000 年开始，常营乡的干部群众一直围绕实施农村城市化建设而顽强拼搏。常营乡的农村城市化建设从 2001 年整体纳入北京绿隔建设而起步，经过 10 多年的发展，从地区硬件考量，常营乡已基本实现城市化，农民全部搬迁上楼，医疗、就业和社会保障都已与城市对接，2015 年全面完成转居、转工，今后的主要任务是推进软环境的城市化。

21 世纪初，根据北京市规划，城市绿化隔离带穿过常营乡，占地 83 公顷，此时常营乡正在实施启动旧村改造和新村建设工程，常营乡党委、乡政府审时度势，做出重大决策：搭乘绿隔建设便车，将全乡纳入绿隔范畴，推进农村城市化建设。市计划部门，考虑到常营乡是绿隔地带唯一经过的少数民族乡，批准了常营乡的申请。要把一个普通的农村建设成现代化城区,绝非易事。拆迁安置是场硬仗,据统计先后分6批共拆迁民宅3852所,涉及6736户13942人,拆后建成民族家园和连心园2个农民新村,成为北京市完成农村建设、实现全部农民拆迁上楼的第一乡。

拆旧建新,几乎用了8年时间,非亲自经历,难以想象其中工作之艰辛。然而,农村城市化绝非是农民上楼了事,农民上楼后,面临着“失地、失业”的问题,接踵而来,必须解决农民的生计、就业上岗。于是大规模的职业培训应运而生。仅2004年至2010年全乡共举办种类培训班25次,培训人数4071人,挖掘空岗5400个,举办招聘会21次,成功推荐就业人数1594人。由于大规模拆迁,原来赖以生存的农业退出历史舞台,几十年积累起来的家当也没了,还要负担新建绿隔的养护开支,经过10年努力才使经济得以复苏和重新发展。

拆迁后,原有的经济组织已名存实亡,但有些集体资产还在,为了防止集体资产的流失,常营乡果断地采取成立经济管理委员会,第一步实行村账集中,乡级统筹。先行处理村级集体资产,采取分配兑现的方式,一次性量化给集体经济成员。第二步推进乡级产权制度改革,目标要实现“资产成股份,农民控股权”,截至2015年只剩下“最后一公里”。

在上述任务基本完成之后,最后的攻坚战就是转居转工。为了做好过渡和对接,常营乡采取了“村居合一”模式。即保留原来的村组织及其成员和社区组织成员交叉任职,双向发挥作用。实践证明“村居合一”是农村城市化过程中在组织上、管理上、工作上的创新。到2015年2月,转居工作结束,完成10个村6737人的户籍变更,占应转居人员总数的99.6%;完成1529名超转人员的评审和移交工作,上缴资金8.35亿元,使所有超转人员开始享受按月领取生活补助费及医保报销待遇;为4320名转非劳动力趸补缴社会保险5.2亿元,完成3257名转非劳动力的档案移交工作,办理完成849名转非劳动力退休审批工作;416名转非劳动力已经领取一次性就业资助费4.23亿元。10多年间不过是历史的一瞬间,然而常营人却经历了破茧化蝶的蜕变。

截至2015年年底,全地区共建有11个社区,分为四大类型:第一类型是由常营回族乡原有的10个行政村和1个农村居委会,拆迁后建成的2个农民新村社区(常营民族家园和连心园社区)。第二类型是随着商品房开发建设而形成的3个城市社区(鑫兆佳园社区、万象新天社区和苹果派社区)。第三类型是因城市居民拆迁安置而形成的1个老旧社区(荟万鸿社区)。第四类型是北京市保障性住房5个社区(常营保利、常营福第、畅心阳光、丽景园、佳欣家园)。总人口为173394人。

对于常营来说,10年初步实现农村城市化,毫不夸张地说,这10多年是城乡面貌变化最大、经济实力增长最快、人民群众得到实惠最多的时期。而就整个常营地区城市建设而言,还存在观念、服务、管理不适应和跟不上以及历史遗留问题等,只有认真解决了这些问题,才能进一步提升城市化水平和质量,任重而道远。

(五)

常营乡历史上经济落后、贫困,教育、文化、医卫、体育等社会事业很不发达。1949年,常营乡境内只有1所小学,2所初小,入学率低,设备简陋,常营中心小学也仅有5个教室、1个办公室。1951—1955年,为开展民族教育,在清真寺支持下开办了穆信小学,后因清真寺财经困难而停办。长期以来,常营乡与周围乡村相比,无论是学校数量还是教育质量皆在中等偏下,直到1980年才迎来民族教育事业大发展。随着人口急剧增长,20多所公私幼儿园,如雨后春笋般遍布常营地区,其中北方之星民族幼儿园,占地面积6000平方米,建筑面积3000平方米,园内共设11个教学班,教学设备和师资都属朝阳区内一流。常营民族学校前身是长营小学,1997年改成北京市民族学校,经过搬迁和数次扩建,校址由学校选,资金由政府筹。而今占地面积6000平方米,建筑面积148000平方米,教学大楼内有25个普通教室,另有音乐、美术、科技、图书阅览等专用教室,并建有现代化的语言教室、电子计算机房、闭路电视、多功能厅,还建有封闭操场,是一座拥有400米跑道的大操场。教学环境、设备已达到市级一流。2010年,在校生916人,其中回族学生占80%。最好的资源先给教育,使得常营乡民族教育迎头赶上。

常营乡历史上缺医少药,连一家诊所都没有,村民们看病要跑10多公里地去通县县城(今通州区)或京城医院就诊,直到20世纪60年代中期才办起农村卫生院,设备十分简陋。1989年5月,正式成立常营回族医院。2007年,又改为朝阳区常营社区卫生服务中心,下设3个社区服务站,直属区卫生局,连上几个台阶。而今设备先进、有执业医生46名,年门诊量达38万多人次,基本上满足了辖区内回汉民族及其他民族的基本医疗需求。公共卫生服务亦已完成从农村到城市社区管理的蜕变。

文化体育的发展更是惊人。历史上常营不仅没有文化体育机构,亦很少开展文体活动。2003年成立常营文化服务中心,各社区建有文化活动室。2007年成立常营地区文体协会。2000年—2010年,先后组织成立30多个文体队伍,有的还多次赴区、市以至全国参赛。群众性的文体活动由自发逐步走向有组织、有指导开展的新常态,健身正成为生活必需品。常营摔跤队、民族家园的健身操队、中幡空竹队和陀螺队、鑫兆爱乐合唱团和舞蹈队远近闻名,屡屡获奖。各类文化节和文艺表演层出不穷,颇受群众欢迎。

总之,改革开放以来,常营乡的进步不只是经济快速发展,而在教育、卫生、文化、体育、社会保障等各项社会事业方面都有明显成效,文化味越来越浓,常营人的幸福感、获得感与日俱增。

(六)

社会保障基本目标是保障社会成员基本生活,保证劳动力生产和再生产的正常进行,保证社会安定。生态文明建设,不仅为了我们这一代,而且关乎将来世世代代的利益。从20世纪80年代以来,常营乡在建立社会保障体系和大力开展生态文明建设方面,成绩也是十分显著的。

常营乡在恢复乡的行政建制之后,对社会保障体系建设方面进行了大量的实践与探索。1984年前,常营乡仅有1958年建立的“五保”制度,集体赡养孤寡老人。1991年决定对乡办企业职工实行退休制度和养老制度,首先在金属柜厂开展试点,接着全面推广,并同时制定了新的合同工退休和养老办法。1992年开始对农村合作社主要干部实行养老保险和退休制度。1993年在全乡动员和推广社会养老保障。1998年建立农村低保制度,并建立农村医疗保险制度。2007年又出台了“农业户口村务管理人员任职补贴办法”和“农民生活补贴标准”。2010年加快推进残疾人社会保障和服务体系建设,实现残疾人事业与经济协调发展。这些制度的建立和落实，标志着在常营乡：(1)社会保险制度框架初步形成；(2)社会保险覆盖面不断扩大；(3)政府、社会、单位、个人多渠道的保险筹资渠道的筹资机制逐步建立；(4)社会保险水平不断提高。从而凸显了社会主义制度的优越性。

人类文明进步要处理好人与人、人与自然两个基本关系。如果人与人的关系处理不好，就会导致社会动荡、国家衰败；如果人与自然的关系处理不好，同样会导致社会崩溃、文明衰退。常营乡要建设好现代化的新城区，打造美丽常营、宜居常营，势必坚持民族团结进步，搞好生态文明建设。保护生态环境已成为常营乡党委、乡政府和广大干群的共识。2000 年以来，常营乡根据市、区的统一部署，致力于绿化隔离带建设。2001 年全年绿化面积 2200 亩，共植树 130 万棵，种花木 1700 余亩，种草皮 334 亩。2002 年继续完成绿化 3149.6 亩，共计绿化建设 5349.6 亩，达到市区规划的目标。其中，在常营乡西北部绿化带建造了千亩银杏林，占地约 74.29 万平方米(折合 1114 亩)，今成为常营公园银杏林走廊。每当深秋、初冬，这里便是"满目金扇蝶样飞"。银杏树上的黄叶如蝴蝶纷纷飘落，遍地金黄，树上的银杏清香诱人，令人沉醉。吸引着周边远近市民和游客纷纷前来观赏，络绎不绝，几乎塞道。若慢步行走其间，会感受到让人炫目的金黄世界。这也算得上是朝阳区以至北京市的独一无二、卓尔不群的特色。

到了 2015 年，除部分政府储备的土地外，乡域面积内全部完成绿化，绿化覆盖率达 52.12%。保护和发展生态环境就是保护和发展生产力，良好的生态环境不仅直接提供生态产品，而且影响和决定着创造社会财富的能力。常营乡的绿化生态建设不仅提供了 400 人的就业机会，而且为未来的绿色产业发展奠定了基础。2008 年 6 月，常赢绿洲假日运动中心正式运营，这就是与生态建设关系密切的产业。当下常营乡正在规划和发展绿色产业，将绿色项目建设、养护、销售、劳务技术、人才输出有机结合起来，形成绿色产业链。并确定依托东苇路和朝阳北路，形成绿色产业区，如何利用生态资源发展旅游业和休闲服务业也正在规划之中。生态文明建设将成为常营永续发展的坚实支撑。

(七)

2015 年，常营的发展已经站在一个新的历史起点上，提升农村城市化水平的光荣使命催人奋进，百姓对美好生活的殷切期望鞭策前行，常营乡和常营地区的党政领导正以强烈的进取意识、机遇意识和责任意识，勇于担当，真抓实干，奋勇前进。

当下北京市正全力推进京津冀协同发展和市行政副中心东迁建设，常营地处北京市区和通州开发新区过渡地带，这为常营的发展提供了重要战略机遇，只要主动融入大局，对接东向发展目标，更好地发挥地域优势和特色功能，就能够做到稳中求进、进中求变、变中求突破、厚植发展优势，提升发展品质。

常营乡和常营地区的党政决定下一步围绕"一化三区"的建设目标，一项一项抓落实。(1)聚焦"一化"建设，着力推进产权制度改革。按照"资产变股权，农民当股东"的思路创新乡集体经济产权制度路径和模式，加快发展壮大集体经济，规范三资运营管理，完成乡集体产权制度改革，率先全面实现农村城市化。(2)聚焦"三区"建设，着力优化城市功能布局。即牢牢把握北京"四个中心"战略定位，抢抓国家文化产业创新试验区和行政副中心建设战略机遇,明确经济发展和产业发展重点,充分利用挖掘现有资源,在产业发展上和生态景观建设上实现新突破。努力把常营建设成民族团结示范区、创新创业的标杆区、和谐宜居的典型区。

实现上述目标,必须进一步加强党的建设,政府职能转变,深入开展民族团结进步创建活动,自不待说。还必须立足常营乡链接 CBD 和行政副中心的节点优势,整合区域集体经济和土地资源,优化创新创业环境。跨越当下农村城市化进程中单纯土地出租和单一项目合作的"双单"模式,尝试与国家级新兴集团型龙头企业全方位、多领域共同合作发展的"全轮驱动"模式,着力培育发展国际高端体育传媒业、高产值创意设计业、综合体育休闲健身业、多元化生活便民服务业四大支柱产业。

展望未来,一个高端集约、环境优美、开放包容、宜居和谐、民生幸福的魅力常营已经迎面走来。明天的常营将会更加美好!

大 事 记

明朝时期

洪武二年(1369 年)

二月　　元军攻通州,被常遇春率部击退。

四月　　常遇春部驻扎通州今常营乡一带。

成化六年(1470 年)

六月　　顺天旱后大水。时旱涝相仍,民食草木几尽。常营一带灾情严重。

弘治二年(1489 年)

六月　　京师及通州等地大雨,洪水横流,淹没房屋,人畜多溺。常营一带涝灾严重。

弘治七年(1494 年)

三月　　京畿捕蝗。捕蝗一斗,给米二斤。通州常营一带亦遭蝗虫侵害。

正德年间(1506—1521 年)

常营清真寺始建。《常营清真寺重建碑记》载:"常营庄古有清真寺一座。考其曩昔,乃大明正德年间创造。"

清朝时期

康熙四十三年(1704 年)

是年　　和硕恪纯长公主(吴三桂之子吴应熊之妻)病逝,葬于通县,即今常营乡公主坟村境内。民国期间公主坟被盗,1958 年墓被平毁。

嘉庆元年(1796 年)

是年　　常营清真寺重建。此前古寺已毁。据传嘉庆元年至嘉庆三年(1796—1798 年)由常营村众教民献乜贴,集资重建常营清真寺。新建的清真寺里外两进院落,占地 2800 平方米,直到 1950 年基本保存完好。

咸丰十年(1860 年)

八月初六(9 月 20 日)　　英法联军侵占通州后向北京进犯,是日对五里桥村及沿途村庄进行洗劫。村里有一个叫韩三(绰号“韩铁塔”)的青年,只身夜袭敌营,用菜刀砍杀了七八个敌兵后神速离去。

光绪二十六年(1900年)

八月(9月)　八国联军攻占通州、北京等地,肆意屠杀中国民众,五里桥村的吴三、陈三、赵奎、崔大、李大等5人殉国;常营村的石有、石大、石三、于大、杨国珍或被洋兵枪杀,或被逼自焚,此乃帝国主义在常营欠下的一笔血债。

中华民国时期

民国9年(1920年)

是年　始建常营学堂(后称常营小学)。

民国20年(1931年)

是年　常营清真寺立碑一方。碑文中记载:山东临清人钱仲斌,自小行侠仗义,磊落好施,克勤克俭,将齐化门(后称朝阳门)外八里庄自家的十亩九分八厘的坟地地契交给常营清真寺。后又置良田二十二亩施舍常营清真寺,充作寺产。

民国26年(1937年)

是年　侯金堂任常营村长,柏正明、张文生任副村长,公役人杜仲元。

民国28年(1939年)

冬　因北平沦陷,常营村有20多人被日本侵略军抓去派到石匣子修铁路、卸沙子,受尽折磨。

是年　日本侵略军闯进公主坟村地界,制造了一起人命惨案。

是年　日本侵略军要在常营寺西边寺产内架设电台,杨万录阿訇不顾生命危险,坚持与日本人交涉,终使“改变建台地点”,夺回寺产。

是年　张喜任常营村村长。

民国30年(1941年)

春　日本侵略军强迫常营村民去双桥车站修机窝,自带口粮,白干半个多月。

民国31年(1942年)

是年　常营村成立联保,保长马青。

民国36年(1947年)

春　国民党第十三军从内战战场败退下来,兵过常营村、公主坟村等处,拉夫抢掠,闹得鸡犬不宁。

民国37年(1948年)

2月(农历除夕)　晚上10点,武工队队长安永珍带领10多个回民武工队员,夜袭常营保公所。

4月　社会反动势力利用威胁利诱、欺骗手段，在常营成立防共自卫团第38团。

10月　防共自卫团第38团被中国人民解放军彻底消灭。

12月　中国人民解放军进驻常营、十里堡、五里桥、公主坟等村，宣告解放。

是年　常营、草房、十里堡、五里桥、公主坟等村一并划归顺义县管辖。

民国38年(1949年1月1日至9月30日止)

1月15日—16日　中国人民解放军平津战役前线司令部领导人与国民党军傅作义部代表在今常营乡五里桥村举行北平和平解放第三次谈判，最终达成北平解放初步协议，即《北平和平解决十四条》。这次谈判促进了北平和平解放。

9月　常营、十里堡、五里桥、公主坟4村均成立生产委员会。

中华人民共和国时期

1949年

10月1日　常营、十里堡、五里桥、公主坟等村村民以多种形式庆祝中华人民共和国成立。

冬　土改工作队进驻各村，开展土地改革运动。

1950年

5月　常营、十里堡、五里桥、公主坟4村土改运动结束，分别成立村政权。

6月　常营、十里堡、五里桥、公主坟等村复归通县。

是年　宣传《中华人民共和国婚姻法》。开展抗美援朝运动。

是年　常营因特大暴雨遭涝灾，粮食减产80%。

是年　东三村(十里堡、五里桥、公主坟)基层中共组织成立。

1952年

是年　通县新三区派员到各村开展查田定产运动。

是年　通县新三区区委布置、指导肃反运动。

1953年

7月　常营回民自治乡成立，张文奎任乡长，副乡长尹全元、温洁琴(女)。

8月　常营乡中共基层小组建立。

冬　常营村出现第一个互助组，组长吴国富；十里堡第一互助组，组长李荣；五里桥第一互助组，组长王德山；公主坟第一互助组，组长张宽。

是年　通县八区区委派来工作组到常营乡宣传贯彻统购统销政策，号召各乡农户把余粮卖给国家，支援社会主义建设。常营乡出售余粮8.5万公斤。

是年　公主坟建乡，佟德福任乡长，周作民任指导员。

1954年

3月　中共常营村支部建立。

冬　常营乡乡长张文奎下台，戴上富农分子帽子，交群众监督管制。乡长由穆祥义担任。

是年　常营乡各村普遍建立互助组。在通县县委、县政府的领导下常营乡政府展开宪法草案的宣传和普选，并进行普选。

是年　公主坟村18户贫下中农响应党的号召，组织了公主坟村第一个初级农业合作社，命名为"先进农业生产合作社"。

1955年

2月　常营村成立了两个初级社：一是吴国富为社长的"民族友爱社"，二是马荣江为社长的"民族联合社"。十里堡初级合作社社长李仲。五里桥村成立五里桥与后店2个初级合作社，五里桥社社长郭忠，后店社长于万江。各村共青团支部建立。

1956年

1月　由十里堡辛庄、公主坟、五里桥、邓家窑、纪庄、马庄和竹林厂7个村成立五星高级农业生产合作社。不久，规模缩小，十里堡辛庄自成1个高级社，社长李荣。五里桥高级社社长吴祥。

4月　常营村成立"民族联合高级农业生产合作社"，始设5个生产队，后分为7个生产队。

7月　通县建置调整。常营乡辖7村，公主坟乡辖10村。

是年　常营村有20户回族村民移居青海。

是年　常营乡开展对小商小贩社会主义改造，有166户小商小贩参加学习，有70多户加入公私合营。

1957年

8月　上级派夏和喜为常营驻乡指导员。开展社会主义教育大辩论。

是年　常营乡进行宗教民主改革。

1958年

4月5日　河北省通县常营、楼梓庄、咸宁侯、公主坟等4个乡划归北京东郊区。

5月3日　东郊区改为朝阳区。常营乡随之隶属朝阳区。同时，撤销公主坟乡，并入常营乡。

春　常营乡以生产队为单位成立公共食堂。

9月　朝阳区双桥人民公社成立，下设常营、三间房、公主坟、咸宁侯、杨闸5个管理站。撤销乡的建置，实行政社合一的体制。

10月　双桥人民公社（双桥农场及原窦各庄乡）划归朝阳人民公社管辖。

是年　常营乡域内公共设施通电。建成大水碓湖、大水渠，常营实现水浇地。

是年　常营成立敬老院。

1959年

是年　常营一带遇到前所未有的洪灾，水齐腰深，绝大部分农田庄稼被淹，群众生活发生困难。

是年年底　常营与三间房站合并,成立新的常营管理站,下辖26个生产队。

1960年

冬　根据中央、市委精神,常营乡普遍开展整风整社,大鸣大放。

1961年

年初　乡域内各食堂解散。

4月　双桥公社恢复建置。

6月　整风整社后,管理站改为大队,常营管理站改为常营生产大队,隶属双桥人民公社。大队成立党总支,同时成立各村生产小队基层党支部。

麦秋　宣读和贯彻"十二条",开始"一平二调"退赔。后学习贯彻农村工作"六十条"。

1962年

12月29日　双桥公社被北京市命名为中古友好人民公社。

是年　常营大队各户安上电灯,大队成立广播站,生产队安装大喇叭,社员坐在家里就能听到北京广播电台的广播,了解国内外大事。

1963年

8月13日　常营大队工作人员李春陪同区领导视察水情时失足落水,因公殉职。

是年　常营大队全体干部集中到区里学习关于干部参加集体生产劳动文件。

是年　遭水灾,粮食减产50%。

1964年

10月6日　北京市委派出"四清"工作队进驻常营大队及各村生产队,开展社会主义教育运动,以阶级斗争为纲,实行清政治、清经济、清组织、清思想。

1965年

1月　八里桥等14个生产队划出,辛庄、十里堡2个生产队合并为十里堡生产队。此时,常营大队下辖常营第一、二、三、四、五、六、七、八生产队,十里堡生产队、五里桥生产队、公主坟生产队等共11个生产队。

4月　"四清"试点地区召开广播大会,宣读"二十三条",市委书记彭真作报告。

6月　"四清"运动结束。

是年　全村干部参加市委召开的四级干部会。副市长王纯作关于《学大寨,赶上海,掀起1965年农业生产高潮》的动员报告。

1966年

8月24日—25日　常营大队分两批去北京大学参观大字报。清真寺活动停止。

8月27日　常营发生"八二七"事件。此后,常营所属各生产队成立各种群众组织。

1967年

1月31日　常营大队的造反组织在冶金干校召开批斗大会,会后宣布夺权。

8 月　　支左解放军进驻常营，成立第一线指挥部，指挥生产。

1968 年

3 月　　常营大队革命委员会成立。

1969 年

是年　　全区 133 所农村小学下放生产大队领导，常营乡开始实施贫下中农管理学校。

1970 年

是年　　常营管理站为扩大农村集体经济创办砖厂、修配厂等社队企业，安排大队社员百余人。

是年　　常营大队成立知识青年领导小组，开始接纳知识青年“上山下乡”，接受贫下中农再教育。

1971 年

6 月　　常营大队党总支改建为常营大队党委会，各队党支部成立。

是年　　常营第六生产队种植 10 亩水稻试验田，亩产达 400 多公斤，水稻种植由此推广开来。

1978 年

年底　　常营大队有社队企业 13 个，职工 911 人。

1979 年

春　　常营分场推行专业户、专业组、专业队的农业承包方式，村集体与土地承包者签订承包合同，从而打破了 30 年“上班靠打钟，派活靠点名”，大呼隆“大拨儿哄”的做法。

是年　　拨乱反正落实民族政策，把清真寺交给回族群众。

是年　　成立常营分场，常营大队又称常营分场。同期成立分场党委。

1980 年

2 月 15 日　　清真寺请回秦阿訇、张阿訇，恢复了教务活动。

1981 年

是年　　常营分场开展联产计酬试点，率先在五里桥村搞园田承包试点，取得了很好成效。园田亩产值由原来的 400 元提高到 1135 元，劳均收入由原来的 180 元，提高到 1375 元。此后，联产承包制在全分场广泛推开。

1982 年

是年　　中央颁布 19 号文件，指导全国民族宗教活动。

是年　　管庄第二中学成立，接收常营适龄中学生就读。

1983 年

是年　　双桥农场成立农村办事处，为恢复常营、三间房、管庄、黑庄户、豆各庄等 5

个乡建置而开展筹备工作,实行以场带乡体制。

1984 年

7 月　　常营回族乡举行第八届人代会,选举出乡长穆怀敏,选出副乡长安茂英、张永松。常营回族乡人民政府正式成立。该乡由 1 个回民村(常营)和 3 个汉民村(十里堡、五里桥、公主坟)联合组成。

是年　　国家发布《中华人民共和国民族区域自治法》,实行民族区域自治政策,保障各族人民当家做主的权利。

1985 年

年底　　常营乡建立工厂化育苗基地。

是年　　常营乡渔场建立。

1986 年

8 月　　民族饭庄成立。

是年　　当地回民集资,将常营清真寺重修,油饰一新。

1987 年

3 月　　中共常营回族乡第一次党代会举行,选举出乡党委书记白继良,选举出副书记吴国泉、穆怀敏、侯俊臣。选举白纪良为纪委书记。

12 月 25 日　　常营回族乡举行第九届人代会。

1988 年

12 月　　常营乡农工商总公司成立。

是年　　常营乡被国务院命名为“全国民族团结进步先进集体”。

1989 年

5 月　　常营回民医院成立。

1990 年

3 月 27 日　　常营乡举行第九届第四次人民代表大会,补选侯俊臣为乡长、杨玉清为副乡长。

9 月 2 日　　傍晚狂风大作,大雨夹冰雹,短时间降水达 27.9 毫米,农作物大面积受灾,乡政府及时采取措施,妥善安排生产和群众生活。

10 月　　农村生产队改制为农工商合作社。

是年　　亚东饭庄成立。

1991 年

2 月 25 日　　常营乡举行第十届人代会,选出乡长侯俊臣,选出副乡长杨玉清、李连华、刘凤芝。

3 月　　巴基斯坦和孟加拉国等国的驻华大使、参赞、武官及随行人员 50 多人,在中华人民共和国外交部副部长齐怀远等陪同下参观双桥农场,访问了常营清真寺、回民家庭。

3 月　中共常营回族乡第二次党代会举行，选举出乡党委书记王景乐，副书记张松清、侯俊臣。选举张松清为纪委书记。

4 月　常营乡选举产生乡人大主席团。

是年　朝阳区教委、常营乡政府筹建常营民族学校（前身为常营民族小学）。

1992 年

12 月 10 日　常营中心沟治理工程举行开工典礼。

是年　常营回族小学新校舍落成。

1994 年

2 月 3 日　常营乡举行第十一届人代会，选出乡长白继良，选出副乡长李连华、刘凤芝、安树清，选举出乡人大主席杨玉清。

是年　为建设清真食品基地，先后引进同达穆斯林专用面粉厂、北京欣昌食品有限公司、北京常营清真肉食公司、北京常营清真乡佬方便面公司、北京常营味高食品有限公司。

是年　常营回民公墓建成。

1995 年

是年　为方便回族群众宗教活动，历时 3 年，常营清真寺女殿落成。

是年　常营第八农工商合作社撤社转居。

1996 年

11 月　举行中共常营回族乡第三次党代会，选举出乡党委书记白继良，副书记李建海、杨文生。选举周俊卿为纪委书记。

12 月 13 日　古巴共产党中央政治局委员、国务委员会副主席、哈瓦那市委书记埃斯特万·拉索和古巴驻华大使一行 4 人，参观了常营清真食品集团，并到食品车间观看了流水线作业。

1997 年

1 月 1 日　北京市朝阳区长营民族小学改为北京市民族学校。

1 月 2 日　常营乡举行第十二届人代会，选出乡长侯景增，选出副乡长安树清、张秀云，选出乡人大主席白继良、副主席杨玉清。

8 月　常营综合市场开工建设。

9 月 14 日　常营回民医院开工建设。

12 月 19 日　区重点工程东苇路扩建项目启动，全长 18.4 公里，城市次干路，路宽 26 米。

1998 年

2 月　常营乡东苇路扩宽拆迁领导小组成立，下设办公室。东苇路贯穿常营乡，全长 2.6 公里，涉及被拆迁单位 11 个，拆迁户 45 户，永久居住人口 95 人，共拆迁建筑面积 7720 平方米，占用土地 31427 平方米(47.14 亩)。

3月16日　　常营回族乡第十二届第三次代表大会召开。

5月18日　　朝阳区东苇路扩建工程完工,全线正式通车。

5月18日　　常营综合市场正式开张营业。

6月初　　“常营回民新村”前期五栋10213平方米住宅楼破土动工。

6月30日晚　　雷电交加,瓢泼大雨灌顶而下,短时间内降水223毫米,常营分场4000多亩稻田及菜地被淹。

7月　　常营回族乡拥军项目,中国人民解放军5115部队老虎团团部主楼影壁墙落成典礼。

8月　　常营回族乡被市委市政府评为首都民族团结进步先进单位。

8月　　常营回民医院建设工程竣工验收运行。

8月　　北京市委、市政府下达《朝阳区关于农场系统场乡体制改革的意见》,推动场乡管理体制的改革。

9月　　常营回族乡整建制划归朝阳区,隶属于朝阳区人民政府,结束了场、区共管体制。

12月8日　　以板本昭文为团长、福田茨方为副团长的日本鸟取县西伯郡西伯町日中友好交流访问团来乡访问,与常营回族乡签订了“友好交流意向书”,参观了常营清真食品集团、北京民族学校、常营清真寺及常营三村村民穆瑞顺家。

是年　　常营乡奖励考取大学的常营籍回民学生,每人2000元。

是年　　东苇路拓宽,占用民房,为常营首次拆迁。

1999年

1月1日　　《北京市少数民族权益保障条例》颁布。

1月29日　　常营回民医院正式开诊运行。

4月7日　　常营乡政府会同区农委、区街办、区民政局、管庄街道办事处协调北京第三制药厂的归属划界。

4月15日　　在乡党委、乡政府的部署下,各村(居)委会于5月底前完成1万平方米违章建筑的拆除任务。

7月9日　　常营乡举行十二届人代会第六次会议,讨论通过《成立常营回族乡拆迁安置政策研究室的意见》,补选崔文荣为常营乡副乡长。

9月　　“常营回民新村”住宅楼竣工交付使用。

11月1日　　以侯井增为团长、杜振国为副团长的常营回族乡友好交流访问团一行10人访问日本鸟取县西伯町。

12月10日　　中共常营回族乡第四次党员代表大会召开,李建海当选为乡党委书记,崔文荣、周俊卿为副书记。选举周俊卿为纪律检查委员会书记。

12月27日　　常营回族乡进行人大换届选举,参加投票选民为7209人,参选率99.7%,选举产生48名人大代表。

是年　　东苇路通车。

2000年

2月20日　　常营回族乡召开第十三届人民代表大会第一次会议。会议选举李建海为人大主席，杨文生为副主席，崔文荣为乡长，安树清、高桂全、董明慧为副乡长。

4月22日　常营乡人民政府向朝阳区人民政府提交乡、村更名的请示。7月11日，区政府批复，同意自2000年6月起将长营回族乡更名为“常营回族乡”、公主坟村更名为“草房村”。

6月30日　常营回民医院由朝阳区卫生局接收管理，为卫生局所属集体所有制事业单位。

是年　正式实行绿化隔离地区建设第一年（东苇路以西）。

2001年

1月　经市政府批准，常营回族乡全面纳入北京市绿化隔离地区。常营乡荣获市民委、市农委授予的先进集体称号，并被区委、区政府评为区农业结构调整先进乡。

2月12日　常营乡新村拆迁安置用房一期工程项目获批准。

4—6月　常营乡启动第五届村民委员会换届选举。4月20日—5月7日为宣传培训阶段；5—6月下旬为实施阶段。

5月7日　常营乡召开第十三届人代会第四次会议。会议通过了《农民生活补助标准》。

5月11日　中共朝阳区委批准常营乡与天鸿集团合作开发建议项目。

7月2日　北京市绿化隔离地区建设总指挥部批复常营乡已征回民新村用地享受绿化隔离地区优惠政策。

7月30日　常营乡与北京市营基房地产开发有限公司就合作开发常营乡住宅区项目达成协议。

10月25日　经乡人代会十三届第五次会议审议通过《常营乡拆迁、腾退安置补偿办法（草案）的决议》。

12月26日　北京市营基房地产开发有限公司与香港长江实业集团长江京阳居屋有限公司协议，以常营南路为界，该路以南15公顷归长江实业集团开发，其余部分及常营南路以北用地退还常营乡。

2002年

1月23日　中共朝阳区委常委会审议并通过《北京市朝阳区人民政府关于加快少数民族乡（村）经济和社会发展的决定》（以下简称《决定》）。该《决定》要求加大规划支持力度，增加市政基础设施投入，“落实常营回族乡绿化隔离地区的配套政策”“完成常营清真寺的二期改造工程”“完成朝阳北路向东延长线（贯通常营回族乡）的道路建设”等措施，共计26条。有力地促进了常营地区的经济和社会的全面发展。

5月8日　常营东路建成通车。

12月　举行中共常营回族乡第五次党代会，选举出乡党委书记吕贵，选出副书记崔文荣、霍建国、高敬茹。选举高敬茹为纪委书记。

2003年

1月10日　常营乡举行第十四届人代会，选出乡长崔文荣，选出副乡长郭光辉、高桂全、董明慧，选出乡人大主席吕贵、副主席杜振国。

2 月 21 日　朝阳北路三期工程常营路段拆迁工作全面启动。该次拆迁位于草房村东部,涉及 60 余户 120 多人及 10 余家乡、村办企业,3 月 25 日前拆迁完毕。

2 月 25 日　经中共朝阳区委同意,成立中共常营地区工委和常营地区办事处,并召开了农村城市化工作会议暨地区工委、地区办事处挂牌仪式。常营乡在区政府召开的“加快农村城市化工作会议”上,荣获 2002 年度“绿化隔离地区建设先进乡”荣誉称号。

2 月 26 日　乡党委、乡政府组织乡副职以上领导干部和各村居党支部书记、部分企业党支部书记及乡机关科以上干部围绕“四个如何”①开展一次专题大讨论。

3 月 8 日　常营乡劳动力就业培训系统工程正式启动,同时举办物业管理培训班开学典礼。

4 月 8 日　常营乡传达和部署预防“非典型性肺炎”工作。

5 月 28 日　常营地区工委召开扩大会议,传达贯彻朝阳区农村书记汇报会精神,确定“两轴三区”发展新格局。“两轴”即纵横贯穿乡域的东苇路和朝阳北路;“三区”即依托东苇路和朝阳北路,形成绿色产业区、大型居住区、现代服务业窗口区。

5 月　常营城管分队成立。

6 月 12 日　常营乡召开防汛工作会议,正式组建乡防汛抢险队。由乡防汛领导小组对全乡防汛工作各项措施的落实情况进行监督、抽查。

6 月 13 日　常营地区第一居委会和荟康苑居委会分别进行换届选举,产生了新一届居委会工作班子。

7 月 3 日　市委统战部部长周伯琦带领城八区统战部部长到常营清真寺参观考察。

8 月 16 日　常营乡举办“金秋艺术节”活动,中国铁路文工团著名演员侯耀文、石富宽、笑林、李国胜、李嘉存等到常营献艺。随后一个月内各村居委会均有自娱自乐节目演出。

8 月 19 日　常营乡被评为“第五届首都民族团结进步先进单位”,乡党委原书记李建海、乡长崔文荣和常营清真寺阿訇张玉昆被授予“首都民族团结进步先进个人”称号。

9 月 15 日　常营乡民族家园 B 区开始入住。该区共 1194 套楼房,可安置村民 3357 人。

9 月 28 日　常营大型居住区天鸿集团万象新天项目举行开工典礼。

11 月 18 日　中共常营回族乡党员代表大会召开,选举乡党委书记吕贵、市民族学校书记王红为出席中共朝阳区第九次代表大会代表。

---

① “四个如何”:(1)如何贯彻落实会议精神,深刻认识和理解农村城市化、城市一体化。(2)如何转变观念,提高工作标准,落实区委提出的“一流意识、率先意识、创新意识”,以超常的气魄、超常的思路、超常的措施,夯实各项工作基础,争创文明乡。(3)如何树立主人翁意识,查找常营乡存在的不足和差距,提出好的建议和措施。(4)如何进一步增强紧迫感、使命感和责任感,为实现常营乡第五次党代会和乡十四届一次人代会提出的目标,建设小康新常营而贡献自己的力量。

11月20日　市区重点工程——朝阳北路正式通车。

11月21日　市人大常委会副主任赵久合、市人大侨委主任陈兴波及十余位市人大代表考察常营清真寺。

11月22日　常营地区开展“创造新优势,奥运促发展”为主题的思想大讨论,统一思想,达成共识,形成把常营地区建成现代化城区的巨大合力。

2004年

1月7日　全乡召开农村集体资产清产核资大会。

1月下旬　禽流感在全市蔓延,常营地区“五措并举”预防禽流感。

3月1日　常营乡荣获2003年度“朝阳区优化发展环境先进乡”荣誉称号。

3月27日　市长王岐山、区委书记李士祥、区长陈刚等人前往常营乡调研旧村现状和新村建设情况。

5月12日—29日　举办常营地区全民健身节暨常营回族乡第二届农民运动会,历时半个月,有5000余人参与活动和比赛。

5月21日　常营地区召开2004年党建工作会议,全地区各党支部委员和机关科以上干部出席会议。

6月3日　常营民族家园启动第三批楼房安置,安置村民630多人,楼房314套。

6月14日　全国政协常委、中国伊斯兰教协会会长陈广元与市政协民宗委主任王耀平等一行30多名全国政协委员到常营清真寺考察。

10月20日　常营乡启动第三次大规模拆迁活动。该次拆迁涉及常营三村、四村、五村、六村、七村、八村等6个村,拆迁安置1531户3561人。要求至12月31日结束,实现全乡整体拆迁完毕。

11月5日,常营地区开展出版物市场专项清理整顿。查扣非法出版图书500多本,盗版光盘700多张。

12月19日,印尼前总统瓦希德率印尼宗教代表团在中国伊斯兰教协会会长陈广元陪同下到常营清真寺参观,并与中国部分宗教界人士举行座谈。

是年　穆斯林服务中心投入使用。

2005年

4月2日　常营地区组织义务植树活动。有干部群众1400人参加,养护树木22万株,清扫绿地约16万平方米。

4月12日　落户于常营乡的城市产业项目——中弘国际商务花园举行奠基典礼。

4月30日　常营乡举办“朝阳区社区一家亲系列文化活动暨农村电影2131工程”启动仪式。

5月16日—10月14日　常营地区组织中层干部赴延安接受革命传统教育,为开展保持党员先进性教育活动做前期准备。

5月31日　常营乡对修建朝阳北路常营路段时拆迁周转的东三村村民进行楼房安置。该次安置村民132户,实际安置106户、安置楼房116套,其余26户因申请户型尚未竣工留待下批安置。

6月3日　常营地区“三线促廉”[1]系列宣传教育活动正式启动，推动当地廉政文化建设。同日，常营乡举办首次劳动力招聘洽谈会，联系用人单位22家，提供各种岗位43个，参加招聘会的当地劳动力约620人，其中200余人与用工单位进行了招工登记。

6月29日　北京市民族文化交流中心常营乡站正式启动，推动全民健身运动全面展开。

7月4日　全国人大常委会委员、民族委员会副主任陈士能带领全国人大民族委员会调研组一行5人到常营进行调研、考察。

7月10日—8月6日　常营地区开展首届人口文化节，旨在“提高人口素质，建设和谐常营”。

7月13日　常营地区召开保持共产党员先进性教育活动动员部署大会。10月14日召开活动总结大会。

8月12日　常营地区治安民间纠纷联合接待站挂牌成立。该站由常营派出所与司法所共同组建。

8月21日　常营地区第三届“金秋艺术节”开幕，该届艺术节以“争做文明市民，构建和谐常营”为主题，这项活动至10月初结束。

11月10日　常营乡正式启动东三村拆迁安置工作。该次拆迁涉及十里堡、草房和五里桥3个村，拆迁总户数1841户，共计3929人，限期于2006年1月20日结束，至时常营乡拆迁工作全部完成。

是年　常营成立了空竹表演队、秧歌队和鼓乐队。

是年　常营地区志愿者协会成立。

2006年

2月1日—12日　常营老年空竹队出访澳大利亚悉尼，参加为期12天的“北京风情舞动悉尼”活动。

6月6日　北京市人大常委会执法检查组在市人大常委会副主任赵久合带领下，对朝阳区常营少数民族乡贯彻落实《北京市少数民族权益保障条例》情况进行执法检查。

7月14日　朝阳区委宣布常营乡领导班子调整，任命吉广平为常营地区工委书记、常营乡党委书记；任命蔡淑敏为常营地区办事处主任，建议任常营乡乡长；任命李冠男为常营地区办事处副主任，建议任常营乡副乡长；建议陈明智为常营乡人大副主席；任命石柏林为常营乡人民武装部部长。

10月　举行中共常营回族乡第六届党代会，选举出乡党委书记吉广平，副书记蔡淑敏、霍建国。选举高敬茹为纪委书记。

11月24日　常营乡举行第十五届人代会。会议选出乡长蔡淑敏，选出副乡长郭光辉、石柏林、李冠男。选出乡人大主席吉广平，副主席陈明智。

12月16日　乡拆迁安置政策研究室工作结束，正式解散。

---

① 三线促廉：建立自我教育“思廉线”、构筑舆论导向“倡廉线”、牵动家庭邻里“助廉线”。

2007 年

4 月 15 日　首届“魅力北京”全国空竹技艺交际大会在常营举行。来自全国 14 个省、市、自治区的 39 支空竹表演队伍,共 700 多名空竹爱好者联袂展演。

5 月 30 日　常营乡人民政府与香江国际置业有限公司在嘉里中心饭店正式签约,合作开发建设“北京国际时尚中心”项目。该中心一期占地 21 万平方米、建筑面积 50 万平方米,将成为国内第一个集国际服装服饰设计研发、展示、发布、贸易洽谈等功能于一体的时尚创意产业发展中心。

7 月 27 日　常营海天一色饭店正式开业。该饭店是集餐饮、娱乐、休闲于一体的高档五星级餐饮业,经营清真食品。

10 月 31 日　区四套班子领导陈刚、程连元、王力军、辛燕琴、刘希泉、闫雪峰等,到常营公园调研,指导农村环境建设工作。区领导一行考察了常营公园整体建设情况,并听取地区办事处领导对常营公园的规划和建设进展情况的汇报。

2008 年

1 月 30 日　常营地区召开“2007 年度精神文明创建评比表彰大会”。会议表彰了 24 个文明集体和 136 个文明个人,引导地区群众自觉树立社会主义荣辱观。

4 月 29 日　常营公园正式开园。公园占地 1036 亩,约合 69.1 万平方米。始建于 2007 年春,其中一期秋韵园占地 516 亩,约合 34.4 万平方米,即开园的部分。是日,在常营公园举办“携手 2008,青春与奥运同行”活动。

6 月 25 日　常营地区社区服务中心、朝阳慈善协会常营分会、常营爱心家园正式揭牌启动。在揭牌启动现场,辖区内 15 家企业和个人为常营慈善分会募集善款 166.2 万元,该会向 5 户特殊困难家庭发放了救助金。

6 月 27 日　常营地区召开纪念建党 87 周年大会。会上表彰了评选出的 6 个先进党支部、10 名优秀党务工作者和 30 名优秀党员,并组织新党员集体宣誓以及对 50 年以上党龄的老党员献花等活动。

10 月 23 日　常营乡召开深入学习实践科学发展观活动动员大会。要求在学习实践中,突出地区特色,确保学习实践活动取得实效。此项活动至 2009 年 2 月 20 日结束。

是年　常营乡被评为朝阳区体育文化运动先进单位。

2009 年

1 月 29 日　常营地区召开 2008 年度精神文明创建评比表彰大会。表彰精神文明创建“百星十佳”文明集体和个人。

1 月　常营新村一、二期工程均已完成,最后一批期房交付使用。

3 月 25 日—5 月 17 日　常营地区开展社区居委会换届选举。3 月 25 日常营地区召开社区居委会换届动员大会,公布了《常营地区第七届社区居民委员会选举和新建社区居民委员会成立实施方案》。5 月 17 日进行选举,产生了新一届社区居委会领导班子。

4 月 27 日　常营公园二期开园。公园占地 74.27 万平方米(约 1114 亩),其中公园一期占地 34.40 万平方米(约 516 亩),已于 2008 年 4 月 29 日开园。二期工程结束后,常营公园正式开园,为地区百姓提供了一个集文化、体育、休闲于一体的活动场所。

6 月 1 日　　常营地区青少年普法教育基地正式揭牌。通过青少年普法教育基地平台，常营地区将实施全年"九个一普法教育"系列工程，形成教育一位青少年、影响 2 位家长、启示 4 位老人、辐射多位亲朋好友的"常营 124N 反哺普法教育模式"。

6 月 30 日　　常营廉政文化广场举行揭牌仪式，并在郊野公园主办"强作风、倡勤廉、促和谐"的宣传教育活动。常营地区 300 余名党员参加活动并观看常营廉政文化长廊。

7 月 11 日　　市委书记刘淇及市领导李士祥、牛有成、程红等一行人就促进北京市民族团结工作到常营回族乡进行调研。不仅详细了解了常营民族家园社区建设情况，还走进回族退休干部穆怀敏家中，与居民围坐，促膝交谈，询问他们住房、退休收入、看病医疗等各项生活细节。

7 月 28 日　　市人大教科文卫体委员会的人大代表到常营考察了社区卫生服务中心，并就农村医疗卫生工作进行了座谈。

2010 年

1 月 29 日　　常营地区举办的"百星十佳"评选活动揭晓，表彰精神文明创建荣获文明集体和个人。共评出 28 个公益明星、14 个自强明星、16 个学习明星、13 个节约明星、23 个岗位明星、6 个就业明星、15 个文明家庭、10 个文明楼片、5 家文明单位、14 家文明共建单位。

3 月 26 日　　常营地区召开创建全国文明城区动员大会。会上公布了《常营地区开展创建全国文明城区工作实施方案》，并发布了《创建文明城区，争做文明公民倡议书》。

4 月 9 日　　朝阳区公安分局常营派出所举行新址挂牌仪式。常营派出所新址位于幺家店路常营公园西南角，占地面积 3500 平方米，新增了户籍大厅、治安大厅、健身房、食堂等设施，为派出所的正规化、规范化建设打下良好的物质基础。

6 月 26 日—7 月 1 日　　开展民情传递"5280"志愿行动，即"我爱帮您"行动，发挥党员在社会管理中的作用，听民声，传民意，办好事。

8 月 13 日　　中共中央政治局常委、国务院副总理李克强到常营地区考察保障性住房建设情况，听取项目建设情况汇报。

8 月 16 日　　常营地区召开共青团第一次团员代表大会。

11 月 10 日　　朝阳区首批廉租房入住仪式在常营丽景园举行，朝阳区区长程连元出席入住仪式。该次入住的金隅丽景园在常营乡域内，总建筑面积为 260514 平方米，其中住宅 219190 平方米，总户数 3540 户（其中经济适用房 2980 户、廉租房 560 户），总人口约 9912 人，居住人员主要来自西城、朝阳和石景山 3 区。

11 月 29 日　　常营地区召开第一次职工代表大会，正式成立常营地区总工会。

12 月 29 日　　中共中央总书记、国家主席胡锦涛到朝阳区常营地区保障性住房金隅丽景园小区考察，胡锦涛深入居民家中与广大居民亲切座谈，了解居民的居住条件及生活情况。

2011 年

2 月 25 日　　为推进保障性住房社区建设，常营地区召开了由各开发建设单位、物业公司领导和社区筹备组全体人员参加的保障性住房社区建设“三方对接”工作会，宣告保障性住房社区筹备组成立并正式进驻社区。

7 月 15 日　　朝阳区委宣布常营乡领导班子调整：任命王刚为常营地区办事处主任，建议任常营回族乡乡长；任命李海峰为常营地区办事处副主任，建议任副乡长；任命岳卫红为常营地区办事处副主任，建议任副乡长。

9 月 15 日—9 月 16 日　　常营乡召开第七次党代表大会，与会党员 105 名，听取审查了中共常营乡第六届委员会的工作报告、乡纪律检查委员会的工作报告；投票选举中共常营乡第七届委员会和纪律检查委员会，吉广平、李冠男、石柏林分别当选为新一届乡党委书记、副书记、纪委书记。会议还选举产生了出席中共朝阳区第十一次代表大会的代表。

11 月 17 日—11 月 19 日　　常营乡召开了第十六届人民代表大会。会议选出乡长王刚，副乡长何文东、张晓波、李海峰、岳卫红、闫丽娟，选出乡人大主席团主席吉广平、副主席陈明智。

2012 年

3 月 14 日—29 日　　中共常营社区党组织开展换届选举。选举活动于 14 日全面启动，于 31 日完成。地区 11 个社区均采取召开党员大会形式，其中直选的社区党组织 9 个。实行“大党委制”（大支委制）的社区 7 个。共选举产生社区党委（支部）委员 53 名。

3 月 29 日　　常营地区召开“一刻钟社区服务圈”建设工作会。对推进“一刻钟社区服务圈”的建设工作做出了安排部署。

4 月 16 日　　常营地区召开机构改革会议，通过“三定”方案。

2013 年

1 月 10 日　　常营地区新建的残疾人温馨家园（即关爱帮扶中心）通过市、区两级验收。温馨家园建筑面积 600 余平方米，主要为常营附近保障房及连心园小区上千名残疾人提供康复训练、学习培训、文体活动等个性化服务。

3 月 15 日　　常营地区司法所获选北京市司法行政系统首批规范化建设示范单位称号。

3 月 27 日　　常营地区召开 2013 年党建工作会。

5 月 23 日　　丰台区农村系统的中共支部书记约 50 余人到常营民族家园社区，对常营地区的农村城市化建设情况进行参观考察。

6 月 1 日　　常营地区图书馆全面对外开放。地区图书馆建筑面积 200 多平方米，有图书 6000 册。实行开放式借阅一体化服务，设置阅览座位 40 余个，每天开放 8 小时。

6 月 17 日　　常营地区文化服务中心群星艺术团正式成立。共招募舞蹈团团员 19 人，合唱团团员 46 人。

9 月 3 日　　由中共中央统战部、首规委领导和无党派人士组成的考察团一行，来到常营保障房地区，就地区社区建设情况进行调研。

10 月 18 日　　新疆建设兵团第十四师领导和工作人员 26 人，到常营考察，就社区党建进行了座谈。会后参观了常营保利社区以及常营地区党群服务中心。

12月13日　共青团北京市委副书记郭文杰一行，对常营地区社区服务中心、社区青年汇进行了参观调研。常营青年汇是朝阳区青年汇的旗舰店，内设有活动室及青年学堂，活动室有多种活动项目，包括桌上足球、象棋、五子棋、桌球等。

2014年

1月15日　常营乡召开转居转工工作会议。

2月中旬　朝阳区委针对常营乡持续5个月的大规模上访问题，对乡领导班子进行了调整，将主要领导调离岗位，调小红门乡乡长刘大庆到常营乡任党委书记。

2月25日　常营地区召开党的群众路线教育实践活动部署大会。标志着常营党的群众路线教育实践活动全面启动。10月24日常营地区召开党的群众路线教育实践活动的总结大会。

5月10日　召开第十六次人民代表大会第七次会议，审议并通过了《常营回族乡农民转工转居工作方案》及《常营回族乡农民转居转工实施办法》。

5月11日　常营乡正式启动集体资产清产核资及重要项目专项审计工作。确定清产核资的范围为常营乡集体所有土地、8家乡集体经济组织及集体企业的整体资产，10个村级集体经济组织，常营一居全部资产。

5月12日　召开常营回族乡农民转居转工工作动员大会，对转居转工工作进行部署动员。此项工作分6个阶段，分别是户籍办理和身份核实阶段、超转人员办理阶段、劳动力安置阶段、补缴劳动力社会保险阶段、办理保险关系转移接续手续阶段及总结归档阶段。截至7月9日，常营乡原居民户口都变为“非农业户口”。

11月25日　常营乡开展农民新村剩余房屋处置民意调查工作培训会。在原11个村中开展实名制民意调查。

2015年

1月　常营乡整体建制转居转工全部完成。

2月12日　常营回族乡召开第十六届人民代表大会第九次会议。会议补选方泽为乡长，石柏林为副乡长。

5月18日　常营乡召开健全完善村集体经济组织成员代表大会的动员部署会。大会对村集体经济组织成员代表的产生、任期及工作步骤等提出了实施意见。

6月9日　常营地区召开第八届社区居民委员会换届选举工作部署会，地区领导班子成员、各社区（筹备组）代表近百人参加，会议由地区工委副书记李冠男主持。

6月26日　常营乡各村进行社员代表的投票选举工作，各选区分别设立了投票站，各村集体经济组织成员到场进行投票，共选出336名社员代表。

7月25日—26日　各社区召开居委会换届选举大会，常营地区社区居委会换届选举工作完成。常营民族家园社区、连心园社区、苹果派社区、畅心阳光社区、丽景园社区、保利嘉园社区、常营福第社区、住欣家园社区、万象新天社区、鑫兆佳园社区、荟万鸿社区均选举出了各社区的当家人。经过该次选举，共产生11名居委会主任，16名居委会副主任，委员40人。

8月26日　朝阳区副区长陈涛就常营乡安全生产工作情况以及一绿试点乡建设

推进情况进行调研。陈涛在全面了解一绿建设情况后,提出了指导意见。

9月24日　是穆斯林的古尔邦节。常营清真寺当天举行会礼,庆祝节日。共有2000多名穆斯林参加,其中包括100多位外国人。

9月　常营乡完成强占剩余房屋腾退工作。建成“孝亲敬老园”。

10月17日　常营地区举办2015年常营地区全民运动会,共有1 7支代表队角逐15个传统项目和趣味团体项目。

11月6日　常营回族乡召开了合作经济联合社工作会,该次会议由常营乡乡长方泽主持,乡党委书记刘大庆进行了总结发言。会上,选举产生了常营回族乡合作经济联合社第二届管委会成员和监委会成员;北京世纪常赢投资管理有限公司进行工作情况汇报;研究了常营乡村级集体资产处置劳动年限统计办法;通报农民新村绿隔剩余房屋处置有关工作。

12月25日　东方华庭社区召开居民委员会选举大会。选举产生东方华庭社区第一届居委会领导班子,主任1名、副主任1名、委员3名。

卷一　基本乡情(上)

一　区位·面积

区位

常营回族乡位于北京市朝阳区东部,东邻通州区城关镇,西与三间房乡接壤,南邻管庄乡,北与金盏乡和东坝乡为界。地处北纬39°55′52″,东经116°34′17″,是北京市近郊区最大的回族乡。2010年9月,乡政府迁至幺家店路,距市区中心天安门约15公里,至首都国际机场14.2公里,至北京火车站13公里(距西站22公里、南站18.5公里、北站18.9公里)。朝阳北路及地铁6号线横贯东西,管庄路(又名东苇路)纵贯南北,交通十分便捷。

2001年,该乡已被北京市政府整体纳入绿化隔离带建设范围,常营新区在定福庄国际传媒走廊西侧,朝阳CBD和通州运河新城核心功能区之间,产业发展受两大核心区优势产业辐射,成为连接两大核心区的重要功能区。

面积

常营回族乡区域面积9.3平方公里,其中常营村5.5平方公里,十里堡村1.5平方公里,五里桥村1.2平方公里,草房村1.1平方公里。辖域轮廓是东西长,南北短,东西约3.3公里,南北最长处1公里。辖域内最东是草房村,最西边为原常营八村。乡域内集体土地4.49平方公里,约占总面积的48%;国有土地4.81平方公里,占总面积52%。2009年,全乡完成整体拆迁安置任务,并全面实行城市社区管理体制。乡域之内,除了绿化隔离带,便是城市建成面积。

二　自然环境

地貌

常营地区地处华北平原,系北京市城东平原地区。地貌单元属温榆河冲积平原。地势西南高,东北低,海拔为20.9—29.1米,平均海拔在27米。海拔最高处为管庄路与朝阳北路交汇处，海拔最低处是乡东北角的东大洼地区。境内原遗留的低岗残丘早已被平整消失，常营中心沟东西横穿乡域中部，将田野、村落分成南北两个部分。域内水网密集，乡之北有小(井)常(营)排水沟，五里桥村东的坑塘建有扬水站，既有纵向灌溉渠，又有横向排灌沟，每当春夏，野花怒放，蛙声一片。经过10多年的农村城市化建设，环境大变，原有田园牧歌式的景色已不存在，放眼望去，一边是商业街道和住宅小区，高楼林立，车水马龙，已是现代化的新城区；一边是绿化林带，银杏成片，清新亮丽，仍留住几许美好乡韵。

地质

常营地区地表土壤主要是杂填土层与第四纪沉积土层。地层岩石分布，以火成岩为主。

从常营乡岩土工程勘察资料表明，已揭露的岩土层，可分为两个大层次：(1)杂填土层，约0.4—2.8米；(2)第四纪沉积层，由黏土、粉质黏土、黏质粉土、砂质粉土等构成，土层厚度d值大于80米。土层中所见砾卵石以火成岩为主，除少量石英石、灰岩外，其余全部风化。

根据北京地区地震烈度区划图，常营地区为地震基本烈度8度区。乡域内无液化土层，冻结深度为0.8米。历年最高水位，地下水位接近地表，通常地下水埋藏较深，对各类混凝土无腐蚀性。

常营区域内，除杂填土层，由于结构紊乱，土质疏松，未能固结，不清理不宜作天然地基外，尚未发现其他不良地质现象，地基稳定，适宜建多层建筑。

土壤

常营地区为潮土分布地区，土壤类型以礓石黑土为主。土壤颜色通体灰暗，碳酸钙含量丰富，完全具备潮化特征，质地较黏，土质肥沃。

常营地区原农田土壤Ph酸碱度基本维持在7.9—8.3之间，平均水平为8.10，为典型的北方偏碱性的土壤，对农业生产不构成主要障碍。农田土壤有机质含量范围在0.28%至2.52%之间，平均水平为1.83%，按分级标准划分，为较高水平，但地区差异大。土壤微量元素中，铜、铁含量比较丰富，属中等和富足水平。锌含量中等，锰含量为丰富水平。1996年以后，区域内的农田均被改造为自然植被和城镇，部分划归绿化隔离带的林地，树林长势良好。

气候

四季特征　常营地区属于大陆性温暖带半湿润季风气候。其特点：

冬季受西伯利亚冷空气和蒙古冷高压影响，盛行偏北风，寒冷干燥，少雨雪，土壤冻结，降水量占全年的1.7%。

春季受大陆气团控制，冷空气势力明显衰退，但活动频繁，导致气温不稳定，日差较大。此时蒙古冷高压势力有所减弱，日照充足，干燥多风，蒸发量大，降水量占全年的13.7%。

夏季受太平洋副热带高压和大陆低压影响,盛行偏南风和东南风,风速为全年最小,空气湿润,高温多雨,降水量占全年的67.3%。由于强对流天气常造成多暴雨。特别是7月下旬至8月上旬,降水较多,大雨暴雨多集中于此时。

秋季南方暖湿气流逐渐衰退,北方冷高压南侵,常伴有小雨天气,雨后气温逐渐下降,空气清新,天空晴朗,降水量占全年的17.3%。

按照中国以平均气温为四季划分指标,常营的春季4月1日至5月31日,共61天;夏季6月1日至9月5日,共97天;秋季9月6日至10月31日,仅56天;冬季始于11月1日,止于次年3月31日,长达151天,具有明显的冬季漫长、春秋短暂特征。

日照 常营地区历年平均日照时数为2505.3小时,一年之中,春季日照时数最多,为719.1小时,平均每天8小时。冬季日照时数最少,只有548.1小时,平均每天6.1小时。

常营地区四季日照时间推算表

表1-1 单位:小时

地区	年平均	春季	夏季	秋季	冬季
朝阳	2278.6	677.2(平均每天7.5)	566.0	521.0	513.2(平均每天5.7)
通州	2732.0	761(平均每天8.4)	727.0	661.0	583.0(平均每天6.5)
常营	2505.3	719.1(平均每天8)	646.5	591.0	548.1(平均每天6.1)

注:常营地区无气象站,位于朝阳与通州之间,日照时长取其平均值。

气温 常营地区年平均气温为11.8℃,1月份最冷,平均温度为4.3℃,然后逐月上升,7月份为全年最热月,平均温度25.7℃,此后气温又逐月下降。最高气温一般出现在14时至15时,最低气温一般出现在日出前。气温年变化与日变化相似,呈单峰谷型。秋季降温快,而夏、冬季气温比较稳定、变化较小。

冻土、霜期及降水 常营地区的土壤从每年10月下旬至12月上旬开始冻结,至第二年2月下旬至3月中旬解冻。平均冻土深度为80厘米。年无霜期在200天左右,平均初霜日为10月中旬,终霜日为4月中旬。每年平均降水量为544毫米,降水量最多年份是1959年,最少年份为1981年。大雨、暴雨大多发生在7—8月,积雪日数平均每年为12.6天,冰雹一般为五年三遇。

自然资源

土地资源 常营全乡国土面积9.3平方公里,这片土地经过数百年的开发,在2001年农村城市化前,有耕地8000多亩,其中粮田6000多亩,是常营回、汉、满各民族赖以生存的土地资源。除了农用地外,企业用地341.52亩,居住用地1392.40亩,市政建设用地42.75亩,公益事业用地167.70亩,其他用地523.30亩。几乎没有闲置荒地。

农村城市化以后,境内土地资源的利用发生了巨大变化。以幺家店至常营北路为界,以北主要为城市绿隔用地,规划在幺家店路和东苇路交叉口西北布局商务办公用地;以南为定福庄边缘集团城市建设用地,包括居住用地和公共服务设施用地等,其中公共服务设施主要沿朝阳北路布局。截至2015年,以上规划项目均已基本建成。辖区内新农村建设0.76平方公里(约1134亩),出让土地3.05平方公里(约4585亩),林地面积达3.38平方公里(约5177亩),其他建设用地1.5平方公里,未利用土地0.59平方公里。

据统计,尚余土地资源有1号产业用地10.33公顷、2号产业用地2.02公顷、3号产业用地15公顷、4号产业用地21.33公顷,共计58.68公顷。

水资源 常营属我国北方半干旱半湿润地区,多年平均蒸发量是降水量的3倍,水资源蕴藏量不丰富,水资源有地上水资源和地下水资源两部分。常营地区历史上生活用水都是以开采地下水为主,农业用水是利用上游未经处理的大量城市污水。随着城市化进程的发展,人口不断增加,人民生活水平提高,用水量大幅度增长,水资源利用日趋紧张,超采地下水和利用城市废水已经无法继续维持与发展,正在紧张建设水源十厂缓解这个矛盾。但最终解决问题,还是有赖于北京市水资源的统一供应和调配。

地上水资源 常营地表水资源匮乏,域内没有大型水源河流、湖泊,地处全市排水尾端,仅有小场沟及常营中心沟两条主要地表水排水沟,属北运河水系的朝阳干渠分支,且属于污水再利用,引水量1.5立方米/秒。

小场沟位于朝阳区东部坝河流域以南,沿姚家园南,流经平房乡、东坝乡、楼梓庄乡、双桥农场,中间流经常营地区的河段称之为“小常沟”。朝阳区段流域6.1公里。1960年兴建沟上游的水碓湖,将小场闸以上沟段拓浚为输水干渠,建成排、灌、蓄综合利用沟渠。利用水碓湖蓄水,从其东南角引水向东流经青年路排水沟上段,向东北方向经平房、石各庄入小场沟。1962年春,沟段最大排水量8.5立方米/秒。1965年4月中旬至6月底,疏浚主沟出口最大过流量44立方米/秒。1984年3月至1985年4月,按20年一遇标准,疏浚最大过流量44立方米/秒。多年来北京市内排水系统,东部北部的生活用水从这里流出。1986年,改引平房灌区输水干渠水送入小场沟,引水量1立方米/秒。2010年对地表水水质进行评价,结果显示,均为V类水质,水体污染严重,水质较差,基本无利用价值,超标项目:DO、氨氮、总磷、BOD_5,其中氨氮超标16.7倍。

地下水资源 常营地下水位13—33米。地下水灌溉面积1984年760亩,有百米以上的深井13个。单井出水量在1000立方米每昼夜。近年来,由于大量超采地下水资源,在常营地区形成大范围的漏斗区,破坏了常营地区地下水的自然流向和侧向补给条件,水文地质条件变得更为复杂,给地下水资源计算工作带来很大困难,只能参考朝阳区水利志情况统算大约平均情况。地下水补给来源主要是大气降水垂直入渗补给、地表水体及渠灌补给、井灌回归入渗补给及地下径流侧向补给等。

图1-1 常营中心沟原貌(2004年改为地下水道)

植物资源 常营地区地势平坦,土地肥沃,四季分明,温度适宜,历史上又以农业生产为主,因此野生生物资源丰富。常营的植物资源有两大类:一是木本植物,二是草本植物。木本植物包括乔木和灌木,其中乔木有杨树、榆树、油松、柏树、枫树、梧桐树、国槐、刺槐、垂柳、银杏树、果银杏、丁香、柿子树、苹果树、桃树、枣树等。灌木有山杏、酸枣、沙棘、荆条、胡枝子、紫穗槐、大黄杨、小黄杨、朝阳丁香、锦鸡儿等。草本植物有紫花苜蓿,牤牛儿苗、画眉草、鸡眼草、猫眼草、狗尾草、远志、芦草、蒲公英、猪毛菜、苋菜、马齿苋、问荆、车前子等。

常营最大宗的植物资源是千亩银杏林,最古老的树木是清真寺院内的雪松,据专家估算这棵古雪松树龄大约在600年以上。据2011年统计,全乡拥有各种林木297.18万株。其中杨树65112株,柳树113800株,松树18820株,槐树26416株,银杏树20600株,梨树243株,樱桃树233株,阔叶林391202株,其他花卉2145823株。

动物资源　历史上常营野生动物主要有鸟类、兽类、鱼类、两栖类、爬行类以及昆虫类。鱼类有:鲫鱼、"柳条儿鱼"("浮青")、鳙鱼、鲢鱼、草鱼、鲤鱼、鳝鱼、鲶鱼、泥鳅、虾;两栖类和爬行类有:甲鱼(鳖)、蜗牛、蚌(蛤蜊)、螺蛳、青蛙、蟾蜍、蛇(长虫)、蚂蟥(蚂鳖)等。鸟类有:喜鹊(白喜鹊、灰喜鹊)、麻雀("家巧儿""老家贼")、斑鸠、啄木鸟、蜂鸟、百灵、画眉、黄鹂(黄莺)、杜鹃(布谷鸟)、乌鸦、鹰、巧儿鹰、猫头鹰("夜猫子")、隼、燕子、鹦鹉、八哥、野鸭等。兽类有:田鼠、鼹鼠("地里排子")、野兔、狐狸、獾、黄鼬(黄鼠狼)、蝙蝠("燕巴虎")等。昆虫类有:蜻蜓(蚂蛉)、蝴蝶、马蜂、金龟子(金壳螂)、萤火虫、蜣螂(屎壳郎)、蝈蝈、土鳖、蚯蚓、蝗虫(蚂蚱)、天牛、牛虻、蝼蛄("拉拉蛄")、蝎子、蜈蚣、蚰蜒、蚂蚁等。还有一些不具备利用价值的动物,不再一一开列。随着农村城市化进程的推进,各类野生动物资源大部分已基本消失。只存少量鸟类、兽类、昆虫类、爬虫类动物。

自然灾害

常营地区地势平坦,雨多易涝,久晴易旱。农村城市化之后,防范林业虫害的问题凸显出来。

新中国成立后较强烈的自然灾害有:

1949年7月19日—8月上旬,降雨过多,排水不畅,发生涝灾。

1950年7月4日、17—19日、8月1日—4日连降暴雨,决口漫溢,死亡2人,粮食减产80%。

1956年初夏,涝灾严重。

1959年7月—8月,陡降3次大暴雨成灾,水齐腰深,绝大部分农田庄稼被淹,群众生活发生困难。

1962年,春旱、夏旱连秋旱。

1963年,常营大雨,上级查看常营水情,常营大队派李春陪同,水漫桥,双双落水,李春为集体牺牲。夏涝,粮食减产50%。

1964年,春涝。

1965年,春旱、夏旱连秋旱。

1972年,大旱。

1976年7月28日,唐山地震,常营震感强烈,震后连续阴雨。

1980 年，夏旱。

1989 年，水井干涸。

1990 年 9 月 2 日，狂风暴雨冰雹，大树倒折，电线刮断，冰雹小如黄豆，大如核桃，短时间降水达 27.9 毫米。农作物受害严重。

1991 年 6 月至 8 月，雨水过于集中，比历年同期多 43.1%，由于工作到位，未形成严重水害。

1992 年 6 月 29 日，狂风暴雨，部分农田被毁。

图 1－2　图为 20 世纪 50 年代常营青年。右一为常营青年李春

1994 年 7 月 12 日，连续 24 小时降雨，降水量达 200 多毫米，排水不畅，农田被淹。

1998 年 6 月 30 日晚，瓢泼大雨，短时间内降水 223 毫米，道路积水尺余，全乡 4000 亩庄稼被淹。

2002 年，暖冬，林地中杨树、柳树、国槐发生虫灾。

2012 年，美国白蛾疫情发生严重，因防范及时，未使成灾。7 月 21 日，普降大雨，乡政府大院积水齐腰深；次日水退，未造成严重损失。

附：应急避难场所

2003 年，朝阳区开始建设应急避难场所，常营地区已经建成的应急避难场所 2 处：一在

图 1－3　应急避难场所指路牌（摄于 2015 年）

常营公园,面积74.29万平方米(不含保利园);一在叠泉乡村俱乐部,占地155万平方米,两处可容纳115万人应急避难。辖区避难场所数量、面积、可安置人口、应急设施配置、疏散安置预案编制及宣传演练等方面,在全市处于领先地位,初步形成规模适度、布局合理的应急疏散场地保障体系。

附:地震监测点

设在北京市民族学校(原常营中心学校)内。1976年7月唐山大地震后,为普及地震知识,加强对地震的观测,常营中心学校迅速成立地震观测监察小组,学校党支部选派理化教师蔡兴负责此事,小组的6名成员是从学生中挑选的,条件是热爱科学、能吃苦耐劳,成员缺额,按标准另选替补。地震监测点,选定在校园西北角,建有20米深的地下室,地震监测仪即安置其中,其处即是北京市地震局下属的监测点之一。每天地震小组的学生都把监测数据抄录下来,及时汇总向北京市地震局科研室汇报,无论是刮风下雨还是星期天,地震小组都照常开展活动。常营中心学校地震监测点,连续10多次被评为北京市地震监测先进单位。

三　建置沿革

乡名由来

元末,天下大乱。至正二十七年(1367年)十月,朱元璋在消灭张士诚割据势力后,开始北伐,进军大都(后改为北平、北京),命徐达为征虏大将军,常遇春(回族)为副将军。洪武元年(1368年)八月二日,徐达、常遇春由通州攻入大都,改元都为北平府。接着,又率军往取山西,命都督副使孙兴祖、佥事华云龙守北平。

元顺帝虽已弃其大都北走,但上都(即多伦)还在其手,洪武二年(1369年)元顺帝遣其丞相伊苏入塞攻打通州。是时,明太祖朱元璋虑及北平府守备单弱,急令常遇春率军还守北平,常部驻扎在通州之西北,即今常营地区,约一月之久。康熙《通州志》记载:"徐达、常遇春等筑台驻军通州,距城三十里。"今之常营距通州及京城朝阳门、东直门与方志记载大体相同。不久,常遇春移营攻打开平。据传,常遇春见此处水草丰茂,便将一支人数不多的回民士兵留下,在此落户垦殖,后来逐步形成回族村落。之后,在常营村的基础上发展成乡,因乡公所历来设置在常营村,故以村名为乡名。又因"长"与"常"谐音,历史上一度把常营写读成"长营"。

行政归属

常营村形成于明初,为回汉杂居村落,历史上一直隶属通州、通县。早期境内先后设有里、屯、闾、村等建置,具体失考。清光绪三十三年(1907年)通州分设城区及9乡(即燕郊、西集、大柳树、牛堡屯、马驹桥、张家湾、双树、尹各庄、永乐店),常营村隶属双树乡。(《民国通县志稿》)

民国初年(1912年)通县改设十三区,常营村以及十里堡村隶属第七区(区治双树村);五里桥、草房村隶属第八区(区治尹各庄)。(《民国通县志稿》)

民国18年(1929年)通县由十三区并为八个自治区,并将旧村编为402个乡,常营村升为第八区第六十八编乡。五里桥(附村后店、草房)列为第十六联合编乡。(《民国通县志稿》《北京市朝阳区地名志》)

民国23年(1934年)河北省通县将8个自治区改为5个警区,常营乡隶属第五警区。十里堡同属第五警区。五里桥村、公主坟村隶属第二警区。(《通县志要》)

民国35年(1946年)河北省通县撤销5个警区,全县划分为24个大乡、1个镇、721个自然村。常营村隶属双树乡。十里堡、五里桥、公主坟、草房诸村隶属马各庄乡。(《民国通县志稿》)

民国37年(1948年)12月,河北省把通县潮白河以东和京山线以北140个自然村,分别划归三河县和顺义县,其中划给顺义县有87个自然村,常营、公主坟、草房、五里桥、十里堡等村一并划归顺义县。新中国成立后,1950年6月,京山路以北76个村(共107个自然村)又复归通县,常营、公主坟、草房、辛庄、五里桥、十里堡等村一并复归通县管辖。(《民国通县志稿》《通县地名志》《通县组织史》)

1953年7月,通县实行民主建政,区下设乡,全县分设9个区、128个乡。今常营地区设有常营回民自治乡和公主坟乡。常营乡下辖7村,隶属第八区。(《通县地名志》)

1956年7月,通县撤区并乡,原9个区被撤销,建立44个乡,今常营地区建有常营乡与公主坟乡。根据《中华人民共和国宪法》规定,县以下不再设置少数民族自治乡。(《通县地名志》《朝阳区组织史·农村卷》)

1958年3月7日,通县划归北京市,成立北京市通州区。4月5日,原属通县的常营、楼梓庄、咸宁侯、公主坟等4个乡划入北京市东郊区,同时,公主坟乡并入常营乡。5月3日,东郊区更名为朝阳区。6月,咸宁侯乡亦并入常营乡。为了建设北京市副食品基地,9月,常营乡、豆各庄乡一起并入双桥农场。10月,成立双桥人民公社,撤销乡的建置,建立常营管理站。全公社分设常营、三间房、公主坟、咸宁侯、杨闸5个管理站。11月,双桥公社并入朝阳人民公社,俗称"大朝阳",包括原酒仙桥、平房、东坝、楼梓庄、常营、孙河、金盏、豆各庄等8个乡及双桥、朝阳、农展馆、东郊4个农场。是年年底,三间房站并入常营站,新常营管理站下辖26个生产队。(《朝阳区志》《通县组织史》《通县地名志》《双桥农场史》)

1959年3月,贯彻郑州会议精神。为了便于实行三级管理,朝阳区将全区4个公社划分为7个公社,恢复双桥公社,其范围包括双桥农场、常营乡、豆各庄乡以及黑庄户、定辛庄(2个大队10个自然村),实行场社合一体制,率先转为全民所有制。11月根据北京市委决定,朝阳区又将全区7个公社合并为朝阳、中德、和平3个公社,时朝阳公社称"小朝阳",由9个管理站、1个种畜站种育场构成。常营管理站为第四管理站。(《双桥农场史》)

1961年4月,恢复双桥公社(1962年12月29日,改为中古友好人民公社)。6月,撤销常营管理站,组建常营生产大队。1965年1月,管庄、三间房等14个生产单位划出,常营即成现在乡域规模,包括常营、十里堡、五里桥、草房4个自然村,共11个生产队。1968

年成立常营大队革命委员会。1979 年恢复双桥农场，常营大队又名常营分场。(《双桥农场史》《朝阳区基层组织卷》)

1983 年 3 月，撤社建乡，以常营大队(常营分场)为范围筹建常营回族乡，实行“以场带乡”的行政管理体制。1984 年 7 月，常营回族乡人民政府成立，同时接受双桥农场和朝阳区双桥办事处的双重领导。乡域以生产队为基础，设立 11 个行政村，分别选举产生村民委员会。(《朝阳区组织史农村卷》)

1998 年 9 月—12 月，场乡体制改革，常营回族乡整建制划归朝阳区。2000 年 6 月“长营”统一改为“常营”，公主坟村更名为草房村。

2003 年 2 月 25 日常营地区工委和常营地区办事处成立，与常营乡党委和乡政府合署办公，一套机构、两块牌子，履行双重管理职能。

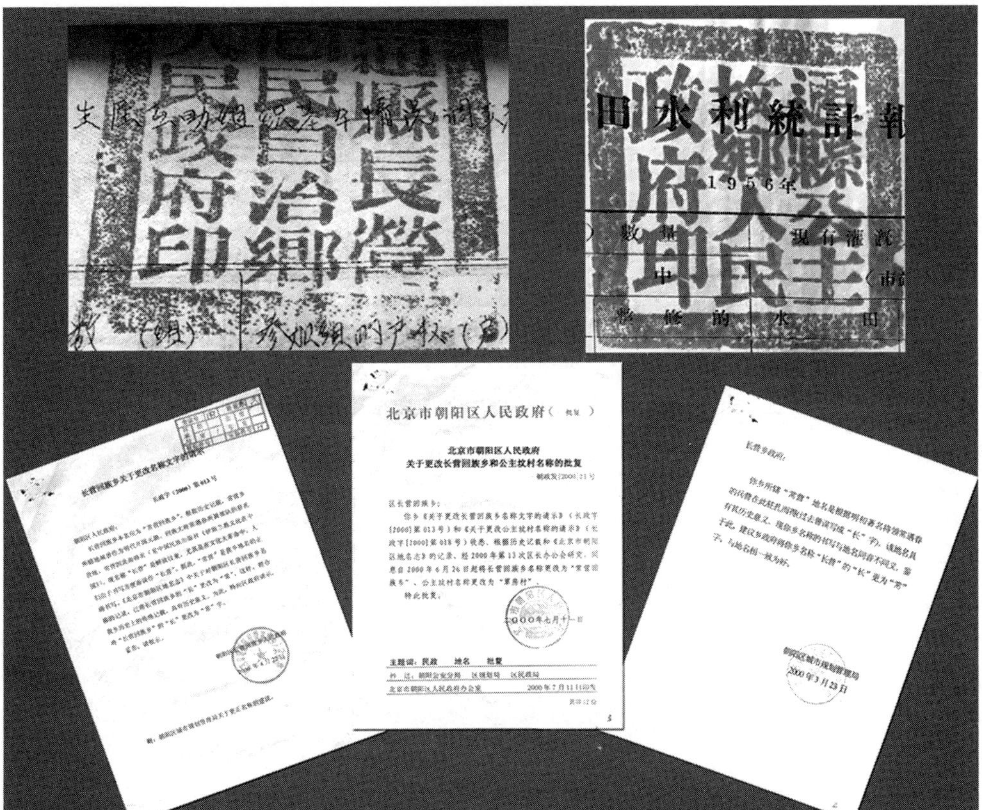

图 1－4　常营回族自治乡、公主坟乡公章及长营改为常营的文件

常营回族乡建置沿革表

表 1－2

时　　代	建置名称	隶　　属	附　　注
清光绪三十三年(1907 年)	常营村	顺天府通州双树乡	

接上表

时　代	建置名称	隶　属	附　注
民国初年（1912年）	常营村	京兆地区通县第七区（区治双树）	十里堡村同属第七区，五里桥、草房村隶属通县第八区（区治尹各庄）
民国18年（1929年）	常营乡（第六十八编乡）	河北省通县第八区	五里桥（附村：后店、草房）列为第十六联合编乡
民国23年（1934年）	常营村	河北省通县第五警区	十里堡同属第五警区。五里桥以及后店、草房、公主坟属第二警区。
民国35年（1946年）1月	常营村	河北省通县双树乡	十里堡、五里桥、公主坟、草房隶属马各乡
民国37年（1948年）12月	常营村	河北省通县顺义县	
1950年6月	常营村	复归通县	公主坟、草房、五里桥、辛庄、十里堡等村均复归通县
1953年7月	常营回族自治乡	通县	同设公主坟乡
1956年7月	常营乡	通县	同设公主坟乡
1958年3月	常营乡	北京东郊区（朝阳区）	5月东郊区更名为朝阳区；公主坟、咸宁侯乡相继并入常营乡，后常营乡又并入双桥农场
1958年10月	常营管理站	双桥人民公社	双桥公社下设常营、三间房、公主坟、咸宁侯、杨闸5个管理站
1958年11月	常营管理站	朝阳人民公社	年底，三间房站并入常营管理站
1961年6月	常营大队	双桥人民公社	4月，恢复双桥公社（1962年12月29日，改为中古友好人民公社），6月撤销管理站，组建生产大队。1965年1月，常营大队由常营、公主坟、十里堡、五里桥4个自然村组成。1968年成立常营大队革命委员会
1979年	常营大队（常营分场）	常营农场	恢复双桥农场
1984年7月	常营回族乡（常营分场）	双桥农场、朝阳区双桥办事处	1983年3月开始“撤社建乡”
1998年11月	常营回族乡	朝阳区	
2003年2月	常营回族乡（常营地区办事处）	朝阳区	常营乡党委和乡政府合署办公，一套机构、两块牌子，履行双重管理职能

四 行政区划

1953 年常营乡及公主坟乡行政区划

1953 年 7 月,成立常营回民自治乡,同时建有公主坟乡,各辖若干村,详见下表:

1953 年常营乡、公主坟乡行政区划表

表 1－3

行政村名	所辖自然村名
常营乡	常营村
公主坟乡	十里堡、辛庄、五里桥、后店、公主坟、草房、邓家窑、西马庄、竹木厂、纪庄

1956 年常营乡行政区划

1956 年 7 月撤区并乡,成立常营回族乡,同时成立公主坟乡。

20 世纪 50 年代常营乡建置区划多变,1959 年划入管庄、三间房,最多达 26 个生产单位(村)。直至 1965 年 1 月,管庄、三间房等 14 个生产单位(村)划出,常营乡辖城即成现在的规模。

1983 年常营乡行政区划

1983 年取消公社体制,恢复常营回族乡的建置,1984 年正式成立常营回族乡人民政府,下辖常营、十里堡、五里桥、公主坟(后更名草房村)等 4 个自然村。

1983 年常营乡行政区划表

表 1－4

行政村名	所辖自然村名	附　注
常营一村	常营村	居民主要为回族
常营二村		居民主要为回族
常营三村		居民主要为回族
常营四村		居民主要为回族
常营五村		居民主要为回族
常营六村		居民主要为回族
常营七村		居民主要为回族

接上表

行政村名	所辖自然村名	附　注
常营八村	常营村	居民主要为回族
十里堡村	十里堡村	居民主要为汉族
五里桥村	五里桥村	居民主要为汉族
草房村	草房村(原公主坟村)	居民主要为汉族、满族

1998 年常营乡行政区划

1998 年实行场乡体制改革,常营乡与双桥农场分家,整建制划给朝阳区直接管辖。不久,常营乡步入农村城市化建设,行政村在区划上的地理意义也就逐步消失。

1998 年常营乡行政区划表

表 1－5

<table>
<tr><th>村委会名称</th><th>驻地</th><th>辖域面积(平方米)</th><th>辖自然村</th><th>距日坛方位距离(公里)</th><th>距乡政府方位距离(公里)</th><th>聚落海拔(米)</th><th>户数(户)</th><th>人口(人)</th><th>耕地(亩)</th></tr>
<tr><td>常营第一</td><td rowspan="8">常营村</td><td rowspan="8">4283165</td><td rowspan="8">常营村</td><td rowspan="8">东偏北
12.4</td><td rowspan="8">0</td><td rowspan="8">28</td><td rowspan="8">1843</td><td rowspan="8">6451</td><td rowspan="8">4566.06</td></tr>
<tr><td>常营第二</td></tr>
<tr><td>常营第三</td></tr>
<tr><td>常营第四</td></tr>
<tr><td>常营第五</td></tr>
<tr><td>常营第六</td></tr>
<tr><td>常营第七</td></tr>
<tr><td>常营第八</td></tr>
<tr><td>十里堡</td><td>十里堡村</td><td>84290</td><td>十里堡</td><td>东略偏北
13.9</td><td>东
1.3</td><td>26.5</td><td>342</td><td>1231</td><td>1306.23</td></tr>
<tr><td>五里桥</td><td>五里桥村</td><td>78630</td><td>五里桥</td><td>东偏北
15.9</td><td>东北
2.6</td><td>24.9</td><td>373</td><td>1135</td><td>1077.37</td></tr>
<tr><td>草房村</td><td>草房村</td><td>57080</td><td>草房</td><td>东偏北
151</td><td>东
2.7</td><td>26.5</td><td>195</td><td>635</td><td>709.40</td></tr>
</table>

2014 年常营地区(常营乡)行政区划

2000 年常营回族乡被整体纳入北京市绿化隔离地区建设范围,2008 年完成整体搬迁安置任务并全面实行城市社区管理体制。2014 年全地区共建 11 个社区,分为四大类型。

2014 年常营地区(常营乡)行政区划表

表 1－6

社区名称	成立年份	社区类型	附　注
民族家园社区 连心园社区	2011 2011	回迁社区	原常营乡 11 个行政村体制不变,原常营第一至第八村居民住民族家园社区,十里堡、五里桥、草房 3 村居民住连心园
鑫兆佳园社区 万象新天社区 苹果派社区	2011 2011 2011	开发房社区	
荟万鸿社区	2011	拆迁安置社区	
保利嘉园社区 常营福第社区 住欣家园社区 畅心阳光社区 丽景园社区	2013 2013 2013 2013 2013	保障房社区	

五　人　口

常营乡常营村最早的居民是居住在古庙白衣庵(在常营中心小学位置)周围的几十户汉族人家。明初大将常遇春(回族)驻守通州,曾在此安营扎寨,一个月后移营,留下张、李、丁、戴等八姓回族士兵在此垦殖,便成了这里最早的回族居民。常营村也因此而得名。后来,陆续从山东、河间、沧县等地迁来一批回民,聚居在清真寺附近。其间,又有一批山西过来的汉族难民在此落户,与先期回民合作垦殖。到了清末,常营村便有 500 多户人家,回汉杂居,回族人口约占 80%。

常营乡公主坟(1982 年改为草房村),康熙四十三年(1704 年)清太宗皇太极十四女和硕恪纯长公主去世,墓葬于此。彼时,从吉林招募了 15 户满族人(正蓝旗)至此守墓,15 户分别为葛、李、张、王、黄、范、林、汪、庞、白、蔡、链、韩、钱 14 姓,其中张姓 2 户。而后形成公主坟村。原为满汉杂居,清王朝被推翻之后,部分满人也成了汉人。至 20 世纪 50 年代,全村有 92 户 440 多人。

常营乡十里堡村、五里桥村,据史料记载都是建于明清之际,为汉民村落。

人口总量与分布

历年人口统计　据常营村老人回忆,新中国成立初期常营村人口大约 3000 人左右。鉴于土改之后,生产发展,社会安定,医疗卫生改善,至 1965 年"四清"时,常营村共有 941 户 4341 人。同期,十里堡村有 176 户 850 人,五里桥村有 174 户 846 人,公主坟村有 84 户约 400 人,共计 1375 户 6347 人。这是该次编修乡志常营乡所能查到的最早、最完整的人口记录，资料源于“四清”工作队所著四村《村史》（稿）。经查，档案中保存下来的常营乡人口资料，起于1982年第三次人口普查，止于2010年第六次人口普查。1982年全乡2172户8863人，1990年全乡为3196户10198人。

1982—2015年常营地区户籍人口统计表

表1－7

年　份	人口数（人）	年　份	人口数（人）
1982	8863	2005	12738
1990	10198	2006	13396
1996	8846	2007	14052
1997	9156	2008	14925
1998	9454	2009	15755
1999	9903	2010	16475
2000	10377	2011	20074
2001	10986	2012	22671
2002	11127	2013	24770
2003	12244	2014	27092
2004	12164	2015	29115

注：表内人口数仅为户籍人口。

1996年以前，乡域人口只是分布在11个村庄。1996年以后，随着辖内商品房的建设，大量城内人口向常营地区转移。此外，也有部分外地人口机械式迁入，人口猛增，2010年比1996年人口总量增长5倍多。2015年常营地区实际人口达12万人，最高峰值达13万人左右。

人口分布　农村城市化以前，常营乡人口集中分布在4个自然村（11个村居委会）。农村城市化以后域内人口朝着朝阳北路沿线的新建小区集中。

1990年、2010年常营乡户籍人口分布表

表1－8　　单位：户、人

村委会名称	1990年户数	1990年人数	2010年户数	2010年人数
常营一村委会	238	749	390	735
常营二村委会	258	775	492	901
常营三村委会	323	1176	677	1337
常营四村委会	227	688	466	890
常营五村委会	267	856	499	947
常营六村委会	276	776	454	907
常营七村委会	201	610	361	699
常营八村委会	439	1331		
十里堡村委会	426	1340	810	1520
五里桥村委会	381	674	736	1430
公主坟（草房）村委会	207	1223	380	757

2010年常营一至七村已回迁至民族家园，十里堡、五里桥、草房(即公主坟村)已回迁至连心园。

2010年常营地区常住人口分布表

表1-9

社区名称	户数(户)	人数(人)	附　注
常营民族家园	3808	8386	原常营村住户迁此
常营连心园	2119	5440	原东三村住户迁此
鑫兆佳园	5845	11456	
苹果派	1844	3042	
万象新天	4500	7588	
荟万鸿	2300	4500	

2015年常营地区常住人口分布表

表1-10

社区名称	常住户数(户)	常住人口(人)	容积率
荟万鸿社区	2419	6904	2.85
鑫兆社区	7224	16067	2.22
万象社区	5016	12359	2.46
常营民族家园社区	5212	12130	2.33
常营连心园社区	2586	6409	2.48
苹果派社区	2129	5778	2.71
常营福第社区	3467	8482	2.45
畅心阳光社区	4926	10270	2.08
常营保利社区	4214	9787	2.32
丽景园社区	3550	7953	2.24
北京像素(非社区)	10403	20751	1.99
住欣家园社区	3446	6670	1.94
东方华庭社区	2415	5968	2.47
合计	57007	129528	2.27
实际(包括虚拟普查区)	58302	130834	2.24

人口结构

人口民族构成 常营乡是以回汉为主的多民族社区,其中少数民族有回族、满族、蒙古族、朝鲜族、土家族等。

长期以来,常营乡保持11个行政村建制,8个以回族为主,即常营一至八村;3个以汉族为主,即十里堡、五里桥、公主坟3村。1965年全乡回族3742人,占全乡户籍总人口的60%,1990年全乡回族5789人,占全乡户籍总人口的57%。1993年全乡回族5423人,占全乡总人口的57%。1996年全乡回族6200人,占全乡户籍总人口70%以上。2000年全乡回族6354人,占全乡户籍总人口34%。2004年,辖域内商品房小区逐渐落成,人口增长加速,由于外来人口激增,回族人口比例急剧下降。2007年之后,回族人口保持在6500人至7500人之间,占常营地区户籍总人口10%。2010年9月,回族人口8014人,占常营地区户籍总人口11.2%。

常营地区主要少数民族人口统计表

表1-11 单位:人

民 族	五普人数	六普人数	增(减)人数	增(减)百分率	附 注
回族	6354	8014	+1660	+26.13%	2000年第五次人口普查,2010年第六次人口普查
满族	179	740	+561	+313.41%	
蒙古族	35	220	+185	+528.57%	
朝鲜族	32	205	+173	+540.63%	
土家族	11	36	+25	+227%	

人口年龄构成 据第五次、第六次人口普查数据分析,2000年常营地区总人口18710人,其中0—14岁为2327人,15—59岁为15058人,60岁以上为1325人,分别占总人口的12.4%、80%、7%。2010年常营地区总人口48470人,其中0—14岁为5443人,15—59岁为37924人,60岁以上5103人,分别占总人口的11.2%、78.2%、10.5%。从以上数据来看,常营地区仍然保持中青年人口占优势,老年人口正在逐步攀升。

人口性别构成 从1982年、1990年、2000年、2010年统计分析,常营地区性别比例基本平衡,其中有3年女性多于男性,有1年男性高于女性,具体情况见下表:

常营地区性别比例对照表

表1-12 单位:人

年 份	男 性	女 性	性别比例(女=100)
1982	4266	4597	93:100
1990	5023	5175	97:100
2000	10493	8217	127:100
2010	23806	24664	96:100

人口受教育程度构成　新中国成立前,常营乡受教育人数较少,只有少数殷实富户人家送子女上学,而且以男孩为主,女孩很少有受教育机会,教育事业发展缓慢,且以初级小学为主。新中国成立后,教育事业发展,但远远未能改变落后面貌,直到20世纪80年代常营的教育才获得长足的发展,受教育的程度不断提高。详见下表:

2000、2010年常住人口文化程度比较表

表1－13　单位:人

项　目	2000年	2010年	增(减)人数	增(减)百分率	附　注
常住人口总数	18710	48470	+29760	+159.06%	2000年第五次人口普查,2010年第六次人口普查
文　盲	786	510	－276	－35.11%	
小　学	3819	3976	+157	+4.11%	
初　中	9167	10850	+1683	+18.35%	
高中及中专	1781	8282	+6501	+365.02%	
大专及以上	1374	21656	+20282	+1476.13%	

家庭人口构成　旧社会崇尚大家庭,以"三世同堂""四世同堂"为荣,随着社会发展,20世纪80年代后家庭小型化成为发展趋势。

常营地区1965—2010年家庭人口统计表

表1－14　单位:人

年　份	户　数	人　数	平均人数/户	附　注
1965	1375	6500	4.73	1965年数据来源于村史记录,其余分别来源于第三次、第四次、第五次、第六次人口普查。
1982	2172	8863	4.08	
1990	3196	10198	3.19	
2000	5335	18710	3.51	
2010	19906	48470	2.43	

人口自然变动与流动

人口自然变动　新中国成立前,常营地区是高出生率,高死亡率、低自然增长率。新中国成立后,出生率、死亡率、自然生产率时高时低。1962年后高出生率、高自然生产率一直延长到20世纪80年代。

从1984年开始,实行计划生育,人口自然增长率得以控制,自然生产率由1982年的1.93%,下降至2010年0.94%,直到1990年,一直保持在1%以下的出生率。2015年自然增长率仍保持较低水平。

1982—2010 年(主要年份)常营地区户籍人口自然变化统计表

表 1 – 15　　　　单位:人

年　份	人口总数	出生人数	出生率	死亡人数	死亡率	增长数	增长率
1982	8863	171	1.93%	57	0.64%		
1990	10198	162	1.59%	93	0.91%	1335	15.06%
2000	18710	103	0.55%	50	0.27%	8512	83.47%
2010	48470	458	0.94%	70	0.14%	29760	159.06%

人口流动　1956 年常营有 20 户回民迁往青海,这是中华人民共和国成立以来常营最大的一次人口迁徙。

20 世纪 80 年代起,户籍制度开始松动,农村大量劳动力向城市或近郊转移。常营居于北京近郊,实为人口流入地。1996 年后,随着北京建设规划的实施,农村城市化的推进,不仅大量的户籍人口涌入常营地区,而且在这里流动人口急剧猛增。

1982—2010 年常营辖区流动人口统计表

表 1 – 16　　　　单位:人

年　度	流动人口数量	性　别		办理暂住证人数
		男	女	
2000	1238			
2005	4247			
2006	8005	4755	3250	7760
2007	25000	14750	10250	24250
2008	15000	8550	6450	14550
2009	25000	14115	10885	24250
2010	21000	11218	9782	16670

注:2007 年由于地区大型商业住宅集中入住,流动人口急剧增加;
2008 年奥运会期间,因清理地下出租房,流动人口迅速减少;
2009 年房地产施工工地增加,带动流动人口的增加;
2010 年因东苇路、平房出租大院拆除,导致流动人口数量减少。

2008—2015 年常营地区流动人口调查统计表

表 1 – 17　　　　单位:人

日　期	流动人口数量	同比增减人数	从业人数	主要流出省份	从事职业
2008 年 1 月 1 日	106			河北、黑龙江、河南、辽宁和吉林	
2008 年 12 月 20 日	16908	16802	10072	河北、黑龙江、河南、山东、四川	建筑业、居民电器修理和其他服务业、批发零售和住宿餐饮业

接上表

日　期	流动人口数量	同比增减人数	从业人数	主要流出省份	从事职业
2009年12月20日	20165	3257	11709	河北、黑龙江、河南、山东、四川	建筑业、居民修理和其他服务业、批发零售和制造业
2010年12月20日	21453	1288	11813	河北、黑龙江、河南、山东、辽宁	建筑业、居民服务修理和其他服务业和其他行业
2011年12月20日	24470	3017	15327	河北、黑龙江、河南、山东、辽宁	建筑业、居民服务修理和其他服务业、批发零售业
2012年12月20日	29735	5265	19081	河北、黑龙江、河南、山东、辽宁	建筑业、居民修理和其他服务业、批发零售业
2013年12月20日	27759	-1976	17143	河北、黑龙江、河南、山东、辽宁	建筑业、居民服务修理和其他服务业、批发零售业
2014年12月20日	27679	-80	13338	河北、黑龙江、河南、山东、辽宁	建筑业、居民修理和其他服务业、批发零售业、文化体育娱乐业
2015年12月20日	25850	-1829	10443	河北、黑龙江、河南、山东、辽宁	信息传输、软件和信息技术服务业、批发和零售业、文化体育和娱乐业、居民娱乐修理和娱乐业

注:另据2016年5月20日调查,流动人口为25069人,同比减少781人,从业人数9945人,流出省份及从事职业与2014年12月20日调查相同。

计划生育

在常营,计划生育的难点主要是旧思想、旧观念的影响。“不孝有三,无后为大”观念在相当一部分群众思想上根深蒂固;还有一些人重男轻女,不生男孩誓不罢休;在穆斯林群众中还有人认为“孩子是真主赐给的,别人不能管”。加之,个别领导干部不能以身作则,或带头超生,或有亲属抱养孩子不加阻止。如此种种,给常营乡的计划生育工作带来许多障碍。有的家庭为了逃避计划生育,充当“超生游击队”,千方百计逃避他乡生育;有的跟计生干部对着干,不让超生就跟你没个完,有的向计生干部小院里抛黑砖,有人制造停电、停水、堵塞排水沟事故;在常营生到6胎、9胎、10胎的都大有人在,使许多干部感到计划生育工作太棘手、管不了,把它称之为“天下第一难事”。

计生制度及实施　1971年7月,国务院批转《关于做好计划生育工作的报告》,把控制人口增长的指标首次纳入国民经济发展计划。1980年,党中央发表《关于控制我国人口增长问题致全体共产党员、共青团员的公开信》,提倡一对夫妇只生育一个孩子。

1982 年,中共十二大把计划生育确定为基本国策并写入宪法。许多地方计生工作从 20 世纪 70 年代就开始抓,常营乡是少数民族地区,计生工作开展较迟,1984 年开始正式提上议事日程,由计生科负责。由于基础薄弱,工作量大,一时跟不上形势,连续多年拖了北京市、朝阳区以及双桥地区的后腿,是区属 24 个乡的后进单位之一,受到上级组织领导的批评、指责。

1986 年 3 月,成立乡计划生育领导小组,主管副乡长集中精力负责此项工作,各村配备计生干部,一面以宣传开路,耐心细致地做好群众思想工作,一方面从建立制度入手,建立健全账卡,完善八账一卡一表。八账即人口出生账、独生子女领证登记账、结婚登记账、节制生育账、生育规划账、计生手术登记账、药具管理账、死亡登记账,一卡是已婚育龄妇女登记卡,一表是未婚青年登记表。这些账卡的补充完善,可以随时掌握全乡的婚育、人口变化等方面的动态,迈出了科学管理的第一步。

与此同时,计生干部和乡、村领导干部,深入实际,对已婚育龄妇女的情况进行全面摸底,分类排队,找出重点户,力争全面走访,重点观察,发现计划外怀孕,及时做工作,力争能做下一个就做一个。对计划生育实行罚款,务必兑现。此外,筹措资金支持计生工作开展,1986 年慰问独生子女花去费用 3572.80 元,慰问手术人员误工补贴 5895 元,奖励符合生育二胎条件不再生育的妇女共花费 220.51 元。通过一系列工作,取得了初步成绩,计划生育率提高了 0.17%,一胎率提高了 2.90%,独生子女领证率提高了 0.65%,计划外二胎下降了 1.19%。然而,依然没有达到上级要求。

1990 年,新上任的乡党委、乡政府领导班子对常营乡计划生育工作状况进行了专题分析研究,总结了后进的 7 条根源:

(1)干部对计生工作认识不足,也就不能把群众真正发动起来;

(2)组织机构不健全,日常管理不够;

(3)对上级有关计划生育的规定和本乡提出的一些办法执行的不坚决;

(4)极少数党员干部本人亲属抱养孩子,影响极大;

(5)乡机关各部门之间和基层干部之间配合不够;

(6)乡办职工与各生产大队的人归口清,转换手续不严,互相扯皮,造成漏洞;

(7)集体经济发展缓慢,给计划生育工作造成困难。

针对存在问题,逐一制定落实措施。1991 年 5 月,中共中央、国务院作出《关于加强计划生育工作严格控制人口增长的决定》,使广大干部、群众坚定了贯彻计划生育政策的决心,据年底统计,全乡生育率第一次达到要求。1993 年的各项指标又比 1991 年有了很大的提高,被朝阳区评为二级达标乡,从落后走向先进。

1997 年,常营地区又出现了一些新的情况,如拆迁安置、人户分离、流动人口不断增加等问题,直接影响到计生管理。乡党委、乡政府仍然抓计生不放松,有效地遏制了计划生育的滑坡。1999 年,被朝阳区评为三级达标乡,计划生育率恢复至 100%。

计生管理模式转变　2002 年 9 月,《中华人民共和国人口与计划生育法》施行。2013 年 11 月,《中共中央关于全面深化改革若干重大问题的决定》提出“启动实施一方是独生子女的夫妇可生育两个孩子的政策”。常营地区的计生工作继续坚持“党政一把手亲自抓、负总责”的方针,层层落实目标责任制,实行“一票否决”制,每年投资 11 万—30

万元对已婚育龄妇女进行体检,为符合法律规定的独生子女父母发放一次性奖励费,节日期间慰问独生子女家庭等,解决了部分遗留的计生问题,年征收社会抚育费数十万元。完善了以奖励、救助、保障为主体的人口与计划生育利益导向机制。

2006年4月,朝阳区发布了首个人口发展规划——《北京市朝阳区“十一五”时期人口发展规划》。2008年,又出台《中共朝阳区委、朝阳区人民政府关于深入稳定低生育水平、统筹解决人口问题的意见》,强化“大人口”理念,标志着人口和计划生育工作进入稳定低生育水平、统筹解决人口问题、促进人的全面发展新阶段。为了适应人口发展和计生工作的新形势,常营地区实行计生管理模式的转变,计生工作模式由原来以管理控制为主,发展为以人口服务为主的新的管理模式。2006年成功举办了首届人口文化节,组织文艺节目演出、健康知识讲座、走访慰问服务等系列活动,接待群众咨询解答问题1000余人次。近2000名地区群众参与了活动,及时有效地传达了最新的人口与计划生育政策。2010年以后完成了村级计生到社区计生管理服务模式的转变,开展了出生缺陷一级干预工程、免费发放叶酸、农村育龄妇女健康体检等服务、关怀独生子女困难家庭、计划生育奖扶政策落实到位、完成了人口信息采集、人口计生目标考核等重点工作。坚持做好“一把手”工程,努力打造“阳光计生”和“和谐计生”,稳定了低生育水平,提高了群众满意度。进一步健全了计划生育利益导向机制,认真落实了计划生育奖励政策,连续几年使全地区稳定在低生育水平,实现了计生工作责任目标。

图1-5 2002年7月17日,常营地区流动人口计划生育工作条例宣传活动

2002—2014年常营地区户籍人口计划生育情况统计表

表1-18　　　　单位：人、%

年份	出生人数	男	女	平均人口数	一孩人数	二孩人数	多孩人数	出生率	一孩率	二孩率	多孩率	晚育率	计生率	死亡人数
2002	26	10	16	3946	25	1	0	6.59	96.15	3.85	0.00	92.00	100.00	11
2004	101	53	48	11722	94	7	0	0.86	93.07	6.93	0.00	60.15	98.27	未填报
2005	132	70	62	12154	123	9	0	1.09	93.18	6.82	0.00	0.00	0.00	未填报
2006	104	54	50	12433	98	6	0	0.84	94.23	5.77	0.00	0.00	0.00	21
2007	155	81	74	13017	146	9	0	1.19	94.19	5.81	0.00	0.00	0.00	43
2008	177	89	88	6341	157	17	3	27.91	88.70	9.60	1.69	91.72	96.05	17
2009	174	85	89	7170.5	173	1	0	24.27	99.43	0.57	0.00	93.64	100.00	18
2010	218	117	101	16375	209	9	0	1.33	95.87	4.13	0.00	0.00	0.00	16
2011	264	148	116	16114	245	18	1	1.64	92.80	6.82	0.00	0.00	0.00	63
2012	412	221	191	18268	393	19	0	2.26	95.39	4.61	0.00	0.00	0.00	50
2013	490	246	244	14230	470	19	1	34.43	95.92	3.88	0.20	94.08	98.78	25
2014	30	21	9	7112	23	7	0	4.22	76.67	23.33	0.00	63.33	76.67	26

注：数据来源：朝阳区统计年鉴。

六 人民生活

收入

新中国成立前,常营乡经济处于落后状态,劳动生产效率低,农民收入很少。经过土地改革、农业合作化生活有所改善,但由于政策限制,农民只能在生产队劳动,当时流传:“工分工分,社员的命根儿。”由于农业效益低,工分日值最高一元左右,低的合作社只有几毛钱。一个男劳动力,每天能挣到10分,如果出全勤,每月能拿到二三十元钱。到农忙季节,每天早出晚归,晴天一身汗,雨天一身泥。如果家里有两三个劳动力,到年底结算,扣去粮款电费外,所剩无几,累死累活,生活还是紧紧巴巴。那时相当一部分人领完口粮还欠生产队钱。所以为了贴补家用,很多人都利用下班时间去打草卖钱,也有靠卖血贴补生活的困境的。中共十一届三中全会后,常营乡党委、乡政府在全乡推行了家庭联产承包责任制,使农民获得了劳动经营自由权,促进了农业生产的发展,农民生活水平大幅提高,农民通过种植水稻、小麦、蔬菜,或者发展养殖业包括养殖牛、羊、猪等获得收入,收入来源主要是售卖农产品。1981年3月,中共中央、国务院转发国家农委《关于积极发展农村多种经营的报告》,积极鼓励和支持社员个人或合作经营服务业、手工业、养殖业、运输业等。凡是适合社员个人经营的项目,尽量由农户自己去搞,生产队加以组织和扶助。常营乡域个体运输户发展很快,曾涌现出胡顺来、马朝清、丁秀德、安士亭等万元户。并被乡政府树为标杆,给予表扬。常营乡党委大力发展乡办企业。随着乡镇企业、民营经济的发展,常营百姓从事第二、第三产业的收入增多。收入比以前单一的种植农产品增多。20世纪90年代,乡政府加大对农业的投入,大力扶持乡村企业,使农民的收入有了提高。1998年北京市政府《关于发展家庭养殖业的扶持意见》等政策出台,全乡91个养殖专业户获得市区政府的贴息奖励,常营三队的獭兔养殖曾受到区政府的表彰并给予资金扶持,从而增加了农民的收入。2000年绿化隔离地区建设给常营地区发展带来了机遇,由于绿化隔离地区建设的优惠政策,常营地区开始了旧村改造和新村建设。农民拆迁上楼,没有了土地,常营百姓转变观念,通过技能培训再就业,工资收入和房租成为农民的收入的主渠道。随着经济大环境的好转,各种理财产品、股票证券也是现代常营百姓的收入来源。在经济快速发展的同时,常营城镇居民收入的渠道进一步拓宽,收入结构发生变化。

1983—2015年常营农民收入表

表1-19　　　　单位:元

时　间	1983	1984	1985	1986	1987	1988	1989	1990	1991
人均收入	443.51	672.48	909.00	972.00	1009.00	1122.00	1100.00	1257.00	1372.00

接上表

时　间	1992	1993	1994	1995	1996	1997	1998	1999	2000
人均收入	1449.00	2287.00	3500.00	4972.00	1435.00	5353.00	5768.00	6346.00	7112.00
时　间	2001	2002	2003	2004	2005	2006	2007	2008	2009
人均收入	7809.00	8638.00	2924.00	5290.00	2662.40	8717.00	8757.00	8668.00	8671.00
时　间	2010	2011	2012	2013	2014	2015	—	—	—
人均收入	8667.00	18800.00	20000.00	22167.30	24249.90	26000.00	—	—	—

支出

新中国成立前，常营家庭的主要支出就是基本生活，穿衣、吃饭。20 世纪 60 年代—70 年代，社里按照每口人每月发放口粮。穿的是粗布衣，连换洗的衣服都没有，晚上洗，白天穿。在农民每年的生活费用支出中，除大事（婚嫁、置房等）消费外，基本生活费用是一个家庭的主要消费项目，其次是水电农资投入的费用，包括种子、化肥、农药等，然而医疗赡养费用，教育方面的支出费用，其他消费如保险、休闲娱乐方面的支出特别少，日常生活消费支出的项目主要还是用于食品、服饰、水电、交通通讯等基本的生活消费，说明农民的收入主要还是用来维持基本的生活水平。直到改革开放后，才起了很大变化。

1986 年根据抽样调查统计，当年全乡 80% 的农户购买了电视机和电风扇，60% 的家庭购买了洗衣机，从总体上看农民的收入及消费总量增加，但收入大部分还是用于满足基本的生活消费。除去买房、婚丧等大事消费，其基本生活消费是主要消费。农民生活消费中主要以食品、衣着、家庭设备、交通通讯等方面为主，而用于其他生产投入、教育、医疗、储蓄、娱乐等的消费相对较少。由于农民收入的限制，仅能满足基本生活开支。除少数农户外，大部分农村农民的生活消费仍处于较低水平。

2000 年以后，农民用于饮食等生存型消费的比重下降，对穿衣打扮、文化教育等发展和享受型消费的支出大幅增加，农民生活消费正在从生存型向发展型转变。医疗保健比重上升，已高于吃的比重，消费结构出现了新的变化。服务性消费、旅游支出、交通通讯、文化娱乐服务消费、美容用品和美容费支出成为居民生活中的五大消费热点和亮点，有力地推动了总体消费水平。食品消费由量的满足转向质的提高。食品市场供应丰富，品种繁多，居民在吃饱的基础上，更加注重质量的提高。人们的食品消费注重合理调整膳食结构，荤素搭配，粗细结合，追求食品的营养性、科学性、均衡性和多样性。保健、环保的绿色食品备受人们的青睐。

居住

新中国成立前，常营地区百姓居住条件很差，除少数有钱人能住上砖瓦房，绝大多数的穷苦农民居住在低矮、阴暗、潮湿的土坯房子里。这样的房子冬天进风，夏天漏雨，每到连阴雨季，真是“屋外大下，屋内小下，屋外雨停，屋内还下”。多雨季节，塌房倒墙时有发生。有一年，连续下了 7 天的雨。常营地区就曾发生因塌房砸死一位 70 多岁的老太太的事件，所以每当下大雨，家中老人晚上就不敢睡觉，怕发生意外，出现伤人事故。当时贫苦农民住的房子大部分是土坯房,有时甚至直接用土打墙,用土坯砌山尖,直接放檩,这种盖房的方式叫"板打坯找"。稍有条件的户也只是用砖砌几层房基,这叫"砖下碱"。上边用碎砖和土坯砌墙,叫"里生外熟"。门、窗很小,室内光线很暗。即使是这样简陋的房子,仍有不少更为贫穷的农民也没有,他们过着东搬西挪的租房生活,俗称叫"串房檐"。

土改以后,穷苦的农民真正翻身做了主人。随着人们生活水平的不断提升,百姓的住房也随之发生变化。人们为了生活、居住更加舒适,对住房不断翻建。从土坯房到砖瓦房,从房顶抹泥、抹灰到房顶上瓦,个别人家还自建二层楼房。改革开放以后,人们的经济收入大幅提高,百姓对住房的要求也不断提升,从烧柴土炕,换成席梦思床,从用煤火炉子取暖到安装土暖气,常营整体搬迁上楼前几乎乡域内的群众,吃饭用煤气,取暖用土暖气,柴锅柴灶已成为历史。

图1－6　拆迁前居民住房外景(摄于20世纪90年代)

搬迁上楼后,百姓更加扬眉吐气。居住面积从人均15—20平方米到人均30平方米

图1－7　搬迁后居民屋内摆设(摄于2015年)

以上。楼房干净、整洁，窗明室亮，南北通透，便于室内通风。现在住楼房做饭、吃饭有地方，睡觉有卧室，来客人有客厅。就连如厕都不用出门。真正实现了过去讲的“电灯、电话，楼上、楼下，自来水头朝下”的现代生活。

闲暇时间安排

改革开放以前，常营农民收工后要去打草来贴补家用，闲暇时间一般是去邻居家串门聊天。20 世纪 80 年代—90 年代，农村的文化生活方式是在家里看电视或者听广播、打扑克、搓麻将、下象棋、读书看报等。

进入 21 世纪后，随着常营农民的经济能力的提高，业余生活更加丰富。从一年难得看上几回的露天电影，到个性化的家庭影院；从收音机中收听样板戏，到遍地开花的卡拉OK；从单纯地追求“吃饱饭”，到追求生命质量的健身运动；从打台球到网络游戏，从小人书到 BBS 等休闲娱乐方式的变迁，折射出改革开放 30 年经济的发展、时代的进步。现在人们更注重健身，跑步、打球。不像过去单一、被动选择，人们更注重精神方面的需求，外出旅游已经成为人们的常态休闲项目。现在生活也富裕了，选择余地也宽了，生活质量也提高了。

图 18　休闲

卷二 基本乡情(下)

一 文物古迹

常营清真寺

位于常营乡朝阳北路与管庄路交叉路口西北,也称常营礼拜寺。清真寺始建于明正德年间(1502—1521 年)。据常营清真寺重建碑记载:“常营庄古有清真寺一座。考其曩昔,乃大明正德年间创造。”常营清真寺清代曾一度被毁,后于清嘉庆元年至嘉庆三年(1796—1798 年)由常营村众教民献乜贴集资重建。清真寺里外分两进院落,占地2800 平方米。直至 1950 年常营清真寺基本保存完好。它比世界知名的中国新疆喀什的艾提卡尔大寺建成的年代还要早,比京城著名古寺西城三里河清真寺历史还早半个世纪。

20 世纪 60 年代后期房屋建筑遭受损坏,曾被改作为翻砂场、草板厂的仓库和生产车间,清真寺一度面目全非。1979 年政府落实民族宗教政策,1980 年 2 月 1 日当任阿訇带领众乡佬整理抢修 15 日,后做了一次主麻。1983 年逐步得以修整和重建,恢复建筑原貌。以后,常营乡政府先后投资 100 多万元对清真寺进行了一系列的修缮和扩建,工程包括翻修礼拜大殿,建女礼拜殿,邦克楼等,常营清真寺新具规模。

2002 年 5 月至 2004 年 10 月,进行了历史上最大规模的扩建,总投资 1300 多万元,占地面积 8459 平方米,改造建筑面积 4578 平方米,总建筑面积达 5273 平方米,增建了单独的女拜殿和北部的北礼拜殿。而今,常营清真寺是灰砖绿瓦围墙的四方大院,院墙的四角各设六角攒尖顶的角楼,朝东开设五开间三门王府式大门建筑。院落有宽敞的前院,并排 3 座礼拜大殿的院落组成中院,后院是花园、办公室、住房等。前院南北狭长,有男水房、女水房、碑亭和井亭,通往中部设有 3 座垂花门分别通往 3 个院落。中院的中间是礼拜大殿,建筑面积 861 平方米,游廊连接南北配房及两个跨院,大殿旁立两方古碑;往南游廊通女礼拜殿院,往北游廊通北殿院和讲经堂,还有游廊连通南北配房。后院是一排数间的西房,用于办公和住宿,设有凉亭花池,院南北各有一大铁门以进出和办事。扩建修复后的常营清真寺保留了中国古建筑特色,布局严谨大方,气势宏伟典雅。飞檐斗拱、古意盎然,并装备现代化设备,成为既是一座穆斯林宗教活动场所又是北京市对外开放的窗口。

常营清真寺是北京地区占地面积第二大的清真寺,现为朝阳区重点文物单位。2000 年被中国伊斯兰教协会授予“全国百座模范清真寺”的荣誉称号。

图 2－1 常营清真寺内古树(摄于 2015 年)

图 2－2 常营清真寺内古石桥(摄于 2015 年)

和平谈判纪念碑

全称“北平和平解放五里桥谈判纪念碑”。经朝阳区委党史办认真筹备于 2013 年 8 月 1 日开工修建,9 月 6 日竣工。纪念碑碑体长 3.5 米,高 2 米,由青白石和灰麻花岗岩雕刻而成。纪念碑碑文由朝阳区书法家协会主席沈莉撰写。纪念碑坐北朝南,坐落在朝阳区常营回族乡东高路东侧“万亩大造林”内,铺设了石板甬道与东高路相连,与五里桥原谈判遗址只一路之隔。

北平和平解放五里桥谈判是中国人民解放军平津战役前线司令部领导人与国民党军傅作义部代表就北平和平解放问题进行的一次重要谈判。北平和平解放谈判先后进行3次,前两次谈判在河北省蓟县八里庄村(现天津市蓟县八里庄村)举行。第三次谈判于公元1949年1月15日至16日在河北省通县西北五里桥村(现北京市朝阳区常营回族乡五里桥村)张家大院举行。五里桥谈判最终达成北平和平解放初步协议,即《北平和平解决十四条》。1月19日,双方代表在北平城内将协议增补为22条。1月22日,傅作义在《关于北平和平解决问题的协议书》上签字,并发表广播讲话。1月31日,中国人民解放军进驻北平城,北平宣告和平解放。

五里桥谈判促成北平和平解放,使古都免遭战火涂炭,其历史功绩永载史册。2010年,全国进行革命遗址普查工作,北平和平解放谈判地遗址——北京市朝阳区常营回族乡五里桥村原张家大院被列入北京市革命遗址。

为纪念这一重要历史事件,经朝阳区委同意,朝阳区委党史办联合朝阳区文化委员会、朝阳区常营回族乡人民政府共同修建了北平和平解放五里桥谈判纪念碑。

五里桥谈判纪念碑建成,对于保护辖区内革命遗址、进行爱国主义和革命传统教育、发挥党史资政育人作用具有重要意义。

图2-3 1949年1月15日至16日,中国人民解放军代表与傅作义代表在河北省通县五里桥村谈判旧址(摄于1949年)

公主坟遗址

位于常营公主坟(2001年划入北京市第一道绿化隔离带地区)。1958年公主坟村与草房村合并,仍称公主坟村;2006年改名草房村。

草房村公主坟,埋葬的是清太宗皇太极十四女和硕恪纯长公主。其母为皇太极庶妃蒙古察哈尔部奇垒氏。她是有清一代唯一嫁给汉人的皇帝亲女,顺治十年(1653年)13岁时嫁给平西王吴三桂之子吴应熊,顺治十四年(1657年)晋封为和硕长公主,顺治十六年(1659年)被封为和硕建宁长公主,后改为和硕恪纯长公主。吴应熊与公主婚后,顺治十年(1653年)授三等子,顺治十四年(1657年)加少保兼太子太保(从一品),康熙七年

(1668 年)晋少傅太子太傅(正一品)。康熙十四年(1675 年)因其父吴三桂反叛清廷,吴应熊与其子吴世林皆被处死。吴应熊死后,康熙皇帝曾多次下诏慰藉公主,谓其"为叛寇所累"。康熙四十三年(1704 年)公主去世,时年 63 岁。民国期间公主坟曾被盗,新中国成立后,1958 年墓被平毁。

附:公主坟兴衰始末

和硕恪纯长公主的坟墓坐北朝南,东西 133.0 米(40 丈),南北 233.0 米(70 丈),呈长方形,四周围墙高 3.0 米(9 尺),外侧有 0.4 米(一尺二寸)高墙垛,墙宽 1.2 米(三尺五寸)。墙上可以走人巡逻,正南有宫门一座。东西有角门各一处;宫门口两侧明柱上挂有黑红鞭和水火棍,享殿在围墙中间,坐北朝南,享殿"明三暗九"为大式硬山筒瓦大脊,带斗拱,享殿前有东西配房各五间。中间享殿供有公主神像,有供桌、拜垫及一应祭祀用品。东配房是用来祭祀时做贡品杀猪、牛、羊的场所。西配房是供祭祀的人员休息的场所。宝顶在围墙最北侧,呈地宫形式,地面宝顶高 1.7 米(五尺余),直径约 10.0 米(三丈)。南侧宫门口,有两扇红漆大门,宫门上有包金门钉 36 颗。从地面到宫门口是五层青石台阶。从宫门口到享殿,是砖铺甬道宽五尺。所有建筑一律青城砖建成。在宫门口的东西两侧各有三间小型宫房,是用来祭祀的文武百官更衣所用。在公主坟墓的正南方,人工开挖了两个水坑,分列其左右两侧,取义"左仓右库"。在宫门口前立有石碑一块。碑上书:"文官下轿,武官下马。"坟墓工程宏伟,在当时也算京东无二。

和硕公主的坟建成后约 1704 年,从满族的发祥地今吉林省(具体地址不详)招募 15 户正蓝旗的百姓来为公主看坟(实为坟奴)。这 15 户坟奴为:葛、李、张、王、黄、范、林、汪、庞、白、蔡、链、韩、钱。其中张姓两户,故 15 户 14 姓。每户坟奴给粮田两亩(公主坟村东有一块地名叫二亩地,这个名称一直保留到公社化时期)。每户赐坟地 6 亩,故在公主坟的东西北三面有白家坟、赵家坟、林家坟、葛家坟等。直到土改时期,在公主坟南面始终没有百姓的坟地。

在公主坟墓两侧为看坟人建筑住房,分东西两侧。在公主的坟围墙东西各留有 4.0 米(一丈二尺)的胡同,取名东、西胡同。此名字一直用到 2006 年村庄搬迁。在公主坟的东南,为看坟人打井一眼。这是公主坟村百姓唯一的一眼吃水井。此井直到 20 世纪 70 年代才被填平。民国以后由于人口增多,群众吃水太困难,村里的葛姓人家在村西头自己打了一眼井。后来蔡家、赵家又新打水井多眼。

在墓地围墙的东西角门旁,为看坟人建东、西碾坊各一处。此碾坊为看坟人碾米磨面用。农村电气化后才废弃不用,改为合作社公共用房。

据现在 90 岁以上老人回忆,每到祭祀的时候(清明、农历七月十五、农历十月一日和公主的忌日),公主的后人都来坟地祭祀。完毕后,所有供品都由负责的"庄头"按 15 户看坟人平均分配。所分的供品也就是麻花、馓子、牛、羊、猪肉、四季水果和少量银钱。因为和硕公主的坟墓前有一条大道是官道(从北京到承德)。但凡有国家的官员和皇亲在此道经过,都必须要到公主的坟前拜祭,看坟人要为其打扫墓道,安排茶水,负责接待,但也收到一定的赏赐。

公主坟村原有 3 个"庄头",分别是张庄头、周庄头和赵庄头,每户庄头各有 15 亩地,分别负责村里的一些事项,有负责管理坟地的安全的。比如防火、防盗。安排看坟人值班,打更巡视等。有的负责享殿的管护,享殿内的设施和祭祀用品的维护、维修,分配坟主人的赏赐等。有的专门负责日常接待,处理日常事务。

公主坟的看坟人享有特殊的身份。民国前,通县的衙门管不了公主坟的行政事项。他们直接受北京某衙门管。公主坟村里有事直接到建宁公主府去报告。宫门口明柱上挂的黑红鞭和水火棍,是代表权力的象征。如果有人损坏了公主坟墓的一草一木,用黑红鞭或水火棍打死白打。有官员从公主的坟前经过时,文官如果不下轿,武官如果不下马,把黑红鞭或水火棍放在轿前、马前,官员便不敢通过。推翻帝制后,公主坟村划归通县管。直到1958年公主坟乡和常营乡合并划归朝阳区。

和硕公主的坟墓是民国31年(1942年)秋被盗的,当时战火纷飞,政府和地方无力管理民间杂事。盗贼四起,社会上一些黑恶势力兴风作浪,发国难财。北边楼梓庄的马德山(盗墓团伙头子)和南边复兴庄的王姓盗墓团伙同时来盗该墓,并且进行了枪战。最终马德山一伙得胜,把公主墓给挖开。在宝顶的西南角挖开一个盗洞。坟墓被盗后,由当时的负责人(布衣搭)张文元到北京和硕公主府去报告,公主府的人告知:“坟里也没有什么东西,盗就盗了吧,请你回去把盗洞填实吧。”据老人们回忆,他们进墓里去看过,只有一个0.7米(两尺)见方的木托盘和一个骨灰盒,托盘和骨灰盒的四角,包金花饰被起走了,骨灰撒在地面上,只有一个空空的墓室。

1949年的公主坟村民主政权把享殿拆大改小,在享殿的原址上盖了小学校和村公所,把围墙也拆掉,由原来的3.5尺宽改成1.4尺宽,宫门口也拆除,原来的两座东西小宫房改成群众聚集的场地,节省下来的砖、石、瓦、木按当时的人口均分。由于分配不公,被百姓举报,当权人曾受到处置。公主坟小学于1954年合并到五里桥小学,校址变成了公主坟乡乡公所和先进合作社,及后来的五星联社办公用房。

1958年,当时的双桥公社在通惠河普闸桥修扬水站,挖掘社会资源组织力量,把和硕公主的宝顶给挖了。同时把四周的围墙拆除(因为当时的宝顶和围墙都是大清朝的城砖)运走修扬水站,至此近300年的建宁公主坟,名存物失。

1983年,公主坟村进行了村庄改造,把原来的坟址改为群众休闲的场地。经上年纪的老人提议,用拆学校旧房的大城砖,建五间合作社的库房。材料砖、石得以保留。经近300年的历史洗礼,仍能见证历史的遗物。直到2006年常营乡整体搬迁上楼。村庄整体拆迁,建宁公主坟墓的遗物才荡然无存,永远消失在人们的眼前。

洪熙圣旨碑

立于明宣德元年(1426年)农历二月十三日,2009年3月被发现,位于常营乡草房村内,后集中保护于奥林匹克森林公园内的朝阳贞石园中。

该碑通高2.5米,宽1.1米,厚0.2米。碑首呈方形,篆书“奉天敕命”,额为阳刻浮雕,额题“皇帝圣旨”。碑身上部为圣旨,颁于明洪熙元年(1425年)农历三月二十二日,明仁宗因“推恩以报之,道其显亲之心□劝天下之为孝者也”,追赠户部河南清吏司主事郭诚亡父郭恭为承直郎户部河南清吏司主事,其母王氏为安人。下部为郭恭墓碑文,记述“郭氏世家顺天府之通州”,郭恭及其祖郭遵道、其父郭顺乡的生平。

书丹并篆额者,程南云,字清轩,号远斋,江西临川人,赐进士出身、征仕郎、中书舍人、监察御史，工诗文，精篆隶，为时所尚。奉命书长陵碑。

图 2－4　原坐落在常营连心园小区内的洪熙圣旨碑（摄于 2009 年）

二　市政建设

道路建设

明清时期，通县是京城漕运、仓储之地。常营乡域之内只有一条东西走向的大道，通往通县。由于多年车行马踏，道路低于两侧田地，形成一条路沟。《通县志要》之风土卷载："乡民自己之空地，栽树不遗余力，对于公行道路皆弃而不顾，洼下任其洼下，崎岖听其崎岖，冬季积雪载途，夏季行潦泥泞，无人过问。"由于路低田高，春夏季车马难行。秋冬季方可通行。直到 1949 年常营依然没有一条平坦像样的通城道路。20 世纪五六十年代，常营人坐车进城要到管庄去坐，东三村则要步行三四里地到八里桥去坐车。遇有急难病人，须用手推车或用笸箩抬到汽车站才能到医院。行人出门遇雨，只好人扛着自行车走到马路才能骑。1963 年，朝阳区委书记单昭祥到五里桥检查工作，中途遇雨，轿车无法行驶，后从公主坟合作社借了一头牛，把轿车拉到管庄马路上，方才离去。

20 世纪 70 年代常营乡自筹资金修建了一条衔接四村的砂石路，全长 9.5 公里。

1985 年,通过集资的办法,把 9.5 公里的联村砂石路改为柏油路面。乡政府投资 50 万元,新修了从东三村至常营村 9 公里的环乡柏油马路,并完成了马路排水边沟的工程,一改过去那种"雨天一身泥,晴天一身灰"的旧面貌。后又继续投资 10.26 万元,修建了常营村北至五里桥村 2 公里的环乡柏油路面。1998 年,乡域内东苇路贯通。2001 年,投资 936 万元先后修(扩)建五里桥路、草房路至朝阳北路、民族家园路。投资 160 余万元,建成环乡东路常营路段并通车。2003 年,乡域内朝阳北路贯通,并全面完成幺家店路、常营北路和常营西路共计 2780 米的道路建设并通车。2004 年,乡域内双桥东路、幺家店路(东苇路以东)等 4 条全长 3600 米道路建成通车。2005 年,完成幺家店路东段、双桥东路、建材院中路等 5 条全长 5000 米的道路建设,引进了 731、834 公交线路。2006 年,主要完成朝阳北路常营段的拆迁和建设工作。乡域内主要有东苇路、朝阳北路等 10 条道路,基本形成了地区畅通路网。2007 年,常营西路一期修成通车。2008 年,东苇路以西道路按规划基本形成畅通的城市道路体系。2009 年,辛庄路北段建成,辛庄路南段、常营南路等 6 条道路完成半幅道路建设。域内城市道路体系,主要有朝阳北路、常营南路、常营北路、幺家店路、常营西路等城市主、次干道路。2014 年,打通辛庄一路、三间房东路 2 条断头路,在朝阳北路增设 2 处交通路口。

图 2-5 常营乡拆迁前后的道路变化(20 世纪 80 年代、2005 年)

截至 2015 年,常营回族乡辖区已建成乡域内主次干道及城市支路 26 条,建设总里程 27.5 公里,为乡域内居民的出行带来极大的方便。

2015 年常营乡域内道路建设情况表

表 2-1 单位:米

路名	等级	起讫点	长度	宽度	建设管理单位
黄渠东路	城市次干路	南至朝阳北路、北至幺家店路	830	50	北京宝嘉恒基础设施投资有限公司
民族家园西一路	城市次干路	南至常营中路、北至幺家店路	420	25	北京绿色产业基地投资有限公司(简称绿基投)

接上表

路名	等级	起讫点	长度	宽度	建设管理单位
民族家园中路	城市次干路	南至朝阳北路、北至幺家店路	830	30	北京绿色产业基地投资有限公司(简称绿地投)
民族家园东路	城市次干路	南至朝阳北路、北至幺家店路	780	30	北京绿色产业基地投资有限公司(简称绿地投)
管庄路	城市支路	北至小场沟、南至常营南路	2100	25	区属管理
常吉路	城市次干路	北至常营北路、南至朝阳北路	780	25	北京天鸿集团公司
双桥东路	城市支路	北至常营北路、南至朝阳北路	760	40	北京天鸿集团公司
常顺路	城市次干路	北至常营北路、南至朝阳北路	680	30	区属管理
常利路	城市次干路	北至常营北路、南至常营中路	780	60	区属管理
高安屯路	城市支路	北至常营北路、南至朝阳北路	780	60	区属管理
五里桥一街	城市支路	北至航研所东路、南至朝阳北路	720	25	区属管理、北京中弘地产有限公司
东高路	城市支路	北至乡界处、南至乡界处	2050	25	区属管理
温榆河大道	城市主干路	北至乡界处、南至乡界处	750	60	市属管理
三间房东路	城市支路	北至朝阳北路、南至常营南路	480	30	北京城乡建设集团有限责任公司
常新路	城市次干路	北至朝阳北路、南至常营南路	450	40	区属管理
常和路	城市次干路	北至朝阳北路、南至常营南路	210	40	区属管理
草房西路南段	城市次干路	北至朝阳北路、南至常营南路	210	30	区属管理
草房西路北段	城市次干路	北至高安屯路、南至朝阳北路	730	30	北京中弘地产有限公司
幺家店路	城市次干路	东至管庄路、西至黄渠西路	1100	40	北京绿色产业基地投资有限公司(简称绿地投)
常营中路	城市次干路	东至高安屯路、西至黄渠东路	2950	30	北京绿色产业基地投资有限公司(简称绿地投)、北京天鸿集团公司、区属管理
常营北路	城市次干路	东至高安屯路、西至管庄路	1900	30	区属管理

接上表

路名	等级	起讫点	长度	宽度	建设管理单位
常营北小街路	城市次干路	东至常顺路、西至双桥东路	360	25	北京北辰地产集团
常营南路东段	城市次干路	东至草房西路、西至常新路	1050	40	区属管理
常营南路西段	城市次干路	东至管庄路、西至常营西路	620	30	北京城乡建设集团
航研所东路	城市次干路	北至常营北路、南至朝阳北路	980	15	北京中弘地产有限公司
朝阳北路	城市主干路	东至东高路、西至黄渠东路	4700	60	市属道路

标志性建筑

清真古寺 常营清真寺位于朝阳区朝阳北路与管庄路交叉路口西北,也称常营礼拜寺。(详见本卷文物古迹)

常营地标 坐落于常营穆斯林服务中心内,高30米,整个建筑采用穆斯林传统的几何图案组合而成,美丽而壮观。今已成为常营地区地标性建筑之一。

三角大烟囱 常营民族家园三角形大烟囱,始建于2000年,高60米。整个烟囱外形呈三角形,烟囱上以蓝色字体写着“常营民族小区”6个大字。三角形大烟囱设计理念源自于穆斯林的传统小吃糖卷果的形状。此烟囱起初是作为冬天取暖设备的排气、排烟,现在只是作为常营地标性建筑之一。

图2-6 常营地标——三角形大烟囱(摄于2011年)

照明

昔时，常营地区老百姓使用菜油灯照明，用棉花或多股棉线做成灯芯，用盘子或油灯碗倒入菜油，点燃灯芯照明。由于菜油在燃烧过程中会产生油烟，在灯下看一晚书、家庭妇女们在灯下做一晚针线活，人的两个鼻孔会被熏黑，上等殷实人家使用蜡烛照明。

清光绪二十二年(1896 年)美国煤油(洋油)进入中国市场。常营地区普通百姓大约在 20 世纪 30 年代开始使用煤油灯照明，根据家境分别用头号、二号、三号煤油罩子灯。晚上外出使用烧煤油的提灯或马灯，遇有红、白喜事或群众集会，使用汽灯(加气煤油灯)。直到 20 世纪 60 年代初，农村通电才结束了点灯用油的历史。从此村民们告别了“夜里四处黑”的日子。

随着经济的发展，每个家庭都换上了装饰灯、节能灯、LED 灯等。常营拆迁安置后，原来常营西路北段的路灯因为年久失修一直不亮，常营南路也没有安装路灯，确实给居民的夜间出行带来了很多不便，为解决这个问题，2009 年下半年，地区向区市政管委提出了路灯安装的申请，经过有关部门的勘察、设计，2010 年 10 月份，路灯安装工程正式启动。2010 年 11 月底，常营西路北段、常营南路两条道路上的 93 盏 LED 路灯全部安装完毕。2011 年上半年开工施工建设光伏电站工程，建设地点在常营物业公司办公区域，主要功能是利用太阳能进行发电储备，供民族家园小区 CD 区路灯照明，从而节约电力资源，2012 年 4 月通过竣工验收。2015 年，常赢物业公司共为两个小区安装了 500 盏 LED 灯，该次安装低杆灯主要装在单元门前，主路上以 8 米高杆灯为主。常营民族家园和连心园小区的路灯均采用 LED 节能灯泡。

民族家园 2003 年建成，内有高杆路灯 150 个，低杆路灯 314 个；连心园 2005 年建成，内有高杆路灯 113 个，低杆路灯 176 个。乡域道路路灯 550 盏。

图 2－7　工人师傅在民族家园内安装路灯(摄于 2009 年)

排水

昔时，常营乡的村庄胡同没有建排水沟，雨水和污水(生活用水)全都从高处向低处流淌,最后流入中心沟,从而低凹之处,便形成大大小小的水坑,每到夏天便成了蚊蝇滋生之地,臭气刺鼻。冬季则是村童们溜冰玩耍之地。

合作化以后,政府对土地集体管理,耕地面积不能减少,宅基地不可随便扩大,但是随着人口的增加和群众住房要求的提升,各级领导只能在村落内部为群众解决宅基地问题,村内"插当补空""填坑造地",原有的坑、洼地没有了,给村落排水造成困难。改革开放前,乡域内村落街道都是土质路面。每到雨季,百姓院里的雨水往胡同里流,胡同的水往街道上排,街道上群众的堆物、堆料影响排水,造成街道积水,车行人踏,满地泥泞,春、秋两季,群众家的生活污水都泼到街道上,个别群众把脏水甚至便盆都往街道上泼,行人"苦不堪言"。虽然当时也宣传要注意环境卫生,但是"院里现代化,门外脏乱差"仍是当时农村环境卫生情况的真实写照。改革开放以后,农村集体经济有了发展,常营四村、十里堡村、五里桥村等,对街道路面进行硬化改造,在道路两侧砌建明沟和暗沟,这样雨水和生活污水通过明沟或暗沟流入中心沟,向东经五里桥水库再排入通县境内的温榆河。

为了解决常营村东北部的排水问题,乡村干部曾发动群众治理了"海家沟"。结合环境治理,亦投入资金和劳力清除中心沟的垃圾和淤泥,另外对常营沟七队桥处的明沟段进行沟底清淤,保证暗沟的出水流畅。排水大为顺畅,基本面貌是百姓出门不踏泥,街道路面不见污水。

拆迁安置后,常营地区所有雨水和污水都排到统一规划管线。

雨水:常营地区属于常营沟流域范围,雨水排入常营沟,由建设单位负责将新村南侧的常营沟改为暗沟,断面为2口3000×2100毫米,长为600米,向东接入现状口6000×2100毫米常营暗沟。沿常营西路修建Φ1600毫米雨水管,长450米,向南接入制药三厂外部雨水管。沿常营北路修建Φ500毫米雨水支管,长250米,向西接入常营西路规划雨水管。沿幺家店路和常营路修建Φ1100毫米—Φ2400×1300毫米雨水支干线,长1350米,接入常营暗沟。沿常营北路修建Φ1400毫米雨水支线,长300米,向东接入常营路雨水支干线。

污水:新村污水远期排入定福庄污水处理厂。沿常营路至通惠河北岸修建Φ700—Φ1200毫米污水干管,长4090米,排入定福庄污水处理厂;沿常营西路至常营北路修建Φ500—Φ700毫米污水支线,长1050米,向东接入常营路污水干线;沿幺家店路修建Φ400毫米污水支线,长400米,接入常营路污水干线,将污水干线修至新村南端,在新村用地范围的南部设置小型污水处理设施,污水经干线进入污水处理设施,经处理后排入常营沟。

三　公用事业

供水

历史上常营地区居民吃用自提井水。20世纪70年代初供应自来水,但未入户,一个街道一个龙头，直至 1974 年水龙头才基本入户。

民族家园小区和连心园小区使用自备井供水，除民族家园和连心园外的小区都使用市政水。

地下水自备井由乡政府供水。管线按永久规划安排，由建设单位负责沿常营西路修建 Φ400 毫米供水管，长约 800 米；沿朝阳北路修建 Φ600 毫米供水管，长 600 米；沿常营路修建 Φ600 毫米供水管，长 800 米，按规划沿常营北路预留北京水源十厂配套的 Φ1400 毫米供水管，沿常营路预留 Φ1200 毫米供水管的位置。

常营地区自备井表

表 2－2　　单位：万立方米/年

取水许可证号	取水权人	具体井位	成井年份	水井深度（米）	取水量
16－00001	北京常赢物业管理有限责任公司	原方便面厂西侧	2001	300	8.45
16－00002	北京常赢物业管理有限责任公司	幺家店路北侧小区公园内	2000	320	5.52
16－00003	北京常赢物业管理有限责任公司	民族家园综合楼西侧	2003	300	4.00
16－00004	北京常赢物业管理有限责任公司	民族家园 J 区南侧（朝阳北路北）	2003	300	4.64
16－00005	北京常赢物业管理有限责任公司	民族家园 CD 区内	2000	300	3.40
16－00006	北京常赢物业管理有限责任公司	民族家园 B 区北幺家店路北侧	1998	300	6.75
16－00013	北京常赢物业管理有限责任公司	连心园小区西区南侧	2003	300	5.50
16－00014	北京常赢物业管理有限责任公司	连心园小区西区北侧	2001	300	14.60
16－00043	北京常赢物业管理有限责任公司	乡农贸市场南侧	2012	320	5.94
16－00044	北京常赢物业管理有限责任公司	乡政府南侧	2012	320	5.94
16－00046	北京常赢物业管理有限责任公司	连心园小区东区南侧	2013	300	7.80
16－00047	北京常赢物业管理有限责任公司	连心园小区西区西南侧	2014	350	4.90

2015 年民族家园和连心园全年供水 2120936 立方米，2016 年 1 月—5 月供水 891658 立方米。工业用水 2014 年 17.9721 万立方米，2015 年 18.6675 万立方米。

常营工业用水量表

表 2－3　　单位:千立方米

年份	工业用水总量	年份	工业用水总量	年份	工业用水总量
2006	652.051	2009	376.158	2013	208.371
2007	553.15	2010	383.11	2014	179.721
2008	591.451	2011	252.896	2015	186.675

2012 年常营乡政府为了居民用水安全,年初与北京太和洁源科技发展有限公司协商合作,对民族家园和连心园共 10 口水源井加装了“活性矿泉直饮水”设备,此设备得到了区科委支持,科委曾多次现场调研观察,现在设备已正常运行,得到了用户一致好评。

图 2－8　区科委领导视察常营乡直饮水设备(摄于 2012 年)

2012 年 5 月 8 日水源十厂并网供水并交接完成所有手续,开始施工。

常营地区社区年用水量统计表

表 2－4　　单位:万吨

社区名称	常住人口(人)	户数(户)	公共设施用量	居民用量	商业/服务业用量	合　计
民族家园	13436	6507	0.43	654.21	3.75	658.39
连心园	3850	2060	0.30	247.20		247.50
荟万鸿	5243	2269	0.66	242.32		242.98
丽景园	7961	3540	0.28	387.63	3.40	391.31
苹果派	4828	2055	0.77	219.47	1.20	221.44
住欣家园	6673	3446	0.70	144.73	2.00	147.43
保利社区	9789	4199	0.24	452.99	1.32	454.55

接上表

社区名称	常住人口(人)	户数(户)	公共设施用量	居民用量	商业/服务业用量	合　计
鑫兆家园	18000	7105	0.12	518.00	0.71	518.83
常营福第	8949	3891	0.72	123.73		124.45
畅心阳光	7545	4239	0.16	377.27		377.43
东方华庭	6416	2372	0.16	699.84	59.54	759.54
万象新天	12396	5325	0.10	568.71	3.10	571.91

数据来源:各社区 2016 年统计数据。

供电

1958 年下半年国家把高压线架到常营村,1962 年全村各家各户陆续安上了电灯,村里成立广播站。2001 年为了建常营新村,在新村南部新建一座开闭站,电源自新村南侧的规划管庄 11 万伏电源电缆接入,在新村新建相应数量的配电室。2007 年 6 月,预算总投资 1.2 亿元的常营民族家园与连心园小区电力改造工程开始施工建设,于 2008 年年底全部完工,并入永久性电网。

2004 年常营乡有 1 所 220 千伏的变电站,该变电站主要供常营周边地区。

2011 年年底乡域内拥有 10 千伏及以上变电站(所)150 座,主变压器 300 台,高压输电线路 4 条,总长度 260 公里,用电负荷 60000 千瓦,综合电压合格率 100%,供电可靠率 90%。

电源由华北电力供电公司供电。紫竹药业是地区用电大户,2014 年 574 万千瓦时,2015 年 615 万千瓦时。

常营乡工业用电表

表 2-5　　　　单位:万千瓦时

年　份	工业用电数据	年　份	工业用电数据	年　份	工业用电数据
2006	1171.36	2009	759.05	2013	633.29
2007	1015.91	2010	675.42	2014	701.41
2008	1007.44	2011	590.91	2015	584.88

常营地区社区年用电量统计表

表 2-6　　　　单位:万千瓦时

社区名称	常住人口	户数(户)	公共设施用量	居民用量	商业、服务业用量	合　计
民族家园	13436	6507	1.75	716.95	19.01	737.71
连心园	3850	2060	2.10	203.33		205.42

接上表

社区名称	常住人口	户数(户)	公共设施用量	居民用量	商业、服务业用量	合　计
荟万鸿	5243	2269	0.60	401.11		401.71
丽景园	7961	3540	1.40	424.80	18.31	444.51
苹果派	4828	2055	0.60	346.97	150.00	497.57
住欣家园	6673	3446	67.50	581.82	254.03	903.35
保利社区	9789	4199	1.09	708.96	59.47	769.53
鑫兆家园	18000	7105	75.82	618.00	0.71	694.53
常营福第	8949	3891	27.37	656.96	70.04	754.37
畅心阳光	7545	4239	0.15	596.43		596.57
东方华庭	6416	2372	169.24	349.98	3530.13	4049.36
万象新天	12396	5325	132.57	1001.95	275.00	1409.52

数据来源:各社区 2016 年统计数据。

供气

2001 年常营乡荟康苑首个接入天然气。天然气来自北京市燃气集团有限责任公司,向常营乡提供城市中压天然气气源,常营地区的高中压调压站与朝阳路现状 Φ400 毫米中压天然气管线连通,气源从朝阳路至常营二街的 Φ400 毫米现状中压天然气管线引入。并沿常营路,自常营二街至幺家店路的中压天然气管 Φ400 毫米,长约 1750 米;沿常营北路的中压天然气管 Φ400 毫米,长约 600 米,东接常营路中压天然气管。

常营地区社区年天然气量统计表

表 2－7　　　　单位:万立方米

社区名称	常住人口	户数(户)	公共设施用量	居民用量	商业、服务业用量	合　计
民族家园	13436	6507		345.80	74.50	420.30
连心园	3850	2060	0.10	197.76		197.76
荟万鸿	5243	2269		92.81		92.92
丽景园	7961	3540		64.61	0.40	65.01
苹果派	4828	2055		65.36		65.36
住欣家园	6673	3446		109.58		109.58
保利社区	9789	4199	408.69	838.96	2.90	841.86
鑫兆家园	18000	7105		1718.11	131.00	2257.80
常营福第	8949	3891		123.73		123.73
畅心阳光	7545	4239		112.33		112.33

接上表

社区名称	常住人口	户数(户)	公共设施用量	居民用量	商业、服务业用量	合　计
东方华庭	6416	2372		309.10		309.10
万象新天	12396	5325		169.34		169.34

数据来源:各社区 2016 年统计数据。

供暖

常营民族家园小区供暖锅炉房建于 2001 年,有燃煤锅炉 4 台,总吨位为 60 吨,供暖面积 50 余万平方米。常营乡政府克服种种困难,率先对常营民族家园锅炉房进行改造。工程自 2007 年 4 月开工建设,总造价 1120 万元,先后完成了燃气报装、锅炉房改造、锅炉更换等工作;2008 年供暖季已完成试运行投入使用。常营民族家园和连心园小区,供暖面积 80 万平方米。燃气锅炉 150 万立方米。

后续新建政策房北辰福第社区为地暖(电力)自供暖。保利小区和富丽小区为天然气壁挂炉供暖。乡域内其他社区均为市政供暖。

公园

常营公园　位于朝阳区常营乡西北部绿化隔离带的千亩银杏林中,占地约 74.27 万平方米(1114 亩)。公园分两期建设:一期建设规模为 34.40 万平方米(516 亩),2007 年 10 月开工,2008 年 4 月竣工;二期建设规模为 39.87 万平方米(598 亩),2008 年开始建设。该项目建设单位为北京市朝阳区常营乡人民政府。项目委托代建代管单位为北京常营兴业房地产开发有限公司。项目设计单位为北京天下原色设计有限公司。项目施工总承包单位为北京市园林设计工程有限公司。常营公园以秋景林为特色,是满足市民观赏、休闲、健身、运动等活动内容的郊野公园。

公园强调银杏林的自然景观效果,营造银杏林走廊,同时在其中形成几个特色植物活动空间,实现整体与丰富景观效果。以时有银杏林为主体,沿公园的园路、活动场所建有四季景观植物群落。以高大庭荫乔木为主,在乔木边缘点缀春、夏季的灌木与地被植物搭配,形成植物群落景观效果。鉴于东侧银杏林长势较好,从银杏林中选取规格较大,树形较美的移植到银杏林外围及活动场地周边。形成的银杏走廊为主体,把银杏台、杏花谷、香花广场、芍药圃、桃花岛、四季绿亭、柏树园等景观内容贯穿起来,使整个园区的秋景特色实现自然野趣的丰富效果。

公园一期主要景点有:花之舞文化林荫广场、山林休息亭、棋艺广场、健身广场、跳舞广场、球类运动场、儿童活动广场、树亭园、空竹运动广场、林间千米慢跑道等。公园以满足公众日常健身及休闲活动为主,同时结合当地特色、文体活动开展空竹运动和文化表演。

公园二期通过营造“银杏林走廊”,形成银杏景观林特色,主要景点有:银杏台、杏花谷、香花广场、芍药圃、桃花岛、绿亭晨练广场等几个特色植物空间形成休闲、健身活动的场所。

图 2-9 常营公园景色组图(摄于 2010 年)

通过小常沟两岸绿地,使公园与东坝、平房乡的滨河绿地连接,到达京城槐园、东坝郊野公园。

常营保利公园 坐落在常营中路,占地约 5.1294 公顷,公园绿化由群体植物构成背景。由玉兰、紫金槐、雪松、白皮松、银杏、栾树、紫薇、合欢等观赏树种有机组合,植物配置注重整体效果,布局朴素大方,简单明快。绿地、林间设置了园路,随高就低,自然流畅。园路两侧设置座椅供游人休憩。公园还设置了小型游乐设施来满足附近儿童娱乐、休闲,公园不仅给人们提供了一个舒适、清新、健康、休闲的多功能活动场所,也充分体现了新世纪新风采的都市花园。

常营畅心园公园 占地面积 1 公顷,园内主要有紫金槐、玉兰、桃树、火棘球、银杏、桂花树、紫薇、红叶李等树种。园内树木郁郁葱葱,虽面积不大,但功能完善,是市民休闲、儿童娱乐、公益宣传等的重要场所。

邮政

常营地区以前没有邮局,邮政业务均去三间房邮局、管庄邮局办理。2005 年安装邮箱 1455 个,解决常营地区通邮难问题。

三间房邮政所位于三间房 223 号,管庄邮政所位于常营南路 50 号院 11 号楼一层,办理邮政业务,包括函件、包裹、报刊、集邮、代理和信息业务。

电信

中国电信北京分公司在常营设有营业网点，位于常营中路民族家园 61 号楼底商，中国电信网店位于常营丽景园 6 号楼 101 至 102 号商铺。主营通信网络和服务，包括经营 GSM、WCDMA 和 FDD－LTE 制式移动网络业务，固定通信业务，国内、国际通信设施服务业务，卫星国际专线业务、数据通信业务、网络接入业务和各类电信增值业务，与通信信息业务相关的系统集成业务等。

银行

截至 2015 年，常营地区共有银行营业厅 7 个，分别是交通银行常营支行，位于常营丽景园 6 号楼 1 层 117 号。农商银行商务中心区支行，位于常营乡万象新天家园 116 号。北京银行常营支行，位于朝阳北路 17 号华联常营购物中心一层。中国邮政储蓄银行管庄支行，位于常营南路 50 号院 11 号楼一层 103 号。中国建设银行汇鸿家园储蓄所，位于常营南路 50 号院汇鸿家园小区 12—14 号楼 1 楼。招商银行常营支行，位于朝阳北路长楹天街常惠路 6 号 V 中心西侧一层。中国工商银行常营支行，位于朝阳北路附近。主营业务：个人金融业务、公司金融业务、基金业务、国际业务、信用卡业务、电子银行业务。

公共交通

旧社会的常营人对曾经的“趟子车”印象深刻。“趟子车”，就是用铁条、木头焊成简陋的车身、没有车篷和围帐、由毛驴拉动的一种交通工具。然而就是这种简陋至极的交通工具，在当时却是一种“奢侈品”。1963 年，常营大队购置了一辆“东风”牌三轮摩托车，这是常营地区拥有的第一辆机动车。除了日常的公务用车外，这辆摩托车还对外出租，供地区居民外出、拉货使用。这辆摩托车的出现，让常营进入了“机动车时代”。到了 20 世纪 90 年代，乘坐公共汽车出行已经成为人们出行的首选方式，然而常营地区内却一直没

图 2－10　常营乡乡域内公交车（摄于 2005 年）

有开通公交线路,居民们出行时要步行半个多小时才能找到公交站点。即便这样,整个常营地区也只有两三路公交车可供居民选择。出一趟门,一般要换乘五六次车。自2001年起,随着常营地区农村城市化进程的不断加快,常营地区的交通得到了飞速的发展,截至2015年年底,常营地区已经有了10余条公交线路。东至通州运桥建材城,西达左家庄,南至双桥农场西站,北达孙河东站。地铁6号线开通之后,常营民众出行更为便捷。

公共汽车　北京公交车经过(停靠)常营乡域内的公交车线路有:364路、488路、499路、499路快、506路、731路区间、930路、587路、517路、675路、专115、586路、585路、911路、306路、342路。其中,364、306为最早途经常营的两路。

地铁6号线　于2012年12月30日开通,常营域内共有3站,分别是草房站、常营站、黄渠站。

附:"十三五"常营文化产业建设规划

"十三五"期间,常营以体育赛事表演、体育传媒、体育健身休闲、体育场馆服务业等体育文化融合产业为常营区域主导产业的承载内容,积极构建"一园两轴三极"的产业空间格局。合理配置区域内公共体育资源,提高体育场馆资源的社区普及率。适时调整社区体育设施的规划建设目标与方向,使设施类型得以不断更新,功能和配套措施得以不断完善。

一园

体育文化主题公园作为常营乡文化休闲和全民健身的主承载区,集自然、人文、体育、休闲、娱乐等多功能于一体,突出打造新型时尚运动和民族民俗体育运动的体育文化特征,建立综合性体育运动场馆、时尚运动主题馆、回族民俗馆、室外休闲健身区等多种功能的体育设施,充分适应当代各项文化娱乐及体育运动的需求,成为北京东部新兴体育运动项目最齐全、设施最完善的全民健身基地。

两轴

1. 体育健身休闲示范轴

以常营公园和常赢绿洲假日运动中心为主承载区,并以承载马拉松运动等1—3个群众性时尚运动赛事品牌为核心内容,强化该区域内马拉松线路基础设施建设及绿化等景观设计,将该区域积极打造成为京东跑步运动集散地。

2. 体育娱乐时尚消费轴

重点依托朝阳北路长楹天街等存量商业项目,以及未来新增的体育文化综合体等商业项目,培育并引入"体育时尚消费节""时尚休闲运动节""娱乐体育嘉年华"等品牌活动,强化该区域文体活动、休闲娱乐、集中商业、主题餐饮、健康居住、特色酒店等城市功能,着力扩大以体育娱乐、文化休闲、旅游购物、会展会务等消费形态,进一步推动体育文化消费规模扩大和结构升级。

三极

1. 智慧体育众创空间

以朝阳北路以南,管庄路以东的产业用地为主承载区,引入文化体育类创新创业企业落户,积极培育该区域"互联网+体育"的产业特色,建立体育产业众创空间,成为专业服务于体育产业创新创业企业的孵化基地，并力争打造成为国家级的体育产业基地。

2. 体育文化商业综合体

以朝阳北路以北，管庄路以东的产业用地为承载区，新建体育文化综合体项目，引入“sport - entertainment shopping center”（体育娱乐购物中心）的商业模式，并将其与北京消费市场趋势结合，以家庭为单位提供“一站式”体育文化服务，涵盖体育培训业、体育器材、体育装备等高端零售业、体育文化主题餐饮业、康体休闲业、室内体育场馆服务业等多种业态，并将丰富的业态与顶级的休闲环境资源相融合，以开放式的购物空间为北京市的中高端人群和游客营造现实轻松的商业氛围，最终打造成为中国首家体育娱乐消费示范区。

3. 体育传媒总部基地

以幺家店路以北，管庄路以西为主承载区，积极引进并培育体育传媒龙头企业，构建符合首都城市战略定位的体育传媒产业体系，培育1—2家国内顶尖、国际一流的知名体育传媒企业，以酒店、总部小公寓、技术转移中心等完善配套设施形成一个体育传媒总部聚集、集办公、研发、服务于一体的体育总部经济新区。

图2-11　常营新街（摄于2015年）

四　农村城市化

常营乡的农村城市化是从2001年北京市正式启动第一道绿隔地区建设开始的。要在短时间内把一个经济不发达的农业乡建成现代化的城区，任务是十分艰巨的，但经过10多年的发展，从地区硬件考量，常营乡已基本实现城市化，农民全部搬迁上楼，医疗、就业和社会保障逐步与城市对接，2015年已全面完成农转居，下一步将大力推进软环境的城市化。

绿隔建设与拆迁安置

绿隔建设　根据北京市规划，常营回族乡范围的西北部划为城市绿化隔离带，划入总面积1245亩,当时生产队在隔离带的耕地967.5亩,林地102.75亩,农田水利用地11.25亩,企业用地144亩,回民墓地19.1亩,隔离带内农业人口1586人,非农业人口(企业职工)450人,隔离带内新建企业为常营食品集团(合资企业)其资产总值1.55亿元。隔离带内所辖3个自然村(常营三、四、五村民委员会),总额0.06亿元。经过动员,要求全乡上下服从大局,于是拆迁腾退如火如荼地开展起来,2001年常营乡仅用了一个月时间拆除种养植园区300亩,建筑面积13.8万平方米,搬迁养殖户13家、企业8家,清运渣土25万立方米,完成了腾地整地种植,这为隔离区建设和旧村改造、新村建设开创了良好局面。此时,常营乡党委、乡政府为加强常营的城市化进程,经过反复研究,并广泛征求乡民意见,试图搭乘市绿隔建设便车,将全乡纳入绿隔建设范畴,并向市、区正式提出申请。市、区规划部门考虑到常营乡是绿化隔离带唯一经过的少数民族乡,应尽可能地予以支持。2001年7月2日市绿化隔离地区建设总指挥部批复,同意常营乡执行规定的绿化隔离地区旧村改造和新村建设的有关政策。为此,常营乡的拆迁腾退和新村建设扩大至全乡范围。是年完成绿化面积2200亩,其中常营新村花园138亩,种植常青树苗木和花灌木1700余亩,种草皮334亩,共种植苗木130万株,绿化投资1000多万元。截至2002年,常营乡先后完成绿化建设5067亩,达到市区规划的目标。

拆迁安置　常营乡从1998年开始启动旧村改造新村建设工作,累计拆迁旧村4300个院,总面积115万平方米,拆迁乡村办企业213家,总建筑面积46.2万平方米,兑现拆迁补偿款6.6亿元,完成了全地区拆迁总任务的97.9%。整个拆迁腾退过程大致可分为六个阶段:

第一阶段:1998年到2002年5月。新村一期用地拆迁,共724个院,1162户,2606人(涉及常营三、四、五、八村)。

第二阶段:2002年4月到2003年7月。为朝阳北路修建拆迁,共454个院,1079户,

图2-12　常营乡整体拆迁腾退(摄于2003年)

1693 人(涉及常营 1 至 7 村,十里堡村、草房村)。

第三阶段:2003 年 9 月到 2003 年 10 月。为万象新天项目拆迁腾退,共 420 个院、754 户 1610 人(涉及常营 1 至 7 村)。

第四阶段:2004 年 10 月到 2004 年 12 月。为常营村整体拆迁,共拆迁 1068 个院、1714 户 3286 人(涉及常营 3 至 8 村)。

第五阶段:2005 年 11 月到 2006 年 1 月。共拆迁 1042 个院、1885 户 3878 人(涉及十里堡村、五里桥村、草房村)。

第六阶段:2007 年后至 2009 年。共拆迁 74 个院、98 户 136 人。

为了保证旧村改造、新村建设的顺利进行,村民拆迁腾退工作的如期完成,根据市、区相关政策、法律,并结合实际经过充分酝酿,各方面代表人士反复讨论,最终经乡人代会通过了《常营回族乡拆迁腾退安置补偿办法》。乡、村两级的拆迁领导小组充分发挥作用,上下积极配合,特别是村级拆迁领导小组在拆迁工作前线,他们为了确保拆迁腾退工作顺利进行,不辞辛劳,道尽了千言万语,千方百计耐心做好政策的宣传和村民的思想工作,用他们的话来说:拆迁如同上战场。村民们对拆迁工作的态度也由开始的不理解、犹豫不定转变为真正拥护和积极配合,拆迁政策得到了绝大多数村民的认可和拥护。村级拆迁领导小组功不可没。

常营回族乡拆迁政策研究小组成员表

表 2-8

姓　名	马贵海	哈宝玲	王永林	安士斌	安瑞龙	牛桂芬	张广文
代表单位	三队代表	五队代表	八队代表	四队代表	一、二队代表	东三队代表	六、七队代表

图 2-13 乡党委成员与拆迁政策研究小组成员合影(摄于 2006 年)

前排左起为张广文、王永林、马贵海、安瑞龙、安士斌,后排左起为高敬茹、哈宝玲、牛贵芳、蔡淑敏、吉广平、霍建国

常营乡的新村建设工程共分两步进行，第一期用于安置常营村(1－8 回族聚居村)的常营新村，后称之为“民族家园”，第二期用于安置十里堡、五里桥、草房 3 个汉民村的常营新村，后称之为“连心园”。新村(一期)建设用地 46.5 公顷，规划安置房面积 43.84 万平方米，拟安排 8043 人。新村(二期)规划用地 19.58 公顷，安置房面积 20.6 万平方米，拟安排 2743 人。

常营回族乡小区建成安置时间表

表 2－9

小区名称	民族家园 CD 区	民族家园 B 区	民族家园 JGF 区	连心园东区	连心园西区	民族家园 N 区	连心园 B 区
建成时间	2001 年	2003 年	2004 年	2005 年	2005 年	2010 年	2009 年

至 2009 年，一、二期工程均已完成，安置农民 10786 人。当时出现两个问题：一是新村住宅规划建筑面积不足，二是新村建设资金缺口很大。实际腾退安置中，已完成腾退的新增人口和 2000 年市绿指核定人口存在较大的差距，常营乡实际腾退人口总数为 13942 人，比市绿指核定的户籍人口多 3156 人(常营村 1820 人，东三村 1336 人)。其中，自然增长 763 人，机械增长 939 人，政策性增长 454 人，按照人均 50 平方米核算新村安置住宅缺口 15.9 万平方米。加上此时又遇到领导班子换届，拆迁安置工作遇到很大压力。新的领导班子上任后，通过积极运作把区里因政策收走的两块地又重新要回来，这才解决了房源不足的问题。在具体分配过程中，由于前期几次现房剩余很多高层，到了后期只好采用家庭配层方式，现房是低层，期房搭配高层，现房是高层，期房搭配低层，虽说这么做有困难，有难度，但还是把矛盾控制在村级别。2003 年常营村 8 个村(居)委会 4441 户 8812 人入住常营民族家园。2005 年春节前，东三村 1850 户 2929 人亦完成拆迁安置入住连心园。至此，全乡农民拆迁上楼工作全部完成。

图 2－14　常营村拆迁安置前后对比(摄于 1998、2008 年)

产业调整与产权制度的改革

产业调整　绿隔建设之后，常营回族乡坚持发展为第一要务，积极调整产业结构，确立发展以现代服务业为主导的第三产业。常营乡规划产业用地 969 亩，除部分用于本乡企业拆迁安置外，本着宁缺毋滥的原则，引进科技含量高、有市场前景、经济效益良好的劳动密集型企业进驻小区。切实转变常营农工商总公司职能，成为具有经营性质的公司，大力发展商业、物业管理及服务业。与此同时，继续发展绿色产业，将绿色项目建设、养护、销售、劳务技术、人才输出等有机结合起来，形成绿色产业链。2007 年 4 月，在原有 300 人绿化队的基础上，成立专业绿化经营公司，实现“以圃代林”为依托，吸收农民就业，确保农民增收。

常营乡党委、乡政府明确提出以建设“现代化城区”为发展定位，逐步形成“两轴三区”的经济发展格局。随着地区经济的进一步发展，常营乡产业规模不断扩大，2014 年常营乡第三产业有 49 家企业，较 2013 年新增 6 家企业；资产总计 283.6 亿元，较 2013 年增长 15%；收入合计近 70 亿元，比上年增长四分之三；创造利润超过 5600 万元，扭转了上年亏损近 1.2 亿元的局面。据统计，截至 2014 年常营地区三产比重基本为 0.80: 10.4: 88.8，一个和谐健康的产业格局已基本形成。但是与朝阳区第三产业发展的整体水平相比，企业数、资产总计、利润总额所占比重都不到 1%，具有很大的发展空间。

1996—2010 年 常营地区产业结构统计表

表 2－10　　单位：万元

年　份	第一产业		第二产业		第三产业	
	总收入	比例%	总收入	比例%	总收入	比例%
1996	482.0	16%	1514.1	50%	1061.0	34%
1997	405.2	4%	5412.0	51%	4778.0	45%
1998	704.1	6%	5079.4	44%	5846.5	50%
1999	1070.9	6%	6167.9	37%	9352.8	57%
2000	1500.5	6%	9953.0	38%	14591.2	56%
2001	1252.3	5%	11542.0	49%	10595.4	46%
2002	704.1	2%	13571.1	39%	20565.2	59%
2003	678.5	2%	18016.9	55%	14045.0	43%
2004	487.4	2%	9997.9	32%	20684.5	66%
2005	243.8	1%	7557.4	44%	9546.0	55%
2006	157.7	0.40%	10645.4	29.60%	24812.6	70%
2007	173.0	0.15%	72234.8	60.85%	46758.4	39%
2008	238.5	0.18%	103413.4	76.82%	29929.3	23%
2009	258.4	0.17%	115501.7	76.83%	33964.0	23%
2010	185.6	0.11%	122776.5	74.89%	40955.2	25%

集体产权制度改革 在完成全乡拆除、拆迁任务的过程中,原有的集体经济组织已名存实亡。为保证集体资产有序管理,常营乡及时成立了集体经济管理委员会,下设经管站,实行村账集中、乡级统筹的集体资产管理模式。

2009年将全乡各村账目统一交至乡经管站管理,有效地杜绝了集体资产流失的现象。在此基础上,按乡、村两级分步实施的方式实施集体经济产权改革。第一步处置村级集体资产,首先开展劳动年限统计和清产核资工作,在履行民主程序的基础上,按照现行村民委员会建制保留村级合作社的政策,对集体资产进行处置,对村级资产,采取分配兑现的方式,一次性量化给集体经济成员。第二步推进乡级产权制度改革,加快产业项目培育,扎实做好劳动就业,条件成熟时启动乡级产权制度改革,以股份的形式将乡级集体资产量化到每个集体经济组织成员,组建新型集体经济组织。截至2014年,已经完成工作有3项:(1)借助2011年农村集体资产清产核资工作,摸清了各村家底情况。(2)在广泛听取基层干部群众意见的基础上,初步拟定了《常营回族乡集体产权制度改革方案和社员代表大会选举工作方案》。(3)建立机构,成立了乡、村两级产权制度改革领导小组,加强调研及对历史问题深入了解。

2009年常营乡农村集体资产核资情况汇总表

表2-11 单位:元

序 号	所属单位	资产合计	负债合计	所有者权益合计
1	常营回族乡	2842551178	2800308772	42242405.71
2	第一经济合作社	6573788.00	7341605.00	-767817.00
3	第二经济合作社	2466360.00	4961274.00	-2494914.00
4	第三经济合作社	13557402.68	10410833.55	3146569.13
5	第四经济合作社	9308123.28	7744112.20	1564011.08
6	第五经济合作社	3344609.31	6636789.42	-3292180.11
7	第六经济合作社	1720228.56	2219829.03	-499600.47
8	第七经济合作社	1814889.53	4449842.52	-2634952.99
9	十里堡经济合作社	5620829.25	9466471.38	-3845642.13
10	五里桥经济合作社	922161.00	6678432.00	-5756271.00
11	草房经济合作社	2446867.00	4633627.00	-2186760.00
12	常营一居	1326446.01	4470814.49	-3144368.48
合计		2891652882.00	2869322403.00	22330479.74

2012年,常营乡启动村级资产处理工作制定了三个文件:《常营乡村级资产处理工作意见》《常营乡村级清产核资工作意见》《常营乡村级劳动年限统计办法》,这表明常营回族乡的集体产权制度改革已走到"最后一公里",一旦条件成熟,以上措施立即生效。

劳动力培训与就业

劳动力培训 2003 年共举办物业管理、低压电工、电脑培训班 3 期，234 名学员参加了培训，其中 207 人通过考试取得了资格证书。2004 年 2 月 26 日常营乡政府启动“1 +7”农村劳动力素质提升工程，明确提出“要有计划、有步骤、有组织、分期分批组织劳动力完成继续教育及职业技能培训，尽快把劳动力转化成适应城市化发展所需要的现代劳动者，使其能适应更广阔的就业空间”。是年，常营地区加快农村城市化工作会议上指出要“继续保障‘常营地区农村劳动力系统培训工程’的科学管理和良性运转，提高培训针对性和实用性”。2004 年开展就业培训系统工程，成功举办技能和转移引导性培训 9 期，共培训 1145 人。2005 年开办各类培训班 8 期，培训 1061 人。2006 年完成引导性培训 395 人，完成职业技能培训 177 人。2007 年上半年，发挥劳务派遣组织的作用，采取“政策、产业、培训促就业”等途径，广开就业门路；“创业服务中心”于 5 月份挂牌成立，指导十几家个体运营，同时协助 2 家有创业意愿的人员进行前期筹划工作。共完成农村劳动力技能培训 333 人。2008 年，常营乡出台了《常营乡职业技能培训鼓励办法》，文件内容包括，凡常营乡农村劳动力自费考取各种职业技能证书的，可以享受一次性补贴 200 元，全年完成农村劳动力引导性培训和职业技能培训各 300 人。2009 年完成职业技能培训 143 人，引导性培训 331 人。2010 年完成农村劳动力技能培训 54 人。自 2004 年到 2010 年，累计农村劳动力职业技能培训 1678 人，引导性培训 2840 人次。

图 2－15 2008 年 7 月，常营乡在北京市民族学校举办职业技能培训

常营回族乡劳动力就业服务情况表

表2－12

年　份	城乡劳动力推动就业服务					城镇居民失业人员登记服务	
	培训班次(次)	培训人数(人)	挖掘空岗岗位数(个)	举办招聘会场次(次)	成功推荐人数(人)	求职证办理(个)	再就业优惠证办理(个)
2004	9	1145	231	1	87	744	49
2005	8	1061	408	3	155	170	67
2006	1	395	834	4	192	142	101
2007	2	343	1346	4	149	148	149
2008	1	599	625	3	606	305	282
2009	3	474	720	3	192	142	134
2010	1	54	1236	3	213	136	135
合计	25	4071	5400	21	1594	1787	917

劳动力就业　2001年,完成区劳动和社会保障局下达的下岗职工再就业率60%的目标,全年办理失业人员《求职证》132人,办理《就业证》241人。2004年常营乡社会保障事务所成立,对城乡劳动力实施农村劳动力管理和城镇居民失业管理。2004年9月,分别成立了"常赢新荣劳务派遣服务中心"和公共职业介绍机构,专门负责岗位开发和职业介绍,并专项设立"4050"人员职业指导室,通过指导,帮助他们分析自身条件,确定适合自身状况的职业定位,使他们掌握一定的应聘、面试、试工技巧,引导其自谋职业和采取灵活方式实现再就业。挖掘岗位231个,参加面试劳动力147人,成功就业87人,其中通过"4050"人员职业指导室,22人实现再就业。10月,在常营民族家园B区建立了社区劳动保障工作站试点(由物业代管),形成劳动力就业三级网络管理雏形。

2005年,加快成立农村劳动力就业的社区劳动保障工作站。10个农村村委会全部建立了社会保障工作站,各村社会保障协管员(每村2人),悉数配齐。全年挖掘空岗408个,推荐就业412人,成功就业155人。2006年,挖掘空岗834个,推荐就业4050人,成功就业192人。2007年,挖掘空岗1346个,成功介绍和促进就业223人,扶助创业35家;确定自主就业967人,投入奖励资金232万元。2008年挖掘空岗634个,成功就业146人。累计3336人实现转移就业,其中有1079人享受自主就业奖励。2009年全乡农村劳动力3945人,累计实现就业3028人,当年新增就业102人,1259人享受到区政府社会保险补贴和转移就业补贴。城镇居民失业人员290人,就业218人。职业介绍开发空岗720个,推荐成功125人;举办3场招聘会,提供岗位1200余个。2010年,开发就业岗位735个,当年新增农村劳动力就业162人。截至年底,共有1467人享受区级转移就业政策补贴,1159人享受乡级农村劳动力自主就业奖励。城镇居民失业人员181人,完成就业154人。2011年,年内搜寻空岗1618个,推荐农民520人次,成功就业110人。2012年,常营地区共有农村劳动力3670人,已就业2976人,就业率达到81%,实现了有就业愿望的人

100%就业。2013 年，全年开发就业岗位 1200 个，推荐农民 500 人次，成功就业 160 人。组织大型招聘会 3 次，提供 230 余个工作岗位，120 人达成就业意向。城镇失业人员成功就业 186 人。2014 年，开发就业岗位 800 个，组织地区大型招聘会 4 次，新增用工协议单位 20 家，等级职业技能培训 80 人，全乡就业人员总数 250 人。2015 年，挖掘工作岗位 742 个，实现成功就业 176 人。

图 2－16　2013 年 3 月，常营地区在常营公园正门前开展"春风行动"招聘会

2004—2010 年农村劳动力转移就业产业情况分布表

表 2－13　　单位：人

年份	劳动力总数	转移就业劳动力	其中			无业劳动力
			第一产业	第二产业	第三产业	
2004	4123	2259	440	151	1668	1864
2005	4563	2219	577	519	1123	2344
2006	4629	2033	247	73	1713	2596
2007	4439	3321	12	0	3309	1118
2008	4059	3347	12	0	3335	712
2009	3945	3028	0	95	2933	917
2010	3889	3136	0	120	3016	753

转居与社区建设

村居合一　1996 年,常营地区共有 10 个村和 1 个农村居委会,分别为常营一村至常营七村、十里堡村、五里桥村、草房村和常营第一居委会,各村设党支部、村委会、农工商合作社,常营一居设党支部、居委会。1998 年 2 月,各农工商合作社更名为经济合作社。2001 年,常营乡全面启动旧村改造和新村建设,随着农民整体搬迁上楼,村级行政区划不复存在,取而代之的是农民新村社区。但村级集体资产尚未处置,农民身份尚未改变,村级组织又必须保留。为提高服务保障职能,常营乡党委经过反复考虑决定采取过渡措施,实行“村居合一”。

图 2－17　2015 年,常营民族家园社区居委会换届选举

即:按照“党的组织交叉设置,双向发挥作用;保留村级自治组织,履行必要职能;健全社区自治组织,组建社区服务站”思路,调整完善村级两委一社和社区两委一站运行机制。将原来常营 8 个行政村(居)和十里堡、五里桥、草房 3 个行政村分别纳入常营民族家园和连心园 2 个社区,分别建立社区党委,保留村党支部;将村(居)党支部整体纳入社区党委,实行党员党籍管理在各村,发挥作用在社区,村(居)党支部书记进入社区党委班子,参与社区集体领导;保留村(居)委会,适当调整其职能,将大多数自治职能转入社区;在 2 个社区成立社区居委会,健全社区自治组织,并做好参加下年换届准备;筹备成立社区服务站,将原由村委会承担的公益事务、公共服务等交给社区服务站承担。实践证明,“村居合一”是农村城市化进程中在组织上、管理上、工作上的创新。

2010 年常营乡行政村基本情况一览表

表 2 - 14　　　　面积：平方米；户数：户；人数：人

序号	行政村名称	辖域面积	常住户数	常住人口	办公地址	附　注
1	常营一村	620931.2	390	735	499 路公交总站	已拆迁但村未撤销，回迁至常营民族家园
2	常营二村	522681.1	492	901	499 路公交总站	已拆迁但村未撤销，回迁至常营民族家园
3	常营三村	846582.0	677	1337	499 路公交总站	已拆迁但村未撤销，回迁至常营民族家园
4	常营四村	591940.8	466	890	民族家园 61 号楼底商	已拆迁但村未撤销，回迁至常营民族家园
5	常营五村	719661.4	499	947	民族家园 61 号楼底商	已拆迁但村未撤销，回迁至常营民族家园
6	常营六村	477285.6	454	907	499 路公交总站	已拆迁但村未撤销，回迁至常营民族家园
7	常营七村	504082.9	361	699	499 路公交总站	已拆迁但村未撤销，回迁至常营民族家园
8	十里堡	84290.0	810	1520	连心园居委会	已拆迁但村未撤销，回迁至连心园
9	五里桥	78630.0	736	1430	连心园居委会	已拆迁但村未撤销，回迁至连心园
10	草房	57080.0	380	757	连心园居委会	已拆迁但村未撤销，回迁至连心园

社区建设　针对农村城市化过渡期的实际，常营乡在保留原有 10 个村级组织的基础上，在全乡实行了城市社区化管理。到 2015 年，已成立 12 个社区和北京像素治理中心（非住宅不能成立社区）。这 12 个社区可分为 5 种类型：

1. 农民新村社区：2 个。由常营原有的 10 个行政村及 1 个农村居委会拆迁后建成。共有户籍人口 11905 人，人户分离 2419 人，流动人口 3699 人。其中，常营民族家园社区有户籍人口 8009 人，人户分离 2387 人，流动人口 2155 人；连心园社区有户籍人口 3896 人，人户分离 32 人，流动人口 1544 人。

2. 商品房社区：4 个。为商品房开发建设形成的高档城市社区。共有户籍人口 6455 人，人户分离 17111 人，流动人口 15060 人。其中，鑫兆佳园社区有户籍人口 3220 人，人户分离 4561 人，流动人口 8083 人；万象新天社区有户籍人口 2310 人，人户分离 7163 人，流动人口 3152 人；苹果派社区有户籍人口 705 人，人户分离 4067 人，流动人口 2735 人；东方华庭社区有户籍人口 220 人，人户分离 1320 人，流动人口 1090 人。

3. 老旧小区：1 个。荟万鸿社区，由以下 4 部分组成：一是 20 世纪 90 年代初由李嘉诚建设的最早阳光康居工程荟康园小区 9 栋楼；二是由市国土局住宅合作社建设的集经济适用房、公租房、商品房混合的汇鸿家园9栋楼;三是早期商品房万芳园小区5栋楼;四是由双桥农场建设的经济适用房管庄3号院1栋楼组成。总面积30万平方米,有户籍人口1690人,人户分离3567人,流动人口1702人。由于小区是由多个开发主体在不同年代分别开发的不同类型居住体高度混合形成,因此在服务管理上存在较大难度,每年乡财政要承担100余万元用于小区的维护管理。

4.保障房社区:5个。由市中心区(城六区)建设发展过程中被外迁的低收入、需享受各类民生政策救济的人员组成,包括两劳释放、重度精残、重残、低保等人员。常营保障性住房位于地区东部,截至2015年年底是北京市最大的已入住保障房聚集区,主要承接了北京市中心城六区的人口疏散任务。保障房共有6个项目(其中北辰福第、富力阳光美园、保利家园为两限房,城开畅心园、金隅丽景园、住欣家园为经济适用房),规划面积1.84平方公里,规划户数20494户,人数65312人,配建商业楼6栋。保障房小区于2010年下半年开始办理入住,共有总户数20492户,人口约8万人。保障房划分的5个社区分别是常营保利社区、常营福第社区、畅心阳光社区、丽景园社区和住欣家园社区。2012年4月成立5个社区党支部,2012年6月经北京市第八届社区居委会换届选举正式成立5个社区居民委员会。

常营保利社区。东至常营东路、西至常顺路、南至常营中路、北至常营北路,总建筑面积401404.41平方米,其中住宅340184.1平方米,总户数4199户,有户籍人口1860人,人户分离6171人,流动人口1005人,其中廉租房435户来自西城区。

常营福第社区。东至常顺路、西至双桥东路、南至朝阳北路、北至常营北路,总建筑面积447929平方米,其中住宅322585平方米,总户数3891户,有户籍人口1583人,人户分离8638人,流动人口963人,其中廉租房350户来自东城区、西城区和朝阳区。

畅心阳光社区。东至常营东一路,西至常顺路,南到朝阳北路,北到常营中路、草房西路,总建筑面积469255平方米,其中住宅401712平方米,总户数5408户,有户籍人口1452人,人户分离5696人,流动人口247人,其中廉租房677户来自东城区。

丽景园社区。东、南至朝阳北路,西至常营东一路,北至草房西路,总建筑面积260514平方米,其中住宅219190平方米,总户数3540户,有户籍人口1486人,人户分离9514人,流动人口246人,其中廉租房560户来自东城区、西城区和朝阳区。

住欣家园社区。东至草房西路,西至规划中的城市公园,南至常营南路,北至朝阳北路。总建筑面积301443.28平方米,其中住宅面积225792.49平方米,总户数3454户,有户籍人口7144人,人户分离6447人,流动人口815人,其中廉租房530户来自东城区和西城区。

5.商居混住区域。在常营地区有一个特殊的"畸形"区域——北京像素。该区域土地规划性质和建筑类型均为纯办公,建筑面积70万平方米,未含任何居住和商住成分,但实际上已经是一个外来流动人口占绝大多数,拥有约1万户、近3万人居住的特殊区域。由于没有编制和固定经费,管理存在隐患。2015年,乡里临时抽调1名机关科长、5名社工负责管理。

2015 年常营辖区社区基本情况一览表

表 2－15 面积:万平方米;楼数:栋

社 区	建成时间	建筑面积	居民楼数	附 注
常营民族家园社区	2010 年	55.0	90	农民新村
连心园社区	2010 年	22.0	46	农民新村
苹果派社区	2006 年	20.0	14	商品房
鑫兆家园社区	2008 年	68.0	52	商品房
万象新天社区	2005 年	112.8	126	商品房
荟万鸿社区	1996 年	20.1	24	商品房
畅心阳光社区	2010 年	46.4	25	经济适用房、两限房
常营保利社区	2010 年	40.6	28	两限房
常营福第社区	2010 年	44.3	19	两限房
住欣家园社区	2010 年	30.1	12	经济适用房
丽景园社区	2010 年	25.4	9	经济适用房
东方华庭社区	2015 年	67.0	4	商品房

整建制转居 常营乡下辖 10 个村和一个居委会,是绿隔地区唯一的少数民族乡,至 2013 年有农业人口约 6909 人,绿化任务全部完成,旧村全部完成拆迁,农民全部安置上楼,但转居工作一直未完全落实。

从 2006 年到 2014 年,经市政府批准,在常营乡已经建设的保障性住房项目,土地储备项目征地中,已经取得了部分转居指标但没有实施,按照征地批复,其中保障性住房项目转居 2478 人,转工 1578 人(实有人数为 2164 人),土地储备项目转居 473 人,转工 280 人,超转 140 人。根据市政府对《关于朝阳区常营乡部分村整建制转居有关问题的请示》批文,水源十厂和地铁六号线车辆段项目需安置常营乡 1411 名农业人口(其中转非劳动力 817 名,超转人员 448 名),剩余 2811 名农业户口(其中劳动力 1574 人,超转 1225 人)予以全部转为非农业户口,这样,常营乡全乡整建制转居已经具备了实施条件。2013 年,经过摸底核实和测算,常营回族乡有农村户籍人口 6909 人,转居经费总计为 231944 万元。已取得征地批文项目 2 个,分别是市保障房土储项目和 1、2 号地,转居指标分别是 2164 人和 473 人,共 2637 人。

在推进绿化隔离地区建设及农村城市化建设过程中,常营乡的绿化建设、旧村拆迁、新村建设全部完成,且基本没有其他剩余用地。因此为解决好农民生活问题,维护好群众利益,尽早纳入城镇社会保障体系,常营乡政府依据整建制转居批复,决定启动全乡农民转居转工工作,常营乡实现转居的原则是:依法依规、公平自愿、保障利益及操作可行。2013 年 12 月 25 日成立了乡村转居转工工作领导小组,抽调人员成立了乡转居转工办公室和工作组。同时在区推进常营乡整建制转居工作领导小组的指导下,制定了常营乡整建制转居转工实施方案,常营乡整建制转居转工实施办法和细则,并经乡人代会审议通过。

图 2-18 2014 年,常营回族乡转非劳动力自谋职业协议现场公证

2013 年 12 月 19 日向群众发布了转居转工公告,明确了 2014 年 1 月 15 日启动常营乡整建制转居工作,同时召开了转居转工工作会议。协调市区相关部门,取得了相关批文。

常营回族乡转居工作的六个阶段安排表

表 2-16

阶 段	时 间	工 作 内 容
第一阶段	2014 年 2 月 20 日前	召开乡人代会,研究通过整建制转居方案、办法和细则,并发放致转居人员一封信,做好宣传动员工作
第二阶段	2014 年 2 月 21 日—3 月 31 日	开展户口簿收集工作,办理户籍变更手续,公示各类人员名单
第三阶段	2014 年 4 月 1 日—5 月 31 日	完成超转人员办理工作
第四阶段	2014 年 5 月 1 日—6 月 30 日	开展劳动力安置工作,确定人员自谋职业和单位安置
第五阶段	2014 年 5 月 1 日—9 月 30 日	完成劳动力保险缴纳工作
第六阶段	2014 年 11 月中旬前	完成档案归集工作,转居工作正式结束(按:实际是 2015 年 1 月转居工作结束)

常营乡整建制转居转工工作已于 2015 年初全部结束，共完成 10 个村 6737 人的户籍变更，占应转居人员总数的 99.68%；完成 1529 名超转人员评审、移交工作，超转人员已实现享受按月领取生活补助及医疗报销待遇；为 4320 名转非劳动力全部补缴社会保险费，完成转非劳动力的档案移交工作，安置转非劳动力 180 人。

卷三　党群组织

一　早期中共党员及地方组织

民国时期，常营地区尚未建立中共地下组织，中共党员在常营地区活动不多，未发现留下有关资料。常营地区最早的党员和党组织，可追溯到解放初期。

东三村早期中共组织

1948 年年底，解放军进驻常营地区，宣告常营、十里堡、五里桥、公主坟解放。相继成立了农会和村政权。新中国成立后，中共组织也先后建立。1950 年 2 月，十里堡建立中共支部，第一批党员有王希彤、李荣、韩启增、李玉芳、李贵、刘玉荣、韩百祥，王希彤任党支部书记。

1949 年土改时，张文恒担任公主坟村的村长，在土改工作队的帮助下于 1950 年加入党组织，同时入党的还有李松，因为党员人数少，他们要到五里桥党支部去参加党的各种活动。

1949 年五里桥选派张宝善等 4 人到顺义新三区学习土改政策。由当时的区委培养、发展张宝善加入党组织，成为五里桥第一个中共党员，1950 年，又发展党员刘永全、石德山等 3 名党员，另一名姓名不详。成立五里桥党支部。1950 年下半年，刘永全任五里桥党支部书记；当年又发展倪瑞波、王庆秀、耿文华、刘芳 4 名党员。

常营村早期中共组织

常营村建党迟于东三村。1953 年 8 月，始建党小组，共有党员 4 名，分别是肖宝恒、夏和喜、马桂荣、白崇福。1954 年 3 月，正式建立党支部，书记白崇福。

新中国成立初中心任务

新中国成立之初，党的基层组织的中心任务是建立和巩固基层政权，发动群众开展土改斗争。常营地区于 1948 年年底解放，常营、五里桥、十里堡、公主坟 4 个村虽同属顺义新三区的范围内，但不属于一个乡，各村党员和干部在驻军和区委领导、指导下，组织农会和建立村级政权。

1949 年 2 月，五里桥成立临时村民主政权。由罗建臣任村长，吴学荣任农会主任，吴秀元任治安员，周云朋任粮食主任，会计顾德全，战勤刘芳，抗勤李洪元。1950 年，罗建臣被撤职，张宝善担任村长，冯振海任农会主任，李洪斌任粮食主任，刘芳任战勤。1952 年，上级派来革命大学的干部进村整党，刘芳任村长，副村长李长友。村长张宝善被撤职。

1949 年春，十里堡生产委员会成立，选举刘永任主任，陈永利任副主任，委员有刘永清、刘瑞祥、刘德兴。是年 6 月，土改工作队进村，通过学习土改政策发动广大贫苦群众，建立起农会组织，选举王希彤为农会主席，李玉芳为副主席兼村长，农会委员有韩启增、梁树凤、魏桂兰、贾玉福、佟德福。

1950 年年底，公主坟建立村民主政权，李森任村长，任职 3 个月后，由张文恒接任，白荣任民兵队长，张全任治安员，张国恩任财粮员，李刚任民政员。1950 年土改时期，村民主政权进行变革，村长张文恒兼土改主任，村妇女主任李桂荣，财粮主任张悦，农委主任黄永春，教委主任范子寿。

1949 年冬，土改工作队进驻常营村，经过一个多月的工作，正式成立常营村土改委员会，选出主任安希尧，副主任陈少奎、马守仁。1950 年 3 月—4 月份土改结束，建立常营村民主政权，村长安希尧，副村长陈少奎、马守仁。

4 个村土改具体情况，参见卷九丛谈。

绝大多数地方党员和干部经历了暴风骤雨式的土地改革运动的洗礼成长起来，成了基层政权的领导骨干和互助合作的带头人。有的一辈子在农村基层，初心未改。

二　中共常营乡地方组织

乡党委沿革

1953 年 7 月，河北省通县成立常营回民自治乡。1958 年 4 月，常营乡划入北京市东郊区，公主坟乡并入常营乡，同时建立中共常营乡党委。5 月 3 日东郊区更名为朝阳区。1958 年 10 月，成立双桥人民公社，常营乡隶属双桥人民公社；10 月双桥人民公社并入北京市朝阳人民公社，常营乡转隶朝阳公社。由于人民公社实行政社合一体制，1958 年撤销乡的建置，常营乡党委随之撤销，常营乡改为常营管理站，同时成立常营管理站党总支。

1961 年 4 月，撤销北京市朝阳区人民公社，恢复双桥公社，撤销常营管理站，改为常营生产大队，同时成立常营大队党总支。

1962 年 12 月，双桥人民公社正式更名为中古友好人民公社。

1971 年 6 月，常营大队党总支改为常营大队党委。

1979 年恢复双桥农场，常营大队又称常营分场，常营大队党委又名常营分场党委。

1984 年 7 月，撤销生产大队，成立常营回族乡人民政府、中共常营回族乡委员会，保留常营分场。

2003 年 2 月，常营回族乡增设中共常营地区工委，与中共常营回族乡委员会一个机构、两块牌子。

乡党委主要领导人更迭

乡党委书记：

马德洲　（1958 年 5 月—1958 年 9 月）

吴国泉　（1984 年 3 月—1987 年 3 月）
白继良　（1987 年 3 月—1990 年 3 月）
王景乐　（1990 年 4 月—1992 年 5 月）
白继良　（1992 年 5 月—1997 年 1 月）
李建海　（1997 年 2 月—2002 年 10 月）
吕　贵　（2002 年 10 月—2006 年 7 月）
吉广平　（2006 年 7 月—2014 年 2 月）
刘大庆　（2014 年 3 月至今）

乡党委副书记：

周作民　（1958 年 4 月—1958 年 9 月）

白继良　（1984 年 7 月—1984 年 7 月）
侯俊臣　（1987 年 8 月—1994 年 3 月）
穆怀敏　（1987 年 2 月—1991 年 3 月）
吴国泉　（1987 年 3 月—1990 年 11 月）
张松清　（1991 年 3 月—1996 年 10 月）
李建海　（1996 年 11 月—1999 年 6 月）
周俊卿　（1996 年 11 月—2002 年 11 月）
杨文生　（1997 年 11 月—1998 年 12 月）
侯景增　（1997 年 2 月—1999 年 11 月）
崔文荣　（2000 年 2 月—2006 年 6 月）
王　刚　（2011 年 8 月—2014 年 2 月）
霍建国　（2002 年 12 月—2008 年 5 月）
蔡淑敏　（2006 年 7 月—2011 年 7 月）
高敬茹　（2008 年 6 月—2011 年 5 月）
李冠男　（2011 年 6 月至今）
方　泽　（2015 年 2 月至今）

附：1958—1983 年常营管理站党总支、常营大队党总支、常营大队党委领导更迭名单：

管理站总支书记　肖宝恒　（1958 年 10 月—1961 年 3 月）
管理站副总支书记　周作民　（1958 年 10 月—1959 年 3 月）
大队总支书记　肖宝恒　（1961 年 4 月—1961 年 5 月）

	胡文顺	（1961 年 6 月—1965 年 4 月）
	张 勃	（1965 年 5 月—1965 年 7 月）
	张宝文	（1965 年 8 月—1971 年 7 月）
大队副总支书记	张宝文	（1965 年 5 月—1965 年 7 月）
	肖宝恒	（1961 年 6 月—1965 年 6 月）
	张景林	（1961 年 6 月—1965 年 6 月）
	张义山	（1961 年 6 月—1965 年 12 月）
	马文瑞	（1966 年 1 月—1981 年 1 月）
大队党委书记	刘章林	（1971 年 6 月—1973 年 12 月）
	薛 恒	（1974 年 1 月—1978 年 12 月）
	闻连生	（1979 年 1 月—1984 年 2 月）
大队党委副书记	薛 恒	（1973 年 1 月—1974 年 1 月）
	李殿奎	（1976 年 10 月—1982 年 12 月）
	王立荣（女）	（1975 年 8 月—1976 年 8 月）
	刘文杰	（1979 年 1 月—1987 年 2 月）

乡党员代表大会

党员代表大会是党的最高权力机构。1958 年常营乡党委成立以后，作为基层党委一直未单独召开过党代会，都是选举党员代表参加上级召开的党代会。1984 年正式恢复乡的建置，常营回族乡于 1987 年召开第一次党代会，此后于 1991 年、1996 年、1999 年、2002 年、2006 年、2011 年分别召开了二次、三次、四次、五次、六次、七次党代会，选举乡党委领导班子，认真贯彻中共中央和上级党委的方针政策，讨论决定常营乡的重大问题。

图 3－1 1998 年常营乡召开党员会议选举出席朝阳区第八届党员代表大会代表

中共常营回族乡历次党员代表会简表

表3－1

届　次	召开时间	地　　点	选 举 结 果	附注
第一次党代会	1987年3月	乡政府会议室	书　记:白继良 副书记:吴国泉　穆怀敏　侯俊臣 委　员:张　立　安茂英　康书贵	7委
第二次党代会	1991年3月	乡政府楼后会议室	书　记:王景乐 副书记:张松清　侯俊臣 委　员:李建海　张　立　康书贵　杨玉清 白继良　穆怀敏	9委
第三次党代会	1996年11月	乡政府楼后会议室	书　记:白继良 副书记:李建海　杨文生　周俊卿　侯景增 委　员:杜振国　安树清　李连华　高桂全	9委
第四次党代会	1999年12月	乡政府楼后会议室	书　记:李建海 副书记:崔文荣　周俊卿 委　员:高桂全　杜振国　张秀云　高敬茹	7委
第五次党代会	2002年12月	瑞海姆田园度假村会议室	书　记:吕　贵 副书记:崔文荣　霍建国　高敬茹 委　员:杜振国　高桂全　李冠男	7委
第六次党代会	2006年10月	瑞海姆田园度假村会议室	书　记:吉广平 副书记:蔡淑敏　霍建国 委　员:高敬茹　郭光辉　陈明智　张金鑫	7委
第七次党代会	2011年9月	昌平阳坊大都酒店	书　记:吉广平 副书记:王　刚　李冠男 委　员:石柏林　陈明智　史耀军　何文东 贾玉桂　曹　峰	9委

乡纪律检查委员会

1958年4月,建立中共常营乡党委时未独立设置乡纪律检查委员会,只是在乡党委中设有纪检委员,在乡党委统一领导下分工负责党内纪检工作。1984年恢复乡的建置,成立乡党委的同时,成立乡纪检委,接受乡党委和区纪委双重领导。

乡纪委领导人更迭

纪委书记：白继良　（1984年5月—1991年8月）
张松清　（1991年9月—1996年10月）
周俊卿　（1996年11月—2002年12月）
高敬茹　（2003年1月—2008年5月）
明宝萍　（2008年6月—2011年5月）
石柏林　（2011年8月—2014年2月）
赵金祥　（2014年2月至今）

历届纪委全会

常营回族乡纪委全会简表

表3－2

届　次	时　间	地　点	选举结果
第一次	1987年3月	机关大会议室	纪委书记:白继良
第二次	1991年8月	机关大会议室(楼后)	纪委书记:张松清 委　　员:刘连成
第三次	1996年11月	机关大会议室(楼后)	纪委书记:周俊卿 委　　员:刘连成　杨正彬
第四次	1999年12月	机关大会议室(楼后)	纪委书记:周俊卿 委　　员:刘连成　杨正彬
第五次	2002年12月	瑞海姆田园度假村会议室	纪委书记:高敬茹 委　　员:郭光辉　张秀云
第六次	2006年10月	瑞海姆田园度假村会议室	纪委书记:高敬茹 委　　员:营进军　曹　峰
第七次	2011年9月	昌平阳坊大都酒店	纪委书记:石柏林 委　　员:贾玉桂　杜连红　何　宏 闫秋莎

三　党的建设

组织建设

党员队伍建设　1949—1983年,常营乡的党员队伍从无到有,从小到大,在社会主义改造和建设中,发挥了中流砥柱的作用。虽然当时党的各级组织在“文化大革命”中受到冲击,但在中共十一届三中全会的方针、政策、路线的指引下,拨乱反正,补充新的血液,克服年龄老化、思想僵化等问题,又以昂扬的斗志走上了建设有中国特色社会主义新的伟大征程。

1953年8月,常营村开始建立党小组,共有党员4人。1954年3月正式建立党支部,有党员5人;是年年底,发展党员5人,共有党员10人。1955年发展党员8人,共有党员18人。1956年发展党员7人,1957年发展党员2人,1959年发展党员2人,1960年发展党员4人,1962年发展党员2人,截至1964年,10年中,全村有30人先后入党。

1958年前,十里堡、五里桥、公主坟与常营同区而不同乡,直到1958年四村才同属于常营乡范围。十里堡在常营乡建立党支部最早,1950年2月,有党员7人;1950年发展党员3人;1964年发展党员4人。五里桥村党支部也建立于1950年,有党员4人,下半年发展党员4人,一共8人。公主坟1949年有党员1人,1950年发展1人,未建党支部,参加五里桥村党支部活动。土改后有党员3人，始建党支部，发展党员10人，到1964年有党员13人。“四清”运动中，各村都发展了一批新党员。“文化大革命”中，党的正常组织生活受到干扰破坏。

1984—2000年，常营乡党员队伍数量上增长较快。增长的渠道有三：一是常营乡发展的；二是部队中入党的还乡退伍军人；三是工作需要调入的。在此期间，常营乡党委、各基层党支部都十分重视党员队伍建设，在党员发展上，努力做到6个坚持：(1)坚持积极慎重的方针，成熟一个发展一个；(2)坚持胸中有数按计划发展；(3)坚持在三大革命实践第一线上发展新党员；(4)坚持发动地区全体党员共同做好党建工作；(5)坚持上好党课，认真培养积极分子；(6)坚持党员条件，严格入党手续。不仅促进了党员队伍数量上的增长，同时也确保了质量上的提高。1991年，乡党委对全乡党员文化程度和年龄结构进行了摸底，发现党员队伍文化程度偏低，高中以上文化程度只占16%，小学至初中的占84%，50岁以上党员占党员总数的36%。乡党委指出，今后发展党员应注意知识化、年轻化。据统计1992年全乡党员279人，至2000年党员数增至418人，8年增加党员139人，每年平均发展党员17.5人。这17年中，常营乡党委、党支部坚持每月“三会一课”制度，积极宣传党的各项方针政策，提高党员素质，发挥党的先锋模范作用，真正做到“一名党员一面旗”。

2001—2015年，常营乡的农村城市化基本建成，党员队伍建设面临转型。据2003年统计，常营地区有党支部20个，党员472人。到2010年，常营地区建立基层党委2个（即民族家园社区党委和连心园社区党委）、乡机关党总支1个、社区党支部21个，共有党员（自管）849人，形成一个庞大的基层地区党员队伍。

图3－2　2010年8月30日，在朝阳区“文明传递社区行”活动中常营站举行中共党员重温入党誓词活动

1949—2015 年常营地方组织党员发展情况表

表 3－3

年份	党员人数(人)	年份	党员人数(人)	年份	党员人数(人)
1949	1	1973	197	1995	315
1950	18	1974	201	1996	322
1951	18	1975	205	1997	376
1952	18	1976	209	1998	380
1953	22	1977	212	1999	391
1954	32	1978	213	2000	418
1955	39	1979	213	2001	446
1956	42	1980	216	2002	453
1957	43	1981	218	2003	472
1958	48	1982	219	2004	517
1959	53	1983	221	2005	522
1960	59	1984	222	2006	579
1961	68	1985	224	2007	632
1962	76	1986	230	2008	662
1963	80	1987	248	2009	746
1964	84	1988	251	2010	849
1965	83	1989	260	2011	956
1966		1990	277	2012	1144
1969	156	1991	278	2013	1288
1970	158	1992	279	2014	1441
1971	162	1993	301	2015	1604
1972	184	1994	315		

说明：

1. 本党员统计表只包括常营、十里堡、五里桥、公主坟(草房)及常营大队(分场)机关的党员。

2. 数据来源:1965 年以前以“四清”留下的村史为主,其余数据来源是通县、双桥、朝阳档案馆以及常营乡乡党委办公室所提供。

3. 1969 年党员人数:

(1)“四清”时发展的预备党员,赶上“文化大革命”没能及时转正;1969 年结合整党、建党吐故纳新才转正的一批党员。

(2)新发展的一批新党员,九大党章规定没有预备期,直接为正式党员,所以党员增加,党员数显得很大。

4. 1966、1967、1968 年因“文化大革命”党员人数未予统计,未载。

基层组织建设 新中国成立后至1999年,常营乡尚属农村地区,基层党组织建设主要是探索如何建设好农村党支部。1995年,根据双桥农场党委的要求,常营乡以“五个好”作为农村党组织建设的标准和任务:(1)建设一个团结、坚强、群众拥护的好领导班子,尤其要有一个好书记;(2)培养锻炼一支富有战斗力的队伍;(3)选准一条适合当地加快经济发展的好路子;(4)完善一个好的经营体制;(5)健全一套体现民主管理,依法治理,保证工作有效运转的好的管理制度,努力工作。由于目标明确,可操作性强,对常营乡党的基层组织建设起到了引领作用。在开创“五个好”过程中,又逐步形成加强支部建设的四项具体措施:

1. 选拔:(1)在党内推荐、群众推荐的基础上,严格按照党章的有关规定,把群众公认的政治合格、能力过硬、真正能代表群众利益的人才选拔到党支部工作岗位上来;(2)部分村党支部班子成员按照全乡整体工作安排与企业进行交流轮岗。

2. 培养:(1)党委加大对农村党支部班子的教育培训力度。每年年初都结合党委、政府的重点工作做出详细计划,从政治理论、科技文化、市场经济、现代农村管理、民主法制等多方面进行有针对性的培训,用以会代培的形式对他们加强教育培训,使之在思想上与党中央保持高度一致,在行动上成为乡党委贯彻落实党的路线方针政策的带头人。(2)积极组织他们参加区委举办的农村党支部干部培训班,更直接、更准确地领会、把握上级意图和全区形势。(3)鼓励他们业余充电、参加各种学历教育,不断学习新知识、掌握新技能。

3. 使用:(1)党委充分信任、适度放权,增强农村党支部班子工作的积极主动性;(2)通过领导干部联系村制度、基层支部书记例会制度等加强上下级及时沟通,保持党对基层事务的快速应变能力。

4. 管理:每年年初确定工作任务,由党支部书记作为第一责任人与党委、政府各部门签订责任书;常营乡党委每年“七一”以纪念党的生日为契机对各党支部进行考核、评选和表彰;每年年底对基层党支部班子进行民主评议和年度考核,确定不同等次,并与年终分配和任用相挂钩。

通过对支部班子建设的管理,常营乡农村党支部班子的综合工作能力明显提高,责任心得到强化,很好地担负起带领广大村民加快发展、全面建设小康的重任。

2001年之后,随着农村城市化的进展,常营乡基层党支部的工作环境和工作内容发生了深刻的变化,由原先农村党支部向城市社区党支部过渡。从21世纪初开始,常营乡党委按照区委“建组织、建阵地、建服务体系”的要求,从理顺组织关系,拓宽党建工作渠道,改进党建工作方式出发,按照原行政村的历史情况以及农民搬迁上楼的区域分布,在常营民族家园社区、连心园社区分别成立基层党委,将11个村(居)党支部整建制划归两个社区党委,将446名农村党员组织关系保留在原11个村(居)党支部,党员党籍管理在各村,发挥作用在社区。村党支部既参加社区工作的集体领导,又继续承担村务工作的领导核心职能。经过不断努力,探索并形成“村居合一”的工作模式。这种“村居合一”的工作模式,为常营乡推进整建制转居工作,提供了坚实的思想保证和组织保证。

截至2015年,全地区共有36个基层党支部、4个基层党委和2个党总支。共有自管党员1604名,其中预备党员19名。

1984—2015 年常营乡党组织统计表

表 3－4

年份	党委	党总支	党支部	年份	党委	党总支	党支部
1984	1	（未设总支）	21	2004	1		19
1985	1		21	2005	1		15
1986	1		21	2006	1		17
1988	1		21	2007	1	1	21
1989	1		21	2008	3	1	21
1991	1		21	2009	3	1	21
1992	1		20	2010	3	1	21
1993	1		20	2011	3	1	27
2000	1		20	2012	3	1	28
2001	1		20	2013	3	1	31
2002	1		20	2014	3	2	34
2003	1		20	2015	4	2	36

领导班子建设　“火车跑得快，全靠车头带。”常营乡历届党政领导都把加强班子自身建设作为重中之重。1984 年以来，常营乡着力从思想建设、能力建设、作风建设、廉政建设、组织建设等方面加强班子的自身建设，从而使得乡党委领导班子执政能力不断提高，并积累了一些经验。具体做法有以下几点：

第一，坚持民主集中制，增强合力。即不断完善、健全乡党委内部议事和决策制度，营造民主氛围，坚持集体领导与个人分工负责结合，形成在分工负责的基础上共同研究、共同推动，共同落实的工作机制。完善党员代表会议、民主生活会、组织生活会等制度，不断拓宽党内民主渠道，推进决策的民主化、科学化、制度化。建立健全多方联动机制，以便处理好领导之间、条块之间、部门之间的不同职能和利益关系。

第二，加强教育，提高能力。常营乡党委十分重视提高干部尤其是主要领导成员素质和执政能力。每年都精心安排脱产培训、外出考察、调查研究等活动，科学安排在职学习，力争培训的系统性、针对性和实效性。从 2009 年开始，常营的中层以上干部都被轮训一遍，并将参加培训学习的情况纳入领导干部考核评价体系。

第三，改进领导，强化服务。长期以来，常营乡实行领导干部联系基层制度。每个处级领导干部都采取包片一个或几个基层单位展开经常性联系，重点研究，找出突出问题及矛盾症结所在，有重点、有步骤地推动解决，以求抓点带面之成效。

第四，加强党风廉政建设，拒腐防变。坚持党委统一领导，党政齐抓共管、纪委统一协调、部门各负其责的防腐工作机制，不断提高领导干部拒腐防变能力。开展形式多样的“三线促廉”系列教育活动，在常营地区营造思廉、爱廉、崇廉、敬廉的良好氛围。积极推动党务公开、政务公开、民主评议等民主形式，加强对领导干部尤其是主要负责人的党内监督、社会监督和舆论监督。对落实党风廉政制度动真格，做到有腐必反，有贪必肃，避免了“建一批楼，倒一批干部”的恶性循环。

第五，加强干部管理，带好队伍。近年来，常营乡加大了干部公开选拔、竞争上岗、轮岗交流的力度,鼓励干部参加挂职锻炼、调查研究、学历教育等,健全多种方式培养干部的机制。加大对领导干部的考察考核力度,不断提高考核评价体系的科学性。在培养任用干部时,坚持严把“八个环节”:一是宣传动员、公布职位;二是公开报名;三是笔试、面试;四是民主测评;五是组织考察;六是党委集体研究,确定拟任人选;七是任前公示;八是报主管部门审批备案后,正式任命。不简化步骤,不缺少环节,不走过场。同时,强化正确的用人导向,杜绝“带病提拔”。平时,则对广大干部真正做到政治上多关怀,思想上多关注,工作上多关心,生活上多关照,使其健康成长。从某种意义上来说,带好干部队伍,做好干部管理工作,可以收到固本强基的效果。

常营乡党委对加强领导班子建设的认识和具体做法,其中包涵着许多经验和教训。对此,今后仍将坚持下去。

附:党群服务中心

常营地区党群服务中心是中共北京市朝阳区委常营地区工委深入贯彻落实中共十八大精神,坚持以创建学习型、创新型、服务型基层党组织为目标,以党建为统领带动保障房区域社会服务管理创新,针对保障房社区“非常态化”特点,积极探索“非常规化”党建工作的一种全新模式。常营地区党群服务中心的建成并投入使用,为地区保障房党员及居民提供了一种“非一般化”的服务和关爱,为进一步推进“聚合力工程”,逐步形成具有常营地区特色的保障房社区党建工作模式,全面提升保障房社区党建工作水平,确保地区和谐发展和社会稳定,提供了载体和平台。

党服中心功能 常营地区党群服务中心是全市首家也是截至2015年为止全市唯一一家专门针对保障房地区党员居民提供集党性教育、为民服务、文化生活等功能为一体的综合性党员服务平台,具有开放式、多功能、专业化特点,是服务基层党组织和广大党员群众的重要窗口。

党服中心职能 主要负责地区党员、干部的教育培训;党的基础知识传播;“两代表一委员”民情联络;困难党员帮扶;流动党员教育管理;组织党员志愿者开展为民服务活动;为基层党组织和广大党员开展组织生活、文化活动提供服务。

党服中心服务拓展 (1)推动地区党员志愿者队伍的发展和建设;制定党员志愿者队伍长远发展规划及年度工作计划并做好年终工作总结;制定和完善党员志愿者队伍各项规章制度并督促执行;负责组织党员志愿者开展安老、扶幼、助残等社会救助服务和社会公益性活动;负责党员志愿者队伍与其他公益组织的联系、协调、协作和业务交流工作。(2)积极开展服务领域拓展及服务推广工作;对有需求的单位、社区、家庭和个人提供有关咨询服务,并同相关部门进行项目策划及推介。(3)独立开展社会服务,公益性服务项目的承接和推广以及有偿性专业服务。

党服中心概况 常营地区党群服务中心于2013年开始正式运行。位于朝阳北路与高安屯路交叉路口东北角,处在常营保障房区域的中心位置,总建筑面积约2000平方米,分为地下一层和地上二层两个功能区。地下一层主要用于基层党组织召开中、小型会议,开展各类型文体活动,包括贵宾室、多功能厅、会歇区、台球室、舞蹈室、健身房、乒乓球室、棋牌乐、展示廊等。地上二层主要用于基层党组织和党员干部开展党性教育、培训及学习交流活动，包括办公室、户外休息区、会议室、廉政课堂、电教室、电子阅览室、图书阅览室、道德讲堂、党员聊聊吧、展示厅等。

党服中心组织框架　常营地区党群服务中心在常营地区工委领导下，由社会工作党委通过民办非营利性社会组织来承办日常运营工作。如图所示：

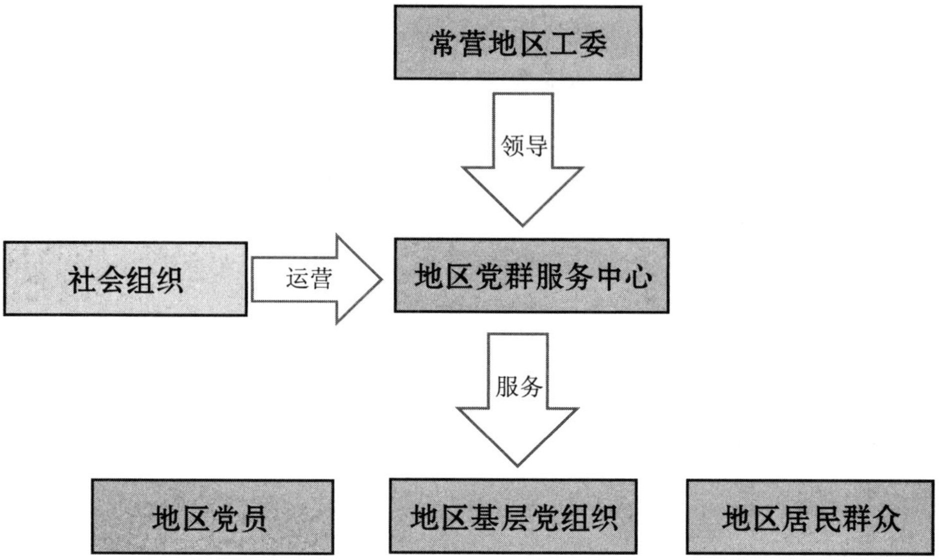

党服中心运营管理模式　由运营方组织成立中心办公室，负责中心各项行政管理、物业管理、业务开展及外联、推广。中心办公室职责：(1)中心各项管理制度的编制、落实和控制；(2)中心设施管理以及中心工作者的劳动关系管理；(3)日常行政事务管理和执行；(4)内部财务制度的执行和管理；(5)购买服务经费的监管、审计；(6)向有需求意向的政府机关、事业单位、企业和各类社会组织进行项目策划和推介；(7)向购买服务的政府主管部门、单位进行沟通联络，并及时对存在问题会同相关部门做好沟通和处理。

思想建设

常营乡基层党组织的思想建设，可分为前后两个大阶段，“文化大革命”前主要是通过政治运动加强思想建设。在新的历史时期，除继续坚持“三课一会”制度外，主要以专题教育活动统一思想认识，提高政治觉悟。1988—2015 年，在广大党员和党员干部中主要开展了 4 次较大的思想教育活动：一是基本路线教育活动；二是“三讲”教育；三是保持共产党员先进性教育活动；四是群众路线教育实践活动。在理论学习方面，着重组织学习了邓小平理论、“三个代表”重要思想、科学发展观、习近平系列重要讲话的精神。

基本路线教育活动　1988 年常营乡党委根据上级部署对全体党员进行了基本路线教育，以上党课形式为主，辅以看录像。通过学习，广大党员弄清楚了什么是党的基本路线，在改革开放的形势下如何发挥党员的先锋模范作用。1989 年，全乡开展“社会主义教育”，实际是基本路线教育的延续，使每个党员了解到什么是社会主义初级阶段，初级阶段应以经济建设为中心，贫穷不是社会主义，扭转了“以阶级斗争为纲”的思维模式，使多数党员思想转过弯来，打消顾虑，带头致富，坚决拥护走中国特色的社会主义道路。

“三讲”教育活动 2000 年，按照区委统一部署，开展“讲学习、讲政治、讲正气”的“三讲”教育活动，全乡党员均参加了这次教育活动。重点学习了中共中央总书记江泽民关于“三讲”的论述。整个学习分为 3 个阶段：(1)动员发动，学习提高；(2)自我解剖，听取意见；(3)交流思想，开展批评。不少党员检查了享乐主义、拜金主义腐蚀和影响，自己有了钱不要忘了是党的政策好，党员干部在市场经济中既要成为改革开放的行家里手，又应当增强共产主义信念，增强法制观念，自觉履行党员义务不辱使命。通过“三讲”教育活动，增强了乡、村两级班子的凝聚力和执政水平。

图 3－3 2005 年，常营地区实践“三个代表”重要思想，保持共产党员先进性宣传高潮日

保持共产党员先进性教育活动 2003 年 7 月，按照市委、区委的总体部署，开展保持共产党员先进性的主题思想教育活动，区委派出督导组来常营乡作具体指导，要求紧密结合地区实际进行。整个活动分为学习动员、分析评议和整改提高 3 个阶段。这次教育活动全地区 20 个党支部 472 名党员参加，学习覆盖率为 100%。其中，有 437 名党员按规定撰写了书面心得体会。2005 年 4 月 21 日常营地区召开年度党建工作会议，再次部署本年度保持共产党员先进性教育活动。5 月 16 日，组织党员干部赴延安接受革命传统教育。保持共产党员先进性教育期间，集中组织党支部上党课 17 次，组织收听、收看专题讲座 22 次，召开交流座谈 17 次，组织演讲比赛 3 场，组织参观见习 12 次，送学助学上门 73 人、共 876 人次。为群众办实事 5 件，投入经费 84 万元。在分析评议阶段，广泛征求意见，开展谈心活动，撰写党性分析材料，召开专题组织生活会和民主生活会，支部向党员反馈评议意见。许多党员认为，这次学习时间长、收获多，效果明显。据民意调查，群众满意率 94.2%，基本满意率 5.8%。

群众路线教育实践活动 2014年春,常营地区分2个层次开展党的群众路线教育实践活动。全地区34个基层党组织、1441名党员参加了教育实践活动。2月25日和3月4日,分别召开了处级领导班子和基层党组织开展党的群众路线教育实践活动的动员大会,并扎实做好各项准备工作。

地区工委坚持把学习中共中央总书记习近平重要讲话精神贯彻教育活动始终,做到教育实践活动每推进一环,学习就跟进一步,思想认识就深化一层,引导地区广大党员干部特别是班子成员自觉"补钙",为扎实有效推进活动奠定坚实思想基础。

地区工委把召开高质量的专题民主生活会作为确保活动取得实效的关键举措,始终聚焦严守政治纪律、反对"四风",深入查摆问题,开展批评和自我批评,达到了团结—批评—团结的目的。

地区工委从活动一开始就把解决问题、整改落实牢牢抓在手上,边学边改、边查边改、立行立改,立足当前抓整改落实,着眼长远建章立制,以真抓实改成效取信于民、赢得民心。地区班子共确定整改任务29项,其中立行立改任务4项、近期整改任务4项、中长期整改任务21项。班子成员共制定立行立改任务64项、近期整改任务40项、中长期整改任务33项。地区34个基层党组织及负责人也都结合实际制定了整改方案和整改措施并进行了公示。

地区工委坚持领导带头,坚持问题导向,坚持开门搞活动,始终把群众观点和群众路线贯穿于工作中,以教育实践活动促进地区各项工作,取得了良好成效。一是进一步树立了群众观念,强化了宗旨意识;二是进一步坚定了政治立场,提升了党性修养;三是进一步遏制了"四风",改进了作风;四是整顿软弱涣散基层党组织,基层基础进一步牢固;五是提高了服务意识,党群干群关系明显改善。

通过开展党的群众路线教育实践活动,地区每名党员干部的思想都受到了一次新的洗礼,党性得到了一次新的锤炼,精神面貌焕然一新。

纪律检查

廉政思想教育 1984年以来,乡纪委的工作侧重于端正机关作风和促进廉政建设,逐步探索在改革开放的新形势下纪检监察工作新思路。乡党委、纪委规定每年5月为"党风廉政宣传月",组织开展"爱廉说"论坛、廉政文化知识竞赛等多种形式的教育活动。2012年,在常营公园建立了全区首个廉政广场,营造浓厚的勤政廉政舆论氛围。结合领导民主生活会,每年都要检查各自在学风、工作作风、生活作风以及思想作风方面存在的不足和问题。通过这些活动,促使党员干部,特别是乡党政领导班子培养正确的权力观、地位观、利益观,筑起廉洁自律的思想道德防线,真正做到堂堂正正做人,清清白白当官,踏踏实实做事,当好人民群众信任的好公仆。

2012年8月之后,常营乡党委、纪委努力围绕区委提出的"两个从严、四个坚决不允许"开展思想教育。"两个从严",即"从严要求,从严管理"。"四个坚决不允许",即"坚决不允许出现有令不行、有禁不止的现象,坚决不允许出现贪图私利、急功近利、损害发展大局的现象,坚决不允许出现民主集中制形同虚设、个人专权独断的现象,坚决不允许出现组织软弱涣散、干部脱离群众的现象"。通过教育,乡党政机关干部向地区群众做出庄严承诺,群众的满意度和政府的公信力都有所提高。

廉政制度建设 反腐倡廉从严治党,除了思想教育,还需要制度保证。1984年以来,常营乡党委一手抓思想教育,一手抓制度建设。先是制定了《党风廉政建设责任制实施办法》《目标责任分解表》,明确责任,保证各项工作落实到人头。1991年,制定了《党风廉政建设的几项措施》,乡里成立了廉政建设领导小组,各基层支部分别设立纪检员。1996年,根据中纪委下发的对党员干部的"五条十不准"规定,乡纪委在乡党委领导下制定了《关于在职领导干部廉洁自律的规定》《关于对党员干部廉洁自律的补充规定》发现问题及时解决、及时教育、及时谈话、及时纠正。

2000年之后,常营乡党委、纪委先后又制定了《党员领导干部重大事项报告制度》《廉政档案制度》《述职述廉制度》《收入申报制度》《诫勉谈话制度》《经济责任审计制度》以及关于党员干部"十六不准"等,多项廉政制度,全方位扎紧制度笼子,有效地规范了乡内各级干部的行政行为,提高了廉政的自觉性。

图3-4 2009年,常营地区廉政文化广场揭牌仪式组图,市纪委副书记王海平(图一左一)、区纪委书记宋连弟(图一右一)为"廉政文化广场"揭牌

专项整治 1991年常营乡党委、纪委根据上级纠正行业不正之风的要求,具体提出专项整治内容:(1)坚决纠正行业不正之风;(2)坚决清理和查处违纪多占房基地建私房,用公款高标准装修住房;(3)坚决纠正乱收费、乱摊派、乱罚款现象。经过专项整治,使得行业不正之风发展势头得以遏制。

1997年,清产核资中,针对群众反映强烈的问题进行了专题清查,对其中问题分别作了处理,并发了通报。

2013年,中共中央八项规定下达之后,常营乡党委、纪委制定和下达了《常营地区关于开展“四风”突出问题专项整治方案》，开展了声势猛烈的反“四风”(形式主义、官僚主义、享乐主义、奢靡之风)专项整治活动。机关各科室、各基层单位的党员干部，遵照乡党委的要求，对照《北京市开展“四风”突出问题专项整治工作一览表》，认真查摆问题，深入整改落实。针对在党的群众路线教育实践活动中，群众对乡领导班子和机关在“四风”方面存在的12个突出问题，建立工作台账，制定整改措施，明确责任部门和整改时限，做到边整边改，收到了很好的效果。

2015年常营乡党委、乡政府提出深入开展“三严三实，为官不为，为官乱为”的专项治理，向“慵、懒、散、拖”问题开刀，具体教育整治尚在实施之中。

反腐案件审查 2006年11月—2007年11月，常营乡党委审查了副乡长高××(地区办事处副主任)利用拆迁安置工作的职务便利非法收受贿赂案，开除了违法人员的党籍并追究刑事责任。

统战建设

落实民族宗教政策 民族宗教工作本质上是群众工作，它关乎民族团结和社会安定的大事。中共十一届三中全会之后，常营乡党政领导把落实民族宗教政策作为自身建设的首要工作。合理安排宗教活动场所，是社会主义时期党在宗教工作中的基本政策之一。首先，归还清真寺，把占用寺产的企业统统搬出来，1980年恢复清真寺活动，1983年帮助重新建立清真寺民主管理委员会。1983—2008年，先后4次对清真寺进行了较大规模重修扩建，改扩建后的清真寺，一次可容纳3000人做礼拜，乡党政领导还积极配合清真寺管委会做好重大接待和重大民族节日的庆祝活动。宗教信仰自由的宪法原则在常营乡得到全面落实，公民宗教信仰自由权利得到充分尊重，信教公民的正常宗教需求得到有效满足。其次，1994年拨地60亩，新建回民公墓1座。2002年又投资650万元建造了穆斯林殡葬服务中心，解决了回民丧葬方面存在的难题，深受穆斯林群众的拥护。同时，大力发展民族特色经济，不断提高少数民族生活水平，关注和支持民族教育、民族文化以及民族卫生健康事业的发展(详见“民族宗教卷”与“文化建设卷”)。

图3-5 朝阳区民族宗教领导干部培训班(摄于2015年)

培养少数民族干部 常营乡党委始终把用心培养、任用少数民族干部放在重要的工作位置上，成为统战工作的传统和特色之一。解放初期，常营村成立生产委员会，24名成员，其中20名是回族。1953年7月建立常营回民自治乡之后，乡长全部都由回族干部担任，乡党委成员中，必须配备一定数量的少数民族干部，即便是“文化大革命”时期也是坚持这一方针不动摇。

改革开放后，常营隶属双桥农场，常营分场党委委员 11 人，回族干部 7 人，党委常委 5 人，回族干部 2 人，常营村 8 个队有 7 个队为回族党员干部做党支部书记。

1984 年，常营乡正式恢复乡的建置，5 名乡党委成员都是回族，乡政府 3 位主要负责人 2 名是回族，只有 1 名副乡长为汉族，4 名分场场长，除 1 名副场长外，其余 3 名都是回族。全乡 11 个村委会（生产队），其中 8 个是回族干部担任党支部书记。2013 年，乡机关有少数民族干部 25 人，其中公务员 10 人（回族 8 人、满族 1 人、蒙古族 1 人），事业编制 23 名（其中回族 15 人）。

用心培养、任用少数民族干部是保护少数民族利益的重大措施，也是党的统战工作重要内容，无论是区委、区政府还是乡党委、乡政府对此都是常抓不懈的。正是由于重视培养少数民族干部，他们在民族团结进步事业中发挥了特殊作用。

团结爱国宗教人士　常营乡党政领导对常营乡爱国宗教人士（有社会影响的阿訇）生活上给予关心，信仰上给予尊重，尽可能地帮助他们解决实际问题，与他们交朋友。1991 年阿訇秦玉文和 1993 年阿訇张玉昆去沙特朝觐，双桥工委和常营乡政府不仅在经济上给予了支持，还为他们举办了欢送仪式，受到信教群众普遍赞扬。日常工作中，积极支持爱国宗教人士参政议政，1983 年以后常营清真寺历届大阿訇均为人大代表或政协委员。乡里的代表会议，每次都邀请阿訇参加，一方面听取他们的意见，另一方面使他们了解和掌握党和政府的各项方针政策。

图 3－6　常营乡阿訇出席朝阳区伊斯兰教协会会议，秦玉文（左），张玉昆（右）（摄于 20 世纪 90 年代）

2015 年常营地区统战人士一览表

表 3－5

姓　名	性别	年龄	单　位	居住地	备　　注
林　莽	男	67	中国作协诗刊编辑部主任、著名诗人	万象新天小区	区政协委员（学习与文史委员会）

接上表

姓　名	性别	年龄	单　位	居住地	备　　注
蒋　璐	女	50	北京第二外国语学院继续教育学院副院长	万象新天小区	区政协委员(学习与文史委员会)
马　爽	女	45	北京丽风广告公司总裁	万象新天小区	区政协委员(经济科技委员会)
陈静娴	女	64	《劳动午报》社会版记者	万象新天小区	农工党派(社会福利与社会保障委员)
万贤民	男	60	煌翔(台湾)实业有限公司经理	鑫兆家园小区	台胞
张玉昆	男	85	常营清真寺阿訇	民族家园小区	区人大常委(区伊斯兰教协会会长)

图 3－7　2015 年,常营乡主管统战工作的领导与民盟中国传媒大学支部座谈

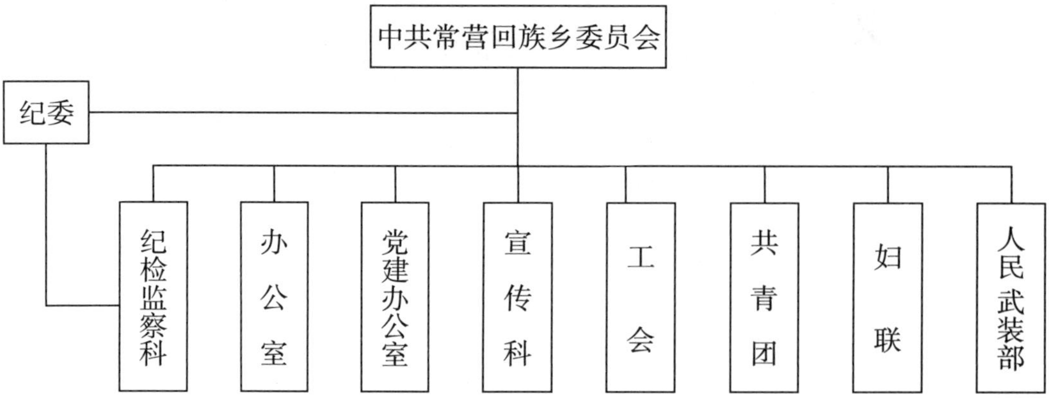

图 3－8　2015 年中共常营回族乡党群系统机构设置图

四 群众团体

工会

常营地区一直以农业副业生产为主,工会工作起步较晚。21 世纪以来,实行农村城市化,众多工商企业入驻常营地区,形成庞大的职工队伍,地区工会组织亦应运而生。

职工代表大会 2010 年 11 月 29 日,常营地区召开总工会第一次职工代表大会,正式成立常营地区总工会。选举产生了由 21 人组成的总工会委员会,主席贾玉桂,副主席高思颐,内设工作委员会、经费审查委员会、女工委员会。自地区总工会建立以来,在职代会建制、工资集体协商、困难职工帮扶、职工素质教育等方面,充分发挥了积极作用。

2015 年 6 月 25 日至 26 日,常营地区召开总工会第二次代表大会。常营乡机关、社区、辖区企业共 100 名代表出席会议。会议由常营地区总工会主席贾玉桂主持,并作《工会工作报告》,总工会副主席高思颐作《总工会财务工作报告》。马建全作《第一届委员会的经费审查工作报告》。大会通过各项决议,选举产生常营地区总工会第二届委员会成员 25 人、经费审查委员会成员 5 人、女职工委员会成员 3 人。在总工会第二届工会委员第一次会议和经费审查委员会第一次会议上,选举产生贾玉桂为常营地区总工会第二届委员会主席,高思颐为副主席;马建全为经费审查委员会主任;蔺军为女职工委员会主任。

图 3－9 2010 年 11 月 29 日,常营地区工会召开第一次代表大会

组织建设　2010 年 11 月成立常营地区总工会。常营地区总工会依照工会组建程序，拟制了《社区工会建会指南》下发到各社区，指导基层社区按照工会组建程序开展工会选举工作，各社区分别组织辖区内 25 人以下企事业单位召开会员代表大会，通过选举产生工会主席、副主席，工会委员会、经费审查委员会和女职工委员会，顺利地完成了地区与社区、社会单位二级工会网络体系的建立，并进一步明确职责分工，做到衔接有序，落实有效。此后，常营地区总工会又帮助辖区企业独立建会，形成常营地区独立工会 7 家，新增会员 17 人，加上原有的工会，会员人数为 422 人，会员总数 439 人。截至 2011 年 11 月，常营地区共有 17 家企业单位独立建会，联合建会 34 家，发展会员共 1046 人。对所有独立建会单位都要做到“两批两证三章一户”齐备，发放会员证与会员信息采集同步进行。

2014 年 3 月，地区总工会完成常营地区服务站规范化建设，并于 5 月顺利通过市总工会的验收。工会服务站为“五室两中心”实现服务站独立办公。同时安装了统一的标识、标牌，并设置了宣传橱窗。

2015 年常营地区总工会组织建设情况统计表

表 3－6

年份	名　称	数量(个)
2010 年之前	独立建会(家)	4
	联合工会(家)	0
	发展会员(人)	422
2010 年	独立建会(家)	3
	联合工会(家)	0
	发展会员(人)	17
2011 年	独立建会(家)	10
	联合工会(家)	34
	发展会员(人)	607
2012 年	独立建会(家)	0
	联合工会(家)	11
	发展会员(人)	258
2013 年	独立建会(家)	5
	联合工会(家)	28
	发展会员(人)	279
2014 年	独立建会(家)	1
	联合工会(家)	10
	发展会员(人)	270

接上表

年　份	名　称	数量(个)
2015 年	独立建会(家)	2
	联合工会(家)	11
	发展会员(人)	479

注:截至 2015 年累计数量:独立建会 25 家、联合工会 94 家,发展会员 2332 人。

图 3－10　2011 年常赢物业公司召开工会会员代表大会

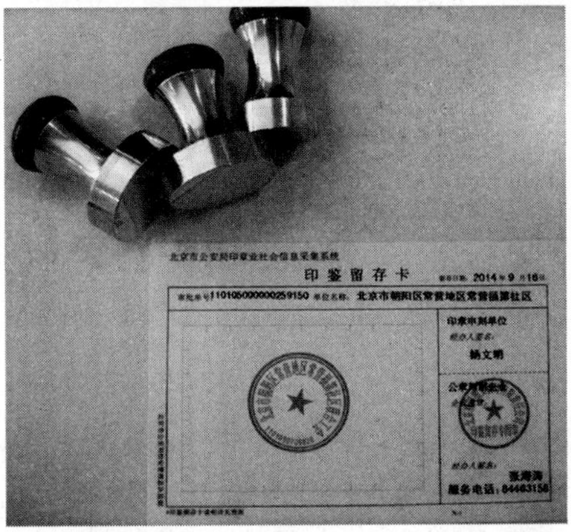

图 3－11　常营福第社区联合工会印章与印鉴存卡(摄于 2014 年)

附:常营乡机关工会主席名录:

靳成和　(1995 年 3 月—1999 年 3 月)
周俊卿　(1999 年 3 月—2001 年 10 月)
刘连成　(2002 年 5 月—2007 年 2 月)
魏凤雪　(2007 年 2 月—2008 年 12 月)
高思颐　(2008 年 8 月—2010 年 11 月)
贾玉桂　(2010 年 11 月至今)

图 3 - 12 常营地区总工会 2011 年度重点工作培训会

主要工作与活动 组织职工培训。2010 年 5 月，组织辖区内企业单位职工参加为期两周的“首都职工素质教育工程”培训，参与率达到区总工会下达的培训指标。通过参加《人际关系心理学》《职工职业道德修养必读》《实用法律基础》等课程的学习，许多职工增加了法律意识和思想觉悟。工会制定了培训考核及奖励办法，根据学员考勤、考试等，对表现突出的学员授予优秀学员称号。2011 年 4 月 12 日，地区工会在乡政府主楼召开“2011 年常营地区重点工作培训会”，邀请了有组织工会愿望的大、中、小企业代表参加，会上由区总工会的高森、赵晨讲解了工会组建、异地经营、中国与外国企业工会的区别以及工资集体协商等方面知识，受到与会者的好评，同时也促进了辖区内工会组织的发展。是年，又举办了为期 15 天的家政服务培训班，聘请从事家政教育的专家任教，受到参与培训的职工一致好评，有 61 名职工取得了家政服务业资格证书。

推进工资集体协商。2011 年，常营地区企业推行工资集体协商制度，地区总工会全

图 3 - 13 2013 年常营地区工资集体协商工作推进会

力以赴参与这项工作。2012年地区总工会提出，协商做到“三个结合”：一是将当年的工资集体协商与企业民主管理月活动结合起来；二是将工资集体协商与职代会建制工作结合起来；三是将工资集体协商与区工会的“双百行动”结合起来。同时推出绿洲假日、正中方物业和万象新天3个联合工会为试点单位，从而促进了工资集体协商工作的深入开展。2013年，是工会推进工资集体协商行动计划第三年，6月25日，地区总工会召开“2013年常营地区工资集体协商工作推进会”，着重解决如何做到企业发展和维护职工利益的双赢。截至11月底，在独立建会的企业中，有20家签订了工资集体协商，签订率91%；百人以上企业有7家签订了协商工资协议，签订率100%；6家社区联合工会完成72家企业的协商工资协议，签订率92%。

扶贫助困。2010年，地区工会为37名困难职工发放“爱心家园卡”10500元，并且开展了金秋助学活动，为地区19名当年考入高中和大专的困难家庭子女申请资助学费24400元，把温暖送到困难职工的心坎上，切实帮助困难职工子女解决上学困难的问题。2011年，为地区140名困难职工申请帮扶救助金21万元；为3名乡属企业身患重病的职工申请医疗救助31849元；为身患重度残疾的4名困难职工申请安装免费紧急呼救装置；为44名困难职工子女，解决助学资金55000元。2012年，为地区74名困难职工申请发放了帮扶慰问金，共计141000元；为11名患病职工发放医疗专项救助金13100元，为困难职工子女发放5万元助学金及爱心家园福彩公益金粮油。2013年，深入困难职工家庭入户走访，发放慰问金44000元，发放米面油42份，发放医疗专项救助金26940元(2012年度)，为5名职工办理了重大疾病理赔、住院津贴理赔、超大额二次报销理赔，共计14000余元。为地区24名困难女职工解决了纳入“特殊病互助保障计划”的问题，为地区100余名职工争得免费纳入互助保障计划权益，获得理赔金共计17000多元。2014年，给有困难职工解决子女上学难的问题，共发放金秋助学款7800元。

开展文体活动。2010年，组织35名职工参加了朝阳区“广播操”比赛，获优秀奖。2011年“七一”前夕，组织广大职工举办了“红歌颂党情、创建当先锋”的建党90周年纪念活动。2012年6月，举办了“每天锻炼一小时，健康生活一辈子”为主题的常营地区职工第九套广播体操活动，共有17个单位300多职工报名参与，倡导积极进取、健康向上的生活方式。

职工维权。2012年1月12日、14日，常营地区连续发生两起欠薪纠纷，地区总工会协同乡派出所、乡人民调解委员会，成功地化解了劳资矛盾，为河南华都集团的农民工和华班公司农民工讨回拖欠的工资，维护了农民工的权益。

附：2012年初两起欠薪纠纷调解纪实

(1)2012年1月12日下午，常营派出所接到辖区北辰福第社区物业公司报警，称有30余名农民工在北辰福第社区门口堵门并打伤保安。常营派出所出警后，治安拘留了5人。经初步了解，纠纷发生原因为劳动争议纠纷。为避免事态扩大，派出所将这些人带到地区矛盾调处分中心常营回族乡人民调解委员会接待大厅解决。

顿时，大厅里挤满了风尘仆仆、情绪激动的农民工，并声称还有300余名建筑工人正在赶来的路上。人民调解员一方面尽量安抚农民工情绪，另一方面选出了解具体情况的代表询问事情经过。后得知,这30余人是代表700余名农民工来向北京六建集团公司讨要拖欠的工资与材料费700万元的。他们本来与六建公司商定好当天上午可以拿钱,但由于拖欠款项的具体数额迟迟没有谈妥,六建公司拒绝支付,并告知他们去工地,即已经竣工并交付使用的北辰福第社区讨工资。农民工们因此情绪激动,继而与小区物业产生冲突,并动手打伤了保安。年关将近,农民工一定要在春节前讨到工钱的心情十分急迫,让他们冷静下来确实很难,如不妥善处理,群体性纠纷一触即发。

事态紧急,调委会迅速将有关情况及时向乡党委、乡政府报告。为稳妥处理,在派出所的积极配合下,常营地区调委会、劳动科、规划科三方联动,共同接待农民工。经调查,河南华都集团2008年承包了由北京六建公司负责的位于常营的北辰福第保障房项目。因工程结束后,北京六建公司与北辰福第项目所属的北辰集团部分工程款项未结算,导致拖欠河南华都集团部分劳务费、材料费,致使劳务公司工人们拿不到工资而寻衅滋事。

虽然北辰集团与北京六建公司均不属于常营地区管辖范围,但是农民工讨钱心切,也正值年关,人民调解委员会决定尽最大的力量进行调解,争取让工人们早日拿到工资回家过年,消除不稳定因素。调委会一方面赶紧约见北辰集团、北京六建公司及河南华都集团负责人进行面谈沟通,另一方面对30多名农民工代表逐一进行登记,以清楚拖欠工资总额。经多方联系,3个公司的负责人终于在晚上8点左右来到调委会,调解员展开了耐心细致的法律疏导、思想劝解工作,希望他们能全力配合调处,化解纠纷,维护社会安定。三方负责人也均表示同意参与调解。

调解过程中,由于三方关于拖欠的工资认定数额差距过大,一时半刻很难达成共识。开始,河南华都集团索要拖欠劳务费、材料费700万元,而北京六建公司与北辰集团只同意支付350万元。调解员反复做双方的思想工作,经过艰苦调解,在充分尊重当事人意见的基础上,22时,三方最终以420万元达成了调解协议,保证今后不再就拖欠劳务费、材料费之事寻衅滋事,扰乱社会治安秩序。从15时至22时,这场涉及700余人的工资拖欠纠纷,终于在常营地区矛盾调处分中心得到了妥善解决,避免了一起恶性事件的发生,维护了地区安全稳定,成为地区社会矛盾多元化解工作机制的一次成功案例。

(2)2012年1月14日上午,常营地区40余名农民工围堵常营北路讨要工资,严重影响了交通秩序。常营派出所接警后,立刻出警到现场疏堵,并将农民工一一劝回。然而,因讨要工资未果,40余名农民工们于当天下午2时左右再次走上常营北路,试图以堵路方式讨回工资。

常营回族乡人民调解委员会接到通知后,迅速将有关情况向乡党委、乡政府报告。为稳妥处理,调委会一方面立即安排人员赶往现场,安抚农民情绪;另一方面通知劳动科、规划科相关职能科室领导赶赴现场协助调处。为摸清情况,稳定好农民工的情绪,在常营派出所的积极配合下,工会干部、人民调解员专门来到了工人们的住所。经细致询问,原来他们是北京华班建筑劳务有限公司(以下简称华班公司)常营工地的木工,该公司承包了北辰置地常营项目南区的挖槽工程。华班公司于2012年1月13日23时左右,将木工队工人的工资23万元发给了木工头姚某,然而,姚某在拿到工资后,于14日凌晨3时左右私自卷走了工资款,导致木工们无钱回家过年,有人甚至连吃饭的钱都没有了。无奈之下,农民工们采取了堵路这种极端的方式讨要工资。

问清事情缘由后，工会干部、人民调解员对工人们进行了耐心细致的法律疏导、思想劝解工作，告知他们政府很重视，会尽最大努力处理好问题，请他们耐心等待答复，不要采取极端不合法方式影响治安秩序。调委会还联系华班公司解决了工人们的吃饭问题。同时通知华班公司的负责人立即赶往常营乡商讨解决方案。多方联系后，华班公司的负责人终于在晚上6时左右来到了常营派出所。

在常营派出所，调委会向华班公司负责人严肃讲明事件的严重性及不良影响，明确讲明农民工的工资绝不能欠，还指出华班公司监管存在的失误导致木工头卷钱逃跑。要求华班公司做出承诺，想出具体解决对策，尽快先把钱发到农民工手里，让农民工能踏实回家过年。华班公司负责人承诺会立即核工，具体发钱的事情，也会尽快与工人们商量清楚、达成协议。

然而，华班公司与农民工们关于拖欠的工资认定数额差距过大，华班公司只承认已支付姚某某的23万元，而工人们却核定出39万元。对此，常营地区调委会、工会、劳动科三方联动，于2012年1月16日再次来到工地进行调处。要求华班公司先垫支一部分钱，让工人们先回家过年，年后回来待姚某抓捕后再支付剩余工钱。起初，华班公司同意先支付在场农民工每人2000元，然而，农民工们讨钱心切，情绪激动，称2000元过年根本不够花，要求华班公司必须结清全部工资款才罢休。双方均不让步，调处陷入困境。

为争取让工人们早日拿到工资回家过年，消除不稳定因素，调委会继续联系华班公司负责人，艰难协调。于2012年1月17日一早将华班公司负责人及25名农民工们约至地区矛盾调处分中心常营回族乡人民调解委员会接待大厅继续协商调处。人民调解员耐心劝解双方，希望他们能全力配合调处，尽快化解纠纷。调委会一方面让农民工逐一登记各自应得的工资款；一方面向华班公司施加压力，能给工人们多发点钱。由于每名工人的工时不同，各自的工资款也不同。经多番协商，为公平起见，调委会建议采取按比例发钱的方式，华班公司统一按每人登记的应得款的30%发给每名工人，剩余款项等过完年后抓捕到姚某再补发。经过艰苦调解，中午11时左右，25名农民工终于与华班公司达成了调解协议。调委会现场监督华班公司将钱逐一发放至每名农民工手中，工人们一一签字按手印领钱。

终于，这场涉及25人的复杂工资拖欠纠纷，经过4天，来回3轮的反复协调，在常营地区矛盾调处分中心得到了妥善解决，避免了一起恶性事件的发生，维护了地区安全稳定，成为地区社会矛盾多元化解工作机制的一次成功案例。调解完毕后，农民工们心情非常激动，他们感动地说："感谢常营人民调解委员会的同志们，多谢你们的鼎力帮忙，可以让我们揣着工钱回家过个好年！我们不应该采取极端的、不理性的方式讨要工资，今后一定采用合理、合法的手段维护自己的正当权益。"

共青团

全称中国共产主义青年团，历史上一度称之中国社会主义青年团，1957年改今名。常营乡的团组织与常营乡党组织同时建立于解放初期，常营乡1954年有团员80名。各村的团员是党各项工作的助手。改革开放以来，又以生力军、主力军的姿态投身于经济建设的主战场。鉴于早期常营团组织的历史资料失考，故着重记述1984年恢复常营乡之后的常营地区共青团活动历史。

共青团代表大会　常营地区于2010年8月16日召开了共青团常营地区第一次团员代表大会，并选举产生共青团常营地区第一次委员会，由7名委员组成，何李玲任书记。委员成员平均年龄26岁，文化程度均在大专以上。

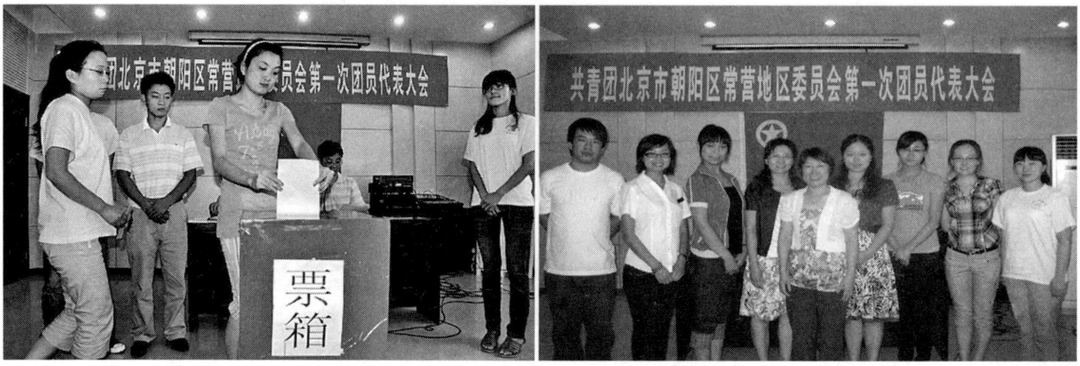

图3-14　2010年8月16日，常营地区共青团第一次团员代表大会召开

组织建设　2010年，全地区集中开展了社区共青团组织建设工作，分别在民族家园、连心园、万象新天、鑫兆佳园、荟万鸿、苹果派等6个社区与11家“两新”组织①中成立了团组织，形成了“1+2+9”的地区团委组织格局。据是年年底统计，全地区有团员青年179人，其中团干25人。2011年又在6家“两新”组织中成立了团组织，提前完成了在“两新”组建团组织的全年任务，获得区团委的表扬。

2014年，常营地区团委按照以党建带团建的做法，开展党团共建，提升了组织建设水平。全年新建团支部6家，100%完成“两新”团建任务。截至2015年年底，常营地区团委下辖56个团支部（其中社区团支部11个，乡属企业团支部4个，非公企业团支部41个），共有团员221人。

团委书记（副书记）名录：

吴国泉　（1958年1月—1965年7月）
刘　勤　（1971年6月—1971年12月）
崔文荣　（1972年1月—1975年8月）
侯景珍　（1975年9月—1981年12月）
靳成和　（1982年1月—1984年11月）
胡永光　（1984年12月—1987年12月）
安树清　（1988年1月—1991年2月）
高桂全　（1991年3月—1997年4月）
李冠男　（1997年5月—1999年12月）
刘连成　（2002年1月—2003年7月）

---

① “两新”组织：即新经济组织和新社会组织。

魏凤雪　　(2003 年 7 月—2007 年 1 月)
闫丽娟　　(2007 年 1 月—2008 年 12 月)
高思颐　　(2008 年 12 月—2010 年 8 月)
何李玲　　(2010 年 8 月—2014 年 3 月)
蔺　军　　(2014 年 3 月—2015 年 3 月)
卢　娒　　(2015 年 3 月至今)

主要工作与活动　组织文体与社会活动。2010 年地区团委组织单身团员、青年参加“2010 年朝阳区精英圣诞联谊会”。2011 年 10 月,地区团委联合司法所、北京民族学校和朝阳区双桥法庭在全国法制宣传日期间,举办了“弘扬法治精神,促社会和谐”的法律宣传进校园活动。12 月,又组织青年公务员参加“北京青年公务员风采活动”。2012 年以纪念共青团成立 90 周年为契机,组织社区团员、群众开展健身操友谊赛,以及当前青少年发展问题研讨会。是年,陆续开办了新青年学堂、新青年城市体验营、青年英语角、单身青年联谊会等一系列活动,并组织团员、青年参与大学生戏剧节、中国国际动物与自然电影周、朝阳摄影大赛、园博园集体婚礼以及朝阳国际体育节——篮球挑战赛,寓教于乐,健康身心。据不完全统计,仅 2013 年全地区举办“青年汇”活动就有 117 场次,参与团员、青年达 4470 人次。2014 年暑期,地区团委联合《品常社区报》和辖区 11 个社区的团支部开展了“寻找常营最闪光青少年”系列活动,树立了学习榜样,传递了正能量,受到社会好评。9 月,又组织地区团员、青年参观抗日战争纪念馆,进行爱国主义教育。

图 3-15　2012 年常营地区举办纪念建团 90 周年系列活动

开展公益服务。2010 年地区团委结合“3·5”学雷锋日,举办了学雷锋高潮日宣传活动,组织团员青年开展了义务便民活动;“五四”期间开展红色电影周活动,在各社区巡回放映红色影片;“5·15”国际家庭日和母亲节期间,与妇联联合举办了“亲情、友情,和谐大家庭,共建、共享,文明新常营”为主题的家庭文化周活动;10 月又联合民政部门开展“重阳助老”活动,团干们走访慰问了 19 户特困老人,给老人们送去温暖。2011 年,“两节”期间,组织团员青年走访慰问困难家庭。2012 年,开展了团员青年与贫困、残疾或老龄家庭结成对子，开展定向对门帮扶，推进“三到七助”服务项目。同时，依托地区社区服务中心、残疾人康复中心义务为地区残疾家庭和“空巢老人”提供服务。2013 年，在社区组织了志愿者队伍，开展了“温暖衣冬”活动，在全常营地区设置了 11 处捐赠点和 1 个集中收集站，向青海、宁夏、甘肃、四川等西部省份和自治区小学定向捐助衣物和学习用品 6274 件，其中衣物 5838 件，被子 5 床，学习用品 431 件，共组成 85 包。在“五四”前后，联合美景家政服务中心，走遍地区 11 个社区、800 多户居民家中，开展了为老年人、残疾人清洗抽油烟机志愿服务活动。“12·5”国际志愿者日前后，组织 20 余名志愿者走进河北三河“生命树”助养中心，体验照顾脑瘫儿童，等等。2014 年，组织了为期 15 天的毛主席纪念堂志愿者工作，国庆期间去朝阳公园做游园志愿者服务，APEC 会议期间组织志愿者参与值班、巡逻。据统计全年参加志愿者活动的青年达 6000 多人次。2015 年，继续组织青年志愿者捡拾白色垃圾、为残疾人及 80 岁以上老人理发、为老人测量血压、讲解常见疾病预防知识。

关注少先队和未成年人成长。地区团委以关心儿童成长为己任。2010 年以来，地区团委指导民族家园、连心园等 6 个社区成立少先队组织，实现少先队组织全覆盖。是年 11 月，开展了“100365 慈善行动”，向 2 名贫困青少年发放了“首善行动提货券”。12 月，又申报了“爱心基金”对 1 名特困青少年进行救助。2011 年，常营地区调整、组建了常营地区未成年保护委员会和预防青少年违法犯罪工作委员会，开展了“星光自护”培训活动，地区团委主办培训班 7 次，课程内容丰富，参与活动的未成年青少年 320 余人。2012 年，开展未成年人暑期社会活动实践：在万象新天社区组织未成年人参观太阳树儿童救助中心；在鑫兆佳园社区开展“爱与责任”为主题的调研活动；在连心园社区组织了未成年志愿者队伍。2014 年继续开展“星光自护”培训活动，举办了地区肚皮舞培训班、英语角学习班、新青年圆梦加油站美术班，参加动漫社彩排和演出，既学到了知识，又陶冶了情操。

附：常营社区青年汇

常营地区社区服务中心和文化服务中心作为成立较早的两家青年汇，已经成为吸引批量青年，具有固定品牌活动的招牌青年汇。在会员发展和维护上，通过建立 QQ、微信群，及时征求会员对活动的需求和意见从而提高参与率，凡有会员提出问题都做到第一时间回应，活动时做到提前有通知，变化有提示，过程有帮助，结束有评价。

社区青年汇标志

2011 年 3 月 3 日前申报了两家“社区青年汇”，并制订了工作方案。

2013 年，常营地区团委以社区服务中心和文化服务中心为载体，建立了 2 家市级示范“社区青年汇”。其中，社区服务中心·社区青年汇被团区委确定为全区 4 个旗舰店之一。在团建经费向青年汇工作倾斜的同时，积极争取乡财政支持，完成了青年汇装修和 VI 标识建设工作，为青年汇配备了电脑、传真打印扫描一体机、照相机、电话机、微波炉、移动硬盘、自行车、饮水机、录音笔、扩音器、麦克风等设备和物资，并做到了制度上墙。

两年来，青年汇 3 个站点共计举办活动 52 次，参与青年 1660 人次。

图 3－16　2013 年 3 月 3 日，常营社区服务中心青年汇新青年学堂开班仪式

社区服务中心（旗舰店）的总干事由社区服务中心主任霸春利担任，另配有社工 3 名。2004—2015 年，共举办活动 24 次，其中运动与健康类 6 次，文艺娱乐类 8 次，婚恋交友类 1 次，志愿公益类 7 次，参观活动类 2 次。共服务人群 780 人次左右。活动以运动健康为主，平均每周末有一次活动，户外活动通常在常营公园内举行，另外每月不定期播放电影 2—3 次，每月最后一周有新青年城市体验营活动。

文化服务中心站总干事由文化服务中心主任马荣艳担任，另配有社工 3 名。2004—2015 年，共举办活动 20 场，其中文艺娱乐类活动 6 次，学习培训类活动 10 次，运动健康类活动 2 次。参观实践类活动 2 次，共服务人群 680 人次左右。活动以学习培训为主，定期活动包括：每周六下午日语班，每月 2 场电影放映，每月最后一周的新青年城市体验营。

连心园社区青年汇总干事由团委书记金丽娟担任，另配有社工 3 名。2004—2015 年，连心园社区青年汇共举办活动 9 场，其中文艺活动类活动 6 次，参观实践类活动 2 次。婚恋交友类活动 1 次，共服务人群 200 人左右。

2015 年，常营地区三家青年汇共有会员近 3000 人，其中起到核心作用有带动力的会员近 500 人。在活动形式上已做到有长期且稳定的品牌效应，如旗舰店以定期开展户外活动为品牌，文化中心青年汇的日语班项目已经做了 2 年，在青年中已经形成了口碑效应。

妇联

全称是妇女联合委员会。新中国成立后，常营、十里堡、五里桥、公主坟 4 村均建立了基层妇女组织，在互助合作和发展农业生产中发挥了“半边天”的作用。鉴于前期乡妇女组织历史资料失考，故这里侧重记述 1984 年恢复常营乡建置之后乡妇联组织及其活动。

妇女代表大会　1984 年 6 月，常营乡妇联列入乡政府序列，负责全乡妇女工作。2005 年，乡妇联对基层妇女组织进行了整顿，着重解决妇女干部兼职过多以及年龄偏大、文化程度偏低等问题，整顿之后，妇女工作者平均年龄降到35岁以下，学历提升到高中以上，充满朝气和活力。2012年7月17日，常营乡在乡办事处多功能厅召开第一次常营地区妇女代表大会，会上何李玲作了题为《坚持科学发展，凝聚妇女力量，加快建设文明、和谐常营而努力奋斗》的工作报告，选举产生了常营地区妇联第一届执行委员会，由9名委员组成。在地区妇联第一届第一次执委会上，选举产生妇联主席何李玲、副主席刘金香、管旭颖。

组织建设　2012年，常营地区妇联按照区妇联统一部署，认真开展了地区、社区两级妇联的换届选举工作，并同时组建地区"妇女儿童工作委员会"（简称妇儿工委），由乡纪委、党建办、群团办、宣传科、科教文体办、社会事务管理科、综治办、司法所、社保所等有关科室及社会单位共同组成。委员会办公室主任由地区妇联主席兼任。

妇联主席名录：

安茂英　（1984年6月—1991年12月）
刘凤芝　（1991年4月—1997年3月）
张秀云　（1997年3月—1999年6月）
崔文荣　（1999年6月—2001年12月）
马万荣　（2001年12月—2006年7月）
魏凤雪　（2007年7月—2008年12月）
高思颐　（2008年12月—2010年7月）
何李玲　（2010年8月—2014年3月）
蔺　军　（2014年3月至今）

主要工作与活动　1984年以来，乡妇联坚持服务大局、服务妇女、服务基层，开展了一系列工作与活动，如宣传计划生育、开展家庭教育、创建"五好家庭"、支持幼儿园建设、维护妇女儿童权益以及参与公益活动等方面，效果良好。

图3－17　2010年，妇联举办的"家庭文化周"活动

开展家庭教育与创建“五好家庭”活动。此乃妇联工作的重头戏。1985 年，乡妇联深入开展“五四三家庭”活动（“五四三”，即五讲、四美、三热爱），引导家庭文明建设。1989 年，在广大妇女中开展“自尊、自信、自强”为内容的家庭教育活动。2003 年，在区举办的“爱慕杯”学习型家庭成果活动中，常营乡有 7 个家庭 12 件作品送展，展出了 2 个家庭的 5 件作品。2005 年 3 月 5 日举行家庭教育知识讲座，乡妇联特地请来了北京市家教研究室秘书长、心理学家闵乐夫教授作了“青春期家庭教育”的报告，得到热烈反响。2009 年，“5·15”国际家庭日和母亲节期间，乡妇联开展了“亲情千般暖，家和万事兴”为主题的家庭文化周活动，推动了地区学习型家庭、和睦家庭的创建，起到了良好作用。2010 年举办“关爱女性心理健康，创建美好幸福家庭”的学习讲座，同时，开展了“亲子互动列车暑期行动”，历时 2 个月。2011 年，开展了“向日葵”家庭教育项目，邀请中国家长教育研究所所长齐大辉来常营作了“家庭沟通与情绪管理”的讲座，常营社区有 200 人参加了这一活动。

在开展家庭教育的基础上，乡妇联积极倡导创建和评选“五好文明家庭”。1990 年，全乡共有 3388 户，选出“五好文明家庭”2287 户，占 67.5%。2010 年，全乡共推选“五好文明家庭”1418 户，同时，大力宣传其中的先进典型事迹。2011 年，全乡共推选“五好文明家庭”2100 户。2012 年，将“平安家庭”创建纳入“五好文明家庭”创建评选体系之中。创建中苹果派社区王坦、甄秋兰一家，经地区妇联选送、区妇联推荐，获得“首都平安示范家庭”称号，成为全区 8 个“首都平安示范家庭”之一。2013 年，共推选区级“五好文明家庭”2600 户。2014 年再次推选区级“五好文明家庭”2900 户。

图 3－18　2010 年社区居民获得“五好文明家庭”荣誉

关心支持幼儿教育。乡妇联认为，这是妇女组织义不容辞的责任。1984 年下半年，乡妇联组织全乡幼儿教员和保育员学习《幼儿园一日活动》《幼儿园的培养目标，对保教人员的要求》等文件和资料，进一步明确教养员和保育员的职责，努力办好幼儿园、托儿所。1985 年，全年检查幼儿园 4 次，督促幼儿园建立健全各项规章制度。1987 年 10 月，乡妇联组织妇女干部、幼儿教师、乡村医生共同观看幼儿教育的录像，提高幼教工作水平。1989 年 9 月，乡妇联组织全乡保育员参加 2 节课的观摩教学，收到了良好效果。

维护妇女、儿童权益。1985 年，乡妇联牵头对全乡 720 名已婚育龄妇女进行了防疫普检，对检查出病情的妇女给予治疗。1989 年，建立了乡妇联和基层妇代会的信访网，乡妇联将每周五定为接待日，全年接待并处理妇女来访 25 件次。1990 年全年接待信访 12 次，为受害妇女撑腰。2002 年 3 月，乡妇联组织广大妇女学习《中华人民共和国婚姻法》，进一步提高妇女的法制观念和依法维护自身权利的意识。2003年元旦、春节期间，乡妇联走访贫困妇女家庭30户，联系区残联和英智眼科医院为8名女性做了白内障复明手术。次年，又走访了20户，为6名妇女实施了白内障复明手术，为7户困难家庭办理了临时困难补助，共32500元。此后，乡政府决定每年开展2次妇女健康检查，并为患有妇科疾病的妇女免费治疗。为了促进妇女就业，2003年3月8日，开办了常营首届业余物业管理班，相继又开设了初级电工培训班、电脑培训班，有150名女性参加了培训，为她们就业架起了一道桥梁。2004年，开办了5期手工编织技术培训班，参加人员137人。2005年，再次举办计算机技能培训班，引导妇女学习计算机基础知识，自谋出路，自主创业。2011年，利用"三八"妇女节、"六一"儿童节期间及"12 · 4"全国普法宣传日，开展了《中华人民共和国未成年人保护法》宣传活动，提高妇女、儿童自我保护意识。2012年，"三八"妇女节期间，开展了5场妇女维权宣传和咨询活动。2013年"三八"妇女节期间，在常营社区继续宣传《妇女权益保护法》，"六一"期间及"12 · 4"全国法制宣传日，开展了《中华人民共和国未成年人保护法》，宣传活动有效地提高了广大妇女自我保护的意识和能力。

图3-19 2011年妇联举办妇女维权法律知识讲座

除此之外，乡妇联还积极组织妇女参与公益活动。2008年，为了做好北京奥运会、残奥会的服务工作，对全乡76名姐妹和队员进行了系统的民族宗教知识、救护知识、助残理念及手语的培训。在汶川地震发生后，乡妇联发动广大妇女参与募捐，先后共捐善款合计人民币4万余元及3000元卫生用品，支援灾区。2013年乡妇联建立了志愿者台账，在节日期间，开展了贴春联、清理烟花爆竹残屑、健康义诊、义务理发、引导乘车、亲情陪伴、关爱残疾人等内容丰富的巾帼志愿服务活动。

附：历史上的农民组织

农会 即农民协会，为解放初期的土地改革运动中主要依靠力量。1953年之后，随着农村基层政权的巩固，完成历史使命而消失。

1949—1950年常营地区土改运动中，常营、十里堡、五里桥、公主坟4村均建立了农会组织，农会在土改划分阶级成分、开展诉苦和阶级教育，发动广大贫雇农和中农向地主阶级进行面对面的斗争中，发挥了先锋作用（具体土改情况，详见卷九丛谈）。农会中的骨干分子，风里来、雨里去，经过严峻的阶级斗争考验，其中有一批人光荣地加入中国共产党。

常营村农会于1949年冬正式成立（又称之"土改委员会"），选出主席安希尧、副主席陈少奎、马守仁，以及17名委员。他们把坚持阶级立场和贯彻民族宗教政策进行了有机结合。

十里堡村农会成立于1949年秋，选举出王希彤为农会主席，李玉芳为副主席兼村长，委员有：韩启增、梁树凤、魏桂兰、贾玉福、东德福等5人。

五里桥村农会成立于1950年春，农会主席刘永全，副主席张宝善，委员有石德山、李长有、刘芳、王庆秀、耿文荣、孙富贤、孙贵等7人。农会成立后便着手土改，该村地主、富农分子施放“糖衣炮弹”腐蚀拉拢农会干部，阶级斗争十分激烈。

公主坟村农会成立于1949年冬，农会会长张文恒，委员李桂荣、张悦、黄永春、范子寿。

贫协　贫下中农协会简称。在“四清”运动中，学习“双十条”同时，依据《中华人民共和国贫下中农协会组织条例（草案）》，常营、十里堡、五里桥、公主坟4村均陆续成立贫下中农协会筹备小组或筹备委员会，运动后期于1965年4月—5月间正式选举产生贫下中农协会。“文化大革命”中，曾配合工农兵占领上层建筑，组织“贫宣队”进驻学校，不久撤出（详见卷七文化建设与传承）。1979年贫协停止活动。

1965年常营大队贫协委员名录

常营一村　贫协主席：刘子珍
副主席：马连生
委员：张玉清　安祥　张淑玲

常营二村　贫协主席：高贵明
副主席：李大忠
委员：孙长顺　李光润　海淑云

常营三村　贫协主席：金德元
副主席：白淑芹　马德恩
委员：马贵英　吴敏贵　崔马氏　吴国清

常营四村　贫协主席：张玉增
副主席：安贵增
委员：李凤珍（女）　王贵才　安玉珍（女）

常营五村　贫协主席：马德贵
委员：安瑞生　于淑芳　安茂英　安希荣

常营六村　贫协主席：张云禄
副主席：康书贵
委员：张庆海　穆怀敏　杨止敏

常营七村　贫协主席：李宽
副主席：金玉良
委员：张庆余　候国瑞　钱淑琴

常八（一居）　贫协主席：张堃
副主席：蔡淑惠

委　　员：王玉清　白秀珍　马全祥　李长旺　白　连
十 里 堡　贫协主席：孙立权
副 主 席：刘　刚
委　　员：孙振才　孙　茂　孙桂兰　丁秀田　刘英民
五 里 桥　贫协主席：赵希禄
副 主 席：苏德茂　刘秀英
委　　员：吴学义　王玉英　吴连福　郝庆福　李永珍　樊井荣
公 主 坟　贫协主席：李　松
副 主 席：韩佩英
委　　员：李　田　李　孝　刘凤生

五　人民武装部与民兵、预备役组织

乡人民武装部

机构与职能　1984 年常营乡恢复建置后，设立乡人民武装部，行政编制 1 人（部长 1 人）。其工作职能：（1）负责民兵组织建设、政治思想教育，军事训练，武器、武备管理工作；（2）负责兵员征集、兵役登记工作；（3）负责预备役管理工作；（4）负责国防教育工作；（5）协助做好“双拥”共建工作；（6）负责防灾抢险的组织协调工作。

2003—2015 年常营乡人民武装部部长更迭表

表 3－7

姓　名	任职时间	职务
高桂全	2003 年 2 月—2006 年 7 月	部长
石柏林	2006 年 7 月—2007 年 12 月	部长
史耀军	2007 年 12 月	部长

主要工作与活动　兵役登记。2008 年，常营地区适龄青年全部参加了兵役登记，其中独生子女占适龄青年的 78%。最终报名人数的 56% 经过政审合格后应征入伍。2009 年 9 月—11 月，常营地区适龄青年全部参加了兵役登记，最终报名人数的 47% 经过政审合格后应征入伍。2010 年 9 月—11 月，常营地区适龄青年全部参加了兵役登记，最终报名人数的 22% 经过政审合格后应征入伍。2011 年 9 月—11 月，常营地区适龄青年全部参加兵役登记，最终报名人数的 17% 经过政审合格后应征入伍。2012 年 9 月—12 月，全地区适龄青年 303 人参加兵役登记，登记率 100%，10 人参加体检，5 人被批准入伍。2014 年 6 月—9 月，常营地区适龄青年全部参加了兵役登记，最终报名人数的 50% 经过政审合格后应征入伍。

人防工程安全管理。2008年，为了确保奥运会、残奥会期间人防工程的安全，由人武部牵头，建立健全人防工程安全管理机制，加强了对全地区已经注册的人防工程管理，奥运期间未发生任何问题。2012年，积极与辖区各物业公司保持联系，签订了《人防工程安全责任书》，对人防工程实施依法管理、合法使用，彻底清理了所有违法使用工程，配合治安部门摸排普通地下空间，摸排人防地下工程，整顿公益化使用住人人防地下工程。是年，被朝阳区民防局评为“人防工程管理先进单位”和“人防工程清理整顿先进单位”。

图3－20 2013年常营乡应征入伍新兵

图3－21 2011年社区工作人员进行征兵宣传工作

加强民兵建设。2008年常营乡完成民兵及预备役分队组建工作。国庆60周年前夕，选送6名适龄女青年参加阅兵方队培训，完成中华人民共和国成立60周年阅兵女民兵的选拔工作。2014年又重新组建常营民兵分队。

此外，每年乡人武部以多种形式开展国防教育、爱国主义教育、《中华人民共和国兵役法》与征兵宣传等活动。

民兵组织与训练

民兵组织演变 1949年土改时，常营、草房（公主坟）、十里堡、五里桥4村均分别成立民兵组织，站岗放哨，维护地方治安。民兵分普通民兵和基干民兵两种，基干民兵可以持枪，需经过严格政审。1958年“大跃进”，全民皆兵，常营一度成立了泛军事化组织——生产兵团，组织军事化，行动战斗化。“大跃进”过后，民兵组织恢复如前。“文化大革命”期间，生产大队成立民兵营，生产队成立民兵连、排、班，另有基干民兵组织。

1984年常营乡恢复建置，实行民兵与预备役组织统一管理，根据“控制数量，合理布局，突出重点，分类建设”的总要求。2008年，常营乡组建了民兵、预备役组织，成立民兵应急分队。2014年，常营乡重新编组民兵分队，以保证在防汛、抢险等突发事件中拉得出、冲得上、战能胜。

民兵组织训练　21 世纪，常营乡民兵分队训练日趋正常化，在敏感时段担负着看桥护路重任，成为地区维稳志愿者的主力军。2012 年“八一”前夕，常营乡民兵参加区武装部组织的专武干部和民兵骨干专业比武，取得了团体（部分）第一名的好成绩。是年，还积极参加朝阳区万亩造林活动，受到区政府和区人民武装部的好评。

图 3－22　2012 年常营回族乡民兵连植树活动

2013 年，常营乡民兵抗灾自愿小分队，进行专业培训。2014 年 6 月，常营地区办事处专项拨款近万元作为民兵训练经费及置装费。是年，组织民兵排长、班长开展了为期 5 天的培训，重点讲解“城市人民防空”“新时期民兵组织建设”“防灾减灾”专题知识，并就在农村城市化中如何发挥民兵的职能作用展开讨论。在这前后，还特邀了武警朝阳看守所的班排长，对民兵应急分队进行警棍盾牌术、轻武器以及应急分队机动性训练。

卷四　行政机构与政事纪略

一　乡人民代表大会

1984年,根据北京市人民政府《关于同意朝阳区建立双桥农场办事处和管庄等五乡批复》,常营管理区(生产大队)建置撤销,恢复乡的建置,同时建立常营回族乡人民代表大会,届次按第八届算起,因为此前朝阳区其他乡都已开过7届人代会,至2015年常营乡已经历八、九、十、十一、十二、十三、十四、十五、十六共9届乡人代会。

历届人代会

第八届人代会　1984年6月10日,常营乡举行第八届人代会,该届代表30人,出席会议90人。会议听取并审议了建乡筹备小组组长白继良所作的《政府工作报告》,选出乡长穆怀敏,选出副乡长安茂英、张永松。该届人代会共开全会5次。

第九届人代会　1987年12月25日,常营乡举行九届人代会,该届代表30人,出席会议90人,会议听取并审议了代理乡长侯俊臣所作的《政府工作报告》。该届共开全会5次。在1990年3月27日召开的第四次会议上,通过《常营回族乡人民代表议事办法》,并批准穆怀敏辞去乡长职务的报告,补选侯俊臣为乡长、杨玉清为副乡长。在1990年9月25日举行的第五次会议上,通过《关于征收教育事业附加费的暂行规定》《关于加强计划生育工作措施》《关于加强农村村民建房用地管理若干规定》和《关于加强环境卫生管理的规定》。

第十届人代会　1991年2月25日,常营乡举行第十届人代会。参会96人,其中乡人大代表36人,列席代表20人,聘请选民40人。会议听取和审议乡长侯俊臣所作的《政府工作报告》,选出乡长侯俊臣,选出副乡长杨玉清、李连华、刘凤芝。该届共召开全会5次。

第十一届人代会　1994年2月3日,常营乡举行第十一届人代会,出席代表98人,其中乡人大代表48人,列席代表50人。会议听取和审议了乡长侯俊臣所作的《政府工作报告》,选出乡长白继良,选出副乡长李连华、刘凤芝、安树清,选出乡人大常务主席杨玉清。该届共召开全会4次。在1994年7月7日召开的第二次全会上,讨论通过了《关于结合房地产开发建回民新村的意见的决议》。

第十二届人代会　1997年1月2日,常营乡举行第十二届人代会,出席代表71人,其中人大代表48人,列席代表23人。会议听取和审议了乡长白继良所作的《政府工作报告》,选出乡长侯景增,选出副乡长安树清、张秀云,选出乡人大主席白继良、副主席杨玉清。该届共召开全会 6 次。在 1999 年 7 月 9 日举行的第六次会议上，讨论通过了《关于成立常营回族乡拆迁安置政策研究室的意见》，补选崔文荣为副乡长。

第十三届人代会　2000 年 2 月 20 日，常营乡举行第十三届人代会，参会代表 72 人，其中乡人大代表 48 人、列席代表 24 人。会议听取和审议了副乡长崔文荣所作的《政府工作报告》以及有关领导所作的《乡财政工作报告》和《乡人大主席团工作报告》。选出乡长崔文荣，选出副乡长安树清、高桂全、董明慧，选出乡人大主席李建海、副主席杨文生。该届共召开全会 6 次。在 2000 年 8 月 28 日召开的第二次会议上，听取讨论了《常营乡房地产开发拆迁安置办法补充规定的报告》，并通过相应决议。在 2001 年 5 月 7 日召开的第四次会议上，听取审议了《常营回族乡关于房地产开发拆迁安置办法补充规定之二（草案）》《常营回族乡关于调整农民生活补助的决定（草案）》。在 2001 年 10 月 25 日召开的第五次会议上，讨论通过了《常营回族乡拆迁、安置补偿办法（草案）的决议》。在 2002 年 3 月 26 日举行的第六次会议上，补选杜振国为乡人大副主席、郭光辉为副乡长。

第十四届人代会　2003 年 1 月 10 日，常营乡举行第十四届人代会，参会代表 72 人，其中乡人大代表 48 人、列席 24 人。会议听取和审议了乡长崔文荣所作的《政府工作报告》，选出乡长崔文荣，选出副乡长郭光辉、高桂全、董明慧，选出乡人大主席吕贵、副主席杜振国。该届召开全会 6 次。在 2004 年 10 月 15 日举行的第四次会议上，通过《常营回族乡关于修改〈北京市朝阳区常营回族乡拆迁腾退安置补偿办法〉的决定》。

图 4－1　2006 年，常营回族乡第十五届人民代表大会第一次会议在乡政府多功能厅举行

第十五届人代会　2006 年 11 月 24 日，常营乡举行第十五届人代会，参会代表 48 人，列席 24 人。会议听取和审议了代理乡长蔡淑敏所作的《政府工作报告》，会议讨论通过了《常营回族乡农民生活补助管理暂行办法》《常营回族乡离退职农业户口村务管理人员任职补贴暂行办法》《常营回族乡关于病残人员生活救助暂行办法》《常营回族乡农村富余劳动力转移就业鼓励暂行办法》等文件。通过选举选出乡长蔡淑敏、副乡长郭光辉、石柏林、李冠男，选举出乡人大主席陈明智及乡人大副主席。该届人大共召开全会 10 次。在 2008 年 11 月 29 日召开的第五次会议上，讨论并通过《常营回族乡房屋租赁管理暂行办法》《关于调整〈常营回族乡拆迁腾退安置补偿办法〉的意见》。在 2011 年 3 月 28 日召开的第十次会议上，讨论通过《常营地区（回族乡）国民经济和社会发展第十二个五年规划纲要》，审议了《常营回族乡关于加强养老公益事业及剩余房屋管理的意见》。

第十六届人代会 2011 年 11 月 17 日,常营乡举行第十六届人代会,参会代表 72 人,其中乡人大代表 48 人,列席 24 人。会议听取和审议了代理乡长王刚所作的《政府工作报告》,选出乡长王刚,选出副乡长何文东、张晓波、李海峰、岳卫红、闫丽娟,选出人大主席吉广平、副主席陈明智。该届共召开全会 7 次。在 2012 年 9 月召开的第二次会议上,听取了《关于社区建设及打造"一刻钟社区服务圈"的建设情况》及《关于全乡的规划建设和万亩造林情况》的工作报告。在 2013 年 11 月 30 日召开的第五次全会上,审议并通过了《常营回族乡农民医疗补助办法的决议》。在 2014 年 5 月 9 日召开的第七次全会上,审议并通过《常营回族乡农民转居转工工作方案》及《常营回族乡农民转居转工实施办法》。

图 4-2 2015 年,常营回族乡第十六届人民代表大会第九次会议在昌平平阳坊大酒店举行

乡人大机构设置

乡人大主席团 1986 年新修订的《中华人民共和国地方组织法》,将"由乡镇人民政府召集本级人大会议"的规定,修订为"本级人民代表大会主席团主持",并赋予主席团一定的职权,由此成为乡人大主席团设置的历史开端。1997 年,按照区人大常委会要求,乡人大主席团为常设工作机构。1986 年,常营乡人大设立乡人大主席团,设有主席团主席、副主席,经人代会选举产生,乡人大主席团把依法开好人代会,正确行使宪法赋予乡人大职权为工作重点。乡人大主席团主席始为兼职,1997 年改为专职(或设专职人大副主席),常营乡人大主席团制定了相应的工作制度,积极探索人大工作制度化、规范化。

乡人大工作办公室 1984 年设置,为乡人大主席团办事机构,正科级,编制 1 人。乡人大办公室与乡政府合署办公。

1991 年选举乡人大主席团,领导人更迭情况如下:

人大主席	穆怀敏(回)	(1991 年 4 月—1994 年 1 月)
	杨玉清(回)	(1994 年 10 月—1997 年 1 月)
	白继良(回)	(1997 年 1 月—1998 年 1 月)
	李建海(满)	(1998 年 2 月—2002 年 10 月)

	吕　贵	(2002年11月—2006年10月)
	吉广平	(2006年11月—2014年2月)
	刘大庆	(2014年3月至今)
人大副主席	杨玉清(回)	(1997年2月—2000年2月)
	杨文生	(2000年3月—2002年2月)
	杜振国(女,回)	(2002年3月—2006年10月)
	陈明智	(2006年11月至今)

决定重大事项

1990年以来,特别是2000年后,围绕农村城市化,乡人大深入调查研究,代表民意,制定了一系列方案、讨论通过了许多重大决议,有力地促进了全乡拆迁安置工作。有关方案、决议都经过反复讨论和修改,多达五六次,为常营乡农村城市化拆迁安置提供了制度保障,推动了依法治乡和民主法制的进程。

除此之外,乡人大主席团和人大会议还就地方教育、计划生育、环境卫生、村民建房、农民生活补贴、残疾人救助标准、劳动力转移、公共房产管理、农村医疗以及规划纲要等等分别作出决定,这些都是直接关乎群众生活和地方经济、社会发展的大事。

1990—2015年常营回族乡人大讨论通过的重大事项表

表4-1

时　间	决定事项	形成文件名称
1990年9月	教育附加	《关于征收教育事业附加费的暂行规定》
1990年9月	计划生育	《关于加强计划生育工作措施》
1990年9月	村民建房及环境卫生	《关于加强农村村民建房用地管理若干规定》和《关于加强环境卫生管理的通知》
1994年7月	建回民新村	《关于结合房地产开发建回民新村的意见的决议》
1999年7月	拆迁安置	《关于成立常营回族乡拆迁安置政策研究室的意见》
2008年8月	拆迁安置	《常营乡房地产开发拆迁安置办法补充规定之二(草案)》
2001年9月	拆迁安置	《常营回族乡关于房地产开发拆迁安置办法补充的规定》
2001年5月	农民生活补助	《常营回族乡关于调整农民生活补助的决定》
2001年10月	拆迁安置	《常营回族乡关于拆迁、安置补偿办法草案的决定》
2004年10月	拆迁安置	《关于修改〈北京市朝阳区常营回族乡拆迁腾退安置补偿办法〉的决定》
2006年11月	农民生活补助	《常营回族乡农民生活补助管理暂行办法》
2006年11月	村务人员补贴	《常营回族乡离退职农业户口管理人员任职补贴暂行办法》
2006年11月	病残人员补贴	《常营回族乡关于病残人员生活救助暂行办法》
2006年11月	劳动力转移	《常营回族乡农村富余劳动力转移就业鼓励暂行办法》

接上表

时　　间	决定事项	形 成 文 件 名 称
2007 年 7 月	拆迁安置	《常营回族乡拆迁腾退安置补偿办法(修正案)》
2008 年 11 月	房屋租赁管理	《常营回族乡房屋租赁管理暂行办法》
2009 年 11 月	农民生活补助及劳动力转移	《常营回族乡关于再次调整农民生活补助标准、病残人员生活救助标准及农村富余劳动力转移就业有关条款的意见的决议》
2011 年 3 月	规划纲要	《常营地区(回族乡)国民经济和社会发展第十二个五年规划纲要》
2011 年 3 月	农民生活补助及劳动力转移	《常营回族乡关于第三次调整农民生活补助标准、病残人员生活救助标准及农村富余劳动力转移就业有关条款的意见》
2011 年 3 月	养老事业及剩余房屋租赁管理	《常营回族乡关于加强养老公益事业及剩余房屋管理的意见》
2011 年 11 月	农民生活补助	《常营回族乡关于第四次调整农民生活补助标准、病残人员生活救助标准有关条款的意见》
2011 年 11 月	劳动力转移	《常营回族乡农村劳动力转移就业鼓励暂行办法(修订版)》
2011 年 11 月	剩余房租赁管理	《常营回族乡绿化隔离地区剩余定向安置房屋租赁管理办法》
2013 年 3 月	农民生活补助	《常营回族乡关于第五次调整农民生活补助标准、病残人员生活救助标准有关条款的意见》
2013 年 11 月	农民生活补助	《常营回族乡关于第六次调整农民生活补助标准、病残人员生活救助标准及农村劳动力自主就业鼓励标准有关条款的决议》
2013 年 11 月	农民医疗补助	《常营回族乡农民医疗补助办法的决议》
2014 年 5 月	农民转居转工	《常营回族乡农民转居转工工作方案》
2014 年 5 月	农民转居转工	《常营回族乡农民转居转工实施办法》

二　乡政府

乡政府历史沿革

历史上常营有 3 次建乡。其中,中华人民共和国成立前有 1 次建乡:民国 18 年(1929 年),河北省通县行政区划变更,全县由 13 个区变为 8 个区,区下辖编乡,常营为通县第六十八编乡,隶属七区(载《民国通县志稿》),其辖区不包括十里堡、五里桥、公主坟(草房)诸村。五里桥乡为第十六联合编乡,辖后店、草房。20 世纪 40 年代通县成立大乡,常营乡降格为村,成立联保。

中华人民共和国成立后的 1953 年 7 月,河北省通县实行民主建政,成立常营回民自治乡,这是常营第二次建乡。1956 年,常营乡域内并立设置常营乡与公主坟乡。1958 年

4 月,公主坟乡并入常营乡,一并划归北京市郊区管辖。10 月,双桥人民公社成立,实行政社合一的人民公社体制,常营乡被撤销,改为管理站,之后又改为生产大队、农场分场等,均不属于乡级政权机构。

1983 年撤社建乡,常营大队筹备成立常营回族乡。1984 年 7 月,常营回族乡人民政府正式成立,这是常营第三次建乡。建乡后实行以场带乡的体制,常营回族乡人民政府接受朝阳区和双桥农场双重领导。1998 年,场乡体制改革,常营乡直属朝阳区管理。2003 年 2 月,设置常营地区办事处,为区的派出机构,与常营乡政府合署办公实行一套人马、两块牌子。

图 4－3　常营乡政府正门(时间:2010 年)

乡政府机构

民国 18 年(1929 年)常营乡政府,设乡长 1 人,副乡长 1—3 人,调解委员会主席 1 人,委员 3—5 人,另设乡监察委员会。民国中期,实行乡、村自治,乡长、副乡长均由区召集乡民公议票选,加具考语,呈具择委。具体政务机构设置不详,成员失考。

中华人民共和国成立后的 1953—1958 年,域内曾设有常营回族乡和公主坟乡。乡人民政府各设乡长 1 人,副乡长 1—2 人,秘书 1 人(后增设办公室)及若干专职委员会。1958 年春,公主坟乡并入常营乡。

1983 年撤社建乡,1984 年 7 月恢复常营回族乡的建置,乡人民政府设乡长 1 人、副乡长 2—4 人,下设乡政府办公室、规划办公室、计划生育领导小组、爱国卫生委员会、治保小组、民调小组等。

1996 年,乡政府共有 8 个科室,分别为行政办公室、规划建设管理科、企业科、计生科、民政劳动科、财务科、综治科、农业服务站。

1998 年 9 月开始场乡体制改革,至 2001 年场乡彻底分开。2011 年 12 月党委办公室和行政办公室合并,“两办合一”为党政办公室。

2002 年 4 月,对地区、乡所属农业和农村服务的事业单位进行调整,将农业技术推广站、林业技术推广站、畜牧兽医管理站、农业机械管理站、水利管理站、水产管理站合并设置为农业综合服务中心;将文化站、广播站合并设置为文化服务中心;保留农村合作经济经营管理站。

2002 年 5 月,根据朝阳区委办公室、区人民政府办公室《关于印发北京市朝阳区常营回族乡机构改革方案的通知》精神,乡党委、乡政府内设机构有:办公室、组宣科、规划建设管理科、民政劳动科、社会治安综合治理办公室、计划生育办公室(文化教育卫生科)、经济管理办公室、财政统计科、司法所。12 月,乡政府根据朝阳区《关于在各乡建立社会保障事务所的批复》建立社会保障事务所。

2003 年 6 月,根据朝阳区《关于调整洼里等 9 个地区办事处城管监察机构编制的通知》规定,区城管监察大队设在常营回族乡的直属分队调整为地区分队,分队接受区城管监察大队和地区办事处的双重领导。

2004 年 5 月,根据朝阳区《关于部分街乡行政区划调整后机构编制问题的意见》精神,地区增加行政编制 4 个,增加后地区共有编制 42 个,其中行政编制 40 个,司法编制 2 个。7 月,根据朝阳区《关于印发北京市朝阳区常营地区(乡)党政机关职能配置内设机构和人员编制规定的通知》规定,企业科更名为经济管理办公室,计生科更名为计划生育办公室(挂文化教育卫生科的牌子),财务科改名为财政统计科,综治科更名为社会治安综合治理办公室,民政劳动科拆分为民政科、劳动和社会保障科,新增司法所等科室。12 月,乡政府根据《关于各地区社会保障事务所机构编制调整问题的通知》要求,地区社会保障事务所名称规范调整为北京市朝阳区常营地区社会保障事务所,编制数从 4 名增加到 6 名。调整后,地区社保所仍接受区民政局、劳动和社会保障局的业务指导,其隶属关系、主要职责和经费形式不变。

2005 年 7 月,根据朝阳区《关于街道、地区社会保障事务所增加人员编制问题的通知》规定,地区社会保障事务所编制数从 6 名增加至 8 名。2007 年 3 月,根据朝阳区《关于朝阳区流动人口和出租房屋管理机构设置的问题》规定,常营地区办事处社会治安综合治理办公室加挂流动人口和出租房屋管理委员会办公室牌子。4 月,根据朝阳区《关于在奥运村等 12 个地区办事处成立社区服务中心的批复》规定,成立北京市朝阳区常营地区社区服务中心,社区服务中心为地区办事处所属全民所有制事业单位,机构规格相当于正科级,经费形式自收自支,人员编制 4 名,其中设主任 1 名。根据朝阳区《关于成立常营地区办事处民族宗教事务办公室的批复》精神,成立民族宗教事务办公室,行政编制 2 名,其中主任 1 名。

2008 年 6 月,根据朝阳区《关于调整街道、地区社会保障事务所机构编制问题的通知》规定,常营地区社会保障事务所核定编制为 9 人。

2009 年 4 月,根据朝阳区《关于建立街乡安全生产监督管理工作机构的通知》规定,常营地区成立安全生产监察科。7 月,根据朝阳区《关于增加部分街道、地区社会保障事务所人员编制的通知》规定,常营地区社会保障事务所人员编制调整为 12 名,其中所长 1

名、副所长 2 名。

2010 年 5 月，根据朝阳区《关于进一步完善街乡信访、房管工作体系的通知》规定，常营地区社会保障事务所编制调整为 15 名。6 月，根据朝阳区《关于成立我区郊野公园管理机构的批复》规定，朝阳区成立郊野公园管理中心，常营地区农业综合服务中心加挂北京市朝阳区郊野公园管理中心常营乡分中心牌子。

2015 年常营乡行政机构一览表

表4－3

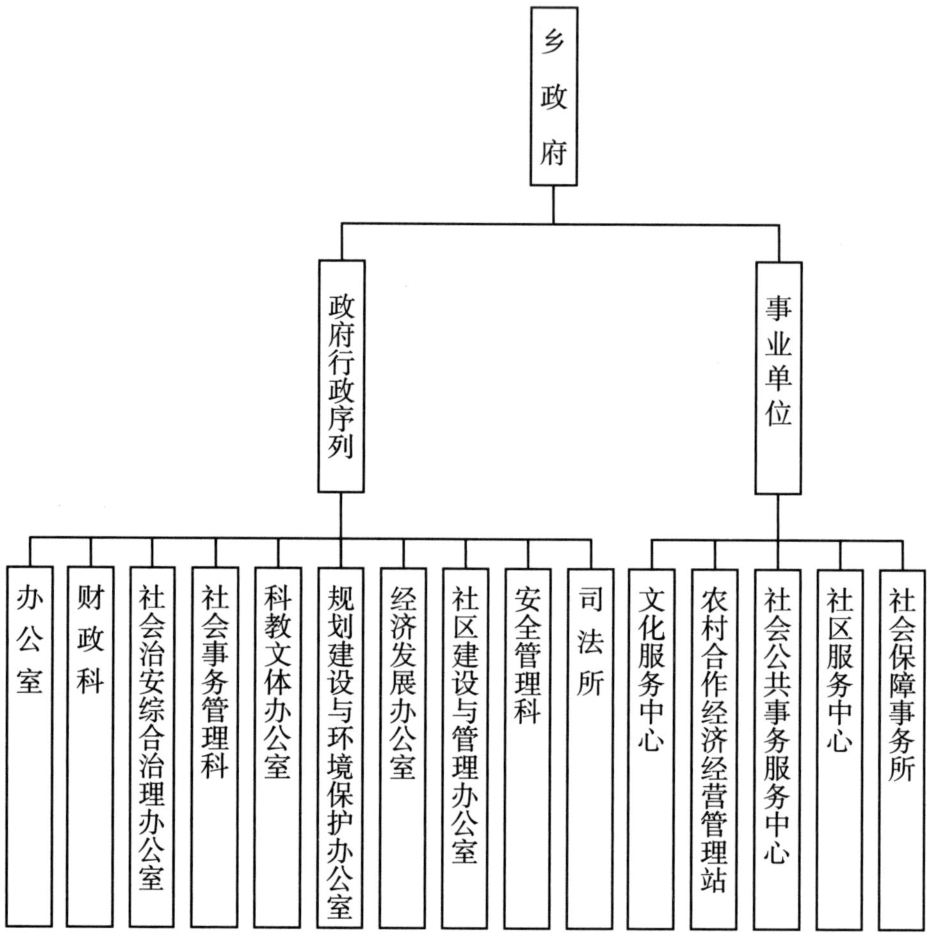

注：在常营地区工作的统计所、朝阳区城管监察大队常营分队、食品药品监督管理所等机构属区政府垂管，未列于表。

至 2010 年，常营地区办事处科室分别为：办公室、组宣科、规划建设管理科、民政科、社会治安综合治理办公室、计划生育办公室（文化教育卫生科）、经济管理办公室、财政科、统计所、劳动科、社会保障事务所、统计科、司法所、流动人口和出租房屋管理委员会办公室、农业综合服务中心、文化服务中心、村合作经营管理站、社区服务中心、安全生产监察科、郊野公园管理中心常营乡分中心等。

2012 年北京市实行乡镇机构改革，根据朝阳区机构改革文件精神，特制定《常营乡（地区）党政机关机构改革实施方案》，内设机构 11 个，不计入内设机构的部门 6 个，所属事业单位 5 个。

至 2015 年，常营地区办事处内设科室为：办公室、财政科、社会治安综合治理办公室、社会事务管理科、科教文体办公室、规划建设与环境保护办公室、经济发展办公室、社区建设与管理办公室、安全管理科、司法所、社会保障事务所、社区服务中心、社会公共事务服务中心、农村合作经济经营管理站、文化服务中心。

1953—1958 年常营回族自治乡历任领导更迭表

表 4－4

职　　务	姓　　名	任期时间
乡　长	张文奎（回）	1953 年 7 月—1954 年 2 月
	穆祥义（回）	1954 年 4 月—1957 年 3 月
	白崇福（回）	1957 年 4 月—1958 年 5 月
	周作民	1958 年 5 月—1958 年 9 月
副乡长	尹全元（回）	1953 年 7 月—1953 年 12 月
	温洁琴（女）	1953 年 1 月—1954 年 12 月
	孙德才	1954 年 1 月—1955 年 12 月
	白凤喜（回）	1958 年 4 月—1958 年 9 月

1984 年 4 月—2015 年 12 月常营乡政府历任领导更迭表

表 4－5

职　　务	姓　　名	任期时间
乡　长	穆怀敏（回）	1984 年 7 月—1990 年 3 月
	侯俊臣（回）	1990 年 4 月—1994 年 1 月
	白继良（回）	1994 年 2 月—1997 年 1 月
	侯景增（回）	1997 年 2 月—1999 年 11 月
	崔文荣（女，回）	2000 年 2 月—2006 年 6 月
	蔡淑敏（女，回）	2006 年 7 月—2011 年 7 月
	王　刚（回）	2011 年 8 月—2014 年 2 月
	方　泽（回）	2015 年 2 月至今
副乡长	安茂英（女，回）	1984 年 7 月—1989 年 11 月
	张永松	1984 年 7 月—1990 年 3 月
	杨玉清（回）	1990 年 4 月—1994 年 2 月

接上表

职　务	姓　名	任期时间
副乡长	李连华	1991 年 2 月—1996 年 12 月
	刘凤芝(女,回)	1991 年 2 月—1996 年 12 月
	安树清(回)	1994 年 2 月—2002 年 11 月
	张秀云(女)	1997 年 1 月—2002 年 11 月
	崔文荣(女,回)	1999 年 7 月—2000 年 2 月
	高桂全(回)	2000 年 2 月—2006 年 8 月
	董明慧(女)	2000 年 2 月—2006 年 11 月
	郭光辉	2002 年 3 月—2008 年 5 月
	石柏林	2004 年 10 月—2011 年 7 月
		2014 年 3 月至今
	马文虎	2005 年 9 月—2006 年 7 月
	李冠男(女)	2006 年 8 月—2011 年 6 月
	张晓波	2008 年 3 月至今
	何文东	2008 年 7 月至今
	李海峰	2011 年 8 月—2014 年 2 月
	岳卫红	2011 年 8 月至今
	闫丽娟	2011 年 4 月至今

法定权限与例会

法定权限　根据《中华人民共和国地方各级人民代表大会和地方各级人民政府组织法》规定,乡人民政府行使下列职权:(1)执行本级人民代表大会的决议和上级国家行政机关的决定和命令,发布决定和命令;(2)执行本行政区域内的经济和社会发展计划 、预算、管理本行政区域内的经济、教育、科学、文化、卫生、体育事业和财政、民政、公安、司法行政、计划生育等行政工作;(3)保护社会主义的全民所有的财产和劳动群众集体所有的财产,保护公民私人所有的合法财产,维护社会秩序,保障公民的人身权利、民主权利和其他权利;(4)保护各种经济组织的合法权益;(5)保障少数民族的权利和尊重少数民族的风俗习惯;(6)保障宪法和法律赋予妇女的男女平等、同工同酬和婚姻自由等各项权利;(7)办理上级人民政府交办的其他事项。

乡长办公会制度　召开时间:一般每周召开一次,工作需要时可由地区办事处主任(乡长)确定临时召开。会议内容:(1)传达、学习中央、市、区有关文件或有关会议精神,结合地区实际情况,研究制定落实工作任务方案;(2)讨论研究地区工委(乡党委)、地区办事处(乡政府)工作任务落实情况和各阶段出现的新情况、新问题;(3)审议本地区精神文明和物质文明建设方面的年度、季度、阶段性规划和长远性建设的设想和发展目标；(4)研究和制定全地区经济发展规划建设等方面，年度、季度、长远性和阶段性的工作思路和发展方向；(5)讨论研究经济发展过程中存在的重大问题；(6)审定地区办事处(乡政府)职能部门年度、季度、阶段性工作方案；(7)讨论研究地区办事处(乡政府)财务预、决算及重大财务收支情况；(8)研究重要工作事项，重大群体活动，重大经费开支(5万元以上)；(9)讨论研究区乡人大议案、政协委员提案；(10)讨论研究村委会和社区工作。

职能转变与政务公开

职能转变　1984年恢复乡人民政府以来，乡政府行政职权由原来的全能政府转向有限政府，管理经济从直接管理逐步转向监督和服务，决策从缺乏透明转向公开透明，公共服务从市场主体以政府为中心转向政府为市场主体服务，等等。常营乡和全国乡镇政府一样都经历了这些变化。为了适应政府职能之转变，常营乡先是在1987年成立常营农工商总公司，负责乡属企业单位经营及全乡性企业开发。2001年10月撤销农工商总公司，由乡政府成立经济办公室，行使原总公司的行政管理职能，实现政企分开。2007年之后常营乡成立的“四大公司”，完全属于集体企业性质，只是代办一些行政管理事务，从而理顺了政府和所属企业的关系。与此同时，也采取相应措施，实现政资分开、政事分开、政介分工，形成“大社会，小政府”。

在政府职能转变中，常营乡先是提出政府建设应着重于改进工作作风、加强廉政建设，建设高效廉洁政府。到了20世纪90年代常营乡提出：全面正确履行政府职能，坚持依法行政，建设好法治政府。在依法行政过程中，先后建立和完善岗位责任制、建立和完善首问责任制、建立和完善限时办结制，建立和完善过错追究制，从而促进了政府的自身建设。2010年以来，常营乡的发展已经站到一个新的历史起点上，明确提出努力建设群众满意的服务型政府。建立“一站式”便民服务大厅，是迈向服务型政府的标志。常营的实践昭示，要建设好服务型政府，必须做到以下3点：第一，强化公务员队伍特别是领导干部的法治意识、规则意识和程序意识，自觉在法治轨道上想问题、做决策、办事情；第二，创新政府服务管理，更多运用市场化、社会化、信息化方式，努力提高办事效率和服务水平；第三，强化政府作风建设，有效地解决“慵、懒、散、拖”问题，切实做到干部清正，政府清廉。

图4－4　2011年8月常营乡政府政务公开栏、政务公开网站

政务公开　公开内容：(1)党政领导分工和各职能部门的主要工作职责；(2)资金收支情况；(3)救灾救济款、物发放情况；(4)重点工作及项目完成进度情况；(5)计划生育及责任目标完成情况；(6)各种惠农政策及执行情况。

公开形式：政务公开主要是通过乡政务公开栏、办事指南、信息查阅点、便民手册、服务指南、政府网站等方式进行公开。还可以根据公开的内容，利用公开信、《品常社区报》以及专题会议等形式公开。在2008年，主动公开政府信息168条，全文电子化率100%。其中，机构职能类信息29条，占总体比例为17.26%；法规文件类信息31条，占总体比例的18.45%；规划计划类信息12条，占总体比例7.14%；行政职责类信息41条，占总体比例24.4%；业务动态类信息55条，占总体比例32.74%。

常营地区网上政务公开专项工作中，编制了总目录，并分设了单位简介、部门职能、通知公告、工作动态、机构设置、政策法规、知识园地、民心工程、领导介绍、网上调查、表格下载、学习中共十七大、十八大专题栏目。同时根据常营地区实际情况，增设了精彩常营、常营风采(电子期刊)、常营新形象(图片资料库)等特色栏目。在2006年被评为农村系统推行政务公开及全程代办先进单位。

公开程序：(1)由乡政务公开领导小组按季度议定政务公开目录；(2)各职能部门根据政务公开目录向乡政务公开领导小组提供公开的内容；(3)乡政务公开领导小组讨论拟定政务公开的内容和形式；(4)乡政务公开领导小组组长签发并发布。

三　乡级财政

财政体制

1986年始，北京市调整区县财政体制，实行“划分税种，核定收支，分级包干”体制。1987年，常营乡向区政府领导提出本民族乡能否和区的其他乡享受同等待遇，要求批准本乡建立乡财政。1989年，建立常营乡财政，实行乡财政制度。乡财政收支范围是：根据国家财政收支预算，凡乡属企事业单位及个体工商户缴纳工商个税、农业税、其他收入等均划归乡级财政收入，凡乡属各部门经费支出，划归乡财政。乡财政建立后，区对各乡财政管理体制逐步完善和提高。1989—1990年，实行定收、定支、定额补助、增收分成、减收不减基数、超支不补、结余留用、一定两年不变的财政管理体制。1991年，实行定收定支、增收分成管理体制。1992年，实行总额分成、核定支出、分级包干、一定四年的管理体制。1994年，根据国务院对地方执行“分税制”政策，区对各乡和街道财政执行“定收、定基、增量分成、短收扣减”的管理体制。2000年至2010年，区财政改革区对乡、街财政管理体制，规范区与国有企业利润分配关系，继续推动国有企业改革，支持粮食企业转换经营机制，发展区域经济，促进民营企业发展。

财政收支

常营乡2000—2015年年度财政收支表

表4－5　　单位:万元

年份	财政收入	财政支出	年份	财政收入	财政支出
2000	1796	1800	2010	6332	5983
2004	1432	1447	2011	11434	11003
2005	1751	1710	2012	14010	11336
2006	2866	2865	2013	13406	13713
2007	4770	4791	2014	14729	13612
2008	7811	7435	2015	15714	15787
2009	7066	6863			

四　民政事务

在双桥农场管理期间,常营大队(常营农场)设民政干部1人,负责大队(分场)的民政事务。1984年成立民政科,设科长1人;2001年底,机构改革,民政科、劳动科合并为民政劳动科,编制3人,设科长1人;2007年初,民政劳动科分为民政科、劳动科、残疾人联合会3个科室;2012年5月,民政科、劳动科、残联合并为社会事务管理科,编制4人,设科长1人、副科长1人、残联理事长1人(正科)。

优抚安置

1984年常营乡军烈属实行统筹。1986年,常营乡有军属22户,烈属2户,老复员军人及残疾军人22人。是年,对残疾军人和老复军人普遍进行了调查,凡低于全乡人均收入的部分,由乡、村(队)统筹解决,给予补齐。“八一”、春节期间,不但做好拥军优属的宣传,还安排慰问并送去节日礼物,开支1500多元。各村配备一名联络员,掌握优抚具体情况。乡里还成立了军地两用人才介绍站,由一名副乡长抓这项工作。全乡优抚工作基本上做到了经常化、制度化。

1987年,全乡有军属15户,烈属1户享受统筹,每户800元,全乡总计12800元,对老复退军人中困难户,每户送慰问金200元。是年,常营乡与51115部队、52815部队开展军民共建活动。51115部队与乡汽车修理厂共培训军地两用人才80名。4名回乡的退伍军人均得到了妥善安置。

1988年,全乡有军属16户,烈属2户,伤残军人3人,老复员军人20人,享受统筹12户,统筹金额由800元增至900元,总计统筹金额108000元。是年,乡建立了拥军优属服务网络,各村建立了村民服务组。1990年召开优抚座谈会6次,参加人数140人,走访优抚对象95户。对现役立功军人,及时报喜,并慰问鼓励家属。安置复员军人3人。1992年,全乡享受优待的军烈属29户,统筹资金共23600元。是年,安置复员军人3人。1994年,为义务兵统筹每人每年1500元,1995年增到每人每年4000元。截至1997年1月,常营乡为23名现役军人解决了农村社会养老保险。2010年之后,扎实开展双拥和共建工作,继续保障好义务兵和优抚对象权益。截至2015年年底,全乡共有伤残军人12人,农村籍退役士兵20人,义务兵6人,老复退军人7人,持证烈属5人。

图4-5 2015年住欣家园社区拥军工作者暨夏季送清凉活动

图4-6 2012年武警北京总队第四队第一中队为常营地区清扫路面积雪

双拥共建

常营乡历来重视双拥共建工作,从20世纪80年代开始,每年春节、建军节前夕,乡党委乡政府都会走访慰问驻地部队官兵送去慰问金、慰问品,并举办军民座谈会。2008—2015年常营慈善分会救助困难士兵80人次,救助金额共计8万元。

2012—2015年,在常营乡双拥共建工作领导小组主持下,着重抓了两项活动:一是积极开展"三爱五送"双拥共建活动。"三爱"即以拥政爱民为主线开展爱祖国、爱常营、爱奉献活动;"五送",即以拥军优属为主线,开展送温暖、送文化、送法律、送技能、送友谊活动。二是在社区层面打造共建队伍,推动部队与辖区内社区、乡属企业、学校等单位签订《双拥共建协议书》,结成共建对子,开展共建活动,收到了良好的效果。为推动地区干部及青少年体验部队生活,4年来累计开展"军营一日"活动15次。包括观看军人训练和军营内务,参观团史馆等,每次活动都给地方干部群众上了一堂直观生动的国防教育课。常营乡紧紧围绕朝阳区争创全国双拥模范城"六连冠"的工作目标,不断探索前行。

社会救助

社会救助是指国家和其他社会主体对于遭受自然灾害、失去劳动能力或者其他低收入公民给予物质帮助或精神救助,以维持其基本生活需求,保障其最低生活水平的各种措施。它对于调整资源配置,实现社会公平,维护社会稳定有非常重要的作用。

乡内自救 2004—2006 年,为 13 户因病致贫家庭实施了临时救助。2010 年救助边缘困难及特困家庭 140 余户,为 20 户困难家庭申请了临时救助。"两节"期间,对困难户 947 人实行救助,总金额 648120 元。是年,"爱心家园"救助 198 户次,救助物品折合人民币 7.2 万元;为 28 户困难家庭办理了临时救助和新生入学救助,救助金额合计 15.8 万元。

常营乡 1997—2015 年社会临时救助统计表

表 4-6

年份	户数(户)	金额(万元)	年份	户数(户)	金额(万元)
1997	10	8	2011	226	9
2007	5	4	2012	140	35
2008	10	17	2014	65	14
2009	64	9	2015	9	3.6

对外援助 1991 年常营乡向灾区捐赠衣物 2855 件,捐款 25920 元。2008 年,组织为汶川灾区捐款活动,共有 4211 人参与捐款,募集善款约 138671.1 元。2010 年,组织为玉树、青海灾区捐款活动,共筹集善款 64085.8 元,月募捐御寒衣被 7001 件,善款 2820 元。2014 年,"云南鲁甸地震"捐助活动,共募集善款 10.7 万元。

以市、区文件精神为指导,常营乡对外援助以集中募捐为主、日常收捐为辅,在各社区工作站设立捐助点,主要开展以下活动:一是"春风送暖"社会捐助活动。启动时间是每年的 4 月份,主要是为灾区、贫困地区群众以及北京市困难群众募集资金。所募集资金主要用于北京市对口支援的内蒙古、西藏、新疆、四川、江西、青海等贫困地区,以及北京市救灾、救济、助困、助老、助残、助学、助医等公益项目。二是"冬衣送暖"社会捐助活动。启动时间是每年的 10 月份,主要是为灾区、贫困地区群众及北京市困难群众募集过冬衣被,同时接受捐款。捐赠衣被以棉衣、棉被为主(倡导捐赠新棉被和八成新以上的大衣、羽绒服、毛衣、毛裤、绒衣和绒裤等御寒衣物),帮助北京市对口支援的内蒙古、江西,以及新疆、云南、西藏、甘肃、宁夏、青海等地群众过冬。三是"市民爱心捐赠日"。每月 25 日,募集资金衣物均可。

2000—2015 年常营地区民政募捐物资明细表

表 4-7

年份	募集衣被(件)	募集资金(元)	备注说明
2000	4435	180.00	

接上表

年份	募集衣被(件)	募集资金(元)	备注说明
2001	3791		
2002	1515	55980.00	
2003		674774.00	其中非典募捐 62.3 万元
2004	10986	15853.01	
2005		25427.20	其中印尼苏门答腊岛大地震募捐 25427.2 元
2006	12673	4631.45	
2007	1481	25907.18	
2008		559932.28	另外通过地区红会、妇联、共青团、伊斯兰教协会等系统募捐 600262.93 元
2009		28472.20	
2010	7001	66905.80	其中青海玉树地震募捐 64085.8 元
2011		71303.70	
2012	261	108108.90	其中“7 · 21”特大自然灾害募捐 31706.9 元
2013	626	211638.73	其中四川芦山地震募捐 167458.1 元
2014	1639	107000.00	其中云南鲁甸地震募捐 6000 元
2015	3252	63587.60	

图 4－7　2005 年、2008 年，常营乡向灾区捐赠衣物、款项

助残与养老服务

残疾人和老年人是两大弱势群体，需要社会给予更多的关心和帮助，使他们深切地感受到社会主义制度的温暖，更加热爱生活，热爱党和政府，体现当代人权事业的进步和发展。

助残与残疾人事业　1986年,成立了常营乡残协小组,乡长任小组组长,有福利厂2个:压模厂和塑料线加工厂,安置残疾人20名。1987年全乡残疾人员61人,安置就业35人,其中2个福利工厂安置18人。1990年,增加了3个福利工厂,安置残疾人270名。是年,组织残疾人去北戴河旅游。1993年,乡政府积极扶持福利工厂发展生产,开展自尊、自爱、自强的教育,为191名残疾人办理了残疾证,有88人安排在福利工厂工作。是年,拨款3000元对4名生活困难的残疾人进行了补助。

1998年,常营回族乡残疾人联合会成立。2004年,常营乡首批20余户残疾家庭入住专门建设的无障碍住房,住房内部所有设计以及配套设施完全按照残疾人需求设计建造。乡内233名残疾人中农村户口的残疾人占残疾人总数的80%左右。养老问题一直困扰着残疾人及其亲属。通过开展"无忧工程"宣讲课,在深入了解政策后,42名残疾人当即投保单,占常营地区投保年龄段内残疾人总数的26.25%。2005年,安置残疾人就业28人。为残疾人修建无障碍住房43套,其中新一村(常营民族家园)30套全部完工,23户残疾人家庭入住。连心园小区13套。投资26万元,在常营公园建设带有无障碍设施的公厕1座。为创建"全国无障碍设施建设示范城",地区残联制作了关于无障碍住房及民族学校无障碍坡路、环乡公路两侧盲道建设的展板及照片档案。与区无障碍领导小组签订责任书,改造辖区内的鑫兆佳园组团4中的1—5号、10号、11号居民楼和民族家园公园绿地。是年,在"党心连民心,党员献爱心"处级领导一帮一,与贫困人家庭结对子活动中,有9户残困家庭与乡领导班子成员结为帮扶对子,有1户残困家庭与区民宗办结为帮扶对子。

2007年,开展残疾人家庭无障碍改造工作,建立了社区残疾人康复站,为20名重残人员办理重残补助,为37名残疾人办理临时困难救助。落实了地区办事处残联职责单列,配备了专职理事长1人、专干1人、协管员1人。基层12个村(居)、社区有11个成立了残协组织,做到"残疾人工作有人管、残疾人的事有人做、残疾人的困难有人帮"的局面。2008年,为11个村居委会选聘残疾人专职委员,新建3个社区康复服务站,为310名残疾人建立康复服务档案,为20名重度残疾人办理康复训练救助卡,为17名重残人员办理重残补助,为37名残疾人办理临时困难救助,为1户重度残疾人家庭进行无障碍设施改造,为26名残疾人发放生活救助金。2009年,投资近10万元建立残疾人职业康复基地,为残疾人搭建就业平台。为残疾人发放各类补贴,补助19.85万元。在市、区残联的精心指导下,建立了北京市示范型温馨家园1家。为残疾人提供康复、职业康复、心理康复、文体活动、日间照料、技能培训、法律咨询、辅助器具租赁及康复转介、信息咨询、就业、志愿者服务等个性化优质服务。使残疾人有了康复、娱乐、活动的场所。

2010年,加快推进残疾人社会保障和服务体系建设,实现残疾人事业与经济协调发展。为52户残疾人家庭进行无障碍设施改造,为235名残疾人进行常规体检,为残疾人发放各种补贴36万余元。成立了地区残疾人志愿者服务队,志愿者中有健全人、残疾人、医生、学生、老党员、老干部等。许多志愿者都自愿放弃休息时间为残疾人家庭打扫卫生、为残疾人理发、义诊、陪老人聊天等。截至2010年底,共为残疾人发放慰问金及各种补贴123万余元。共为101户肢体残疾人家庭完成了家庭无障碍改造工作,极大地方便了残疾人的生活。截至2010年,共为78人次残疾人办理康复训练救助卡,为14名听力残疾人发放了小型辅助器具,为 56 人次精神残疾人申请免费服药,完成 2 名盲人定向行走训练,为 22 名听力残疾人安装可视闪光门铃。2011 年,为 227 残疾人进行健康体检,全年为残疾人发放各种补贴约 41 万元,地区残疾人社会保障覆盖率达到 100%。2012 年,为 13 名重残人员申领助残服务券,共 127 名残疾人享受助残服务。为 57 名符合要求残疾人配发“小助手”手机,为 15 名符合要求残疾人发放生活救助金 6.72 万元。为 26 名重度残疾人办理康复训练救助卡〔500 元/(人·年)〕,为 3 名残疾儿童办理康复卡〔1000 元/(人·年)〕,为 127 名残疾人发放生活补助金 261760 元。节日走访慰问 96 名残疾人,发放慰问金 5.76 万元,为 3 名老年人、残疾人实施白内障复明手术,为 18 名城镇个体残疾人申请保险补贴 7.57 万元,为 11 名残疾人及其子女申请扶残助学款 2.75 万元。

2013 年,累计走访慰问残疾人 239 人次,发放各种补助金 57 万余元,全年为 7 名残疾人及其子女申请扶残助学款 1.7 万元;为 20 名城镇个体残疾人申请保险补贴 1 万元;为 147 名残疾人发放服务券 17 万余元;为 71 名残疾人轮椅车主申请燃油补贴款 1.8 万元。共为 44 户肢体残疾人家庭安装了扶手、淋浴器、浴凳等无障碍设施,方便肢残人士居家、出行。协调地区职业介绍机构,挖掘适合残疾人的岗位。全年共有 9 名残疾人实现就业。并建成温馨家园残疾人免费上网点,每月约为 40 人次残疾人提供免费上网服务。

2014 年,办理残疾人生活救助 20 人,救助金额 14.4 万元,发放残疾人生活补助 123 人,金额 57.6 万元。为地区 158 名重残人员申领了助残服务券;为 309 名残疾人发放补助 41 万元;为 20 名个体就业残疾人办理了保险补贴;发放扶残助学款近 2 万元;为 7 名

图 4-8　2015 年,常营地区开展残疾人法律知识讲座、残疾人康复、家庭康复培训、残疾人“常营好声音”卡拉 OK 比赛等活动

白内障患者实行转介服务，为 5 人实施了白内障复明手术；新办残疾证 77 个；为 24 户肢体残疾人家庭进行了无障碍设施改造，为 22 名重残人员办理康复训练救助卡，发放康复补助 6.8 万元；为 254 名残疾人进行免费健康体检。

2015 年，为 23 名贫困肢体残疾人发放 1.2 万元康复训练卡；为 4 名贫困白内障患者提供转介服务，其中 2 人做了白内障手术。组织社区残疾人工作者 12 人参加区康复业务知识培训；组织残疾人工作者 20 人参加了朝阳区素质教育知识培训，培训 2 名盲人定向行走训练师。新办残疾人证 53 人；为 88 名重残人员申领了助残服务券 5.3 万元 ，为 52 名残疾人发放生活补助金 6.8 万元，为 20 名残疾人办理了城镇个体就业保险补贴；为 19 名职业康复站康复人员发放康复补助 4.3 万元。全国助残日、“元旦春节”共走访慰问残疾人 51 人，发放慰问金 1 万元。为持有残疾人机动轮椅车的 74 名残疾人申请了燃油补贴。为 13 名肢体残疾人申请了无障碍改造，并陪同市评估员进行了入户评估。为 8 名聋人家庭配装闪光门铃和火灾报警器一体机。为 23 名聋人家庭加装了火灾报警器。为 639 名残疾人发放了残疾人一卡通，为 252 名残疾人申请了护理补贴。为 5 名残疾人报名，到挚爱技能培训学校进行免费的技能培训。

养老服务 2007 年，经过两次调整，将农村老人生活补助费标准由 2006 年的每人每月 160 元调整到了每人每月 450 元，加上上级补贴每人每月 200 元，农村老人生活补助费每人每月共计拿到 650 元，超过城市居民最低生活保障线 20 元。2008 年依托社区服务中心，建立了常营地区居家养老服务中心，根据不同需求对 26 名高龄独居和特困老人提供了居家养老服务。为 60 岁以上老年人办理老年证 184 人，为 34 名 90 岁以上老年人发放高龄津贴，新的老年优待办法 2008 年 11 月正式出台以后，共为 1174 位 65 岁以上老人办理了老年人优待卡。是年年底，为地区 48 名 70 岁以上困难老年人每人发放生活补贴 500 元，共计 24000 元。2009 年全年办理老年优待卡 321 人（其中补办 2008 年 47 人），办理老年证 101 人，为 33 位 90 岁以上高龄老年人发放高龄津贴。共有居家养老服务 2134 人，其中 80 岁以上享受政府补贴服务的老年人 209 人。为常营地区 158 名 80 岁以上行动不便的老人免费安装厕所扶手。为 2 名生活不能自理的 80 岁以上老人安装应急服务门铃，为 8 名生活不便的老人安装“一按灵”服务器。7 月，建立常营地区居家养老服务分中心，对 27 名高龄、特困老人提供居家养老服务。8 月份成立地区老年协会。2010 年，为地区符合条件的老年人共办理优待卡 171 人次，办理老年证 143 人次。为地区 38 名 90 岁以上高龄老年人按月发放高龄津贴，春节期间为 48 名低保边缘老人每人发放 500 元生活补贴，为地区 622 位 70 岁以上老年人安装厕所扶手，为 10 名行动不便的老人安装“一按灵”。建议 2 家社区设置养老助残餐桌，培育 11 家养老助残服务商，建立地区多功能居家养老日间照料室，463 人享受到政府购买的居家养老（助残）券服务，为 560 名老年人和残疾人配备了“小帮手”电子服务器。

2012 年，常营乡养老服务中心正式投入运营，为地区老年人提供多层面、多方位的养老服务，实现居家养老的全覆盖。2013 年 10 月，九九老年公寓更名为北京市朝阳区九九老年公寓。老年公寓位于常营保障房地区，建筑面积 3181 平方米，共有床位 86 张，已入住老人 50 人左右。老人入住费包括床位费、护理费和伙食费，2015 年以后收费标准大致如下：（1）床位费 1250—2500 元/月（根据房间朝向及有无独立卫生间确定）；（2）护理费

500—2800 元/月，其中能自理 500 元/月，半自理 1400—1800 元/月，完全不能自理 2800 元/月；(3)伙食费 750 元/月。恒春老年公寓位于常营民族家园 96 号楼，建筑面积 11000 平方米，共有床位 461 张，已入住老人 300 人左右。老人入住费包括床位费、护理费和伙食费，收费标准：(1)床位费 1710—9800 元/月(根据房间朝向及高档间、大单间、小单间、双人间、多人间确定，均为九折后价格)；(2)护理费 900—7000 元/月，其中能自理 600 元/月，半自理 900—1500 元/月，完全不能自理 2100—2800 元/月，一对一：7000 元/月，一对二：4000 元/月；(3)伙食费 900 元/月。

2014 年，组织 15 名军医，深入 11 个社区 28 个家庭，为 90 岁以上高龄老人义务检查身体。2015 年，进一步完善社会救助联席制度，向符合条件的老年人，以政府购买服务的方式提供多种助老养老服务。

附：常营地区慈善分会与爱心家园

慈善事业是一种有益于社会与人群的社会公益事业，是政府主导下的社会保障体系的一种必要的补充。是在政府的倡导或帮助、扶持下，由民间的团体和个人自愿组织与开展活动的、对社会中遇到灾难或不幸的人，不求回报地实施救助的一种无私的支持与奉献的事业。慈善事业实质上也是一种社会再分配的实现形式。

常营地区慈善分会及企业募捐座谈会在 2008 年 6 月 17 日召开，该次会议收到意向

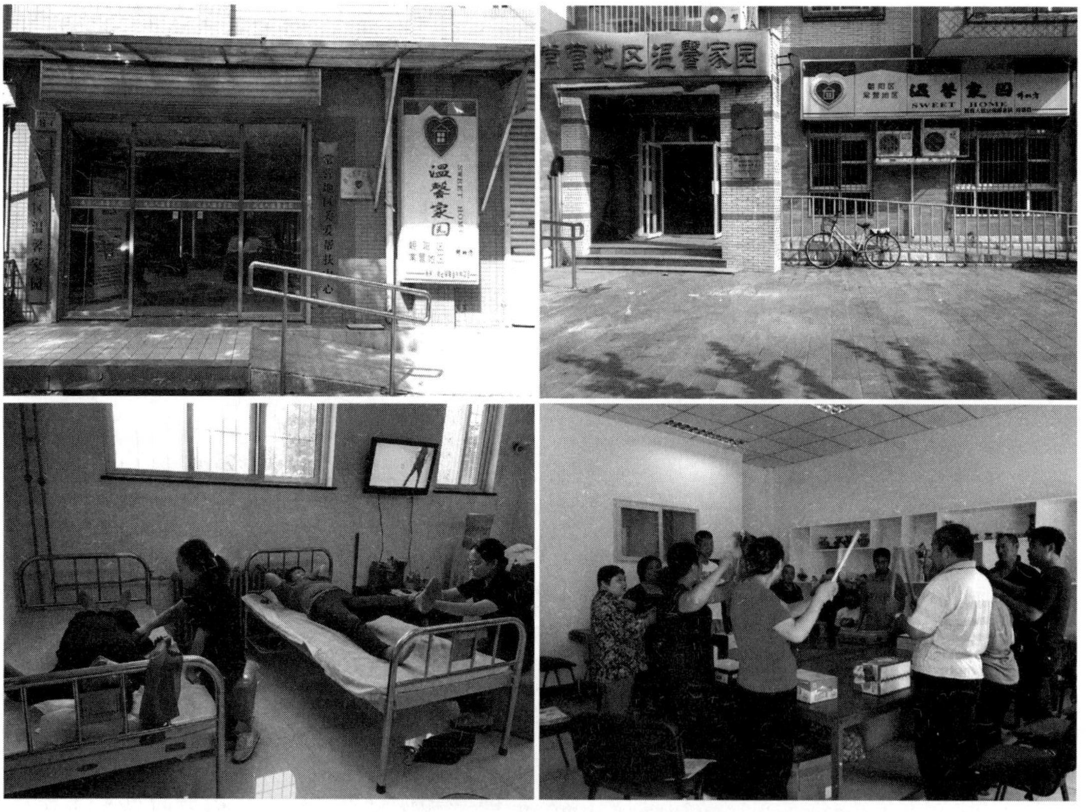

图 4－9　2015 年，常营地区温馨家园及其开展的帮扶活动组图

捐款145万元。6月25日,常营地区慈善分会正式成立。在揭牌启动仪式上,分会共筹备善款176.1万元。在启动现场对常营地区5户因大病造成生活困难的家庭分别给予了3000元的慈善救助。年底按照地区慈善分会慈善救助办法,为地区22户特病人员、23户边缘困难家庭给予了慈善救助,救助金额9.7万元。2009年救助困难家庭64户,其中地区分会项目救助29户,救助金额9.3万元,受助家庭全部为因病、子女就学、残困等原因造成家庭生活困难的人员。组织为汶川捐款活动,共有4211人参与捐款,募集善款138617.10元。2010年,地区慈善协会救助因病造成生活困难家庭31户,救助金额11万元。开展2010年的"助老慈善医疗卡"项目的申报工作。组织为玉树、舟曲灾区捐款活动,共筹集善款9.1万元,募捐月共募集御寒衣被7115件,善款2820元。2014年,"云南鲁甸地震"捐助活动,共募集善款10.7万元。截至2015年,常营乡共募集救灾款117.1万元,参与人数达9466人次。其中,通过民政部门捐款55.9万元;通过红十字会捐款18.8万元;通过妇联捐款2.6万元;通过共青团捐款2810元;通过伊斯兰教协会、教委等其他系统捐款39.3万元。

常营地区爱心家园于2008年6月25日与社区服务中心、常营地区慈善分会同时启动,成立常营地区爱心家园是当年办事处为基层拟办20件实事之一。常营地区爱心家园依托常营地区接受社会捐助工作站及爱心超市开展爱心家园工作,坐落在常营地区社区服务中心一层,建筑面积46平方米。经过精心准备,爱心超市面对的困难群众范围、条件、对象等制定出了各种标准。在启动仪式上为常营地区第一批30户困难家庭发放爱心救助卡,每户每月50元标准。按照规定享受爱心家园救助的人员,每半年重新认定救助对象。截至爱心家园正式成立,地区已有78户次家庭得到了救助。2009年加大了对爱心家园救助力度,由过去的每户每月50元标准增至60元。制定了各种爱心超市工作制度和人员岗位职责。依据超市运营情况确定救助困难家庭数量,从进货渠道、产品保质期、商品入出库、商品价格等环节严格把关。截至2009年,爱心家园共救助边缘困难家庭和低保特困家庭140户,上半年救助困难家庭103户,救助物品折合人民币6万元。

2010年,爱心家园救助198户次,救助物品折合人民币7.2万元。制定了爱心家园救助对象范围、求助标准,对申请程序、初审工作、上报审批程序、社区复审工作等都做了详尽的规定。建立两支爱心家园救助工作队伍,成立爱心家园救助评审审批领导小组。

婚姻登记与殡葬管理

1984年,结婚登记工作由双桥农场民政科管理,村民结婚、离婚需由所在单位出具证明,到双桥农场民政科办理。1985年开始,该工作移交到常营乡民政科。1986年,办理结婚登记115对,合法率达100%。1987年,常营乡成立婚葬理事会,是年登记结婚132对,合法率达100%。1986年开始办理离婚登记,1988年结束办理离婚登记。1990年登记结婚82对,协议离婚4对,调解离婚2对。2002年1月—6月共办理婚姻登记99对,其中复婚4对,再婚46人。从7月1日开始,按照上级要求,由区民政局婚姻登记中心直接办理结婚和离婚登记事务,乡级不再承接此项工作。

常营是少数民族乡,回族实行土葬,国家尊重其习俗,但汉族等民族不可。因为同在一个地方,有的可以土葬,有的必须火化,管理难度较大。为进一步贯彻落实国家殡葬政策，常营乡加大推行火化力度，随着地区人口结构的变化，火化率有所上升。

五　社会保障

20 世纪 80 年代中叶以来，常营乡积极落实各项保障性和救助性政策，市、区、乡各项保障政策有效衔接，互为补充，形成了全地区较为健全的保障体系。

职工养老保险

1991 年常营乡决定乡办企业职工实行退休制度和养老保险制度，首先在金属箱柜厂开展试点。同时决定 1992 年对农村合作社主要领导干部实行养老保险和退休制度。

1993 年的上半年，为了保证职工老有所养，分场制定了新的合同工退休办法和实行合同制工人退休养老基金的规定。凡是分场农民合同工，男:55 周岁，女:50 周岁，均享受退休待遇，由分场退休统筹基金和养老保险基金解决。分场合同工总人数:769 人，其中农场在册人员 93 人，分场社员 676 人，已办理合同工退休手续 14 人，聘任制干部 42 人，已于 1993 年 6 月份向保险公司投交职工养老保险基金。

2008 年，又建立了企业农民工的社会保障保险制度，全乡农民工参保人数达到了 11480 人，缴纳保险费 385 万元。

退休农村干部生活补贴

2007 年 1 月 1 日开始执行《常营回族乡离退职农业户口村务管理人员任职补贴暂行办法》，适用于现具有常营乡正式农业户口，男年满 55 周岁、女年满 50 周岁(以下称离退职年龄)，新中国成立后曾在常营乡所属各村担任过以下两类职务的人员:A 类职务:村党支部书记、生产队队长、经济合作社社长、村民委员会主任;B 类职务:村级主管会计;村党支部副书记、生产队副队长、经济合作社副社长、村民委员会副主任、贫协主席、妇女队长、治保主任、计划生育专干。补贴标准:曾任职务类别 3 年以下(不含 3 年);3—5 年(满 3 年，但不满 5 年);5—10 年(满 5 年，但不满 10 年);10 年以上(含 10 年)。A 类职务 100 元/月、120 元/月、140 元/月、160 元/月，B 类职务 80 元/月、100 元/月、120 元/月、140 元/月。为 137 名离退职农业户口村务管理人员发放任职补贴 18.2 万元。

农村“五保”

1958 年，常营乡(管理站)对孤寡老人集中供养。

1986 年，常营乡有“五保”户 3 户，每月生活费都在 35 元以上。1987 年，常营乡加强敬老院和“五保”户的管理工作:成立了老人服务组，力争做老人的贴心人。1988 年，实现“五保”户社会保障工作的网络化:为了让孤寡老人都能安享晚年，投资 29 万元，新建敬老院一所，占地 3333 平方米(5 亩)。建房 20 间，约 400 平方米。区民政局和双桥办事处又捐资 13000 元，为新建成的敬老院增添了新的室内设施，入院老人喜迁新居。1990 年，对乡敬老院环境进行美化工作：翻修大门，院内新建藤萝架，新植树木及花草。为了提高服务质量，增加服务人员 1 名，并成立了老人服务组，每逢年节，组织老人和“五保”户座谈联欢。是年，组织敬老院老人参观了亚运村。1993 年，6 名孤寡老人享受了 2500 元补助金。做到继续保持“市级一流”的荣誉称号。2000 年，为充分发挥乡敬老院的作用，在不改变其性质的前提下，乡政府实行公开招标，对敬老院的管理进行承包责任制。2011 年农村“五保”集中供养 1 人，支出 3.2 万元。后因常营各村旧村改造新村建设，于 2004 年 8 月拆迁，院内老人云兆禄、孙立转豆各庄乡敬老院安置。

图 4－10　1996 年建成的常营回民敬老院

农民生活补贴

农民生活补贴从 2007 年 1 月 1 日开始执行，补助人员为凡具有常营乡正式农业户口，属于常营乡绿化隔离带政策涉及的、男年满 55 周岁以上、女年满 50 周岁以上（以身份证或户口簿为准），包括原男 50—55 周岁（不含）、女 45—50 周岁（不含）已享受农民生活补助的人员。补助原则：每月每人补助标准为 300 元，补助人员为原常营分场企业社员工，男年满 55 周岁以上、女年满 50 周岁以上的人员。月人均补助标准为 300 元，在此基础上另加工龄补贴一年 1 元钱。曾在企业单位任正职的人员，在此基础上另加 100 元。

2007 年 11 月 30 日，乡人大第十五届三次会议提出关于《常营回族乡关于调整农民生活补助标准、病残人员生活救助标准及农村富余劳动力转移就业有关条款的意见》，于 2008 年 1 月 1 日起开始执行。意见中规定：关于农民生活补助标准由每人每月 300 元调整为 450 元。其中，年龄满 82 周岁及以上人员，生活补助标准调整为每人每月 500 元。涉及的原双桥农场和常营分场企业社员工的月人均补助标准由原来的每人每月 300 元调整为 450 元。是年，常营乡清查了农民生活补助费，查出复领者 443 人，减少支出 266 万元。

2009 年 10 月 23 日，乡人大第十五届七次会议提出关于《常营回族乡关于再次调整农民生活补助标准、病残人员生活救助标准及农村富余劳动力转移就业有关条款的意见》，于 2010 年 1 月 1 日起开始执行。文中规定的农民生活补助标准由已有的每人每月 450 元调整为 600 元。其中，年龄满 82 周岁及以上人员，生活补助标准每人每月 500 元调整为 650 元。自主就业奖励由每人每月标准 200 元调整为 300 元。涉及的原双桥农场和常营分场企业社员工的月人均补助标准由已有的每人每月 450 元调整为 600 元。2010 年发放农民生活补助、自主就业奖励、城乡养老保险乡级补贴 2240.8 万元。

2011 年 3 月 28 日—29 日，乡人大第十五届十次会议提出关于《常营回族乡关于第三次调整农民生活补助标准、病残人员生活救助标准及农村富余劳动力转移就业有关条款的意见》,于2011年1月1日起开始执行。文中规定:农民生活补助标准由每人每月600元调整为700元,其中年龄满82周岁及以上人员,生活补助标准每人每月650元调整为750元;自主就业奖励由已有的每人每月标准300元调整为400元;原双桥农场和常营分场企业社员工的月人均补助标准由每人每月600元调整为700元,其中年龄满82周岁及以上人员,生活补助标准每人每月650元调整为750元。

2011年11月17日—19日,乡人大第十六届一次会议关于《常营回族乡关于第四次调整农民生活补助标准、病残人员生活救助标准有关条款的意见》,于2012年1月1日起开始执行。文中规定:农民生活补助标准由每人每月700元调整为800元,其中年龄满82周岁及以上人员,生活补助标准由每人每月750元调整为850元。《常营回族乡农民生活补助管理暂行办法》关于原双桥农场和常营分场企业社员工的月人均补助标准由每人每月700元调整为800元,其中年龄满82周岁及以上人员,生活补助标准由每人每月750元调整为850元。

2013年3月28日—29日,乡人大第十六届三次会议关于《常营回族乡关于第五次调整农民生活补助标准、病残人员生活救助标准有关条款的意见》,于2013年1月1日起开始执行。文中规定:农民生活补助标准由每人每月800元调整为900元,其中年龄满82周岁及以上人员,生活补助标准由每人每月850元调整为950元。原双桥农场和常营分场企业社员工的月人均补助标准由每人每月800元调整为900元,其中年龄满82周岁及以上人员,生活补助标准由每人每月850元调整为950元。自主就业奖励标准由每人每月400元调整为450元。

2013年11月30日,乡人大第十六届五次会议《关于常营回族乡关于第六次调整农民生活补助标准、病残人员生活救助标准及农村劳动力自主就业鼓励标准有关条款的意见》于2014年1月1日起开始执行。文中规定:农民生活补助标准由每人每月900元调整为1000元,其中年龄满82周岁及以上人员,生活补助标准由每人每月950元调整为1050元。原双桥农场和常营分场企业社员工的补助标准由每人每月900元调整为1000元,其中年龄满82周岁及以上人员,生活补助标准由每人每月950元调整为1050元。自主就业奖励标准由每人每月450元调整为550元。

居民最低生活保障

北京市城市低保制度始建于1996年,1998年建立了农村低保制度。1998年,常营乡共有低保户11户,26人享受农村最低生活保障。乡村两级走访慰问孤老困难户,共计送出慰问金5620元。1999年,全乡享受最低生活保障共32户。2000年,随着深入实际调查特困户的情况,共发放1万元的特困补助。为11户32人办理了农村最低生活保障。2003年,全年办理城乡低保12户22人,共发放低保金和困难补助金17.3万元。2004年,常营乡共有76户150人享受城乡最低生活保障,重大节日走访慰问民政对象,全年发放各类补助69.5万元。2005年,发放城乡低保金和困难补助金43.66万元。2006年,发放城乡低保金和困难补助金61.8万元。2007年,共有低保户155户374人(其中:城镇低保户55户143人,农村低保户95户226人,生活困难补助5户5人),粮油帮困52户

72 人。2008 年,常营乡共有低保户 160 户 401 人(其中城镇低保户 62 户 160 人,农村低保户 90 户 231 人,生活困难补助 8 户 10 人),粮油帮困 60 户 87 人。支付低保金 132.2 万元。2009 年,按照"五个确保"要求,开展"爱心六助"行动,新增低保户 14 户 39 人,撤销低保户 2 户 5 人,共有低保户 173 户 444 人,粮油帮困 72 户 110 人。2010 年,共救助低保户 180 户、466 人,发放低保金 54.9 万元。2011 年,农村最低生活保障户数 87 户,人数 209 人,支出 115.6 万元,低保标准 500 元/人。2012 年,办理低保人员医疗救助 345 人次,救助金额 6.4 万元。

截至 2013 年 5 月底,常营地区共有城市低保 75 户 189 人,农村低保 85 户 198 人,取得低收入认定的 6 户 15 人。处于低收入边缘的人群(家庭月人均收入在 740—1400 元之间的,包含领取本乡农民生活补助等人群)约 2000 人。

2014 年,办理及发放各类补助总计 3092.5 万元,其中,办理低保及低收入人员医疗救助 305 万元。2004—2015 年,城镇低保户共 809 户 1937 人,农村低保为 613 户 1497 人。

1999—2015 年常营乡居民最低生活保障统计表

表 4-8 单位:户/人

年份	低保户数	低保人数	年份	低保户数	低保人数
1999	32	0	2008	173	119
2000	11	0	2009	173	444
2002	7	63	2010	182	475
2003	66	130	2011	157	393
2004	77	152	2012	157	383
2005	45	88	2013	165	393
2006	100	220	2014	140	338
2007	57	119	2015	58	122

居民医疗保险

居民医疗保险始于 1998 年。2007 年,全乡有 6079 人加入了新型农村合作医疗,参保率达到了 91.05%;全乡共有 400 人参加了"一老一小"医疗保险,其中老人参保率为 80%;学生儿童、非在校生的参保率达到了 100%。

2009 年,积极推进"新农保",符合条件的 1516 名"4045"人员实现了全员参保。全面落实新型农村合作医疗制度。是年,全乡参加基本医疗参保人数 5476 人,参保率达到 98.79%;参加大病统筹参保人数 5350 人,参保率达到 98.76%;"一老一小"医保参保人员达 550 人,参保率达到 100%。

社会养老保险

1993 年,常营乡动员群众参加农村社会养老保险,并有 7 个单位开展了这项工作,有 441 人参加社会养老保险,个人投保金额 73010 元,集体补贴投保金额 53957 元,个人、集体共投养老保险金 126968 元，解决了一部分人老有所养的问题，亦为常营乡全面推进社会养老保险事业打下基础。1997 年 1 月统计，全乡已有 7 个村委会部分村民加入农村社会养老保险，投入保费 3325000 元。2009 年全乡农民参加社会养老保险人数达 1148 人，缴纳保险金 385 万元。至 2010 年，已有 2261 人参加了北京市城乡居民社会养老保险。

六　治安司法

治安建设

常营派出所　1999 年 7 月，朝阳分局双桥派出所常营分遣所成立，樊金良任所长，警力 7 人；2000 年 7 月成立朝阳分局常营派出所，赵军任所长，警力 9 人；2002 年领导班子换届，黄沛任所长，警力 9 人；2004 年领导班子换届，毛明满任所长，警力 12 人；2007 年领导班子换届，槐杰任所长，警力 20 人；2010 年因常营地区各种保障房、廉租房建成，分局为常营派出所扩大编制增加警力 12 人，总警力 35 人，由王晴任所长，主持工作；2011 年年底，常营派出所由旧址优点北侧平房搬到新址幺家店路甲 1 号；2013 年，领导班子换届，陈增义任所长，主持工作，警力 40 人；2016 年 4 月、5 月，市公安局前置警力到所 8 人，有警力 54 人，实际在岗 51 人。

2011 年 1 月 1 日，常营地区第一家，即连心园社区警务工作室揭牌成立，这意味着民警正式进驻社区并 24 小时“坐班”，随叫随到。为不断提升公安机关服务人民群众的能力，实现“发案少、秩序好、社区稳定、群众满意”的总体目标，利用社区民警对居住、生活的所管辖社区“人熟、地熟”的优势，最大限度联系群众，集中精力开展人口管理，安全防范，矛盾化解等警务工作。连心园社区警务工作室 1 位民警和 6 名协管人员全部到位。警务工作室内设治安值班接待室、治安调解室、流管站办公室、消防监督办公室、民警办公室，设 24 小时值班电话。

图 4－11　2014 年常营农民整建制转居打印新户口本

2000—2015 年常营派出所所长、政委名录

年份	所长	政委	年份	所长	政委
2000	赵　军	马建忠	2002	黄　沛	马建忠

2004	毛明满	马海英	2010	王　晴	马海英
2007	槐　杰	马海英	2013	陈增义	王建忠

治安管理　1986年,常营乡成立乡综合治理小组,乡党委书记任组长、乡长与派出所指导员任副组长,开展“严打”斗争,从重从快严厉打击刑事犯罪。在治安高压的态势下,全乡全年未发生大案要案,发案率比1985年减少25%。1994年,乡社会治安领导小组与村委会、企事业单位建立了治安管理责任制。同时,建立、健全各村委会和乡办企业的内保组织,加强夜间值班和联防,刑事案件相对减少。1996年上半年,外来人口猛增到3000人,乡综合治理小组人员进行了调整,制定了《常营乡社会治安及外来人口管理暂行办法》。乡政府与所属27个单位签订了综合治理责任书,加强了联防队和治保会的建设,联防队由11人增加到21人,每人每月工资由平均200元调整到400元,并配备了必要的服装和警械具。治保会由11个增加到27个,治保成员127名,在日常工作中发挥了重要作用。外来人口经过清理减少到1740人,办证率由原来40%增长到97%。据统计,1994年发案5起,破获5起;1995年发案8起,破案7起,拘留8人,1996年发案7起,破案7起,拘留12人(其中外来人口9人)。1997年上半年公安分局立案3起,破获3起,治安案件9起均由派出所解决。

2006年10月,组建了常营地区专职治安巡防队。投资205.8万元为居民小区安装楼宇对讲系统,组建人口、内保、巡逻和电子监控4张防控网络。2007年加强社会治安综合治理,进一步完善“打、控、防”一体化的治安防控网络。启动社会治安综合治理工程,建立了6个社区警务工作站,组织辖区内的保安、治安巡逻队及350名“红袖标”等防控力量进行24小时巡逻,协助公安部门抓获犯罪嫌疑人67名,破案27起。建立流动人口长效机制,组建基层服务管理站4个,配备专职协管员13名,片警和协管员分片包干并实施网络化动态管理,外来人口办证率达到97%。2008年常营乡正式成立流动人口和出租房屋管理办公室,配备管理员15名,与社区警务室合署办公。加强地区公共突发事件应急指挥中心的建设,做到“五到位”[①]。2009年,以大力推进平安建设为主线,以中华人民

图4－12　常营地区治安巡逻队组图(摄于2014年)

① “五到位”:宣传到位、管理到位、跟踪到位、检查到位、服务到位。

共和国建成60周年庆典安全保卫工作为重点，认真落实地区社会全面防控体系建设各项措施，地区社会面秩序平稳，群众的安全感明显提升。全区登记注册的各类群防群治人员656名。2010年，建立综治维稳工作新机制，加强“一网、两库、三关”①建设，为完成地区综治维稳工作中心的建设任务，将综治、信访、司法、城管、派出所、安监、人民武装部、610办公室、计生办、规划科等12个部门力量进行优化整合，正式组建成立了常营地区综治维稳工作中心，中心下设“一室、九组、六站”（即中心办公室、宣传报道组、平安创建组、信访接待组、矛盾调解组、帮助服务组、信息调研组、安全监管组、应急指挥组、城市管理组和6个社区综治维稳工作站），明确了中心的职责任务、工作机制等，形成了较为科学完善的综治维稳组织网络并通过了区级验收。

2012年9月中旬，国际伊斯兰抗美情绪高涨，作为少数民族区，伊斯兰居民对抗美活动关注密切。综治办联合社会事务科，通过清真寺管委会积极开展宣传活动，劝说回族民众不要采取过激行为，正确面对该次“涉美”活动。敏感时期未发生伊斯兰民众到美使馆及敏感地带的抗美活动。2013年，确实织牢专群工作网，以专保稳，以众保安，出动3588人次参与群防群治，共排查发现不稳定因素及矛盾纠纷549件，化解499件，确保了关键时期没出问题。2014年，全面启动“1+8+15”指挥体系，做到“六个强化”，完成“两节”、“两会”、“十一”、中共十八届四中全会及APEC会议等重点时期的维稳工作任务。

2006—2010年常营乡辖区治安建设情况统计表

表4－9

年份	人员配备（人）			设备设施（辆）				指挥中心建设情况			
	乡级巡防队员数量	居民小区保安人数	治安巡逻志愿者人数	对讲机（台）	巡防车（辆）	电瓶车（辆）	自行车（辆）	监控探头数量（个）	总面积（平方米）	投入资金（万元）	工作人员数量（人）
2006	18	200	350	15	0	20	0	0	0	0	0
2008	30	1200	884	30	2	30	0	0	0	0	0
2010	30	1800	884	30	3	30	77	380	530	2	3

交通安全管理　改革开放以来，常营乡各种机动车与日俱增，加强交通安全管理势在必行。1988年，乡政府、乡安委会与20个所属单位签订了交通安全承包合同，包括宣传事故指标和管理事故指标，承包单位所属路段，合同规定与经济挂钩，奖优罚劣，年底兑现。1990年，常营乡有机动车辆353辆，司机594人，比上年增加车辆42辆，司机增加118名。常营乡安委会出台《常营乡交通安全管理暂行办法》，分发到户、到人，与相关单位和个人签订安全合同、责任书。定期检查车辆，消除隐患，全年检查机动车辆260辆次，非机动车辆1530辆次，纠正违章220人次，发生重大事故1起，一般事故7起，未发生死亡事故。拟定每月10日为安全员例会日。1992年，乡投资24万元，建立了“司机之家”。

① 一网：舆报信息网。两库：基本情况库、决策支持库。三关：情舆研判预警关、科学决策关、监督考核关。

1993 年评选先进车管干部、先进司机 60 名，对全乡车辆进行了年检。1994—1996 年，发生一般事故 6 起，未发生甲方责任事故。1995 年常营乡被评为区级交通安全管理先进单位。1996 年，收缴无证机动车辆 156 辆，罚款 4000 余元。1997 年，全乡机动车辆 704 辆，其中个体 568 辆，驾驶员 1386 人，未发生甲方责任事故，违章现象大幅度下降 50%。2012 年深入落实文明交通安全管理工作。年内共召开交通安全工作会 4 次，处罚违章车 10 辆，开展整治非法黑摩的行动 4 次，治理非法黑摩的 10 辆，开展"平安出行"、"禁酒驾"等主题宣传活动 20 次，与辖区社会单位、私人大货车、校车签订安全责任书 30 份，增设缓堵交通设施（隔离护栏 200 米），面向外地人员开展交通安全培训 4 次。2014 年，召开交通安全工作会 2 次，开展燃油摩托车、电动（燃油）三轮车净化行动 12 次，开展主题宣传活动 3 次，与辖区社会单位、私人大货车、校车签订安全责任书 30 份，面向外地人员开展交通安全培训 4 次。

2015 年加大"酒驾"处罚力度。是年 9 月 24 日某公司一名员工"酒驾"（血液中酒精含量为 121.5 mg/100 ml）宝马牌小轿车与另一辆小轿车在朝阳区常吉路中口北 100 米碰撞，因该名员工属于"酒驾"被朝阳区人民法院判处拘役 45 天，后经万象新天社区党支部大会讨论决定，并经朝阳区纪委、常营乡党委会批准给予该名员工开除党籍处分，在全地区起到震慑作用。

消防管理　1996 年常营乡成立消防队，投资 20 万元购买了消防车 3 部。每年由乡属各单位出资 11 万元支付消防队日常各项开支，不足部分由常营分场承担，使得常营乡消防工作有了明显改变。20 世纪 90 年代后期到 21 世纪初，乡消防队逐步加强了消防安全检查，发现隐患，及时纠正，杜绝意外事故的发生。2004 年，结合安全生产，全年开展拉网式安全大检查 9 次，限期整改各类安全隐患 102 处，开展了消防安全演习，加大社会巡逻控制，发展义务红袖标治保积极分子 1000 人。2010 年组建了 15 人兼职义务消防员队伍。2012 年，举办 4 期消防安全知识讲座，排查整治 91 家社会单位、460 家底商和小门店火灾隐患，开具监督检查记录 328 份，发现 343 处火灾隐患或违法行为，下发整改通知 343 份，督促整改火灾隐患 343 处，移交上级主管部门 3 家，临时查封 1 家，拘留 11 人。2013 年，开展大型消防应急演练活动 3 次。全年共排查社会单位 1411 家，开具监督检查记录 1450 份，发现火灾隐患或违法行为 525 处，督促整改火灾隐患 509 处。2014 年，开展

图 4－13　2001 年常营消防大队开展消防应急演习并宣传消防知识

消防应急演练和培训活动148次。充分发挥社区消防协管员作用，全年共排查社会单位2245家，开具监督检查记录3142份，发现火灾隐患或违法行为253处，下发责令整改通知112份，督促整改火灾隐患253处，整改率100%。

基层司法建设

常营司法所　成立于2002年5月，拥有面积总计350余平方米的专用独立办公场所，设有8间独立业务用房。并按照统一标准安装了门楣、标牌、标识、门牌、展板等硬件设施，实现了外观标识的规范化。

图4－14　常营旧、新司法所大门(摄于2008/2010年)

司法所具有9项工作职能：(1)为地区办事处的依法决策提供法律咨询，协助地区办事处依法管理社会事务，参与基层依法治理工作的指导和检查。(2)代表地区办事处处理社会矛盾纠纷；指导、管理人民调解工作。(3)指导、管理基层法律服务工作。(4)组织开展法制宣传教育工作。(5)组织开展对刑满释放和解除劳教人员的过渡性安置和帮教工作。(6)组织开展社区矫正工作。(7)依照规定，组织开展法律援助工作。(8)参与社会治安综合治理工作。(9)完成上级司法行政机关和地区办事处交办的其他有关工作。

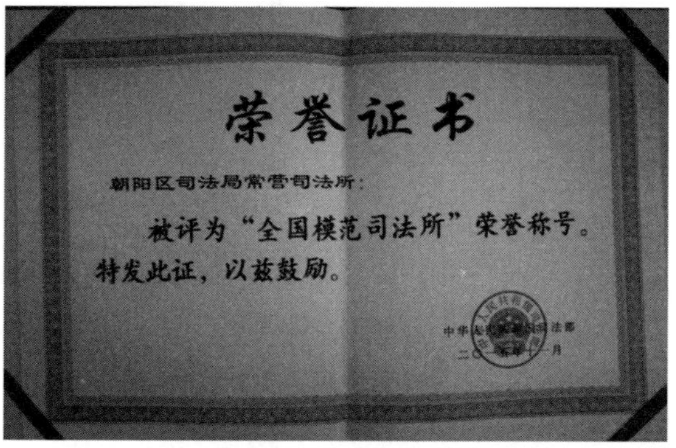

图4－15　2015年常营司法所荣获"全国模范司法所"荣誉

截至2015年，常营司法所有工作人员9人。其中，司法行政编制4人，包括所长1人、副所长1人、助理员2人；矫正干警1人、矫正社工2人、人民调解员2人。司法所长、副所长、司法助理员全部具有本科以上学历。

2002—2015年常营司法所所长名录

姓　名	职　务	任　期
张秀云	所　长	2002—2003年
徐　玲	负责人	2004—2006年

营进军　所　长　2007—2008 年
蔺　军　副所长、所长　2008—2013 年
何李玲　所　长　2014—2015 年
胡　唯　所　长　2015 年至今

调解纠纷　司法所成立之时，正处于常营地区农村城市化的关键时期，原有社会模式的改变、利益的再分配，引发了众多矛盾，这些矛盾通常涉及面较广、遗留时间较长，如果处理不当就会造成大面积的群体访，甚至会影响到全乡的发展进程。鉴于上述情况，司法所制定了常营乡同各生产大队的民调工作岗位责任制。全乡有人民调解委员会 13 个，人民调解员 57 名，纠纷信息员 346 名。1985 年 1 月—11 月，共发生民间各类纠纷 134 起，由于调解工作贯彻了"调防结合，以防为主"的方针，故未发生因调解工作不及时或不得当，而激化的非正常死亡事件。1988 年，全年全乡发生纠纷案件 131 起，经各方调解 122 起，其中乡司法助理员协助解决 3 起，上法院 2 起，乡直接解决 3 起，调解率达 95% 以上。1990 年，对全乡民调人员进行了业务培训，基本上做到了发生纠纷，基层解决，不推、不拖、不上交。是年发生纠纷 50 起，由调委会解决 44 起，占 88%，司法解决 2 起。1993 年，发生大小纠纷 71 起。其中调委会解决 55 起，调解成功率 77.5%，司法调解 4 起，调解成功率 5.6%。1995 年 1 月—9 月，全乡共接受调解案件 40 起，其中基层调解率 92.5%，调解成功率达 98%。1996 年，本着把矛盾解决在萌芽状态，乡司法部门配合村委会做好耐心细致的思想工作，防止矛盾激化，全年全乡共调解纠纷 72 起，促进了常营乡社会安定团结的局面。1997 年上半年调解民事纠纷 26 件。2000 年，民事调解工作把治理多发性纠纷作为工作重点，切实做好防止矛盾激化及"民转刑"案件的发生，加强目标管理，充分发挥了基层调解组织的职能作用，一般纠纷不出村，维护了常营地区的社会稳定和团结，调解成功率达到纠纷总数的 96% 以上。

2003 年非典期间，司法所充分发挥各级调解组织扎根基层、贴近群众的优势，共调处各类纠纷 2037 件(其中调处因"非典"引发的纠纷 32 起)，成功率达到 98%。

2004 年，常营乡各调委会共调解纠纷 103 起，调解率 100%。其中成功调解 98 起，调解成功率 96%，为农村城市化建设的顺利进行营造了良好的社会氛围。是年，常营地区建立了治安纠纷与民间纠纷调解联合接待室。按照"四联合、一延伸"的工作机制，即"联合接待、联合调处、联合管理、联席会议、向社区延伸"，在逐步规范联合接待室运行机制的基础上，通过加强司法所与派出所的沟通协调，加大司法所与派出所的联合调解力度，并在 2005 年、2006 年逐步显现出联合接待室的优势。其中，2006 年受理各类民间纠纷 71 件，调解成功 66 件，成功率 93%。2007 年，朝阳区人民内部矛盾调处中心常营分中心成立，确立了信访、矛盾排查调研处理、建议征集"三位一体"的工作机制，共接待信访人员 102 批 379 人次，办理答复信访 33 件，做到了事事有回音，件件有答复，在此基础上依法调处各类矛盾纠纷 327 件，调解成功率达到 93%。2008 年是奥运之年，司法所特制定了《常营地区人民调解突发事件应急处理预案》，全年调解委共调处各类矛盾纠纷 306 件。2012 年 1 月 12 日、14 日，常营地区连续发生了两起欠薪纠纷，由地区工会、人民调解委员会、劳动科及常营乡派出所联合，成功地化解了一场劳资冲突，为河南华都集团农民工和华班公司农民工讨回拖欠的工资，维护了地区的社会安定(参见卷三党群组织 · 工会)。

法律服务与法律援助 2008年开始，常营司法所紧密围绕常营乡党委、乡政府中心工作，肩负起政府法律顾问的重要职责，形成了由司法所担任基层政府的法律顾问，再由供职签约律师所的专职律师担任司法所的后援智囊的新型模式。(1)为地区党委政府领导决策、草拟规范性文件提供法律依据；(2)参与处理涉及党委政府的诉讼及非诉讼法律事务；(3)协助党委政府及各科室做好涉法工作，如为依法处理疑难信访案件提供法律咨询意见等。促进了政府决策民主化、科学化和法制化。2009年3月，地区司法所在区司法局的帮助下与北京市华舟律师事务所、北京市中润律师事务所正式签约合作，以常营民族家园法律服务室为标准，相继建立了连心园法律服务室、万象新天法律服务室、鑫兆佳园法律服务室、苹果派法律服务室、荟万鸿法律服务室以及北京市民族学校法律服务室，逐步实现各社区及重要社会单位法律服务全覆盖。在全区率先实现了“两个突破”：一是将市、区要求的与一家律师事务所合作拓展到与2家律师事务所携手；二是在社区建立法律服务室的基础上将法律服务延伸至北京市民族学校，创造了全区首个在学校设立法律服务室的先例。2家律师事务所的律师在积极参与法律咨询、法律知识讲座的同时，经常与熟悉地域特点的社区人民调解员一起参与地区各类矛盾纠纷的调处工作，使居民不出社区就能获得及时的法律服务，把纠纷化解在萌芽状态，从而减少了纠纷的产生。对于老年人、农民工、残疾人、妇女及青少年等重点服务对象实行“一简三优”制度，即：简化手续、优先接待、优先办理、优先回访。2010年，地区对18家建筑劳务公司开展了日常巡查，发现违法行为6起，立案6件，6家公司在规定的时间内及时改正了违法行为；司法所共出具调解协议书280份，共协调了4起讨薪事件，涉及人数307名，金额152万余元：化解了保障性住房工地农民工讨薪纠纷、商户与东苇路市场押金纠纷、原草房村村民祖坟在中弘二期工程开发施工中被毁的赔偿纠纷等易导致集体访的群体性纠纷4起，有效地维护了地区稳定及当事人的利益。

为切实做好法律援助工作，有效维护弱势群体的合法权益，常营地区于2007年正式成立了法律援助工作站。根据2009年3月实施的《北京市法律援助条例》的规定，司法所针对法律援助对象的范围进行了大量的宣传，使需要法律援助的弱势群体能通过法律援助维护其合法的权益。同时，随着律师进社区(村)进行法律服务工作的开展，为弱势群体提供更广的法律平台，拓展了法律援助工作的覆盖面，降低援助门槛，不断满足地区困难群体的法律援助需求，努力做到应援尽援，并于2008年成功办理一起关于赡养的法律援助案件。同时在接待法律援助当事人的过程中，加大办理非诉讼案件的力度。虽然由于地区的各项政策保障比较到位，使得严格符合法律援助申请条件的居民不多。但是，当有地区居民找到签约合作的2家律师所为其代理案件时，律师所还是按照正常收费的半价收取费用。遇有相对困难的居民个人或家庭，法律服务室的律师甚至免费为其提供法律服务。2009年5月，司法所还正式启用了由司法部提供的法律援助管理信息系统，实现了法律援助信息化管理。在2010年日常接待中，当工作人员得知一名90岁体弱多病老人欲申请法律援助提起赡养费民事诉讼后，立即为老人提供了上门服务，协助老人填写各项表格，并在2个工作日内完成报区法律援助中心审核批准、指派地区签约律师所律师、约谈当事人上门服务等工作。

安置帮教与社区矫正 对刑释解教人员的帮教工作，司法所采取“三帮”措施，对帮教人员均登记造册,制定具体帮教方案和措施,联合公安派出所、居委会一起对其进行帮教。1986—1994年坚持不断线的帮教工作,在实践中取得了很好的效果。据市劳改部门反映,自1986年以来,常营乡的服刑人员,没有一个逃跑的,没有一个加刑的。在1991—1994年刑满释放的17人中,被评为劳改积极分子的有7人,被减刑提前释放的有9人,占刑满释放人员的53%(不包括上述提到的正在服刑人员)。除了开展"大墙内"的帮教外,对于"两劳"人员、刑满回乡人员,还采取"三见面"的办法进行再次帮教。即在上户口之前和派出所管片民警见面,和乡综治办领导见面,和村民主任见面。在三见面时刑满回乡人员要汇报劳改或劳教时的收获体会以及今后打算,回来后有什么困难和问题可以及时向各级领导提出。通过"三见面"的办法各级领导对他们有了进一步的了解,对他们的实际困难给予适当地解决,有利于使他们很快成为自食其力的劳动者,他们的生活有了着落,就会减少重新犯罪,减少社会不安定的因素,多年来常营乡的"两劳"人员的安置率都能达到100%。2005年全地区有27个帮教小组,其职责,要求做到"出来有人接、回来有人管、就业有人帮、创业有人扶"。2007年,全地区共有安置帮教对象29名,重新犯罪率为零。2008年奥运之年,常营地区专门成立安置帮教工作领导小组,办公室设在司法所,由司法所长任办公室主任。是年共有刑释解教人员28名。2009年,共有刑释解教人员29名,其中刑满释放人员26名,解除劳动教养人员3名。就业安置率为90%,帮教率为100%,帮教协议签订率100%,接收率100%,建档率100%,并于9月,按照有关文件的规定将刑释解教人员的档案下放至各社区安置帮教工作小组,进一步规范管理。截至2010年,累计接收帮教对象67人,已解除帮教47人,尚存在册帮教对象有20人。

常营地区于2005年成立阳光社区矫正服务中心常营工作站。服务内容拓展为:心理咨询服务、劳动培训服务、生活救助服务、法律援助服务、释前辅导服务、社区教育服务、家庭支援服务、志愿者工作发展服务、社区帮扶服务、理论研究服务。2006年,司法所细化了社区矫正对象的接收、管理、奖惩、解除矫正、矫正对象个人档案及工作开展等一系列的工作流程,不断推动社区矫正工作的深入开展。是年,共有社区矫正服刑人员9人(缓刑1人、假释2人、剥夺政治权利6人),重点帮教对象3人。2007年,全年共新接收矫正对象2人,社区矫正对象共23人,全年共解除矫正13人。2008年,共有社区矫正服刑人员9人,均为男性。其中,剥权6人、假释1人、缓刑2人,解除矫正后安置工作3人、自谋职业5人、办理低保2人。2009年,共有矫正人员12人,其中,剥夺政治权利2人,假释2人,缓刑8人。从是年起,司法所每年为社区服刑人员考核打分2次。是年,还开始实行缓刑前社会调查制度。2010年,常营司法所共开展缓刑前社会调查5次,召开基层矫正帮教工作会6次,共为5名社区矫正人员申请特困补助。截至2010年年底,常营地区累计接收矫正对象46人,已解除矫正34人,尚存在册矫正对象12人,其中缓刑9名,假释1名,剥权1名,假释并剥权1名。

附:常营乡帮教活动的几点做法

常营乡帮教小组在有针对性地做好各种准备工作后,具体帮教工作做法有4点:

1. 事先和劳改劳教干警取得联系,听他们对服刑人员的情况介绍。如:1994年春节我们组织了有党委副书记、副乡长、派出所所长、社会治安综合办主任以及有关的村民主任参加的帮教组,到茶淀清河农场进行帮教活动,我们先到总场场部与总场综合治理办公室接洽,对那里的干警进行慰问,听他们对我乡的 8 名服刑人员情况介绍,征求开展帮教工作的意见。管教干部把常营乡每个服刑人员的具体表现介绍给我们,哪些人哪些地方表现得好,哪些人哪些地方表现得差,都给我们讲得很清楚,为我们的帮教工作提供了第一手材料。

2. 召开有服刑人员参加的座谈会。在了解服刑人员现实表现后,我们便与管教干部一起对我乡的在押人员集中进行帮教。首先由乡领导讲我乡经济发展的大好形势。1993 年我乡总收入已超亿元,达到了亿元乡标准。乡党委计划再过 3 年达到 3 亿元乡。1993 年人均分配是 2287 元,再过 3 年人均分配达到 7000 元。1994 年年初本市与香港长江实业有限公司已正式签字合作建设开发常营康居小区,占地 52.1 公顷,总建筑面积 55 万平方米,总投资 12 亿元人民币。这次康居工程将建成环境优美,配套齐全的新型住宅区。……随后乡领导要求服刑人员要认真认罪服法,好好学习法律知识,增强法律意识,努力进行劳动改造,用辛勤的汗水洗刷身上的罪过,早日成为新人,常营的父老乡亲欢迎你们,早日改造成新人,回到家乡来,为家乡的建设做出你们的贡献。在给他们的日记本上提词:脱胎换骨改造,追回失去青春,立志重新做人,早见父老乡亲。

3. 组织服刑人员汇报劳动改造的思想情况。服刑人员听了家乡的变化,又接受了家乡人民给他们的纪念品,无不感慨万分,热血沸腾,个个争先恐后汇报思想发言表态。服刑人员韩××说:“我犯了罪,本应受到法律的制裁,好好劳动改造,场领导还给我评了个劳改积极分子,给我减了 10 个月的刑,对于我这样一个人民的罪人,党和政府这样宽大我,我从内心表示感激。乡政府、村委会每年都派领导干部对我们进行帮教,肯定我们的成绩,指出我们的缺点,给我们提出努力的方向,我们再没有任何理由不好好劳动改造,我决心按照各级领导的要求,脱胎换骨改造,立志重新做人。”服刑人员薛××说:“我对人民犯了罪,接受劳动改造罪有应得。在去年领导们来场帮教时,看我心情况闷,再三追问我为什么,我才说出,我最担心我妻子和孩子,他们没有工作,生活没有依靠。没想到领导们就把我的事记在心里,不到半年就把问题解决了。我妻子来场探监时,高兴地告诉我:‘乡政府、村委会给我们娘俩在村办企业里安排了工作。’我听到她们娘俩的生活有了着落,我真不知道说什么好。我的最大心病解决了,只有一心一意地劳动改造自己,争取评上劳改积极分子,争取减刑,争取早日与家人团聚。”

4. 有针对性地开展个别帮教。乡里领导及村民主任按照事先的分工,分头个别帮教,根据每个人的情况,有针对性地提出具体要求,每个服刑人员也把他们想解决而不好解决的事拜托给村民主任,村民主任对他们的拜托只要能办到的一定尽力给他们办到,以利于他们的改造。如:当我们听说服刑人员洪××正在住院时,我们乡里帮教组的全体人员马上开车到医院,专程对他们进行帮教。洪××见到我们去医院对他帮教,非常感激。当乡长给他介绍了常营的变化又提出要求后,他泪流满面地说:“我在家不听领导的话,不听家长的话,犯了罪,判了刑,家里人非常恨我,他们不来看我,要点必需的东西也不给我,写信也不理我,我亲生父母遗弃了我。我认为我这辈子完了,于是我破罐子破摔了,还几次想自杀,说实话我真不想活在人世上。场里的管理干部知道我的情况后,及时和乡里取得联系,乡里的几个领导反复做我父母的工作,就连乡长都亲自做他们的工作,终于做通了。

于是我父母冒着严寒,行程几百里来场看我了,我是多么高兴呀,我抱着我的妈妈哭着,喊着,好久好久。我心里明白这是各级领导关心我的结果,是社会主义制度好,对我们这些罪人不是放弃,而是帮助,挽救,把我们改造成新人。我病了还让我住院,给我精心治疗,你们还到医院专程对我帮教,我心里有说不出的感激,是共产党的各级领导给我重新活下去的勇气,我一定要好好改造,脱胎换骨成为新人。"

(辑录1994年7月常营回族乡人民政府编辑的《我们是怎样到"大墙"内开展帮教工作的》)

七 市容、环卫管理

常营乡地处城乡结合部,长期以来,脏乱差一直困扰着常营乡的经济发展和对外形象。随着农村城市化的推进,常营乡市容和环卫管理提上了议事日程。特别是2008年以来,常营乡政府把市容和环境管理纳入文明乡村、文明社区建设内容一起抓,坚持常抓不懈,抓出成果来。

市容管理

开展门前"三包" 1985年常营乡推行门前"三包",乡政府制定了具体要求和各村、各单位签订了"三包"任务书。除对环乡公路认真做好清洁工作外,对环境卫生抓住不放,除配合区、双桥农村办事处检查外,乡政府规定每年至少检查4次,每个季度1次,并打分评比,作为年终考核的依据之一。1991年,加强了"门前三包"责任制,发动了3次大规模清理垃圾的突出活动,先后清除垃圾14410立方米,清除堆料3处。1997—1999年,以迎香港回归为重点,开展环境治理工作,以澳门回归为契机,以拆除违法建筑为重点,开展环境治理工作,乡、村两级层层动员,明确责任到人,落实检查评比措施,拆除违法建筑17000多平方米。2003年,乡政府提出环境也是生产力,逐步建立环境综合治理的长效机制,委托北林大设计院对全地区的景观和绿化建设进行了规划设计,整体提升城市化水平和形象。并下大气力将东苇路常营段建成亮丽一条街,做到市容整洁、管理规范。

拆除违章建筑 2002年,常营乡提出加强规划建设管理,坚决制止新的违法建筑。2007年,常营乡共拆除违法建筑95000余平方米(包括挂账违建和账外临建),从而强化了土地使用监管,有效地遏制了违法建筑的反弹。2013年,根据上级工作安排,成立地区禁止和查处违法建设领导小组,组建城市及农村社区共3支控违巡查队,开展不间断、全方位、高频度的巡查,对违法建设做到"发现一处、拆除一处"。强化部门间控违拆除的联动工作机制,加强部门间的配合,年内共组织大型拆违联合执法行动6次,拆除账内外违建43外、共15374平方米,一次性拆除民族家园J区17处,共500平方米的私搭乱建。拆后面积"能绿则绿,宜景则景,能用则用"确保拆除后的环境整洁。2015年,成立北电台"飞地"拆除工作领导小组,调集人力13000余人,全面完成13.7万平方米拆除工作。拆除包括宝港三信造纸厂在内的大型建筑3处,共计83400平方米。同时,推行"常营地区创建优美小区环境整治工程”，对荟康苑小区进行综合治理，共计拆除违法建筑 275 处，面积达 7200 余平方米。

规范环境秩序 1990 年，常营乡政府投资 3 万元，建成 275 平方米的个体摊贩销售棚，可容 48 个摊位，7 月中旬投入使用，既可改变乱摆摊位的散乱状况，又便于集中管理。2007 年上半年，组织大型联合执法活动 3 次，取缔乡域内无照经营、露天烧烤、占道经营等违法摊点 50 余个，查封无照经营商户 18 户，查抄“小广告”黑窝点 30 个、消除、没收小广告 10500 余张，拆除非法户外广告 90 块。2009 年，进一步规范环境秩序，打击无照经营、占道经营、露天烧烤以及违章建筑等影响环境卫生和市容美观的行为，重点整治了占道经营、流动摊点和五里桥、十里堡拆迁后的乱堆乱倒。同时，实施“城管进社区”工作模式，加强对社区区内和外围环境秩序的监管，争取财政支持，开展了对民族家园、连心园和荟康苑等小区环境综合整治。2010 年，重点开展了对占道经营、黑摩的非法运营、乱贴“小广告”的清理整治，集中治理了苹果派小区、优点小区和鑫兆佳园小区周边“乱停车”问题，确保城市环境整洁有序。特别是通过对偷卸渣土行为的专项打击，有效地遏制了不良势头，减少了集体经济的损失。2012 年，对停车无序、露天烧烤、“六小”门店等现象展开综合治理。2014 年，投资 100 万元，给城管部门购置综合执法车、电瓶巡逻车，加强人盯车巡。同时，开展联合执法，做到整治高频次、不手软，从而使违法现象得以整治，地区环境显著改善。2015 年，全面推行城市管理“三行”工作模式，整治了华联商厦周边、地铁 6 号线草房站、保障房周边及苹果派早市等一批群众举报居高不下的环境脏乱点位，基本实现街面无非法经营的摊群，广告秩序规范化。同时，对民族家园、连心园 2 个社区环境的综合整治，拆除居民私自安装的地桩、地锁千余个，更换这 2 个园区单元门 691 套。以打造保利美食特色街为契机，探索常营地区环境秩序治理模式，显著改善了街面秩序。

图 4－16 2014 年，城管监察大队常营分队队员在拆除违章建筑现场执法、整治市容

环卫管理

1985 年，常营乡为了改变村容村貌和卫生环境落后状况，新建公厕 15 个、垃圾站 10 个，户建渗水井 150 个，清理垃圾 9600 立方米，配备卫生清洁员 28 人，卫生垃圾车 11 辆。1994 年，乡政府出资 6.6 万元为环卫奖励基金，各基层单位共投资 16.5 万元，新建厕所 2 个、翻建厕所 7 个，新建垃圾池 7 个，修马路边沟 840 米，埋下水管道 816 米。1995 年，全乡共有环卫人员 51 人，环卫车 11 辆，各街道的垃圾基本上做到了当天垃圾不过夜，消除了过去那种长期积压的现象。2002 年，常营城市化建设迈出新的步伐，村民们陆续搬进了崭新的楼房小区。2007 年，常营的环卫工作由保洁公司承担，该公司主要业务包括环乡公路与乡内主干道的清扫工作、乡域内环境卫生的整治。该公司编制80余人。根据业务的需求，购置了专业垃圾清运车、铲车等相应设备。从此，环卫管理逐步走上正规化，建立各项管理制度，常营地区的环境卫生状况有了显著地提高。2014年，根据地区环境质量的要求，保洁公司成立了“常营地区环境保障应急小组”，道路清扫作业机械化程度又有新提高，拥有各类大、中、小型机械设备，包括扫雪机、推雪机、小型清扫车、中型清扫车、铲车、垃圾清运车、电动车等。

附：常营乡荣誉录

常营乡(集体)获市级以上荣誉称号表

表4-10

时　间	荣誉称号	颁发机关	附　　注
1984年1月	全国民族团结进步先进集体	国务院	获奖单位：常营回族乡
1998年1月	北京市爱国卫生先进单位	市爱国卫生运动委员会	同上
1998年7月	首都民族团结进步先进单位	市委、市政府	同上
1999年2月	1998年农税征管先进单位	市财政局	同上
1999年	首都绿化美化达标乡镇	市政府首都绿化委员会	同上
2000年1月	农税征管先进单位	市财政局	同上
2000年3月	北京市1999年度献血先进单位	市公民献血委员会	同上
2000年8月	北京市中小学生“可口可乐”杯百队足球赛优胜奖	市体育竞赛管理中心、市足协、北京晚报、市少年宫	同上
2000年12月	北京市民族乡村经济发展先进集体	市民委、市农委	同上
2000年	民政工作全优街道(乡镇)	市民政局	同上
2001年2月	首都绿化美化优质工程奖	首都绿化委员会	同上
2001年2月	首都军(警)民共建标兵单位	首都精神文明建设委员会	同上
2001年5月	北京市第五次人口普查工作先进集体	市第五次人口普查领导小组	同上
2002年2月	北京市2001年度交通安全先进单位	市交通安全委员会	同上
2002年10月	北京市老年文艺调演银奖	市老年文艺调演组织委员会	同上
2003年1月	北京市级爱国卫生先进单位	市爱卫会	同上
2003年2月	首都绿化美化花园式单位	市政府首都绿化委员会	同上
2003年8月	首都民族团结进步先进单位	市委、市政府	同上
2003年12月	北京市爱国卫生先进单位	市爱国卫生委员会	获奖单位：民族家园社区
2005年5月	2004年城市生活垃圾分类工作先进单位	市政管理委员会	同上
2005年12月	2005年度北京市消防安全工作先进单位	市防火安全委员会	获奖单位：常营回族乡

接上表

时　间	荣誉称号	颁发机关	附　　注
2005 年	首都维护国家安全先进单位	市国家安全局	同上
2005 年	北京市爱国卫生先进单位	市爱国卫生运动委员会	同上
2006 年 6 月	北京市白内障无障碍创建工作先进集体	市政府残疾人工作协调委员会	获奖单位:常营回族乡残联
2006 年 9 月	2001—2005 年北京市法制宣传教育先进单位	市法制宣传教育领导小组、市人事局	获奖单位:常营回族乡
2006 年	首都维护国家安全先进单位	市国家安全局	同上
2007 年 3 月	2006 年北京市献血先进单位	市公民献血委员会	获奖单位:民族家园社区
2007 年 4 月	2006 年度首都绿色社区	首都精神文明委员会办公室	同上
2007 年 6 月	北京市第二届“民族团结杯”群众健身操舞大赛金奖	市民族文化交流中心 市社会体育管理中心	获奖单位:常营回族乡
2007 年 11 月	“回元堂杯”表演项目综合类比赛银奖	第八届少数民族运动组委会	同上
2007 年 11 月	2006—2007 年度北京市体育先进乡镇	市体育局	同上
2007 年	首都维护国家安全先进集体	北京市国家安全局	同上
2008 年 7 月	北京市流动人口和出租房屋基础调查工作先进集体	市流动人口和出租房屋管理委员会办公室	同上
2008 年 10 月	北京市第三届“民族团结杯”群众健身操舞大赛银奖	市第三届群众健身操舞大赛组委会	同上
2008 年 11 月	首都民族团结进步先进集体	市委、市政府	同上
2008 年 12 月	2008 年“携手奥运民族传统体育系列活动”突出贡献奖	市民族事务委员会	同上
2013 年 4 月	2011—2012 年度北京市捐赠工作先进集体	市红十字会、市人力资源和社会保障局	同上
2014 年 5 月	北京市妇联系统先进集体	市妇女联合会、市人力资源和社会保障局	获奖单位:常营回族乡妇联
2014 年 12 月	北京市第三次全国经济普查先进集体	市第三次全国经济普查领导小组、市统计局、国家统计局北京调查总队、市人力资源和社会保障局	获奖单位:常营回族乡
2014 年	北京市规范化人民调解委员会	市司法局	获奖单位:常营回族乡司法所
2014 年 4 月	北京市模范集体	市委、市政府	获奖单位:常营回族乡社保所
2015 年	北京市示范司法所	北京市司法局	获奖单位:常营回族乡司法所
2015 年	全国模范司法所	中华人民共和国司法部	同上

卷五　民族与宗教

一　民族宗教的流传

伊斯兰教的传入

伊斯兰教传入常营地区是在明代初年。元至正二十七年（1367年）朱元璋在消灭张士诚的割据势力后，命徐达为征虏大将军，常遇春为副将军，由淮入河，北取中原。洪武元年（1368年），徐达、常遇春攻克通州、大都，常遇春一度驻军通州，即现在的常营地区一带。据《安徽省志》①记载："怀远常遇春，与徐达并称，平生笃守清真教教规，金陵净觉寺，即其所建。"常遇春先人原住河南南阳，后定居于安徽怀远，元至正十五年（1355年）常遇春率众数十人投奔朱元璋，后来"常家军"发展成数万人的部队，所率部众大多为怀远和淮河流域的回族人。洪武二年（1369年）常遇春从通州移营攻打开平之时，留下部分士兵在通州营地垦殖。这些回族士兵绝大部分没有家眷随行，留居后与当地居民通婚，他们的子孙也就成为常营穆斯林的先民。这批回民与原住在白衣庵附近的汉人一起，筚路蓝缕，以启山林，把极目荒野，变成了良田阡陌、人丁兴旺的村落。早在正德年间（1506—1521年）回民们就在常营建成规模宏大的清真寺，弘扬伊斯兰文化。到了清末，常营村发展为500多户的大村落，80%以上是信奉伊斯兰教的回民。

伊斯兰教文化传承

自伊斯兰教传入常营，600多年来，伊斯兰文化在此生根开花，传承至今。除了宗教信仰、清真寺建筑以及节日的宗教礼仪外，还有许多伊斯兰文化特征，深刻地影响着穆斯林民众的思想和行为。其中，常用的有接杜阿宜、色俩目、大净和小净、拿手、讨白、入教仪式诸事项。

接杜阿宜　是阿拉伯文的音译，即为"祈祷"。穆斯林在集体礼拜、听诵《古兰经》、进餐结束时，由阿訇带领，举双手于面前向真主祈祷，然后把双手往脸上一抹，这个过程叫作"接杜阿宜"，表示接到真主的回赏。做"接杜阿宜"时，一要恭敬，二要安静，三要有希望，四要有诚恐态。

色俩目　是穆斯林相互祝福和问候的用语，道"色俩目"彼此就感到亲近友好。主动

① 《安徽省志》：安徽省地方志编纂委员会编，方志出版社，1998年版。

道“色俩目”的说:“安赛俩目阿来枯姆。”意思是“主的安宁在你身上”;回答者说:“吾阿来枯姆赛俩目。”意思是“主的安宁也在你的身上”,也可以译成“更求真主慈悯你的平安”。穆斯林互致“色俩目”,虽是一种表示友善亲近的祝福,但也不可不择时地而草率行之。

大净和小净　穆斯林民众在参加礼拜、斋戒、朝觐,乃至葬礼、婚礼和重大纪念活动时,均要使自己身心洁净,具体做法就是进行大净和小净。波斯语大净为“乌斯里”,小净为“阿不代斯”。大净就是用净水洗涤全身。小净就是用净水洗涤部分肢体和器官,旧时用汤瓶冲洗,今在大小净需用淋浴式。

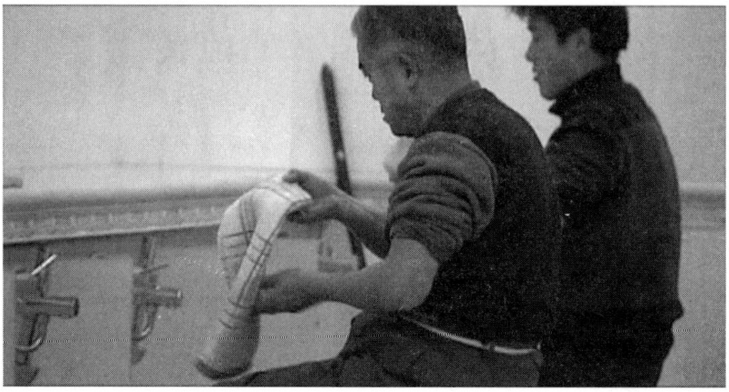

图 5 - 1　2015 年,穆斯林在常营清真寺冲洗小净

拿手　在日常生活中,穆斯林之间除互致“色俩目”外,在重大节日、婚丧仪式等还有一种很正式庄重的表达友好方式——“拿手”。具体做法是双方单腿马步,双手相握,右手拇指交叉在里,左手辅握在外,同时互念赞词“安拉混埋算里儿俩穆罕默德吾儿俩阿里穆罕埋地”。大意是祈望真主嘉惠穆圣及其眷属。

讨白　是阿拉伯文的音译,有回归忏悔、悔过自新的意思。伊斯兰教把作“讨白”看成是免除以往的一切罪孽的一种手段。伊斯兰教要求每个穆斯林都要把“讨白”置于永志不忘的位置,时刻检讨自己的过失,经常革面洗心。一般常作“讨白”有 3 种情况:(1)普通“讨白”,忏悔自己由于无知所犯的小过失;(2)特殊“讨白”,忏悔自己所犯下的重罪;(3)临终“讨白”(提念伊玛尼),就是在临终前忏悔自己一生中的错误。

入教仪式　在回民之外,有人若皈依伊斯兰教,也会被接纳,但要举行入教仪式。入教仪式在清真寺中举行,需有教长阿訇及其他一些穆斯林参加,新入教者须依伊斯兰教方式先洗大净,以示与以前的信仰和生活方式告别,开始新的穆斯林生活。大净后,教长向新入教者讲解伊斯兰的基本教义和生活方式。然后,在教长带领下,新入教者口诵清真言作证言,所有在场者予以作证,于是这位皈依者就被承认是穆斯林了。教长还可以为这位新穆斯林起一个“经名”。

600 多年来,穆斯林文化在常营得以传承,培养了一代接一代虔诚的穆斯林,坚守伊斯兰教教义,宁死不屈。例如,常营穆斯林食用的肉食品,畜类、禽类必须是教法允许食用的,并且专职的宰牲者严格按照伊斯兰教法屠宰的,方可食用。回族民众按照《古兰经》的规定,严格遵守禁食猪肉等各种规定。长期以来,无论遇到什么压力和阻力都始终未能改变回民禁食猪肉的习惯。

二 清真寺沿革与管理

清真寺是伊斯兰教建筑群体的型制之一，是穆斯林举行礼拜、举行宗教功课，举办宗教教育和宣传等活动的中心场所。亦称礼拜寺。

历史上的常营清真寺

初建与重修 常营清真寺建于明正德年间，从清嘉庆重修清真寺碑文得以证实。清嘉庆年间（1796—1820年）《通州常营庄重建清真寺碑记》记载："常营庄古有清真寺一座。考其曩昔，乃大明正德年间创建。数经重修，今世连年湮受风雨吹损，残旧难堪。有本庄乡佬等触目惊心，不忍坐视倾圮，且不吝资财，置买砖瓦木石等项，以备匠艺需用，众乡佬见此胜举心悦诚服，亦协助工资。自嘉庆二年春三月起工，至三年冬十月告竣，修整殿宇辉煌，廊腰奂猗与休哉，何其盛也。"清真寺里外分两进院落，占地2800平方米。寺建筑为东西向，坐西朝东，二进院，大门及前院现已改造。二门为垂花门，带影壁。正殿三券，前置头脊，后六角攒尖亭，南北各有配殿3间，至今保存较为完整（详见卷二文物古迹）。

图5－2 常营清真寺摄于民国时期

到了清末民初，除了村西头嘉庆年间（1796—1820年）重修的清真寺（被称之"大清真寺"）外，在常营村东头又增建了东女寺，西头有西女寺，另外还有东中义学清真寺和西中义学清真寺。一个回族村，5座清真寺，实属罕见。

清真寺管理 历史上的清真寺没有管理机构，大寺内的财务等非宗教的事务由有权有势的乡佬掌管。在常营大清真寺直接领导其他4个清真寺的宗教活动，各有分工。东西两个女寺各有一位女阿訇（称师娘）负责，由她带领女乡佬做礼拜活动。东西义学清真寺，除去礼拜五做礼拜外，担负着带领儿童和成年人学习宗教知识的任务。主麻日都到大寺聚礼。

常营清真寺有四大掌教：(1)大寺阿訇负责寺内的宗教活动，是聘任制，一般三年一换；(2)管记伊玛目，除负责寺内的宗教活动外，还要负责全村的宗教事务；(3)尹记二师傅，负责念"虎图拜"等，协助大阿訇做宗教工作；(4)尹记三师傅，负责亡人的洗、穿、埋等。以上三位掌教都算常营村的门头师傅，是世袭制的。

历史上的常营清真寺经济来源，一是靠回族穆斯林自愿捐乜贴，用于公用开支。二是寺产收入。据寺内民国20年（1931年）清真寺的碑文记载：山东临清人钱仲斌，自小就行侠、磊落、好施、克勤克俭，将齐化门（后改称朝阳门）外八里庄自己的十亩九分八的坟地地契交给常营清真寺，这块地的东边是何姓人家地，西至韩家地，南至马家地，北至杨家地。后来他又“置良田二十二亩施舍常营清真寺”，这块地在常营村，长二十八丈五尺，宽十八丈五尺，东至谭姓人家地，西至安家地，北至杨家地，南至马车大道的中间止。这两块地的地契全交常营清真寺的乡佬管理，地租供寺里阿訇及日常开支使用。“八里庄地租每年九月十五日由常营村取付”，而在常营村地租中提出银洋 10 圆，送阿訇为捐地的钱家人游坟。碑下落款是“通县常营村众教末等仝人公启敬立”。从这方民国时期的石碑可以看出常营清真寺一个重要的经济来源。

清真寺内有一口古井，已有 500 多年历史，是当年穆斯林为净身而开凿的，井水甘甜无比。院内有一株古树亦已数百年历史，苍劲挺拔。寺内还藏有手抄本《古兰经》30 本、《伟嘎叶》2 部、《尔嘎叶代》1 部、《嘎最》4 本，均为珍藏之文物。

1951—1955 年，清真大寺还创办了穆信小学，以文化课为主，兼学阿拉伯文和宗教知识。阿訇秦玉文为校长，杨万祥负责文化课教学，1955 年以后因财经困难而停办。

1958 年 5 月，提出宗教改革，阿訇转业，清真寺挪作他用，停止信教群众宗教活动。在这种形势下，常营只是保留一所大寺，关闭其余四寺。不久，清真寺财产被充公，正常的宗教活动亦被废止，并在清真大寺内办起工厂。“文化大革命”中，问题更为严重，阿訇被批判，经书被焚毁，任意践踏宗教信仰。直到中共十一届三中全会之后，落实党的民族宗教政策，历史才翻开新的一页。

图 5－3　常营清真寺（20 世纪 60 至 70 年代）

新时期的常营清真寺

恢复与扩建　1976 年 10 月，中共中央一举粉碎“四人帮”，从而结束了长达 10 年的“文化大革命”。1979 年，落实宗教政策，选出了秦玉文、张玉昆 2 位阿訇负责恢复清真寺工作。恢复清真寺费用 1500 元，常营分场支付，所需材料由上级统战部门帮助解决。1980 年年初，秦、张二阿訇回到清真寺，在 2 位阿訇的带领下，众乡佬们积极参与，经过 15 天的简单的整理，2 月 15 日在大殿第一次恢复了主麻拜。

1982 年，中央发布《关于我国社会主义时期宗教问题的基本观点和基本政策》。这一文献系统地总结了新中国成立以来政府在处理宗教问题上正、反两方面的经验，拨乱反正，正本清源，有力地促进了宗教政策的全面落实，使宗教工作彻底地摆脱了“左”的错误思想和做法的影响。1983 年在北京市民委、双桥农场民政科及常营大队有关领导的共同努力下，请出了德高望重的回族离休老干部肖宝恒做主任，成立了新的常营清真寺民主管理委员会。寺民管会成立后，第一个难题就是资金困难，秦、张两位阿訇提出不要乜贴，穆斯林群众念经给的乜贴都交寺里，以解燃眉之急。在肖宝恒的带领下，经过集思广益，提出了以寺养寺的方针。加工切面、蒸馒头、碾米磨面，以解决寺内日常开销的问题。管委会决定给2位阿訇按月发工资。肖宝恒一干就是17年，不从清真寺拿一分钱，就是办公用的纸和笔都是自己掏钱买。1987年6月，寺民主管理委员会进行了调整，继续贯彻“以寺养寺”的方针，是年收入85000元，支出74000元，用结余款修盖了南讲堂，常营清真寺“以寺养寺”的做法，成为全区、全市、全国的典范。

为了方便信教的妇女从事宗教活动，常营清真寺管委会决定新建女大殿。1993年女殿工程开工建设。常营乡政府投资50万元，群众及清真寺集体共筹资金。于1995年10月19日，正式落成。1997年，又投资100万元建立男二殿。大殿由前卷棚、大殿身、后窑殿3部分组成。这3部分各有起脊的房顶，上面用勾连搭的形式连成一体，形成一个完整统一而又起伏灵活的大殿建筑，基本上满足了当地回民群众的宗教活动需要。

然而，随着改革开放的不断深入，常营穆斯林群众的生活水平有了明显提高，居住环境明显改善，参加正常宗教活动的人数越来越多。常营清真寺的规模和设施越来越难以满足地区穆斯林群众宗教活动和外事接待的需要。为落实党的民族政策、最大限度地满足广大穆斯林群众精神需求，1998年年初，常营乡党委、乡政府决定筹资100万元对清真寺进行全面的改扩建。工程分2期：一期工程1998年3月启动，10月竣工。该次工程以修复男大殿为主，大殿建筑面积500平方米，可容纳500人做礼拜。二期改造工程列入全区重点工程和2002年朝阳区政府拟办的50件实事之一，从施工单位到工程质量都进行认真研究。朝阳区政府和常营回族乡政府及辖区内的重点项目单位一共出资1300余万元。这次改建工程于2002年5月11日动工，至2004年10月底竣工，整个工程历时两年零五个月。

图5-4　常营清真寺（摄于20世纪90年代）

图 5－5　2002 年扩建后的常营清真寺

新建清真寺大厅楼 1 座,男礼拜殿 1 座,男女水房各 1 处,讲堂 1 座,垂花门 3 座,碑亭、角亭各 1 座,长廊 61 米及一些配套设施用房。寺内建起的沐浴室,男女水房共有大圈 26 个,小圈 12 个。新的沐浴室已将洗大净用的吊罐和洗小净用的汤瓶壶淘汰。改为一年四季都有热水供应的现代化沐浴设施。教民可以随时到水房沐浴洁身。乡政府每年投入 80 万元,用于清真寺取暖、水电、人员管理以及设备维修开支。

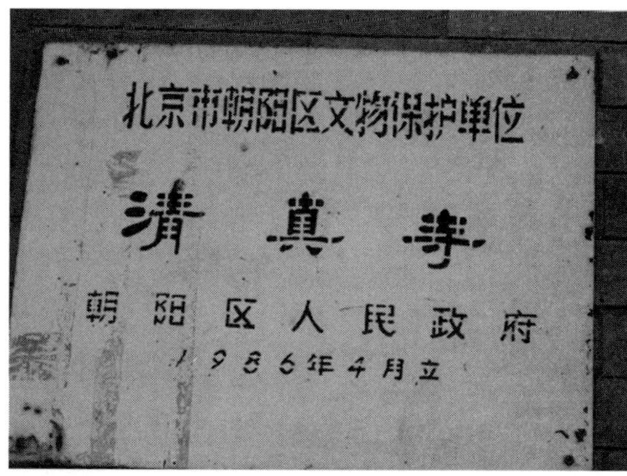

图 5－6　1986 年常营清真寺被列为区级文物保护单位

图 5－7　20 世纪 90 年代,常营清真寺获得的奖状

在清真寺改扩建之前,常营乡党委、乡政府在参考国内外清真寺建筑风格和广泛征求阿訇、乡佬、穆斯林群众意见的基础上,先后召开 5 次专题会议,对规划设计和施工方案进行论证。改扩建后的常营清真寺既保持历史古韵、做到布局合理,又达到外形壮观、设施完善且具有现代化、国际化标准。寺院由东向西以大门、庭院、男主殿等建筑构成明显的中轴线。院内由南至北依次排列着女大殿、男主殿、男殿,中西合璧的艺术形式在殿内随处可见,这里是一座艺术的殿堂,更是展示中外文化的博物馆。

2012 年 3 月到 6 月,乡里出资 56 万元对清真寺山门进行了修缮,并在东广场新建了停车棚。

管理机构与人员　　清真寺的管理机构是寺民主管理委员会,简称“寺民管会”。它代表寺坊地区穆斯林群众对清真寺实行民主管理的群众性组织。常营清真寺民管会在朝阳区政府民族宗教办公室及朝阳区伊斯兰教协会的指导下开展各项工作。“文化大革命”后,恢复宗教活动以来,第一届常营清真寺民管会成立于 1983 年。

第一至七届常营乡清真寺民主管理委员会成员名录

第一届清真寺民主管理委员会(1983—1989 年)

主　任:肖宝恒
副主任:杨林、张昆
委　员:秦玉文、杨林、张昆、杜国荣、洪兴、安贵均等人

图 5-8　1986 年常营乡清真寺第一届民主管理委员会部分成员与学经学员合影

第二届清真寺民主管理委员会(1989—1994 年)

主　任:肖宝恒
副主任:秦玉文、张玉禄、杜国荣、马书林、毛光
委　员:张玉昆、高振清、金凤泉、海朝山、海朝通、安贵均、毛玉荣、王淑芳(女)、张万茹(女)、张万成、马玉清、张玉禄、马贵臣、王玉亮、洪兴、白凤英(女)、马国元、秦有功、马淑兰(女)

第三届清真寺民主管理委员会(1994—1999 年)

主　任:肖宝恒

副主任:秦玉文、杜国荣、毛光、杨玉清

委　员:张玉增、秦有功、马淑兰(女)、洪兴、安贵均、张万茹(女)、王玉亮、金凤泉、马贵臣、海朝通、马玉清、张玉禄、白凤青、毛玉荣、张玉昆、海朝山、马国元

第四届清真寺民主管理委员会(1999—2000 年)

主　任:肖宝恒

副主任:安瑞龙(常务副主任)、毛光、杜国荣

委　员:张玉禄、张玉增、闻秀英(女)、海朝通、张玉昆、马福英(女)、安贵均、毛光、郝荣玲(女)、安希荣、马淑兰(女)、洪兴、马淑珍(女)、王玉亮、王振华

第五届清真寺民主管理委员会(2001—2003 年)

主　任:马巨海

副主任:杨玉清、张玉昆

委　员:张玉增、洪兴、王振华、马淑兰(女)、闻秀英(女)、郝荣玲(女)、马淑珍(女)、马福英(女)、安贵均、海朝通

第六届清真寺民主管理委员会(2003—2008 年)

主　任:马巨海

副主任:侯大新、张玉昆

委　员:闻秀英(女)、郝荣玲(女)、张玉臣、张万谦、侯井富、何其顺、张玉增、张广生、尹贵喜、吴国英(女)

第七届清真寺民主管理委员会(2008—2015 年)

主　任:张广生

副主任:丁清光、吴国英(女)

委　员:韩桂凤(女)、秦玉义、张玉臣、秦贵喜、薛寿松、安庆芳

第七届常营清真寺民主管理委员会成员分工表

表 5 - 1

职　务	姓　名	主要分管工作
主　任	张广生	负责寺内全面工作,主管财务工作和重大节日筹备工作
副主任	吴国英	协助主任工作,主管学习和服务中心日常管理工作
副主任	丁清光	协助主任工作,主管本寺教务工作和阿訇管理
委　员	韩桂凤	做好委员本职工作,负责清真寺内卫生管理工作
	秦玉义	做好委员本职工作,负责清真寺内消防安全保卫工作
	安庆芳	做好委员本职工作,负责服务中心的消防安全、卫生工作
	薛寿松	做好委员本职工作,负责清真寺的学习班组织工作,协助寺管会做好其他工作
	张玉臣	做好委员本职工作,协助寺管会做好社区穆斯林的宣传工作
	秦贵喜	做好委员本职工作,协助车管会做好其他工作

在清真寺掌管教务的是阿訇，其中代表人物大多也是寺民管会成员。

1980—2015 年主要专职阿訇名录：

1980—1985 年

大阿訇：秦玉文　常任阿訇：张玉昆

1986—1997 年

大阿訇：秦玉文　常任阿訇：张玉昆、马贵宝

1998—1999 年

大阿訇：尹凤桐　常任阿訇：张玉昆、马贵宝

2000 年

大阿訇：张玉昆　常任阿訇：马贵宝、郭延彬

2001—2002 年

大阿訇：尹凤桐　常任阿訇：张玉昆、郭延彬

2003—2006 年

大阿訇：张玉昆　常任阿訇：杨普军、郭延彬

2007 年

大阿訇：张玉昆　常任阿訇：郭延彬、杨兵

2008 年

大阿訇：张玉昆　常任阿訇：丁清光、杨兵

2009—2010 年

大阿訇：丁清光　常任阿訇：金凤祥、杨兵、杨忠泉

2011—2015 年

大阿訇：丁清光　常任阿訇：马成彬、梁满洞、马月强、白宇、杨凯

管理职责与制度　清真寺民主管理委员会主要管理职责：

1. 协助政府宣传贯彻民族宗教政策。严格按照国家法律、法规及《宗教事务条例》开展正常的宗教活动，发扬爱国爱教的光荣传统，促进民族团结，维护社会稳定，为构建和谐社会做出努力和贡献。

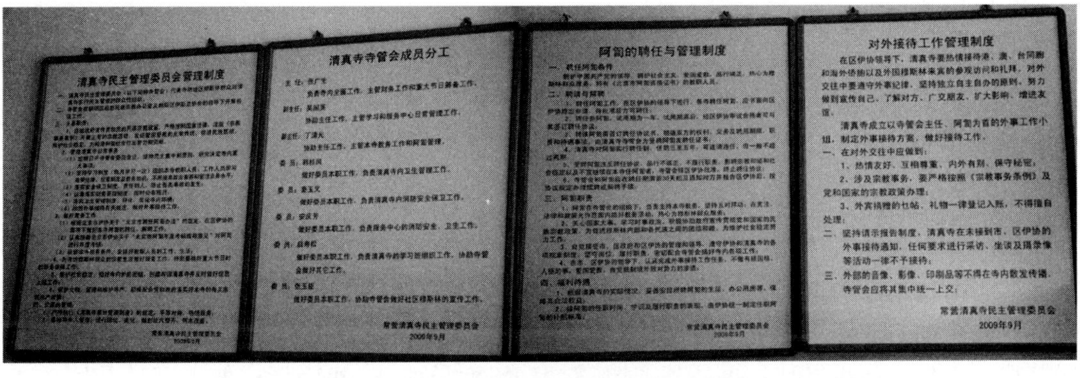

图 5－9　常营清真寺民主管理委员会管理职责（摄于 2010 年）

2. 管理清真寺日常事务。（1）定期召开清真寺管会委员会议，坚持民主集中制，研究决

定寺内重大事项;(2)坚持学习制度(每月学习一次),组织本寺教职人员、工作人员学习政策法律、规章制度及教务知识,不断提高政治素养和管理业务水平;(3)落实安全保卫制度,责任到人,防止各类事故的发生;(4)认真落实财务管理制度,按时公布账目;(5)落实卫生管理制度,绿化、美化寺内环境;(6)按照外事接待有关规定,做好外事接待工作。

3. 做好教务工作。(1)根据北京市伊斯兰协会关于《北京市聘任阿訇办法》的规定,在区伊协的领导下做好本寺清真寺阿訇的聘任、解聘工作;(2)认真按照北京市伊协关于《北京市阿訇年度考核指导意见》对阿訇进行年度考核;(3)根据本清真寺现有条件,安排好教职人员的工作、生活。

4. 做好服务、维持、保护工作。(1)为寺坊穆斯林群众的宗教生活做好服务工作,特别要搞好重大节日时的服务保障工作;(2)维护社会稳定、搞好清真寺内外的团结,创建和谐清真寺并及时做好信息上报工作;(3)保护文物,管理和维护寺产。积极配合党和政府落实好清真寺的有关宗教房产政策。

清真寺管理制度很多且具体,但主要有以下几条:

1. 实行集体领导制度。通过各个层次的会议开展管理工作。

2. 严格执行财务公开制度。注重财务收支公开化,对来自穆斯林的乜贴日清月结,将其去向昭示于穆民。

3. 坚持请示报告制度。清真寺未接到市、区两级伊斯兰教协会的外事接待通知,任何要求进行采访、座谈及摄录像等活动一律不予接待。外部的音像、影像、印刷品等不得在寺内散发传播,寺管会应将其集中统一上交。

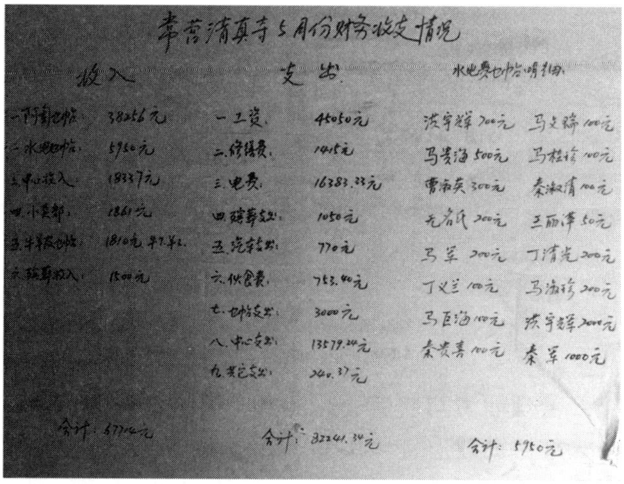

图5-10 常营清真寺财务收支现状公示上墙(摄于2002年)

4. 严格遵守外事纪律。在对外交往中应做到:热情友好、互相尊重、内外有别、保守秘密。涉及宗教事务,要严格按照《宗教事务条例》及党和国家的宗教政策办理。外宾捐赠的乜贴、礼物一律登记入账,不得擅自处理。

2000年常营清真寺被中国伊斯兰教协会授予“全国百座模范清真寺”称号,并多次被北京市授予“首都民族团结进步先进单位”,多次被朝阳区评为“五好宗教活动场所”。

对外友好往来 北京是全国政治和文化中心,也是国际大都市之一,在北京学习和工作的各国穆斯林很多。他们每逢主麻日、开斋节、古尔邦节和圣纪都到清真寺和北京穆斯林一起参加宗教活动。从1984年开始,常营清真寺在市、区伊斯兰教协会的协助下,先后接待了来自摩洛哥、伊朗、土耳其、巴基斯坦、印度尼西亚、沙特阿拉伯等国的使团和外交官员,不仅扩大了对外友好往来,而且在活动中有效地宣传了中国共产党的宗教政策,成为极为重要的对外交流窗口。为接待工作方便,常营乡特为清真寺购置了轿车。

1991年3月，巴基斯坦和孟加拉国的驻华大使、参赞、武官及随行人员50多人来访，在时任外交部副部长齐怀远和外交部礼宾司、市外办、朝阳区副区长李明及区外办领导的陪同下，参观访问了常营清真古寺、常营回民家庭。双桥农场场长王金农及常营乡政府领导等参与了接待工作。

图5－11　1991年常营清真寺阿訇接待外国友人

图5－12　1996年，常营清真寺阿訇接待外国友人

1996年10月18日，阿拉伯国家大使馆参观团前往常营参观，他们先后参观了常营清真寺和常营民族小学，并留言："愿民族友谊长存。"此外，还考察了常营的清真食品企业以及村民家庭。市、区、双桥工委及常营乡有关负责人全程陪同。

2004年12月19日，由印尼前总统瓦希德率领的宗教代表团在中国伊斯兰教协会会长陈广元阿訇的陪同下到常营清真寺参观，并与中国部分宗教界人士座谈。北京市、朝阳区有关部门及常营乡领导陪同。

2008年整装迎候奥运宾客，在清真寺门口，竖立了"禁止穿短裤或裙子者进寺"的提示牌引人注目，提示牌旁边的衣架挂着多条同样花纹的长裤和披肩。为了方便各国穆斯林和身着短装的参观人员，特意赶制了备用衣裤，由专人负责管理，在奥运期间保证做到常换常新。为照顾到穆斯林的习惯还专门指定了懂阿拉伯语的阿訇作为接待人员，并从男女穆斯林中招募了一批志愿者及两至三位阿语翻译，以应对每周五的主麻日，穆斯林要"聚礼"，人会比较多。奥运期间在寺内为来访者提供服务。另外，清真寺制作一批中英文及阿拉伯文提示牌，以方便来客。增加了外语标识、无障碍设施，门口配备安检设施，保障宗教活动安全有序进行。

附：1991—2016年常营乡穆斯林朝觐名录

朝觐，阿拉伯语"哈儿吉"的意译，即朝觐沙特阿拉伯王国的"克尔白"圣殿，回族一般叫"哈儿给"。规定凡是身体健康、经济条件许可、在旅途平安的情况下，不论男女穆斯林，在一生中要去天房朝觐一次。对一生中去麦加完成朝觐者，称为"哈吉"。回族群众认为这是一生中很荣耀的一件大事，是五功之一。但限于条件，常营乡去麦加朝觐的回族人毕竟是少数，特载于乡志。

穆斯林朝觐名录

1991年

秦玉文（男，常营三村）

1993 年

张玉昆(男,常营三村)

1994 年

白继刚(男,常营一居)

1995 年

杨连旺(男,常营三村)

1997 年

白继良(男,常营一居)

2000 年

张庆云(男,常营七村)

2002 年

海德富(男,常营二村)

2003 年

马玉花(女,常营三村) 安淑英(女,常营一居) 薛寿泉(男,常营三村) 王宝英(女,常营三村)

2004 年

李凤明(男,常营四村) 毛荣(男,常营五村) 毛光(男,常营五村) 马桂才(男,常营四村) 毛翠仙(女,常营四村) 梁长明(男,常营二村) 张玉禄(男,常营一村) 安宝忠(男,常营四村) 王士山(男,常营四村)

2005 年

张万来(男,常营一村) 海德印(男,常营二村) 张庆发(男,常营二村) 夏德顺(男,常营二村) 毛永明(男,常营五村) 杨会光(女,常营五村)

2006 年

康凤山(男,常营七村) 康凤英(男,常营七村) 吕桂珍(女,常营七村)

2007 年

张万成(男,常营七村) 康凤全(女,常营七村) 马贵海(男,常营三村) 刘殿兰(女,常营三村) 马贵泉(男,常营四村)

2008 年

白永亮(男,常营一居) 何凤英(女,常营一居) 张玉林(男,常营一居) 张玉忠(男,常营一居) 张庆俊(女,常营二村) 张玉海(男,常营三村) 马玉花(女,常营二村)

2009 年

侯井花(女,常营二村) 哈宝祥(男,常营七村) 杨正良(男,常营六村) 马俊珍(女,常营六村) 王士山(男,常营四村) 刘淑敏(女,常营四村) 马凤启(男,常营四村)

2010 年

丁清光(男,阿訇) 肖凤英(女,常营三村) 马国泉(男,常营一村) 刘玉英(女,常营三村) 毛玉珍(男,常营三村) 韩贵增(男,常营三村)

2011 年

马淑珍（女，常营七村）　马万金（女，常营一村）　秦玉才（男，常营一居）　韩宝珍（女，常营一居）　安宝忠（男，常营四村）　王景凤（女，常营四村）　安全珍（女，常营四村）　高永宽（男，常营三村）　韩桂英（女，常营三村）

2012 年

杜宝琴（女，常营七村）　马桂才（男，常营五村）　毛翠仙（女，常营五村）　张庆春（男，常营六村）　张井义（男，常营一村）

2014 年

侯井光（男，常营七村）　安庆才（男，常营一居）

2015 年

张万元（男，常营一村）　管洪英（女，常营一村）　刘殿兰（女，常营三村）　海德印（男，常营二村）　陈进伶（男，常营二村）　薛寿泉（男，常营三村）　金华章（男，常营二村）　马会清（女，常营二村）　李会珍（女，常营一村）　康凤仙（男，常营六村）　安树民（男，常营一村）　杨瑞秀（女，常营一村）　张万友（男，常营一村）　王宝英（女，常营三村）　马成彬（男，阿訇）

2016 年

侯崇华（男，常营二村）　王振华（女，常营二村）　毛凤奎（男，常营五村）　马凤岐（男，常营四村）　杨兵（男，常营二村）

三　常营穆斯林服务中心

服务中心建设

常营穆斯林服务中心隶属于常营清真寺，是二期改扩建工程的重点项目之一。2003年开始建设至2004年建成。在寸土寸金的首善之区，常营乡党委、乡政府积极协调，投资650万元建设了一处占地面积5460平方米，专为穆斯林群众提供丧事服务的场所，解决常营地区回民群众搬迁上楼后办丧事难的问题。

服务中心于2003年6月20日动工，2004年8月竣工交付使用，是当时北京市唯一的专为穆斯林群众提供办理丧事服务的场所。它位于常营民族家园西南侧，毗邻常营清真寺、北京民族学校及北京紫竹药业有限公司，建筑面积1784平方米，局部2层框架结构，主建筑东侧为1层建筑。有200平方米“者那则”厅间，休息室、处置室及道具库房、餐厅等各2个，南、北2个瞻仰室与“者那则”厅间各有1条2.4米宽、7.4米长的回廊与之相通，1个外径为7.2米、高9米和2个外径为4.4米、高5.4米外侧金色、内侧彩绘的穹顶分别建在“者那则”厅和瞻仰室的顶部。主建筑西侧为2层结构，每层均设有厨房操作间，并备有2部电梯，2间冷荤间、洗碗间和2间面积各为220平方米的大餐厅，可容纳上千参加送葬的亲友用餐。该建筑的东南侧有1个高约30米的伊斯兰风格标志性建筑物。

主建筑四周是3.5—5米宽的环形水泥混凝土通道，北大门是人行通道，入口处设有停车场，西大门为牲畜车道，底层设有屠宰室，场区内绿地总面积约1750平方米。整座建筑可同时承办两宗丧事。

图5-13　2004年建成的服务中心鸟瞰图

回民殡葬服务

常营穆斯林服务中心布局合理，室内配套设施先进、齐全。特备有为穆斯林“归真”后提供冲洗遗体的专用浴间，安装现代化空调设施的“埋体”停放间，内外屋格局，内屋停放“埋体”，外屋有供家人休息沙发及配套桌椅。提供装殓运送埋体到墓地的埋体匣。寺内阿訇还主持举行站“者那则”的仪式，并且书写护胸和围坑布上的经文，等等。清真寺副主任兼任服务中心主任。第一任主任安士明，第二任主任尹贵喜、李瑞增，第三任主任侯大新，2015年主任吴国英。

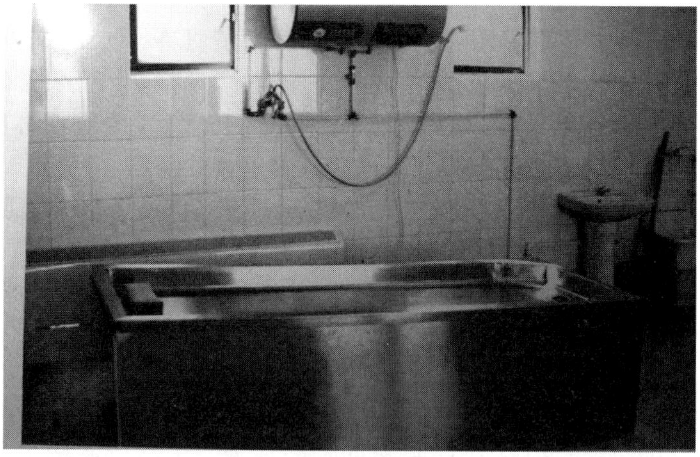

图5-14　为穆斯林“归真”后提供冲洗埋体的“水溜子”(摄于2015年)

常营穆斯林服务中心的服务内容是：为穆斯林亡人的停、洗、穿、站等一系列服务，也能为亡人做纪日活动提供服务。

当常营穆斯林群众去世

后，要马上与服务中心联系（24 小时有人接待），然后用埋体匣将亡人抬到停尸房，放到有空调的“水溜子”里。停尸房很宽敞，除“水溜子”，房中还有几个沙发和地毯，供守“埋体”人和吊孝人员使用。也有的把空调“水溜子”抬回家，在家里守“埋体”，到出“埋体”当天早上四五点钟再抬到停尸房的。这样的停尸房有 2 个，同时，能放 2 个“埋体”。

常营穆斯林去世后一般都要宰一头牛或羊，用来招待送“埋体”的亲朋好友。并举意为亡人施舍，宰牛有专门的地方和设备。招待送“埋体”的有 1 座 2 层楼房，每层都有厨房和大厅，大厅放有 17 张大圆桌，每桌有 10 把椅子，能供 150 多人同时就餐。为亡人做纪日活动也能用这个大厅。

出“埋体”前要有专人按伊斯兰教要求为亡人洗身，男人洗男亡人，女人洗女亡人，洗时用“水溜子”上方的电热水器。把亡人洗净后还要分男女按规定穿“凯帆”（新白布），男亡人 3 件，女亡人 5 件。在洗穿的同时还有阿訇念“塔哈”。洗、穿完毕后将亡人放到“埋体匣”里，送到专用大厅。站“者那则”（殡礼）这是为亡人举行的一种祈祷仪式。

站礼后就是埋。送“埋体”的人，将“埋体匣”抬到坟地，将亡人送到事先准备好的翁洞里。埋土、诵经，最后把空埋体匣和铁锹等放到卡车上拉回来。众阿訇、乡老到大厅念回头经。以上就是穆斯林服务中心的一系列服务项目。

图 5－15　常营穆斯林土葬墓穴俗称“马道坑”（摄于 2015 年）

附：回民公墓管理

回民实行土葬。20 世纪 50 年代后期，在“左”的政策思想影响下，常营的回民公墓被挪作他用，造成回民遗体埋葬的困难和混乱。1978 年 12 月 18 日，常营大队决定从常营 8 个生产队划出 36 亩土地，解决回族墓地问题。20 世纪 80 年代，落实民族宗教政策，回民公墓归还清真寺管理，但旧公墓已不适应实际需求。1994 年，常营乡政府决定拨出 60 亩土地新建回民公墓，为了落实墓地土地批文，乡长侯俊臣做了大量协调工作。新的回民公墓建成后加强了管理，严格执行《清真寺墓地管理制度》的规定，平等对待，热情服务；墓地有专人管理，进行绿化、美化，做到坟穴整齐，树木茂盛。

常营回民公墓墓穴（坟坑）收费管理办法

常营回民公墓是常营乡党委、乡政府专门为常营村穆斯林设置的集体墓地，由于墓地紧缺和成本价上涨等原因，经清真寺管委会研究决定上调收费标准。

1. 常营回民公墓墓地只限埋葬在常营有正式户口的村民、居民（外迁入者除外），即常营土生土长、长期居住的男女穆斯林。

2. 办理墓穴(坟坑)手续:亡人家属须持亡人户口簿、身份证等有效证件,到清真寺办理墓穴(坟坑)手续。

3. 祖籍在常营户口的村民、居民墓穴(坟坑)收费标准:不论土坟、砖坟一律每个坟坑1500元。

4. 原祖籍常营回族乡户口的男、女穆斯林,因工作和婚姻户口,已迁往北京市城区为非农业户口,而本人要求埋葬在常营的,须经公墓管理小组研究批准后方可埋葬,收费标准按每个坟坑5000元,其配偶15000元。

5. 女方与城市户口者结婚,女方户口仍在常营并长期居住,无常(死亡)后可以埋葬在常营,每坟坑收费标准1500元,其配偶无论户口是否迁入常营每坟坑收费均为15000元。

6. 有女无儿户的本村穆斯林(只限一女),女方与外籍农村户口的穆斯林结婚,并户口已迁入常营回族乡的(招姑爷),其无常后每坟坑收费标准1500元。

7. 凡无常(死亡)的男、女穆斯林年满70周岁(含70周岁,以户口簿出生日期为准)以上者,其配偶可以申请办理坟坑定购手续。亡人70周岁以下者,不给予其配偶办理坟坑定购手续。

8. 本村回族穆斯林其配偶为入教者,无常后可申请墓穴(坟坑)。但是必须有入教手续(即入教证书)。此人入教后信仰坚定、恪守教法,并履行过拜功义务。

9. 非常营户口的人在常营购买楼房,已落户常营的,也不可以在常营墓地埋葬。

10. 本管理办法自2012年5月1日起施行。原常营回民公墓收费管理办法废止。

常营清真寺民主管理委员会
2012年4月26日

四 民族与宗教事务处理

处理民宗事务的“三个到位”

长期以来,常营乡和常营地区办事处在处理民族宗教事务上,坚持“三个到位”:一是组织领导到位。建立了乡、村(社区)两级民族工作领导小组,启动了民族团结进步创建工程,对此,乡党政一把手亲自抓。每逢回族群众重大节日,乡领导班子都要到清真寺,与穆斯林群众一起庆祝节日。二是宣传教育到位。利用《品常社区报》、电子宣传栏等宣传平台和宣传渠道,广泛、深入地进行民族宗教的政策、法规的宣传教育,使汉族群众充分认识到尊重少数民族风俗习惯的重要性和必要性;使少数民族群众增强大局意识,进一步加强团结。常营乡政府在召开代表大会或决定重大事项时,都请清真寺里阿訇和乡佬参加,使他们了解和掌握党和政府的各项方针政策。三是措施落实到位。本着“民族宗教问题无小事”的原则,建立民族服务咨询室,明确专人负责宣教民族政策以及民族纠纷调解等

4 | 关注 Attention › 责任编辑:夏连连 | 美编:李松渝 | 热线电话:65480549 | 2012.8.23　　品常社区报

编者按:

8月19日,世界15亿穆斯林迎来一年中最盛大的节日——开斋节。在我国信仰伊斯兰教的各民族中,开斋节既是宗教节日,也是民族节日,全世界穆斯林都在这一天举行庆贺活动。

当天,常营清真寺迎来了建寺以来规模最大、人数最多、最具特色的一次集会,来自常营地区以及全国各地,甚至世界各地的2000余位穆斯林齐聚一堂,度过了他们一年中最重要的节日。

地区穆斯林喜迎开斋节

常营清真寺迎来史上规模最大的集会

开斋节·现场

各级领导与穆斯林同庆开斋节

8月19日,清晨7点,常营清真寺庄严肃穆,“恭贺开斋佳节”的横幅高高悬挂,穆斯林们穿着节日的盛装,相互祝贺,凸显过节的喜悦心情。

当天,朝阳区委统战部、民宗办、伊斯兰协会相关领导,地区工委书记吉广平、办事处主任王刚等领导来到清真寺,与穆斯林们共同庆祝节日。

在清真寺外,地区城管部门、综治办、劳动科、消防协管部门工作人员组成工作小组,为开斋节“保驾护航”。

8点钟,阿訇、乡老共同举香步入大殿,开始了庆祝开斋节的各项活动,在广播里诵读《古兰经》之后,丁阿訇开始讲“卧尔兹”,他说:“今年的斋月,盛况空前,前来参加开斋节的人中有许多新面孔,还有一些年轻人。今天是开斋节,许多穆斯林5点钟起来,带着儿女赶忙来参加开斋节盛典,可喜可贺,在新的历史时期,伊斯兰教要发展,要像接力棒一棒一棒传承下去,靠我们全体穆斯林的努力……”

现年66岁的尹启生是一位穆斯林群众,近几年,他积极学习《古兰经》,每年斋月坚持把斋,“作为一个穆斯林,就应该时刻想到自己的身份,提高个人的品行和道德。”

据悉,开斋节主要礼仪包括听阿訇演讲、礼开斋节“会礼拜”、听阿訇念“虎图拜”等。

新疆穆斯林赶赴常营过节

在采访中,记者了解到,当天来清真寺庆祝开斋节的穆斯林当中,有约三分之一的穆斯林是从其他地区赶过来的。

两位新疆的穆斯林告诉记者,他们是一对父子,几年前来到北京,现在管庄开了一家回族饭馆,当天赶到常营庆祝开斋节,心情非常激动,“常营作为回族乡,对我们穆斯林的宗教信仰非常重视也非常尊敬,所以我们今天特意来到这里庆祝开斋节。”

开斋节·故事

清真寺提供1500份糕点庆祝佳节

会礼结束后,穆斯林走出大殿,清真寺工作人员为穆斯林们发放了1500份糕点,同时送上节日的问候。

据了解,这些糕点除了由清真寺寺管会提供外,还有300份由地区穆斯林尹增元提供。据悉,尹增元是常营清真小吃一条街一家糕点铺店主,斋月中,他还为穆斯林们免费提供了近10箱伊拉克枣。

“我是一个退休职工,现在党的宗教政策好,给穆斯林创造了很多优越的条件,我们都应该更加坚持地做下去,去宣传、学习伊斯兰文化,促进宗教发展,做一名名副其实的穆斯林。”尹增元说。

开斋节·行动

诗书画协会现场泼墨送祝福

在清真寺外,民族家园社区书画协会和福第社区诗书画协会联合举办的义写义献活动吸引了不少穆斯林群众。

据介绍,当天,居民要求写的字与以往义写义献活动中写的字有很大区别,大多以为穆斯林庆祝节日的文字为主,包括“清心寡欲拜五功”、“认主独一”、“承道宣化”等。

活动中,民族家园社区书画会员马书林老师面前围满了穆斯林,他是唯一会写阿拉伯文的会员,许多穆斯林为求得马书林老师的一幅字排队等了很久。

地区诗书画协会会长康书贵表示,当天的活动中,共为穆斯林义写义画三百余幅作品。“在这盛大的节日里,我们也用这种形式,为穆斯林送去了节日的问候和祝福。”

■相关新闻

居民自发组织 欢庆盖德尔夜

8月14日晚,民族家园社区38号楼前,30余位居民自发组织,在楼前搭起临时锅灶、炸油香、煮粥,一同欢庆盖德尔夜。

记者看到,在锅灶前后两侧,摆放着两层长约3米的案子,上面整整齐齐码放着上百个已经炸好的油香。另一个同样长的案子上,一个挨一个放着揉好的面团,等待下锅。锅灶外侧,支着三个小桌,每个桌前围着三五个人,上面摆着腌黄瓜、咸菜丝,大家边吃边聊,场面热闹喜庆。“往年在家我也就吃半个油香,和大伙一块吃特别香,我都吃了一个了。”居民安金香说道。

活动的组织者杨凤琴、郝荣娟介绍,每年盖德尔夜,她们都会把家里打扫干净,炸上一锅油香,全家老小一同过节。但是今年,在盖德尔夜即将到来的前一周,郝荣娟突然想到,如果把38号楼的居民全部召集起来,大家一同过节,不仅热闹还能宣传民族节日。

“我们在楼下一张罗,大伙听到提议后,都觉得这个主意好。”杨凤琴介绍,住了楼房后,每家的厨房面积都不大,油香得用大锅炸才好吃,所以,大家听到这个提议后,都特别高兴。

记者看到,炸油香的锅灶前一直在换人,“锅前面热,大家都想争抢着多干会,我们虽然事前没明确分工,可是,什么活都没落下。”一位居民说。

居民何玉霞早早吃完,蹲在远处的角落里刷盘子洗碗,“我们38号楼特别团结,大家就像一家人似的,谁家有什么事,大家都争抢着来搭把手。”

楼内两位受到尊敬的长辈马凤堂、白凤琴老人正在把斋,虽然不能加入其中,但是两位老人望着楼下的热闹场面,也都特别高兴。马凤堂老人告诉记者,“当晚,是个非常重要的日子,穆斯林同胞除了会炸油香庆祝外,礼拜时也会由以往的33拜变为135拜。”

据介绍,盖德尔夜是伊斯兰教节日之一,被《古兰经》誉为胜过一千个月之夜(伊斯兰教历每年9月的第27夜),阿拉伯语是定夺和前定的意思。据说安拉在这一夜将全部《古兰经》从天牌上,一次性地降在接近大地的第一层天上,而后通过哲布来依勒天仙在23年中零星地降示给穆罕默德。

■本版文并摄/记者 张瑞 闫超跃 通讯员 甘连华

图 5－16　《品常社区报》宣传报道开斋节活动(摄于 2012 年)

工作,妥善处理各种矛盾。在工作中坚持把处理民族纠纷以及突发事件的全过程,作为对双方进行民族政策和相关法律法规教育的全过程。一旦发现有违反回族群众风俗习惯的苗头,及时妥善处理,避免事态扩大,将矛盾及时化解在萌芽之中。

民族和宗教应该说在本质上是两种不同的概念,但在回族与伊斯兰教在某种意义上说又是一回事。在很大程度上民族政策,就包括落实宗教政策。没有宗教政策的落实,对回族来说,很难达到安定团结的局面。常营乡党委和政府在处理民族问题时,认真贯彻落实中共中央《关于我国社会主义时期宗教问题的基本观点和基本政策》受到信教群众的拥护。

促进发展,保障民生

常营乡在朝阳区的范围内,改革开放以来,纵比历史,发展很快,横比市郊,仍处下游。为此,在恢复乡的建置之后,乡党委和乡政府把发展经济、保障民生作为第一要务,视为处理好民族宗教事务的基础。为了支持常营民族经济发展,从1987—1990年连续4年,北京市给予常营乡平价电的照顾。由于民族政策的落实,劳动力布局的调整,给常营回族乡群众带来了真正的实惠,经济收入翻番。

1993年9月15日,国家民委经国务院批准发布了《民族乡行政工作条例》和《城市民族工作条例》,市、区、乡三级党委和政府认真贯彻执行。1994年常营乡党委、乡政府充分利用少数民族地区的特点和优势,发展清真食品基地,在市、区领导的鼎力支持下,先后引进4个高水平、高规格的合资企业,即同达穆斯林专用面粉厂、北京欣昌食品有限公司、北京常营乡佬清真食品有限公司、北京常营清真食品有限公司,引进外资250万美元、人民币1000万元,使常营地区的企业在激烈的市场竞争中不断增强实力,实现稳定发展。

2000年前后,朝阳区民宗办多次深入常营,对民族乡的经济发展进行调研,直接提出加快全区少数民族乡、村经济发展的意见。为促进少数民族地区经济发展,国家民委和国家经贸委联合主办“全国少数民族地区名优产品博览会”,由于市、区民委牵线搭桥,常营乡的产品得以参展。2001年再度参展第三届北京市农业博览会,绿野芳洲牧业技术开发中心生产的獭兔获得最佳活畜展示奖,常营乡获先进集体称号。

2001年,根据北京城市规划,常营乡整体进入绿化隔离带建设,加快了城市化进程。2002年,朝阳区出台《关于加快少数民族乡(村)经济和社会发展的决定》,从加大规划支持力度、增加市政基础设施投入;加快产业结构调整;提高教育水平、加快人才培养;提高医疗水平、扩大就业渠道等4个方面,提出26条措施,促进少数民族乡(村)经济发展和社会进步。在贯彻该决定中,常营清真寺二期改造工程被列入2003年区政府折子工程。

2004年,常营乡向市民委申请少数民族专项发展资金60万元,主要用于清真食品街建设,相应增加村民就业。2006—2007年,市民委又先后给常营乡两个民族经济项目(圆梦花卉培育中心大棚建设项目、连心园商业设施建设项目)资金支持,累计130万元。2007年,抓住北京即将举办奥运会的契机,常营乡申请少数民族发展基金150万元,用于扶持入驻常营食品街的企业缓解资金周转上的困难。是年,常营乡以促进新型科技协调员队伍建设为由,向市里立项,获得市科委课题经费50万元支持。由于大力培养和发展当地科技协调员,有效地将新知识、新技术、新技能、新信息等传播、传授、传递给村民,从而促进农民的生产方式、生活方式、思维方式、组织形式的不断改进。2008—2010 年期间,常营乡继续得到市少数民族专项发展资金 300 余万元。

在市、区政府大力支持下,常营乡不仅克服了腾退所造成的经济发展问题,而且调整了产业,大大地促进了民族经济发展,形成以三产服务业为中心的城市区域经济,经济发展的潜力是以往任何历史时期都不可比拟的。

此外,培养、任用少数民族干部,坚持乡、村两级必须由回族干部担任主要负责人(参见卷三党群组织·统战建设),一批批德、才兼备的回族干部参加乡、村(队)、企业的各级领导班子,他们和汉族干部一起,埋头苦干,密切联系回、汉各族群众,为改变常营贫穷、落后面貌做了大量工作。正是由于坚持培养、任用少数民族干部这一方针,常营的回族干部在民族团结进步事业中发挥了特殊的作用。

五 民族团结进步创建

常营民族家园社区是回族聚居区,参加宗教活动的穆斯林达 1200 余人。随着辖区内保障性住房小区的集中入住,已有 2 万余户 7 万余人入住常营地区,短时间内辖区人口急剧增长数倍。少数民族群众与汉族群众、信教群众与不信教群众、外来人口与当地居民在风俗习惯、信仰等方面的差异,以及随着改革的深化和各种利益关系的调整,社会热点、难点问题增多,有些问题会反映到民族问题上来,加强民族团结是关乎地区稳定和发展的大局,常营乡党委和乡政府始终把“民族团结进步创建工程”放在突出位置。

回汉融洽相处

常营村是有着悠久历史的村庄,600 多年来,村子里回、汉民族居住一起,虽然两个民族风俗习惯不尽相同,但却相互尊重,婚、丧、嫁、娶村里人都相互参加,都按回民饮食习惯办席。自古以来,常营村汉民从不在村里养猪,不在村里炖猪肉,甚至不吃猪肉。民国时期,国民党兵短期驻军于此,他们拿来猪肉要求借用汉民家的锅炖,李老太太坚决不答应,硬是在锅台上不肯起来,国民党兵用皮带抽打她,被打得鲜血直流也不肯答应。这些士兵只好作罢。事后她对别人说:“我要让他们炖了猪肉,我在常营就没法住了。”意思是无脸见回族乡亲。

常营村内汉民占少数,他们在丧葬时习惯烧香、磕头、烧纸,回民不反对也不排斥,并在汉民办婚丧之事时主动去帮忙,办回民席。回民办丧事、喜事,汉民也去帮忙。甚至有时回族群众也将登记供应的牛、羊肉拿出一部分照顾汉、满族群众。融洽相处,亲如兄弟。回汉通婚,在这里视为正常,但首要的条件是尊重回族习惯,要求通婚的汉民到清真寺办理入教仪式,否则不能办回族的结婚证(写伊扎布)。

新中国成立初期,为尊重回民生活习惯,常营许多单位都建有专门的回民食堂,让回民职工有地方吃饭,或者按标准每月补助伙食费。乡政府机关 50% 是汉族干部,他们在机关食堂都吃回民饭菜,数十年如一日,从无怨言。

“文化大革命”期间，动员养猪，常营没有一个汉民参与，二村的汉民王老汉说：“我不能看这一时，破坏祖辈留下的尊重回民风俗习惯的传统。”

长期以来，乡党政部门一直重视宣传党的民族平等、相互尊重的政策，从村民来说，由于世代相处，耳濡目染，外人看来很难辨认谁是回民谁是汉民，甚至在婚丧事宜中也都邻里相帮。常营七村回民马玉清家，是全乡出了名的困难户，不仅经济拮据，而且妻子身体不好，还是个聋哑残疾人。1996 年，马玉清妻子突然摔了一跤，没多久便去世了。丧事怎么办，使一家 6 口人束手无策，一筹莫展。鉴于这里历来就有民族团结、邻里相帮的好传统，对于马玉清家“埋体”的难题，许多热心村民主动前来帮忙，既有回族，也有汉民。首先是同村的马红秀破除顾虑，挺身而出，主动着手操办丧事，一大堆要办的事在她的筹划下准备妥当；与事主一墙之隔的安凤英也跟马红秀一起忙了一个通宵。没到天亮，附近的回汉男女青年都来帮忙，抢着干各种杂活。紧接着老街旧坊的男男女女都来送“乜贴”，个个都想搭把手。等到阿訇来念“塔哈”，清真寺阿訇来“搭拯埋体”时，门口送孝和吊唁的人已聚集了一百多位，年近七旬的老干部马巨海也步行来到现场。这里不分回汉，只有浓浓的乡情。马玉清家出“埋体”这件事，充分体现了常营乡的民族团结，互助友爱的精神。

据村民回忆，几十年来在常营未发现民族隔阂的状况。即使是不懂事的孩子之间发生口角、矛盾，他们的长辈都能相互尊重，化干戈为玉帛。1948 年的斋月里，常营李记 1 名 13 岁的汉族小姑娘，与她同龄的回族小姑娘在玩耍中，为了一点小事发生矛盾，相互对骂，言语涉及回族禁忌。回族小姑娘被气哭了，跑回家告诉了妈妈，妈妈听了也非常生气，带着孩子找到李家，这下可把李家父母吓坏了，揪着自家小姑娘就打，赶紧赔礼道歉，汉族小姑娘妈妈还双腿跪下赔礼。李家连夜找到保长并托出几十位德高望重的老人说和。最后，李家做了 1 块 1 米宽 2 米长的匾额，黄底红字写着：“尊教光荣”四个大字，下面还写出了调解人的名字，敲锣打鼓送到常营清真寺，挂在二门的门楣上，以警示他人。半个多世纪过去了，在常营再也没有发生过类似问题，常营的回汉一家亲，世代相传。

图 5－17　2011 年 4 月 11 日，清真寺接受龙湖置业长楹天街项目部捐赠 10 万元

党的民族、宗教政策的贯彻落实，也促进了民族团结。20 世纪 80 年代以来，每逢开斋节、古尔邦节等回族节日，乡领导班子均与穆斯林群众欢度节日并送去乜贴。日常工作中努力帮助解决穆斯林民众的实际困难。1991 年，阿訇秦玉文赴沙特朝觐，常营乡政府举行了送行

仪式。1993 年,张玉昆阿訇出国学习、赴沙朝觐,乡政府经济支持,并举行欢送仪式。深受回民的点赞。2011 年龙湖置业长楹天街项目支持地区建设,向清真寺捐款 10 万元。2013 年乡党委、乡政府关心地区穆斯林群众生活,投资 84 万元支持清真寺民管会购置洗衣机、烘干机、安装监控设备,并为清真寺管理的回民墓地栽种树苗,对穆斯林服务中心暖气系统进行改造。这些实实在在的关怀,成为增进民族间相互团结和友谊的不竭源泉。

民族团结进步标兵

常营回族乡于 1984—2010 年先后 6 次被评为北京市民族团结进步先进集体。其中,1988 年 4 月和 2009 年 9 月常营乡先后 2 次,常营乡被国务院评为全国民族团结进步的先进单位。

常营乡党委、乡政府开展民族团结进步创建活动总的思路是:民族和睦、宗教和谐、完善机制、促进发展。20 世纪 90 年代,常营乡党委委员中 80% 都是回族,但他们在做每一项工作时,均着眼全乡,利益平衡, 如修环乡公路先修东三队(汉民村)。干部群众一致认

图 5-18 1991 年乡政府举行仪式欢送阿訇秦玉文(右四)沙特朝觐

为:现在是民族团结的最好时期。

1993 年 9 月,国家民委经国务院批准发布了《民族行政工作条例》和《城市民族工作条例》,常营乡把贯彻条例与民族团结进步创建相结合,使创建活动进入了一个新阶段。始终把“民族团结创建工程”放在突出位置,认真落实民族宗教政策。2008 年成了清真寺民管会的换届选举工作,完善了清真寺各功能用房,整治了寺外周边环境。先后进行了清真寺二期改造、常营穆斯林服务中心和民族特色食品一条街等“穆斯林民心工程”的建设,进一步促进了地区民族大团结,常营乡再度获得“首都民族团结先进单位”称号。

2009 年 2 月,根据朝阳区下达的“民族宗教工作要点”,开展“五进”活动:进学校,把民族团结作为爱国主义教育的重要内容;进社区,把民族团结进步创建活动延伸到社区;进企业,充分保障少数民族员工的合法权益;进乡村,大力开展民族传统文化、体育活动;进社团,使每个社团成为宣传民族团结进步的阵地,不断把创建活动引向深入。7 月,北京市委书记刘淇来到常营,就促进民族团结工作开展调研,给他留下深刻印象的有 4 点:

(1)乡党委、乡政府重视落实党的民族政策,回汉民族之间互相尊重,相处融洽;(2)在常营民族家园社区住宅设计上充分考虑回族群众的民族、宗教习惯;(3)先后两次投资修缮具有 500 年历史的清真寺,方便群众的宗教活动;(4)兴建清真食品一条街,方便回民群众的日常生活。对此,刘淇给予了充分肯定。

图 5－19 常营乡党委陪领导到清真寺视察(摄于 1993 年)

附:城市化后民族团结进步创建纪实

从 2001 年开始,常营回族乡因纳入绿化隔离地区建设,要集体拆迁上楼,向城市化迈进。原来的一家一户一院的格局,将要打破,集体住上楼房。回、汉民同住在一个单元门里,楼上、楼下民族团结能不能坚持下去值得关注。常营乡党委开会专门研究决定:民族团结要作为乡党委、乡政府的重要议事日程,常抓不懈,让民族团结这棵常青树茁壮成长,使民族团结的旗帜永远飘扬。

民族家园社区 J 区紧挨着清真寺。考虑到汉民住在这个区,人去世要吹吹打打,以及唱歌等一些活动怕影响清真寺的礼拜。因此决定原来三队汉民回迁时就安排到别的小区。这个决定遭到汉民群众的反对，他们说："我们祖祖辈辈住在一起像亲人一般，虽然我们风俗习惯不同，但我们会相互尊重彼此的习惯，不会影响民族团结。"于是，乡党委又安排专人开座谈会，征求各方面的意见，特别是回族同胞的意见。回族同胞认为：回汉民祖祖辈辈同住多年，团结得像亲兄弟，虽然习惯不大相同，但彼此都能相互关照，在这个基础上住上楼房也不会影响民族团结。党委尊重大多数群众的意见撤销了党委的决定。经过十几年考验，上楼后没出现民族团结纠纷，清真寺礼拜等宗教活动基本没有受到影响。

住到楼房里，确实和住平房不一样，在一个单元里住了十几户，回民要在门上挂"杜阿宜"，汉民要在门上贴"福"字、贴对联，特别是春节各式各样的对联，特别耀眼，因为回汉民多年团结的基础，能相互包容，也就见怪不怪了。

常营的楼房是常营自己设计图纸，尽量考虑到农民的需要，所以宽敞明亮，南北通透，好多住在外边的原常营人搬回来住常营的楼房，汉民回来的也不少。在别处住大油大肉随便吃，到常营后生活特别是吃喝，就不太注意，这引起回民的不满。村居委会的领导出面，调解矛盾，对汉民住户进行了批评教育，教育他们以民族团结大局为重，搞好民族团结。

地铁六号线通车后，由于交通便利，到常营民族家园租房的人越来越多，其中绝大多数租房户都是汉族，不了解常营穆斯林的风俗习惯。为了避免出现民族矛盾，常营物业公司在每个小区门口都挂了一块1.5×2米的大牌子，写明：

告 知

本小区为回民小区，进入本小区禁止携带、食用非清真食品。

特此通告！

常赢物业公司

同时，要求出租户在出租时一定讲清住在常营小区就要尊重常营的民族习惯，经过各方的努力，租房户尊重常营回民的风俗习惯已经成为一项不成文的规定。

随着常营农村城市化进程的推进，地区人口不断增加，对饮食业的需求也多了起来。常营民族家园的超市及街面上出现了很多悬挂清真标识的餐饮店面和流动小商贩。一些店铺的经营者和从业人员不是穆斯林，他们既对穆斯林饮食习惯和禁忌不了解，又没有获得民族宗教部门的清真许可审批，在一定程度上干扰了常营地区对清真食品的监管和当地穆斯林的正常生活。为此，乡政府联合相关职能部门逐一进行认定，对不符合要求的店铺进行取缔。经过一段时间的努力，得到有效治理。

从2001年第一批入住小区到现在已经10多年了，民族团结进步的旗帜，越举越高。回民去世汉民同胞去帮忙，还去送"埋体"，到坟地参加埋土，回民办事的"油香"也一样馈赠给汉民。清真寺办圣会,汉民也给“乜贴”,领粥票,到日子一样去打粥。汉民办事用的牛、羊,以及平常吃的鸡、鸭都让清真寺的阿訇去屠宰。汉民办的红、白喜事回民也去帮忙,出殡时也去点歌送殡,连心园的汉民红、白喜事也有不少办回民席,请回民厨师,回民的朋友、同事也一样随份子。2015 年住在小区里的回汉民已经到了不分你我的地步。

以上成绩的取得,离不开常营乡党委和乡政府的努力。乡党委、乡政府两部门总是把常营民族团结摆在自身工作的议事日程。乡党委和乡政府工作报告里都有民族团结的内容。中共北京市朝阳区常营回族乡第七届委员会第八次党员代表大会上的报告有关加强民族宗教工作的栏目里写道:坚定不移地贯彻落实好党的民族宗教政策,坚持不懈地开展党的民族宗教政策和法律法规的宣传教育,广泛深入地开展民族团结进步创建活动。充分尊重少数民族群众的风俗习惯和宗教信仰,保障少数民族群众在节庆、饮食、丧葬等方面的特殊需要。充分发挥清真寺民管会、少数民族干部和民族宗教界代表人士的积极作用,妥善处理涉及少数民族风俗习惯和宗教信仰的矛盾和纠纷等内容。

在乡第十六届九次人代会上下发的《关于深入推进常营回族乡“一化三区”建设工作意见》中提出:率先实现农村城市化,努力建设民族团结示范区;创新创业标杆区;和谐宜居典范区。

在常营广大回汉族干部群众的支持下,常营回族乡民族团结的旗帜会永远高举下去,勇往直前永不褪色!

卷六 经济产业

一 经济综述

常营乡历史上以粮为主,经济欠发达,人民生活相对贫困。新中国成立后经过60多年的发展,特别是21世纪以来农村城市化建设,促使区域经济转型、壮大,人民生活进入小康,如果就经济层面而言,常营乡域的经济发展大体经历了缓慢发展、快速发展和转型多元发展三个大的阶段:

第一阶段(1949—1979年) 在这30年中,先期经历了土地改革,农民分得土地,生产积极性高涨,生产力得以发展。接着1951—1957年经过农业合作化改造,初步建立起农业集体经济。1958年"大跃进"、人民公社运动席卷全国城乡,行政体制时分时合,根据北京市总体规划,常营乡并入双桥农场。至1965年常营、十里堡、五里桥、公主坟4个自然村合为一个生产大队,然而在单一集体经营体制下,常营乡的经济长期处于"增长不发展"的局面,历史上最好的年景1978年,全大队总收入600万元,社员人均收入105元。导致这种状况的根本原因,是原有体制缺乏有效的激励机制,公社管理体制从根本上束缚了农民的生产积极性,农民被控制在各个生产队之中,剩余劳动力被捆绑在集体耕作的土地上面,非农经济缺乏发展空间,加之"大锅饭","出勤不出力"弊病日显,尽管历届常营乡、村干部念念不忘艰苦创业,但也难以摆脱贫穷落后的状况,"步子不大年年走,贡献不多年年有"便是常营地区经济缓慢发展的真实写照。

第二阶段(1980—2000年) 为常营乡集体经济与私营经济快速发展时期。1979年12月召开的中共十一届三中全会,给常营乡提供了前所未有的发展机遇。集体经济组织发挥集体经营规模效益的优势,兴办许多一家一户办不了的服务项目,适当收取费用;同时集体经济组织充分发掘土地等各种经济资源的潜力,不断开发新的经济项目,逐步发展多种经营,兴办社队(乡镇)企业,增加经营收入,也相应增加了集体积累,壮大了集体经济实力。如上所述,1978年,常营大队全年总收入600万元,人均分配105元,10年之后的1988年,全乡全年总收入达到3907万元,人均分配1122元,分别增长6.5倍、10.7倍。到了2000年,全乡全年总收入30032.4万元,人均收入7112.3元,比1988年又分别增长6.67倍、5.30倍。私营经济发展速度更快,开始争当万元户,很快就发展到10万元才起步、100万元不算富。

第三阶段(2001—2015年) 常营乡由经济发展趋缓过渡到多元化发展阶段。

2000年以来，市区政府推进绿化隔离带建设，占用常营乡10个村4500亩集体土地，常营乡为全面完成绿化任务，无偿拆除大批在绿化隔离带规划范围内的乡村集体企业，据2003年清产核资数据显示，常营乡仅绿化拆除就直接造成村集体资产损失1461万元，同时，乡村集体每年支付大量绿地养护费用，在客观上造成集体资产减值。2001年，常营乡经济实现总收入33500万元，利润总额6066.4万元，税金总额1496.6万元，人均劳动所得7810元。到2005年，全乡经济总收入下降到21576万元，利润总额1772万元，税金总额464万元，人均劳动所得下降到2552元。2006—2015年是常营乡经济发展进入多元化发展的新阶段。一是房地产成为公有经济支柱产业，二是非公经济迅速发展，三是外来投资企业增多。到2015年，常营乡经济总量持续攀升，全年实现区级财政收入1.3亿元，地区年经济总收入27.6亿元，利润总额5105.8万元，税金总额9061.8万元，人均劳动所得2.6万元，大大地超过了1980—2000年的快速发展阶段，群众生活不断改善，获得感与日俱增。

当下，常营乡正着眼于京津冀协同发展战略和北京城市副中心建设，全面启动集体经济产权制度改革，全力以赴推动产业转型，提高经济发展质量和效益，为全面完成“十三五”经济发展目标而奋斗。

1983—2015年常营乡主要经济指标统计表

表6－1

年份	经济总收入(万元)	利润总额(万元)	税金总额(万元)	人均劳动所得(元)
1983	1111.0	—	—	443.5
1984	1560.4	—	—	672.5
1985	2226.1	—	—	909.0
1986	2646.3	—	—	972.0
1987	3129.2	—	—	1009.0
1988	3906.9	—	—	1122.0
1989	4502.0	—	—	1100.0
1990	4614.3	—	—	1257.0
1991	5616.3	—	—	1372.0
1992	6561.0	—	—	1449.0
1993	10382.0	—	—	2287.0
1994	30474.0	—	—	3500.0
1995	32056.0	—	—	4972.0
1996	12026.3	380.9	625.9	1770.0
1997	21510.0	570.0	1026.0	5350.0
1998	18441.5	1276.6	779.8	5770.0
1999	23125.0	4833.4	1065.2	6350.0
2000	30032.4	5460.9	1237.6	7110.0

接上表

年份	经济总收入(万元)	利润总额(万元)	税金总额(万元)	人均劳动所得(元)
2001	33500.0	6066.4	1496.6	7810
2002	36800.0	6653.7	1474.0	8600
2003	38548.0	3510.0	1403.0	8771
2004	33684.0	3414.0	1007.0	5291
2005	21576.0	1772.0	464.0	2552
2006	39184.9	5225.2	1239.3	4761
2007	119275.3	7405.2	5928. 5	8987
2008	133500.0	2405.1	6323.0	14600
2009	149700.0	2806.0	6642.1	15899
2010	180000.0	3108.0	6980.0	17300
2011	190000.0	3470.0	7140.0	18800
2012	212000.0	3953.8	7722.2	20000
2013	231000.0	4329.0	8340.1	22167
2014	256000.0	4727.0	8703.0	24249
2015	276000.0	5105.8	9051.8	26000

注:自 2004 年起,为乡经管站提供的数据。

1954—2015 年主抓经济领域的负责人名录

隶属:通县
(常营回民自治乡+公主坟乡)
初级农业合作社
(1954—1956 年)
乡农委会指导
负责人:各初级社社长

隶属:通县
(常营回族乡+公主坟乡)
高级农业合作社
(1957—1958 年)
负责人:各高级社社长

北京市朝阳区双桥人民公社
常营管理站
(1958—1961 年)
常营管理站站长
周作民　马荣江

北京市朝阳区双桥人民公社
常营大队
(1961—1965 年)
常营大队大队长
耿春胜　马荣江

国营北京市双桥农场
北京市朝阳区双桥
中古友好人民公社
常营分场
常营大队
(1965—1980 年)
分场场长
常营大队大队长
郭文荣　闻连生

国营北京市双桥农场
北京市朝阳区双桥
中古友好人民公社
常营分场
常营管理站
(1980—1984 年)
分场场长
常营管理站站长
闻连生　刘文杰

国营北京市双桥农场 北京市朝阳区常营回族乡 常营乡常营分场 农工商总公司 （1984—1998 年） 分场场长 农工商总公司经理 刘文杰　吴国权	国营北京市双桥农场常营乡 常营分场 农工商总公司 （1988—1998 年） 分场场长 农工商总公司经理 吴国权　王景乐　李建海
国营北京市双桥农场 常营分场 常营乡农工商总公司 （1998—2001 年） 分场场长 农工商总公司经理 李建海	北京市朝阳区常营回族乡 （2001—2015 年） 历届乡长 崔文荣　　蔡淑敏 王　刚　刘大庆　方　泽

二　农业

农业系常营地区的传统产业，广义上来说它包括：种植业、养殖业、林业、水利、农作机具等。20 世纪 50 年代后期发展起来的社队企业（后称之为乡镇企业）就其生产而言，与工商产业更为密切，故置于工商企业记述。和全国农村一样，从解放初至中共十一届三中全会，常营地区农业基本属于传统农业，合作化后纳入计划经济体系。20 世纪 80 年代开始农业体制改革，使其逐步走向市场，踏上现代农业之路。适时推广优良品种，农业机械化程度逐步提高，粮食和蔬菜的总产和单产不断被刷新纪录。

从 2000 年开始，根据市、区农村城市化建设规划的要求和绿化隔离地区的需要，常营全部农田，一部分退耕还林，一部分被征用于房地产开发和经济开发，常营地区农业生产迅速萎缩，到 2010 年全部停止，不再统计，宣告正式退出历史舞台。

种植业

耕地面积　土改之前，常营地区耕地约 8122.5 亩，其中常营村 4522 亩，十里堡村 1600 亩，五里桥村 1278.5 亩，公主坟村 712 亩（资料来源：4 村村史）。土改之后，常营乡农民积极开荒，扩大耕地面积。至 1984 年，全乡耕地面积为 8569.6 亩。之后，由于建设的需要，有一部分耕地被占，耕地面积逐步减少，1986 年为 8534.51 亩，1993 年为 7815 亩，1997 年为 6770 亩。2000—2009 年完成市区下达的绿化任务 5067 亩。至 2010 年常营乡仅剩 752 亩，实际是统计数字而已。其实耕地已无，鱼塘已无，菜地已无，结束了常营地区农业耕作的历史，代之而起的是现代城市化，这里再也没有传统意义上的农业和农民。

1978—2010 年若干年份常营乡耕地面积统计表

表 6－2　　　　单位:亩

年份	耕地面积	附　　注	年份	耕地面积	附　　注
1978	8569		1996	7335	
1980	8569		1997	6770	
1984	8569		1999	5692	
1985	8534		2001	3315	
1987	8534		2002	3245	朝阳区统计年鉴
1989	8088		2003	2924	
1990	7873		2004	2259	朝阳区统计年鉴
1991	7863		2005	2742	
1992	7658		2007	2095	
1993	7815		2008	749	
1994	7335		2010	752	
1995	7335				

(摘自市统计局档案馆《北京乡镇》)

主要农作物的面积和产量　常营乡农作物长期以来以粮食为主,粮食中又以小麦、玉米、水稻为主,高粱、谷子、薯类次之。经济作物有蔬菜和少量棉花、黄麻、芝麻等。在“以粮为纲”的年代,常营乡着重发展粮食生产兼及蔬菜生产,适度发展其他经济作物。20 世纪 90 年代是常营粮食生产最好时期。1990 年,全乡粮食总产突破 300 万公斤,单产达 581 公斤,是常营历史上粮食生产最高水平。

1983—1997 年常营乡粮食生产情况表

表 6－3　　　　单位:亩、公斤、万元

年份	粮食面积	粮食产量	粮食收入
1983	5966.30	3645438.20	136.68
1984	5959.60	2839807.35	107.46
1985	6321.30	2645506.50	107.40
1986	5837.90	2901550.00	119.70
1987	5427.40	2655292.00	119.20
1988	5203.65	2445632.50	140.50
1989	5105.54	2440617.00	155.00
1990	4975.00	3099817.50	231.00

接上表

年份	粮食面积	粮食产量	粮食收入
1991	4916.00	3084246.00	195.70
1992	4986.60	3122126.50	196.00
1993	4850.00	2900209.50	203.00
1994	4845.73	2138508.50	320.00
1995	5207.00	2547260.00	237.40
1996	5207.00	3236369.50	232.70
1997	5312.00	3724000.00	293.20

数据来源:朝阳区档案馆/乡政府经管站

小麦　常营乡是小麦种植区,村民有种植小麦的习惯和经验。为了突破小麦单产低、品种老化的问题,于1991年大面积引进了创高产、抗倒伏的京双16号小麦优良品种。1994年,调入长丰10号,在常一、常三、公主坟合作社共播种410亩,结果出现死苗现象达70%,减产50%,损失严重。全市损失达6万亩,由于损失面积大,科研单位无力承担经济损失、只能由各乡吸取教训。1999年,全乡种植小麦2500亩,年产小麦110万公斤。

1987—1997年常营乡小麦生产情况表

表6-4

年份	种植面积(亩)	亩产(公斤)	总产(万公斤)
1987	2019.0	244.70	49.40
1988	1935.4	251.55	48.68
1989	1273.2	275.00	35.02
1990	2274.0	307.30	69.88
1997	2610.0	229.65	59.95

水稻　常营乡历史上不种植水稻,20世纪50年代至60年代五里桥村民在党支部带领下,艰苦奋斗,平地修渠,把低洼盐碱的"东大洼"治理成水稻高产田,全村实行稻麦两茬耕作制度。1971年常营第六生产队种植10亩水稻试验田,亩产达400多公斤。1972年后,逐步扩大水稻种植面积,后来将400亩耕地全部实行稻麦两茬耕作,粮食亩产达700公斤左右,总产较前翻了两番。在推广水稻种植后,实行"两年三熟制",玉米、小麦、水稻轮作。为保障玉米的生长期,搞麦田套种、玉米移栽。到20世纪80年代开始,基本执行"一年两熟制"即稻麦轮作。1985年,筹建了乡农业服务站,投资30万元,建成占地50亩的24个工厂化的育苗大棚;1986年初见成效后,60%水稻田使用工厂化育苗。此举,减少了秧田500亩,解决了承包户育秧困难,保证了种子的纯度,加快了插秧进度。

1993—1996年，从东北引进优良水稻品种达3万公斤。1999年，全乡水稻种植面积为4906.6亩，年产水稻200万公斤。

图6-1　20世纪70年代，常营三队社员"三夏"期间用手扶拖拉机平地、插秧组图

1987—1997年常营乡水稻生产情况表

表6-5

年份	种植面积(亩)	亩产(公斤)	总产(万公斤)
1987	5633.90	399.70	225.19
1988	5383.65	381.15	220.20
1989	5210.44	401.21	209.01
1990	5204.00	456.70	237.67
1997	4286.00	588.85	252.40

蔬菜　长期以来，常营乡村民在房前屋后或村边小块自留地上种植蔬菜，主要是自食，多余部分进入集市贸易。品种单调，以叶菜类和瓜豆类为主。计划经济时期，为了满足北京城市居民的需求，每年由公社或农场总部给常营大队下达生产蔬菜指标，常营大队则单划出耕地975亩安排种植蔬菜，11个生产队(村)有6个为半园田队，以保障市场供应。园田队享受国家返销粮政策，在完成蔬菜任务后，每人每月配给细粮5公斤、面粉4公斤、大米1公斤、食用油0.10公斤、粉丝0.10公斤、麻酱0.10公斤。春节每人供应花生0.25公斤、葵花籽0.25公斤。

20世纪80年代开始建设无公害蔬菜生产基地，1986年为100亩，1987年再建100亩。1989年，常营分场蔬菜面积为1067亩，全年产量504万公斤，向国家交售2610万公斤(其中定购调市196.5万公斤)，总产值156.85万元，平均亩产值1470元，高于往年。1990年，为首都提供商品菜550万公斤，园田收入198万元，比1986年的94万元，增长110.6%。1999年常营种植蔬菜786亩，年产蔬菜值364万元。

为了提高蔬菜档次，从20世纪90年代开始，安排种细菜，发展园田科技生产，种植反季节蔬菜，建设蔬菜保护地。其中，有温室220亩，日光温室34亩，塑料大棚和小拱棚50亩。日光大棚亩产能达到11000公斤蔬菜，产值约11450元。冬季生产的有：西红柿、黄瓜、茄子、大椒。春季生产的有:水萝卜、莴笋、油菜、小白菜、架豆等。直到20世纪末,因国家征地,绿化隔离区建设,蔬菜生产迅速减少,以至种植终止。

1983—1997 年常营乡蔬菜生产表

表6-6

年份	蔬菜面积(亩)	蔬菜产量(公斤)	蔬菜收入(万元)
1983	1245.00	542502.50	91.12
1984	1242.00	596363.85	71.67
1985	962.00	3409157.50	76.50
1986	1129.00	3323571.50	93.80
1987	1146.00	3656675.00	93.80
1988	1136.00	2854247.50	159.10
1989	1067.00	504000.00	167.30
1990	1089.00	3571797.00	210.80
1991	994.00	2031261.00	206.50
1992	764.00	2384784.00	203.00
1993	764.00	2808189.00	240.00
1994	850.00	2411869.00	401.00
1995	740.00	2264199.50	314.30
1996	747.00	2400524.50	319.20
1997	735.00	2682740.00	263.90

数据来源:朝阳区档案馆、乡政府经管站。

养殖业

常营乡是穆斯林集居区,回族历来有家庭养殖的习惯,但只是各家各户散养,充其量一家养1—2头牛,3—5只羊。汉族村落,一家养头猪、几只鸡。平时贴补家用,过节、过年时宰杀自用。合作化之后,养殖业作为家庭副业,被视为产生资本主义的温床,时而放宽,时而限制,"文化大革命"中,割"资本主义尾巴",对村民家庭养殖采取种种限制,规定"养羊不能出村,养鸡不能出院"。直到1979年中共十一届三中全会之后,地方政府大力号召发展家庭养殖业,使养牛、养羊、养鸡、养鱼以及在汉族村落中养猪等各类养殖全面勃兴。其中,穆祥宽一户就养牛近30头。东三村是汉族居民聚居地,提出大力发展养鸡、养猪、养羊、养牛,要求实现平均1人5只鸡、15公斤商品蛋,2人1头猪,5人1只羊,20人1头牛,使畜牧业的比重占总收入的5%。充分利用市、区政府"关于发展家庭养殖业的扶持意见"等有关政策,鼓励、支持、发展家庭养殖,全乡91个养殖专业户获得市、区政府的贴息奖励,获贴息奖金5.6万元,推动了全乡养殖业快速发展。1994年,全乡专业户饲养蛋鸡25000只、雏鸡25000只，各户散养10000只，共计60000只；奶牛100头，猪523头，大牲畜190头。1994年至1996年的3年中，全乡累计为市场提供商品蛋167.44公斤、商品牛8735头、羊19550只、猪3109头，鲜奶84.6万公斤，淘汰鸡8.07万只、肉鸡3.85万只，较前有了较大的增长。1997年，全乡养殖业总产值945万元。出售肉牛2210头，肉羊4745只，猪1465头，肉鸡7500只、淘汰蛋鸡8000只、商品蛋43.4万公斤。1998年全乡出售商品猪955头，鲜奶759吨，鲜鸡蛋564.3吨，肉牛1900头，肉羊4100只，商品鱼8.69万公斤，金鱼3万尾。1999年，全乡饲养牛1850余头，羊3850余只，猪1100头，鸡2.5万只。

1983—1997年常营乡畜牧、渔业收入表

表6-7　　单位：万元

年份	畜牧收入	渔业收入	年份	畜牧收入	渔业收入
1983	37.60	3.00	1991	292.00	22.80
1984	98.10	6.00	1992	319.00	26.00
1985	98.00	5.90	1993	376.00	35.00
1986	116.10	6.00	1994	444.00	37.00
1987	90.30	6.00	1995	320.00	35.70
1988	159.70	29.80	1996	331.80	34.80
1989	185.90	31.60	1997	342.80	33.50
1990	254.00	20.60			

1998年常营回族乡畜牧业水产一览表

表6-8

饲养品种	养殖户数	存栏数量	年产量	年收入
乳牛	16户	263头	产奶759吨	151万元
肉牛	24户	795头	1900头	33万元
羊	25户	2070只	4100只	37万元
猪	18户（汉民）	635头	955头	52万元
鸡	500户	10000只	出栏鸡12600只 鲜蛋564.3吨	149万元
鹌鹑	1户	3000只		
鸵鸟	1户	6只		
山鸡、宫廷黄鸡	2户	360只		
鱼、观赏鱼	13户	299亩水面	成鱼86.9吨 金鱼30000尾	19万元
合　计	600户			619万元

20 世纪 80 年代,常营乡将小常沟以北不宜种粮的 300 亩低洼地(常营一队 200 亩,常营七队 100 亩)挖成约 130 亩的养殖水面。1986 年,投资 20 万元建立常营乡养鱼场,春季投放大规格鱼苗,经过精心喂养,当年国庆节即捕捞二三万公斤鲜鱼供应市场。1987 年又将常营六队北电台 120 亩低洼地开挖成鱼塘,常营乡养鱼面积达 200 亩,当年投放鱼苗 23 万尾。1994 年贾得林个人承包水面 60 亩,建起了“佳丽观赏鱼市场”。投资 130 万元搞金鱼孵化、养殖,金鱼品种有红流金、白流金、红帽子、鹤顶红等名优产品,产品主要销往美国、荷兰等国家。1994 年常营二队引进外资 800 万元,建成“沐野渔村”,集垂钓和田园风味为一体,成为百姓休闲的好去处。1997 年放养金鱼 200 万尾。1999 年全乡有鱼塘 325 亩,年捕捞成鱼 15 万公斤。

1996 年常营三队利用朝阳区畜牧局的扶持基金,投资 200 万元建成占地 30 亩的养殖区,从四川简阳引进獭兔种兔 600 只,由 30 户社员进入养殖区饲养,通过自我繁殖和再次引进,每户饲养种兔 120 只。养殖区统一发放饲料,统一防疫、统一收购,养殖户年均收入 5 万元。3 年时间,销售成品兔 10 万余只。同期在朝阳区科委的支持下,利用科技农发基金近 300 万元,建成占地 50 亩的“绿野芳洲”獭兔养殖场,养殖场集种兔销售、肉兔屠宰、出售兔皮、加工熏兔肉为一条龙生产,预计年收入在 700 万元。2000 年后,随着北京市绿化隔离地区的实施,加快了常营地区城市化进程的步伐,常营地区的养殖业,呈不断萎缩的态势。到 2010 年全乡只剩下 1 个养牛户(域外租地饲养)和 1 个鸵鸟养殖户。

图 6-2 常营发展獭兔、牛、羊等养殖业(摄于 1998 年)

1993—2007 年常营乡畜类养殖情况表

表 6-9

年份	猪		乳牛		肉牛		肉羊	
	头		头	万公斤	头		只	
	存栏	出售	存栏	出售鲜奶	存栏	出售	存栏	出售
1993	450	577	120	48.6		1015	1503	2515
1994	629	686	105	56.7	450	1325	2130	3150
1995			100		450		2000	
1996	730	1425	50	15.5	500	4010	2500	6150
1997	645	1465			585	2210	2320	4745

接上表

年份	猪		乳牛		肉牛		肉羊	
	头		头	万公斤	头		只	
	存栏	出售	存栏	出售鲜奶	存栏	出售	存栏	出售
1998	635	955	263	75.9	795	1900	2070	4100
1999	820	1064	146	6.1	550	2500	2010	2800
2000	850	1200	140	71.2	300	1500	1515	2510
2001	960	1760	188	80.4	550	1435	1560	1760
2003	2350	2350	350	117.6	270	1570	1880	1880
2006			64				640	
2007			83				406	

资料来源：乡畜牧办。

1993—1999 年常营乡禽类养殖情况表

表 6 - 10

年份	肉鸭	鸡蛋		肉鸡		淘汰鸡
	只	万只	万公斤	只	只	只
	存栏	存栏	出售鲜蛋	存栏	出售	出售
1993		4.4	50.09			24300
1994		5	53.14	5000	9900	2600
1995		3		2000		
1996		2.5	52.95	1000		11700
1997		2	43.41	500	7500	8000
1998		1	26.43		2600	
1999	1000		17.80	1000	3500	4500

资料来源：乡畜牧办公室。2006 年鸽子存栏 7904 只。

1995—2003 年常营乡水产养殖情况表

表 6 - 11

年份	水面面积（亩）	鲜鱼商品量（吨）	渔场（个）	鱼苗（万尾）（除金鱼外）	金鱼水面（亩）	金鱼鱼苗（万尾）	金鱼（万尾）	水产总产值（万元）
1995	229		2					35.70
1996	325		10	30	12	35		34.80
1997	325	161.2		23	95	200		105.29

接上表

年份	水面面积（亩）	鲜鱼商品量（吨）	渔场（个）	鱼苗（万尾）（除金鱼外）	金鱼水面（亩）	金鱼鱼苗（万尾）	金鱼（万尾）	水产总产值（万元）
1998	299	121.7						197.30
1999	130	26			93		80	
2001	140	30						662.00
2003		40						601.00

注：摘自《畜牧业工作总结 1994—2010 年》。

1999—2007 年常营乡特种养殖情况表

表 6－12

年份	獭兔	鸵鸟	宫廷黄鸡	金鸡	红鼻鸭	小尾寒羊	蝎子
	万只	只	只	只	只	只	万只
1999	4.0	24	3000		3000		
2000	2.5	35	400			150	6
2001	2.1	100					
2003		200					
2006		200		17			
2007		200					

资料来源：乡畜牧办。

农业机械

传统农具分为整地（耕地）、播种、收割三大类。以畜力、人力为动力。耕地用犁杖，耕完后用耙整平保墒。播种用耠子，前面用牲口拉，耠出垄沟后，人工撒种，后用铁瓦、石滚压实。中耕一般用人工锄镑，配合牲畜中耕培土。收割则以人工为主，牲畜配合拉运到场。田间活计大多以人工为主，其农具不过是铁镐、铁锹、锄头、镰刀而已。

图 6－3　1972 年常营大队新购置的东方红拖拉机

1954 年以后，“七寸布犁”替代犁杖，不久又改用“双轮双铧犁”。农业合作化以后，农业机械替代了传统的农用机具。耕地用拖拉机，小麦播种开始用马拉播种机。小麦收割到场院，用轮式拖拉机轧场，比用牲畜轧场提高功效数十倍。1971 年，常营大队成立农机服务站，除部分蔬菜面积外，全大队耕地从耕到种到收割，几乎全部机械化。20 世纪 70 年代末，常营大队曾一度发展水稻生产的机械化。水稻无土育秧、拔秧到平地、插秧都用机械。有拔秧机，平地船、插秧机。由于插秧机技术没有过关,伤苗严重,速度缓慢,一度被弃用,改为人工插秧。1996年,投资48万元,购买了1075型联合收割机1台、铁牛"55"2台和其他农机具。是年,常营地区建有常营大队机务站,有大型拖拉机14台。其中,链式拖拉机9台,轮式拖拉机5台,联合收割机4台,机引播种机2台,机引五铧犁3台,机引圆盘耙2台,稻田平地机2台及配套的运输工具。至1999年,全乡各种型号拖拉机15台,播种机2台,联合收割机4台,农机服务人员30人,年机播、机割、机收的面积达100%。乡属各农村合作社共有手扶拖拉机12台,电动脱谷机、扬场机、钉式打稻机近百台。

1993—1997年常营农机情况表

表6-13 单位:千瓦、公顷

时间	机械总动力	机耕面积	有效灌溉面积
1993年	2459.0	352.0	520.0
1994年	2230.0	292.0	485.0
1995年	4360.0	327.0	485.0
1996年	—	489.0	485.0
1997年	1030.0	470.0	470.0

2000—2007年常营农机情况表

表6-14 单位:台

年份	拖拉机	农用水泵	碾米机	磨面机	扬场机	渔业增氧机	机引播种机
2002	10	65	11	2	6	38	
2004	10	65				20	3
2005	11	65					3
2007	11					20	

2010年常营乡全面停止农业生产,农业机械除用于林业外,或转移他用,或闲置待处。

林业

发展概况 1949年前,常营地区林木稀少,只有村民在房前屋后栽植零星树木,大户人家在自家坟地里种植些松、柏树。土改后,农民分得土地,有些农户在分得的土地上栽种几棵树,一般用作地界的标志。树种多为杨、榆、洋槐之类。1954年合作化时期,农田间的树木作价入社,树木所有权归合作社集体所有,到了20世纪50年代末,这些树木几乎被砍伐殆尽。1964年5月,《关于保护林木的通告》指出:社员房前屋后栽植的零星树木归社员所有,从而激发了广大社员植树的积极性。其后,乡村干部带领广大群众,响应"绿化祖国"的号召,在村旁、路旁、宅旁、渠旁开展植树造林,使常营地区的树木逐年增加。1987—1990 年，根据市区政府部署，全乡种植市区外缘环形绿化带 411.9 亩。加之农田林网和四旁树木 10 万株，乡域绿化覆盖率达 21%。

绿隔工程建设 2000 年按照市、区绿化隔离地区建设工程的要求，全乡种植银杏 1294 亩。其中，绿化银杏苗 149000 株，果银杏 239760 株，各类风景树木 780 株，共计近 40 万株。使常营乡成为千亩银杏苗木基地。

图 6－4 千亩银杏林（摄于 2000 年）

2001 年，全乡整体纳入绿化隔离地区，施行退耕还绿，全乡种植绿化面积 2728 亩，种植针叶乔木 374055 株，阔叶乔木 120200 株，各种花灌木 794650 株（墩）。

2002 年，继续完成造林 600 亩，五里桥东大洼种植杨树 258 亩，植树 11352 株。双桥农场常营牛场饲料地 375 亩，种植松柏 56250 株，全乡累计完成绿化面积 4612 亩。除部分政府储备土地外，乡域面积内全部完成绿化，绿化覆盖率达 52.12%。

1987—2007 年常营乡林地面积统计表

表 6－15

年份	林地面积（亩）	附　　注	年份	林地面积（亩）	附　　注
1987	112		2001	2728	
1990	412		2002	4655	全乡累计完成绿化面积 5067 亩
1997	428		2003	4110	
1999	412		2005	4005	
2000	1294		2007	4057	

水利工程

发展概况 常营乡域内没有天然蓄水河泊、湖塘。历史上几乎没有水浇地，为此种植结构以旱田为主，粮食产量很低。互助合作化之后，特别人民公社之后，为了增加粮食产量，于是兴修水利，投资打井，扩大水浇地。常营乡部分水浇地用水来源有三：（1）水碓湖（域外）；（2）常营中心沟（北京烟灰厂的废水）；（3）南边通惠河（域外）。可是到了 20 世纪 80 年代后，上游来水逐渐减少，到了 1987 年烟灰厂废水改道流入通惠河，水碓湖亦停止对常营乡供水，使得常营乡农田用水十分紧张。

为解决农田用水，常营乡把乡域水利工程做了整体规划，形成“一纵，两横”的格局。一纵是加大通惠河南水北调工程的流量，两横是合理利用中心沟和常营北大沟，使得全乡农田用水基本得以解决。

南水北调工程　20世纪70年代兴建的南水北调工程，主要是在通惠河北岸建1座扬水站，安装1台66.7厘米（20寸）、1台53.3厘米（16寸）、1台46.7厘米（14寸）的混流水泵，把南边通惠河的水通过水泵提升到压力塔内，通过2米的方涵穿越建国路流入明渠，经朝阳路下的“道虹吸”至烟厂东侧水渠进入常营中心沟。

1984年常营乡政府投资160万元修建地下水泥暗管1800余米，投资支持四、五、八队、十里堡、公主坟等生产队修建田间水利管道5000余米，修建水泥明渠2000余米，修、扩建乡域内8座蓄水站，调整了水利灌溉系统，保证农业生产用水安全、及时，为稳定和发展粮食生产奠定了基础。

图6－5　技术人员正在勘测水利（摄于1979年）

1990年常营分场和双桥总场投资30万元对三间房扬水站进行改、扩建。改装4台66.7厘米（20寸）混流泵，把原高3米的压力塔加高2米，使压力塔高达5米，进而解决水的流量和压力。此举解决了五里桥、公主坟、东大洼和常营四队、常营五队部分粮田的自流灌溉问题，因减少了二扬水，节约了粮食生产的水、电开支。同时，在常营中心沟西端安装节制阀门，解决了中心沟和常营北大沟的分流。在中心沟的下游，建十里堡、五里桥2座二扬水站，修2道节制闸。在五里桥水库建1座排洪闸，起到蓄水、排洪的作用。常营北大沟、常一队、常三队、常五队各有二扬水泵房。通过改、扩建保障了常营农田用水和汛期防洪。

图6－6　常营大队大队长马荣江与技术员交谈（摄于1979年）

中心沟改造工程　常营中心沟东西横贯乡域中部，担负着朝阳区平房乡和常营乡农田与村庄的排水以及向下游输水灌溉任务，全长7公里，常营村境内1.1公里，宽10—20米，深2—3米，流经地段由于年久失修，到了20世纪90年代初，已成为污水、淤泥、垃圾汇集的“龙须沟”，卫生条件极差，严重威胁两岸村民的身体健康，同时阻碍着万亩农田的排水和灌溉。另外，位于中心沟北侧、紧邻中心沟的常营清真寺是北京对外开放单位，

图 6－6 改造前的常营中心沟下游(摄于 2004 年)

经常接待外籍穆斯林贵宾来访或做礼拜。因此,改造中心沟不仅是水利工程,亦是环境治理工程。市、区领导部门曾多次派人到现场考察,给予了极大的关怀和支持。1992 年,北京市水利局、北京市农场管理局、朝阳区人民政府研究决定治理常营中心沟,并由双桥农场有关部门予以设计,常营分场参与施工(当时常营为场带乡体制)。根据市、区水利部门的建议,拟定对中心沟横穿常营村内1.1 公里地段的明沟改建为宽 3.2 米,高 2.1 米的单孔地下方涵。总投资 220 万元(不包括土方工程),由双桥农场和常营乡(常营分场)两级合计自筹资金 80 万元,其余资金按水利工程补贴的有关规定,由市水利局、市农场管理局、朝阳区水利局给予支持。工程于 1992 年 12 月 10 日动工,1993 年 12 月竣工。2010 年,朝阳区水务局投资近 300 万元,历时 1 个多月,对常营中心排水沟以西与平房乡黄渠村交界处的雨、污水排泄工程进行了治理。

小场排水沟工程 小场沟位于朝阳区东部坝河流域以南。西起姚家园南,流经平房乡、东坝乡、楼梓庄乡、双桥农场的是小场沟的一部分。中间流经常营地区的河段称之为“小常沟”。朝阳区内长 6.1 公里。因其沟断面窄小,沟浅草茂,泄水能力低,几乎年年发生涝灾。1960 年兴建沟上游的水碓湖,将小常闸以上沟段拓浚为输水干渠,建成排、灌、蓄综合利用沟渠。利用水碓湖蓄水,从其东南角引水向东流经青年路排水沟上段,向东北方向经平房、石各庄入小场沟。1962 年春,治理小常闸至高安屯村东沟段,按 10 年一遇,沟段最大排水量 8.5 立方米/秒,建涵 3 处,投资 1.5 万元。1965 年 4 月中旬至 6 月底,疏浚主沟由小常闸至温榆河口长 6.1 公里,出口最大过流量 44 立方米/秒,完成土石方 7 万立方米,用工 3.07 万个工日,国家补助主要材料费和技工工资 5.09 万元。1984 年 3 月至 1985 年 4 月,按 20 年一遇标准,疏浚高安屯村上游 4.2 公里主沟和支沟下游 4 公里沟段,修建、改建主要建筑物 11 座。完成土方 9 万立方米,用工 7.5 万个工日,投资 21.11 万元。多年来北京市内排水系统,东部北部的生活用水从这里流出。1986 年,改引平房灌区输水干渠水送入小场沟,引水量 1 立方米/秒。2015 年,小场排水沟枯水期 30000 立方米/天,沟汛期历史最高值 32.9 立方米/秒。

常营中心沟汇入后,受常营中心沟承接常营地区大量生活污水影响,小场沟下游水质恶化加剧,原小场沟起点建设了一座污水处理站,但已不能满足处理要求,被判定为重度黑臭水体,成为朝阳区重点整治的 19 条黑臭水体之一。2010 年北京市政府副秘书长赵根武，市水务局领导金树东、潘安君，朝阳区领导王灏、杨树旗陪同调研治理小场沟水环境。随后朝阳区小场沟治理工程开建，截污工程涉及沿小场沟铺设6.3公里污水管线、新建1座污水泵站，黑臭水体得到改善，实现考核断面水质达标，接入高安屯再生水厂。

三 工商企业

乡镇企业

发展概况 常营地区的乡镇企业，起步于1956年，当时称之为“副业”，主要是搞大车运输。常营运输队有大车200辆，由乡党总支书记肖宝恒兼任副业队长，大车运输搞得很红火，成为常营回族乡农业生产收入之外的主要经济来源。1958年前后，陆续办起了理工原件厂、草板厂、玻璃瓶厂等几个小型社队企业，厂房占用的是清真寺殿堂和房舍，生产规模不大，产品技术含量不高，在集体经济中所占比例有限，且办办停停。20世纪60年代初，乡办企业有常营综合厂、修配厂、砖厂、农药厂，其中常营综合厂有黑白铁、弹花、修鞋、服装、理发等6个生产部门，黑白铁生产占总收入的80%。70年代后，逐步兴办起汽车修理厂、五金厂、铸造厂等，成为具有一定规模和影响的社队企业，为以后的乡镇企业大发展打下了基础。但由于受当时计划经济体制的制约，生产原料的来源、产品的质量和销路体系都受到一定的影响。截至1979年，全乡社队企业13个，从业人数达到911人；年总收入305.1万元，其中年产值在20万元以下10个，20万—50万元的2个，50万—100万元的1个。

20世纪80年代初，撤销公社体制，撤社建乡，社队企业更名为乡镇企业，进入了大发展阶段。1988年，全乡共有乡镇企业62个，其中乡办11个。是年，成立了“企业公司”负责统一开发和管理全乡的乡办、村办企业。进入90年代，常营乡乡办企业、队办企业进一步发展，开拓新局面，常营二队、三队、五队、八队充分利用有限的空间(生产队库房)，改、扩建近5000平方米的库房，发展仓储业。常营汽车修理厂积极开发新项目，扩大经营范围，经营收入创历史新高。常营金属箱柜厂引进人才，开发新产品，1991年，销售收入200多万元，比上一年翻一番。民族饭庄与山东德州扒鸡公司联营，建立常营扒鸡厂。重点队办企业九洲服装厂通过不断加强企业管理，及时了解市场信息，创新品种式样，产品不但打入北京各大商场，业务不断向外省延伸。五里桥纸厂等许多企业也取得了较好的效益。1991年全乡乡办、队办企业收入5614万元，比上年增长22%；人均收入1300元，比上年增长89%。1992年全乡乡镇企业已具有铸造、金属加工、绝缘测试设备、服装、玻璃加工、汽车修理、造纸、印刷、化工、建材、食品、储运等十几种行业。其中，以五里桥的乡镇企业发展最快，队办宝港造纸工业有限公司，1993年1月至6月份完成总收入5840万元，占全乡总收入46.%，占全乡企业收入的72%；完成利润1277万元。向国家缴纳税金493万元。1994年，朝阳区农村工作会议提出：要加快结构调整，乡镇企业要进一步“上规模、上水平、争速度、求效益”。推动企业提高技术水平、产品质量和经营管理水平。常营农工商总公司积极开拓企业新项目,要求乡镇企业经过努力从来料加工发展到生产自己的产品,并逐渐发展到创出自己的名牌产品,克服“等、靠、要”思想。要向市场要效益,在竞争中求生存。总公司对一些底子薄,经济实力较弱的单位,一方面给予人力、物力的支持,一方面加大管理力度,在内部机制上进行改革:把原仓储公司分成3个独立核算单位,进行工资改革,制定劳动管理制度,打破铁饭碗,增强竞争力,提高企业经济效益。据统计,1995年常营乡镇企业发展到63个,从业人员2367人。其中,乡办企业16个,村办企业44个,户办企业3个;年总收入3.15亿元,纯收入1亿元,人均分配4910元。1979年与1997年相比,16年间乡企业总收入递增近105倍。此外,个体交通运输业发展迅速,全乡有汽车400多辆,使常营乡成为了远近闻名的“汽车运输专业乡”。

随着社会主义市场经济体制的逐步建立和市场竞争的加剧,乡镇企业原有的政策优惠,机制优势逐渐减弱,乡镇企业的发展呈回落趋势。朝阳区委根据市委经济工作会议提出的“抓大放小”推动企业改革、改组、改造和市农工委关于推进京郊乡镇制度创新精神,坚持从实际出发,推动企业重组转制。1999年常营乡确定:重组转制以产权制度改革为核心,重点优化企业资产结构,实现投资多元化,逐步建立适应市场经济,适应乡镇企业特点的产权清晰、权责明确、政企分开、管理科学的现代企业制度,增强企业活力,提高经济效益。经过一年多的努力,到1998年年底村办企业成功改制13个,成立了11个有限责任公司及一个股份合作制企业,对亏损企业果断采取关、停、并、转等方针。是年,常营乡集体收入8217.1万元,其中村级完成3443.5万元,乡级完成4773.6万元;家庭经营收入1亿元,合计1.89亿元;实现利润总额252.6万元;缴纳国家税金254.8万元;实现人均收入5768元。

2000年之后,常营乡整体纳入北京市绿隔建设规划,由于绿隔腾退,致使乡内原有的集体企业拆除殆尽。于是,常营乡党委、乡政府积极调整发展思路,逐步形成以第三产业为基础,以现代服务业为支柱,以房地产开发项目为龙头的经济发展格局,有别于传统的乡镇企业。

1983—2001年常营乡镇企业情况表

表6-16　　单位:万元

年份	企业个数	职工人数	收　入	利　润
1983	20	776	405.20	180.50
1984	20	821	560.50	220.00
1985	19	1009	715.36	250.50
1986	12	998	886.30	259.60
1987	10	974	915.80	282.30
1988	15	1152	1122.00	372.60
1989	15	1176	1296.00	350.30
1990	19	1144	1344.00	373.10

接上表

年份	企业个数	职工人数	收　　入	利　　润
1991	19	1554	1530.00	381.90
1992	17	1535	2131.00	414.80
1993	18	1495	2567.00	487.90
1994	16	1377	2981.00	587.00
1995	16	881	18652.00	3132.00
1996	16	836	7607.00	167.00
1997	16	568	2974.00	138.00
1998	16	515	3762.00	31.00
1999	14	473	3393.00	44.70
2000	14	439	6240.00	79.00
2001	14	307	6128.00	22.90

数据来源:朝阳区档案馆、乡政府经管站。

重点乡镇企业　在常营乡企业发展中,涌现了一批骨干企业和明星企业,代表着企业发展的方向,曾经为乡、村两级集体经济的支柱。

常营汽车修理厂　1979年建厂,乡办企业。办厂之初有职工60人,只能承担汽车喷漆业务。1984年实行经济改革,实行承包制,一年产值翻了一番,劳动率提高2/3,人均收入增加86%。1985年职工增加309人,业务项目扩大为汽车修理、汽车改装、汽车玻璃加工安装、经销汽车配件、油漆粉刷等综合性汽车修理业务。主承中国人民解放军总参、总政、总后三大部的大小轿车的修理业务。全年产值400万元、利润35万元。1991年进一步打开局面,积极开发新项目,扩大了经济范围,是年创历史最高水平,比1990年增长一倍。

万海工贸公司　前身为明光玻璃厂,只生产汽车挡风玻璃的乡办小厂。1988年分离出来部分资产,1993年进行股份合作制试点,经北京市朝阳区农村股份制领导小组批准和乡党委同意,正式改名为北京万海工贸公司。

经营范围:加工,装配,批发,零售,车船、建筑及装饰用玻璃,摩托车修理,汽车运输,建材,油漆化工,汽车清洗,五金加工和铝合金加工。作为现代高科技的产物,夹层安全玻璃与普通玻璃相比更具有安全性。为了加快安全玻璃的发展,适应现代建筑的需要,公司配备了齐全的生产设备,改造了可容纳百平方米的聚合炉,达到年产100万平方米的安全玻璃生产能力。公司生产的夹层安全玻璃1989年已通过国家建材玻璃研究院的认证。公司采用GB 9962－1988国家标准,是北京技术监督局计量合格单位。其产品不仅享誉北京,而且销往东北三省以及天津、河南等10多个省市区。主要产品:夹层玻璃、喷砂玻璃、冰花玻璃、中空玻璃、热弯玻璃,玻璃艺术浮雕,优质钢化玻璃鱼缸,八开及十六开切纸机。1993—1995年间,销售收入由151万元增加到196万元,利税由14.5万元增加到29.3万元,固定资产由61万元增加到143万元,职工个人股份总额由不到3万元增到12

万元。1994 年银行贷款和个人筹借款总额为 42 万元，至 1995 年年底全部还清，并有流动资金 100 万元左右。

常营长顺铸造厂　创办于 1972 年，先期是管瑞桐领办的村办翻砂铸造厂，后发展成为投资最大、规模最大的乡办企业。主要生产暖气片，品种单一，工艺落后。1987 年长顺铸造厂进行改建，扩大与朝阳区废品收购站的联合，加速冷压铁块的准备工作。同年，根据北京建材二站设计的创新型暖气片，对原产品进行更新。1988 年拥有职工 280 人，产值收入 369 万元，比 1987 年增加 5 万元。上交各款项 38 万元，比 1987 年增加 8 万元。1989 年冷压块投入生产，从而提高了暖气片的质量，使新产的暖气片供不应求。与此同时，狠抓了生铁、焦炭的管理，改造了冶炼炉，降低了产品的消耗，节省费用 20 余万元。后因生铁、煤炭等原材料涨价，企业亏损。1994 年与北京拖拉机厂联营成立机械铸造厂，新厂充分利用双方各自优势和条件，利用北拖的先进铸造设备、先进生产工艺和先进技术人员，利用常营的厂房、场地。正式投产后，年生产能力为灰铸铁 5000 吨，可创产值 2000 万元，利税 500 万元，主要生产手扶拖拉机专用件，出口日本。同时还生产井盖、铸铁管。

常营五金箱柜厂　该厂前身是电镀厂，因环保问题，1973 年改为箱柜厂。20 世纪 80 年代该厂与北京空调器厂联营的加工工厂，乡办企业。该厂干部职工利用自有设备制造出铁文件柜，打入市场后很受欢迎。1988 年此项年产值收入为 132 万元。因为所需 3 毫米、2.5 毫米厚的铁板是议价购进，成本高于平价，故利润不高。1987 年该厂开发绝缘测试仪产品。1988 年，成功研制出 6 种覆铜薄板测试仪器，其中两种填补了国家空白，4 种填补了北京市空白。系北京市独家生产的厂家，是年此项收入 20 万元。1989 年加强横向联系，进一步落实了测试仪生产能力。1991 年，该厂一班人，不甘于守业，大胆启用年轻一代职工，提拔工程师张之闪为副厂长，狠抓产品质量，积极扩大活源门路，全年创销售收入 200 万元，比上年增加一倍，1993 年又比 1990 年增长 172.8%。

九州服装厂　1984 年 10 月创办。村办企业。当时筹资 18 万元，上了 2 条流水线，从事服装来料加工。有职工 70 人，在厂长张万才带领下，经过 10 年的艰苦创业，到 1994

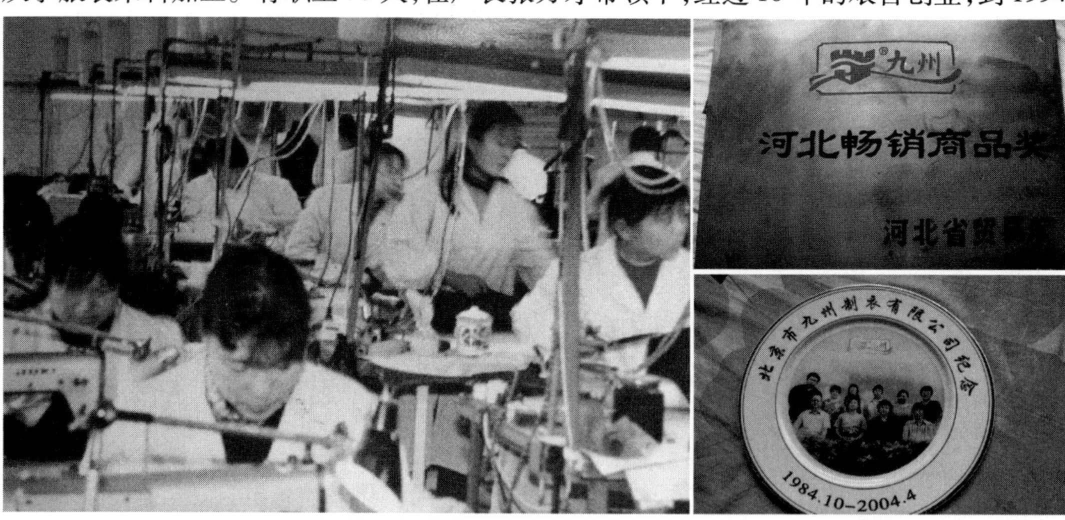

图 6－8（左图）　九州服装厂工人正在缝纫，（右图）九州服装厂荣获“95 河北畅销商品奖”（摄于 1995 年）

年职工增至140多人,固定资产由8万元增至100多万元,是建厂时的13倍,并创出自己的品牌,该厂生产的太子呢加肥女西装供不应求。1994—1996年,服装厂的最高销售量800万元。每年足额上交合作社7.2万元外,1993—1996年归还贷款92.5万元。1995年,荣获河北省贸易厅颁发的"95河北畅销商品奖"。九州服装厂的快速发展,脱颖而出,被称之"九州现象"。

宝港三信造纸工业有限公司　通县徐辛庄的苗德宝1984年经人推荐到五里桥村创办村办企业,先是与河北省邯郸玉峰煤矿联办造纸厂。1992年京邯造纸厂投入生产,日产新闻纸7吨,年产值500万元,年利润100万元。是年,他又与香港商人合办了宝港造纸有限公司,积极向外向型发展。1994年,宝港公司总收入16541.1万元,纯收入3683.1万元,税金839.4万元,实现利润2809.5万元,占全乡总收入51.9%,占全乡企业收入71.7%,年底还清全部贷款。1998年年产值8亿元,利润8500万元,缴纳国家税金5000万元,出口创汇2020万美元。公司占地面积为5万平方米,建筑面积4.2万平方米。主要有生产车间6栋,主要设备有长网造纸机、自动调控切纸机等112台套,1个2万吨级的仓储库房,2栋独立办公大楼,职工200余人,拥有自己的职工宿舍、礼堂、食堂、职工俱乐部等,是北京市同行业排名中靠前的现代化企业。后因环境排污治理,奥运建设等问题出现,公司设备移到山东梁山生产,公司产业结构发生转变,企业由生产型向服务型转变,逐渐发展成以出版、文化产业为主的北京文汇天下图书有限公司;以贸易、物流产业为主的北京滑州嘉业商贸有限公司;以加工、仓储产业为主的北京坤兴商贸有限公司;以投资、资本运作为主要产业的北京永信嘉和投资担保有限公司等骨干企业。

常营光明玻璃厂　创办于20世纪60年代,初为生产装配汽车挡风玻璃的乡办小厂,十几个人,几万元投资,后来逐步发展成90多人,20多万元投资的厂。1988年,自行造炉,自行设计,自行安装,制造出了夹层玻璃。这种产品填补了北京市玻璃产品的空白。1989年起,北京市所有交通工具都要使用安全玻璃,这就是其中的一种。在扩大集体经济的同时,1988年年产值收入达到58万元,比上年增23万元,增加69%,为国家缴纳税金3.2万元,上缴各款项8.6万元,创造了最高的水平。1993年,剥离部分资产成立万海工贸公司,厂名改为北京市汽车玻璃厂。

北京同达穆斯林专用面粉有限公司　创办于1992年5月,乡办企业。由北京市双桥农工商公司常营分公司和北京市同达粮食微机自动化成套应用所联合投资批准成立的。兴建的日处理小麦60吨的专用面粉车间,配备了齐全的计算机配麦、配粉、称重计量和管理系统,并配备了从西德进口的配有计算机的全套检测仪器仪表,有先进的技术手段。第一期工程日处理小麦60吨,第二期200吨。专用面粉有比通粉更高的销售利润,在满足市场需要之外取得直接经济效益。实行优质优价,对引导小麦种植,发展效益农业起到促进作用,直到推动农业经济结构的调整。为食品工业提供优质原料,促进食品工业的发展,以满足人民生活水平提高后对各种食品需要的增长。

常营清真食品有限公司　系于1994年常营农工商总公司与香港旭大发展有限公司共同合资成立。乡办企业。注册资金150万美元(其中常营农工商公司以厂房、土地使用权投入112.5万美元,占注册资金75%,港方占25%)。经营范围为生产、销售清真肉食制品,旅游食品。定员40—50人。该公司通过引进先进设备和科学检测手段,提高产品质量，使产品逐步进入国际市场，推动回族清真肉食制品系列产品的发展。公司采用先进的进口设备，生产清真收缩复合膜包装系列产品，有完善的卫生检疫，检测和质量保证体系，符合穆斯林食用要求，产品不需要冷藏，常温下可保存5—6个月，方便，不需调味。公司地处回族乡，屠宰场由阿訇亲自主持，生产工人90%为回民，生产出纯正的清真肉制食品。

北京常营清真方便食品有限公司　1994年，该公司由常营农工商总公司与台湾业主高清良共同合资成立乡办企业。定员75至85人。注册资金400万美元(其中常营农工商公司投入厂房设备及配套设施折196万美元，占注册资金49%，台方占51%)。经营范围为生产、销售、开发清真方便食品(方便面，旅游方便食品)，销售方案为合营公司的产品的30%由外方负责销往阿拉伯国家及中国的港、澳、台地区，70%由公司负责内销。

味高食品有限公司　创办于1993年，乡办企业。经营范围为清真方便面。占地面积8042平方米，建筑面积2814平方米。固定资产3119万元。流动资产3622万元。企业职工180人，其中管理人员10人，工程师2人，车间大学生15人。公司1995年投入生产，公司生产“乡佬”牌方便面。有方便面10万包/班生产线1条，1998年实现销售收入2100万元，实现利税75万元。经过几年运作，“乡佬”牌方便面逐步打开市场，作为清真食品更有其特殊性，销售渠道在山西、内蒙古、宁夏、河北等省份已经畅通。1999年新技改项目是购置方便面流水线。当年总投入资金900万元，其中用于购买2条方便面生产线360万元(12万包/班)，配套设备240.4万元，库房165万元，运输安装调试费用50万元；企业自筹150万元，贷款750万元，用于购置设备和厂房改造，达到资源配置合理，降低单位成本，目的是实现规模生产的规模效益。1996年，8月29日，推出6种新口味，其中有牛肉炸酱面、三鲜面、鸡汁面及烧烤味、鸡汁味和黑胡椒牛排味干脆面。在1996年国际食品及加工技术博览会上，北京常营“乡佬”清真食品有限公司推荐的葱烧牛肉面，以面条筋斗、口味独特等特点，荣获博览会金奖。2005以后，国内大型合资食品集团介入清真食品领域，其具有先进生产线、原材料成本及广泛的营销网络扩张等规模优势迅速发展，使得味高公司在竞争中败下阵来，于2006年宣告破产，项目未能继续运行。

图6-9　1998年上级领导参观常营“乡佬”方便面厂

北京通润达建筑拆除工程有限责任公司　成立于1992年8月，注册资本1500万元，员工人85人，是一家从事建筑物、构筑物拆除的专业公司。机械设备装备总功率4200千瓦，企业资质为“爆破与拆除工程专业承包二级”。在册员工中，中级职称以上人员22人，大专以上学历35人，二级资质项目经理9人。公司已通过ISO9001和ISO14001的国际标准体系认证。2002年，全年生产总值突破4000万元。完成了“钓鱼台国宾馆拆除与土石方工程”“第一机床厂厂区拆除工程”“国贸北公寓改造工程”“英国使馆改造工程”“北汽摩化油器厂拆除工程”“国家环保局原办公楼拆除工程”“外交人员公寓拆除工程”等百余项大型拆除工程。其中,数项工程均为业内拆除面积最广、整体结构最高、施工难度最大及作业环境最为复杂的工程。北京通润达建筑拆除工程有限责任公司属私人企业。2008 年,汶川地震时企业捐款 10 万元。2015 年企业产值 2000 万元,有 8 台挖掘机,10 台大型运输车辆。

乡农工商总公司

常营乡农工商总公司于 1987 年正式成立,内设财务办公室、企业办公室、个体运输办公室和计划生育办公室,工作人员 16 人。设工业公司、仓储公司、农业技术服务公司。系集体经济所有制的联合经济组织,负责全乡经济产业的生产发展和经营管理,有相对独立的经济自主权。

工业公司 下设企业办公室、交通运输服务站,负责全乡的乡办、队办企业经营管理,升级改造,安全生产,环保检查。运输服务站负责解决运输专业户对外、对公结算、银行开户等实际困难。经理康书贵。

农工商总公司本着“发展集体,支持个体”的原则,大力发展工业、运输业、建筑业、商业和餐饮服务业。比较上规模的乡办企业 4 家,队办企业 10 家,个体企业和个体工商户 160 多家。如乡办企业:汽车修理厂,五金厂,北京空调设备联营厂和常营民族饭店。队办企业:五里桥京东纸厂、常营一队服装厂、十里堡汽车铁篷加工厂等。乡、队两级企业的产值和经济效益均以较快的速度增长。工业公司下属的个体经济服务站和运输服务站解决了个体企业和个体户购置原材料,对外结算,银行开户等具体困难。

仓储公司 职责范围是招商引资,广集商源,筹建、建设仓储库房,引进用户。经理李建海。

农业技术服务公司 负责全乡 11 个生产队的粮食生产种、管、收期间的技术指导,作物安茬、病虫害防治,粮食上缴,作物品种调剂等。经理张立。农业技术服务公司下设“蔬菜办”,负责全乡菜田种植面积分配,根据市场需求安排蔬菜茬口,分配农场下拨的化肥,煤炭指标,并负责各菜队和各对口菜站的联系,安排蔬菜上市,并负责结算。负责农场植保站的沟通,为蔬菜队的作物品种供应农药,防病治虫。畜牧办为全乡养殖户服务,包括鸡只防疫,鸡蛋销售、饲料配给,猪、羊防疫、治病,奶牛配种,牛奶销售等。水利服务站,负责全乡粮食生产的用水,汛期全乡乡域内的防汛工作。农机服务站,担负全乡耕地的耕、耙、播、收和农田面积小范围的土地平整及零星土石方的建筑工程。电力服务站,负责乡域内工业、农业用电的安全检查,电力变压器的报装、增容和群众的生产、生活用电,沟通市、区供电部门并负责电费的催缴工作。

乡农工商总公司成立后的宗旨是抓调整,上水平,求效益。本着无农不稳,无工不富,无商不活的发展理念,坚持以经济建设为中心,狠抓粮食生产不放,对乡、村两级企业按市场变化及时调整产品结构,强化内涵管理,增强企业市场竞争力。

乡农工商总公司负责制订下属各公司全年经济指标和奖励办法,并按季度检查完成情况。各分公司按总公司下达的全年经济指标对所属企业进行指标分解,并负责所属企业各项指标完成情况的检查和验收,并上报总公司。总公司成立后,全乡上、下气象一新,由于各项指标明确,各分公司奋斗目标清晰,各行各业出现巨大变化,成绩斐然。1999年,全乡总收入23125.7万元,比公司成立前的1996年的12115.2万元增加了91%;利润总额4833.4万元,比1996年的378.6万元增长了10倍多;缴纳国家税金1065.2万元,比1996年的625.9万元增长70%;人均分配6346.1元,比1996年的4672元增长36%。

因为农工商总公司拥有某些行政职能,为了实现政府管好政府的事,企业做好企业的事,2001年10月朝阳区政府决定撤销常营乡农工商总公司,由乡政府成立经济办公室,行使原总公司的行政管理职能,实现政企分开。2002年年初,常营乡农工商总公司撤销。

常营农工商总公司经理、副经理更迭表

表6-17

职务	姓名	任职时间
经理	吴国泉(回)	1988年12月—1990年4月
	王景乐(满)	1990年4月—1993年3月
	李建海(满)	1993年4月—2002年3月
副经理	张立	1988年12月—1994年4月
	尹桂元(回)	1988年12月—1999年5月
	康书贵(回)	1988年12月—1993年4月
副经理	李建海(满)	1990年4月—1993年4月
	杨文生	1993年4月—1999年11月
	李连华	1994年4月—1998年9月
	苗德宝	1994年7月—1997年4月
	侯景增(回)	1995年6月—1998年9月
	洪德才(回)	1995年11月—2000年2月
	杜振国(女,回)	1995年11月—2002年1月
	张秀云(女)	1999年5月—2002年1月
	郭光辉	2000年6月—2002年1月

四大公司

2000年绿隔腾退以来,常营乡原有的乡、村办的集体企业陆续迁址完毕,新的产业尚未形成,乡域经济及劳动力就业情况陷入低谷。2003—2007年,常营乡陆续成立了北京常赢盈鑫商贸有限公司(简称商贸公司,主管业务为底商出租)、北京常赢物业管理有限公司(简称物业公司,主管业务为新村物业管理)、北京常赢新月迅洁保洁有限公司(简称保洁公司,主管业务为道路保洁)、北京常赢园梦绿化有限公司(简称绿化公司,主管业务为乡域绿化养护)等4家公司,广泛吸纳常营乡农民就业。截至2013年,四大公司企业员工其中85%以上为常营乡农民,共917人,占全乡农民就业总数的21.5%,成为常营乡农民就业的主渠道。四大公司主营业务均为集体资产和资源,并未完全走向市场,对外拓展业务明显存在员工年龄大、知识水平低、技术技能不适应市场的问题。据2010年统计，在四大公司就业农民中，男性占55.3%，女性占44.7%；35周岁以下职工占11.8%，男35至50周岁、女35至40周岁占31.6%，男50周岁以上、女40周岁以上占56.6%；初中及以下学历占74.4%，高中及同等学历占21.7%，大专及以上学历占3.9%。

北京常赢物业公司　公司成立时间系2003年。服务范围是常营民族家园5个小区及连心园2个小区，住房共计80万平方米。服务项目是为小区住户提供保安、保洁、工程维修等服务。

图6－10　北京常赢物业有限责任公司（摄于2003年）

自公司成立以来一直遵循“业主至上，服务第一”的企业宗旨。发扬“团结，务实，开拓，创新”的企业精神。为了更好地为业主服务，公司制定了《岗位工作质量标准》《绩效考核制度》《员工奖惩条例》《值班经理工作制度》《办公经费管理制度》《工资管理制度》《考勤制度》《会议制度》《文件学习落实制度》《效绩考核检查落实制度》《员工培训制度》等近20项规章制度，并加大检查落实力度，使各项工作有计划、有方法、有依据、有目的的稳步展开；同时，建立完善的内部管理机制，促进了各岗位的积极性、主动性和创造性，使各级管理人员在工作实践中不断得到锻炼，业务、管理水平不断得到提高。2015年，开展了修小区马路、换节能灯（路灯、楼道灯）、建车棚等工作。

为促进物业公司物质文明与精神文明协调发展，物业公司积极开展岗位培训、优质服务、降低物耗、节约成本、提高效益的劳动竞赛和岗位技术练兵活动，并做到有制度、有计划、有实施、有考核，通过这一系列活动，取得了较好的经济效益和社会效益；通过以上开展的各项活动，促进了物业公司精神文明创建活动的深入开展。

物业公司不仅肩负着小区的水、电、暖供应，同时还肩负着公司的综合治理、计划生育、环境绿化等项工作，圆满完成政府部门布置的计生、排污、绿化等任务。至2015年，物业公司有职工279人，人均收入3474元，总收入11631091元。

北京常赢盈鑫商贸公司　商贸有限公司成立于2003年10月。注册资本500万元。单位注册地址在北京市朝阳区常营北路甲1号。是常营乡乡属企业，公司主要负责管理所有商户的食品卫生和消防的日常检查，协助全体商户办理营业执照的各种手续；收取商户租金、售水售电、代收物业公司供暖费以及负责监督检查商户经营的合法性，常赢盈鑫商贸公司管理的租赁业务是常营地区经济收入的一部分。

2007—2008年，民族家园北侧底商出租期间，公司对清真菜市场、清真食品一条街、连心园商业街、祥益斋饭庄、京客隆超市进行管理工作。管理商户达90多家。常营乡党委、乡政府为安置乡劳动力和保留常营清真特色传统小吃，在清真寺北侧兴建商业用房，共安置了12家生产经营清真特色食品的商户。常营清真食品一条街的建成，标志着常营地区已由以前的农村工作方式转变成现代的城市化管理。2010年，公司着重于常营便民早市搬迁，经过前期筹建和收费标准制定、早市摊位的划分等一系列工作，顺利完成搬迁工作方便了地区居民的生活。

图6－11 北京常赢盈鑫商贸有限公司(摄于2003年)

2014年，常营地区开展生产经营单位安全生产应急管理专项检查工作，公司为此专门成立了安全检查领导小组，由经理担任组长，组员为办公室人员和底商负责人，对所管辖的88家商户进行地毯式排查，并做好记录，发现有安全隐患的39户，现场整改35户，对4户不能当场进行整改处理的及时告知商户要求其限期整改。做到了有检查，有记录，有整改措施，有整改结果并且做好存档备案。将安全隐患消灭在萌芽中，确保各经营场所的安全经营达到标准。2015年，公司法律顾问对收取租金、与商户续租及迟延租金催缴流程进行规范化、标准化的管理，并在逐步建立诸商户信息电子化。其他相关法律文本的重新审定：如合同文本、催款通知书、承诺书等。本着公开、透明的原则，公司特别成立催款小组，制订电话催缴—邮寄催款通知书—约谈—签订承诺书—司法程序五步催收流程、与商户商谈租金保证两个人在场等谈判规则。2009年、2010年评为常营地区文明单位。被市劳动保障局多次授予"北京市和谐劳动关系单位"称号。至2015年，商贸易公司有职工39人，人均收入3214元，总收入8576000元。

北京常赢新月迅洁保洁有限公司 成立于2007年3月。公司的前身是常营乡绿化队，宋启珍任队长，人员编制80余人。负责常营乡内的整体环境卫生保障工作及绿化工作，主要业务包括环乡公路与乡内主干道路的清扫工作、乡域内环境卫生的整治、树木的种植以及绿地的除草工作。当时的业务范围较为单一，保洁绿化工作也主要以人力为主，管理体系相对落后。2002年以后，由于常营乡农村城市化进程的逐步加快，村民们拆迁搬进了崭新的楼房小区。为了适应地区的发展，提升地区整体的环境标准，2007年3月，北京常赢新月迅洁保洁有限公司应运而生，注册资金100.1万元。由宋启珍任公司中共党支部书记兼总经理，尹启华任副经理，人员编制增加到130余人。公司负责常营地区内整体环境卫生保障工作，主要业务包括地区内所有道路的清扫工作、环境卫生的整治工作以及网格单的清理工作。根据业务的需求，购置了专业垃圾清运车、铲车等相应设备。公司的成立，使团队的管理逐步走向正规化，建立各项管理制度，地区的环境卫生状况有了显著的提高。

2010年以后，公司选举了第二届领导班子，由夏全胜任公司中共党支部书记兼总经理，尹启华与张淑琴任副经理。2011 年，公司成立了家政、保洁业务部，开启了保洁公司对外经营的新篇章。2012 年，公司成功加入了“地区为老服务商”与“社区一刻钟服务圈”特色服务行列，为地区居民提供迅捷、优质服务的同时，提高了公司的知名度与业务量。2013 年，先后承接了叠泉高尔夫别墅开发公司、姚家园活力东方奥特莱斯的玻璃幕墙清洗项目、常营地区社会服务中心、常营地区文化活动中心、常营地区保利温馨家园、常营地区文体活动中心等外包合同，保洁服务日均面积 6000 余平方米，年业务收入近 40 万元。2014 年，根据地区的环境质量要求，公司成立了“常营地区环境保障应急小组”，小组的成立有效地遏制了违法小广告对地区环境的恶劣影响，并且提高了环境应急整治工作的效率。2015 年，尹启华调离，李建颖由民族家园社区调入保洁公司，任副经理职务。同年，公司完成了转工转居人员的返聘工作，通过召开 2015 年常赢新月迅洁保洁公司新员工入职培训大会，让新职工学习到了公司的规章制度、劳动纪律，明确了自己的工作职责范围、工作标准。公司员工由最初的农民工，发展为具备家政、保洁、环卫专业技能的优秀人才。由最初的人工作业，发展到现代化的人机结合作业，各类大、中、小型机械设备包括扫雪机、推雪机、小型清扫车、中型清扫车、铲车、垃圾清运车、电动车等。公司承接业务方面更加多元化，尤其是对物业保洁方面有了整套的服务方案。管理方面，制定了科学、先进的各项制度。至 2015 年，保洁公司有职工 288 人，人均收入 3166 元，总收入 9230000 元。

图 6－12　北京常赢新月迅洁保洁有限公司（摄于 2007 年）

北京常赢园梦绿化有限公司　　公司成立于 2007 年 4 月。员工 130 人。经营项目为园林绿化景观设计施工、平原造林管护以及绿化养护管理为一体。

公司致力于以“创建绿色环境空间、改善生态环境、创造和谐的人居生态绿色园林”为宗旨，精益求精，全力追求绿化作品，秉承以“质量、创新、协作、信誉”为经营理念，2009 年、2010 年被朝阳区园林绿化局授予美化先进单位等称号。

白国良为公司中共党支部书记兼总经理，李顺为中共党支部副书记，副总经理 3 人分别为胡永才，于国永，张全利。公司下设后勤管理组、外围环境组以及常营公园管理处。截至 2015 年，完成区域内的园林绿化景观工程的设计与施工，并积累丰富的施工和绿化养护管理经验，有较好的知名度和美誉度。多年来，公司充分发挥自身优势，坚持以人为本的企业文化道路，坚持以人为本的管理理念，努力创造积极和谐的工作氛围，不断开发科学合理的绿化施工流程和工艺，严格把控工程质量，以优秀的服务水平和优质工程为公司形象及品牌基础。至 2015 年，绿化公司有职工 117 人，人均收入 4058 元，总收入 5356600 元。

入驻辖区的工商企业

图 6－13　常赢园梦绿化有限公司(摄于 2007 年)

发展概况　常营乡经过21世纪初的大拆大建,至“十一五”期间,辖区内房地产开发基本完成,硬件建设逐步完善,与房地产配套商业及“非中心”商务中心为代表的产业项目逐渐成长起来。常营乡党委、乡政府为提高地区的竞争力及可持续发展的能力,一方面推进地区产业结构调整,以实现第三产业为常营地区的主导产业,另一方面多角度地构建地区产业支撑,招商成了经济发展的“重头戏”。

从“十五”初至“十一五”末,约 300 家工商企业入驻常营商业集中区和各大社区居民点周围。这里既有中央、市属、区属企业,亦有民营、外资和合资企业;既有工业制造和房地产开发,又有三产服务业,其中又以民营企业和三产服务占优势。虽说入驻企业中大多数产权不属于常营,但他们在常营域内生产和经营,直接影响着常营的经济发展、城市管理和居民生活。一个崭新的以现代化服务业为主体的商业区正在常营地区形成,“四区三街”的产业格局已初步形成,经营环境越来越好。

据全国第二次经济普查,截至 2008 年 12 月 31 日,常营地区填报普查表的法人单位 209 个,其中规模以上单位 27 个,规模以下单位 182 个;产业活动单位 33 个;个体工商户 662 个。

从地域分布上看,鑫兆佳园社区、万象新天社区(包括非中心商业园区)入驻单位较多。鑫兆佳园社区 94 个,万象新天社区 93 个,民族家园社区 92 个,连心园社区 46 个,荟万鸿 41 个。

从行业分布上看,辖区第二产业法人单位 17 个,占 8.13%,第三产业法人单位 192 个,占 91.87%:地区 209 个企业控股中,企业 185 个(国有控股单位 1 个,占 0.47%,集体控股单位 9 个,占 4.30%,私人控股企业 164 个,占 78.46%,外商控股企业 2 个,占 0.95%,其他单位 9 个,占 4.30%),非企业控股 24 个。

地区经济总量:企业单位营业收入 100587.5 万元(不包含金融业);非企业单位收入 30752.7 万元,地区从业人员 5973 人。年收入在百万元以上单位 62 家,占地区企业的 29.66%。

工业:法人单位 7 个,占地区企业的 3.34%。营业收入 51538.6 万元,营业利润 17848.4 万元,纳税总额 2700.1 万元,从业人员 963 人,工资总额 5160.9 万元,缴纳社会保险 1445.6 万元。

建筑业:法人单位 10 个,占地区企业的 4.78%。营业收入 12539.1 万元,营业利润

91.9 万元,纳税总额 445.8 万元,从业人员 450 人,工资总额 1012 万元,缴纳社会保险 37.9 万元。

邮电运输业:法人单位2个,占地区企业的0.95%。营业收入133.2万元,营业利润20.6万元,纳税总额4.7万元,从业人员11人,工资总额16.4万元。

批发零售贸易业:法人单位54个,占地区企业的25.83%。社会商品销售总额17774.4万元,营业收入17414.5万元,营业利润-972.3万元,纳税总额94万元,从业人员323人,工资总额660.6万元,缴纳社会保险92.8万元。

餐饮业:法人单位6个,占地区企业的2.87%。营业收入2726.6万元,营业利润-100.7万元,缴纳税收166.8万元,从业人员137人,工资总额366万元,缴纳社会保险13万元。

服务业:法人单位113个(包括10个村委会),占地区企业的54.06%。其中,企业法人单位89个,营业收入12733.3万元,营业利润-4387万元,纳税总额613.1万元,从业人员1204人,工资总额2140.1万元,缴纳社会保险165.8万元。

机关事业团体法人单位9个,收入22726.4万元,税费13.1万元,工资福利577.7万元,从业人员1317人。

其他组织机构单位1个,合计收入7411.9万元。从业人员55人。

民办非企业单位4个,收入405.6万元,从业人员118人。

金融业:法人单位1个(除银行直报外),营业收入23710.7万元,营业利润-36357.9万元,纳税总额888.2万元,从业人员303人,工资总额3869.7万元,缴纳社会保险449.6万元。

房地产物业中介:法人单位16个,占地区209个企业的7.65%。营业收入3502.2万元,营业利润-6209.6万元,纳税总额312.4万元,从业人员1247人,工资总额2500.3万元,缴纳社会保险306.7万元。

2010年,工商行政管理部门对常营地区工商企业展开了一次全面调查,常营乡有工商企业282家,其中外资、合资企业6家,民营及其他企业276家。2011—2015年,入驻常营地区工商企业的总量一直保持在300家左右,由于努力贯彻主动适应经济发展新常态,加快转变经济发展方式的总方针,大力调整产业结构,疏解扩散低端产业,集聚发展高端商务服务业,使得全地区经济收入、纳税总额不断攀升,从而抬高了常营地区的经济总量。至2015年,全地区实现区级财政收入1.34亿元,地区年经济总收入27.6亿元,同比增长8%;利润总额5105.8万元,同比增长8%;税金总额9051.8万元,同比增长40%;人均劳动所得2.6万元,同比增长8%。经济运行平稳,乡域经济健康稳步发展。

入驻辖区重点企业 入驻常营的工商企业有数百家之多,截至2015年重点企业有北京紫竹药业有限公司、兴信喷涂机电设备(北京)有限公司 、北京中润华石油股份公司、中铁城建集团北京工程有限公司、北京全时天地在线网络信息股份有限公司等。

北京紫竹药业有限公司 注册资金38063.96万元人民币,总资产6.75亿元人民币。占地面积12.2万平方米,建设面积60000平方米。2010年员工774人。

2000年,北京第三制药厂实行体制改革后成立了北京紫竹药业有限公司。这是一家集生产、经营、科研开发为一体的综合性高新技术制药有限公司。包括五个GMP生产车间、质量控制中心、产品研发中心、员工培训中心以及其他配套机构。公司本部位于乡境内，朝阳北路北侧，常营西路两侧，绿化覆盖率40%。2001年通过ISO 9001:2000国际质量管理体系认证。2002年通过ISO14001能源管理体系认证。

该公司通过实施三个创新（科技创新、管理创新、机制创新），推动了企业的快速发展。通过科技创新与国内外知名科研院所和高等院校建立了产、学、研一体化的合作关系，在新产品研发中形成了具有本企业特色的研发机制和产品系列，新产品开发上市形成梯队，每年上市一至两个填补国家医药市场空白的、具有高科技含量的新产品；通过管理创新和机制创新，建立现代企业制度，实施以人为本的现代化管理，使公司持续几年综合经济效益稳步上升。2010年，实现辖区区级收入732万元，位列常营乡税源建设首位。

兴信喷涂机电设备（北京）有限公司　成立于1997年10月。属外商独资企业。员工200人。公司位于朝阳区常营回族乡朝阳北路非中心商务园区内，并在天津、广州、吉林、青岛、上海、福建等地设立了多家分支机构，建立了完善的销售体系和服务网络。致力于流体输送及其控制系统的开发、设计、制造、配套及安装服务，是一家流体处理和涂装方面的系统工程公司。如汽车、汽车零部件、工程机械、印刷、重防蚀、家具、家电、建材、食品等行业提供了包括集中供漆系统、胶黏材料输送分配系统、单/双组份涂料喷涂系统、单/双组份热熔胶体材料涂布系统、聚氨高低压发泡机（反应注射成型系统），各类手工及自动喷涂设备及油漆检测仪器等及相关服务。所获得荣誉：2004年该公司主持编定国家行业涂装供漆系统的标准。2005年入选福布斯（FORBES）中文版杂志评选的最具发展潜力的中小企业前100名。2008年、2009年、2010年连续3年获得慧聪网中国表面处理行业“涂装十佳荣誉称号”。

72家工商企业名录　根据2010年辖区内企业登记，入驻常营的企业大体可分为六大类型：大型商场、超市，工业制造企业，商贸企业，文化产业类企业，餐饮、服务企业，市政服务企业以及房地产、建筑业等。2014年，从常营地区众多的企事业中筛选出最有影响力的72家工商企业，见下表：

2014年常驻常营地区工商企业情况表

表6－17　　单位：千元

企业名称	主要业务活动（或主要产品）	企业地址	期末从业人员数（人）	营业收入	资产总计
寰琪世纪科技发展（北京）有限公司	批发太阳能原材料	朝阳北路11号楼1单元413室	12	113489	17309
北京中咨恒通工程咨询有限公司	工程技术咨询	五里桥一街1号院7号楼2层B－2型研发中心	75	27031	16606
北京华苑绿景园林有限公司	园林绿化服务	常通路3号院2号楼1单元2603室	10	23054	9108
北京品宴汇餐饮管理有限公司	餐饮	朝阳北路17号楼三层1单元	32	6469	7056
泰祥豪润资产管理有限公司	投资与资产管理	常惠路6号楼216室	11	27258	4639107

接上表

企业名称	主要业务活动（或主要产品）	企业地址	期末从业人员数（人）	营业收入	资产总计
北京华甫达信息技术有限公司	技术开发	东十里堡1号未来时大厦602室			
北京朗宇信息技术有限公司	技术推广	常通路3号院2号楼1单元26007室	18	20344	16577
北京嘉捷信达物流有限公司	普通货运	五里桥二街2号院9号楼8层0820	79	16200	4782
北京沃美影城管理有限公司	电影放映	朝阳北路17号楼4层	57	23563	21809
北京玄铁科技有限公司	网络金融技术服务	常通路3号院2号楼2单元2101			
北京紫竹医药经营有限公司	西药品批发（经销商）	朝阳北路甲27号11幢	658	590815	351580
北京通润达机械施工有限责任公司	爆破与拆除工程	万象新天115号楼3层、4层	34	76458	69658
北京华普出租汽车有限公司	出租汽车客运服务	幺家店路2号院4号楼1层商业7号	72	3671	5319
华润紫竹药业有限公司	医药制造	朝阳北路27号	823	342221	1548302
北京华夏吉源运输有限公司	货运代理	常通路3号院1号楼2单元2002室	2	17545	17304
北京图兰朵国际旅行社有限公司	旅游	五里桥二街1号院5号楼0902室	7	13156	625
北京大地万策文化发展有限公司	批发图书	五里桥一街1号院7号楼3层	15	92997	36861
紫旭商贸（北京）有限公司	煤炭批发	太阳宫元10号楼2单元505室	8	50834	46918
北京永明广告有限公司	发布广告	常惠路6号楼12层1205室	3	29106	5220
北京德迅创想科技有限公司	网络技术推广服务	五里桥二2号院5号楼0228室	1	6656	1045
北京华夏中传世纪广告传媒有限责任公司	设计广告	五里桥一街1号院9号楼4层A－4型研发中心	12	28788	24228
北京传世钜典营销顾问有限公司	会展服务	常通路3号院2号楼19层2单元22005室	10	16757	8159
北京世纪常赢投资管理有限公司	其他企业管理服务	常营乡万象新天2期210号	19	32730	251167
北京连杰酒店有限责任公司	住宿	鑫兆佳园15号楼12—15层	42	8066	5267
北京天恒易远物流有限公司	货运代理	常营乡六队632号	2	11672	5552

接上表

企业名称	主要业务活动（或主要产品）	企业地址	期末从业人员数(人)	营业收入	资产总计
北京双铭圣文化传播有限公司	会议咨询	五里桥二街1号院5号楼0528号	15	16311	4785
北京老来乐大鸭梨餐饮服务有限公司	餐饮	常营乡五里桥一街2号楼1层北侧	36	4925	910
北京电驰信通科技有限公司	技术推广服务	五里桥二街1号院3号楼1102室	4	14421	1008
商众世纪传媒广告（北京）有限公司	广告发布	常通路3号院2号楼2单元1603室	18	21761	12610
北京海融兴达商业管理有限公司	市场管理	朝阳北路17号楼负1—3层109室	24	81398	1229790
北京中润华油石油化工股份有限公司	销售润滑油	鑫兆佳园15号楼6层702室	153	175118	44357
北京奥易互通科技有限公司	信息服务业	常惠路6号楼4层3单元408室	22	28960	17747
北京星云环球科贸有限公司	销售电子产品	鑫兆佳园15号楼7层806室	14	33943	17323
兴信喷涂机电设备（北京）有限公司	其他设备制造（喷涂设备）	五里桥一街1号院7号楼101室	51	187844	73670
北京常赢园梦绿化有限公司	承接绿化工程	常营回族乡草房村村东	140	10028	16638
常营回族乡合作经济联合社	综合经营与资产管理	常营乡人民政府办公楼			
北京永正创意展览有限公司	承办展览展示	常慧路6号楼10层5单元1012室	23	31333	59722
北京海天一色餐饮有限公司	餐饮（正餐）	常营民族家园13号	42	12816	7039
北京东方弘天装饰有限公司	专业化设计	常营乡（中国特色经济之窗二期1号地）北6号办公楼3层0323	6	52703	16587
北京德道君禾建筑装饰工程有限公司	工程建筑	常营龙湖天街未来时大厦507室	50	4501	7084
中铁城建集团北京工程有限公司	建筑工程	五里桥一街1号院21号楼	1258	700880	1575881
方恩（北京）医药科技发展有限公司	技术转让及相关咨询服务	五里桥一街1号院非中心17号楼3层301	94	10339	5116
北京中世纪商贸有限公司	建材	五里桥二街2号院6号楼1224室	5	81659	40421
北京兰格特科技有限公司	信息咨询服务	鑫兆佳园综合楼822室	5	35137	23150
北京汇和国际展览有限公司	展览服务	五里桥二街1号院7号楼1层0407室	19	15263	1335

接上表

企业名称	主要业务活动（或主要产品）	企业地址	期末从业人员数(人)	营业收入	资产总计
北京筑标建设工程咨询有限公司	工程招标代理	五里桥一街 1 号院 28 号楼 4 层	73	52870	34018
北京通利达机械施工有限公司	地基与基础	朝阳路 8 号 A 座 924、925 室	25	30905	11037
北京正中方物业管理有限责任公司	物业管理	鑫兆佳园 7 号楼 3 单元 202 室	233	64146	52466
北京欣和投资管理有限公司	投资管理	五里桥一街 1 号院 13 号楼 1—4 层	70	89098	262676
北京康柏思资讯科技有限公司	计算机硬件的安装及服务	五里桥二街 2 号院 5 号楼 12 层 1203 室	7	19740	6888
北京策源建筑装饰工程有限公司	专业承包	北京朝阳区五里桥一街 1 号院 8 号楼 101 室	26	12343	10001
北京忠源顺园林绿化工程有限公司	园林绿化	五里桥一街 1 号院 8 号楼 1 层 E－1 型研发中心内 1 层 102 室	20	29696	19874
北京瑞驰菲思工程咨询有限责任公司	工程造价咨询	常惠路 6 号楼 9 层 5 单元 909 室	70	36228	56191
北京常赢绿洲假日运动中心有限公司	经营管理高尔夫球场	东苇路 128 号	258	68459	669390
北京中盛美广告有限责任公司	广告发布	常惠路 6 号楼 12 层 2 单元 1201 室	17	170850	87700
北京中金联合金属材料有限公司	钢材批发	五里桥一街 1 号院 7 号楼 4 层	25	123987	35939
北京常赢盈鑫商贸有限公司	出租房屋管理	常营北路甲 1 号	41	13820	19984
北京常赢物业管理有限责任公司	物业管理	民族家园锅炉房西侧 54 号楼	290	6482	27239
北京聚光堂广告有限公司	广告设计	常营乡中国特色经济之窗一期 4－A2 层 02D－1 号	5	21173	10236
北京络捷斯特科技发展股份有限公司	软件开发	朝阳北路五里桥一街 1 号院非中心 8 号楼 3 层	182	103161	159381
北京全时天地在线网络信息股份有限公司	网络技术推广	五里桥一街 1 号院 9 号楼 1 层、2 层	983	680796	174777
北京中弘文昌物业管理有限公司	物业管理	五里桥一街 1 号院 19 号楼 3 层	344	95498	51185
北京玉禾田环境管理服务有限公司	清洁服务	常通路 3 号院 2 号楼 2 单元 2303 室	2553	91541	34188
北京威顿国际贸易有限公司	销售焊接材料、设备	五里桥一街 1 号院 10 号楼 2—4 层	36	50938	110036

接上表

企业名称	主要业务活动（或主要产品）	企业地址	期末从业人员数(人)	营业收入	资产总计
北京紫英宸文化发展有限公司	批发图书	五里桥二街1号院3号楼3层0327	8	38266	121291
北京畅想宏图投资管理有限公司	投资管理	五里桥二街1号院3号楼13层1328	14	15030	1486
北京百益邦广告有限公司	制作广告	五里桥一街1号院3号楼201	41	27155	-973
北京伽叶科技有限公司	软件技术开发推广	将台路5号院5号楼二层2072室	50	41239	44695
金粤幕墙装饰工程有限公司	施工总包	常通路3号院龙湖—长楹天街西区星座5栋28层	35	16493	90896
北京利业永胜科贸有限公司	鞋帽批发	五里桥一街1号院18号楼三层	23	7828	32349
北京世纪立成园林绿化工程有限公司	园林绿化	五里桥一街1号院（非中心）11号楼4层	96	69174	60568
北京中弘投资有限公司	房地产开发	五里桥一街1号29号楼		30048	7345059

注：房地产开发企业见本志224页。

四　特色产业

清真餐饮、食品渊源

清真餐饮、食品是常营的特色产业，虽说它形成于20世纪80年代，但其历史源远流长。它源于唐代传入的清真饮食文化。因伊斯兰教在中国曾称清真教，其餐饮菜肴，故名清真。通常以牛、羊、鸭、豆类及植物油等为原料烹制而成。忌血生、野禽、无鳃和无鳞的鱼及带壳软体动物等。

在北京经营的回族清真菜和食品分为两派：一派是以“通州小楼”“同和轩”“东来顺”为代表的东派；一派是以“两益轩”“西来顺”为代表的西派。两派在菜肴和点心的工艺上、经营上都有各自特点。东派以大汁大芡、红汁芡为多，以小炒闻名，具有浓厚的乡土气息。西派以精美、典雅、白汁芡见长，以烧、扒菜著名，具有都市大菜特色。常营乡是回族穆斯林聚居地，清真餐饮、食品有着广泛的群众基础，节日制作清真菜肴和食品已成习俗。除每户都会炸油香、熬肉粥外，还能做出很多清真美食，煮饺子、蒸饺子、蒸肉龙、打卤面、麻酱面、老北京的炸酱面，还有抻面。烙饼，有白饼、糖饼、京东肉饼、肉三尖、门钉肉饼、炸油饼、炸油条、炸炸糕等。

特色产业的形成与发展

1986 年,常营民族饭庄开业,请来一位回民老厨师马启云,他能制作几十种清真风味菜,在常营收了 10 名回族青年为徒。在张玉芳接任常营民族饭庄经理后,又请来东派著名的厨师白殿魁,在常营民族饭庄传授 3 名关门弟子。与此同时,张玉芳又聘请了西派特级厨师杨国桐,到民族饭店传授西派的特色菜的烹调技法。北京亚运会期间常营乡在亚运村南边开设了亚东饭庄。由于常营有一批青年厨师脱颖而出、茁壮成长,又逐步形成具有常营特色的清真菜肴和清真食品,生意越做越红火。

随着农村城市化,农民拆迁上楼,常营乡的清真商业型饮食文化,得以快速发展。继民族饭庄、亚东饭庄之后,紫光园入驻常营,该饭庄主营清真餐饮,风味独特,堪称京城清真饮食文化的一道亮丽的风景线。接着,常营人办的金记包子铺升格为金老三饭庄开业。这个饭庄引进了“全聚德烤鸭”技术,都是按照伊斯兰教规定宰杀,并用果柴烤制,特别具有清真风味。

常营地区的回族饭庄,传承了北京清真饮食东西两派的特色老菜、宫廷菜、烤羊排、铜锅涮羊肉、拔丝、“它似蜜”[①]等,再加上一些创新菜,构成了大众口味的清真菜肴。在常营最高档的回民餐馆当数“海天一色”,它是以餐饮、住宿、洗浴为一体的高级宾馆,其中餐饮以海鲜为主。它把伊斯兰教允许的海产品添加到清真饮食之中,丰富了清真饮食的内涵。

除去上述中、高档餐厅饭庄外,在常营还有一批大众性的餐馆,如营养快线、三兄弟(涮肉店)、大篷车、又来顺等。它们全都按照大众的家常饭菜经营,深受普通百姓的欢迎。到了夏天,露天的新疆风味的烤羊肉串十分红火。还有一家老马兰州拉面,更受回汉居民青睐。

常营的特色产业,除清真餐饮外,主支柱是生产清真食品的工业企业。1994 年年底,充分利用少数民族地区的特点和民族政策的优势,填补市场上清真食品品种单一,尤其是方便食品短缺的空白,发展清真食品基地。引进外资 250 万美元,人民币 1000 万元。技术人员 50 余名,兴建起同达穆斯林专用面粉厂、北京欣昌食品有限公司、北京常营乡佬清真食品有限公司、北京常营清真食品有限公司,使常营地区特色企业在激烈的市场竞争中增强实力,实现了稳步向前发展。

知名清真餐饮企业

三兄弟(涮肉店) 常营乡的常赢三兄弟餐饮管理有限公司成立于 2014 年,最有名的就是涮脱筋鲜羊腱子。店里选用的羊肉都是当日宰杀,非常新鲜。此店的烤肉串颇受欢迎,据说最好吃的是 20 块钱一串的大羊肉串。此店的烤牛肉也非常有特色,在特制的铁板上,放足洋葱和香菜,烤起来香气扑鼻。地址:常营北路。

---

① “它似蜜”:据说它原名叫“塔斯密”,是清朝乾隆皇帝西征时带回的香妃随厨按西域习惯烹制的一道菜肴。此道菜色泽棕红、肉质软嫩、甜香稍酸、甘美不腻,因此深受乾隆皇帝的赞赏,于是赐名“它似蜜”。后来由宫廷传到民间,传承至今。

金老三饭庄　特色的京菜和回民菜。它是由在常营卖金记包子的小店发展起来的。烤鸭是汉民馆全聚德有名，它们把烤鸭引进来，按照《古兰经》规定由阿訇屠宰，用果柴烤制出具有清真风味的烤鸭。该店传承了北京清真饮食东西两派的特色老菜、宫廷菜、烤羊排、铜锅涮羊肉、拔丝菜等。再加上一些创新菜，构成了大众口味的清真菜。爆肚超级好吃，宫保鸡丁很嫩，菜量很大，价格实惠，深受广大常营地区穆斯林的喜爱。

图 6－14　金老三饭庄(摄于 2015 年)

金老三饭庄是一家主要做家常菜的餐厅。环境雅致，收拾得很干净，看着很宽敞舒适。家常菜味道很好，种类很多，关键是价格比较适中，量大实惠，随便吃吃很不错。特色服务：有露天位，可办婚礼，可以刷卡，有包厢，有停车位，提供在线菜单，提供早餐，有无烟区，有 wifi。该店位于常营物业公司 1 层。

紫光园　是享誉京城老字号的清真餐厅。早年间是专卖炒疙瘩的小吃店，20 世纪 80 年代初期发展成清真餐厅。主营清真餐饮菜系，其独特风味逐渐弥漫京城，堪称京城清真饮食文化的一道亮丽风景，已在朝阳、西城、通州、河北大厂开了 15 个分店。它是在这一特殊餐饮领域中不断传承发扬清真饮食文化的典范。清真菜式，规模大，菜品全，经常推陈出新。大厅敞亮，适合办婚宴，照顾周到。婚宴推荐焦熘糖卷果、炸羊尾、孜然羊肉，特别是传统名菜炒疙瘩一直保留着传统的做法。紫光园除炒疙瘩外，还有烤鸭、醋熘苜蓿、红烧牛尾、宫保鸡丁、糖卷果等特色食品。开办多年来赢得不少老主顾的青睐。该店位于常营中路民族家园综合楼 13 号。

图 6－15　常营紫光园(摄于 2005 年)

海天一色　具餐饮、住宿、洗浴为一体的海天一色餐厅，把伊斯兰教允许的海产品，添加到清真饮食文化中，丰富了清真饮食文化的内容，使清真饮食文化得到发扬光大。以清真、海鲜、粤菜、北京菜、杭州菜多种菜系为主，选择更加丰富；菜品主要是海鲜，弘扬绿色、健康、安全的饮食理念，专门聘请大厨主理鲍、参、燕、翅等风格浓郁的各地美食。

该餐厅地理位置优越，交通便利，环境宜人，酒店还精心准备了免费停车位，为办理婚宴保证便利出行。海天一色店内含3个大厅，大的厅可同时容纳400人就餐，满足不同需求的客户。餐厅整体敞亮整洁，大厅的桌椅摆放有序，让人一进门便有温馨的感觉，座位间距设计得恰到好处，让宾客出入自由，舒适温馨。是举办婚宴的理想场地，他们以微笑、热情、规范的服务，随时恭候业界贵宾的光临。该店位于常营东路13号。

图6－16 常营海天一色（摄于2005年）

2015年常营乡主要清真餐饮企业简表

表6－18

企业名称	开业时间	负责人	经营收入（万元）	利税总额（万元）
金老三饭庄	1998年	刘君敏	1000	330
营养快线餐厅	2008年	陈振霞	33	11
大篷车饭庄	2011年	胡盛强	800	290
长来顺饭庄	2010年	胡盛军	200	70
三兄弟饭庄	2000年	穆怀昌	150	65
海天一色	2007年	康　奇	1282	－106
紫光园	2010年	艾兴有	1700	422

知名清真食品企业

李小老烧饼店　李小老烧饼店掌柜原名李桂林，兄弟5人，排行最小，所以人称“李小老”，从1980年开始做烧饼，已有30多年的历史。他以6公斤面粉起家，可谓是真正的“白手起家”。起初，他亲自挎着小竹篮走街串巷地吆喝着卖。李小老做的烧饼外酥里软，层次多，芝麻酱多，口味香脆，保持了老北京烧饼风味。久而久之，就有顾客到李小老家里去买烧饼，逐渐供不应求。常营实现农村城市化后，李小老在常营民族家园附近开了新店，不仅供应清真芝麻酱烧饼、牛肉烧饼、牛舌饼、油饼，同时供应杂碎汤、丸子汤、豆浆、豆腐脑。有店员20多人，每天用料20多袋面粉。30年的时间，李小老烧饼成了常营乡的一大亮点，吸引着京城老北京们的眼球，让怀旧的他们成了“李小老烧饼一族”。地址在常营民族家园1号内10—11号。

安记特色熟食店　这家店以前是以做熏鸡闻名的，但经营的品种很多做得也很好，都比较受欢迎。最有特点的是酱牛肉，尤其是前腿的花腱，用李小老的烧饼夹着吃最好。白水羊头也很好吃，羊头收拾得很干净，回家切成薄片蘸着椒盐吃，也是很典型的回族特色美食。地址在常营民族家园1号内4号(近清真寺食品街)。

尹芳斋食品店 该企业以生产清真糕点而著名。企业创始人尹增元，是一位虔诚的穆斯林。他誓言要开一家名副其实的清真糕点铺，让常营及周边的穆斯林都能吃上放心的清真糕点。2007年春，常营乡政府批准了他创办清真食品企业的方案，一开始他就给企业立下了规矩："料纯量足，价格合理，诚实守信，精益求精""视顾客为亲人"。

为了实现自己的理想，尹芳斋尽最大努力请来有经验、有特长的老师傅直接指导、传授、把关。不仅如此，尹增元经理还亲自到知名企业大顺斋和其他清真糕点厂学习、请教。他自己曾对一种糕点进行过无数次的微调配料和技术创新，并不断征求老乡佬、老顾客的意见。经过艰苦的努力，尹芳斋生产的清真糕点得到了广大顾客认可和点赞，为此社区报曾作专题报道。特别是到了主麻日和一些大的节日，糕点供不应求。有许多青海、新疆、甘肃、宁夏等地回族群众专门买几盒带回老家；每年在朝觐季节哈吉们都会将尹芳斋的糕点带到沙特作为储备食品，反映非常好。尹芳斋已有30多种糕点应市，其中"自来红""自来白"等都有一定的知名度。该店位于常营民族家园清真寺食品街9号。

北京同达穆斯林面粉有限公司、北京常营清真方便食品有限公司、常营清真食品有限公司都是知名清真食品企业，参见本卷中工商企业·重点乡镇企业。

2015年常营乡主要清真食品企业简表

表6-19

企业名称	开业时间	负责人	经营收入(万元)	利税总额(万元)
安记特色熟食店	2007年	马希金	18	6
尹芳斋食品店	2007年	尹志超	6	2
伊锦斋食品店	2007年	陈利新	7	2
李小老烧饼店	2007年	高晓霞	20	7
品味斋酱牛肉店	2007年	秦鸿梅	6	2
凯益斋食品店	2007年	张万玲	7	2
佳伦精品熟食店	2007年	张洪霞	7	2

清真小吃一条街

2007年，在清真寺北侧，乡政府为发展清真食品，除已有的紫光园、东来顺、海天一色等知名餐饮企业外，还特地规划了清真小吃一条街。为保留常营清真特色传统小吃和安置乡、村富余劳动力，常营乡党委、乡政府在清真寺北侧兴建商业用房，共安置了12家生产经营特色传统食品的商户。在这条街上，有李小老烧饼铺、常顺斋食品店、品味斋食品店、常伊轩食品店、安记熟食店、佳伦精品熟食店、伊锦斋食品店等。在这里不仅可以尝到全市闻名的李小老烧饼，还可以尝到糖火烧、蜜麻花、螺丝转、油酥火烧、蜜三刀、开口笑、糖卷果、酱牛肉、炸糕、蜂糕、碗糕、驴打滚、艾窝窝、豌豆黄、江米粽子、白年糕、小枣年糕等可口的清真食品。有散装、有包装,成为馈赠亲友的好礼品。对于常营清真小吃一条街,北京电视台曾面向全国做过多次报道。

图 6－17 常营清真小吃一条街街景(摄于 2007 年)

2006 年,在新建的清真寺北侧修建了清真食品长廊,包罗多种北京清真小吃店铺。同年,完成清真食品商业街的建设。该商业街全长近 500 米,近 3.2 万平方米营业面积,主要以经营清真餐饮业、茶馆、清真食品、清真超市等内容为主体。

2011 年以来,常营乡政府利用清真寺及穆斯林服务中心周边零散空地,继续完善清真餐饮商业街建设,促进地区民族特色经济发展。

五 房地产开发

发展概况

21 世纪初以来,随着北京市绿化隔离地区工程建设与农村城市化的推进,在常营地区房地产开发迎来了前所未有的机遇,乡域之内同期有多家房地产公司入驻,其中有北京中弘兴业房地产开发有限公司、北京常赢房地产开发有限公司、北京常营兴业房地产有限公司、北京香江常富房地产开发有限公司、北京营基房地产开发有限公司。这些房地产公司截至 2015 年,在常营域内,共建造保障性住房 102 栋、153 万平方米;房地产开发商品房 358 栋、231 万平方米;商业用房 96 万平方米。围绕房地产开发,一大批房地产中介、咨询、装潢、建材以及物业管理公司接踵而至，形成常营地区房地产开发如火如荼、空前繁荣。

2015 年常营管辖区房地产开发公司一览表

表 6－20

企业名称	经营地址	经营项目	营业收入（千元）	从业人员期末人数	资产总计（千元）
北京中弘投资有限公司	五里桥一街 1 号 29 号楼	房地产开发	30048	1	7345059
泰祥豪润资产管理有限公司	常惠路 6 号楼 2 层 216 室	投资与资产管理	27258	11	4639107
北京致泰房地产开发有限公司	民族家园底商 61－4 号	房地产开发	0	21	3557873
北京常赢房地产开发有限公司	乡人民政府院内	房地产开发	0	1	1675343
北京弘元鼎成房地产开发有限公司	五里桥一街 1 号院 19 号楼 3 层 109 室	房地产开发	1	1	1342343
北京海融兴达商业管理有限公司	朝阳北路 17 号楼负 1—3 层 109 室	市场管理	81398	24	1229790
北京营基房地产开发有限公司	黄渠东路 2 号 15 号楼 4 单元 105 室	房地产开发	833	1	1079189
中交四公局建筑工程有限公司	五里桥一街 1 号院 17 号楼 2 层 201 室	房屋建筑	447718	197	507678
北京常营兴业房地产开发有限公司	幺家店路 3 号	乡回迁房屋安置	1500	21	224555
国久盛世（北京）房地产开发有限公司	五里桥二街 2 号院 7 号楼 2 层 0205 室	房地产开发	1	2	99900
金粤幕墙装饰工程有限公司	常通路 3 号院龙湖—长楹天街西区星座 5 栋 28 层	施工总包	16493	35	90896
北京世欣博瑞投资管理有限公司	五里桥一街 1 号院 13 号楼 4 层 401 内 405	房地产开发	1	70	50000
美猴王有限公司	五里桥一街 1 号院 14 号楼 19 号三屋	房地产销售商品房	1	1	48070
北京市鸿瑞丰置业有限公司	常营非中心 14 号楼 3—4 层	房地产开发	3097	2	39987
中冶华电（北京）建设工程有限公司	五里桥二街二号院南 91307 室	房屋建筑	5813	3	20230

注：此表依 2014 年统计所调查登记。

房地产开发项目

居民住宅小区 1994年,北京市首次利用外资进行大规模危旧房屋改造和“康居工程——常营住宅区”项目合同签字仪式在人民大会堂举行。香港长江实业有限公司董事局主席李嘉诚与北京市领导、国务院港澳事务办公室主任鲁平出席了签字仪式。该项工程占地52公顷,总投资12亿元人民币。是年年底,常营乡与北京阳光房地产综合开发公司签订了康居工程开发协议,引进资金8000万元人民币。

2000年3月,常营乡政府委托拆迁公司在全乡范围内进行了宅基地入户调查,摸清了全乡宅基地现状。配合市规划设计院完成了乡域规划调整。为使常营小区一期建设和常营清真寺寺前广场改造工程顺利进行,协同拆迁公司深入做好拆迁户的思想工作,有69户拆迁户搬迁上楼。

与北京城乡房屋建设开发公司签订的合作开发项目的一期工程在2001年4月破土动工,计划投资22亿元人民币,开发60万平方米的建筑面积;旧村改造、新村建设工作顺利进行,年内开发的8万平方米新村一期工程有18栋,在区领导的高度关注下,在区农委的协调下和区有关部门的支持下,制定了有效方案,采取有力措施,利用一个月时间对上述地域的房屋进行了彻底拆除,拆除建筑面积21000平方米。

2001年,经多轮谈判,常营乡在朝阳区第二届国际商务节上与天鸿集团签约,开发常营乡东苇路以东245公顷的土地。该项目预计投资约100亿元人民币,建成可居住6万—8万人的超大型规模居住区。常营乡在第一届国际商务节上与北京城乡房屋建设开发公司签约的鑫兆园也进展良好。2个开发公司拆除补偿费到位及时,有力地支持了常营乡里的旧村改造,新村建设。

大型居住区:荟万鸿、万象新天、常营民族家园、连心园、鑫兆佳园、苹果派等6个项目于1994年陆续开工建设至2005年基本建设完工并入住。

图6-18 中弘北京像素(摄于2012年)

常营乡的农民自住房分两部分,分别是安置回族群众的常营民族家园小区和安置汉族群众的连心园小区。常营民族家园总用地约54.46公顷,总建筑面积约为55.52万平方米。共分为3部分:一是2000年规划设计条件核准36.47公顷新村建设用地安置5730人,建筑面积35.22万平方米;二是1998年征地11.69公顷,在上述规划条件中核减了1940人,相当于1998年地块安置1940人,现状建筑面积11万平方米;三是2008年利用部分绿化隔离地区剩余用地建设的N区,总用地6.3公顷,建筑面积9.3万平方米。具体建设年代:第一部分

1999—2001 年;第二部分 2001—2004 年;第三部分 2008—2009 年。2002 年,常营新村建设二期规划意见书核准连心园小区总用地 24.03 公顷(居住用地 17.08 公顷),实际建筑面积约 27 万平方米。其中,2002 年建设 21.6 万平方米,2008 年利用配套用地又建设 5.4 万平方米。据统计,拆迁安置小区建设共约 84 万平方米。保障性住房小区开发(包括两限房、经济适用房、廉租房)共 6 个小区,1880645.70 平方米。商品房住宅小区开发有鑫兆佳园、万象新天、苹果派、优点社区、汇鸿家园部分。商业用地开发有非中心、中弘北京像素园区。

2007 年,按照北京市保障性住房和两限商品房的建设计划,常营地区建设大型居住区分两期建设面积 81.97 公顷,总建筑面积 188 万平方米。一期工程为两限房,占地面积 49.33 公顷,建筑面积 78 万平方米;二期工程为经济适用房,占地面积 32.64 公顷,建筑面积 110 万平方米。为此地区开辟绿色通道,设专人负责常营保障性住房及两限房配套市政工程的审批,保证建设顺利进行、按时完成。其间时任中共中央政治局常委、国务院副总理李克强到常营地区考察保障房建设,听取项目建设情况汇报。中共中央总书记、国家主席胡锦涛亲自到常营地区保障性住房金隅丽景园小区考察,深入居民家中亲切座谈,关心居民的居住条件及生活情况。

2007 常营地区住宅小区开发一览表

表 6－21

社区名称	社区面积（平方千米）	建筑面积（平方米）	住宅面积（平方米）	设计规划情况		办理入住情况	
				户数(户)	人数(人)	户数(户)	人数(人)
畅心阳光	0.17	469255.00	401712.00	5408	14927	4080	12249
保利嘉园	0.21	401404.41	340184.10	4199	11757	3670	11010
北辰福第	0.19	447929.00	322585.00	3891	10895	3100	8687
金隅丽景园	0.10	260514.00	219190.00	3540	9912	2939	3000
住欣家园	0.15	301443.28	225792.49	3454	9677	2907	8721
合　计	0.82	1880645.70	1509463.59	20492	57168	16696	43667

东方华瑞文化产业中心项目　位于朝阳区常营乡管庄路东侧,为朝阳区第一道绿化隔离试点项目,规划建设用地面积 2.03 公顷,总建筑面积 8.49 万平方米,2015 年 6 月 5 日,经朝阳区政府产业项目联审会审查,同意项目启动。

该项目通过北京市第一道绿化隔离地区城市化建设朝阳区试点项目建设联审,获得《市政府扩大内需大项目绿色审批通道确认表》;获得《关于确认北京东方华瑞文创产业中心项目用地土地权属的回函》;递交了《北京市朝阳区常营乡绿隔产业东方华瑞文化产品中心项目申请报告》;向北京市规划委员会朝阳分局递交了《关于落实"东方华瑞文化产业"项目规划条件的请示》;收到北京市规划委员会朝阳分局关于常营乡北京东方华瑞文化产业中心项目的规划意见复函等。

常赢绿洲假日休闲运动中心项目　合作协议于 2003 年 9 月签订,2005 年 3 月开工建设。为常营乡与博奥置业有限公司共同开发的绿地项目,位于常营乡北部。截至2008年年底总投资已超过2亿多元,已经建成高尔夫球场、健身乐园和商务会馆等设施。

2008年6月正式对外营业,仅2008年当年收取会员费1亿多元,当年三季度营业收入2688万元,当年形成区级收入180.3万元,当年入库税金370.8万元。2009年形成区级收入141.7万元,当年入库税金313.4万元。2010年形成区级收入81万元,入库税金166万元。

中国特色经济之窗(非中心)项目 合作协议2002年4月签订,2005年4月开工建设。由北京中弘投资有限公司投资,位于朝阳北路北侧,占地40万平方米,建筑面积45万平方米,总投资14亿元。该项目是集商务会展、商务办公、酒店及商务配套于一体的大型建筑综合体,是一个大规模的新型生态化、低密度、个性化、智能化的综合商务区。该项目一期总建筑面积约14万平方米,由8个组团(28栋低密度办公楼和1个商务会所)围合而成,截至2009年7月园区入驻企业共23个,实现企业总产值1.05亿元,销售收入92万元,上缴利税98万元。入驻企业包括友邦保险、维维集团、中国船东互保协会、华软通联(CSOFT)、利业永胜(eee)等数十家国内外知名服务、电子、食品、物流、IT企业、涉及生物与新医药技术,新材料技术等高新技术领域,商务氛围日趋成熟 。二期项目建设用地面积约20.92万平方米,容积率2.38,地上建筑面积49.8万平方米,地下建筑面积20万平方米。

图6-19 中国特色经济之窗——非中心(摄于2013年)

北京世界服装生产研发中心(推广名:北京国际时尚中心) 2004年,"北京东方和瑞体育文化产业项目"位于东苇路与幺家店路交叉路口西北角,占地9.06公顷,规划建筑面积22万平方米。项目预计总投资约17亿元人民币,投资主体为北京东方祥瑞置业有限公司，该公司系常营回族乡集体全资子公司。项目正在进行行政审批手续，截至2015年已取得项目立项、用地预审，正在办理规划条件报批。

建设内容包括：国内外服装行业的企业总部中心、展示中心、物流中心、文化中心、服务中心等，拟建规模约50万平方米。项目按照市场化方式建设，将技术密集的服装设计、国际品牌的市场优势同劳动密集的服装加工业、服装批发零售业、展览展示相结合，成为我国第一个集国际服装服饰的设计研发、展示发布、贸易洽谈、商务办公、教育培训、仓储物流等功能于一体的时尚创意产业发展中心。建成后估算年营业额约30亿元，实现年利润约2亿元，年税金约1亿元。

2007年5月30日，常营乡与香江国际正式签订项目合作开发协议。

服务房地产开发企业

围绕房地产开发，有一批服务性企业入驻常营，其中包括房地产中介、咨询、拆迁、安装、装潢、建材以及物业管理，它们都为常营地区房地产开发做出了有益的贡献，故列表存之。

常营辖区安装装潢、建材销售企业一览表

表6－22

企业名称	经营地址	类别	从业人数(人)	入驻时间	附 注
北京立达欣科技发展有限公司	常营乡五里桥一街1号院4号201室	市属	4	2004年3月	建材制造、防水建筑
北京朝阳兴义德建筑材料有限责任公司	常营乡十里堡村东	民营	4	1992年1月	加工炉渣砖
北京通润达机械施工有限责任公司	朝阳区管庄东十里堡路北	民营	31	1992年8月	建筑物拆除
北京英吉利锅炉设备安装工程公司	常营回族乡六村北	民营	5	1994年2月	民用供暖安装锅炉
北京隆旺华装饰中心	大兴县西大街民族幼儿园内	民营	3	1996年3月	家居装饰
北京鑫兆丰建材有限责任公司	常营乡十里堡村南	民营	4	1996年5月	批发水泥
北京宏建达工贸有限公司	常营乡草房村	集体	5	1997年3月	销售维修消防器材
北京诺根科技贸易有限公司	常营乡十里堡村农工商合作社旁	民营	4	1999年5月	批发水泥
北京腾龙伟业建筑材料有限公司	常营乡东十里堡村178号	民营	4	2001年4月	销售建筑材料
北京东方兆成商贸有限公司	常营回族乡第四村民委员会	民营	7	2001年6月	销售钢材水泥
北京龙安世恒国际装饰设计有限公司	常营乡鑫兆佳园30号(住宅)楼807号	民营	1	2001年8	家居装饰设计

接上表

企业名称	经营地址	类别	从业人数(人)	入驻时间	附注
北京策源建筑装饰工程有限公司	常营乡五里桥一街1号院8号楼101室	民营	42	2002年12月	专业承包
北京豫丰祥龙商贸有限公司	常营乡十里堡村东侧	民营	1	2002年2月	租赁建筑器材
北京棋盛伟业石材有限公司	常营乡第六村西	民营	4	2002年6月	销售石材
北京万方卓业建材有限公司	常营回族乡十里堡村	民营	3	2003年3月	零售装修材料
北京泰坤德邦商贸有限公司	常营乡第七村	民营	1	2003年9月	销售建筑材料
北京中金联合金属材料有限公司	常营乡五里桥一街1号院7号楼4层	民营	37	2004年3月	钢材批发
北京玉良装饰设计有限公司	常营乡鑫兆佳园2号住宅楼2门702号	民营	2	2005年6月	室内装修
北京鸿昌宏宇装饰工程有限公司	常营乡朝阳北路22号院13号楼3单元3层	民营	2	2005年9月	上门维修防水
北京苏艺图澜装饰设计工程有限公司	常营乡鑫兆佳园12号楼4门802室	民营	3	2006年3月	室内装修
北京艺博铭翰建筑装饰有限责任公司	常营乡中国特色经济之窗6-E座2层02E-2	民营	3	2007年5月	室内装饰设计
北京亚瑟秀室内设计事务所	常营乡常营居住区二区231号楼1单元702号	民营	1	2007年8月	室内装饰设计
北京东旭新升家居装饰有限公司	柏林爱乐三期5号楼5单元203室	民营	2	2008年1月	室内装修
芬丁(北京)商贸有限公司	常营乡万象新天412号楼1层B2号	民营	2	2008年2月	零售家居饰品
怡斐缇(北京)科贸有限公司	常营乡万象新天407A底	民营	2	2008年8月	销售建材装饰材料
北京上尚格室内设计有限公司	常营乡鑫兆佳园二组团14号楼8层1单元801室	民营	1	2009年3月	室内设计
北京涣然装饰工程有限公司	朝阳北路22号院2号楼1层1单元01商业06号	民营	5	2009年5月	装饰装修
北京宏翔佳艺装饰工程有限公司	朝阳北路22号院2号楼1层商业05号	民营	1	2009年7月	买实木门装饰材料

常营辖区房地产中介、咨询公司一览表

表6-23

企业名称	经营地址	类别	从业人数(人)	入驻时间	附注
北京恒久远大房地产经纪有限公司	常营乡朝阳区鑫兆佳园12号楼3门204室	民营	2	2002年12月	房地产信息咨询

接上表

企业名称	经营地址	类别	从业人数	入驻时间	附　　注
北京华跃棋盛仓储服务有限公司	常营乡第六村西北	民营	5	2002 年 6 月	房屋交易管理
天德天健国际工程顾问(北京)有限公司	常营乡连心园 8 号 5－401 室	民营	10	2008 年 3 月	房地产信息咨询
北京道旗天脉房地产经纪有限公司	常营乡五里桥一街 1 号院 19 号楼 3 层 307 室	民营	1	2008 年 6 月	房地产信息咨询
北京品家宜居房地产经纪有限公司	朝阳北路万象新天家园 405 号楼 1 层 E 号	民营	4	2009 年 3 月	房屋中介
北京恒星浩瀚房地产经纪有限公司	平谷区南独乐河镇同乐路 19 号	民营	37	2010 年 1 月	房地产中介服务
北京文鼎盛荣房地产咨询服务有限公司	406 号楼	民营	8	2008 年 1 月	信息咨询
北京翠美房地产经纪有限公司	朝阳北路 22 号院 21 号楼 5 层 3 单元 502 室	民营	5	2009 年 5 月	房地产经纪业务

注:表格内容系 2010 年调查登记。

卷七　文化建设与传承

一　教育

发展概况

常营回族乡,历史上经济落后、贫困,教育事业很不发达。该乡直到清末才有私塾、义学。据《通县志》①记载,清光绪七年(1881 年)顺天府尹奏设义学 2 处,一在常营,一在普济闸,但贫穷子弟很少受到教育。到了民国初期,地方上有个老报人张子岐,是个有识之士,他想以发展教育来改变家乡的落后面貌,于是他捐出部分家产,开展办学、助学。民国 9 年(1920 年)始建常营学堂(1936 年后称常营小学),以不收学杂费并发放粮食吸引穷苦孩子入学读书,当时有首民谣:“弟子规,不自念,一天 2 斤棒子面。”民国 25 年(1936 年)改为常营小学,有学生 70 人,组成 2 个复式班。

民国期间,在常营实际是学堂与私塾并存。村里的私塾以《百家姓》《千字文》《三字经》《六言杂字》(即以常用字编成的押韵识字课本)为主要授课内容。另有两项活动:一是写毛笔字,二是学珠算。教学方法主要是单人教学,教师教,学生背,根据学生接受能力,更换教学内容,因人而异,由浅入深,一点一点往下学。据民国 21 年(1932 年)《通县志》记载:常营乡划归通县第七学区。常营村有初级小学 1 所,学生 42 人,为张氏私立。

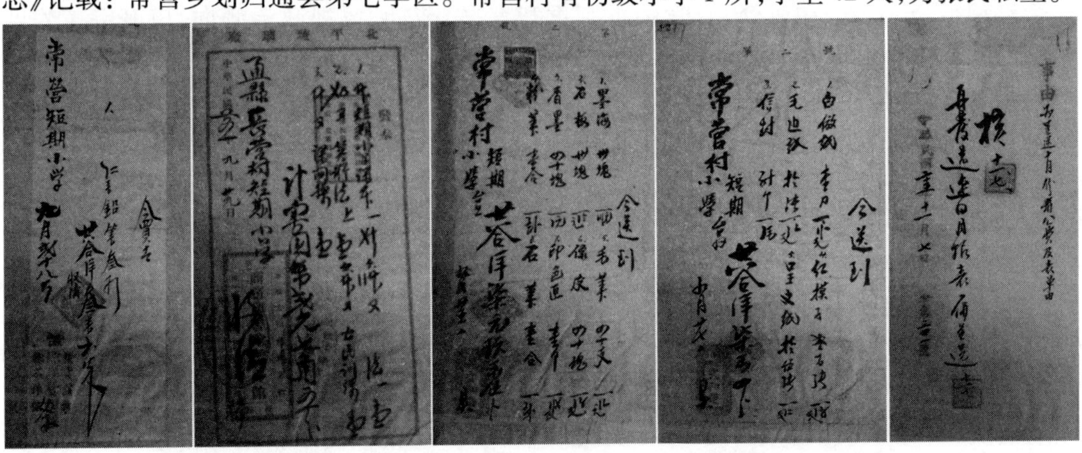

图 7－1　民国 25 年(1936 年)常营小学的档案记录(现藏于通州档案馆)

---

① 《通县志》:通州区地方志编纂委员会编,北京出版社,2003 年 11 月出版。

民国25年(1936年)常营村短期小学有教师金少武,保管员白某;民国26年(1937年)招收学生25名。新式学堂教学内容有国文、算术、音乐、美术、体育。民国34年(1945年)常营小学成为完全小学并改为公立学校,有6个年级,学生230人。这个时期教育,培养了一批有文化的人,亦为常营留下捐资助学的佳话和好传统。到民国35年(1946年),常营境内已有3所小学,即常营小学,十里堡小学,五里桥小学,至1949年9月,常营地区仅有小学3所,入学率低,设施简陋。其中,常营小学有5个教室,1个办公室。

新中国成立后,人民政府接管和改造旧学校,贯彻学校向工农子女开门方针,扩班增员。当时除常营小学外,东三村还有2所初级小学(即十里堡村小学与五里桥村小学),四年级毕业。常营乡人民政府组织群众整修了残破校舍,新建了操场,改善了教学环境,常营附近的初级小学的学生也到常营小学就读五、六年级。1950年,公主坟村办起初小,后并入五里桥小学。

1951—1955年,为开展民族教育,在常营清真寺的支持下开办了穆信小学。实行双语教育(汉语与阿拉伯语)以文化课为主,兼学阿文和宗教知识。穆信小学由董事会领导,阿訇秦玉文担任校长,经费由清真寺土地收益开支,不足部分由董事会捐募。文化课由教师杨万祥担任,因师资力量不足,多个班级同时上课,一个教师轮流授课多个班级。教学条件虽然艰苦,但学生们很努力,培养出不少地方所需人才。

1955年以后,由于清真寺财经困难,穆信小学停办。在校学生自动转到常营小学继续学习。

土改时期,常营小学开展扫盲运动,开设扫盲班,推广识字法,教拼音识字,多在晚上授课,大量农民学会认字。解放初期,小学的政治文化生活非常活跃,1952年就建立了共青团支部。1953年又建立了少年先锋队组织,在北京市南豆芽菜小学(穆慈小学)师生的帮助下,建队仪式办得有声有色。1954年,贯彻《关于提高北京市中、小学教育质量的决定》,教育质量有所提高。

1958年,常营小学更名为常营中心小学。贯彻“教育为无产阶级政治服务,教育与生产劳动相结合”方针,在教育、教学中批判重智育、轻劳动、忽视政治倾向,以开辟工农业生产劳动渠道作为贯彻的主要内容,师生义务劳动偏多,教育质量下降。1959年,忽视教育质量的做法得到纠正。

“文化大革命”中,教学工作遭到破坏,片面强调“突出政治”“开门办学”,学生学习质量急剧下降。1969年全市小学改为五年制。农村地区中小学师生除参加校办工厂、农场劳动外,在大麦两秋及节假日回村参加生产队劳动。

1981年之后常营中心小学更名为常营民族小学。恢复六年制,常营乡迎来了教育事业的大发展。随着人口急剧增长,常营地区陆续建立了20多所公私幼儿园。常营小学先后经过6次翻改扩建校舍,形成东西2座校园。扩后虽有21个班,17个教室,依然不适应发展需求。1988年,常营乡党委、乡政府决定对常营小学迁址重建。1991年,市、区、乡政府出资600多万元,群众捐资75.5万元,进一步扩建教学楼。新校区占地13700平方米,建筑面积达17000平方米,教学条件大为改观。1994年9月10日,常营回族乡人民政府召开了“庆祝第十个教师节表彰先进教师大会”。会上受表彰的先进教师有陈振英、周汝泽、张广珍、辛振英、李俊兰、毛亚芹、律更强、孙德成、张桂珍、程淑桂、张淑荣共11名,常营乡领导为他们颁发了荣誉证书和奖金(每人500元)。此外,还为从教25年以上的老教师颁发了纪念品。11月,学校搬至管庄乡东苇路9号(今北京市忠德学校地址)。1995年10月,撤销十里堡小学,并入常营小学。1997年,常营小学改为市教育局所属9年制的北京市民族学校,市、区、乡三级共同出资1100万元,兴建成现代化的民族学校,使教学环境和设备都达到了市级一流,成为北京市的一个对外窗口学校。1999年9月,五里桥小学并入北京市民族学校。2003年8月,学校迁址至朝阳北路12号。

2000—2002年,常营乡再度拨款130万元,支持民族学校建设,引进中高级教师和大学毕业生36人,增强了师资队伍实力。3年中,全乡考入高中、中专学生236人,考入大学学生48人,为考上学校的学生发放奖励资金达32.2万元。2003年,常营乡有38名应届高中生考入大专院校,134名初中学生升入高中和中专,常营乡政府奖励民族学校13.4万元。2003年6月,北京忠德学校落户常营乡鑫兆佳园的柏林爱乐小区内,这是一座由北京城乡房屋建设开发公司投资的"校产国有、企业建设、经费自筹、专家办学"的九年一贯制学校。由于资源共享,又使常营地区中小学教育向前迈进了一大步。

2008年开始,随着常营乡城市化速度加快,两限房、经济适用房、商品房大量的建设,新住户及流动人口显著增加,乡政府决定调整中小学布局,扩充建设规模,根据《朝阳区2003—2008年教育发展纲要》,制定集团办学方案,推进"名校"向集团办学方向发展。常营地区配套建设了2所新型小学,陈经纶中学保利分校及北京市朝阳区第二实验小区北辰福第校区落户常营,以满足群众对优质教育资源的需求。

截至2014年年底,常营地区设有公立中小学4所、民办中小学2所,另有高职(专科)院校1所,在校生4300人,专任教师208人。北京市劲松职业高中也在此开办了常营校区。

2015年常营中小学简表

表7-1

学校名称	学制	学生人数(人)	教师人数(人)	附　　注
北京市民族学校	9年	928	93	教师中高级职称7人,一级职称38人,二级职称34人,三级职称1人,未定等级6人,共86人取得相关职称
北京市忠德学校	9年	1300	220	教师中高级职称35人,中级职称25人,共60人取得相关职称
北京市新教育实验学校	9年	220	31	教师中有26人取得相关职称
陈经纶中学保利分校	初中	180	27	教师中有21人取得相关职称,其中高级职称4人
北京市朝阳区第二实验小学(北辰福第校区)	6年	277	19	教师中有19人取得相关职称,其中高级职称9人,一级职称10人

学前教育

1979年之前常营乡无正规幼儿园、托儿所,学前教育全由父母或祖辈们操劳,比起先进地区,常营的儿童在起跑线上就慢了半拍。改革开放初期,先由村民带头,自发办起了托儿所、幼儿园3处,当初这些家庭托儿所、幼儿园虽然教学设备、娱乐游戏器具以及园所

图 7 - 2　北方之星幼儿园(摄于 2015 年)

环境简陋一些,但颇受家长们的重视和社会的欢迎。然而,随着社会对教育认识的提高,父母对儿童期望值的增长,特别是乡域内人口急剧增长,使许多人投资幼儿园,形成幼儿园、托儿所遍地开花,而且越办越好,有些幼儿园富丽堂皇,但收费不菲。截至 2010 年统计,常营地区已建幼儿园 23 所。其中,北方之星民族幼儿园,成立于 2004 年,是首个提供清真餐的幼儿园,坐落于民族家园,占地面积 6000 平方米,建筑面积 3000 平方米,园内共设 11 个教学班。2011 年年底,常营地区有经朝阳区教委批准的证照幼儿园 3 所,在园幼儿 1012 人,专任教师 194 人。

2012 年常营辖区幼儿园统计表

表 7 - 2

名　称	地　　址	建立时间	占地面积(平方米)	入园人数(人)	教职工数(人)
北方之星幼儿园	常营乡民族家园 B 区 70 号楼	2004 年 9 月 1 日	6000	240	43
忠德幼儿园	朝阳区管庄东苇路柏林爱乐小区内(近 27 号楼)	2006 年 3 月 1 日	5360	470	95
刘诗昆幼儿园	朝阳区常营乡万象新天小区二区 232 号楼	2008 年 6 月 1 日	3700	420	80
民族幼儿园	民族家园 24 - 2 - 102、26 - 2 - 102	2009 年	200	92	12
嘟嘟幼儿园	民族家园 82 - 5 - 202	2006 年	176	46	10
喜洋洋幼儿园	民族家园 54 - 1 - 101、55 - 1 - 201	2009 年 7 月 1 日	180	33	5

接上表

名　称	地　　址	建立时间	占地面积（平方米）	入园人数（人）	教职工数（人）
世纪宝贝双语	民族家园J区5－3－102室	2006年3月1日	98	38	10
佳乐双语幼儿园	连心园38－1－101室	2007年	435	91	11
七色彩虹	连心园34－1－101室	2008年4月1日	348	60	9
爱心宝宝	鑫兆佳园三期12－6－102室	2007年	360	42	8
乐尔幼儿园	连心园24－3－302室	2009年	98	46	6
天赐宝贝	鑫兆佳园33－101室	2009年7月1日	98	6	3
剑桥双语	鑫兆佳园四期22－6－101、22－6－102室	2008年	210	15	3
爱朴儿	鑫兆佳园四期22－2－101、22－6－102室	2009年8月	220	41	4
中和幼儿园	鑫兆佳园四期22－3－101室	2009年	200	9	3
长颈鹿幼儿园	鑫兆佳园三期10－3－102室	2009年	100	14	4
蒲公英幼儿园	鑫兆佳园二期22－2－101室	2008年	90	18	5
太阳花幼儿园	万象天际花园202－5－101室	2009年7月1日	165	17	4
京华双语	丽景园7－2－1404室	2008年	90	12	3
喜洋洋艺术	鑫兆佳园9－2－101室	2011年4月1日	103	5	2
向日葵幼儿园	连心园西区32－4－101室	2010年4月1日	90	11	3
世纪宝宝早教	鑫兆佳园三期底商1－7室	2009年11月20日	320	85	8
金色童年双语	连心园10号楼共五层	2010年	3000	75	19
丽景幼儿园	五里桥一街4号	2011年	4366	330	60
北辰福第幼儿园	常营北小街2号园	2012年12月	3450	480	80

中小学选介

常营民族学校　前身是常营学堂，建立于民国9年（1920年），历经常营学校、常营小学、常营中心小学、常营民族小学、北京市民族学校五个历史时期。1997年改制为北京市民族学校，九年一贯制，隶属北京市朝阳区教委，系北京市对外窗口学校。学校新址坐落于常营民族家园，占地6000平方米，建筑面积148000平方米，教学楼内有25个普通教室，另有音乐、美术、科技、图书阅览等专用教室，并建有现代化的语言教室、电子计算机房、闭路电视、多功能厅，还建有操场和一座400米跑道的大操场，教学环境与设备都已达到市级一流。2010年，在校学生916人，其中回族学生80%，教职工96人。学校多年被评为首都民族团结进步先进集体。

五里桥小学　该校创建于民国35年（1946年），开办时为初小；新中国成立后逐步升级为完小，办学条件十分简陋。1990年乡管校后，学校面貌一年一变样。先是集资办学,全部翻新了教室。接着,在区教委、乡政府支持下,安装暖气、平整操场、砌围墙、盖浴室、建食堂;充实配备教师队伍,建计算机教室、开设英语课,硬件、软件一起上。在五里桥小学新建中,总经理苗德宝代表五里桥京东造纸厂先后捐资74500元。该校教育质量逐步提高,至1991年,入学率、及格率、毕业率均达100%。1999年9月,五里桥小学并入北京市民族学校。

图7-3 北京市民族学校(摄于2015年)

北京市忠德学校 坐落于常营鑫兆佳园·柏林爱乐小区内,2003年6月建立,是北京市城乡房屋建设开发投资公司投资兴建的九年一贯制学校。其办校方针是“校产国有、企业建设、经费自筹、专家办学”。学校占地面积40000平方米,建筑面积20000平方米,中小学设有36个教学班,可容纳学生1200人。截至2015年已建成校园千兆以太网、多功能厅、演播厅、舞蹈厅、天文台、宿舍楼、膳食中心、400米塑胶跑道操场、体育馆、图书馆、模具制作实验室、综合科学实验室等专业教室,另有MIDI音乐教室、陶艺室、琴房、医务室等。2010年,有在校生1200人,教职工145人。该校系福尼斯英语教学基地之一。

图7-4 北京市忠德学校(摄于2015年)

北京市劲松职业高中常营校区 北京市劲松职业高中始建于1983年,是当时北京市第一所独立设校的职业高中。自2011年开始,学校实行多校办学。2013年年底,常营校区的建校工程完工,校区占地面积42956平方米,教职工200多人。2014年,常营校区从新学年开始作为主校区正式运营,专业设置以旅游服务类专业为主。原劲松校区酒店管理专业、部分烹饪专业和双龙校区电子商务专业调整至常营校区。在校生1000多人。学生实习就业率常年保持在95%以上。办学特色:办学模式国际化、培养模式多样化、教师队伍名优化、实训基地企业化。2015年1月15日,34名来自10个国家的外交官,来到常营校区参加中国饮食文化体验活动。通过该次活动使他们多角度了解中国的饮食生活,亲自体验中餐文化的魅力。活动结束后,外交官们反映进一步了解了中国饮食的艺术性,感受到了烹饪的乐趣。常营校区在社会培训、国际合作等方面具有广阔的前景。

图 7－5　北京市劲松职业高中常营校区（摄于 2015 年）

北京市新教育实验学校　　该校是北京市朝阳区教委与新教育研究院合作创办的一所九年一贯制公办学校，是朝阳区教委的直属引进校。学校致力于实践“过一种幸福完整的教育生活”的新教育办学理念，在全面开设、探索新教育实验课程的基础上，努力打造成为全国新教育实验的核心基地学校和窗口示范学校。

新教育实验发起人是民进中央副主席、全国人大常委、中国教育学会副会长朱永新教授，由他担任学校名誉校长。全国著名教育管理专家、新教育研究院院长卢志文担任学校法人和校长。

学校位于朝阳区常营住欣家园南门 102 号（常营南路东首）。

学校的办学致力于四个改变：改变教师行走方式；改变学生生存状态；改变学校发展模式；改变教育科研范式。坚持五大理念：无限相信学生与教师的潜力；教给孩子一生有用的东西；重视精神状态，倡导成功体验；强调个性发展，注重特色教育；让师生与人类崇高精神对话。在具体操作路径上，学校提出六大行动：营造书香校园、师生共写随笔、构建理想课堂、聆听窗外声音、培养卓越口才、建设数码社区。

学校注重课程开发与实践，“晨诵、午读、暮省”，用诗词、歌曲与精美散文开启一天的生活。践行把校园作为书园的理念，大力倡导多种形式的阅读活动，让阅读成为学生的生活方式。注重教师的专业发展，以“三专”（专业阅读＋专业写作＋专业发展共同体）为支撑内容。致力于课堂教学的变革，追求课堂教学的 3 种境界：落实有效教学框架——为课堂奠定一个坚实的基础；发掘知识这一伟大事物内在的魅力；知识、社会生活与师生生命的深刻共鸣。

学校有一支以教育家、管理专家、特级教师领衔的骨干教师队伍，来自北京本地和全国新教育实验区的优秀教师组成授课团队。小班化教学、个性化辅导、跟踪式服务，保证每一个孩子的健康成长。班级文化以打造“完美教室”为导向，在阅读中，注重滋润学生的精神生活，形成师生共同对话的温馨共同体。

图 7－6　北京市新教育实验学校(摄于 2015 年)

附：捐资助学

1991 年 4 月，为了使民族小学打造成“建筑面积最大、环境最优美、条件设备最先进”的北京市民族教育窗口学校，市里决定所需款项 634 万元，由市、区、乡三级分担，市投资 200 万元，区投资 200 万元，剩余由乡自筹。因乡的财力有限，于是乡政府决定发动村民捐资助学，补上 76 万元缺口，并允诺凡捐资 300 元以上者铭刻碑文，载入史册，世代留芳。乡里“倡议书”发出之后，受到常营乡村民积极响应，发扬常营乡捐资助学的优良传统，纷纷慷慨解囊，在 2 个月时间内收到捐款 75.5 万元(实际集资 90 万元)，其中捐资 5000 元以上 4 人，1000 元以上 28 人，从而实现了当年立项、当年批地、当年设计、当年奠基。

常营派出所 8 名警员，捐资 1200 元，第一份交到捐资站。常营八村个体运输户胡顺明首先声明他捐资绝不是图名，而是为了常营办学，带头捐资 3 万元。常营三村个体工商户穆瑞洪二话没说，主动捐资 1 万元。常营三村原居民马贵海的二姐，早已离开故乡，是天津一位退休老工人，正赶上回家探亲，听说此事，立即捐资 500 元。无独有偶，来常营四村的台胞安德普老人，手头虽没有多少钱，也捐上 500 元。常营五村退休工人陈朝明，已是 86 岁高龄，为了表达自己的心意，亲自到捐资站捐上 100 元。常营民族学校的师生，给捐资站送去 4677 元，其中有不少学生把平时攒下的零用钱也捐了出来。常营乡许多人从这次捐资助学的行动中受到教育，看到了希望。

常营乡对这次发动捐资十分重视，为了办好这件事，特地成立了捐资助学领导小组，组长白继良(乡党委书记)，副组长王景乐(分场场长)、穆怀敏(乡人大主席团主席)、侯俊臣(乡长)、张松清(乡党委副书记)。下设办公室,由穆怀敏兼主任、杨玉清任副主任。捐资办设在乡财政所。

1991年助学捐款300元以上人员名单

表7-3

单　位	姓　名	金额(元)	单　位	姓　名	金额(元)
乡派出所	马洪叶	300	常营小学	陈振英	300
乡机关	刘凤芝	300	常营小学	张广珍	300
乡机关	白继良	600	台湾同胞	安德普	500
乡机关	王景乐	600	常营六队	马荣江	300
乡机关	侯俊臣	600	常营六队	张善英	300
乡机关	张松青	400	卫生院	张继东	300
乡机关	张永松	400	基建队	郭　福	300
乡机关	杨玉清	400	基建队	钱家宝	300
乡机关	穆怀敏	600	清真寺	秦玉文	400
乡机关	尹桂元	400	清真寺	张玉昆	400
乡机关	康书贵	400	常营三队	杨淑珍	300
乡机关	王守吉	300	常营三队	尹启华	300
乡机关	李连华	300	常营三队	胡永光	300
乡机关	张　立	400	铸造厂	杨正文	400
乡机关	李建海	400	铸造厂	李希增	300
常营五队	李桂林	500	铸造厂	管瑞启	400
常营五队	何广瑞	300	常营四队	张连荣	300
常营五队	李桂友	300	常营四队	吴国喜	300
化工厂	马朝清	300	常营四队	杨慧茹	300
铸造厂	马万录	300	常营四队	任振军	300
乡机关	马宝忠	300	常营四队	李春敏	300
乡机关	安树青	300	常营八队	张瑞华	300
常营一队	张万才	300	常营八队	李树清	300
常营一队	管连贵	300	常营八队	王亚荣	300
汽修厂	杨慈光	300	常营八队	杨启凤	300
汽修厂	马书军	300	常营八队	白　瑞	300

接上表

单　位	姓　名	金额(元)	单　位	姓　名	金额(元)
汽修厂	马运华	500	乡机关	耿淑平	300
乡机关	安茂英	300	五里桥	赵　祥	300
常营二队	海书珍	300	玻璃店	韩敬贵	300
常营二队	王振营	300	玻璃店	马贵海	300
常营二队	刘志文	300	玻璃店	张万来	300
常营二队	肖宝恒	300	公主坟	杨文生	300
常营二队	海书桓	300	常营三队	尹增元	1000
常营二队	张庆发	300	常营三队	尹宝明	2000
常营七队	张万清	300	常营八队	吴铁良	2000
常营三队	穆瑞洪	10000	常营四队	李凤明	3000
常营三队	胡顺友	380	常营三队	金凤明	2000
五里桥	张秋华	300	常营六队	侯景利	2000
五里桥	吴振海	300	常营七队	张庆旺	3000
五里桥	张振国	300	常营八队	白继丰	1000
五里桥	刘凤文	300	常营一队	陈立云	1000
玻璃店	张金海	660	常营四队	马朝田	1500
常营八队	胡顺增	2000	机务队	张玉海	300
常营八队	胡顺明	30000	科技站	张广生	300
常营八队	穆祥斌	200	科技站	杨文明	300
常营八队	张二英	300	常营三队	丁秀德	5000
十里堡	张万喜	1000	常营五队	陈正平	1000
十里堡	侯满山	1000	常营五队	安崇祥	300
公主坟	张永祥	2000	常营五队	路京荣	300
公主坟	薛宝福	300	常营五队	马文瑞	300
常营八队	胡顺友	1000	常营五队	马增寿	560
常营八队	胡顺来	1000	常营五队	李连仲	300
常营四队	马朝启	400	常营五队	何广会	300
乡机关	张景凤	300	常营四队	马凤岐	300
常营五队	管志月	500	仓储公司	王淑萍	320

接上表

单 位	姓 名	金额(元)	单 位	姓 名	金额(元)
常营四队	杜淑兰	360	仓储公司	薛书兰	300
常营四队	任振田	300	仓储公司	张士荣	300
常营四队	安贵田	300	仓储公司	秦玉秀	300
仓储公司	肖凤兰	300	仓储公司	马云茹	300
仓储公司	杨国太	350	仓储公司	王永兴	300
仓储公司	孙德祥	350	仓储公司	霍雪增	300
仓储公司	李莲英	320	仓储公司	张万仙	300
仓储公司	安庆林	320	长顺铸造厂	白永福	400
仓储公司	尹桂喜	320	长顺铸造厂	王凤启	400
仓储公司	宋启珍	320	长顺铸造厂	姚世芬	300
仓储公司	白淑珍	300	长顺铸造厂	白淑秀	300
仓储公司	夏恩芹	300	长顺铸造厂	夏凤军	300
仓储公司	张玉柱	300	长顺铸造厂	杨世云	300
仓储公司	姚世春	300	十里堡	陈德清	300
常营七队	卢玉林	300	十里堡	孙彦军	300
常营七队	侯国瑞	300	十里堡	朱世海	1000
常营七队	张广荣	300	十里堡	孙志忠	400
常营七队	安玉凤	300	十里堡	何子龙	300
常营七队	王忠孝	500	十里堡	侯群山	1000
常营七队	杨正凤	300	十里堡	侯永山	300
常营七队	安自兰	300	十里堡	何起森	300
常营四队	安兆龙	500	十里堡	侯士华	300
常营四队	管瑞福	300	十里堡	李树芹	500
常营三队	薛寿泉	300	十里堡	姚玉文	300
常营八队	白继成	300	十里堡	王一喜	1000
常营八队	胡永忠	500	十里堡	孟庆榆	2000
常营二队	侯晓东	500	常营五队	霸永年	300
常营三队	范 庚	300	十里堡	陈德福	5000
常营八队	白继文	500	十里堡	杨华增	300

接上表

单 位	姓 名	金额(元)	单 位	姓 名	金额(元)
常营八队	白继顺	2000	常营五队	马德才	300
常营四队	张万顺	300	商店	海德录	300
常营三队	胡凤华	300	常营八队	刘秀丽	300
五金箱框厂	张万千	300	常营六队	侯国章	700
五金箱框厂	马万路	300	常营六队	孙凤英	400
五金箱框厂	张永珍	300	十里堡	蒋宝香	300
外包工基建队	马云贵	1000	常营五队	安凤英	300
常营四队	许德旺	500	五里桥	苗德宝	300
常营四队	高月华	500	常营二队	海德印	300
常营五队	哈宝玲	400	常营二队	张兆芹	300
常营三队	毛永珍	400	常营五队	刘凤祥	300
常营三队	薛福珍	300	常营五队	安崇路	300
常营五队	管志全	300	常营四队	安贵连	500
常营三队	穆祥宽	400	常营七队	侯景志	300
十里堡	魏丽芳	300	常营五队	安世亭	500
常营二队	海明洪	500	常营八队	白凤明	600
常营四队	高洪兴	1500	常营四队	王炳顺	500
亚东	侯国兴	300	福建人	王文武	300
公主坟	张会海	1000			

驻地北京政法管理干部学院

北京政法管理干部学院,位于朝阳区常营乡东十里堡村,隶属于北京市政法委,是国立法学高等院校,始建于1982年。学院新建校区占地66600多平方米,一期工程包括教学主楼、综合楼、模拟法庭、学生公寓、餐厅等建筑面积30000多平方米,二、三期工程正在建设之中。学院的图书馆收藏了大量的各类图书和法学类核心期刊,已经完全实现信息化管理,图书编目工作实现计算机化,利用丹诚图书集成系统建立了学院编目数据库;同时,学院建立了法律信息服务中心,为首都司法界和经济建设提供法律信息服务。在电教建设方面,学院建立了电教馆,语音教室、现代化机房、局域网,建立并开通了中国成人教育信息网。

2015年,学院已经形成学历教育、党校教育与干部培训、中高层次与应用型法律人才培训的三位一体的办学模式。学院包括两校一区、一个中心、一个研究所,即政法管理干部学院与北京市政法委党校及中共中央党校政法学区、北京市中高级法律人才培训中心及应用法学研究所3个部分，分别承担着学历教育、政法干部培训、中高级法律人才培训和应用法学研究的任务。

学院按照“立足政法、面向社会、按需办学、因材施教”的办学方针，获得了长足的发展，不仅担负着为首都的公安、检察、法院、司法系统培养干部的任务，同时还担负为首都的经济建设培养中高级法律人才和应用型、复合型法律人才的任务。2015年在校生规模为2000多人，已经培养各类毕业生近万人。

二　医疗卫生

发展概况

常营村历史上缺医少药，没有医疗机构，辖内无一家诊所、医院，人民群众看病，或找民间郎中，或跑20多里地去通县县城以及京城医院就诊。新中国成立初期，常营村只有两位中医，即杨广智、金兴甫，到了20世纪50年代到了一位西医，名叫安希舜，从东北学医归来，居家行医。病人家属上门约请，他们就到病人家中问诊。此外，附近司辛庄有位儿科医生，外号叫“小孩李”，专看小孩子的病，在地方颇有名气。八里桥还有一位姓王号月波的医生，他也常来常营行医。公主坟村有一名中医张竹林（又名张淇园），自学中医，专治喉疾，在公主坟村设铺诊病，配方独特，治嗓子只需“七味三服药”，外地人慕名而来，新中国成立初参加通县卫生协会。十里堡村有位河北籍医生王振声，家传中医，主治伤寒杂症，新中国成立前在十里堡行医，1949年4月参加通县卫生协会。这些散居民间的医务工作者，为保护常营乡一带群众健康默默地做出贡献。

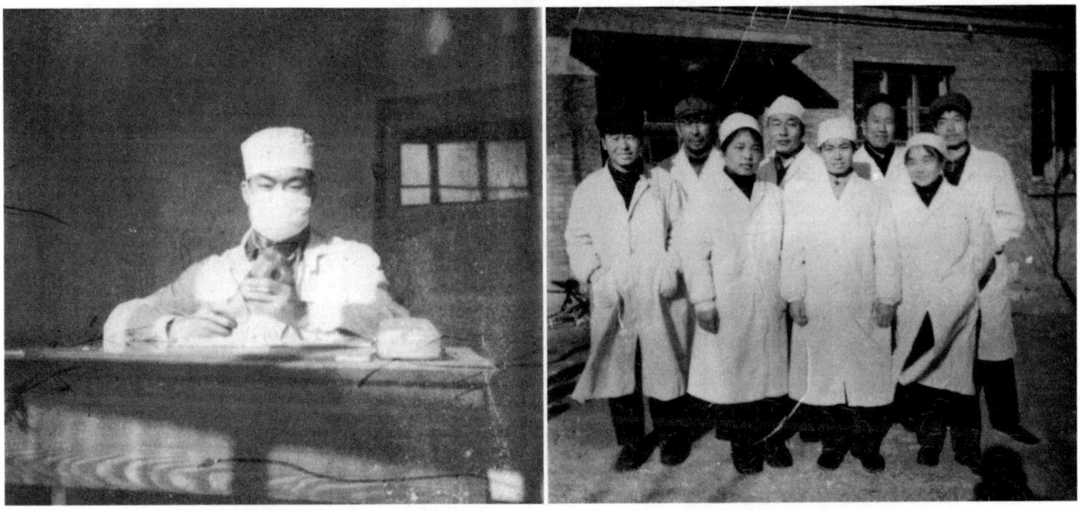

图7-7　常营大队卫生院医生坐诊及医务工作者合影（摄于20世纪60年代）

1958 年“大跃进”期间,常营乡开始实行农村合作医疗,设立了简易的医疗所。每个村培养一名赤脚医生,由 4578 部队军医帮助培训,以西医为主,配以针灸。病人看病需交医疗费,一人一次 5 分钱,药品原价卖给病人。医生身份也是农民,他们靠治病挣工分。直到 20 世纪 60 年代中期才建立起常营诊疗所,后改为常营大队卫生院。

常营大队卫生所历届所长(院长)名录

孙　喜　1964 年 5 月—1967 年 6 月

李连元　1967 年 7 月—1967 年 10 月

王庆荣　1967 年 10 月—1971 年 1 月

张景林　1971 年 2 月—1973 年 5 月

倪瑞波　1973 年 6 月—1974 年 10 月

刘子华　1974 年 11 月—1976 年 7 月

刘仲奎　1976 年 8 月—1978 年 7 月

张继东(回)　1978 年 7 月—1978 年 12 月

附:常营乡赤脚医生名录

常营一村:安树君、张景文(女)、张万芝(女)、张淑田(女)、管洪英(女)、张万春(女)

常营二村:夏全臻(女)、尹翠清(女)、李建民、崔爱荣(女)

常营三村:杨连茹(女)、毛永茹(女)、吴来荣(女)、杨淑英(女)、杨桂兰(女)

常营四村:马凤山、刘春连(女)、张玉芹(女)

常营五村:张万茹(女)、安士合(女)、张广芹(女)

常营六村:杨淑仙(女)、康瑞宝、马风山、白玉英(女)、马立芳(女)

常营七村:张广荣、陈常玲(女)

图 7－8　2015 年常营社区卫生服务中心

常营一居(八队):宋淑玲(女)、白丽英(女)、刘凤芝(女)、王玉敏(女)、刘淑英(女)

十里堡:贾文贤、张建华、姚士发、王会香(女)

五里桥:郝芝兰(女)、张德兰(女)

草房:张德云(女)、王淑兰(女)

1984 年恢复常营乡之后,1992 年 5 月正式成立常营回民医院(初名回族医院),设立有内科、外科、中医科、口腔科,职工 22 人,其中有医师四五人。常营乡的医疗条件稍有发展。院长张继东是回族,20 世纪 70 年代毕业于北京医科大学,为常营回民医院创建出力甚多。1992 年 5 月,常营回民医院与市卫生局科教科协商,办了电教中专班,12 名乡村医生经过 3 年的勤奋学习,于 1995 年 9 月毕业,考核合格,回到常营服务村民。

1998 年 9 月,为改善医疗环境,常营乡政府多方筹措资金,在常营西路新建常营回民医院,分为南主楼 4 层,北辅楼 2 层,建筑面积 3200 平方米,有职工 31 人。设有门诊、病房两大区。门诊设有内、外、妇、口腔、中医等临床科室和放射、化验、心电图、B 超、手术室、保健等辅助科室。综合病房开设床位 40 张。1999 年 8 月,通过北京市卫生局一级合格医院评审。

2000 年 6 月,常营回民医院改隶于朝阳区卫生局。区卫生局选派干部加强对医院实行规范化管理,使医院有了较大的发展。开展了阑尾、疝气、胆囊、子宫肌瘤切除等手术治疗,大大地方便了常营群众就近住院治疗,解决了回民因风俗习惯而带来的住院饮食不便的问题。2007 年,常营回民医院更名为朝阳区常营社区卫生服务中心,下设 3 个社区服务站。是年 6 月,朝阳区政府投资对卫生服务中心进行标准化改造,在中心主楼四层两侧新增建筑面积 689 平方米,建筑面积增至 3770 平方米,开设了全科、妇科、中医科、慢性病康复科、口腔科、预防保健科、理疗科和放射、检验、B 超、心电图、药剂等辅助科室。是年 12 月,实行朝阳区财政统筹下的“收支两条线”管理。2008 年年底,先后建立了民族家园、连心园、万象新天、荟万鸿 4 个社区卫生服务站,建筑面积 866 平方米。承担常营地区 7 个社区 6 万余居民健康教育、预防、保健、康复、计划生育技术指导“六位一体”的社区卫生服务。

2010 年,常营乡向社区服务中心投入约 32 万元(其中乡集体投入 17.5 万元,乡财政投入 14.5 万元),区财政向社区卫生服务中心投入 4741 万元。2011 年年底,常营有各级医疗机构 5 个,其中包括中心医院 1 所,专业卫生人员 92 人(其中执业医师 31 人,执业助理医师 8 人,注册护士 31 人),平均每千人拥有卫生技术人员 0.6 人,拥有执业(助理)医师 0.3 人,拥有注册护士 0.21 人。

2010 年常营地区卫生机构简表

表 7－4

单位名称	建立时间	类　型	附　注
常营社区卫生服务中心	2007 年	医疗服务、综合医院、卫生院	前身是回民医院
民族家园社区卫生服务站	2008 年	社区卫生站	
万象新天社区卫生服务站	2008 年	社区卫生站	

接上表

单位名称	建立时间	类　型	附　注
荟万鸿社区卫生服务站	2008 年	社区卫生站	
连心园社区卫生服务站	2008 年	社区卫生站	

2014 年，朝阳区常营社区卫生服务中心职工增至 101 人(含外聘人员)，其中硕士学历 4 人、本科学历 20 人、大专学历 52 人。不仅是常营地区农村合作医疗定点医疗机构，而且是北京市首批认定的医疗保险定点医疗机构。

常营回族医院、常营社区卫生服务中心院长(主任)名录

张继东(回)　1978 年 10 月—2000 年 11 月

白秀亭(女，回)　2000 年 7 月—2008 年 11 月

常　艺(女，回)　2008 年 11 月至今

2003—2008 年，有 5 家民营诊所入驻常营行医。其中有中医诊所 2 家：一是 2003 年 3 月入驻的北京李琳中医诊所；二是 2008 年 7 月入驻的北京济世本草中医诊所。有口腔门诊部 3 所：一是 2008 年 1 月入驻的北京康益口腔门诊部；二是 2008 年 3 月入驻的北京微笑口腔门诊部；三是 2008 年 5 月入驻的北京信德口腔门诊部。这些民营专科诊所是对常营地区公办医疗卫生系统的补充。

基本医疗与公共卫生

给居民提供公平、优质、便捷、经济的医疗卫生服务，完善基本医疗、公共卫生服务体系，是落实新医改基层社区卫生服务的两个抓手。1984 年以来，常营乡对医疗卫生实行两条腿走路的方针，一手抓“防”，一手抓“治”，医疗设施不断完善，村民的基本医疗服务逐步得到满足，公共卫生管理实现了政府、社会、团体和民众的广泛参与，共同努力，由农村卫生向城市社区的公共卫生转变。

基本医疗　常营乡村民的基本医疗始由乡卫生院承当的，尽管当时乡卫生院的人力、设备、技术还比较匮乏和落后，但他们仍然努力撑起了全乡基本医疗的一片天。1987 年，常营乡卫生院全年总门诊量达 53000 人次，日均 147 人次，出诊 600 余人次，体检 2500 余人，各种手术 600 余例。1989 年 5 月在乡卫生院的基础上成立了回民医院；到 20 世纪末建成一级合格医院。随着农村城市化步伐加快，2008 年常营乡初步形成“四站一中心”的社区卫

图 7－9　2012 年卫生部公布全国示范社区卫生服务中心常营社区卫生服务中心以北京市综合考评第一名的成绩通过审核

生服务体系,基本上实现了人人享受初级卫生保健的目标。随着常营地区居民入住率呈空降式增加,辖区服务基本医疗的需求和供给,不断被打破原先的平衡,然而经过常营社区卫生服务中心和卫生服务站全体医务人员的不懈努力,确保了一般疾病和手术无须出地区就诊。由于医疗卫生服务做到了与时俱进,各项工作均得到群众和领导的认可和好评。2012 年 11 月,常营卫生服务中心获评全国示范社区卫生服务中心,全朝阳区仅有 3 家中心获评。2013 年社区卫生服务中心执业医师 41 名,门诊量为 282000 人次,与居民共签约 35857 户 51142 人,其中重点人群 20155 人。主动为居民提供健康服务 75452 人次,为空巢、行动不便的老年人提供上门健康指导 1055 人次。

据 2014 年统计,常营社区卫生服务中心当年诊疗总数达 382201 人次,提供出诊服务 1442 人次,且为 60 岁以上老人出诊 1288 人次。其中,中医门诊部接待患者 85494 人次,检验科接待 62990 人次,B 超门诊接待 5400 人次,心电图室接待 3120 人次,放射科门诊接待 4475 人次,肢体康复接待 6633 人次。从 2009 年开始,社区卫生服务中心与煤炭总医院、武警总医院以及 66322 部队建立了对口支持关系,中医、针灸、内分泌专家每周定期到常营社区出诊,使辖区内居民不出社区就能享受到大医院专家级服务,在一定程度上满足了辖区居民基本医疗的需求,在缓解百姓看病难、看病贵方面做出了很好的尝试。社区卫生服务中心还与北京大学医学部联合开展了社区诊断项目研究,明确了地区主要健康问题,为制定未来社区卫生服务规划奠定了基础。通过近 20 年的发展,常营地区的医疗卫生系统已完全能够提供辖内居民可以支付得起的、适宜的治疗技术。

图 7-10 常营社区卫生服务中心工作人员在社区撒放灭鼠药(摄于 2003 年)

公共卫生管理 1984 年后,常营乡政府结合精神文明创建活动,开展公共卫生活动,着重治理脏、乱、差。全乡配备清洁员 28 人,购置垃圾车 11 辆,新建公厕 15 所,垃圾站 10 个,突击清理垃圾 9600 立方米。1986 年,全乡统一部署灭鼠活动,培训灭鼠员 62 人,全年 3 次投放鼠药,开支 890 元。1988 年制定了常营乡《街道环境卫生管理办法》,全年开展 4 次环境卫生大检查。

1989 年 6 月,乙肝流行,严重地威胁着常营乡村民的身体健康,全乡有 60 多人染上了乙肝病毒。乡政府立即采取措施,并组织专门班子应对此事,对全乡所有单位发放了预防肝炎的药物。为了防止肝病蔓延,各村委会配备了防疫员,专司消毒、防病工作,对患者动员入院治疗或采取其他隔离措施,终于遏制了乙肝的流行。1990 年春,又及时控制了甲肝病的流行。此后,公共卫生管理进入常态化。

1993 年,常营乡成立初级保健领导小组,发展农村卫生医疗事业,开展公共卫生管理。乡医院认真开展儿童免疫工作,完成了 0—6 岁幼儿和小学生乙肝疫苗接种工作。是年 12 月又对 0—4 岁幼儿进行强化免疫。全乡 468 名幼儿服用了小儿麻痹糖丸,服药率达100%。1994年，为防止各种传染病传播，再次购进灭蝇、灭鼠药物330公斤，对蚊蝇滋生地坚持每月打药3次，老鼠出没地方有专人施放药物。1995年1月至5月份常营回民医院对0—4岁的儿童进行脊髓灰质炎的预防工作，319名儿童服用了糖丸疫苗，服药率达100%；配合常营乡政府组织相关人员对个体餐馆、小吃店及集体食堂的卫生进行了联合大检查，在检查的39家中，符合标准的31家，对不符合要求的单位责令整改并处以罚款。1997年，常营乡政府拨款43100元，由常营回民医院组织全乡已婚妇女进行妇女病的普查。

2003年4月，常营乡受到了“非典”疫情的冲击，面对疫情，乡党委、乡政府严格按照上级的统一部署，万众一心，众志成城，夺取了抗击“非典”的全面胜利。2007年，预防禽流感成为公共卫生管理重点，上半年常营乡对全地区1789只存栏鸵鸟、83头奶牛、406只羊进行了免疫注射，并对120只宠物犬进行了狂犬疫苗注射，确保了常营乡无疫情发生。

图7－11 2003年“非典”时期对常营农贸市场进行消毒

2009年，常营乡政府启动百姓健康“绿卡通”服务工程，全年服务人数达6116人；成立“健康促进门诊”，坚持定期开展健康大讲堂活动，为地区44075名常住人口建立了电子健康档案。完善常营地区120个单位食品安全工作的各项制度建设，建立健全了食品安全管理工作新体系。动员社会力量和地区居民参与红十字募捐救助系列活动，共募集善款51772元，并完成100名自救互救人员的培训任务。甲型H1N1流感防控工作完成了常营地区259名归国人员、18名直接接触人员的防控和4名甲流确诊人员的居家隔离工作。

2010年，常营乡政府为辖区5000居民提供了涵盖基本医疗与公共卫生的各项特色健康服务；开展“健康封斋一加三”的特殊人群健康服务，使1000多名回族居民从中受益；以中医医疗为平台，开展了“冬病夏治”三伏贴和伏茶赠送活动，实现了医疗卫生的有效衔接。同时加大食品药品安全监管力度，全年开展了9次大型联合执法行动，取缔了41家无证照经营商户，依托地区红十字会普及了居民自救互救知识，红十字志愿者400人经培训取得自救互救应急技能合格证书。手足口、麻疹、水痘等传染病得到了有效防控，全年未发生大面积爆发和流行。2010年，常营乡启动了“家庭医生式”服务，并将其扩充到“绿卡通”，全年共签约1347户2605人。红十字志愿者261人经培训取得自救互救应急技能合格证书，接收“博爱”募捐款15.3万余元。

2014年，常营乡开展以高血压、糖尿病为重点的四种慢性病规范化管理，推动慢性病防治宣传工作，共发放各类健康资料28760份。为3617名65岁以上老年人进行了免费

图 7－12　常营地区居民购药可报销部分即时结算(摄于 2014 年)

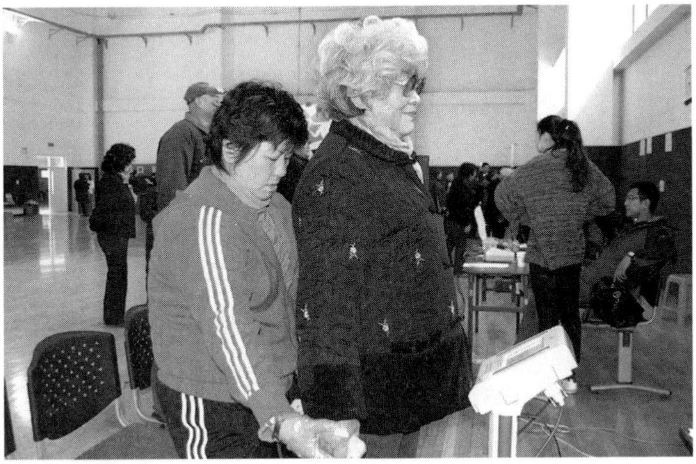

图 7－13　2012 年常营地区组织国民体质体能检测

体检,推进家庭医生式服务工作,常营社区卫生服务中心共签约 18329 户 56146 人,为居民提供健康指导服务 205477 人次,为空巢、行动不便的老人提供上门健康指导服务 1500 人次。截至 2014 年年底,常营社区卫生服务中心共建立家庭档案 20138 份,居民健康档案 56857 份,已核实健康档案共 13676 份。这些都标志着常营地区的公共卫生服务完成了从农村到城市社区管理的蜕变。

新型农村合作医疗

新型农村合作医疗,简称新农合。2004 年 1 月,常营乡启动新农合,至 2014 年 10 月按上级要求按时完成任务。

常营乡纯农业人口 7113 人,扣除已参加医保 2228 人,参加“一小”473 人,空挂 299 人,应参加新农合 4113 人,实际参加新农合 4109 人(4 人坚持不参加),参合率 99.9%。

在参加新农合人员中,个人缴费 3482 人,乡资助 438 人(其中独生子女 248 人,残疾人 190 人),市区资助 189 人(其中低保户 173 人、“五保”户 1 人,优抚对象 5 人,95 岁以上老人 5 人,去世离休老干部无工作配偶 1 人,外地低保 4 人)。

筹资标准　每人每年按 1320 元计,市区财政补助 600 元,乡财政负担 415 元,村集体负担 185 元,个人负担 120 元。其中,基本医疗资金 580 元/人(市区财政补贴 190 元/人,乡财政负担 235 元/人,村集体负担:75 元/人,个人负担:80 元/人。)大病统筹资金为 740 元/人(市区财政补贴 410 元/人,乡财政负担 180 元/人,村集体负担 110 元/人,个人负担 40 元/人)。

资金筹措　常营乡新农合总投入 5423880 元(基本医疗 2383220 元,大病统筹 3040660 元),其中市区财政投入 2489760 元,乡财政投入 1756855 元,村集体投入 759425 元,村民个人投入 417840 元。2014 年,常营乡向社保农合专户拨款共计 2516280 元,其中乡财政拨款1756855元,乡集体拨款759425元。

由于新农合制度推行,切实减轻了群众看病就医的负担,缓解了因病致贫的矛盾。

三 文化与体育

文体机构

历史上常营乡没有文化体育机构,也很少开展文体活动,唯有民族形式摔跤运动具有几百年的传统。20世纪50年代后期曾建立广播室、站,直至2003年才建立常营文化服务中心。随着农村城市化的推进,各社区均兴建了文化活动室,亦有少数文化企业入驻常营,特别是社区组织的各种文体队伍,非常活跃,自娱自乐,大大地丰富了常营居民的文化生活,有时还代表常营乡参加各类比赛活动。

图7-14 2012年社区活动队向常营文体活动中心赠送锦旗

常营广播站 20世纪50年代后期,常营建立了广播室。1956—1958年通县实行"小喇叭"入户,有线广播"村村相连"、"户户相通"。1958年以后常营等5个乡划归朝阳区。1962年广播室改称广播站,并配备专职广播员。广播线路村村相连,高音喇叭遍布村头田间。1973年后,农村广播线路与电话分杆架设,双线传输。

广播站建站初期,主要以收听通县广播内容为主,每天午、晚播音2次,节目内容以转播中央人民广播电台的新闻、莫斯科电台华语节目、全国电台联播和河北台对农村广播为主,也有一些通县县内新闻、科技讲座和文艺节目。1958年划归双桥后,每天转播双桥广播站节目。20世纪80年代后,各村陆续有了自己的广播设备,乡、村广播节目多为播报常营乡地区新闻简报、传达上级指示精神、安排重要生产活动、播送天气预报等。同时,表彰好人好事,批评不良现象,树立良好的道德风尚。曾担任过大队(分场)广播员的有刘书印、郝文顺,梁幼林等人。90年代末期,有线广播渐渐淡出百姓的生活。

常营乡文化服务中心 2003年,常营文化服务中心正式投入使用,总面积达1000多平方米,内设常文社、舞蹈排练室、合唱排练室、培训室、民族文化展览室等,为居民提供多方面文化服务。在服务中心内，还建有常营图书馆，2015 年藏书 6000 多册。图书馆实行开放式借阅、一体化服务，阅览室座位 40 余个，每天开放 8 小时。常营图书馆设有电子阅览室，居民可在此免费上网。

社区文化活动室与文化企业　2001 年后，新成立的常营社区，纷纷建立社区文化活动室，为居民提供文化活动场所。2012 年，全地区建成社区文化中心 11 个，其中常营福第社区、丽景园社区活动室面积达 1000 平方米以上。同时有 3 家企业人士投资常营开设网吧与娱乐场所，为打造常营文化氛围助力。

2010 年常营社区文化活动室和文化企业简表

表 7－5

单位名称	建立时间	类型及规模	隶　属
民族家园社区活动室	2009 年 5 月	社区活动室 150 平方米	民族家园社区
连心园社区活动室	2009 年 3 月	社区活动室 150 平方米	连心园社区
鑫兆佳园社区活动室	2010 年 11 月	社区活动室 200 平方米	鑫兆佳园社区
成林网吧	2010 年 6 月	文化企业 738 平方米	私人所有
北京世都风范商贸中心上网服务部	2003 年 2 月	文化企业 230 平方米	私人所有
北京天祥娱乐有限公司	2004 年 5 月	文化企业 700 平方米	私人所有

常营地区文体协会　2007 年 8 月 27 日，常营地区文体协会经过会员选举正式成立，下设常营空竹分会、交谊舞分会、秧歌分会、健身操分会、诗书画分会和万象新天文体分会等。

在常营文化服务中心、地区文体协会以及文化活动室共同努力下，从 2000 年至 2010 年先后组织成立 30 多个文体队伍，有的还多次赴区、市以至全国参赛，荣获大奖。

《品常社区报》报社　2008 年 7 月 1 日创刊，为四开八版的周刊，由地区委托社源传媒负责编辑工作，编辑部有主编 1 人、记者 2 人、美编 1 人。始发 2 万份，经过 2 次增刊发行至 3.5 万份。这份内报除配合重大时政宣传外，主要报道居民生活及社区中心工作，贴近群众，服务社区，草根为主，阳光开放，颇受社区群众之喜爱和信赖。截至 2016 年 5 月底，共刊印正刊 383 期，特刊 30 期。

2010 年常营社区文体队伍一览表

表 7－6

名　　称	人数(人)	成立时间	附　　注
民族家园健身操队	50	2008 年 3 月	在群众健身舞大赛中多次获奖
民族家园中幡空竹队	15	2008 年 4 月	多次参加空竹比赛获奖
民族家园合唱队	52	2003 年 3 月	

接上表

名　　称	人数(人)	成立时间	附　　注
民族家园健身队	30	2000 年 4 月	
民族家园京剧队	20	2003 年 6 月	
荟万鸿社区乒乓球队	10	2004 年 3 月	
万象新天社区舞蹈队	16	2007 年 5 月	
万象新天社区合唱队	40	2007 年 5 月	
荟万鸿社区合唱队	60	2007 年 5 月	
鑫兆佳园社区乒乓球队	20	2007 年 2 月	
荟万鸿社区京剧队	20	2007 年 3 月	
鑫兆佳园社区健身操队	20	2007 年 3 月	
民族家园乒乓球队	20	2007 年 3 月	
鑫兆佳园社区羽毽队	40	2007 年 4 月	
常营民族家园陀螺队	10	2007 年 4 月	多次参加陀螺比赛获奖
民族家园管乐队	18	2007 年 8 月	
鑫兆爱乐合唱队	50	2008 年 2 月	多次参加比赛获奖
鑫兆佳园社区舞蹈队	32	2008 年 3 月	多次参加比赛获奖
鑫兆佳园社区太极拳队	20	2008 年 3 月	
万象新天晨练队	40	2008 年 4 月	
苹果派社区篮球队	19	2008 年 4 月	
民族家园羽毛球队	20	2008 年 5 月	
苹果派社区足球队	27	2008 年 5 月	
万象新天社区模特队	20	2008 年 6 月	
民族家园羽毽队	30	2008 年 6 月	
苹果派乒乓球队	40	2008 年 6 月	
苹果派舞蹈队	12	2009 年 1 月	
连心园社区健身操队	94	2009 年 3 月	
连心园健身操队	35	2009 年 4 月	
连心园社区乒乓球队	43	2009 年 4 月	

接上表

名　　称	人数(人)	成立时间	附　　注
鑫兆佳园社区柔力球队	33	2009 年 5 月	曾参加比赛获奖
荟万鸿社区太极拳队	33	2009 年 6 月	
万象新天健身操队	30	2009 年 7 月	
连心园舞蹈队	40	2009 年 9 月	
鑫兆佳园巧娘工作室	18	2010 年 1 月	
连心园合唱队	35	2010 年 4 月	
鑫兆佳园书法班	11	2010 年 5 月	

附:常营摔跤队

摔跤运动,是常营的传统体育活动。传说早年常营有一位吴姓前辈,天生一副好筋骨。自幼习练摔跤之术,人到中年,跤法已达到炉火纯青之境,京东地区无人能敌。当时人称"通州以西跤法第一",又加之一副侠义心肠,时常扶危济困,熟识他的人都尊称其为"神跤吴六巴"。

摔跤在常营是一项历史悠久的体育活动,中青年男士在业余时间三五个人一起找个地方就摔起跤来,并互相交流技法,以达到强健身体之目的。

1961 年,全国支援农业生产第一线,穆怀敏从天津工厂下放回乡,就组织起来摔跤队。开始没有专门的场地就在他自家的院内,后又转到胡顺增家院里,发展人多了,就到学校操场活动。

在北京跤坛名家金宝生帐下有 13 名弟子,人称十三太保。其中,排行老二的于崇福,了解到常营摔跤的历史,便来到常营义务为爱好摔跤的青壮年传授技术。自从 1963 年开始,十几年如一日,坚持骑自行车来常营进行指导训练。

图 7 – 15　常营地区摔跤队教练于崇福(摄于 2000 年)

在于教练的教导下,学员们从抻筋、踢腿、涮腰开始,掌握了基本的动作,如抽腿、盘腿、跪腿、四步跳崩子,抖麻辫子等,还可以用一些器械练习。总的要求要稳、准、狠,底盘要扎实、稳如泰山。动作要敏捷,手似流星,眼似电,大绊子三十六技,小绊子赛牛毛。钩、切、别、入、崩、拱、揣、豁、倒、德合勒等各种门类。

练功要练圆,使绊子要严;出招儿要冷、脆、爆、炸,就是突然性。冷,让对手措手不及;

脆，基本功要扎实，使绊子才干净利落；爆，就是使绊子如同火山爆发那样猛烈；炸，去而合发而炸，积所有功力于瞬间，如雷电般炸响。每次摔完跤后，于教练都要进行总结点评，并解答学员们提出的各种疑难技术问题。

经过一段时间的基本功练习，于教练根据每个人的不同情况，单独指导。正式认师傅的只有胡顺增、张万岐和胡顺利，其他为学员，在常营学员达36人之多。常营六村的杨正文、张春光还拜了十三太保中的老四黑荣为师和大家一起摔跤交流技法。于教练的到来，把常营的摔跤活动推向高潮，每天晚上都有三四十人参加活动，大家积极性十分高涨，个人攒钱买褡裢，自己整理跤场，不但年轻人参加，还有壮年的毛文存、张永祥、马增龙、金全友、胡顺友、孙志恩、高全顺、李建华、杨瑞宽、马朝旺、胡永忠、张广明等，就连十里堡的村民也来参与。于教练文化水平虽然不高，但每次都十分耐心细致地讲解，说手法、说绊子、说功夫，并详细介绍绊子的名称及由来，跤谱里是怎么讲的，功夫是怎么传承下来的，一招一式讲得清清楚楚。学员们听得心服口服。

图7－16　1964年常营地区摔跤队获奖合影，第二排左三张万岐，第三排左一胡顺增

功夫不负有心人，常营地区的摔跤队在穆怀敏带队、于崇福技术指导下，多次代表常营乡、代表朝阳区到各处比赛。与宣武区摔跤队、北京什刹海体校、北京市集训队等都有过交手。在1963年以来曾多次获得集体奖项及个人奖项。胡顺利曾获得北京市亚军的好成绩。胡顺利被于教练推荐代表北京市到全国其他省市参加比赛，胡顺利最好成绩为亚洲国际摔跤冠军，同时由农民转为居民。这在当时转为居民就算是进了“保险箱”，成为光荣的职业摔跤运动员。1963年到1974年张万岐、康书贵都是朝阳区最轻量级冠、亚军。其他级别参加朝阳区摔跤比赛的也都能拿到冠亚军。胡顺增和张万岐被选为朝阳区摔跤队队员，1964年参加北京市摔跤比赛获得了北京团体冠军的好成绩。1988年，在北京市第一届农民运动会上常营摔跤队由穆怀敏带队代表朝阳区参加比赛，多人获得了二、三、四名的好成绩。摔跤活动带给他们的不仅仅是强身健体，教练还特别教导崇尚武德，以跤会友，不许打架，不许恶意伤人。众学员始终铭记教练教导，这支摔跤队对保护地区治安环境，维护社会稳定，百姓正常生活秩序起到了重要的作用。直到20世纪80年代还有队员参加朝阳区的摔跤比赛。

进入20世纪90年代，随着老一辈摔跤人的年龄增长，训练人数逐渐减少，再加上电影、电视等各种娱乐项目和其他各类体育活动的增多，摔跤这项传统的体育活动慢慢冷了下来。但这些年轻时练习过摔跤的老人如今都身体康健，精神矍铄，仍然活跃在常营地区其他的多处文体活动的舞台上，并凭借幼年的功夫底蕴，逐步发展成表演式节目抖空竹等，诸多文体活动再次兴盛起来。

文体活动

常营地区自常营乡恢复以来，特别是新居民小区陆续建成后，群众性的文体活动逐步开展起来。地区文化服务中心、社区文化活动室以及诗书画社成立，使群众性自发的文体活动逐步走向有组织、有指导开展的新常态。民族家园的健身操队、中幡空竹队和陀螺队，鑫兆爱乐合唱团和舞蹈队远近闻名，屡屡获奖。

1986年，常营乡的体育运动队参加了第一届朝阳区农民运动会，获得田径“女子团体”第三名、“男子团体”第四名的成绩。足球获得冠军，并派代表出席了第三届全国少数民族体育运动会。1987年，常营乡足球队在全区举办的农民运动会足球赛中，荣获冠军，受到了区体委会的奖励，并代表朝阳区参加北京市首届农民运动会，足球赛获得第四名。是年，在区文化站象棋比赛中，有2名获得第三名。1988年，常营乡政府组织参加朝阳区举办的第二届农民运动会。

2002年，常营地区传统艺术形式京剧队亮相央视“戏剧采风”栏目。他们长年活跃在“京剧爱好者之家”，并且队容日渐壮大。“小车会”“大秧歌”等传统秧歌队为中老年人所偏爱，在乡文化服务站的支持下，常营3支秧歌队时常在广场上自娱自乐。另外“太极扇”“健身球”等4支队伍，也几乎每天排练，经常参加朝阳区组织的各种活动，并多次获奖。

2003年8月，常营乡举办“金秋艺术节”活动，这是常营有史以来第一次举办大规模的群众文化活动。历时1个多月，142个节目，参与演员550人，观众约3万余人次。中国铁路文工团著名演员侯耀文、石富宽、笑林、李国胜、李嘉存等到常营献艺。艺术节内，各村居委会均安排有自娱自乐的节目演出。是年，三河市摔跤队闻名来此地切磋技艺，还有3位法国摔跤爱好者一同前来，有力地推动了民族式摔跤运动的开展，吸引了更多的爱好者参与这项活动。2004年5月12日—29日，常营乡举行第二届农民运动会，有长跑、橡筋操、象棋、拔河、健身路径、田径趣味等6大项50个小项目比赛，地区各单位1100多名运动员参加竞技。另设广播操、腰鼓和军体拳等4个表演项目，约5000人参与表演。是年7月，为庆祝中共建党83周年，常营举办了合唱比赛，基层党支部15个代表队共500余人参加了演唱。是年8月，举办了常营乡第二届“金秋艺术节”，其间安排有少儿才艺、卡拉OK、戏曲及开幕、闭幕式分场文艺晚会，有近百个节目。另外，放映电影4场，穿插举办了摄影、绘画、书法、手工艺品和剪纸比赛及展览，参展作品108件，观众3万人。

图7－17　2004年5月常营乡举办第二届农民运动会

图 7－18　2006 年 6 月，北京市首届“民族团结杯”群众健身操舞大赛，全市共 65 个队参加，常营获三等奖

2005 年 6 月，常营举办“群众健身操比赛活动”，全地区 18 支队伍、450 人参加，从而促进了全民健身运动全面展开。同年 8 月，举办常营乡第三届“金秋艺术节”活动，这次活动的主题是“争做文明市民，构建和谐常营”，艺术节活动至 10 月初结束。2006 年 2 月，常营乡老年空竹表演队参加“北京风情舞动悉尼”活动，走出了国门，出色地完成了在悉尼乔治大街的巡游演出。5 月，常营地区举办了第三届“非中心杯”全民健身体育节，进行了春季长跑、健身操舞、田径趣味等 18 个项目的比赛。全地区各单位近 1800 名运动员参加竞技。开幕、闭幕均安排了精彩的文艺表演。是年，常营组建了空竹抖技、民族舞蹈、大型秧歌等 8 支特色文化队伍，队员近 800 人。2007 年 4 月，“魅力北京”首届“京鸣杯”全国空竹技艺交流大会在常营举行，来自全国 14 个省、市、自治区 39 支空竹表演队、700 多名空竹爱好者联袂展演。常营空竹队的表演受到评委和来自全国各地的爱好者好评。是年 11 月，常营空竹队代表北京市参加第八届全国少数民族运动会表演项目比赛，获得银奖。

图 7－19　第八届全国少数民族运动会（摄于 2009 年）

2009 年，常营地区组建了回族舞蹈队，至此常营文体队伍扩大到 33 支，常年参与文化活动的队员 500 余人。常营地区为 64 人申报、登记和注册了社会体育指导员。2011

年9月,第九届全国少数民族传统运动会在贵州举行,常营老年空竹表演队参加开幕式展演活动。2012年8月,常营地区参加了朝阳区文化节开幕式空竹表演。9月参加了朝阳区文委举办的戏曲比赛,11月参加了农村地区群众歌曲大赛。是年取得了"农运会第九套广播操比赛"的一等奖,"和谐杯乒乓球比赛"二等奖。2013年,常营乡政府实施"文化惠民、文化润民"工程,全年开展各种文化活动达50余场,形成了"群众文化节""居民喜乐会""快乐健身行""文化走亲"等一批品牌活动,深受群众欢迎。5月26日,朝阳区举办第七届"和谐杯"乒乓球比赛,常营代表队获团体赛一等奖。5月30日常营举办了"2013健康长跑活动",全程1.5公里,11个社区300名居民参与。6月,常营群星少儿舞蹈团演出在中央电视台的"六一"晚会上亮相。为纪念建党93周年,常营乡党委在常营公园举办了"凝聚党旗下,党群心贴心"大型文艺活动。9月,常营代表队在朝阳区农村健身秧歌的比赛中夺取了第一名。

图7-20　2010年常营地区春秋刀武术队

图7-21　2011年常营群星少儿艺术团参与中央电视台"六一"晚会甄选

图7-22　2012年常营地区"激情之夏"系列活动中第九套广播体操比赛

图7-23　2013年9月在朝阳区农村健身秧歌比赛中常营乡荣获第一名

2014年5月,常营乡政府开展了连续3天的"缤纷五月"系列文化活动,组织了居民朗诵会,合唱队伍定级比赛及舞蹈大赛;6月,开展了连续3天的"动感六月"系列体育活动,组织了健身长走活动、"和谐杯"乒乓球比赛及"团结杯"羽毛球比赛;7月,组织了常营地区戏曲票友大联欢;8月,举办了常营地区亲子运动会和"激情之夏"健身操舞比赛;9

月，举办了常营地区消夏晚会，以及常营地区“和谐朝阳　美丽常营　幸福家庭”书画摄影展，10 月，举办了为期一个月的群众文化节。是年，常营多次派出文艺、体育代表队参加市、区组织的比赛活动，获奖颇多。

2006—2015 年常营文体团队获奖情况表

表 7 – 7

年份	获奖单位	比赛名称	奖　项
2006	常营社区文化中心		朝阳区群众体育工作先进单位
2009	民族家园社区	社区一家亲“祖国您好”歌咏比赛	朝阳区二等奖
2010	民族家园社区	社区一家亲“祖国您好”歌咏比赛	朝阳区二等奖
2009	民族家园健身操队	北京市第四届民族团结杯健身操舞大赛	北京市一等奖
2009	民族家园女子陀螺队	北京市民族传统体育项目邀请赛	北京市金奖
2009	民族家园社区快板队	社区一家亲快板刘文化大院曲艺比赛	朝阳区第二名
2009	鑫兆家园舞蹈队	第七届全民健身推广展示赛	朝阳区一等奖
2009	鑫兆家园合唱队	朝阳农村地区原创歌曲大赛	朝阳区二等奖
2011	常营地区	建党 90 周年优秀国产影片展映活动	优秀流动放映队
2012	常营地区	旋舞朝阳“昆泰杯”朝阳区第五届舞蹈大赛	组织工作奖
2012	常营地区	朝阳区第七届和谐杯乒乓球比赛总决赛	一等奖
2013	常营地区	朝阳区第七届和谐杯乒乓球比赛总决赛	优秀组织奖
2013	常营地区		朝阳区品牌团队
2013	常营地区	健身舞大赛	乡村组金奖
2013	常营地区	朝阳区农村地区健身秧歌大赛	一等奖
2014	常营地区	朝阳区第七届交谊舞普及推广展赛（庆祝新中国成立 65 周年）	最佳旋舞奖
2014	常营地区	第八届民族舞蹈大赛	铜奖
2014	常营地区	朝阳区健身操展示大赛老年组	第一名
2014	常营地区	朝阳区健身气功展示大赛	一等奖
2014	常营地区群星少儿舞蹈队		朝阳区品牌文艺团队
2014	常营地区陀螺女子团体	北京市第九届民族传统体育运动会	二等奖
2014	常营地区陀螺男子团体	北京市第九届民族传统体育运动会	二等奖
2014		朝阳区第八届交谊舞	二等奖
2015		北京市第十届民族健身操大赛	社区组自选套路金奖
2015		朝阳区健身气功（易筋经）展示大赛	一等奖
2015		北京市农民体育健身运动展示周健身秧歌比赛团体	一等奖

附:记常营乡老年空竹表演队舞动悉尼

2005年,是常营乡老年空竹表演队大展宏图的一年,先后近20次参加了市区表演比赛。从龙潭湖庙会到常营回族乡文化艺术节上的表演,从中华世纪坛的"奥运欢歌"的演出到北京电视台的"国庆特别节目",我们的巨无霸空竹,直径1.2米,重26公斤,多次在电视台亮相。抖大空竹成了老人们的品牌,他们身经百战,每人都有"绝活"。12月,市旅游文化局通知批准常营乡空竹队参加"北京风情舞动悉尼"活动,消息像雪片一样传到了全乡各个角落,人们奔走相告,欢欣鼓舞。这是一件了不起的大事,人们不敢想象"小小空竹能走出国门……"首先空竹队确定了出国队员名单,乡党委审查批准了一批身体好、抖技高、纪律严明的队员。参加舞动悉尼的14位老人平均年龄58岁以上,年龄最大的队员已有69岁。因为第一次出国,老人们的心情无法形容——充满了欢乐!乡政府领导几次外出,为队员们购制表演专用的民族服装、休闲装。每位老人为了表达自己的心情,写下了决心书,甚至流下难掩激动的热泪。崔乡长百忙中来到了队员们中间,她兴奋地说:"常营乡的抖空竹走出国门是件大喜事,这次你们出国不仅仅代表我们常营乡,还代表朝阳,代表北京,代表中国,你们很光荣!澳大利亚是一个环境优美的国家,希望你们把文明带给澳大利亚人民!把老年人的健康风采带给悉尼人民!"

春节前,北京人民广播电台采访了空竹队领队王永新、甘连华,向全市人民介绍了空竹队的建立、发展、成长的过程,表达了队员们走出国门,参加北京风情舞动悉尼活动的态度和信心。

农历大年初二,北京市副市长张茅、国家旅游局副局长王庆发在高碑店接见了我们全

图7-24　2000年2月常营回族乡空竹队参加"北京风情　舞动悉尼"活动

体队员,对老人们的表演给予了肯定和支持。老人们抖的大空竹在"创首都文明社区,建魅力和谐常营"口号鼓舞下,为常营地区的文化体育活动的开展起到了促进作用,向世界展示了北京农村文化建设的丰硕成果!

把最好的礼物带给悉尼人民

老人们从确定出国的那一天起,一天也没休息。1月的北京天寒地冻,时而还刮起刺骨的西北风,在小公园里训练,困难重重,尤其是抖空竹衣服穿多了不行,出了汗还不能着凉!新年3天也没休息,老人们自觉地坚持上午训练2小时,下午训练2小时,奇怪的是没有一个感觉苦和累,全都精气十足!在高碑店漕运庙会上,《京华时报》头版头条报道抖大空竹的队员吴树光的感想,他说:"小小空竹要走出国门,我的心情很激动!家里人听到这一消息都很高兴!我是北京普通的农民,作为民族文化的使者,在悉尼,我一定用最好的技艺抖好空竹!宣传北京,宣传2008年奥运会!"

提起今年69岁的许权,人们都伸出大拇指!两年来,许师傅亲手做大空竹19个,每个空竹都包含了他辛勤的汗水。在悉尼乔治大街表演的巨无霸空竹,是许师傅一个人用一块块竹板粘成的。他深情地表示这次出国意义重大:"我满面春风去,笑容凯旋归!"巨无霸空竹上的"中国北京"4个大字也是许师傅亲手贴上的。他的心愿是,把最好的礼物带给悉尼人民!

在悉尼乔治大街巡游

2月5日上午8:30,乔治大街阳光灿烂,繁华的大街上到处是红色的中国国旗,到处是2008年奥运会的旗帜。中国人高昂的情绪,使大街变得欢快祥和。阳光伴着微风,大街显得宽阔了,老人们看到大街两侧挤满了悉尼人民,他们欢呼着,他们微笑着,情不自禁地招着手。"福娃"的亮相使大街上的景色更加缤纷靓丽。在长长的巡游队伍中,一支由老年人组成的空竹抖技队伍引人注目,那就是常营乡空竹队。他们穿着美丽的民族服装,在1.1公里的乔治大街上,无数次的抖起巨无霸空竹,车轮大的空竹像巨浪一样翻滚,像鲜花一样绽放,像悉尼人的张张笑脸……只听见人们阵阵的惊叹,相机、手机、摄像机纷纷举起,记录这令人难忘的时刻,欢呼声、掌声此起彼伏,老人们汗流浃背,胳膊几乎都快抬不起来了。到终点时,老人们依然还是神采奕奕,兴奋不已。老人们说:"为了给悉尼人民带来精湛的技艺,为了宣传北京的民族文化,宣传2008年奥运会,苦和累不算什么!"

在悉尼,老人们出色地完成了巡游表演任务,悉尼的华人看到老人们的精彩表演,在异国赢得了那么多赞扬,不由得勾起了思念家乡之情,拉着老人们一起合影留念,激动地流下了眼泪。

让世界进一步了解中国

参加"北京风情 舞动悉尼"活动,老人们大开眼界。这次活动把中国文化带到了澳大利亚人民身边,使他们感受到了中国家庭的和谐,社会的和谐,增进了两国人民的友谊,老人们用实际行动做到了这一点。他们说:"我们是北京的普通市民,开展全民健身活动以参与为荣。”他们抖空竹立体地展现了北京人健康、快乐、向上的生活方式，更可喜的是把中国少数民族的精神风貌展现给了澳大利亚的人民。这次出访是大家向世界人民学习的极好机会，看到了澳大利亚人民的生活，对比中找到了差距。在总结表彰会上，获得优秀运动员奖的队员海明利说：“这次出访澳大利亚我的眼界放宽了，我要重新认识社会，我要把优秀北京普通市民的形象展示在世界人民面前！”

诗·书·画·摄影作品选录

诗　歌

常营公园赞二首

马双喜

一

翠园香径路弯弯，绿水青山红点点。
燕语莺啼深树鸣，蜂蝶赤舞飞款款。

二

白发婆婆十八俏，古稀老汉年变少。
轻歌曼舞人如织，胜似仙境堪称妙。

（摘自《品尝社区报》　作者：民族家园社区居民）

常营小诗二首

董自良

常营雄姿

入望峥嵘感自豪，常营建设逐高潮。
群楼拔地如春笋，争与天公试比高。

社区散步所闻

日落黄昏夜幕临，小区漫步路灯明。
不知歌山谁家女？杨柳清音伴乐声。

（摘自《品尝社区报》　作者：荟万鸿社区居民）

文明常营颂

刘　琳

朝阳一轮耀京都，首善之区创文明。
数十街乡齐响应，各出妙招争文明。
回汉团结民族乡，文明之光泽常营。
领导全局巧运筹，宣传活动未曾停。
文明规范制读本，各项礼仪叙分明。
一书倡议一封函，饱含寄往无限情。
小小扑克有乾坤，警句格言伴君行。
社区逐门亲馈赠，居民阅罢笑盈盈。
文明家庭二十字，百姓面前常叮咛。
每周一度宣传日，主题各异普文明。
清明旧俗莫相忘，开卷有益陶性情。
邻里本是一家亲，和谐共处保安宁。
千名干部访基层，周末休闲暂告停。
五月十四首战捷，高潮再现普文明。
无论宣传与入户，身先士卒必先行。
低碳生活为方式，环境社会目标明。
安步当车强筋骨，节能减排污染零。
与人交往慎礼仪，粗言秽语万不行。
公共场合有风度，相关规定须奉行。
居住空间必珍惜，车辆岂能随意停？
文明养犬不扰邻，接种疫苗心中铭。
惜花怜草乃美德，切勿穿行践草坪。
创建文明话文明，文明之旅文明行。
众手育出文明花，铸就文明定“常赢”！

（摘自《品尝社区报》　作者：苹果派社区社工）

碧野上的明珠

李淑静

一组新颖的乳白色建筑
挺立在京东常营
如同一颗灿烂的明珠

镶嵌在肥沃的碧野之上

明亮的教室
宽广的操场
学娃们成长的摇篮
读书和锻炼的地方

今天这里种满了幻想
明日将腾飞无限希望
噢　常营民族小学
——碧野上的明珠
在双桥大地上熠熠闪光

（摘自《品尝社区报》　作者：荟万鸿社区社工）

文明常营

王　坦

（谨以此献给“5·15”国际家庭日）
清晨迎着温暖的春风，
登上公园高高的山顶。
望眼前诗情画意姹紫嫣红，
心潮起伏久久不能平静。

二十年的巨变，
打造出全新的常营。
昔日房屋低矮　遍地泥泞，
今日高楼林立　道路畅通。
整洁优美的辖区环境
彻底改善百姓衣食住行。
生活条件日益改善，
人们精神风貌必然提升。

崭新的常营焕发着活力，
热情迎接四海宾朋。
八方来客齐相聚，
安居乐业在常营。

邻里相见互致问候，
虽无血缘却饱含亲情。
健康发展的国际家园，
民族团结其乐融融。

以礼待人崇尚文明，
勤俭持家代代传承。
尊老爱幼扬美德，
助人为乐树新风。

家家创和谐，
人人争文明。
从我做起，
已在这片土地形成。

齐心协力是我们共同的心声，
文明常营常营文明。
创建全国文明城区，
我们一定能行！

（摘自《品尝社区报》　作者：苹果派社区居民）

喜迁新居

胡怀群

新居真气派，出天楼成排。
绿伞沿路张，红花含笑乖。
旧时泥土房，摇手喊拜拜。
不是今改开，哪有新居在。

（摘自《品尝社区报》　作者：鑫兆佳园社区居民）

书法、绘画、摄影作品

书法

康书贵/作

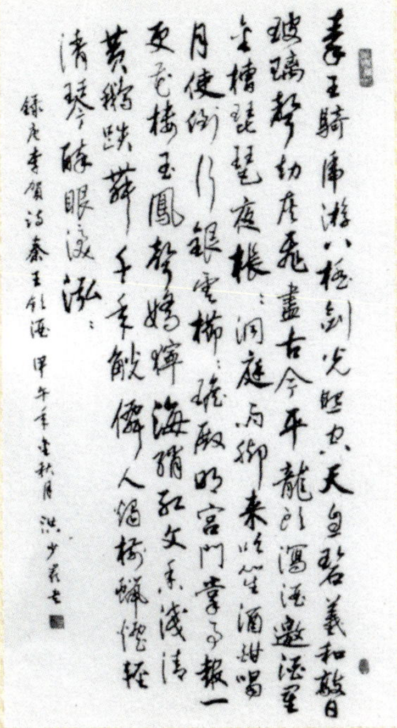

洪少岩/作

马书林/作

书法、绘画、摄影作品

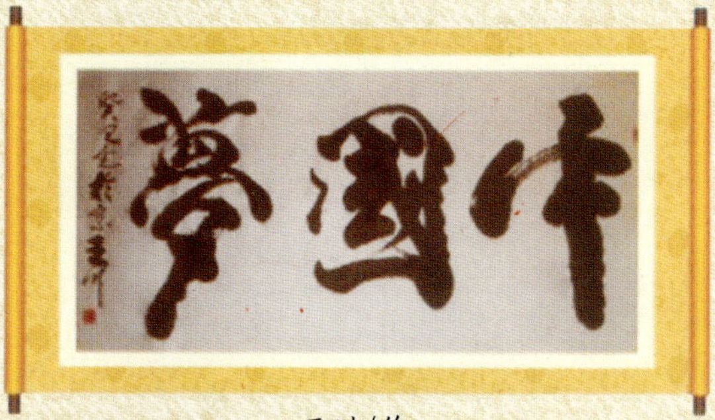

王川/作

王川/作

王川/作

胡世明/作

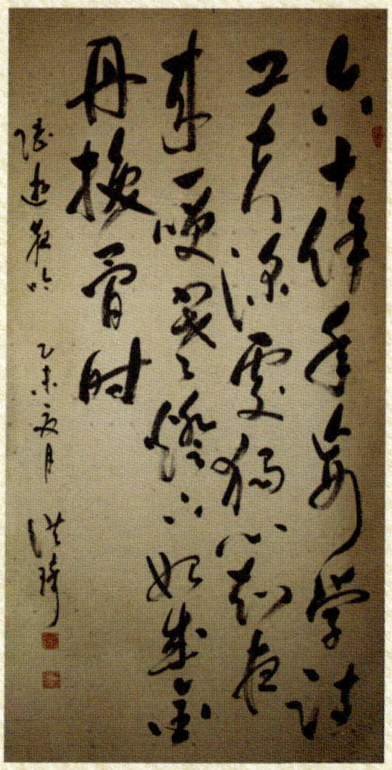

洪琦/作

于洪源/作

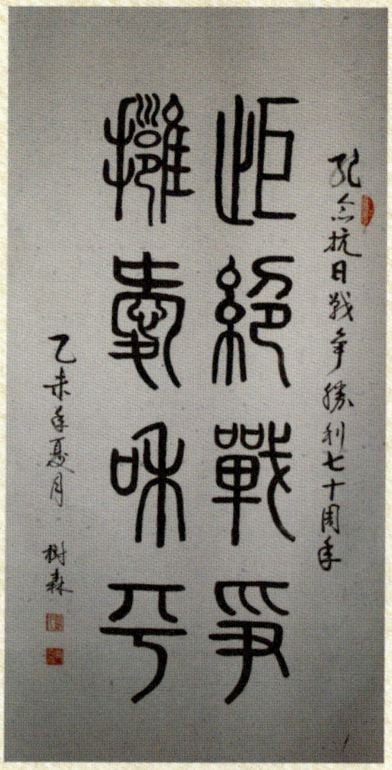

树森/作

书法、绘画、摄影作品

绘画

张悦骞/作

陈志平/作

于洪源/作

书法、绘画、摄影作品

摄影

烈日下的娇艳　齐伟/摄

满树银花　王雁/摄

嬉戏　齐伟/摄

长城秋色　高宏鹃/摄

月夜　夏书卿/摄

民间故事

秦三太爷修建清真寺 相传常营地区曾居住着一对贫穷而虔诚的穆斯林信徒——秦氏夫妇,老两口终日以挑担卖菜为生。

一日秦三太爷卖菜返家途中,突遇大雨,恰逢途中有一座气派壮丽的庙宇,名曰“兹云寺”,秦三太爷当下敲开庙门,想借一处躲雨,并讨碗热茶以御风寒。谁知那庙祝见秦三太爷一身褴褛,双目一翻,道:“出家人吃十方,不布施!”说罢,“砰”的一声关上庙门,自行回寺去了。

秦三太爷又冷又气,看着庙内庙外的豪奢气象,暗暗许愿道:“等真主给了我恩典,我定要在常营也修上一座这样规模的清真寺,供广大穆斯林礼拜!”

愿虽如此许了,但若当真要修建一座磅礴如新的清真寺却谈何容易?所耗何止万金?秦三太爷一生贫苦,又从何处去筹这万金之资?秦三太爷便也没将此事放在心上,待雨停之后,便挑担回家了。

秦氏夫妇常常前往现今的朝阳门外一带卖菜,因年迈,每天要赶路几十里,两人深感疲倦,便想在该地就近租房居住。恰好一位好心的房主不忍见老夫妇二人颠沛流离,便对他二人说:“我有一处宅院,可给你们居住,不收房钱,但据说这房常常闹鬼,是个凶宅,不知你们敢不敢住?”秦三太爷言道:“我们穆斯林自有真主护佑,何惧那鬼神妖魔?”向那房主道了谢后,便住进这所“凶宅”中。

老两口住进这所宅子后,依旧每日挑担卖菜,过得数日,倒也相安无事。忽然有天夜里,秦三太爷听见屋中一阵喧闹之声,起身一看,却见几个长不盈寸的银色小人,不停地从屋一处坑洞中涌将出来,在屋中喧闹玩耍一阵后,便全都跳回洞中。接连几晚,皆是如此。秦三太爷想起数月前自己在兹云寺前所发的誓愿,心道:“瞧这几个小怪,不像凶神恶煞,难不成当真是真主眷顾,指引我还愿来着?”第二天一早,秦三太爷便借来了锄凿铁铲,顺着那几个小怪每晚出入的坑洞挖了下去,挖不多时,忽见银光耀眼,着眼之处,竟是满满一窖金银元宝。老夫妇欣喜若狂,都道:“这是真主的慈悯,穆圣的眷顾!”

取得金银后,秦三太爷老两口回到常营,当即便购买上好材料,广邀能工巧匠,欲按照“兹云寺”的规模修起一座清真寺。

秦三太爷贫苦一生,众乡邻大都知晓,而此时突然搬出大笔金银,拟为村里的穆斯林们修建一座如此宏伟的清真寺,众人皆错愕异常。有人向秦三太爷询问如此巨款从何而来,秦三太爷只道:“此金非盗非抢,乃是来自真主的眷顾,至于个中情由,却不足为外人道了。”

3年之后,一座占地数十亩、青砖绿瓦、庭院森然的清真寺屹立在常营村西头,那便是如今的清真古寺了。而在寺院落成当天,秦三太爷却将所有建寺的账目清单当众尽数焚毁。并对乡邻们笑道:“此清真寺乃是广大穆斯林攒乜贴所建,与我秦某并无干系。”众人不解,秦三太爷道:“这是为了怕后世不孝子孙强恃祖产,以至强拆此寺。”之后,常营清真寺便一直对所有穆斯林开放,而秦三太爷修建清真寺的传说也在民间流传了下来。

按:秦三太爷什么时候修建常营清真寺,已无据可查。在常营秦记园子里,有个土围子,围子里有一土坟,是秦三太爷的坟。在常营清真寺有一个不成文的规矩:新上任的阿旬,上任后都要到秦三太爷的坟前游坟。此规矩一直延续下来,直到1958年大跃进平整土地时,将坟和土围子平了为止。

张贵春劫黄杠 话说清朝末年,朝政腐败,百姓民不聊生。在那个年代,常营的每个普通百姓都遭到了在太平年月中所无法想象的苦难,过着饥寒交迫、流离失所的日子。就在这个时候,常营一位名不见经传的小人物——张贵春显示出了其世所罕有的侠义精神,他的所作所为,纵然在轻生重义的战国时代,也足以哄传天下。

当时民间流传着"要劫劫黄杠"之说,所谓"黄杠",是指朝廷官员或军队的俸银,因将一段圆木分为两半,将元宝藏在其中而得名。长篇小说《隋唐演义》中便有"程咬金劫黄杠"一节。张贵春天生一副扶危济困的侠义心肠,看到乡亲们食不果腹,便起了劫夺"黄杠"救助百姓之心。

然而那"黄杠"乃是朝廷官员军队的俸银,最是要紧不过,必有专人押解,张贵春如何能将之劫过,如今已无从考证。然而无论他是智取抑或强夺,他都成功了。这些也充分说明了他豪气干云的勇气与性格。

张贵春劫得"黄杠"后,将里面的金银尽数分给了贫苦的乡亲们。却说那朝廷失了"黄杠"。哪里便肯善罢甘休?当即点起兵马来到常营捉拿张贵春,其时张贵春已经到京西煤矿避祸,朝廷拿人不成,便将张贵春一家老小尽数捉了去。张贵春得讯后,托人给朝廷传言:"好汉子一人做事一人当,只需放了我家人,我便来投案。张贵春黄杠都劫得,何惧一死?"经过多方交涉朝廷最终答应了他的要求,张贵春终于慷慨就义。

张贵春这样的侠士,无论在任何年代,都会受到百姓们的盛赞,有人将他的事迹写成了剧本,并排练公演。而张贵春的一位后辈亲属认为该剧有辱先贤令名,出资将剧本和演出权买了下来。自此,关于张贵春劫"黄杠"的传说,便不复见于后世,然而他充满英雄气概的风华却不会被人遗忘。

神跤吴六巴 早年间,常营有一位吴姓前辈,天生一副好筋骨,自幼习练摔跤之术,人到中年,跤法已达炉火纯青之境,远近无人能敌,当时人称"通州以西,跤法第一",又加之一副侠义心肠,时常扶危济困,熟识他的人都尊称其为"神跤吴六巴"。

一日,"神跤吴六巴"来到某地跤场,连败多名当地好手,就在围观众人叫好声中,忽有几人拨开人群,来到场中。领头一人来到"吴六巴"面前,抱拳道:"久闻'神跤'吴老师跤法通神,威震四方,我兄弟几人久慕英名,今日相见,幸何如之?还望吴老师不吝赐教,指点一二。"话说得文绉绉的,似是个谦谦君子,"吴六巴"眉头却不禁一皱。原来他识得这几人是当地有名的流氓无赖,平日呼朋结党,横行乡里,那领头的更是远近闻名的恶汉,为人阴险毒辣,偏又最爱冒充文雅。他知道这些人是嫉恨自己名头响亮,特来搅局,心想被这些人缠上,不免后患无穷,便道:"'神跤'云云,是朋友们闲时随口叫着玩的,吴某如何敢当?鄙人有事在身,恕不奉陪……"说罢收拾东西便欲离去。

那无赖头子见"吴六巴"要走,冷笑几声,说道:"吴老师既然不肯赐教,我们自也无法可想,但这'神跤'的名号,从此也就别再拿出来现世了吧,不如改叫'神溜'如何?"

"吴六巴"便是泥人,可也有个土性,听到这话,如何还按捺得住?当即便上前与其放对。那无赖头子平时便靠人多势众横行霸道,说到真实功夫,如何是"神跤"之敌?三招两式之下,便被"吴六巴"摔得像烂桃,无赖头子爬起身来,满身灰尘,满脸污泥,哪里还顾得上装什么风雅儒俊？口中高叫：“老子中午吃的油腻，脚下不免虚浮，这才叫你得了便宜去，当真是胜之不武……”慌忙向几个同伙跑去，几个手下见老大吃了亏，便一拥而上，常言道，好汉不敌四拳，“吴六巴”虽然神勇，终究年纪大了，怎能敌得过七、八个壮汉的围攻？转眼就被几人掀到在地，几个无赖见制住了“神跤”，哪还管什么摔跤套路？拳脚齐上，直打得“吴六巴”口吐鲜血，晕倒在地。

无赖头子见“吴六巴”晕倒在地，便又抖擞了精神，向不省人事的“吴六巴”深深一揖，说道：“多谢吴老师赐教，你我二人单打独斗，在下虽然技高一筹，但你回家苦练几年，未始便及我不上，倒地装死，岂不引人耻笑？”说罢哈哈大笑，带领手下扬长而去，只是全身污泥，鼻青口肿，与脸上嚣张得意之情，未免不大相符。

围观人众心中愤怒，只是为其淫威所慑，敢怒而不敢言，心中却无不暗骂“无耻”。

却说这“神跤吴六巴”被人救回家中，由于受伤过重，又加之心中愤懑，没过几日，一代“神跤”，从此撒手人寰。

正是“龙游浅水遭虾戏，空累跤王抑郁终”。

红旗李玉 长篇武侠小说《三侠剑》中，有“红旗李玉”这样一个人物，据常营老人说，“红旗李玉”在现实生活中确实存在过，且还是常营本地人氏，生在清朝康熙年间。

相传李玉曾经是个镖局的镖头，在他押运的镖车上，总是插着一杆红旗，因他武艺高强，名头响亮，所以各山各寨的绿林匪徒，见了他镖车上的红旗，便无人敢打他镖车的主意，胆子大的匪徒不过也是远远瞧上一眼而已。关于他“红旗李玉”的成名之战，有这样一个传说。

话说“红旗李玉”刚出道时，投身在京北的一家大镖局。

李玉到镖局不久，这家镖局便接了一趟镖，要运往北方某地，但是镖局里的镖师都不愿意接这趟镖。因为当时清朝入关不久，中国各地流寇劫匪颇多，走这趟镖的必经之所，正是强人劫匪云集之处。就在最近的十数年间，这家镖局不但有十几趟镖在这条道上被劫了去，而且还搭上了六七个镖头的性命。

转眼间，这单镖接下来已有近一个月的时间了，但是依然没有一个镖头敢接这趟镖，这可难坏了镖局的总镖头，令他忧心如焚。这时，李玉主动请缨，接下了这趟镖。镖行路上，李玉对随行镖师言道：“众位兄弟，我还有事需处理，这趟镖就有劳各位，我不再跟随了。若当真遇上强人劫镖，只管让他劫去，众兄弟不必与其动手，任他们将镖劫去便是。”说完，竟然一骑绝尘，扬长而去。

众镖师听闻李玉之言，都不知道李玉葫芦里卖的什么药，无奈李玉已走，只能硬着头皮继续前行。行至一密林深处，果然遇到四五十人拦路劫镖。

众镖师看对方黑压压一众人马，人数多过己方数倍，心中不禁一寒。暗忖当真动起手来，可说毫无胜望，心中无不暗骂李玉害人不浅。

一名镖师咳嗽一声，上前说道：“我家镖师不在此地，临走时嘱咐我们，说若有强人劫镖，自管让他劫去，只需报上名来，他自会登门讨还。”

那匪首听那镖师如此说，倒是一愣，随即哈哈大笑：“老子干这无本的买卖二十多年，倒头回听说这等事！好！就依得你，回去对你家镖头说，老子是张家寨张大侉子，由此向北五十里便是我家山寨！”说罢一挥手，指挥喽啰上前将镖车拉过，转头便走。

土匪走后，几名镖师慌忙上马急寻李玉去了。

话说几名镖师寻到李玉，告知了镖车被劫一事。李玉安抚了众人，直奔劫匪所居山寨而去。

到得山寨，李玉对二喽啰抱拳道："相烦二位老兄告知你家寨主，就说昨日贵寨将我家镖局一辆镖车劫去，今日在下特来索还。"

两名喽啰抬头见那李玉虽然神色平和，但顾盼之际，两只眼睛精光四射，显然非等闲之辈，当下不敢怠慢，向李玉一拱手，双双回寨禀报去了。

过了不到一炷香时间，山寨内忽然号角声大作，接着寨门打开，寨主张大侉子亲率上百喽啰兵出寨而来，一时间尘烟四起，声势非凡。

待他出了寨门，却见门口只李玉一人，正在马上向他含笑拱手。这张大侉子不禁一愣，问道："你便是昨日那帮窝囊废的镖头？"

李玉下马向那匪首深鞠一躬说道："日前我家镖局几位兄弟押镖路过此处，将一辆镖车存在贵寨，蒙寨主代为看管一日，李某感激不尽，今日特来讨还。"

那张寨主哈哈笑道："要讨还？那也容易，不过得先商量商量！"

李玉问道："却不知去和谁商量？"

张寨主大喝一声："就和我手里这条镔铁棍！"说罢挥棍便向李玉头顶打去，只带得风声呼啸，果然是威猛惊人。却见李玉不闪不避，只一抬手，便抓住了棍梢。张寨主奋力回夺，但那铁棍竟似长在李玉手上一般，任凭他如何发力，那铁棍依旧是纹丝不动。

只见张寨主牙齿咬得格格作响，一张紫膛脸憋得通红，李玉却依旧是一副气定神闲模样，显是犹有余力，这场比试，可说早已分了高下。

忽听张寨主猛地大喝一声，弃棍不夺，挥拳向李玉胸口打来。李玉随手将铁棍往地下一扔，笑道："好！再试试你的轻功！"说罢也不见他屈膝作势，双足只在地上轻轻一点，便从张寨主头上飞纵而过。

张大侉子只觉眼前一花，头顶风声微动，回头看时，李玉却早已跃到自己身后。

张寨主微微一愣，捡起铁棍，又向李玉打来，但一霎间，李玉又已跃到数丈之外。张寨主挥舞铁棍，随后追去。说也奇怪，李玉奔得也不算奇快，但无论张寨主如何发力疾奔，二人间却始终差着那么两三尺的距离。只见张寨主在李玉身后挥棍乱打，却碰不到他半块衣角。

一众喽啰兵平日哪见过这等场面？一个个只看得神驰目眩，若不是张大侉子平日御下极严，众喽啰险些便要大声喝起彩来。忽见李玉猛地一个凌空转身，又转到了张寨主身后，落地时竟没带起半点尘土。众喽啰再也抑制不住，一个"好"字炸雷般喊将出来，声彻云霄。

那张大侉子平日打家劫舍，威风惯了，哪受过这等戏弄？脸上一阵红一阵白，猛地大喝一声，铁棒脱手，向李玉后心掷去。

李玉忽听得身后风声猛响，也不回头，只伸左手往身后一抄，便接住了铁棍。接着忽地转身站定。

那张寨主正自发力奔跑，见李玉忽然停住，一个收足不定，险些便撞到李玉身上。李玉随手将铁棍往地上一插，开口问道："还打吗？"

张寨主定睛一看,却见自己那根7尺来长的铁棍,在李玉一插之力下,竟只剩下2尺来长还留在地上。

寨主张大侉子见李玉随手一掷,便将自己那根铁棒深深插入地底,只吓得魂飞魄散。却听李玉在旁边轻声问道:“还打么?”

张大侉子此时心中一万个不愿再打,但当着众喽啰的面,这“不打”二字又如何说得出口?一咬牙,大喝一声,挥拳直上直下地向李玉打去,势若疯虎。此时他出拳早已没有套路可循,只盼能打到李玉一拳两脚,也算是多少挽回些许颜面。

但这等胡踢乱打岂能奈何得了李玉?只见他随手挡驾,便将张寨主的攻势一一化解。张寨主心中愈发焦躁,忽地蛮性发作,怒吼一声,飞身向李玉扑来。

李玉闪身避开,却见张寨主扑落处,正竖着那半截插入地下的铁棒,眼见张寨主额头便要撞上棍梢,以他这一冲之力,定是个头破脑碎之祸。张寨主心中暗叫一声苦,闭目待死。忽听身后李玉喝道:“留神!”话音未落,身子已如离弦之箭般蹿出,一眨眼间便跃到张寨主身后,伸手抓住他的脚踝,猛地往身后掷去。

已经魂飞魄散的张寨主还没明白怎么回事,身子已经落到地上。他一骨碌爬起身来,摸摸脑袋,似乎尚不相信自己活着。愣了半晌,忽然跑到李玉身前,深鞠一躬,说道:“壮士救命之恩,张某没齿难忘。俺老张有眼无珠,不识好歹,得罪了贵人,还请壮士恕罪!”

李玉道:“张寨主言重了,区区小事,何言救命之恩?还望寨主把镖车还与在下,我们兄弟还要抓紧赶路。”

李玉话音未落,早有喽啰从寨内推出镖车。李玉在马上向众匪一抱拳,赶着镖车绝尘而去,众匪在身后躬身行礼,直到李玉身影隐没在树林之中,众匪徒方才起身回寨。

经此一役,李玉自是名声大振,从一介刚刚出山的小镖头,一跃成为名闻天下的大英雄,劫道的土匪只要见到他镖车上插的红旗,便要闻风而逃。“红旗李玉”之名,也是愈叫愈响。

正是:古来成败原关数,天下英雄大可知。

“安秃”只身破马队　60年前,常营一安姓居民,绰号“安秃”(对常营前辈直呼绰号,甚是不敬,但因年代久远,这位安姓前辈大名已难考证,无奈且以绰号称之)。

“安秃”本是常营人,与一村女青梅竹马,颇有情愫。恰逢常营地区有一李姓保长(地方武装部队首领),也被这姑娘容貌所迷。李保长气量极狭,见“安秃”与姑娘情愫日增自己难有插足之处,便于某日携枪上门,以武力相威胁,扬言称“安秃”若不滚出常营,不再见那姑娘,便将其全家杀光。

“安秃”见李保长以其全家性命相威胁,无奈之下,只得收拾行李,连夜带着家人离了常营。

“安秃”被逼出村后不久,便在城外遇到了一队八路军的队伍,“安秃”并不知道八路军与国民党的军队有何不同,只觉得国民党的军队凶狠霸道,而八路军待人却亲善和蔼,加之自己走投无路,便投奔了八路军。“安秃”加入八路军队伍后,由于为人机敏,屡立战功,又是回民,不久便升为回民支队队长。关于他的种种传奇故事,也因此而来。

据当地人传言,有一支国民党马队驻扎在石各庄,常常骚扰百姓伤人抢物,当地居民大多敢怒不敢言。当时身为八路军回民支队队长的“安秃”只身一人来到石各庄,对马队突施偷袭,击毙数名敌人,将马队惊走,为当地百姓除了一害。

当日"安秃"从马队驻扎的大院埋伏,趁敌人不备,先开枪击毙了几名敌人,马队以为大队八路军杀来,当时大乱,国民党官兵也不顾其他,上马便逃。而"安秃"双枪连发,又有几名敌人应声落马,敌人吓得心胆俱裂,哪里还敢抵抗?一个个落荒而逃。这一役"安秃"共毙敌五六个人,马队元气大伤,从此不敢再来骚扰百姓。

解放战争胜利后,由于"安秃"战功显赫,上级领导安排他任某地方书记一职,但"安秃"却知自己识字有限,辞官不做,回家种田养花,怡然自乐,寿至七十,无疾而终,这段传奇故事,在百姓中流传开来,至今常营人知此人者,为数不少。

(民间故事资料来源:常营文化服务中心;《品常社区报》)

民间游艺

老汉推车 亦称"小车舞"。民间舞蹈。车用竹、木、秫秸和布扎成架,四周围上布,画上车轮,套在舞者的腰上,形同坐车,另有人推,推车都以老汉居多。民间常以"回娘家"或"夫妻观灯"为内容,以一问一答的歌舞形式,反映出真挚的爱情和欢乐的情绪。在常营此项活动大多在春节期间表演。

抖空竹 亦称"抖嗡",这是一种抖动发响的竹木玩具。分双轴、单轴、地牛黄、闷葫芦等种类。空竹的轮和轮面为木制,轮圈为竹制,竹盒中空,有哨孔,旋转发声,中柱腰细,以便缠绳抖动产生旋转。玩者双手各持两根 70 厘米长的小竹棍,其顶端皆系一根约 160 厘米长的棉线绳,两手握竹棍另两端,线绕轴一圈或两圈,一手提一手送地抖动,加速旋转使之发出鸣声。抖动时姿势多变,绳索翻花,做出串绕、抡高、对扔、过桥等动作,诸此技巧有"鸡上架""仙人跳""满天飞""放捻转"等名目。今盛行常营。

抽陀螺 亦称"鞭陀螺"。陀螺是用木头制成,为圆锥体。玩者手执一鞭,将鞭绳绕在陀螺上,猛卓于地,顺势抽绳,使之旋转,视其缓而鞭之,转转无复往。转之疾,如同卓立地上,顶光旋旋,影似不动。

放风筝 风筝古代称之"纸鸢",引线乘风为戏,其制法:先用细竹或竹片扎成骨架,模拟蝴蝶、蜈蚣、凤凰等禽、鸟、鱼、虫形状,糊上棉纸或薄绢,上画图案即成。玩时用麻线索引,利用风力,放上天空。常营放风筝"清明"时节为多,忌断线,特别是对落入农家房舍视为不吉利,必须烧香、放鞭炮予以消灾。

滚铁环 旧时儿童游戏。男孩子手持顶端为弯槽铁棍,推一直径约 70 厘米的黑铁环向前跑,发出"哗啷哗啷"声。有的铁环上套有 2—3 小环者声音更响亮。

欻(chuà)羊拐 女孩子们非常爱玩的游戏。因常营地区回族居多,喜吃羊肉,吃剩下来的羊骨头,即可作为孩子们的游戏使用。所谓"羊拐"就是羊后腿踝骨,是表面较光滑又不规则的六面体,其中两对对组凹凸不平且能立起,一般要准备四个,孩子们把它们洗净并染上红或绿的颜色。另外,还要缝制一个 3 厘米多见方的布包,里面装入绿豆或小石子。

参赛人一般是 2—4 人,常在四合院屋檐下的台阶上或小饭桌上进行。玩法多种多样,规则也不尽相同,平常的一种玩法是,先将四个羊拐抓在手里,一转手腕将拐撒往地上,并同时抓起石包,然后在每抛起一次布包时,按顺序把拐扶正或按倒,并要接着布包不能落地,最后要一次把羊拐抓起,并接住布包即为赢,如果有一次没接着布包或没按规则顺序扶好拐就为输。

弹弹子 亦称“弹玻璃球”。是旧时男孩子在地上玩的一种游戏。常玩的有“弹锅儿”,一边地下画一方格为“锅儿”,玩者各出一球(弹子)排放“锅儿”中,站“锅儿”前向约330厘米远处所画的杠线各扔手中一玻璃球,以所扔球离杠线远近排次序,先后蹲在杠线后向“锅儿”弹出手中玻璃球,“锅儿”中球被弹出者所有,所弹球停在原地不动,下面人接连进行;然后再轮着“弹锅儿”。也可弹别人之球,被弹中者为“死”,弹之球落进“锅儿”中亦为死。另一种常玩的“撞弹”:各将己球撞墙滚远,以离墙远近决定先后,依次弹击,中者胜。还有“弹坑”等花样。

斗膝 又叫“斗鸡”,常营有青少年特别喜爱。活动方法是:用手抱起一条腿,另一条腿支撑上身蹦跳。两个人用膝部相斗,斗到对方双脚着地为胜。斗膝的基本动作有砸膝、顶膝、掀膝、闪膝和假动作等。参加活动人数、场地不限,只要有两个或两个以上人在一块平地上就可进行。

猜字瞒 古代铜钱有正背两面,正面有字(年号),背面无字。由一人先用拇指和食指夹铜钱(铜板),然后用力转钱,使之在桌上或地上旋转,中间突然以手盖钱,使钱扑地,由对方猜是正面或背面,然后放手,猜中者为胜,反之为负,俗称“猜字瞒”。

剪刀·石头·布 儿童互相比拳。手握拳形是石头,伸出食指及中指是剪刀,手掌展开即是布。石头“敲”赢剪刀,剪刀“剪”赢布,布“包”赢石头。

解绷绷 旧时儿童游戏。一般2人玩,用一根细线绳,两端相连为环形,先由1人用双手撑开构成某种几何图形,然后由另1人用双手挑、穿、勾等方法改变原来图形,这样2人轮流解绷,巧妙地绷出各种有趣的几何图形,能者为胜。

踢毽子 毽子一般用布或软皮包铜钱做底盘,扎上鸡毛或其他羽毛而成。踢毽子场地可大可小,室内室外均可。花样繁多,有单踢、盘踢、蹦踢、间踢……踢毽子有表演的,也有比赛的。比赛有比踢次数的,也有比踢花样的。

跳绳 男女均可参加,女子尤以跳绳为戏。其跳法有一人自抛绳自跳,或两人抛绳一人跳,有用单脚跳或同时双脚跳。集体活动的绳则更长一点,两人抛绳,或把绳的一端固定在树上,一人绕动,其余人在绳上来回跑跳,做各种表演动作,如单脚跳、双脚跳、转体跳等。

跳皮筋 近代兴起的儿童体育活动,在小学女生中开展特别普遍。跳皮筋不受场地、人数的限制。橡皮筋是用橡皮圈连接而成,长短不限。一人玩时,可将皮筋两端固定在两棵树上或高凳上,如有3人以上,两人牵皮筋两端,一人或两三人混跳,逐步升高,跳到失误,换人再跳,循环往复。跳皮筋的跳法很多,一般跳法有挑、勾、踩、跨、摆、碰、绕、掏、压、踢等基本技术动作,也有编排成组合动作,配合儿歌,边跳边唱非常轻快、有趣。

跳房子 先在地上画6个方格,每个方格约70厘米见方。每格谓一房,注以1、2、3、4、5、6的记号。玩时,先用小瓦片掷向格内,以后用单脚跳入格内,把瓦片踢入其次的格内,谁先跳完全部方格即造好房子为赢。其间,所踢的瓦片不得踢出格外或触及每格的画线,违者要停止跳,让其他一人跳。等到下一次轮到自己时,再继续自前次停止的格开始跳，胜者可打败者的手掌。

老鹰抓小鸡　一种多人游戏，在户外或有一定空间的室内进行。游戏时由一人扮演老鹰，一人扮演母鸡，其余扮演小鸡。小鸡们一个接一个地连接在母鸡后面，母鸡需要挡住老鹰，不让其抓到身后的小鸡，而老鹰就要通过跑动等办法抓住母鸡身后的小鸡，或是让小鸡链断开。直到一定数量的小鸡被抓到。

丢手绢　数名小孩子蹲成一圈，其中一个手持手绢绕行，暗放于某人背后地上，其他人齐唱："丢，丢，丢手绢，轻轻地放在小朋友的后边，大家不要告诉他。快点儿快点儿抓住他，快点儿快点儿抓住他。"丢绢者走一圈，如某小儿尚未发现，丢绢者会在他头上轻打三下，两人互换；如被丢者发现即追上丢者，原样重复，未追上即由他代替，再进行。

扇洋画　也称拍画片，流行于20世纪初和80年代。彩色印刷术刚传入中国时，市面上出现了一种五颜六色的小画片，小画片上画着洋人洋船、洋枪洋炮等，人们称之为洋画。后来，画片上又出现了卡通动画人物，神话人物等图案。玩时两人或多人参加，每个人拿出自己的一些画片，然后顺次用手去拍，准能把画片拍得翻过来，这张画片就属于谁。当时画片是几角钱一大张，一大张里面有很多小张，用剪刀把大张画片剪成小张，这些小张就可以用来拍了。

抖蛐蛐　蛐蛐儿，学名叫蟋蟀，又名促织。俗名有"油葫芦""老米嘴""飞琴"等。捕捉时需准备铅丝制成的蛐蛐罩儿、竹签绑鼠须做成的探子、用白铁筒绑袜筒做成的蛐蛐儿筒、小铁铲等工具。捉来雄蛐蛐后，放在罐儿里养。因为蛐蛐儿一叫唤就入秋了，天气渐凉，提醒人们该准备冬天的衣服了。养蛐蛐儿的器具，讲究的是蛐蛐罐儿，有瓷的，也有瓦的，最好的是用澄浆泥烧制的，大、深、厚。这种罐儿的优点不在它的外观，而是保温性能好，适合蛐蛐儿在里面生存。新罐儿不是拿来就用，而是先打底儿，用黄土、黑土、白灰按一定比例混合，然后垫在罐里。打完底儿等土干了，还要放在水里泡，把碱性泡掉才能用。养蛐蛐儿的乐趣在于它们的厮斗与鸣唱。一只蛐蛐儿只要战败一次，从此便丧失了斗志，对它的主人来说也就没有价值了。

民间儿歌（流行于通州常营地区）

△羊，羊，跳花墙，不用梯子就上房。

△牛，牛，一生油，拿你炒菜不着油。

△拉大锯，扯大锯，姥姥门口唱大戏，先搭棚，后挂彩，羊肉包往上摆，不吃，不吃，吃二百。（儿童二人四手互索来回拉扯而戏以歌此。）

△你别哭，你别闹，等着带你去上庙。（上庙指去庙会玩）

△槐树槐，槐树底下搭戏台，人家闺女都来了，我的闺女怎不来？

专题：精神文明创建

常营地区的精神文明建设，从20世纪80年代初开始，特别是恢复乡的建置以后，一直按照北京市、朝阳区文明委的部署开展创建活动。此项工作是在乡文明委领导下，由乡文明办直接来抓。30多年来，常营的精神文明创建大体分为两个阶段：前期以建设文明乡村为主要内容，后期在农村城市化基本完成后，以建设文明社区为主要内容。在具体工作中，始终把握3个结合：一是与治理农村环境相结合，特别是早期，以治理“脏”“乱”“差”为主；二是与文体活动相结合，以文体活动为重要载体；三是与从严治党相结合，要求要百姓做到的，党员必须带头，以身作则，以提高居民素质为重点。从而形成常营精神文明建设自己的特点。

精神文明创建活动

“六五”期间创建活动（1981—1985年）　从1982年开始，常营地区每年3月开展“全民文明礼貌月”活动，地区青少年和部队指战员走上街头，清理垃圾，维护秩序，学雷锋、做好事。在全地区开展“五讲四美三热爱”和“三优一学”的宣传教育活动。常营分场各单位制订社会公约和职业道德规范，推行门前“三包”（包卫生、包绿化、包秩序）的责任制。从1984年开始，提出做文明市民、创文明单位、建文明乡村口号。1984年投资50万元修建了从东三村到常营村9公里的环乡柏油马路，并完成马路排水沟工程，一改过去那种“雨天一身泥，晴天一身灰”的旧面貌。

“七五”期间创建活动（1986—1990年）　1986年11月10日，朝阳区公布《朝阳区关于“七五”期间加强精神文明建设的实施意见》，具体部署争创文明村、文明乡、文明单位的工作事宜。其工作重点放在解决村容村貌“脏、乱、差”，乱占乱建、交通安全以及计划生育上。每年开展检查、评比，先后评出乡文明村3个，区文明村2个，市文明村1个，同时评出“五好家庭”1530户，占总户数70%。其间，常营乡的村容、村貌、治安秩序都有了可喜的变化。其中，公主坟村被评为市级文明村。

“八五”期间创建活动（1991—1995年）　继续深入开展“讲文明，树新风”活动，着力整治“脏、乱、差”。1991年先后清除垃圾14410立方米，清除堆物、堆料3处，建起垃圾池12个、厕所12个，修下水道7条、2160米，疏通沟道2944米，总投资17.2万元。1992年以“亚运意识”促进精神文明建设，收到一定的成效。1993年，以“迎接七运、争奥运”为契机，使环境治理有了明显效果。1994年，乡政府拿出66000元专门作为环境卫生奖励基金，大大地提高了各基层单位抓好环卫工作的积极性。全乡各基层共投资16.5万元，新建厕所2个，翻修厕所7个，新建垃圾池7个，修理马路边沟840米，埋下水管道816米。是年，常营开展了双拥共建活动。乡与51115部队共同修建了十里堡到杨闸村的沙石路。常营民族小学、十里堡小学和常营第四村委都与部队开展了军民共建活动。1995年继续以治理环境卫生为突破口，常抓不懈，力争早日踏上文明乡之路。

“九五”期间创建活动（1996—2000年）　1996年，根据北京市关于农村加强精神文明建设实施四项计划的精神，常营乡对精神文明建设实行百分考核，内容包括宣传教育、民政民调、社会治安、综合治理、环境整治、交通安全、计划生育等。把精神文明建设与日常工作结合起来。1998年，围绕建党77周年、改革开放20周年和区庆40周年，开展了“知朝阳建我家乡”的知识竞赛。1999年，中共常营七村支部，为加强精神文明建设，开办了百姓沟通、促进邻里关系为内容的《百姓瞭望》刊物，发放各家各户中，颇受村民欢迎。

“十五”期间创建活动(2001—2006 年) 从 2001 年起,常营乡开展婚育新风进万家,争创区级文明乡、市区级文明单位的宣传活动。提出建设学习型乡村、学习型机关、学习型家庭,争做“文明北京人”。2003 年,又把精神文明建设和全面建设小康新常营结合起来,调整工作思路。是年,五里桥村补评为年度文明村。2005 年,推进基层文明市民学校建设,普发《文明礼仪读本》,开展“四进”活动:文明礼仪进家庭、健康知识进家庭、安全知识进家庭、法律知识进家庭。

“十一五”期间创建活动(2006—2010 年) 2006 年,在全乡党内外布置学习“八荣八耻”,开展《新北京、新奥运》知识学习及考试,并举办“政务礼仪知识”讲座,一共进行了 20 讲,受众达 2500 余人次。2007 年起,常营地区每年开展评选“百星十佳”活动,营造良好氛围,推动城市化进程。2007 年、2008 年围绕北京奥运会,大规模地开展群众性精神文明创建活动,全乡组织了 680 名奥运城市志愿者。2008 年全乡评出文明集体 24 个、文明个人 136 人。2009 年,以“4·23”世界读书日为契机,全地区开展全民读书月活动,口号是:“知识点燃希望,阅读传承文明。”再度评出文明集体 12 个,文明个人 111 人。2010 年,为纪念“国际家庭日”在鑫兆广场举行家庭文明周活动开幕式,其主题为亲情、友情、和谐大家庭,共建共享文明新常营。从而倡导文明立家、学习兴家、平安保家、健康乐家、节约持家、廉洁守家等和谐家庭理念。是年,评出公益明星 28 人、自强明星 14 人、学习明星 16 人、节约明星 13 人、岗位明星 23 人、就业明星 6 人、文明家庭 15 个、文明楼宇 10 个、文明单位 15 个、文明共建单位 14 个。

“十二五”期间创建活动(2011—2015 年) 2011 年,全乡积极开展以廉政文化、社区文化、传统文化为主体的群众性文体活动,成立了地区文体协会,组织了回族舞蹈队等 30 余支文体队伍,有力地推动全地区精神文明创建水平。2012 年,常营文化中心由 3000 平方米扩至 6000 平方米,并在鑫兆佳园社区增建 1000 平方米乡级文化活动中心,初步形成东西两大文化圈。新成立文体队伍 20 支,举办多种类型活动 30 余场。2014 年开展“爱党爱国爱常营”活动,实施“文化惠民、文化润民工程”,组织了“缤纷五月”、“动感六月”群众文化节等百余场文体活动,使精神文明创建以文体活动为载体,吸引更多民众参加,促进农民市民化。

“十二五”期间,常营乡志愿者队伍兴起,2005 年常营地区成立了志愿者协会,成为精神文明创建活动的风景线。在民族家园社区活跃着两支老年志愿者先锋队,一是由退休工程师马福泉、冯关寿与电工师傅戴宝会等人组成的志愿者小分队,平均年龄 70 多岁,经常主动帮助社区居民更换节能灯节电,据不完全统计,两年来为 3 个社区义务更换 LED 节能灯 400 余套,以利节约生活用电,不图任何回报。二是由马凤奎、孟凡军、尹秀英、马惠芬组成的板报宣传志愿先锋队,平均年龄 68.4 岁,从 2011 年开始,义务为社区做板报宣传,每期出版板报 2 版(12 块),分别放在民族家园 6 个居民区门口的橱窗内,配合中心工作,每年出版五六期,他们以此发挥余热,深受社区群众欢迎。

公民道德建设

公民道德建设是精神文明建设的基础和奋斗目标。常营地区在精神文明创建活动中,认真贯彻《首都市民文明公约》和《北京市爱国主义教育规划要点》,在全乡进行社会公德、职业道德、家庭道德教育，开展评选道德模范，树立标兵，涌现出一批道德模范。

图7－25　2009年常营乡举办工作人员学习杨立英先进事迹报告会

杨立英　常营荟万鸿社区居民，她14年如一日，日夜照顾瘫痪在床的丈夫。她丈夫冯志良因为1996年的一次煤气泄漏事故中变成了“植物人”，杨立英不得不内退在家，全心照料丈夫。冯志良整天躺在床上，四肢瘫痪，大小便失禁，不会吃喝、不会说话。杨立英每天早上一起床，就开始给丈夫洗脸、洗脚、擦身子、换尿布，再把丈夫从床上抱到沙发上休息。之后，开始为丈夫一天的饮食起居而忙碌，喂饭、喂水、接屎、接尿。每天同样的动作，杨立英一干就是14年，她精心伺候、照料着自己的丈夫，没有一丝怨言。为了防止久病卧床的冯志良肌肉萎缩，杨立英每天数次帮丈夫翻身、伸腿、揉搓、按摩，天天如此，从不间断。每次出门办事，她都到床前对丈夫说：“老冯，我出门办点事，一会儿就回来，等我。”办完事回到家中，走到丈夫床边说：“老冯，我回来了，你还好吧？”尽管他无法回答，她还是照样同他说话。工夫不负有心人，14年的辛劳，她终于使丈夫苏醒过来，能与她进行一些简单的言语交流，后来发展到与妻子做一些成语接龙游戏，肢体也可以尝试做一些简单的动作。杨立英说：“我虽是个苦命人，但有他在还是一个完整的家，不论怎么苦和累，我也要振作精神，不犯愁、不悲观，只要有个好身体我就能伺候他一辈子。”

图7－26　2009年杨立英在首都精神文明创建活动中获道德模范称号（一排左一为杨立英）

杨立英面对生活的艰辛和挫折，一直乐观以对。她面对社会的关爱和好心人的帮助心存感激，并尽自己所能回报社会。她用自己的实际行动告诉人们，做人要讲道德，要有信念，无论前方的路有多大的阻碍，父母的养育之恩不可忘，亲人的温馨呵护不可弃，个人的自强自立不可丢。

洪兴、安贵均　洪、安二人原为北京市化工厂工人。退休后他们没有再求生财之道，而是毅然投身于义务管理常营清真寺的工作之中。他俩参加管理，主要是干活，用他们自己的话来说：“管理清真寺，就是实实在在为清真寺干活。”清真寺的院落中各个角落有很多干不完的零活，他们每天便自觉地把院落打扫得干干净净。每到聚礼日或有内外宾参观，或遇三大节日，他们更是认真负责地把清真寺前前后后、里里外外清扫得更加干净。干活上尽心竭力，在劳动报酬上却分文不取。他们以寺为家，坚持不懈地为清真寺的管理和建设不声不响地做着自己力所能及的奉献。

1993年5月重建女殿工程开工之后，洪、安两位老人，就没有停住脚。在骄阳烈日下，他们与清真寺负责人肖宝恒一起，身为监工，但与工地工人们一起干活，一干就是三四个小时，有时连续数日不懈怠。工人下工回家了，他们还要坚持去做“乃玛兹”。有一次洪兴因劳累过度而昏倒，磕破了前额，手术缝了十多针，没有等伤口愈合，又投入紧张的施工管理工作中。有一次安贵均身患感冒，高烧39℃多，他只躺了半天，就坚持回到寺里干活。经过肖宝恒、洪兴、安贵均等人两年的努力，一个全新的清真寺建设起来，洪兴、安贵均辛勤忘我的劳动受到广大穆斯林赞许，“谁在顿牙（世界）上建一座‘麦思志德’（清真寺），真主便在天堂为他回赏一座花园”。

何其元　1994年，何其元老伴去世，葬在常营公墓。从那以后，他便成了常营公墓的义务清扫工。每天早晨他便拿着铁锹和扫帚去公墓，夏天铲杂草，冬天除枯草，一年四季清扫墓道坟边的垃圾，特别是清明节前后格外忙碌。他经常对前来公墓祭扫者宣传防火知识，烧纸、抽烟一定要防止引发火灾。

常营公墓分穆斯林墓地群和汉民墓地群，何其元是汉民，对两个墓地一样的悉心照料，尤其是清扫回民公墓特别注意尊重回民兄弟的习俗。有时，他还帮助祭奠者做些填坑、整碑等杂活，无论做什么，从不接受任何人钱物的回报。他说：“他们（指逝者）都曾是对国家、对社会做过贡献的人，我是一名退休党员，做这些事都是应该的，没有什么值得提的。”何其元义务清扫公墓10多年，社区曾多次要给他一些钱，都被他拒绝了，他说：“如果你们要是给我钱，我还不干了。”何其元多次被评为优秀共产党员，他的无私奉献精神感动了大家，有许多常营居民说：“我们为身边有何老这样的好人、好邻居而感到骄傲。”

安全珍与爱心奉献小组　在常营有一个爱心小组，约百八十人，骨干有3人。主要的任务就是为边远贫困地区儿童募捐善款。这就是安全珍的常营爱心奉献小组。

安全珍，常营民族家园F区共产党员，退休人员。她和几位伙伴一起组成了一个爱心奉献小组，这个爱心奉献小组说大有百八十成员，说小只有2—3人，这个爱心奉献小组的任务是为了边远贫困地区儿童募捐善款（穆斯林也叫乜帖和天课），资助他们的学习生活，完成学业健康成长。早在2007年就开始做这项工作，那时候有人给她一份资料，关于宁夏银川市同心县下马关镇有个回族幼儿园条件非常差，房屋年久失修，下雨天漏雨，孩子们的生活艰苦需要资助。安全珍小队开始宣传并筹捐善款5277元寄汇给他们。学校用这笔钱修了教室，给孩子们改善生活，并把修好的教室拍了照片和感谢信一起邮给安全珍爱心小组，之后又邮寄了几次款项，后来国家对教育大力扶持，他们就不再汇款了。

安全珍和她的奉献小组，从来办好事不声张，默默地做，弘扬的是正能量。

卷八　民俗与地方特色语言

一　回族习俗

回族是以13世纪迁入中国的波斯、阿拉伯、中亚等国家和地区的多种民族成分在长期历史发展形成的民族。回族民俗有不少民俗事象是由多种文化类型互化与整合的结果,其中既有阿拉伯、波斯民俗文化的基因,又有中国汉族及其他少数民族文化事象,还有伊斯兰教教规表现。常营乡是回民聚居之地,600多年来一直延习着回族的习俗。

禁忌习俗

常营乡村民的饮食习俗与回族村民信仰伊斯兰教息息相关。由于伊斯兰教规对饮食有着严格的规定,因此,饮食禁忌成为8个回民村的一个重要特征。这种饮食禁忌对其他3个汉民村的饮食习惯,也产生着一定的影响。

图8－1　常营民族家园小区内明示禁忌规定（摄于2015年）

长期以来,常营乡回族村民在饮食方面总体上遵守伊斯兰教教规明确禁忌的五种食物,即:自死物、血液、猪肉、非诵真主之名而宰杀的动物、酒。但实际生活中,村民对饮酒限制不严格。具体的饮食禁忌为:

（1）可食的有:动物类凡反刍的兽类、吃草的禽类;吃谷的且性情温良的都可食。如:兽类的牛、羊、驼、鹿、兔等;禽类的鸡、鸭、鹅、鸽等。佳美的水产类必须具备鳞腮鳍（划水）的鱼类等,如鲤鱼、鲢鱼、鲫鱼、草鱼、黄花鱼等,可食用。从水中捕获的活鱼,虽离水死去可食用。

（2）不可食的有:动物类不仅仅是猪肉,凡兽类有爪不反刍,禽类鹰钩嘴,且食肉的都不可食。如兽类的驴、骡、狗、猫、狼等;禽类的鹰、乌鸦等均不可食。常营地区村民辈辈相传地不食“牛羊等动物的血液、皮毛、脑子、脊髓、小便（生殖器）、膀胱、睾丸、肛门、胰岛、内鼻软骨、羊蹄夹处的毛囊（俗称小耗子）、动物体内的死胎等”。受憎恶的水产类也不可食,如鲨鱼、鲸鱼、青蛙、乌龟,还有像鱼不是鱼、叫鱼不是鱼的也在禁忌之内,如泥鳅、甲

图 8－2 地区超市在开设清真食品专售点（摄于 2015 年）

鱼、鳄鱼等。但在水中自死并浮于水面的，虽属佳美的水产类，具备鳞腮鳍（划水）也不可食。

此外，一切麻醉品均为常营回民所禁食，如大麻、可卡因、吗啡、鸦片、海洛因（白粉）、冰毒、摇头丸等，香烟虽无明文禁止，但在正式的宗教场合也属于禁例。

节日习俗

斋月封斋 常营乡绝大多数的回族村民，在伊斯兰教历每年的 9 月为“莱埋丹月”进入斋月封斋，也叫把斋。封斋要坚持一个月。每天入斋的时间是见新月为封斋，即每天太阳升起以前吃饭、喝水。至日落后而开斋，即才能吃饭喝水，白天不能吃喝。

整个斋月内除禁食外还有戒房事、戒丑行和戒秽语，目的是陶冶人的性情，克制私欲，体会贫困之人饥饿之苦，启发恻隐之心，以济贫行善。旧时斋月期间进餐时间由各家各户自己看月亮，根据实际情况把握，封斋是自体健康的成年人的义务，儿童或老弱病者不做严格要求。1983 年清真寺民管会成立后，宗教活动更加正常、有序、规范。每年进入斋月前夕，会提前印制、发放一定数量的由国家宗教局公布的当年标准封斋时间表给村民使用，比以前自行看月亮更加方便、准确。

民国时期没有对少数民族的照顾，加之生活水平不高，吃顿窝头、咸菜，喝点开水就封斋了。生活最困难的时期，没有饭吃时，有的喝点开水也就算封斋了，称封空斋。新中国成立后，党和政府对回族民众生活习俗十分尊重和照顾。计划经济时期，生活用品实行票证制，每个人的票证都是统一定量的，对少数民族有特殊照顾。政府对伊斯兰教给予尊重和保护，并制定了一系列优惠政策惠及众村民。1957 年，北京市民委、北京市粮食局制定了《关于信奉伊斯兰教少数民族开斋节及丧葬供应油、面问题的规定》；1958 年，北京市税务局规定：“凡信仰伊斯兰教的少数民族，在开斋节、古尔邦节、圣纪节食用的活牛、活羊予以免税。”等。这些政策使常营地区的村民得到了惠顾，众村民更加爱国爱教。

20 世纪 80 年代以来，生活条件越来越好，封斋用的食品也越来越讲究起来，尤其是中青年人白天还要坚持上班干活，更加注重合理饮食和健康的搭配。

开斋节 开斋节是常营回族村民重要的节日之一，阿拉伯语尔德 · 菲图尔的译意。具体时间是伊斯兰教历的 10 月 1 日。所谓开斋就是村民们封了一个月的斋以后，庆祝斋功胜利完成的日子。

开斋节的主要习俗有三项内容：

第一，举行会礼。平常忙碌的村民，放下手中的工作，到清真寺聚礼，常营有“千里赶尔德”的说法。意思是开斋节这一天不管离家多远也要赶回来礼开斋拜。还有一种说法是礼开斋拜，能得到 72 倍的“回赐”。常营开斋节这一天礼拜的人要比平时多几倍。1958 年以前常营地区曾有过 5 座清真寺，开斋节这天周边的小清真寺，都到至今仍保留的这所清真大寺来聚礼。

第二，交纳开斋捐，也叫“费德尔乜贴”。即按个人家庭人口计算，可折成现金作为斋期或戒律不严的弥补，用于济贫或宗教基金。

第三，忙吃一物（即在开斋节当天早晨拂晓时吃些东西）。每当开斋节聚礼结束，清真寺都准备各种小吃、糕点达十余种，供前来聚礼的村民免费食用。

除此以外，常营地区的村民还有沐浴、刷牙，用美香，穿最洁美的衣服，去清真寺时低念赞词，炸油香等习俗。旧社会常营地区经济不发达，比较贫穷，人们主要是早起床、换上干净的衣服，做大净小净，拿着两支芭兰香，带着“费德尔乜贴”徒步走向清真寺，这一天满街都是燃芭兰香的味道。

这一天，村民们有炸“油香”庆祝的习俗。20 世纪五六十年代经济困难，就是众村民合作也要炸两三个油香，香香锅。没有油就到常营八村买点煮骨头的浮油来做。当时粮食与食用油实行定量供应，每逢开斋节，北京市民委和粮食部门规定：对回族等 10 个信仰伊斯兰教的少数民族予以油、面补助。国家照顾每人一斤面票、二两油票，常营地区乡政府认真落实民族政策，深受村民群众的欢迎。如 1950 年 7 月，北京市政府按照政务院规定伊斯兰教开斋节，凡信仰伊斯兰教的少数民族职工放假一天。在斋月期间，商业部门还保证供应茶叶。

改革开放以后经济发展，村民的物质生活和文化生活都有所提高，免费义诊、免费送书画等文化内容成为常营地区开斋节的又一地方性活动。

附：开斋节活动报道

1995 年节日前，寺民管会的主任肖宝恒，按照市、区两级领导部门的要求，分别主持召开了寺民管会全体委员会议和职工后勤会。对节日期间的工作做了明确的分工，并在会后对防火、用电、交通安全及清真寺外的卫生和社会秩序的安全作了认真的全盘检查。为迎接内外宾客的到来，作了充分的准备，还制作了十多种精美的回族传统小吃，供内外宾客和广大教民食用，品种繁多、味道可口，深受广大教民的欢迎。节日期间，区民政局民族科的几位领导来清真寺巡视工作，商议有关事宜，并陪同副食品公司几位经理前来布置节日期间对常营地区村民让利供应等事宜，以表示对节日的祝贺。寺院内外打扫得干干净净，大门高挂五星红旗和“欢度开斋节”的金丝绒横幅。

图 8－3　2010 年常营清真寺开斋节聚礼众阿訇乡老焚香庆祝

常营地区的村民群众当天 6 点便起了床，开始打扫房间、净身，身着长褂、头戴礼拜帽的男性村民同胞与身穿民族服装头围彩色盖头的女性村民们，准备参加当天的开斋节盛会。

早上 7 时，村民们穿戴整齐，点燃两支香，走出家门。在去往清真寺的路上，但凡遇到村民同胞都会停下，并和他们互道赛俩目（用阿拉伯语问好）。到了清真寺门前，还要投放全家人的“乜贴”后，再迈进清真寺的大门，然后将从家中带来的香插到香炉中，走进清真寺大殿，等待开斋节会礼的到来。随着常营地区经济的发展，到常营清真寺参加开斋节仪式的人也越来越多，一届比一届隆重繁盛。殿里坐满了村民同胞后，就在走廊及院里铺上毯子。年迈的老阿訇，在年轻的村民的搀扶下，和常营清真寺的大阿訇以及乡佬共同举香走向大殿一起诵读大赞词。大殿中的村民同胞跪好，德高望重的老阿訇首先诵读《古兰经》，随后，由清真寺时任大阿訇讲"卧尔兹"他们会结合当下的时事及国家宗教部门的指导思想，从爱国爱教，团结和谐的角度出发，把伊斯兰教的教义中优良传统进行宣讲。

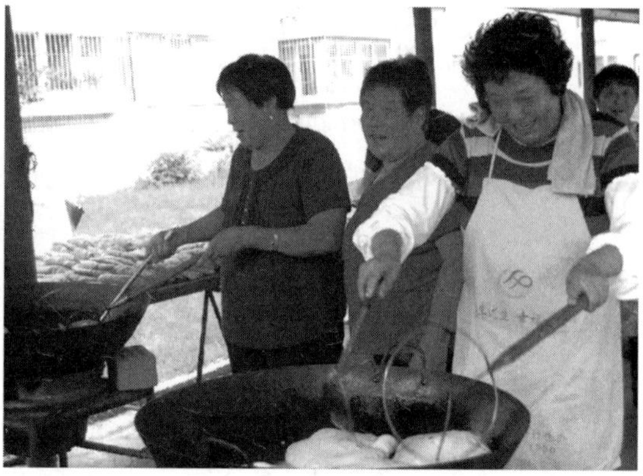

图 8－4　2011 年常营民族家园穆斯林炸油香喜迎开斋节

节日当天清真寺外还有区民政局组织朝阳区所属医院的八位主治医生，前来为广大村民进行义诊活动。

在乡党委和乡政府的领导下，各行各业都对节日给予关心和支持。节日活动圆满完成。1996 年，北京市民委主任赵书，朝阳区副区长任殿华、区民政局局长李振启及双桥农办副主任果秀玲等有关领导前来祝贺，卫生局党委书记阮大文同志也一同来到清真寺，并向广大村民祝贺节日。2011 年 8 月，朝阳区政府、朝阳区民宗办、朝阳区统战部领导，地区工委书记吉广平、办事处主任王刚及其他领导班子成员一行来到了常营清真寺，向广大村民群众致以了节日的问候。2012 年，朝阳区委统战部、民宗办、伊斯兰协会相关领导，地区工委书记吉广平、办事处主任王刚等领导来到清真寺，与村民们共同庆祝节日。2013年，8 月 8 日，朝阳区副区长苑文新，民宗办、伊斯兰教协会相关领导在地区工委书记吉广平、办事处主任王刚的陪同下，一同来到常营清真寺，与村民同胞共庆开斋节。2015 年 7 月，朝阳区副区长黄晓伟，区委统战部常务副部长胡杰华，区民宗办主任王爱录，在常营地区工委书记刘大庆、地区办事处主任方泽，以及常营清真寺阿訇丁清光、区伊斯兰教协会秘书长杨广亮等的陪同下，来到常营清真寺与村民同胞共庆开斋节，并进行了慰问。

宰牲节　　宰牲节一词是阿拉伯语尔德·艾祖哈的意译。又称古尔邦节，意为献牲，即宰牲献祭的意思，也称忠孝节。常营的村民对这一节日也很重视，主要习俗有两个，一个是宰牲，一个是聚礼。

节日前备牲，常营乡村民大户以选择牛羊为主，小户宰禽类，无力宰牲者免。宰牲后的肉分三份，一份自用，一份赠亲人，一份施散穷人。

旧社会生活水平不高，人们早早养只大公鸡，也有养鸭养鹅的为宰牲用，条件好一点的家提前养只小羊。到宰牲节这一天宰鸡、宰鸭、宰鹅的。为了交"口唤"，有的连下蛋的鸡都宰。新中国成立后经济刚刚恢复，能力有限，宰羊的较多，宰牛的不多。常营地区的村民就凑 7 户一起宰 1 头牛，连续合作宰 7 年，也合每户 1 头牛。改革开放以后经济快速发展，常营地区的村民也富裕起来，也有少量宰羊的，但宰鸡、鸭的几乎没有了。宰牲节这天阿訇们分别到常营村民群众服务中心和民族家园社区内为村民们宰牲。在阿訇的诵经下，完成宰牲仪式。宰牲完，把肉处理好，馈赠给亲朋好友和左邻右舍，分享节日快乐。

宰牲节那天一大早，常营地区村民便沐浴净身齐聚大殿，举行虔诚的古尔邦节会礼拜功，并聆听阿訇诵读的《古兰经》。礼拜结束后，村民们和阿訇互道节日祝福，领取并品尝了清真寺准备的点心。

图 8－5 2015 年宰牲节屠特级厨师李德路（左一）在分肉份

圣纪节 圣纪也是回族重要节日之一，是先知穆罕默德归真的日子，也是他的诞辰日，又称“圣忌”，常营地区俗称办“圣会”。时间为伊斯兰教历 3 月 12 日。以前，都是户里分头办。三户、五户、十户、八户，也有几十户自愿组织起来的。自愿拿乜贴共同购物，炸油香、炒菜办圣会聚餐，请阿訇开经宣讲穆罕默德光辉的一生，特别是创立伊斯兰教的经过和艰辛。1980 年落实宗教政策后，各村生产队承头也办过。

常营清真寺以寺养寺的方法，清真寺的经济条件好转了，清真寺民管会开始承头办圣会，阿訇在大殿上开经。在清真寺的十间大北房里坐席，全村的男女老少都去坐席，由早晨一直到下午 1 点，坐上 300 多桌，这样办虽然很红火，但管理起来很麻烦。

2004 年村民服务中心建成以后，村民有了集中办事的场所，清洁卫生，也便于统一管理。清真寺民管会决定改为发放粥票，熬肉粥送份肉的方式，一直延续至今。每次办事乡党委、乡政府及地区各企业事业单位和广大村民都会送上随心的乜贴，清真寺民管会负责登记张榜公布并发放粥票。仪式当天，有一支由 40 多名清真寺乡佬组成的地区志愿服务队前往帮忙，采购小麦仁、葱姜及调料等，还要宰十几头牛，用直径 2 米的大锅熬上三天，40 多锅肉粥。通常是在夜里开始准备制作，天亮时发放，常营地区的村民们凭借粥票可以领取一大勺粥（三四公斤左右）和一份肉（半公斤左右），汉族也参加交乜贴领粥。

法图麦会 法图麦会是常营地区村民为纪念先知穆罕默德的女儿——法图麦而办的纪念活动。法图麦帮助其父为伊斯兰教奋斗一生，为妇女做出了榜样。1958 年以前常营有东、西两座女寺时，由女寺组织妇女办“法图麦会”。1983 年成立清真寺民管会后不再有单独的女寺，由寺民管会来组织全体村民，按照办圣会的方法，发放粥票办法图麦会。

生活习俗

饮食习俗 回族饮食有其自己的惯制，一般都是一日三餐制，分早、午、晚三顿。早餐简单，年轻人吃点心、烧饼之类；上了年纪的人却很讲究，一般在做完晨礼后，要泡上一盏碗茶，喜用带“经”字的茶壶茶碗，吃些饼、花卷之类的。中餐、晚餐作为正式餐，要吃饱吃好。如果是过节或家里来了客人，一般吃饭比较讲究。

回民主食，一般有白面、黄米、小米、玉米、高粱米，分别制作干饭、黏饭、稀饭等。有时做肉粥、切糕。面食亦是回民主食，而且面食多于米食，其中有面条、面片、馍头，或制作油香等。常营地区妇妇大多能做各种面食，主要有：馍头、花卷、煮饺子、蒸饺子、肉笼、打卤面、老北京的炸酱面、伸面，此外还有各种烙饼，如白饼、糖饼、京东肉饼、肉三尖、门钉肉饼、油饼，以及油条、炸糕等。北京一带回民对开花卷、豆沙类食品、麻酱烧饼情有独钟。在回民的饮食习惯中，还喜食甜食，继承了阿拉伯地区喜吃甜食的风俗。

主食及小吃类

旧社会穷苦人家过着糠菜半年粮的生活，有点盈余也就是过年过节喜欢买些肉食和黏食。改革开放以后人民生活富余，菜肴也丰富起来。肉食以炸松肉、炸丸子、酱牛肉、家常炖牛肉、扒牛蹄筋、葱爆羊肉、家常炖羊排、炖羊骨头、炖羊(牛)杂碎、涮羊肉、烤羊肉串、炖鸡块、扒鸡等。粘食类主要有艾窝窝、驴打滚(豆面糕)、江米小枣切糕等。蔬菜常吃的主要就是大白菜、土豆、胡萝卜及各种豆类制品等。进入21世纪后，人们更加注重健康饮食，合理搭配，蔬菜、菌菇的种类也丰富起来，南方沿海城市的清真菜品、海鲜等也进入了大众百姓的餐桌。

图8-6 肉食、荤菜类(摄于2015年)

常营的老回民喜欢饮茶，冬天饮红茶、夏天饮绿茶、春秋饮花茶。有些老人每天早上起来第一件事就是喝茶，过去没条件时用柴火烧开水也得先沏茶。结婚的彩礼有茶叶，给客人送礼也送茶叶，孝敬老人也要给买茶叶。如果你到回民家串门主人必须第一件事给你敬茶，敬茶也有规定，茶水只倒半碗，留着第二次、第三次敬茶的份，然后双手递给客人。回民家庭都是带有阿拉伯文的茶壶、茶碗、用这样的茶壶茶碗敬茶，更突显出清真饮茶文

图8-7 餐具、茶具类(摄于2015年)

化的特色。还有一种为高贵客人敬茶的盖碗茶具。盖碗茶是回族茶文化的一大特色，盖碗茶的茶具由茶碗、托盘、盖子三件套组成，又称“盖碗茶”。盖碗茶都是当着客人面临时沏，都是些名贵茶叶。客人接过茶，用左手端着托盘，右手拿着盖子，拨开刚沏没落底的茶叶细细地品茶，这样越喝越香。在满屋茶香的气氛中，亲切交谈，别有一种惬意。

服饰习俗　回族男子的传统服饰比较简单，男性喜戴无檐白色或黑色、棕色“号帽”。阿訇在礼拜时也有的头上缠“戴斯达尔”（波斯语音译），意为清真寺的阿訇或教长头上缠的布。有些白号帽做工精细，镶有金边和美丽的花纹。过去缠戴斯达尔的较多，现在多数头戴白帽。上衣多为白色对襟短衣，套黑色坎肩。裤子常见青布敞口直筒裤。白袜子，白底青面鞋。每逢伊斯兰教节日，中老年男子喜穿对襟长大衣。20 世纪 80 年代以来，回族男子服饰样式和色彩都有较大变化，西装、牛仔服、夹克衫成为日常普通衣物。

图 8－8　男式礼拜帽（摄于 2014 年）

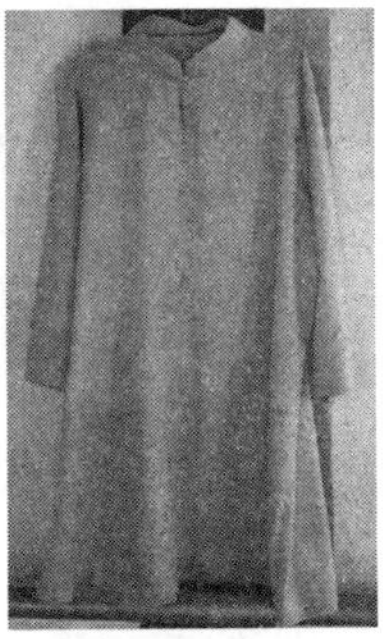

图 8－9
男子长衫
（摄于 2014 年）

回族女子的传统服饰也不复杂，少女和媳妇衣服上常嵌线、镶色、绲边等，有的还在前胸、前襟处绣花。20 世纪 80 年代以来，回族妇女的服饰款式与汉族妇女服饰相差无几，牛仔裤、西服、蝙蝠衫以及裙子等在城市回族妇女中普遍流行，成为一种时尚。回族妇女老少一般都备有节日服装；经常礼拜的人，还专门有一套拜服。昔时女子忌穿超短袖衫、短裤，忌赤脚走路。朝觐回来的回族女子开始包头，围上头巾。她们依年龄喜好分别戴不同的盖头。盖头讲究要遮住头发、耳朵、脖颈。青年尚绿色，中年喜黑色，老年多白色。

图 8－10　女式礼拜帽（摄于 2014 年）

发型胡须习俗　虔诚的穆斯林男子还有留胡须的习俗，一般在二十几岁开始留胡须，也有的十七八岁就开始留胡子。形式多样，有的留全脸胡，有的留络腮胡，有的在上口上留又薄又细的胡子，也有的只留下马胡，俗称“山羊胡”。回族男子的胡须有长有短，可以说，留胡须在常营地区年长的回族男子中是很有特色的一种修饰习惯。

图 8－11　发型胡须习俗（摄于 2014 年）

回族男子中的相当一部分人，包括阿訇、经常礼拜的人大都剃光头，这样做更方便于戴帽和礼拜。

居住习俗　就整体而言，回族的居屋为大分散、小集中。通常以伊斯兰教为纽带，以清真寺为中心，集中聚居，团结在清真寺周围，或为相对独立的小聚居区。有的聚落村庄以回族姓氏命名，有的受屯戍影响以“营”为地名。即使是回汉杂居的村落，回民往往也是紧靠在一起居住。俗话说：“回族有钱盖房，汉族有钱存粮。”说明回族民众对改善居住条件十分重视。回族盖房，不看风水，只注意选择地势平坦、阳光好、清洁和用水方便的地方。房子的造型有土木结构平房、前后两坡砖瓦房、二层楼房。一般都选择主麻日等吉祥的日子动工。支梁之日，回民必请阿訇用纸写一段《古兰经》贴在大梁上。回民盖房大家互相帮工，有的一家盖房，全村每户来一人帮忙，或相互变工，通常有请必到，不付工钱，只管吃喝，非常团结，齐心协力。回民住房一般喜欢和习惯向阳背阴，房子不讲究单数、双数，根据经济条件，量力而行。回民住房一般分正房、套房、厨房、仓库、煤房以及鸡舍和牲畜房等。有的家中有老人和宗教人员，还专门设有礼拜房。按辈分和已婚状况分房住宿。男孩12岁、女孩9岁以上都分开居住。回族的房子讲究工艺和装潢，颇具民族特色。一般回民家楼房挂清真牌和伊历，在西墙上都悬挂阿文中堂和具有伊斯兰教艺术特色的工艺制镜以及克尔白挂图等。但忌厕所朝西。

图8－12　20世纪90年代常营穆斯林起居室照片

礼仪习俗

生育习俗　回族十分重视生育，从结婚开始就为生育做准备。在怀孕、生产、育儿的过程中有着各种礼俗，其中又以诞生礼、命名礼、抓周礼、割礼最为凸显。

诞生礼。回族妇女有孕称之为“有喜”，其间不送亲、不参加婚礼、不见已故的人、不送葬。若在途中遇见送亲、送葬的，要尽快避开，不能迎面而行。临产时，孕妇要洗大净。除了接生婆外，其他人一律不准入内。

孩子出生三日后，要用热水洗身，称之为“洗三”。这天，主人办席款待亲戚、朋友、乡亲，祝贺小孩平安无事，长命百岁。而亲友则送长面、油香、鸡蛋、肉类等营养品给产妇。孩子满月后，还要举行满月礼，也叫贺满月。孩子到一百天，有的还举行“百日礼”。

命名礼。在婴儿诞生后，必须请一位阿訇给婴儿举行命名礼，即起经名，也叫回族名。命名礼，首先是主人抱立孩子在门槛里恭候，阿訇站在门口或门槛外，先对着小孩的右耳低念“邦克”，左耳一句，右耳一句。仪式完毕后，阿訇便从伊斯兰教众多的先贤中选出一个美名，写在纸上，交给孩子的家长。以示吉庆、俊美。在举行命名礼的这天，有条件的要炸油香等，送左邻右舍、亲戚朋友，以示庆贺。命名礼结束后，则用红枣、白糖、红糖、冰糖水等甜食给小孩开口。

抓周礼。俗称抓岁。这是回族中较为普遍的一个礼仪，尤其是第一胎。桌子上摆上钢笔、毛笔、笔记本、《古兰经》及其他玩具等，各寓含义。而后，由母亲或父亲把小孩抱到桌子前，让小孩任意抓。来宾和全家老小围着孩子一起观看，希望孩子能抓到一个比较理想的东西。抓岁仪式结束后，主人便端出糕点和菜肴，和来宾一起会餐，祝贺孩子年复一年，吉庆平安，健康成长。

图 8－13　常营清真寺阿訇为婴儿满月"吹邦克"(摄于 2011 年)

割礼。即割除男孩阴茎包皮的仪式。回族俗称"逊乃提"，也叫割礼或成丁礼。割礼一般在 5—9 岁进行，这种手术，过去都是由专门宗教人员施行，称其为"逊乃巴巴"。过去回族民众对割礼非常讲究，气氛隆重。现在回族民众一般都把小孩送到当地医院进行手术。许多礼仪简化了，淡薄了，不再办得这么隆重了。

婚姻习俗　常营回族婚姻，以前是以父母之命、媒妁之言为主。原则是双方男女必须都是回民，这一原则造成择偶面非常狭窄，结亲的离不开附近的这几个回民村。再有就是男寻低女，女奔高门。女奔高门是为了改善自己的生活水平。男寻低女是为男的能统治女的好管教。新中国成立后，有女的总想往城里跑，提出宁往西一尺，不往东一寸。因为那时河东、三河、大厂太穷，女士不肯下嫁，但河东的回民女士嫁常营的很多。婚礼程序大致如下：

以前经过父母同意，媒婆选一个主麻日(星期五)去女方提亲，由男方备简单的求亲礼品，女方如不同意这门亲事，当时就不收礼，如暂时收下，让她下主麻听话，到下主麻媒婆去了，还是不同意就把求亲礼退回。如果同意了，就找个主麻日，双方家长"拿手"，算初步定下了。再往下就决定下定的日期，并商定彩礼。女方可以开一彩礼单，也可以口头说，媒婆拿去和男方商量。彩礼可包括衣服、布料、首饰、食品等。衣服、布料、首饰都写上具体名称、质量成色等。食品分单四盒为单数，双四盒为双数。食品彩礼也随着时代不断发展变化。以前要米、面。20 世纪七八十年代就不要这个了。要肉、茶叶(要小包装)、点心，大八件、小八件(油皮点心)等。如果男方同意了，自然就去准备，不大同意还可以商量，直到双方满意。男方就去准备彩礼，彩礼准备得差不多了，就商量"下定"的日子。下定的日子自然也定在主麻日(周五)，男方把彩礼如数送到女方家，和女方商定结婚的日子，日子定了后，双方分头准备。男方准备婚房的装修，随后就是糊顶棚，粉刷墙面等。准备炕上的东西：苇席、炕被、炕单、被褥。被褥都得要新里、新面、新棉花，还要找一位全靠人做(上有父母、中有内人、下有儿女为全靠人)，做时线不能挽疙瘩，以免婚后打架记仇。还要准备里屋连三桌子，堂屋条案，八仙桌子、椅子。女方家长为女儿准备嫁妆，带罩的大座钟，相匹配的带罩的两个大盆景，梳妆台，帽镜等。堂屋条案上中间是官百箱、尊、罐、掸

图 8－14 常营乡回族婚礼前礼拜(摄于 2015 年)

瓶、鱼缸等,还有马桶、皮箱等生活用的东西。嫁妆要 12 台才行。女方这时就基本大门不出了,不能见婆家人,更不能见新郎了。女方在家自己做新娘的衣服、上轿子的扎花鞋等。

下定后,结婚日子定了,双方都要到亲朋好友家请人参加婚礼。女方请人用下定来的茶叶、糕点等做礼物请人,还要带着男方给的衣服、首饰等给亲友们观看,体现闺女的价值。

结婚头天,男方要搭“喜”字席棚,女方也有搭棚的。女方把嫁妆送到男方婚房,女方家要有送嫁妆的,要有小辈儿较近的孩子单拿马桶(痰桶),这两部分人得多给钱(称压嫁妆的钱),亲朋好友的孩子都可以去,人数不限。都要给压嫁妆钱或东西。还有一个人负责摆嫁妆,称安妆的。安好以后送嫁妆的人都要在男方坐席。结婚当天,男方的开销就更多了。俗话说:“轿子到了门前,还得一头牛钱”。以前结婚姑娘都坐轿。娶亲太太是选全靠人能懂点礼数的,是男方出人,到女方家还要给新娘戴头饰等事。送亲太太是女方的长辈老太太。新娘的脚不能沾地,上轿和下轿都是由新娘的父亲或兄长抱轿,新娘坐在红毯上抱到轿里。新娘穿红挂绿,戴满首饰,头戴凤凰的绒花帽,再盖上红盖头。下轿后抱到炕上,新娘向后扔一把枣和栗子,取意“早立子”。轿子抬着要走常营三条街,有送亲的前面压着轿子,不能快走,以轿子的穗儿不能动为标准,轿子抬着要走一两个小时。男方在棚里要为送亲的摆席。在摆席开始前,请两位阿訇为一双新人写“伊扎布”(穆斯林的结婚证)。“伊扎布”是用红纸写的,一个阿訇写,一个阿訇念,要写上双方父母的经名,介绍人的经名,新郎新娘的经名。写“伊扎布”时男女双方都必须是穆斯林(不是穆斯林的必须履行随回族后才行)。男女双方到场。阿訇问女方,女方答“达旦”(意思是我愿意嫁给他),男方答“盖毕了图”(意思是我愿意娶),“伊扎布”上还要写上男方给女方的聘礼全额 ,称“卡宾银”。写完“伊扎布”,双方家长拿手,相互祝贺。新亲坐完席送新亲 。接着女方的近亲也要拿着礼盒会“当日”,凡来“会当日”的以后就正式走亲戚了。接下来就是回门,有的当天回门(回娘家),有的第二天回门。新婚之夜,送亲太太还要睡在男方家,称“守亲”,以免发生不测。新婚之夜的灯要整夜亮着,没有电灯时,是点二号玻璃罩的煤油灯,铺被还要全靠人,被子里放上枣和栗子、花生,意思是早立子,还要花着生。新婚之夜,男女双方原则上不能说话。第二天早上还要用茶盘托着“喜布”,证明新娘是处女。女方早上要拜茶,给每位长辈和兄长每人一碗茶,还要鞠躬问好。然后新娘由婆婆带着分大小,按辈分,该叫什么,鞠躬喊一声。然后就是回门,回门时把“会当日”送的礼照样还送给每户人家,等于同意走这门亲戚。在女方家给新郎分大小,认亲人。女方要宴请姑爷,一般为“三吃”,饺子、面条、糕点。这时,小姨子、小舅子(新娘的妹妹、弟弟)能闹喜,往新郎及陪新郎来的陪客脸上抹黑,有的在饺子里放上花椒等。这时新郎和陪客乘机逃跑。新娘一般不跟新郎回去,多待些时间由家人把新娘送回去。

图 8-15 常营乡回族婚礼当天阿訇给新人写“伊扎布”(摄于 2011 年)

这以后每到节日前,女方要备礼去男方催节,新娘怀孕还要催生。每逢春节初二那天女方家里要接姑娘和姑爷吃饺子。

以上所述是以前常营的一般婚俗情况。但男、女双方家庭贫富不同,程序也有天地之别。有的可能办得更豪华,有的办得更简单。家庭条件不好的,还有换亲的。男方的姐妹下嫁给女方的哥或弟,这样两家成了近亲,彩礼、程序自然都会省去很多。还有男到女家的,称“倒插门”,因男方家穷,还要随女方姓,称小子无能,情愿更名改姓,这样生的孩子就要随女方的姓。这种情况男方更省钱、省事了。男方还可以到女方家居住,也称为招姑爷,招姑爷的户一般是有女无儿户。

这是以前的婚俗,随着时代的变迁,人们生活的水平不断提高,婚俗发生了很大变化。如彩礼的老三样——手表、自行车、缝纫机,发展到要多少条“腿儿”,到现在的楼房、汽车、高收入。父母之命、媒妁之言也大大冲淡了。自由恋爱十分盛行,一般的都自己交往了,然后再请出一个介绍人。结婚的费用也水涨船高,相互攀比。男方、女方都不少花钱。有的为了面子到处借债,甚至倾家荡产。常营的回族婚俗虽然变化很大,但有一条一直没有变,就是写“伊扎布”。就是在“文化大革命”时期,男女结婚把阿訇请到家里私下进行,也没有省略的。自由恋爱更多的是打破了宗教信仰的界限,虽然回民与其他民族结婚的也写“伊扎布”,但必须异教的人员要到清真寺找阿訇随了回民才行。随回民的程序也很简单,由两位乡佬介绍,本人到场,由阿訇讲解简单的伊斯兰教知识和生活习俗,并由本人口念心中诚信“清真言”:俩一俩孩印烂拉乎,穆罕埋杜雷来,苏伦拉习。讲意是:再没有主,只有安拉胡,穆罕默德是主的钦差。执行《中华人民共和国婚姻法》以来,写“伊扎布”

必须先看官方的结婚证,否则也不能写"伊扎布"。这是因为宗教的教义必须以遵守国家的法律为前提。

丧葬习俗 常营回民的丧葬习俗绝大部分来源于伊斯兰教教义的具体规定,也有一部分是和其他民族和宗教相互影响而形成的。伊斯兰教规定要厚养薄葬,还必须土葬、速葬,特别强调薄葬。当人病危时,要请阿訇为其提念"伊玛尼",病人伸右手食指(这是伊玛尼指)并念《古兰经》的押西尼章,以增强向主做讨白,信仰真主,可望后世吉庆。病人逝世后,一般称"无常",也有称"归真",但忌说"死"这个词。葬礼大体是"停尸",洗、穿、站、埋是必需的。

停尸:病人停止呼吸后,身边的亲人口念清真言,要给亡人瞑其眼,合其口,顺其手足,理其发须,把尸体从病床上移到"水溜子"(停尸床)上,面朝西,在尸体上覆盖一块洁净的白布单。这时要炸些油香称倒头油香。家人分头为亲朋好友报孝。一份男用的孝帽子和九尺的白带,女用的包头,为二尺宽、七尺或九尺长的新白布,还有一条九尺的白带。女亡人娘家还要多些,称断头孝,其他人分别定。阿訇交总乜贴,这没有具体规数,一般千元,可多可少,这是给清真寺的,同时购买坟坑。穆斯林服务中心负责定地方、找厨师、买牛肉及蔬菜调料等。

如果第二天出"埋体",可停在家里一夜。第二天早上 4 时再停到服务中心的停尸房,也有的直接送到服务中心。这一夜亲人要守"埋体",如果遇到天热,服务中心还有空调的"水溜子",服务中心停尸房也是洗"埋体"的地方,很宽敞,有沙发椅子。

出"埋体"当天,儿子除戴孝帽子、系白带,头上还要戴白带,称"箍头布儿"。回族男女乡佬及群众都来送孝,接到孝的人都要佩戴。没接到孝的,事主每人给一顶白帽。戴孝的男人要迎接送孝的群众,并互相拿手(双手互搓)口念赞主,赞圣杜阿宜。

图 8-16 洗"埋体"时常营清真寺阿訇念塔哈(摄于 2015 年)

洗:对去世的亡人在入土前要清水洗,白布包。包尸的白布称"凯帆"。男亡人用的凯帆为三件:一大件称"大卧单",长短略长于身长,上下各余出 23—27 厘米(七八寸),一般长约 23 厘米(七尺),宽约 15 厘米(四尺半)。二大件称"小凯帆",俗称"小卧单",长短要合身,上下仍留余地,宽也要 15 厘米(四尺半)。三大件衬衣,长自肩至踝骨,宽约 4.5 厘米(一尺半),肩上开缝约长 300 厘米(九尺)。女亡人比男的多二件,一件包头,一件裹胸,裹胸长 10 厘米(三尺)左右,宽 3 厘米(一尺)左右。包头也叫盖头,长三尺用来裹发,还有三条腰带洗完包好系在上、中、下。洗前先把"凯帆"铺在"埋体"匣上,并放上樟脑、麝香。各项准备完成后,就要洗"埋体"。在住平房时,需要到清真寺去挑水,两个大铜壶足有二三十公斤重,加上两壶水,足有50多公斤,从清真寺挑到村东头有近两公里地,中间水壶不能落地,真得棒小伙才能完成这项工作。现在好了,在服务中心停尸房内有热水器打开水就能用。原来洗"埋体"得三个人,一个人灌水,一个人领水,一个人着重洗,现在有两个就行了。替亡人洗时,男女有别,男不洗女,女不洗男,洗时其他人不得入内,拉窗帘,一人主洗,一人助洗,主洗的人2副手套,洗上身洗下身各用一副,按大净的洗法,周身必须洗净。洗时阿訇要诵读《古兰经》中"塔哈"一章,戴孝的都在外面跪孝。念完"塔哈"女的把长孝盘起,然后对送孝的人"鞠躬"谢孝。男的准备请"埋体"。

穿:洗净亡人后,在亡人的眼、鼻、嘴、耳处放上用阿訇念过经的"七窍米",再将"埋体"抬到事先准备好的"凯帆"上,先右后左,层层包裹,再用事先准备好的三根白带把腰、头、足扎紧,把亡人抬到"埋体"匣里,扣上匣罩遮住太阳。抬到大厅准备站"者那则"。

站:殡礼也称站"者那则"。殡礼是为亡人举行的一种祈祷仪式,被定为副天命。也就是每个穆斯林都有为亡人举行殡礼的义务。站"者那则"的人越多越好。参加站"者那则"的人和礼拜一样必须要大净、小净。殡礼有几个条件,首先亡人必须是穆斯林,其次是用净水洗净的亡人,再者亡人必须在现场,对着亡人站"者那则",三者缺一不可。住平房时,"者那则"就在丧主住宅院内外举行。现在常营穆斯林服务中心,有个专门站"者那则"的大厅。殡礼虽然也属拜功范围,但和其他拜功不同,它没有鞠躬也没有叩头,只是站在洗净的亡人东侧,面向"凯尔白"天房祈祷。将亡人头朝北脚向南的"埋体"匣放在大厅的西侧。由清真寺的阿訇主持,其他人安排面向西站在"埋体"东侧。殡礼共有四个"太克毕雷",念规定的祈祷词,"求主饶恕我们活人和亡人,饶恕我们的罪过,慈悯吉庆的后世"等。念词还要分男亡人或女亡人,童男亡人和童女亡人。四个太克毕雷及求饶恕念词后,说"赛俩目"接杜阿宜,后结束殡礼。

图8-17 站"者那则"时常营乡清真寺阿訇及众乡佬为亡人念经(摄于2015年)

埋:穆斯林葬礼的特点是实行土葬。所谓土葬就是把亡人直接放在土上,坟底不许放石板、木板、铁板等非土物质。以前常营是先挖一个长七尺、宽三尺、深七八尺,从南向北下坡的马道,再在下面掏一个三尺宽、三尺高、六尺长的窑洞,亡人放到窑洞后用土坯把窑门堵上后埋土。也有用五块石板或五块木板的,底下必须是土地。现在常营的回民公墓用砖发楦的瓮洞,五面是砖砌的,下边是土地。坟头是一个大方形,上面一个小方形,是个回字形。现在也有拿砖砌的,大理石镶的。一般都立个碑,写上亡人的名字,出生和故去的日期、立碑人的姓名等。

速葬是伊斯兰教葬礼的又一个特点。一般是头天去世,第二天埋葬,也有当天埋的,最多不超过三天,以体现亡人入土为安。一个人死亡不是消失而是归至真主,或称"归真",一般墓碑的后面还要刻上认主归真。再一个特点是薄葬,伊斯兰的葬礼最节约,也最平等。无论死的什么人,不分贫富贵贱,也不分职位高低,都用同样大小的"凯帆",埋在同一块墓地里,占用同样大小的地方。绝不允许用任何珍贵的东西作陪葬。同时主张不穿孝,不号啕大哭,现在常营不穿大孝了,小孝儿还穿。常营还有送"埋体"的习惯,无论谁家无常人都相互转告去送"埋体",男、女乡佬、群众都有。常营的汉民也有送的,以示团结。女的送出门就各自回家了,男的还要抢着轮流抬"埋体",一直抬到坟地。由四五个人把"埋体"送到瓮洞里,一个人进坟坑把头上的带子解开把亡人的脸露出来,用砖把窑门堵上,再放上洋灰板,还有的再加一块木板。窑洞里还有用围坟的,窑洞的五面用写上经文的白布围起来,用一个花椒枕头给亡人枕上。一切做好了,就埋土了。

图 8-18 常营穆斯林埋土时众乡佬跪诵经(摄于 2015 年)

送"埋体"的人,除埋土的其余的人都跪在地上为亡人求饶恕。阿訇们诵念《古兰经》为亡人求恕饶。每位送"埋体"的人,把一块坷垃土做上杜阿宜埋到坟里。坟坑埋好、求饶恕的经念完后,还要到服务中心念回头经,众阿訇和乡佬回中心接着念《古兰经》为亡人求饶恕。

头七天每天傍晚还要到亡人家念炕头经,每天早上还到坟前游坟七天,阿訇念经,家人一起接杜阿宜。

亡人去世第七天、第四十天、第一百天、满一年的头周年都要诵念。经济条件好的话,每个日子都宰牛、炸油香、备席、念经。也有简办的,只请阿訇、乡佬念经,不宰牛的。除去以上的日子外,3 周年、6 周年、10 周年、16 周年、20 周年、30 周年都有宰牛、念经办事的,程序上基本大致相同都是先请阿訇念诵《古兰经》,还要到坟前游坟,回来后再由众阿訇念经,家人一起接杜阿宜。

待客习俗

常营回民热情好客,在待客饮食里特别讲究结婚办喜事的待客和家人去世为亡人办祭日的待客。办喜事都是早早地定下吉日,这样有时间安排请厨师,开出菜单提前做出准备,菜肴丰富,鸡、鱼、肉菜都有。一般是六个汤菜,十个炒菜。汤菜有丸子、松肉、炖肉、杂碎、海带、炸豆腐。炒菜有糖卷果、芝麻羊肉、醋熘木须、扒肉条、它似蜜、清炒虾仁、葱爆肉以及节令蔬菜,烧茄子、荷兰豆等。还要上一条鱼。主食多为米饭。有可乐、雪碧、美年达等饮料。男方待新亲还要丰富些,还有的特意上一条松鼠鳜鱼。喜事一般都在家的附近空地搭棚,还有红色彩棚,进行录像,十分喜庆。为亡人念经办祭日的都要宰牛、炸油香、熬肉粥。饭、菜和办喜事的差不多。炸油香是由阿拉伯人传过来的。传说伊斯兰教复兴者穆罕默德,从麦加迁往麦地那时,受到麦地那群众的热烈欢迎,争相邀请他做客吃饭,为了公平起见,穆圣骑着骆驼松开缰绳让它信步行走,到哪家门口停下就在哪家吃饭。结果骆驼在贫苦的阿尤布老汉门口停下,老两口把家中仅有的面和油做成小面饼给穆圣吃。穆圣对这香气四溢的小面饼赞不绝口,分给了众人吃。在众人的要求下,穆圣给这小面饼起了个很好听的名字“油香”。从此,炸油香的习俗传了下来,成为招待贵客的必备食品。熬肉粥是以小麦仁、牛肉、牛骨头汤熬制而成,据说已有200多年的历史,它麦肉浓香,风味独具,久盛不衰,深受人们喜爱。

无常人也要宰牛,在常营穆斯林服务中心,办上二三十桌招待送“埋体”的亲朋好友,也是汤菜加炒菜,因时间紧,不是照喜事或念经时那么细致丰盛,但少不了的是炸油香、熬肉粥。

二　汉族习俗

冀东平原自古风俗刚直,多慷慨悲歌之士。常营亦属于这个大的地理范畴。

常营的汉族群众崇尚耕读持家,勤苦耐劳,崇尚节俭而屏虚饰,其习俗与北京郊县(区)大体相同。新中国成立之后,域内少数满族民众习俗汉化,这里所记汉族民众习俗也包括当下的满族民众习俗。

生活习俗

饮食习俗　旧社会一般贫者半年粗粮半年糠,多数无地农民,租种别人土地,除去租子、种子,一年产粮所剩无几,只能以糠代粮,以野菜代粮充饥。主食以棒子面、高粱米、红薯为主,一般是“两稀一干”的饮食习惯,早上喝棒子面,或棒子碴粥,中午吃贴饼子(玉米面)或蒸红薯,晚上喝菜粥。吃菜是自己腌的咸菜。农忙季节,粗粮细作,放点糖精作棒子面发糕,作金裹银的卷子(用白面擀成薄皮,摊上棒子面卷起来),或是作棒子面的汆粜，因为农忙家里的劳动力改为“两干一稀”，晚上喝粥，早上、中午吃干的。中等人家自己有地、有牲口，饮食上能较好些，能吃上净米、净面，但也都是一日三餐，两稀一干，面食为主。新中国成立后，生活虽有改善，但饮食习惯变化不大，直到21世纪农村城市化，饮食习惯才有了较大的变化，许多上班族过着“早餐早点化，中餐食堂化，晚餐家庭化”，米面兼食，辅以粗粮，荤素搭配，追求营养。饮食习惯也由农村向城市转变。

服饰习俗　自古以来，百姓穿戴呈十分俭朴，然依贫富而分，男女老少各有特点。旧社会贫穷者穿粗布或土布服装，夏季成年男子着对襟，疙瘩绊儿单褂、汗褟、坎肩，或赤背披包袱皮，下着丐裆裤或裤衩，登实纳帮布底骆驼鞍儿夹鞋，前打包头，底钉后掌。妇女上穿大襟棉袄，上年纪的人腰围主腰子（棉囤子），腰扎褡裢，下穿空心丐裆棉裤，裤脚绑腿，如遇寒冬加条套裤，头戴毡帽或三块瓦棉帽，穿布袜子、棉鞋（称毛窝）。妇女大襟棉袄，家做棉鞋，丐裆棉裤，头上包方布。贫穷家的孩子穿开裆裤，扎屁帘，上穿空心棉袄，逢天寒不出屋。

富裕人家一般以洋布（细棉布）为主，配以绫、罗、绸、缎，夏天男人穿对襟纽扣单褂，外罩左右开衩的大褂儿，戴巴拿马草帽或凉帽、礼帽，下着纺绸单裤，扎腿带，穿洋袜（机织袜）、青缎千层底鞋；妇女上穿印花洋布大襟衽褂或旗袍，内穿绣花兜肚，下着细料丐裆单裤或罗裙，登绣花鞋，戴平绒平顶齐眉帽。冬季男子穿棉袍（皮袍）外套马褂儿，下着紧身棉裤，头戴青缎瓜皮圆纽帽或皮帽、礼帽、风帽，系大毛围脖，登大绒棉靴；老人则登毡趿拉儿。妇女除普通棉装外，外套半大棉袍或絮棉棉袍，足登毛线袜高筒棉靴，围狐狸腿的围巾，或用毛线钩织的大围脖。春秋两季转化阶段，穷、富人家都要穿夹服（两层布缝制），不过面料、纹饰不同，富有人家用布料新作，穷苦人家把棉衣内的棉花撤掉而已。

中华人民共和国成立后，衣着发生很大的变化。20世纪50年代土布逐渐消失，细布服装普及，农村妇女衣服式样依旧，但花样增多，一般棉装外边都套件单装，男服上衣改成对襟袄褂，青年小伙、学生着制服、解放鞋，三块瓦棉帽兴起。无论城乡，男女老少衣服裰补丁普遍存在。

20世纪60年代至70年代，中、青年男女多以草绿色“的确良”、“涤卡”军装为时尚，多数群体以灰蓝色制服为主。夏穿针织背心半袖背心，“的确良”汗衫，蓝色长、短制服裤。春秋穿针织秋衣秋裤，稍冷加毛衣、毛裤，冬季棉制服、棉大衣，头戴三块瓦栽绒棉帽。夏穿塑料凉鞋，冬着五眼棉鞋或翻毛皮鞋。妇女们蒙各色粗、细毛线或呢绒线织的方巾（头巾）为时尚。农村老人的一件皮袄是显示家境的标准，白天出门时穿在身上，晚上睡觉时压在脚上。

20世纪80年代至90年代服装面料品种花样纷呈，讲究自然色调，款式丰富多彩，追求名牌。化纤、毛料、麻纱、丝绸面料为时尚，各式各样羽绒制品，羊毛衫、羊绒衫为主体。春秋两季夹克、运动服、休闲装各式各样，夏着名牌衬衫、T恤衫；冬季除羽绒制品，眼下裘皮大衣、真皮大衣为妇女们钟爱。从新生婴儿到百岁老翁服装基本商品化，除个别体型外几乎没有人自己做衣服，服装向个性化、休闲化、舒适化、时尚化发展。

居住习俗　因贫富不同而建造不同等级的住房，是北方百姓历来的居住习惯。从20世纪20年代至50年代初期，百姓住房亦多砖瓦房，以正房为主，形成院落。并且坐北朝南居多，坐西向东有之。由正房、厢房与街门组成，一所院落标志着一户家庭。正房的东间住长辈，故称上房。房屋坐北朝南，利避北风，且采光好。坐西向东的正房，一是受建房地理位置的制约，二是有日出东方，紫气东来的意念。

三合院在农村不少见，但多为富有人家。街门开在院墙正中，建大门楼，对扇木门，二门内设露顶（即在厢房外山建两间较低小房），此类布局的住宅为砖壁瓦顶，满装修，青石台基，三或五层青石台阶。硬山清水脊或元宝顶。

一般贫穷百姓的住房也分等级，因人而异，因户而分。农村建房有很多讲究，本家准备建房，备足材料后，首先请来负责施工的人员商量建房事宜。古有“要建房院屋舍，先请工匠商量”的风俗。其次是和街坊四邻，特别是左邻右舍协商。农村建房有“不怕青龙高一尺，就怕白虎长一寸”。意思是上首的房高点没关系，下首的房一点都不能高。协商的目的是和连山的房屋、地基、柱高、脊高、进深完全一致，以免建房后邻里间发生不愉快。

新中国成立前，由于战乱和社会治安不稳定，有钱人家盖房包括地主、老财大都采用“里生外熟”的做法，就是在建房时，外侧用砖，里侧用土坯的居多。理由是防枪子（子弹），据说是枪子打不透土坯墙。新中国成立后，特别是农村改革开放以来，农村的居住习俗大有改变。农村建房一茬比一茬质量高。20 世纪 70 年代开始，老百姓自己建房基本上没有带“土”字的概念。砌墙用砖，用水泥沙子，铁铊、铁柱、水磨石地面、铝合金门窗、室内贴壁纸、瓷砖、屋顶水泥瓦。院内方砖甬道，室内土暖气，个别人家厕所用上了抽水马桶，自家盖二层小楼的也为数不少。21 世纪农村城市化，常营居民都搬上高楼，与城里一模一样。

礼仪习俗

生育习俗　孕妇临产前几天，娘家择吉日来催生，为临盆的孕妇送来鸡蛋、红糖等滋补品。为未出生的婴儿送来小衣服、小被子和袮子（尿布）。娘家人用量米的升装上新竹筷子倒在孕妇的床上，寓意是“早生，快生，顺利生”，中午一定要吃面条，一碗盛满，一碗盛半碗，盖上布让孕妇来挑。满碗为生男，半碗生女。分娩的时候请接生婆来接生，用开水把剪刀煮一煮，再剪断脐带。把衣袍子（胎衣）收拾起来，交给产妇家人，由家里人去埋掉。要求埋的时候要用脚踏实（取意这个孩子能留下来）。接生婆用小被子把婴儿包裹好，双腿要捆紧，预防小孩将来是罗圈腿，把婴儿的乳头挤三下，喂口热水，把婴儿放在事先备好的热沙袋上。

分娩俗称“坐月子”。产房门、窗不能透风。产妇吃小米粥、煮鸡蛋、喝红糖水，一个月之内不能干重体力活，更不能着凉，特别手脚不能用凉水洗。

婴儿出生后，女婿要带一茶盘子面，到岳父家中报喜。家中的门口挂红布条，示意家中有产妇，生人免进。

婴儿出生三天，要进行“洗三”仪式。娘家的亲戚要“添盆”（把钱放在洗澡盆下边），接生婆为婴儿洗澡、梳头、漱口，把婴儿裹绑好，把盆底的钱拿走。

产妇分娩的第四天、第六天，除自己的丈夫外，生人不能进产房。防止产妇和婴儿得“四、六风”。产后七天，娘家来人给产妇“满口”，送来馒头。婴儿满月，请理发师来给婴儿剃胎头，刮眉毛。亲朋好友前来贺喜，送长命锁、送礼品。一般都要摆几桌酒宴，产妇满月后带婴儿去娘家住几日，称之“挪骚窝”。婴儿长到一百天，姥姥要为婴儿做“百岁”，要做一件用从多家要来的花布头做成的上衣，寓为“百家衣”，意在孩子“好养活”，做一条红绿腿的裤子，意在孩子“结实”，送面条意在“长寿”。婴儿一周岁时，要“抓周”，在炕上摆列书、笔、玩具、食品、刀枪和钱。让孩子自己去抓，以测孩子长大后的爱好和志向。

新中国成立后，农村的卫生条件有了改善，特别是到了 20 世纪 80 年代，一般孕妇都到医院生产，科学护理，婴儿注射疫苗，使生育风险大为减少。农村生育 3 天、12 天、满月、庆周习俗仍在。特别是满月亲友前去贺喜，送些礼品、小儿衣物、道个喜，或送点礼金，参加喝“满月酒”，亲朋好友热闹一番。

婚姻习俗　新中国成立前，婚姻是由父母包办。委托媒人保媒，双方父母同意后。先由女方把庚帖送到男方，二人的生辰八字符合（合八字），还要看属相，当地流传“金鸡怕玉犬，亥猪咬申猴，龙虎如刀锉，蛇兔泪交流”之说。换帖成功后，女方的家长要带领女儿到男方的家里去相亲（相家）。如对男方的家境和男孩满意，就留下来吃饭（定亲饭），不满意则借口离去。吃完定亲饭后，男方的家长要给女孩定情物，见面礼。双方定亲后，男方的家长要择期到女方家里去送彩礼（下聘礼）。双方协商结婚的日期，男方布置新房，下贴请亲朋好友。女方置办嫁妆，为女儿出嫁做准备。结婚头天，女方在家办喜事，这叫办“花妆”。男方要在这天的早晨送一份礼品到女方家里，这叫“早催妆”，女方要在结婚的头天下午把女儿的嫁妆送到男方家中，这叫“晚嫁妆”。结婚日，男方备花轿，由媒人带领一名娶亲人押轿前往，女方家迎亲，吹鼓手到村边开始奏乐，告知娶亲的队伍已到。女方接进门，摆茶点招待迎亲的人，新人梳妆打扮后，蒙上盖头，扶上花轿。旧社会女儿上轿要哭几声，这是表示不愿离开家的意思。娶亲的轿子回来时不能走来时的路，过桥时要向河里投钱，送亲的人要在轿的左右扶住轿杆，不能离开，怕新人有什么情况，及时处理。娶亲的花轿在新郎家院门口停住后，新郎要用弓向花轿虚射 3 箭。伴娘搀新娘下轿，夫妻二人跨红地毯，迈马鞍，越火盆（取平安红火之意）。拜天地后，入洞房，新郎揭去新娘盖头，饮“合卺酒”，吃“随身饭”，这叫“坐帐”。夫妻二人从新房出来，拜见父母、亲友。受拜者要给拜钱。下午新娘开脸（用双根线绞掉脸上汗毛）。晚上要请全福人（夫妻二人健在，且儿女双全者）铺喜床，同龄人闹喜房至午夜。新婚第二天，小夫妻早起，给父母请安。婚后第三日，新婚夫妻到女方家，这叫“接回门”。当日归来，不宿女方家。结婚九天，女方家的父母、兄妹、直系亲属，带礼到男方家“瞧九”。当地有不瞧九不算亲的说法。结婚满一个月，娘家人来接女儿回家，在家住一个月（住对月）。

因为是父母包办的婚姻，新郎新娘双方不了解，婚后感情不和，婚姻不幸福的大有人在。旧社会还有两种婚姻更是害人不浅。一是“童养媳”，穷苦人家为给女儿找个能吃饱饭的人家，把亲生女儿卖给有钱的人家，很小的年龄就要去给人家当“童养媳”，等长大后再给圆房。这些女孩子干的是牛马活，吃的是猪狗食，苦不堪言。二是“指腹为婚”。一般是“把兄弟”，或是门当户对的生意人，较要好的朋友，两人妻子同时怀孕，双方约定：如果双方都生男就让两个孩子拜“把兄弟”，若都生女，就结为“干姐妹”，若生一男一女，则结为“夫妻”。

近亲结婚在北方农村也有存在。但近亲结婚有讲究，姑姑的儿子可以娶舅舅的女儿为妻，舅舅的儿子不能娶姑姑的女儿（这叫骨肉还家）。当地还有换亲的做法，这大多是比较贫苦的人家，家中的哥哥或弟弟因为穷说不上媳妇，家里的姐姐或妹妹宁愿牺牲自己的婚姻幸福，去和类似自己家情况的人家的男人结婚，换来别家的女性和自己的哥、弟结婚。当然什么年龄、体貌都无从谈起了。年龄相差十几岁的有之。

新中国成立后，随着历史时代的变迁，青年男女择偶的观念随之不断更新。20 世纪 50 年代至 60 年代，当地农村流传着“宁往西一尺，不往东一寸”“通县看朝阳，朝阳望城墙”。择偶标准是“一军二干三工人，宁死不嫁老农民”。60 年代，特别是“三年困难”时期，择偶标准改为“嫁军人怕打仗，嫁干部怕下放，嫁工人怕定量，嫁给农民能吃胖”。彩礼也逐步升级，60 年代是“三转一提”，即手表、自行车、缝纫机和收音机。70 年代升级到“三电和二十条腿”，即冰箱、彩电、洗衣机、席梦思床、大衣柜、写字台、梳妆台、电视柜。改革开放后是一看车、二看房、三看存款在哪行（银行）。

接亲的要求提升更快。50 年代是马车、自行车。60 年代是手扶拖拉机。70 年代是 130 汽车。改革开放初期是小轿车。改革开放后期要车队。当下娶亲起码 6 辆车。车的档次由桑塔纳到奥迪，到奔驰。头车要悍马、路虎，甚至是林肯等。当地风俗娶亲车必须双数。娶亲人必须双数。而且有姐姐不能送妹妹的说法（姐姐送妹子穷一辈子）。

21 世纪以来，农村城市化进程加快。受都市生活方式的影响，农村的婚俗也在变化。不管是经人介绍，还是自由恋爱，一些旧的东西除掉，但基本程序还是有的。首先男女双方确立恋爱关系后告知家长，双方父母基本是按孩子的意愿来表态，女方家长带女儿去男方家，双方家长见个面，吃顿饭。男方家长给女孩子见面礼。婚事定下后，双方家长不再干预，只提供经济帮助。男方布置新房，下贴请人，女方置办嫁妆。屋内电器大都由女方出资，直接送到新房，不用像过去那样“送嫁妆”。结婚头日，女方同样搭棚办事，也叫“办花妆”。亲朋好友前来祝贺、道喜。有的提前两天就开始招待（姑娘出嫁，娘家摆几十桌大有人在）。女方母亲按旧俗仍要请“全福人”（夫妻二人健在，且儿女双全者）给女儿做几床棉被。“花妆”当天，女儿的直系亲属为新人填箱（把钱放在新人的皮箱里）。

婚期吉日，男方来车娶亲。女方摆茶桌招待，新人梳妆完毕，新郎抱新娘上车。女方送亲人要和来娶亲的人同数。不能出单数。新人接走后，娘家瞧九的随后出发，共同参加婚礼。接亲车队不能走来时路。出村、进村有人拦车要糖、要烟要满足，不然不予放行。现在婚礼大都由婚庆公司主持，典礼时间一般在上午 10∶58 分开始。程序一般由主婚人介绍双方情况，证婚人宣读结婚证，新郎新娘交换礼物，叩拜父母，为双方父母呈甜茶，改口。双方父母给拜礼。夫妻回新房（洞房）换衣服，回来为亲朋好友敬酒。敬酒到直系亲戚时，由男方父母介绍关系，长辈要给拜钱。当下“回门”“瞧九”都在婚礼当日，新人视自己的时间去“回九”，可早可晚。年纪较长的家长，晚饭后有在新房门口，等新娘吃“子孙饽饽”。问一句：“生不生呀?”新娘回答：“生，生。”这个习俗现在大多不用了。

婚后新人根据自己的时间，回娘家去探望。住“对月”的习俗也就不复存在了。由于住房条件的改变和年轻人工作时间的特殊性，年轻人婚后和父母同住一处的很少。婚后生育了小孩，为方便照顾，一般由女方母亲看小孩的多。由于和公公婆婆不住在一起，为保持家庭和睦，利用休息或下班饭后到公婆家去看看，坐一坐。

寿诞习俗　家中老人到了花甲之年（60 岁），子女们要为老人祝寿。富有人家设寿堂，贴大寿字，搭棚设宴。是日：亲朋好友前来贺寿，送寿联、挂寿幛、送寿星文玩、字画、寿星喜爱的物品。还有搭台唱堂会，请戏班子庆祝。一般的人家，送点寿桃，寿面。家中

“三亲两厚”吃顿饭祝贺一下而已。不论场面多大,来的亲友多少。午饭(宴)必须吃面(寿面),意为吃了长寿面,寿星更长寿,寿比南山不老松。

北方风俗60岁办寿日,以后年年都要办,不论规模大小但不能中断。如中途停办对家中老人不利(断寿)。凡参加第一次寿宴的亲朋以后逢寿日必到,庆寿当天寿星要穿红,红衣服、红裤带、红袜子(由女儿买)。隔辈人向寿星祝贺,寿星要给红包(散福)。

当地有“庆九不庆十”的说法,旧俗讲究“父母在,不庆生”。六十六不死掉块肉,家中老人六十六岁的生日。女儿要为老人割一块肉,不论多少只能一刀,而且要从窗户扔进屋里。六十六、七十三、八十四,在北方这是老人的一道坎,儿孙们对家中老人这年的寿日格外重视。

新时期祝寿的形式有所改变,老人寿日儿女们为老人买个蛋糕,点上蜡烛。让老人许个愿,吹灭蜡烛、分吃蛋糕。后辈们向老人祝贺,为寿星买件衣服送件首饰。或是给老人点钱陪老人吃顿饭,人丁兴旺的人家到饭店摆几桌,招待前来贺寿的亲友大有人在。但寿星必须要吃一碗长寿面,而且面条里还要有个鸡蛋。寓意吃了长寿面“阎王小鬼都滚蛋”。

丧葬习俗　旧时实行土葬,老人去世要有棺木,搭大棚,办丧事,程序很多。准备棺木:家中若有久病不起的老人,子女们要为其准备棺木,以防一旦“倒头”措手不及。棺木的层次差别很大,经济条件好的,花大价钱,用好木材。如:松、柏、杉木,讲究的用杉木13圆,也就用13根圆木的木心做成(棺盖用四根,棺底用3根,两帮各用3根)。棺木的厚度为5、6、7寸。即棺盖厚23厘米(7寸),棺底厚17厘米(5寸),棺帮厚20厘米(6寸)。棺木做完后,用油漆油几遍,棺木表面前脸画上五福捧寿,后面画上莲花。而普通百姓大都选用杨木、柳木、杂木。棺木表面也要油两遍漆,起到防腐的作用。棺木做好后,如近期用不上,棺木不能空放着,棺木里要放些东西,以示不是急等用上它(意在不是催老人死)。

穿寿衣:家中老人或病人病危的时候,子女们要把寿衣准备好。(过去是家里自己做,个别老人自己为自己做好寿衣),现在大部分都是买,老人危急时刻,亲人们要24小时守护在身边,不能断人,要随时观察老人的情况。家中如果没有年纪稍大,懂得如何穿寿衣有经验的子女,就要找有经验的街坊帮忙。老人咽气后,要立即穿寿衣,不能早,不能晚,衣服上不能有扣子。同时,要用竹竿裹白纸做把“招魂幡”,按逝者的年纪一岁一张,挂在室外,这也叫“报君知”,以便来人知道是哪一家死了人。

穿好寿衣后,遗体移至用床板支起停尸床,床上要铺黄色的褥子,盖白色清单,这叫“铺金盖银”。逝者的嘴里要含一个用白纸包的茶叶包,意为逝者不能“空口”。逝者面朝天平躺,双手下垂直伸,双脚要用麻丝捆住,这叫“伴脚丝”。胸口处压一个铁秤砣。逝者的脸要用清单盖严,面不能对房梁。在停尸床前放一小桌,点上蜡烛(过去用油灯),这叫“引路灯”。点上三根香,而且要保持香火和蜡烛不能灭。用开水焗一碗米饭,米饭要出尖,这叫“倒头饭”。用小木棍做一个“打狗棒”(在木棍尖端用棉花团核桃大小的球,用白纸剪成狗牙状,裹在木棍周围,长短在15厘米左右),把打狗棒插在米饭上,放在停尸床的桌子上。用面粉做一个直径15厘米大小的面饼,用开水一烫,这叫“子孙饼”,同时做7个铜钱大小的面饼,这叫“打狗饼”,一并放在停尸床前的桌子上,在桌子前方要放一个瓦盆,用来烧纸。停尸的房间里,凡是反光的物件,如:镜子、钟表、电视、镜柜等都要用东西遮挡起来，而且不能有红色的东西。每个时辰烧一次纸(2 小时一次)，尸体旁要有看守，不能让动物，如狗、猫等从尸体旁边经过，以防“炸尸”。实际是怕动物啃咬尸体。

报丧：家中老人故去后，要分别给亡者的亲戚报丧，如果逝者的子孙多，要由儿孙们去报丧，看到要报丧的人，报丧人先要行丧礼，告知逝者什么时候咽的气，计划什么时间入殓，什么时间接三，什么时候出殡。如果是近亲，还要简单汇报亡者生病、就医、死亡的过程。如果逝者人丁不旺，也可以委托街坊、朋友去代理报丧。代理人首先要向被报丧人说明自己和逝者家的关系，说明被委托的理由。以得到被报丧人的理解。

逝者的院门口，要用白纸写条横幅，上书“恕报不周”四字，为的是怕一旦有忘报或漏报丧的亲友挑眼，找岔子，以求得个别亲友的谅解，以免闹丧。

入殓：逝者入殓的时间一般不超过咽气后一天，大多在下午三四点钟。逝者的直系亲属到齐后开始入殓。如有个别直系亲人没有来到，逝者的亲人，如儿子或女儿表态：“不等了，有事我们负责。”主持人才能安排入殓。入殓前，先把棺木打扫干净，棺木里面用红纸或红布糊好。在棺木的底上放 7 个硬币，按北斗七星的方位摆好，逝者的尸体从停尸屋里抬出来。逝者的儿子或最亲的后人在前边抱着头，其他亲人分别抬两侧，尸体从屋里到灵棚这段距离，尸体不能见阳光，要用伞挡住头部。从屋里出来是头在前，脚在后，到棺木前入棺时，要先放脚，双脚入棺后，要双脚登实。尸体放平后，双手伸直，平放左右，按男左女右的方式把咽气时做的打狗棒和打狗饼分别放在双手里，取出嘴里的茶叶包，剪断捆在双脚上的绊脚丝，取下压在胸口的秤砣。用逝者生前的衣服，卷成长方形的衣卷(过去都用草木灰或锯末包成长方形的 7 个灰包，头顶 1 个，脸两侧一边 1 个，尸体两侧一边 2 个)，把尸体挤牢，把盖在脸上的清单，剪个口，露出逝者的脸，逝者的长子，用新棉花，拈上清水在逝者的眼睛上，左抹一下，右抹一下，这叫“拈眼光”，最后把逝者的亲属们叫到棺前，看逝者最后一眼，可以哭，但眼泪不能掉在逝者身上，抬上棺盖，入殓完毕。

入殓完成后，用木凳子把棺木架起来，布置灵棚，在棺木前放好供桌，把逝者的遗像放在棺木前，点燃蜡烛，点上香。供桌上要摆的供品。首先把逝者最亲近的亲属，如女儿、弟兄、姐妹们的供品放在首位，要摆在明显位置，叫人一目了然，供桌上要供五盘供菜。以备出殡时摔罐时用。布置灵棚很有讲究，逝者女儿送的花圈、幛布、供品都要优先。棺木正上方要由长女送一个大白花圈。长女送的幛布也要横挂在棺木的正前方，上书“西方接引”或“寿终正寝”。把糊好的“金童玉女”放在棺木前方两侧，糊好的牛、马和轿车放在棺木侧后方。棺木的两侧铺上垫子，孝男、孝女们，按男左女右跪在那里守灵，每当有亲朋好友前来吊孝，要烧纸。孝男、孝女们要叩头还礼。

撕孝：老人故去后，亡者的亲人，远近亲戚，生前好友，都要为逝者戴孝。孝衣很讲究，过去专门有“杠房”这个行业，所有穿的“孝袍子”可以去杠房租赁。出完殡后，给杠房送回去，杠房按天收使用费。现在这个行业没有了。家中老人去世后，买白布自己请人来撕孝。撕孝的人是很有经验的，按照规矩，什么样的人，什么样的身份穿什么样的孝。穿孝分重孝、普通孝和一般孝。重孝一般是逝者的直系亲属，儿子、儿媳、女儿、孙子、孙女。普通孝指侄子、侄女、外甥、外甥女、外孙。一般孝是远房的后代人和生前好友等。

重孝一般需要 467 厘米(十四尺)白布，分两片搭在身上，腰里扎一条“白搭布”，“白搭布”长 300 厘米(九尺)，宽 23 厘米(七寸)，穿重孝的儿孙们还要戴孝帽子，女人们要戴

"白盖头",儿子们的孝帽子上,用棉花做成圆球,缝在帽子上,承重的儿子(打主幡的儿子)帽子缝一个球,其余的儿子帽子上缝三个球,承重儿子的"白搭布"还应有麻丝,这叫"披麻戴孝"。普通孝一般是腰间扎一条"白搭布"。一般长 233 厘米(七尺),宽 17 厘米(五寸)。女性头上还要戴个"白箍子"。

所有戴孝人每人都要戴个黑布孝箍。隔代人,侄甥和家孙、外孙,用红、黄、蓝布剪个葫芦来区分。除逝者的亲人、儿子、女儿外,一般戴的箍,出完殡后就摘下来了。儿子、女儿的要多戴些时间。最短应过 60 天才能摘,有的能戴一年。

过去有请孝和谢孝一说。就是前来吊丧的亲友先要到灵前烧纸拜祭。主事人根据来者和逝者的关系发给孝衣或孝戴。这叫"请孝",来者拿到孝衣或孝戴不能戴,还要再到灵前拜祭,行完祭礼后,才能戴上孝,这叫"谢孝"。当前这个礼数已经很少用了。

糊幡:亡者咽气后,主事人要算计糊多少把幡,一般儿子、孙子、侄子都要打幡。承重的儿子要打一把主幡(比一般幡大,幡头多一条顺幅)。隔代人打的幡用红条和蓝条来区分。但是所有的幡数量只能是单数,如人数为双,可以少一人打。

守灵:灵棚布置好后,逝者的子女们要在棺木两侧守灵。并且要按时烧纸,每两个小时烧一次。要保持蜡烛和香火不能灭,直到第二天出殡。其实守灵的目的还有安全、防火的作用。因为灵棚内各种烧活、花圈很多,人员来往杂乱,很容易出现各种事故。

接三:丧事一般分"大三天"和"小三天"之分,大三天就是逝者在零时以后咽的气,比如夜里一时以后或是早晨 5 点钟。小三天则是逝者在零时前咽气,比如夜里 11 时,或是晚上 20 时。因为零时前算一天,故有大、小三天之分。接三的仪式都是在出殡的头天晚上进行。一般是下午三四时开始。旧社会是请寺里的和尚、庙里的道士来为逝者念经、做法事、超度亡灵。有钱、有地位的仪式很隆重,有的请几拨人共同来做,费用较大。20 世纪 60 年代至 70 年代此项活动基本消失。人口多的家庭也就是大伙在一起谈天说地,条件允许的人家用录音机放点磁带而已。改革开放后,特别是进入 21 世纪,百姓经济条件好了,口袋里的钱多了,接三仪式被搞得如火如荼。现在的活动要请 12—16 人的吹鼓手。有民乐吹奏、流行歌曲演唱、各种杂技表演。眼下实行的点歌,使这些人收入不少,场面也非常热闹。这种形式使得逝者的子女们悲痛心情得以缓解,同时也表示逝者辛苦的一生画上了圆满的句号。

送三:送三的仪式是在接三活动快结束时进行的。送三时孝男、孝女们,把灵堂里的纸糊牛或马和轿车抬出来,把招魂幡搭在马或牛身上(男马女牛),抬上纸糊的金、银二库。由 4 个吹鼓手吹打乐曲,开始送三。按当地习俗,出门要往西走,距离要保持在 300 米以外,越远越好,到达地点后,把所有烧活烧掉。然后回来,但回来时不能走回头路,要走新路。送三回来后,送三仪式基本结束。

烧枕头:在逝者入殓后,要把逝者生前用的枕头放在棺下面,待棺木抬走后,把逝者的枕头,从中间撕开一个口子,如是冬季在撕开处放一个燃烧的红煤球,把枕糠点燃使其慢慢燃烧,夏季则在撕开处滴上几滴油,助其燃烧。不论枕糠烧的是否彻底,最后打扫丧事场地时将其扫走。

封灵、出殡:出殡前要先封灵,也叫摔罐,此仪式是很讲究的。要请有经验、懂礼数的了事人,也叫大了来主持。首先把所有戴孝的亲人请到灵前,按和逝者关系的远近来分先后。一般是老表亲、姑表亲、逝者的娘家等。一拨拨、一批批到灵前,被叫者先在灵前行拜礼,礼后到供桌前,用筷子从供菜盘里搛点菜,放在罐里。也可以请主持人来代理,在搛罐过程中,所用的筷子不能放下,要一个人传一个人,最后是逝者有血缘关系的直系亲人。在亲友搛罐过程中,逝者的直系,儿子、女儿、儿媳、女婿及兄弟姐妹,孙男、孙女等都要跪在棺木两侧,轮到直系夹罐才能站起来。搛完罐后就不跪着了。最后是逝者的长子搛罐,一定要把罐子装满。装完后主持人用逝者咽气时做的子孙饼把罐子封住,封口剩下的子孙饼分给儿子们,孝子们把它带回家,放在自家厨房的角落里。这叫逝去的老人为下代儿孙留下的"口粮"。示意下代儿孙有饭吃。

主持人用事先准备的红布,把罐口封住,用五彩线捆好,放在事先缝好的白布袋中,交给长儿媳抱着,这叫"抱罐",这个罐要一直抱着,不能放手。严格要求连手都不能倒。用左手就一直用左手抱到坟地。

搛完罐后,要封棺,就是钉上棺盖。棺盖只能钉3个钉子。如果逝者是男性要留右边一个不钉。女性则留左边一个。意为将来合葬时能见面。在钉的时候,长子要随着叫喊:爸或妈躲钉。封完棺后,把棺木从灵棚抬出来,放于平地。过去是用人抬,这时需要挪杠,现在多用车拉,省人省事。孝男、孝女们面对棺木跪下。长子在前把逝者咽气时开始用的瓦盆放在面前,当主持人高喊:起灵了,掌门孝子用力将盆摔碎。高喊三声"爸或妈",退走三步才能转身。帮忙街坊把棺木抬上车,孝男、孝女放声大哭开始送葬。

在行进过程中,灵车要在前,送殡的人和吹鼓手在后。沿途会有平时要好的街坊摆茶桌。送殡队伍要停下来,吹鼓手吹奏乐曲或有人点歌。主持人要把事前准备的白纸包送给摆茶桌的人,以示代表事主表示感谢(包内一般含有3—5元钱),从出发到坟地,有专人不时撒些剪好的纸钱,如遇有过桥,还要向河里投些硬币。名曰"买路钱"、"过桥钱"。棺木到达坟地时,孝男、孝女们先不能到坟坑边上去,由帮忙街坊把棺木平稳下葬后,叫逝者的亲属看一眼,认为可以了,把长儿媳抱的罐放在棺木的前边,亲友们各抓一把土,扔在坑里,然后开始埋坟。埋完后,把长子打的幡插在坟头上,长儿媳用包罐的白布把挖坟坑的头铲土包好带回家,撒在自家的各个角落。这叫"财土",并且在回家的途中不能和任何人讲话。棺木埋完后,孝男、孝女们烧完纸,立即脱孝,有专门人让孝男、孝女们每人吃一口点心,这叫"满口"。

所有戴过孝的亲朋好友,都要回到逝者家中去。在家门口放一水盆,里面放一个刀,每人要把刀翻个身,意为不要把亡灵带回来。如果戴孝的亲朋好友不回到逝者的家,中途散去,这样叫"断头孝"以示以后不再来往。

圆坟:出殡3天后,亡者的子女们要到坟地去烧些纸。把坟头整理一下,回来后打扫庭院。把在丧事过程中和街坊借的东西给予送还。因为出殡3天内,亡者的子女们不能串门、访友。

纪念亡人分为:头七、三七、五七、六十天、周年。出殡七天为"七日",也叫"头七",亡者的后人,一般是儿子、儿媳、女儿、女婿、家孙、外孙等到坟地要去烧纸,纸都是在丧事期间剪好,头七烧三包纸,"五七"要烧伞和纸,从"头七"到"五七"这几个烧纸的日子,每次烧纸还要有纸花。"一七"一朵,"三七"三朵,"五七"要烧五朵,这些花都是在出殡前从灵棚花圈中剪下来的。

“六十天”亡者的后人要去坟地烧“船、桥”,在烧活店订好后,到日期烧活店员负责送到,但只能送到事主的门口,这些东西不能进家门。亡者的后人在坟地烧的时候,还要叮嘱亡者“过桥要走中间,坐船别坐船头”,意为在去西方的路上要注意安全,一路平安。遇河过桥,遇水坐船。亡者的周年是一个祭祀的日子。亡者的亲人、要好的街坊、生前好友都要来聚一聚,也叫“办周年”,同样在烧活店订好所要烧的物件。过去这个日子只烧“一楼二库”,也就是糊一间房子,糊两个纸箱子而已。现在生活条件提高了,活人过上了小康生活,所以对死去人给的待遇也大大提高。这个日子要烧纸糊的楼房,要糊十几层样式的楼房,要烧纸糊的汽车,还要画上标志,如宝马、奔驰、悍马等。还要烧纸糊的冰箱、彩电、洗衣机,个别人家还要给糊台电脑,说是为了到阴间去炒股票。一周年过后,一般在三周年、十周年,亡者的后人还要进行集体祭祀活动,意为老人虽然没有了,活着的人要更好地团结。组织祭祀:一是不忘老人的忌日;二是后人要继承先人的意愿,让本家族发扬光大。

节日习俗

春节 (农历正月初一)是中华民族最隆重、最热闹、最重要的传统节日。又称阴历年(农历年)。春节历史悠久,春节期间的庆祝活动从正月初一开始,旧时人们在这一天要祭祖,摆供品于桌案。拜天地、祭祖先、放鞭炮、接财神。清晨:大人,小孩穿戴整齐,走出家门,街坊四邻相互拜年(旧时兴作揖,跪拜)。全家吃饺子,结伴逛庙会。

初一凌晨有抢财水之俗,“旧时以水为财”。谁能抢到第一桶水,全年能吉祥发财。这一天家中脏水不能外倒,家中的垃圾也不能往外扔,扫地要从门口往里扫“聚财”。所有脏水垃圾要等到天黑才能向外倒、扔。习俗流传至新村改造上楼前。

正月初二:出嫁的女儿回娘家,女婿向岳父岳母拜年。

正月初三:本家当户,亲友近脉、街坊、朋友串门走动。相互拜年,同贺新春。(吃烙饼摊鸡蛋)。

正月初五:(俗称破五)旧时春节期间有许多的禁忌,过了初五,即告解除。这天吃饺子,人为地要煮破几个饺子。放鞭炮,叫崩穷(崩跑穷气驱逐穷鬼)。

正月十五:元宵节,又称上元节,灯节。这一天人们吃元宵、赏花灯、猜灯谜。旧时大门大户人家院门口,挂红灯、盼火红。

清明节 是扫墓祭祀的日子。是日,人们备香烛、酒食、纸钱供品,到先人墓前祭拜。擦洗墓碑,除去坟上杂草、添培新土,然后燃烧纸钱,叩拜先人寄托哀思。现在虽然提倡文明祭祀,烧纸、上坟有之。但清洗墓碑、供鲜花、摆供品、不烧纸钱的大有人在。旧时清明要戴柳,有“清明不戴柳,死了变黄狗”之说。

端午节 农历五月初五。端午节又称粽子节,普通百姓摘苇叶,泡江米、黄米、小枣包粽子自食,或送亲友。富有人家,饮雄黄酒、身佩香包(内装多种中草药),食多种味道的粽子。当地有在门旁、窗边插菖蒲、艾叶以辟邪驱毒的风俗,菖蒲艾叶一直插到年底。

中秋节 (团圆节)农历八月十五日又称八月节。中秋赏月,合家团圆是中华民族很讲究的传统节日。一般外出的人们,都会尽量地赶回来过节。到晚上明月当空,全家围坐在一起吃月饼、赏月。人们备月饼,时令水果,串亲访友,交流感情。当地有请兔爷的习俗,带孩子逛庙会。买个兔爷回家供在屋中,晚上拜月神。

重阳节　农历九月初九(菊花节,登高节):适时北方菊花盛开,人们纷纷出门赏菊花。菊花高雅大方,几乎北方人家都喜欢在室内摆两盆。上年纪的老人走出家门,登坡、上岗,意在登高"今日登高,来日方长"。现各级组织也对此节日重视,形式多种多样旨在尊老。

腊八节　农历腊月初八(腊八儿)此节正是每年冬季最冷的时节,有"腊七腊八冻死寒鸦儿"的民谣。当地百姓有熬腊八粥的习俗:人们把大米、小米、黄米、高粱米、黄豆、红小豆、大芸豆、玉米碴掺在一起。加上干果,有栗子、花生仁、桂圆肉、葡萄干、核桃仁、小枣慢火熬成粥。全家早上食用,并盛满一碗供于案上祭祀先人。当天还要泡腊八蒜,把蒜米(剥去皮的蒜)放入米醋中,密封待春节吃饺子时用醋辣、蒜绿。

除夕　农历腊月三十(大年三十),旧时此日前要做两件事:一是农历腊月二十三日祭灶(送灶)又称过"小年",为使其上天言好事供摆糖瓜,所以有"二十三糖瓜粘"的说法,人们也买食糖瓜。二是农历腊月二十四日掸尘即扫房子。祭完灶神后,开始备年货准备过年。扫尘就是全面地打扫卫生,要把房间内部和房前屋后清理一遍,干干净净迎新春。"尘"与"陈"谐音,过节前扫尘有"除陈迎新"的意思。旧时常营地区流传有"二十五做豆腐、二十六去买肉、二十七杀公鸡、二十八把面发、二十九蒸馒头、三十夜里坐一宿"的民俗。年三十是全家喜庆团圆,有"有钱无钱回家过年"之说。旧社会也是穷苦人家难过的一天,俗称鬼门关。欠账要还钱,欠租要交,因为这一天是全年最后一天,过今天算是明年了。

年饭无论丰俭必备有鱼,取吉庆有余年年有余的寓意。年饭要有年糕,取意一年更比一年高。除夕夜全家老幼熬年守夜称"守岁",长辈们要给小孩子们压岁钱,因"岁"与"祟"谐音。长辈们希望压岁(祟)钱能"驱邪免灾"保佑孩子平安。除夕日晚上农户还有"踩岁"习俗,即把芝麻秸铺在院内。人们从上来回走动,使其被踩踏而碎。当晚所有灯光不能熄灭,要整夜灯火通明。院门口挂红灯笼,取意红红火火。零时燃放鞭炮迎接财神,吃刚出锅的子时饺子"交子"、辞旧迎新。改革开放以来,除夕夜增加了看"春晚",文明过年、过健康年正在兴起。

其他岁时风俗　农历二月二,又叫龙抬头。这一天人们要理发,特别是未成家的小孩子,一定要赶在这天剃头(理发),这叫"剃龙头"。接女儿回娘家(二月二接宝贝,宝贝不来娘掉泪)。这一天吃什么都是好名称:吃面条(吃龙须)、吃烙饼(龙鳞)、吃饺子(龙耳)、吃米饭(龙籽)、吃馄饨(龙眼)。立春,又称"咬春"。是日:吃春饼,卷火菜。烙薄饼,卷豆芽菜加酱肉、鸡蛋。立秋:常营地区百姓有贴秋膘的习俗。一般人家炒几个菜,炖点肉、炖条鱼即可。富有人家会更丰富一些,整鸡、整鸭,有酒有菜。寓意天气凉啦,给身体增加点营养。中元节(鬼节):农历七月十五日,人们烧纸钱冥币,祭祀逝去的先人,寄托对先辈的哀思。此俗至今有之。农历十月一日,各家祭祖并裁纸衣焚之,名曰"送寒衣"。农历腊月初一:有崩棒子花(玉米花)的习俗。有民谣"腊月初一蹦一蹦,大人孩子不生病","腊月初一炒一炒,来年金子、银子少不了"。农村炒棒子花是用柴锅,锅内放细砂土炒热后放入棒子粒翻炒。棒子受热开花,筛去细砂土食棒子花酥脆可口。农历腊月初八用杂粟米煮粥祭佛,曰"腊八粥"。

禁忌习俗

汉族群众忌用筷子敲击锅、盆、碗、碟，忌用有裂缝的碗碟、茶具；给客人盛饭菜或沏茶时忌用单手给长辈端送接东西。不能反手和左手舀饭、添菜、夹菜，不能口叼香烟端饭菜、添茶水；忌在客人面前走路；忌和客人谈话时打喷嚏、打呵欠，在客人、亲戚面前打骂孩子。对水源要十分爱护，讲究清洁，不能在井、泉边洗脏物。做年糕、酿造和油炸食品时，忌讳生人撞入厨房。做年菜时不让外人看。长辈或上级面前不能虎担腿（跷二郎腿）、仰躺而坐，妇女坐时须两腿并拢。同桌就餐，不能迫不及待地抢吃、抢喝，坐在上席的长辈不动筷子，下席忌先动筷子；不能把桌子的剩余的肉食、面食带走。忌讳年轻人对长辈和庄院的前辈打招呼不问话，否则将会惹人笑话，或是笑话父母对儿女教养不够，或没有教养。信件、电话或电报中报喜不报忧。不能从劳动工具、衣帽和人身上跨过去。短裤晾晒不能挂在人的迎面处。上炕必须脱鞋，不能在灶门口烤鞋袜等物。妇女一般情况下不祭灶，有“男不拜月、女不祭灶”之俗。忌讳从窗户递碗筷。忌把筷子插在米饭上，因为这是祀鬼神的方式。一双筷子不能长短不齐。忌用筷子掏牙齿。忌别人夹菜时，伸过去夹另一盘菜或夹菜时自己的筷子翻来覆去、挑食或大口贪吃。忌讳与客人谈话时随意打断或插话。吃饭时忌讳脱鞋、摸脚趾、伸懒腰，忌暴食暴饮。宴席中有隔席不说话、不问酒和不迟到的讲究。忌在卧室和厨房里吐痰、擤鼻涕。饮酒时不与长辈猜拳，若征得长辈的同意，向长辈敬酒两杯后方可猜拳行令，猜拳时拇指和食指、无名指和小拇指不能同时出数，忌讳掌心向下，或上下抬的幅度过大等。

社会杂俗

拜师学徒 过去学徒拜师的仪式很讲究，要把师父、师兄请到家里，设香案叩头，行拜师礼，承认“一日为师，终身为父”，治酒招待。随师学艺，三年不给工资。待三年学艺满师，师父为徒弟置办全套工具，徒弟可辞师另立门户。

邻里见面 平日邻里碰面，晚辈要先开口问候。外出归来见长辈，不论乘坐任何交通工具都要下来，向长辈打招呼，致以问候。遇人问路先说“劳驾”，问罢道“谢谢”，远方朋友或长时间未见面的熟人要抢先握手，道“你好”。

待客 家中来客，主人要到室外迎接行礼或握手问候，主人推门，掀帘请客人先进门。让客人坐上座，为客人沏水、倒茶、敬烟，水杯不能斟满，壶嘴不能对客人。用饭时，让客人坐首座。如席面上有鱼、鱼头向客。主人为客人夹菜不能用自己的筷子，需备一双专用筷，斟酒要满。客人在吃饱前，主人不能撂筷。如是转桌，客人搛菜时切忌转动桌面。客人辞行，主人在后相送。送到院门口告别道：“慢走，再来。”待客人走远主人方回。现在一般住楼房，送客至门口，如客是长辈或是远方来客须送到楼下单元门口。

看望病人 要探望的病人，无论是住院还是在家休养，都要安排在上午，忌讳下午看望病人。除病危或至亲。最忌晚上探望，探望时带时令水果、营养补品，是至亲可直接给钱，方便病人自买喜食物品。进室先向亲戚了解病情，安慰病人静养，要低声细语。

串门 到朋友家中串门，先敲门、报通姓名，朋友开门后进门问候。如家中有长辈，要先向长辈打招呼，致礼。一般串门在客厅交谈，不经允许不进卧室。交谈时要低声，不要东照西看，不要乱扔烟头、果皮，最忌随地吐痰。告辞时要先告辞后再起身。主人相送要客气拒之。如无要事，串门不宜过晚。

拜把兄弟 北方农村古有“拜兄弟”之仪。弟兄交往过程中情投意合，年纪相当拜之。为的是彼此相照应。

认干亲 家中孩子从小体弱多病，家中人丁不旺，认干亲意为孩子多些干兄干弟，走动多门亲戚，有事多些帮手。特别是单传家庭或是外来户，认干亲较多。

三 地方特色语言

方言土语特点

常营地区汉、回、满族民间语言文化丰富，特别是那些鲜活的群众语言，散发着浓郁的乡土气息，同时反映着百姓的多彩生活。受北方杂剧及地方小调的影响，口语中儿化音较重，以表示讲话者的观点和心态，绝大部分语音属北京语音，但有部分语音与普通话有所不同，随意性强，今尚如此。

方言土语例举

时间类

去年：头年、过来年。

明年：来年、过年。

昨天：头天儿、昨儿、昨儿个。

明天：明儿、明儿个、过今儿、赶明儿。

今天：今儿、今儿个、当今儿。

早晨：大早儿、大清早儿、清早些、大起早儿、清早儿、大早上。

上午：前晌儿、头晌儿、前半晌、头半晌、早儿后、午前。

中午：晌午、午上、晌午头儿、正午。

下午：过晌儿、后半晌儿、午后、晚前。

傍晚：晚晌儿、黑晌儿、黑半晌儿、晚上、傍黑儿、擦黑儿、老爷落。

小时：钟点、点、钟头、时辰。

昼夜：白天、大白日、白日里、白昼。

夜：黑夜里、大黑夜、月亮地、黑灯瞎火。

动物类

蛤蚌：嘎喇、壳蚌。

青蛙：蛤蟆、合蟆、田鸡、绿豆狗子。

蟾蜍：疥蛤子、癞蛤蟆、麻疥肚、老疥肚。

猫头鹰：、夜猫子、鸪鸟子。

啄木鸟：锛得木、哆哆木。

喜鹊：花喜鹊。

螳螂：刀螂。

麻雀：家雀、老家儿、老家贼、老家仓、老家子。

蝉：知了、唧鸟儿、小热热、大嚷、滴溜儿、答溜儿、马唧鸟。

蝴蝶：蚨蝶儿、忽帖儿。

蝗虫：蚂蚱、蚂蚱儿、蚂征、飞天掌。

螂：屎壳郎。

蝼蛄：拉拉蛄。

蚂蟥：蚂鳖、牛鳖。

蟋蟀：蛐蛐、棺材板、笨儿了头。

蚯蚓：蛆蟮、蛆虫。
蛇：长虫、瘆虫。
蝙蝠：圆屁虎、圆不虎。
壁虎：蝎虎子、蝎了、虎子。
老鼠：耗子、贼耗子。
蜻蜓：蚂蛉、老膏药、青头愣。
黄鼠狼：黄狼儿。
乌鸦：老鸹、黑老鸹。
鲫鱼：鲫瓜子、鲫瓜片儿。
乌鱼：黑鱼、黑鱼棒。
鳖：王八。
鳅：泥鳅、泥巴鳅。
松毛虫：毛毛虫。
公羊：爬子羊。
公驴：叫驴。
母驴：草驴。
公猪：跑猪、种猪。
母猪：老母猪。
公马：儿马、种马。
母马：骒马。
公牛：犍牛、犍子牛。
公狗：儿狗。
公猫：郎猫。
母鸡：老母鸡。

植物类

向日葵：转日莲、转莲、转季莲。
玉米：老玉米、棒子。
高粱：瞎八斗、牛腿。
蓖麻：大麻子。
马铃薯：土豆儿。
甘薯：白薯 红薯。
番茄：西红柿。
马齿苋：蚂蛉菜、蓟菜。
刺瓜：菜瓜、老腌瓜。
地黄：妈妈九。
车前子：车轱辘圆。
牵牛花：喇叭花、小喇叭、小燕不死。
西番莲：西粉连白薯花、稽花、大丽花。
银杏：白果。
垂柳：耷拉柳。

代称类

大家：大伙儿、大家伙儿。

自己：自个儿、自己个儿、我自己个儿、本人。

我们：俺们、咱们、咱这帮儿、俺这溜子、咱这拨儿、咱这群儿。

他们：那一伙子、那拨子、那帮子、那群儿。

妇称夫：当家的、掌柜的、老头子、老公、老伴、俺先生、俺老爷儿们、孩子他爸。

夫称妇：媳妇、老伴、老婆子、俺那口子、老搭档、孩子他妈、孩子妈。

衣、食、住、行类：

单衣：单褂儿、褂子、小褂儿、单裤、嘚儿喽裤。

衣领：领子、脖领子。

棉鞋：靴子、棉靴、毛窝。

内衣：秋衣、内衫、秋裤。

纽扣：扣子、衣纽、纽伴儿、疙瘩纽、蒜头疙瘩。

糕点：点心、饽饽。

饺子：水饺儿、煮饽饽。

稻米：白米、大米、细米。

卷子：死面儿拧、肉龙。

梁：柁。

椽：挑檐、飞子、花架。

柱础：柱顶石、柱脚石。

房基：地基、地臼、地脚。

门闩：门插棍儿。

窗纱：冷布、沙篦子。

骑马骑驴：赶脚。

厕所：茅房、茅厕、一号。

走：溜达着、走着。

跑：颠儿、撒丫子、一溜烟儿。

用具类

炒勺:把儿勺 。

菜板:面板、案板。

方桌:八仙桌子、八仙桌儿。

盖联:盖点儿。

挠耙:痒痒挠、不求人、老头乐。

手电筒:电把儿、电棒儿。

肥皂:胰子。

犁:耠子、犁杖。

车夫:把式、车耠子、车把式。

土篮:提篮子、粪篮子。

火柴:洋火、取灯儿。

褡裢:钱叉子。

电机:电滚子。

其他类:

太阳:老爷儿、太爷儿。

月晕:风圈。

霹雳:焦雷、落地雷。

庭院:当院。

树苗:树秧子。

大街:当街、街里头、街外头。

楹联:对联、对子。

日历:月份牌。

干部:官儿、头儿、脑、头脑儿。

办法:招儿。

诉讼:打官司、告状。

银圆:洋钱、大洋。

做事类

呱呱叫:完美、声誉好。

打招呼:事前报告、通气。

不错眼珠:认真、负责。

四平八稳:准备充分、不出问题。

着手:已开始做。

盖了:盖了帽了、优秀。

挠头:事难办。

缩脖子:遇事往后退、消极不敢负责。

二乎:没把握、犹豫。

二五眼:马虎、不负责任、水平低。

褪套儿:逃脱、躲避、退出。

糊弄:敷衍、哄骗。

勺了哐啷:不用心、无所谓。

崴泥:遇到麻烦。

嘀嘀咕咕:犹豫不决、背后议论。

怵怵惮惮:不大胆、精神紧张。

跷跷蹑蹑:不肯卖力、轻手轻脚。

吭吭唧唧:不果断、说话不痛快。

碰瓷:故意找人碰着、敲诈钱财。

揍酱:事办坏、不好交代。

黄了:失败、中止。

性情类

欢实:兴奋、起劲、活跃健康。

打愣:发呆、思忖。

执拗:固执、任性、不愿意。

烟不出火不进:不开通、认死理、听不进话。

扬蹦:趾高气扬、耍横、不在乎。

嘀咕:三心二意。

抠门儿:吝啬、小气。

一根筋:固执、僵直、不听劝告。

炸塔:发脾气、轰动。

能哏儿:聪明、手巧。

扇乎:挑动、心术不正。

浑腔腔:不讲理、蛮横。

皮脸皮痴:顽皮、知错不改。

迷了马虎: 糊涂、搪塞。

迷瞪:糊里糊涂。

困乏:没睡醒。

拽咧子:说闲话、不干了。

打哈哈:开玩笑、不当事干。

猫儿腻:搞小动作、耍阴谋。

没忖量:贪吃、不自觉、没起色。

花里胡哨:不实在、花言巧语。

矫情:无理狡辩。

你我他仨:不礼貌、不分上下。

腻烦人:招人讨厌、缠着人。

踢了特了:衣冠不整、不卫生、不利落。

社会类

铁了:关系密切、定而不移。

掰了:关系破裂。

炸锅:炸窝、败露、失败、内讧。

难缠:不好来往、难办。

帮乱:裹乱、添乱、助不得法、捣乱。

一溜子:一伙、一派。

腻歪:腻烦、不受欢迎、无所事事。

摘鸟食罐:开除、不给供给。

吃瓜落:受牵连、连累。

贴上了:凑在一起、靠住了。

托儿:由子、哄骗第三者上当、诱惑对方。

涮人:要笑、失约。

嘎巴:要赖、不离开。

一条线拴俩蚂蚱:互相牵连。

鸡吵鹅斗:内部不安定、不团结。

蹚浑水:一块干坏事。

插杠子:第三者插足、加入进去。

香仨臭俩:不团结、多变化。

蹬肩膀:为升官损坏别人、往上爬。

抱团儿:紧密团结、不松散。

顺杆儿爬:没主见、跟着干、人云亦云。

掺和:掺乎、混在一起、钻入。

死乞白赖:硬性、纠缠。

行动类

激灵:受惊、振作。

尥蹶子:不顺心、怒而不干事。

撂挑子:不干了。

寻休儿:借宿。

日蹦:跑了、躲起来。

瞜瞜:看看。

拉饥荒:借债。

打眼:看错了。

嘬瘪子:失败、受指责、惹麻烦。

翘棱:不平稳、翘起、准备不充分。

归置:拾掇、收拾收拾、以行动教育别人。

掂量:权衡、盘算、试试。

颠儿了:撒丫子、跑掉了、逃走了。

秃噜:狼吞虎咽、吃尽、浇烫。

叽咕:一小股尿、挤出一点、墙欲倒。

磨蹭:缓慢、不紧张、逍遥。

蹭愣子:慢腾腾边玩边干。

连跑带颠:快跑、事急速去。

瘪楞:不正视人、不同意做。

咋呼:起哄、大声吵。

滋儿咂:摆架子、难办、被迫同意。

滋拉:小孩哭、叫唤、被息干。

欺鼻子瞪眼:愤怒、不满意。

言语类

闲篇儿:闲白儿、闲话、与正题无关。

没溜儿:不分场合、不合时宜开玩笑。

害热病:胡说、一阵子。

闲扯:胡扯、扯淡、聊天、胡说八道、与主题无关、说话不负责任。

甩咧子:散布不满意言论、发泄愤懑。

白乎:白话、花言巧语、显示能说多知。

倒小肠:纠缠旧事、追根问底。

胡勒嘞:信口开河、随意说话。

坐回去:说话不算数。

嚼舌根:揭根子、揭短儿、所说不算数。

天花乱坠:说话无根据、能说会道。

划诽:背后说人缺点。

臭吣:说话乱用词语、满嘴污言秽语。

闷葫芦:一声不语、心里有事。

嘎嘣脆:说话直爽、痛快。

抬杠:为小事争执不休

耍嘴皮子:光说不干、能说会道。

踩鸡脖子:说话唱歌声音难听。

蚊子声:说话声小、听不清。

乱汪汪:指责人乱说、无根据检举。

称谓类

大头儿:一把手、主要负责人。

外秧儿:本家或本族之外人。

二青头:三青子、痞子、冒失、鲁莽人。

二等车:骑自行车带人。

扱货:不成器的人、没出息的人、无用物品。

杠头:好因小事争辩者。

秧子:二流子、走邪路的人、好吃懒做的人。

娘娘驾:体弱多病、不能劳作者、不可碰者。

能耐梗:好逞能者、心灵手巧者。

垫背:替人受罚者。

赖皮:纠缠者、不认错者。

甩子骨:无才无德、不求上进者。

红人:拍马屁者、受宠信者。

混混儿:不走正道、不干正事者。

驴驹子:生硬、糊涂的年轻人。

倔骡子:有能力而个性强者。

雏儿:羔儿、无经验、才工作、刚走入社会者。

馋猫儿:采花蜂儿、寻求女人、作乐者。

耗子精:特别油滑者。

大尖头:做事狡猾者、不卖力气做事者。

老倭瓜:老实厚道、没能力、受人欺侮者。

嘎杂子:琉琉球儿、淘气孩子生坏主意者。

小玩闹:好打架斗殴者。

其他类

猫儿尿:酒

磬子:河塘中水最深处。

囤子:冬季围在胸处棉片。

乌涂水:未开的水、不凉不热的水。

针渣儿:细小处、争小利。

倒物:人或畜尸体。

割挠:喂牲畜的碎豆秸。

拘敛:拘罗、手脚冻得麻木、抽搐。

皮实:健康少生病。

愣会儿:稍等、歇会儿。

压根儿:从来、根本。

甭介:不用、不要这样。

利落:做事干净快捷。

刺挠:瘙痒。

蹊跷:吃东西挑拣、怪事。

翻秧子:生气、不干了。

寒碜:难看、毛脸、讥笑他人、揭人短处。

走基:物体走样、事情未按原计划办。

见天:天天、每天。

好不影儿的:突然的、无根据的。

海了:海去了、太多了。

归了包堆:全部。

积工儿:拘工、不经常。

行当:工作、事。

找补:少量的补充。

顾蹭:迟缓、时间长。

拉淘:脏、不卫生。

猫腰厥趾:弯腰。

不离儿:差不多、满意。

唧里瘪肚:不平、难看。

嘛哄:不算数、解散。

苍毛:戗毛、疲弱、贫穷。

白不匝:不补人情、不当回事。

丢点:小、穷气。

小菜:小事、看不起。

曲里拐弯:不直、变多、道难走、事复杂。

没碴没渣:没恩怨、仇恨。

界比儿:界米儿、邻居。

嘿儿喽:有病、喘急。

滴里嘟噜:提东西多、杂、果实结的多。

噼里噗噜:随从很多、不按顺序。

曾蹦曾蹦:捆得紧、事干得实。

左不咧:左撇子、左手巧、左手劲大。

手巴掌儿:手套。

了着:小孩子骑在大人肩上。
词儿擦:洋气、穿着讲究。
稀拉哈撒:松散、个儿大、不健康、松动。
溜边扯地:装得满、时间太紧。
滴溜滴溜:疼甚惊吓。
迷离马虎儿:繁衍、不清。
别别扭扭:不痛快、不团结。
跩拉跩拉:走路晃荡、干事左右不定。

歇后语

狗赶鸭子:呱呱叫。
狗咬吕洞宾:不识真人。
狗拿耗子:多管闲事。
狗掀门帘:嘴支着。
狗戴嚼子:胡勒。
耗子扛枪:窝儿里横。
耗子过街:人人喊打。
老鼠拉木锨:大头在后头。
黄鼠狼给鸡拜年:没安好心。
猫哭耗子:假慈悲。
老虎屁股:摸不得。
猴吃麻花:满拧。
猴拿虱子:瞎掰。
屎壳郎戴花:臭美。
屎壳郎变知了:一步登天。
屎壳郎打喷嚏:满嘴喷粪。
兔子尾巴:长不了。
老牛追兔子:有劲儿使不上。
小牛撅尾巴:来劲了。
蛤蟆不长毛:天生那路种。
井里的蛤蟆:没见过多大的天。
歇了虎子掀门帘:露一小手。
老鸹落在猪身上:谁也别说谁黑。
秋后的蚂蚱:没多大蹦头。
没头苍蝇:乱撞。
磨坊里的驴:听喝。
噘嘴骡子当驴卖:嘴不值钱。
张果老骑驴:往后瞧。
黄瓜打驴:去了一半。
骑驴看账本:走着瞧。
纸糊的驴:大嗓门儿。
猪往前拱,鸡往后刨:各寻各道。
要饭的打狗:穷横。
胡同里逮驴:两头堵。
猪八戒照镜子:里外不是人。
肉包子打狗:一去不回头。
黄花鱼:溜边儿。
狗熊掰棒子:掰一个丢一个。
秃子头上的虱子:明摆着。
叫唤的鸟儿:没肉。
麻秸秆打狼:两头害怕。
张飞拿耗子:大眼瞪小眼。
铁公鸡:一毛不拔。
夜猫子进宅:没事儿不来。
一根线上拴俩蚂蚱:谁也跑不了。
土地爷掏耳朵:崴泥。
泥菩萨过河:自身难保。
姜太公钓鱼:愿者上钩。
小脚踢球:横滑搂。
叫花子唱歌:穷开心。
大萝卜上锅台:挨擦的货。
茅房的砖头:又臭又硬。
卖不了的秫秸:戳着。
张飞吃豆芽:小菜儿。
擀面杖吹火:一窍不通。
竹篮打水:一场空。
大姑娘坐轿子:头一回。
凉锅贴饼子:蔫溜了。
茶壶里煮饺子:肚子里有倒不出来。
砂锅砸蒜:一锤子买卖。
筛子盖锅:有气儿打眼儿出。
做梦娶媳妇:想得倒美。
竹板儿弓:一个劲儿。
坐轿子号丧:不识抬举。

锔锅的戴眼镜：找碴儿。
头上长疮，脚底板流脓：坏到底儿了。
武大郎卖豆腐：人怂货软拉拉汤。
马尾穿豆腐：没法儿提。
下雨泼街：假积极。
二亩地不打横头：豁着干。
木头眼镜：看不透。
脚上的泡：自己走的。
墙上挂门帘：没门儿。
小庙着火：慌神儿了。
出澡堂子进茶馆：里外一齐涮。
水地里刨茬子：连磕打带涮。
剃头挑子：一头热。
老太太卖瓜：自卖自夸。
半夜里下馆子：有嘛儿吃嘛儿。
木鱼改梆子：挨揍的木头。
天桥把式：光说不练。
出头的椽子：先烂。
铁路警察：各管一段儿。
大水冲了龙王庙：一家人不认识一家人。
脚底板抹油：溜了。
程咬金的斧子：两三下。
丈母娘疼姑爷：实顶实。
外甥打灯笼：照舅（旧）。
烙饼卷蚂蚱：夹（家）吃去。
隔门缝吹喇叭：鸣（名）声在外。
狗长犄角：羊（洋）相。
老虎驾辕：没人赶（敢）。
电线杆上掷鸡毛：好大掸（胆）子。
揪着胡子过河：牵须（谦虚）过渡（度）。
坟头上的狗：假獾（欢）。
嗑瓜子嗑出个臭虫：什么仁儿（人儿）都有。
挑水的回头：过井（景）儿了。
王八盖子量小米：不是升儿（声儿）。
后脑勺留胡子：随辫（便）儿。
猪鼻子插大葱：装象（相）。
怀里揣马勺：盛心（诚心）。
猪八戒摆手：不伺猴（候）儿。
纳鞋底子不用锥子：针（真）好。
门缝儿里瞧人：看扁了。
小葱拌豆腐：一青（清）二白。
二郎爷缝皮袄：神缭（聊）。
两牛耕地：不一鞅（样）。
庙台上长草：荒（慌）了神。
公鸡戴帽子：冠上加冠（官）。
冻豆腐：拌（办）不开了。
腊月里生日：冻（动）手冻（动）脚。
干打雷不下雨：有鸣（名）无实。
两鸭子加一鸭子：三鸭子（撒丫子）。
孔夫子搬家：净是书（输）。
飞机上吹喇叭：空响（想）。
针尖对麦芒：尖对尖（奸对奸）。

谚语

保健类

房宽地宽不如心宽。
笑口常开春常在。
笑一笑，十年少。
早吃好，午吃饱，晚吃少。
少吃一口，舒坦一宿。
人是铁，饭是钢。
不抽烟，少喝酒，病魔绕着走。
冬吃萝卜夏吃姜。
宁吃鲜桃一口，不吃烂桃一筐。
气大伤神，食大伤身。
鱼生火，肉生痰，萝卜白菜保平安。
春捂秋冻，不爱生病。
饭后百步走，能活九十九。
站如松，坐如钟，睡如弓，走如风。
多愁多病。
早睡早起身体好。
懒惰催人老，勤劳可延年。
活动好比灵丹妙药。
睡前洗洗脚，一夜睡得好。
饭前洗手，饭后漱口。

有钱难买老来瘦。

牙痛不算病,疼起来真要命。

男怕穿靴,女怕戴帽。

三分吃药,七分养。

有病乱投医,恨病吃药。

清瘟解毒小米粥,开胸顺气窝窝头。

伤筋动骨一百天。

偏方治大病。

气象类

天河两岔,家家穿褂,天河掉角,棉裤棉袄。

春打六九头,春分地气通。

一九、二九不出手,三九、四九冰上走,五九、六九抬头看柳,七九河开,八九雁来,九九加一九,耕牛遍地走。

二月二,龙抬头。

二、八月,地如筛。

燕来不过三月三,燕走不过九月九。

三月三,苣荬菜钻天。

二、八月乱穿衣。

清明过后,寒十天。

春雨贵如油。

立夏鹅毛不起。

大旱不过五月十三。

夏至三庚便暑伏。

云彩往西披蓑衣,云彩往北发大水,云彩往东刮大风,云彩往南漂大船。

先下牛毛没大雨,后下牛毛不晴天。

早看东南,晚看西北。

早霞不出门,晚霞行千里。

日落云来接,明天把工歇。

鱼尾巴翘,大雨要来到。

水缸穿裙,大雨淋淋。

有钱难买五月旱,六月连阴吃饱饭。

黑夜下雨白天晴,打下的粮食没地儿盛。

雹走一条线。

燕子低飞蛇过道,大雨要来到。

早霞雨,晚霞晴。

蚂蚁盘窝,雨要到。

火烧云,晒死人。

头伏雨,伏伏雨。

霜降棉袄,立冬棉裤。

一场秋雨一场凉。

秋分天气白云多,处处欢歌好晚禾。

八月十五云遮月,正月十五雪打灯。

早立秋,冷风飕飕,晚立秋,热死老牛。

过立秋,把扇丢。

七月七,王母娘识蓑衣。

风三风三,一刮三天儿。

半夜起风,刮到掌灯。

小雪封地,大雪封河。

风后暖,雪后寒。

腊七腊八,冻死寒鸦。

冷在三九,热在中伏。

狂风怕日落。

大雪兆丰年。

生产类

豌豆大麦不出九。

惊蛰一犁土。

谷雨前后,栽瓜种豆。

春争日,夏争时。

种地不使粪,一年瞎胡混。

有钱买种,没钱买苗。

人误地一时,地误人一年。

一年之计在于春。

好种出好苗,好葫芦开好瓢。

三分种,七分管。

早种三分收,晚种三分丢。

过了芒种,不可强种。

清明前后,栽花种柳。

旱耪田,涝浇园。

种地要耪,念书要讲。

六月六,看谷秀。

麦子剃了头，高粱没了牛。
豆打长秸，麦打齐。
头伏萝卜，二伏菜，三伏种荞麦。
白露早，寒露迟，秋分种麦正当时。
麦子不怕草，就怕坷垃咬。
一过立秋，寸草结籽。
立冬不砍菜，必定要受害。
头伏不亮甲，十年九不打。
桃三、杏四、梨五年，枣树当年就还钱。
靠山吃山，靠水吃水。
家有万贯，带毛的不算。
猪多肥多，肥多粮多。
大麦二秋，颗粒还家。
麦熟一晌，夏至起蒜。
鱼过千层网，网网都有鱼。
马不吃夜草不肥。
人勤地不懒。
霜降萝卜立冬菜。
发现虫害要治早，马虎一点不得了。

事理类

饱带干粮，晴带雨伞。
没有不透风的篱笆。
苍蝇不叮无缝蛋。
打人不打脸，骂人不揭短。
人嘴两扇皮，舌头不是东西。
请神容易送神难。
三个臭皮匠，顶个诸葛亮。
人无远虑，必有近忧。
家丑不可外扬。
前头有车，后头有辙。
远亲不如近邻，近邻不如对门。
一步一个脚印儿。
身正不怕影斜，脚正不怕鞋歪。
牛皮不是吹的，罗锅不是撅的。
千里送鹅毛，礼轻情意重。
不听老人言，吃亏在眼前。
耳听为虚，眼见为实。
若要人不知，除非己莫为。
难者不会，会者不难。
有理走遍天下，无理寸步难行。
不怕不识货，就怕货比货。
常将有日思无日，莫到无时思有时。
世上无难事，只怕有心人。
知足者常乐，能忍者自安。
交人要交心，浇树要浇根。
初生牛犊不怕虎。
打铁先得自身硬。
上梁不正下梁歪。
不经一事，不长一智。
自己动手，丰衣足食。
人往高处走，水往低处流。
好汉不吃眼前亏。
人过留名，雁过留声。
前人栽树，后人乘凉。
只要功夫深，铁杵磨成针。
一寸光阴一寸金，寸金难买寸光阴。
远水解不了近渴。
家有千口，主事一人。
巧媳妇难为无米之炊。
常赶集没有碰不见亲家的。
儿不嫌母丑，狗不嫌家贫。
有钱不盖东西房，冬不暖，夏不凉。
儿行千里母担忧。
一口吃不成个胖子。
拿人家手短，吃人家嘴短。
心急吃不了热豆腐。
砍的没有旋的圆。
磨刀不误砍柴工。
省了盐，酸了酱。
十层单不如一层棉。
争着不够，让着有余。
能人背后有能人。
火要虚，人要实。
冰冻三尺，非一日之寒。
讲借讲还，再借不难。

聪明一世，糊涂一时。
三十六计，走为上计。
好脑子不如赖笔头。
不怕一万，就怕万一。
吃一堑，长一智。
满堂儿女，不如半路夫妻。
人逢喜事精神爽。
路遥知马力，日久见人心。
真金不怕火炼。
当面教子，背后劝妻。
人要脸，树要皮。
好花还要绿叶来扶。
干部干部，先干一步。
大河没水小河干，大河有水小河满。
不打不成交。
背着抱着一边沉。
窗户纸一捅就破。
包子有肉不在褶上。
不怕慢就怕站。
比上不足比下有余。
众人拾柴火焰高。
严师出高徒。
一个巴掌拍不响。
会说的不如会听的。
买的没有卖的精。
一步赶不上，步步赶不上。
听人劝，吃饱饭。
有志者，事竟成。
听话听声，锣鼓听音儿。
新三年，旧三年，缝缝补补又三年。
八仙过海，各显神通。
吃不穷，穿不穷，算计不到一世穷。
吃不了，兜着走。
碗大，勺子有准。
向理莫向人。
水大漫不过桥。
江山易改，禀性难移。
手大捂不过天。
饿了吃糠甜如蜜，饱了吃蜜也不甜。
有理不在声高。
正人先正己。
千里有缘来相会。
民不举，官不究。
纸里包不住火。
背靠大树好乘凉。
姜是老的辣。
家家有本难念的经。
酒逢知己千杯少，话不投机半句多。
若要人敬己，必先己敬人。
留得青山在，不怕没柴烧。
浪子回头金不换。
人挪活，树挪死。
喝酒喝厚了，要钱要薄了。
没有规矩不能成方圆。
勤来勤去搬倒山。
一瓶子不满，半瓶子晃荡。
不入虎穴，焉得虎子。
一朝被蛇咬，十年怕井绳。
良药苦口利于病，忠言逆耳利于行。
强将手下无弱兵。
智者千虑，必有一失。
骑驴的不知赶脚的苦，饱汉不知饿汉饥。
不见兔子不撒鹰。
窍门遍地跑，看你找不找。
没有过不去的河。
看菜吃饭，量体裁衣。
不吃苦中苦，难得甜上甜。
打破砂锅问到底儿。
学好数理化，走遍天下都不怕。
当事者迷，旁观者清。
放着河水不洗船。
三百六十行，行行出状元。
一个姑爷半个儿。
一家有事，四邻不安。
男大当婚，女大当嫁。

不当家不知柴米贵。

人不可貌相,海水不可斗量。

回族方言土语

回族是使用汉语的少数民族。但在回族群众中流行使用的汉语有其民族特点。它仍保存了若干阿拉伯或波斯语的词汇,即所谓借词或移词。这种语言习惯,来源于回族对于先民所使用的阿拉伯、波斯母语的保留。凡是专门用于回族内部语言的交流,都为回族群众普遍认可,形成一些回族约定俗成的有特殊附加意义和使用习惯的词汇都属于回族语言中的汉语移词、汉语借词。这些从汉语中移来的词,汉族人已不用,只为回族人所专用。

图 8－19　清真寺内牌匾与砖雕

回族方言土语例举(常营地区回族的部分常用词语)

垛思提:朋友,弟兄,同教人。

赛俩目(阿拉伯语):问好,和平,安宁。

依玛尼(阿拉伯语):信仰。

安拉、安拉胡(阿拉伯语):真主。

天堂(经常语):乐园。

垛子海(波斯语):地狱。

趸业(阿拉伯语):世界,今世。

阿黑赖提(阿拉伯语):来世、后世。

鲁哈儿(阿拉伯语):精神、灵魂。

古纳海儿(波斯语):罪过。

回赐、沾回赐(经常语):回报。

哈儿俩里(阿拉伯语):教法许可的。亦称妻子。

哈儿拉目(阿拉伯语):教法禁止的。

买克鲁海(阿拉伯语):可憎的,惹人厌恶的。

依不哩思(阿拉伯语):魔鬼。

堵士曼(波斯语):仇敌。

哈吉(阿拉伯语):去过麦加朝觐者。

阿訇(波斯语):教长。

依玛目(阿拉伯语):教长。

海里凡(阿拉伯语):在清真寺接受经堂教育的学员。

阿卜代斯(波斯语):小净。

乌斯里(阿拉伯语):大净。亦称冲头,即沐浴。

乃玛子(波斯语):礼拜。亦称“礼时候”。

榜搭（波斯语）：晨礼。早晨拂晓第一次礼拜。

撇失尼（波斯语）：午礼。午后 1—3 小时，第二次礼拜。

底盖雷（波斯语）：下午 4 时至日落前第三次礼拜。

沙目（波斯语）：日落后至太阳白光消失第四次礼拜。

给亚麦泰（阿拉伯语）：复活时之时，指后世。

虎夫滩（阿拉伯语）：入夜至拂晓前，第五次礼拜。

主麻（阿拉伯语）：每周五中午后聚礼。

尔德（阿拉伯语）：亦称节日，每年开斋节，古尔邦节举行会礼。

乜贴（波斯语）：心意、立意、施舍的钱、物。

百乐凯提（阿拉伯语）：吉祥、吉庆。

穆巴拉克（阿拉伯语）：大喜。

猫台（阿拉伯语）：死了。

埋体（阿拉伯语）：尸体。

无常、归真（阿拉伯语）：死了。

凯帆（阿拉伯语）：包尸体的白布。

者那则（阿拉伯语）：为亡人举行的殡礼。

阿儿格里：智慧。

筛海：德高望重的长者。

巴巴：长辈、爷爷。

伊斯兰：顺从、和平。

法移台：容光焕发。

穆斯林：意为服从。指遵行伊斯兰教法，信仰安拉的人。

撂栽：吃的东西。

赛娃卜：回赐，谢谢。

塞拜卜：机会、机遇。

乃逐卜：运气。

尼卡亥（阿拉伯语）：婚配。

鼠迷：倒霉、不景气。

阿儿林：意为学者。

尔砸布：惩罚。

写伊扎布时女子念达旦：愿意嫁。男方念盖毕乐图：愿意娶。

瘪玛儿（波斯语）：疾病。

杜阿宜（阿拉伯语）：）祈祷。

肉孜（阿拉伯语）：斋戒。

讨白（阿拉伯语）：忏悔。

耶梯目（阿拉伯语）：孤儿。

卡非勒（阿拉伯语）：异教徒。

海提叶（阿拉伯语）：乜贴酬金。

伊扎布（阿拉伯语）：婚约。回族的结婚证书。

舍悯德（阿拉伯语）：捍卫伊斯兰教，出生入死、不怕牺牲的精神。

百俩（阿拉伯语）：灾难，祸殃。

古纳亥（波斯语）：罪恶，罪过，罪孽。

清真：指伊斯兰教信仰对象真主安拉。真乃独一，清净无染。

慈悯：厚爱。

口唤：同意、允许、答应、谅解。

搭拯：冲洗亡人，穿上凯帆。

水溜子：回族洗亡人的洗尸床。

汤瓶：回族洗小净专用盛水的工具。

吊罐：回族洗大净盛水工具。

报应：含惩罚、惩办之意。

黑牲口：对猪的别称。

卧尔兹（阿拉伯语）：劝诫的语言。

海迪叶儿：礼物，指给阿訇包的乜贴。

瓦直布：当然。

逊乃台：统称圣行。

太图味：副功。

邦克：召唤，提醒即换礼五时拜。

清真言：赞主、赞圣的语言。

太思迷：从主的尊名起。

阿迷乃：愿真主准我所求。

卷九 丛 谈

一 常营旧事

常营有“三宝”

过去的常营村穷出了名，长期以来，流传着这样一句顺口溜：“常营有‘三宝’，推干葱，卖干草，拉洋车的也不少，没有能耐的去赶脚”。真实地反映了新中国成立前常营村广大贫下中农的生活状态。

新中国成立前，常营村有8000多亩土地。而这些土地大多被广善村和常营村20多户地主富农所占有，另外清真寺也占有400多亩。村里大多数农户没有土地，或者很少土地。这些无地或少地的穷苦农民，为了生活下去，除了扛活打短工或租佃地主、富农土地之外，便只有推小车子，挑八根绳，做点小买卖，或者去拉洋车出苦力，给有钱的主赶车拉脚，捅驴屁股，挣几个钱来养家糊口。常营村里上年纪的贫下中农大多推过小车子，挑过八根绳。“七七”事变前后，常营村总共600多户人家，小推车就有500多辆，因此常营村的小推车，出村就是一大溜。白天夜晚，几百辆车子进进出出，嘈杂一片。那些做小买卖的，起五更，睡半夜，披星戴月，故人们常说：“常营人离开起五更，就得崴泥。”

好多人家祖孙三代都挑八根绳、推小车子。贫农毛玉亮哥儿俩起小就挑八根绳，他父亲毛殿臣挑了一辈子八根绳，光扁担就压折了好几根，眼睛累瞎了。贫农张元清，到“四清”运动时还留着一根祖传了三辈子的扁担。许多人十二三岁就干这些营生。贫农马长青，13岁推小车子，有一回推着几百公斤白菜下坡，因为年少体弱，肚子又饿，推到半坡就撑不住了，沉重的车子从他的右腿上碾了过去，一辈子腿上都留下伤痕。日伪时期，村里有个叫尹长贵的，双目失明，也出去推车子，他在后面推，儿子在前面拉，受的那份苦没法说。由于天天弓着腰推车子，饥饿劳碌，风吹寒袭，有的人30多岁就成驼背。

新中国成立前推的都是木头轱辘的小独轮车，俗名“撞山倒”，推起来老远就听到吱吱呀呀的声响，着实费劲。从今通州区到市区的公路是石子铺的。推小车子不准走石子路，只能走路边的土道，连走土道也得上捐，大黄庄就有一道关卡，不交两个子儿就过不去，到了朝阳门还得交一个大子儿的门捐，不交就进不了城。推小车做小买卖，蝇头微利，挣不着就得饿肚皮，哪里能经得起如此的盘剥呢？

说到拉洋车，村里有100多人干过这个活。农民尹玉祥兄弟5人解放前都拉洋车。贫农温长和，8岁开始就跟着父亲去拉洋车。他父亲在前面拉，他在后面推，寒冬腊月，下身只穿一件单裤子，双脚都磨起水泡。拉洋车都是要去京城万蕴府车场租车，租一辆，一天要交车场老板40个铜子儿,不论挣到多少,一个也不能少。拉洋车的钱可不好挣,坐车的净是有钱的主儿,有的老爷、太太坐在车上,叫上哪儿拉就拉到哪儿,下车爱给几个就是几个。有的一个子儿也不给,也不敢向他们要。更糟糕的是遇上兵痞,坐车从不给钱,若不肯拉,不是骂就是打:“妈得巴子,不拉老子毙了你!”贫农杨玉珍,在京城拉车。有一回在四牌楼碰上一个奉军军官,说要找大号买卖,杨玉珍只好将他拉到前门,此人下车后不但不给钱,还打了他两个大耳光,踹了他一脚,杨玉珍的苦水只能向肚里咽。

富人与穷人

俗话说“扛活不用本,越扛越加紧”。穷人给地主富农扛长活,从农历二月初二上工,一直干到冬至 ,辛辛苦苦干一年,只能得到六七石棒子的工钱。即便如此,地富们还要玩花招克扣,他们看到粮贵钱毛时就发钱,看到粮贱时就给粮。常营村贫农王世山在地主马珍家扛活一年,下工时给的钱还不够买一石棒子的。

地主富农们对长工干活的时间抠得非常紧。每天天不亮就得下地,晚上八九点钟才许收工。春秋大忙季节干活的时间还要长。在常营马珍家干活的杨全禄,有一次因为嘴上生疮,好几天吃不下饭,没有力气干活,想请假休息一天,马珍不答应,并大叫大嚷:“你死也得死在大巴巴地里!”长工马连生的媳妇和两个孩子都害了热病,他要求回家看病人。马珍不准,说什么:“你回去要是也传染上这种病,那谁来给我干活呀。”晚上狠心的地主把马连生锁在屋里,不准出去。他只好利用吃饭时,偷偷跑回去看看。常营村贫农海洪瑞、温长和在富农安永亮家当磨工,一人管三盘磨,天天夜里12时起来蹬箩磨面,中午打歇一个钟头,还要喂牲口,晒麦子。安永亮怕他俩人到时候不醒,特地在他俩人睡的炕头上安了一个铃铛,用铁丝拉到自己房内,半夜三更就拉动铁丝摇响铃,催促他俩起来干活。海、温二人干了三四年就累得弯腰驼背气喘。

长工们起早贪黑的干活,有时还要挨打受气。地主马珍常到地里去监工,没茬也要找三分。有一回,长工马德路在地里掰棒子,马珍嫌他掰慢了,马德路就快点掰,但马珍又嫌他掰快了,没掰干净。晚上收工回来,连饭也不让马德路吃,还把马德路骂了一顿。马德路只好忍气吞声饿着肚熬了一夜。温长和在马珍家当磨工时,经常挨打挨骂。马珍说他少了二毛钱,硬说是温长和偷的,温长和起身说没拿,马珍顺手就是两嘴巴子,打得温长和满嘴流血。

常营村有20多户地富,每年要雇二三百个短工。打短工,一天三四毛钱,活茬一点也不少干。贫农户尹全元的父亲被马珍雇去拔麦子,因为年岁大,饭又吃不饱,拔得慢了点,马珍见了,气势汹汹地走到他的眼前骂道:“你到大巴巴这泡来了!”上去就两巴掌。有一回,张庆生、戴永宽等十几个人,在前街小木桥前集合,商量外出打短工的事。因马珍给钱少,大伙不准备给他拔麦子。马珍知道后,提起大枪,跑到前街,找到张庆生等人,用枪威逼他们:“跟我走,你们敢不给大巴巴去拔?”张庆生等只好去给马珍拔了几天,拔完了还不算完,马珍又唆使马青,把张庆生捆到保公所,打了一顿。长工、短工且如此,小半伙(童工)也就更惨了。

五里桥村张少安家,有地30余亩,他一面种地,一面经商,同时巴结串通官府,一步一步向上爬,一跃而成为北京四大“恒利”的经理。连皇家的钱都要存入四大“恒利”里面。

后来发生兵变，一场大火，钱庄被焚。实际上金银财宝早就收藏好了，事隔不久，张少安就开起了金店，成为北京最大富翁之一。清光绪年间(1875—1908 年)张家有土地 37 顷，房屋 260 多间，仅在五里桥就有土地 10 多顷，砖瓦房 80 多间，张家的四进院子就占了五里桥两条街，院子周围有两道围墙，院内有荷花塘、花园、场院、菜园等。还养着 18 条看家狗。张家当时的通州开两个粮店，控制着通州居民的用粮。在当时的顺天府也开了个粮店，粮店雇佣工达 100 多人。另雇用账房先生、教书先生、奶妈丫鬟达数十人。张家土地除一部分出租外，主要靠雇长工、短工耕种，直到抗日战争爆发，张家全都搬进通州城，这才土地全部出租，收取地租，每亩地 6 大斗。

五里桥贫农王德瑞老汉，新中国成立前种了地主张番甫家 21 亩地，每年每亩交 6 斗租子，有一年秋天，他先向东家交了 3 口袋黑豆，接着又交了几石粮食，尚欠 3 石玉米。王德瑞对张家的管家吴山贵说："还欠 3 石棒子交不了，你知道今年旱灾，实在交不上，到明年麦收一定交！"吴说："不行，你得想尽一切办法交上 4 石棒子！""明明是 3 石，怎么变成 4 石?"王德瑞老汉赶忙辩白。吴说："不要废话，第一次少了两袋黑豆，加上这次的还欠 4 石！"王老汉气得直发抖。不几天，吴山贵又登门催租，王德瑞哪里交得出来。吴山贵说："我给你想个办法，让你的大儿子王贵芳给张大人扛活作抵押，你看怎么样?"王老汉一听站了起来，头上直冒火，黄豆大的汗珠子往下滚，狠狠地说了声："你们真狠心呵！"吴山贵见王老汉火了，一边往外走，一边威胁说："你可别后悔呀！"

冬去春来，王老汉带着自己的孩子，向租种的地里送肥，希望当年有个好收成，能把欠的租子还上。孰知吴山贵突然气冲冲地跑到他家，冲着王老汉说："我告诉你，你种的 21 亩地，老爷从今天起收回了！""什么? 老爷收地?"王老汉只觉得眼睛一黑，昏倒在地。从此一气成病，在炕上躺了两个多月，最后含恨而逝。旧社会的地租犹如插在农民身上的一把尖刀，也不知夺去了多少像王老汉一样贫苦农民的生命！

五里桥的王家，论财富仅次于张家。王均的爷爷王恒，种地 30 亩，雇长工 1 人，外开了一个姜店。到了他的父亲王振生，有地 50 多亩，3 头大牲口，靠雇短工耕种，日子逐渐富裕。王均的弟弟从小到北京学徒，专门经营古玩，耳濡目染，王均对古玩也略懂一二，有一次于家坟看坟地的于海，盗了侯王爷的墓，得到许多珍珠玛瑙，但他自己不识货，就托王均处理，而王均得了这些宝贝后对于海说："这是假的，值不了几个钱！"结果只用了很少的钱打发了于海。王均得了这些不义之财后，就开始陆续买地盖房，到了抗战前夕变成了大地主。有土地 856 亩，仅在五里桥村就有 361 亩，抗战时期，他把全部土地交富农于万成出租，每亩地收租多达 7 大斗。他本人搬到通州城内住，他家有房屋 37 间，仅在后店就有 27 间，他的房子外面筑起三道围墙。王均还购置大枪八九支，在他离开五里桥时，便把部分枪支的子弹交给于万成。新中国成立后有人从石家坟井里捞出一支枪来。"四清"运动中，又从于万成的儿子于全住的院子里一棵大槐树下挖出子弹 3700 发。

五里桥贫农范文英，曾租种地主王均家 6 亩地，辛辛苦苦劳作一年，秋收后把打下的粮食晒呀、扬呀，弄得干干净净去东家交租。可是王均一看说："不行，太湿了！"并狠狠地说："地是我家的，不是给你白种的！"范文英忍气吞声，只好又把粮食拉回再晒，好不容易才交上了租，可交完了租子，范文英也就没有吃的了，只得吃糠咽菜。贫农李长有老汉，老家河东耿庄，家中地无一块，房无一间，一家四口人，全靠他扛活维持生活。民国 26 年(1937 年)，“小雪”下工后，他听姑母王李氏说：“后店地主王均要到通州去，召人种地。”李长有便去租了 30 多亩地，一家人搬进王家的长工房内住下。李长有心想：这下可好了，不再扛活了，只要种好地，交完租，就可以维持生活了。谁知道连续两年发大水，收不到粮食，又接着种了两年，却欠下租子 8 石。王均的管家于万成上门催了四五次，也没有收到。有一天，于万成突然来说：“地不给你种了！”李长有说：“好，我还去扛长活，反正我交不起粮。”于万成不但把地收回，还逼着他搬家。就这样李长有带着大儿子去河东地主家扛活，家里留下了妻子和两个小儿子。他妻子李郭氏打草编席，并经常带着孩子到常营、高安屯等地讨饭。民国 32 年(1943 年)8 月，李长有小儿子在地里捡红薯着凉病倒了，因无钱医治，拖到 9 月活活地病死了。李郭氏哭得死去活来，眼睛也哭瞎了。直到新中国成立后，一提起此事，她浑身直发抖。

五里桥李家并没有多少土地和房产，可是李洪生的罪恶活动却远远超过张、王两家。当地群众叫李洪生“大李三”“北霸天”。“九一八”事变前他在高安屯村地主绳连相家当管家，绳连相是个恶霸地主，人称“阎王爷”。李洪生仗势欺人，敲诈勒索。民国 22 年(1933 年)，李洪生当上了高安屯的保长，青苗会会头，勾结土匪和日本特务高桥，无恶不作。他见何家坟杨德明的妻子长得漂亮，居然明目张胆地去霸占。杨德明一直告到河北省通县官府，一连打了 3 年的官司，因为李洪生有势有钱，告不倒他，结果官司未打赢，却把家中仅有的 20 亩地，1 头驴 1 辆车全都赔了进去。弄得负债累累，饥寒交迫。可李洪生并不就此罢休。为了消除“后患”，他竟指使狗腿子把杨德明一顿毒打，然后再把他捆绑起来，扔进一个苇塘里，幸好天亮被人发现，救起了奄奄一息的杨德明。从此他疯疯癫癫，过着悲惨的生活，没过几年他含恨而死，留下一个不懂事的儿子和一个半死不活的老妈妈。旧社会只是地主恶霸的天堂，哪有穷人的活路，如此遭遇又岂止杨德明一家?!

李洪生为了霸占五里桥村于振的家产，竟然指使“小陈偷”指证于振私通八路军。结果，于振被捉，上老虎凳、灌凉水、被打得死去活来。等家人把他弄回来，只剩下一口气，躺在炕上 3 个月，有 3 年不能下地干活。临死前，要他儿子为他报仇。民国 28 年(1939 年)，李洪生又利用欺骗手段，说给樊景绪夫妇“放债”。不仅骗去樊分家时所得的 200 多块大洋和 10 石棒子以及房契、地契，弄得樊景绪夫妇有苦说不出，有冤无处申。更为卑鄙的是，民国 32 年(1943 年)春天，樊景绪岳父骑着小毛驴来五里桥看女儿。不巧，当天夜里，小毛驴丢失了。原来，李洪生在野外发现小毛驴，不管三七二十一将毛驴拉到自己磨坊干活。樊景绪一家急得要命，到处打听。樊找到李洪生说：“请三叔帮忙找。”李洪生说：“你要早和我说何必着那么大急呢？我给你找到了，你给多少钱?”樊说：“这个您放心！”李说：“那不行，一言为定，你给我 7 块现洋喝酒，我马上给你去拉驴。”樊万般无奈，只好给李洪生送上 7 块大洋，把驴拉回家。樊景绪的岳父气愤地说：“你们这个地方真是雁过拔毛啊！”

国耻难忘

民国 27 年(1938 年)河北通县沦陷后，日本侵略军驻在县城，常到农村抓人当劳工，有的被抓到东北下煤矿，有的被抓到热河、古北口等地修铁路。常营村民平均每年服役一个月以上。民国28年(1939年)冬,常营的劳工被派到石闸修铁路。民国30年(1941年)春被派到双桥车站修机窝,自带吃食,动辄挨打挨骂,受尽欺凌。有一次,五里桥村劳力全部被抓到河北省顺义县(今北京市顺义区)尹各庄南修围墙工事,日伪军背着枪,手提皮鞭,来回监工。谁要是稍微怠慢,皮鞭就抽到身上,每天罚跪挨打的,不计其数。常营村姚广元的父亲姚长友,蔡仲明的父亲蔡景泉等被日本侵略军抓去做劳工就死在外面。日本人还用"招工"的名义把人骗去日本做苦工,常营村贫农李志芳被骗到日本,最后讨饭回国,总算捡回一条命。五里桥村贫农张文山在通州(今北京市通州区)卢庄扛活,东家的骡子丢了,诬赖是张文山偷了,便把他赶走。他刚回到五里桥正碰上日本侵略军抓劳工,他被押到河南省张府为日本军修铁路,和他一起抓走的还有郭明的叔叔郭荣录,公主坟一个姓张的,后来郭、张二人被日本兵活埋了。张文山在那里干了将近一个月,好不容易才逃了回来。因为过度劳累,回家后得了"血汗病",鼻孔、嘴里都冒血,躺在炕上整整3个多月,差点没有死去。

日伪时期,日本侵略军在常营—五里桥一带实行四次强化治安:第一次实行了保、甲制;第二次颁发《良民证》;第三次油、盐、酱、醋、布匹、洋火、煤油、粮食等列入限购商品;第四次吃混合面。在实行到第三次已使人受不了,到吃混合面时,人们简直是坐着等死。日本人在通县(今北京市通州区)沦陷区向老百姓收缴苛捐杂税,不仅有人头税、房税、地税,还有马草马料税、狗头税。每年日本侵略军下乡村里征一次铜,按田亩摊派,每亩地二三两,连箱子、柜子、门上的铜都被敲走了,交不出的都要想办法买铜交。日本翻译侯春山,常到五里桥村来,要这要那,每次都要给他钱,不给就打人骂人。若平时拉洋车的遇上日本人算是倒了血霉,常营杨玉珍有次拉车在京城南池冰窖胡同碰上了一个日本人,此人老远就朝杨玉珍叫喊:"洋脚,枯拉! 八格牙鲁的走!"他边喊边上了杨玉珍的车,杨玉珍一口气把他拉到灯市口,这个日本人只给了5分钱,杨玉珍嫌太少,争执起来。日本人大吼一声:"八格!"举起拐杖就打,杨玉珍躲闪不及,正打在鼻梁上,顿时鲜血直淌,鼻头骨也打折了。但是,这个日本人还不住手,杨玉珍急了,一把夺过拐杖,谁知日本人顺势抽出来一把明晃晃的长刀,杨玉珍见势不妙,撒腿就跑。日本人的拐杖,实际就是杀人武器。

常营村民温洁琴,遭遇更凄惨,有一回她背着11个月大的小女孩,提上一点盐,准备去张家口出售。夜里动身,跑了几十里地赶到前门车站,把孩子放在站台上等车,谁知走过来一个日本兵,硬说孩子放的不是地方,说着两巴掌打得温洁琴口吐鲜血,日本兵又是一飞脚,把孩子踢下站台,孩子"哇"的一声哭了起来,温洁琴赶忙去抢孩子,这时来了个汉奸伪兵,拦住她拳打脚踢。路人纷纷上来阻止,这个伪兵才住了手。她赶忙抢起孩子带上盐袋,挤上了火车,结果又被当头打了一闷棍,她顿时昏了过去,等她苏醒过来,女儿躺在她身边,盐袋已被没收了。此时,在张家口的穷哥儿们闻讯赶来,大伙儿凑几个钱,买了一张火车票,把她娘儿俩送回常营。

抗战期间,日本侵略军在常营一带的罪行,罄竹难书。

日伪时期的一桩命案

民国《通县志·大事记》记载:民国28年(1939年),"日本人进入公主坟村地界"。日本人到公主坟去干什么?没有下文。此次编修常营乡志,带着这个问题走访了公主坟村民张兆祥(2017年97岁)、葛琦(2017年93岁)等人,得知日伪时期(1939年)在高安屯、五里桥、公主坟曾发生了一起事涉及3条人命的血案,日本侵略军就是因为此案而进入公主坟地界的。

通县的“肉饼张”,远近闻名,原是通县开饭铺的大户,家中不仅占有大量土地,并且贩卖黄金。“肉饼张”的孙子名张英,抗战时期投靠了日本人,当上了日伪特务。有一日,他与另外一名特务(姓名不详)到高安屯联保所摊派公款(实为公开敲诈),约定3日后的晚上来取钱。是日下午,张英与同伙二人先到五里桥日伪人员李某家吃饭,途中巧遇五里桥村人绰号刘大麻子,他背着一支十分惹眼的火枪,张英见这杆火枪不错,就强行从刘大麻子手中夺了过去。刘大麻子惧怕张英的后台,不敢得罪。此时,他打听到公主坟的蔡二从小在“肉饼张”家里扛活,认识张英,于是他求蔡二说情,把火枪要回来。蔡二受人之托,便跑到五里桥与张英见面,对张英说:刘某人不错,只是喜欢玩枪。现在这支枪是他从别人手里借来的,还给他吧!明天叫刘某在通县城里找个好饭店请二位吃饭。张英给了蔡二面子,彼时便把火枪还给了刘大麻子。

是日晚上,张英等人要到高安屯联保所取钱的消息,被当地江湖人士王老儿知道了,王老儿绰号“王末指”,此人右手小指短了一截。他是通县当地人,经常在通县城北独自活动,干过“打家劫舍”的勾当,但从不欺压穷苦老百姓,尤其愤恨为非作歹之徒。这次,他决心干掉张英,为民除害。当夜,月黑风高,张英二人半醒半醉,在赶往高安屯村途中王末指乘其不备,击杀二人,并连夜将其埋葬,行动极其迅速、神秘。

第二天,蔡二到张英家去找他到饭庄吃饭,张英的家人说:张英昨天没有回来。几天以后,张英家人发现张英被杀,立即把此事告到通县中仓日本宪兵队,并说事件的第二天蔡二到家里找过张英。日本宪兵队立即派兵到公主坟村抓蔡二。蔡家住在公主坟村东头,蔡二见日本兵气势汹汹奔他家来了,见势不妙,赶忙从玉米地里逃跑了。蔡二的兄弟蔡佬,是北平火柴厂的工人,这天正在家中休假,结果被日本兵抓走了,押到日本宪兵队,被日本狼狗咬死了,惨不忍睹,最后连尸体也没有弄回来。这是日伪时期发生在今常营乡内的一桩人命大案,其中就包含着日本人进入公主坟村界欠下的一笔血债。

回民武工队夜袭保公所

日本人投降走了,国民党回来了,那些乡保甲长、地主富农,依然蛮横无理,欺压百姓,无人不痛恨万分。然而,众人却敢怒而不敢言。民国36年(1947年)秋天,长工安永珍因不甘受地主老财马青的欺凌,乘夜逃到了枯柳树参加了回民武工队。回民武工队是中共领导下的一支回民子弟兵,安永珍参加武工队后,经常潜回常营来做地下工作。他了解到常营保公所有两处,明的不存放武器和机密,暗的藏有枪支和文件。民国37年(1948年)2月间,回民武工队决定攻打常营保公所,他们利用除夕之夜,由安永珍带了十几个武工队员进了村。当时公开的保公所设在南庙,秘密保公所设在胡家板桥高顺家里。回民武工队动作敏捷,首先来到胡家板桥,收拾了秘密保公所,缴获了7支大枪,俘虏了保丁崔继先、白老定、钟殿元及副保长毛文彬家的3个人。出了秘密保公所,正碰上保长蔡仲德。回民武工队问:“是谁?”“蔡保长!”回民武工队喊:“缴枪不杀!”蔡仲德正想持枪反抗,被武工队一梭子弹结果了他的性命。与此同时,另外几个武工队员来到联保主任马青家,因马青去南庙未归，于是捉住他的老婆，让她带路找马青。然而这个女人竭力顽抗，被击毙。马青听到枪声，知事不妙，当夜逃去北平。战斗结束后，回民武工队又用毛家的3个人质换了4支枪，加上保公所7支，共缴获枪支11支。次日清晨，蔡仲德被回民队打死的消息传出之后，全村老百姓拍手称快，祝贺回民武工队为常营人民除了一害。此后，常营村又有一些人陆续参加了回民武工队。

国民党38团始末

回民武工队夜袭常营保公所，沉重地打击了常营地区的反动势力。国民党反动派不甘心失败，于民国37年(1948年)3月，又特地从通县派郑连成来收拾残局。郑连成走马上任，先撤了杜国瑞的大乡乡长职务，在常营重新建立5个保。4月，由管××、张××等人出面正式成立回民防共自治委员会常营分会(总会设在北京东四北石景花园和管胡同6号，会长吴贯一)。常营村大掌教管朝文和反动阿訇丁瑞峰等人，披着宗教外衣，大肆向常营回族群众宣传："共产党要消灭宗教，到处乱拆清真寺，屠杀回民！"说什么要保护伊玛尼(对主的信仰)，就必须组织起来剿匪灭共。其他成员也利用群众怕当兵、怕给粮的心理，大叫大嚷什么："参加自卫队是为国保家乡，不出常营村，参加了回民防共自卫队就可以不当兵，不交粮。"并威胁回民说："回民如果不参加防共自卫队就贴对子，汉民不参加就要赶出常营村。"在这伙人威胁、欺骗下，村里有300多名回汉族青年加入了防共自卫队。5月1日，防共自卫队又改为回民防共第五团，并在清真寺举行了成立大会，吴贯一亲自出马，发表反动演说，所谓"维护宗教"的假面具拿了下来，露出了反共反人民的真相。7月，防共第6团又正式编入国民党河北省保安司令部第3旅第38团，并赴前线，直接同人民解放军作战，为此常营村300多名回汉青壮年被出卖充当了国民党反动派的炮灰。而吴贯一等反动家伙却从中获利，发了横财。据新中国成立后吴贯一被捕后供认，每拉进一个常营村人当兵，就可以得到4亿元法币的奖金。

38团正式组成后，白桥一战，被人民解放军打得落花流水，这一伙乌合之众死的死，伤的伤，跑的跑，有些人乘机逃回常营村。剩下少数残兵败将，编入国民党第4军，开赴张家口。不久，张家口解放，第四军亦被全歼。至此，38团也就彻底瓦解。此事给常营村留下了深刻的血的反面教训：任何时候都不可听信谣言，任何时候都要维护民族团结，任何时候都要拥护中国共产党。

二　新中国成立后社会生活片段

土地改革运动

1948年农历十一月二十四日，中国人民解放军某部进驻常营村。解放军是夜里进村的，因为老乡们都入睡了，他们在外面露宿了一夜。第二天清晨，常营村回汉老百姓开门出来，见到解放军既惊讶又高兴，纷纷请解放军到自己家里坐坐，喝杯茶，吃几个蒸窝头。

与此同时解放军一四三四炮兵营500余人进了五里桥村。因为解放军事前送来信，那天下午，五里桥村的许多群众跑到东大庙前，欢迎解放军的到来。十里堡村、公主坟村亦同时解放。1949年冬天，根据《共同纲领》“关于有步骤地将封建半封建的土地所有制转变为农民土地所有制”的规定，中共顺义县委分别向常营、公主坟、十里堡、五里桥4村及全县各个乡镇和村庄派出了土改工作队，开展了轰轰烈烈的土改运动。

这次土改运动的总路线和总政策是依靠贫农、雇农，团结中农，有步骤、有分别地消灭封建剥削制度，发展农业生产。运动的基本内容是：第一，没收豪绅、地主、祠堂、庙宇、会社、富农的田地、山林、池塘、房屋，分配给无地、少地的农民及其他需要的农民使用；第二，平均地权，以村为单位，男女老幼平均分配，并实行抽多补少、抽肥补瘦的土地分配措施；第三，废除农民欠地主豪绅的债务，烧毁被没收土地的一切契据；第四，实行农民个体土地所有制；第五，酌量分田给豪绅地主、富农，以维持其生活。总之，消灭封建地主剥削的土地所有制，实现耕者有其田。

常营村土改　工作队进村后，经过一个多月的工作，正式成立了常营村土改委员会，选出主任安希尧，副主任陈少奎、马守仁和17名委员。全村又由回民推举了若干农民代表，参加土改工作。村里设置岗哨，由土改委员会成员和农民代表轮流站岗放哨，防止阶级敌人破坏。

在斗倒地主之后，根据中共中央《关于划分农村阶级成分的决定》划阶级成分，具体步骤是自报公议、“三榜”定案。通过清查土地，发动扛活打短的贫雇农算剥削账，最后全村划出了3户地主、24户富农。名单公布后，被划成地主的杨德亮的儿子杨永贵不服，跑到土改办乱嚷嚷：“我家怎么是地主？我家不够地主条件！”在场的贫雇农当面给他算剥削账，算得他张口结舌，无言以对，不得不承认地主成分。富农吴永江等也跑来吵吵，都被土改委员们顶回去了。但事后发现，个别地富事先通过请客、送礼、送钱拉拢腐蚀村土改干部，也有漏划剥削阶级成分的。

当时平分土地的原则：“中间不动，两头平。”即贫雇农民每人平均1.6亩，地主户平均每人1.6亩，富农和中农户每人平均2.2亩。全村共分地主、富农土地3000多亩，房子52间，有600多户分得土地，30多户分到了房子。宣布那天，村土改委员会办公室门口挤满了人，老人们热泪盈眶，青年人欢天喜地。在土改工作队和土改委员会带领下，全村老老少少扛着铁锹，拿着牌号，成群结队地涌向田间丈量土地。老长工毛德贵站到自己分到的田地头上，激动地喊道：“穷人翻身了！”张文生老大爷见人就说：“这是共产党带来的。毛主席不来，咱穷人哪会有地啊！”

常营村土改运动，轰轰烈烈开展了半年左右，到1950年三四月份，在完成土地、财产平均分配后而宣告结束。随着土地改革的完成，常营村彻底打倒了地主阶级，消灭了封建土地剥削制度，使回汉劳动农民翻身做了主人。土改之后，常营村建立了村政府，村长安希尧，副村长陈少奎、马守仁。

十里堡村土改　1949年秋，土改工作队进驻十里堡村，先是派王希彤、韩启增、李玉芳、刘书芹、霍俊和刘德兴等六七个积极分子到辛庄学习土改政策。回村后便召开了群众大会，建立十里堡村农会，王希彤当选为农会主席，李玉芳为副主席，同时还建立了民兵组织和战勤队。土改工作队先是访贫问苦，扎根串联，调查村里的情况，划分阶级成分采取“三榜”定案,平分土地原则是:“中间不动,两头平。”村里地主孙德生和孙德常早在1940年就把家搬到通县和北平城居住了,从而土改时,逃脱了农民斗争。但十里堡土改也并非一帆风顺,在第三榜定案时富农唐继先跳了出来,在会上大喊大叫,说他不是富农。许多贫苦农民站出来揭发了他家的雇工剥削,全家都不参加劳动等。由于工作组给群众撑腰,以摆事实、讲道理和唐继先细算剥削账,最后他不吭不响了。在没收地主和富农土地后,给无地少地的贫雇农,十里堡每个农民都分到了2.2亩土地。没收的房屋、农具、牲口等也分给了村里的贫雇农。许多人激动万分,有的说:“想不到今天,我们住进了地主家的大瓦房。要不是解放,我们连地主家的厕所也不敢进去。”有的说:“我这地是毛主席给的。”经过这场阶级斗争考验,一批贫下中农积极分子加入了中国共产党,于1950年2月十里堡村建立了第一个党支部。

五里桥村土改　1949年9月,村里派张宝善、李洪斌、冯根海、张士杰(女)4人去区里参加土改工作会议,学习土改政策。与此同时,土改工作队进村访贫问苦,扎根串连,组织阶级队伍。在掌握基本村情后,立即成立五里桥村农会,主任刘永全、副主任张宝善。五里桥村划定阶级成分中,划出地主2户、富农1户、上中农18户、中农17户、贫农117户,合计155户(其中后店25户,草房14户)。全村共有土地2240多亩,平均每人3.4亩,全村有111户贫雇农分到土地,其中有37户分到了房屋。分到土地和房屋的翻身农民,个个心中乐开花。贫农陶李氏分到了地和3间房,高兴得几天都睡不着觉;贫农李长有分得了3间房屋和9亩地。他说:“地分给我头一年,我就种上玉米、我三天两头下地看,心里也不知多快活。”

然而,树欲静而风不止。土改之初,五里桥村的地主、富农使用各种手段,拉拢腐蚀土改干部。富农郝庆元利用吃吃喝喝,小恩小惠,拉拢土改干部石某某为他家隐瞒土地,把自家地说成外庄“前天营、后天营”的,结果划为上中农。被漏划的富农有郝志清、于泉,被漏划的地主有李洪生。致使在较长的时间内,五里桥村的阶级界限不清,阶级斗争时起时伏。

公主坟村土改　公主坟村原是个具有浓厚封建色彩的村庄,这里的住户大多是守墓人。过去他们全靠俸钱俸米生活。从康熙年间(1662—1722年)到民国9年(1920年)才停止。土改村里的土地大多是外村地主的。土改工作队进村后,先派村干部去区里学习了《土地法大纲》,掌握土改政策,他们还把“谁养活谁”的歌曲带回村里,很快在全村传唱开来。全村有土地14顷(折合210亩),其中13顷是外村地主的,核对了村内外人口,按人均每人可分得土地2.5亩,实际按每人2亩分配,留下一些好地分给了军烈属和孤老残疾人家,以示照顾。村外地主在村内的地分了,农具也分了,这些村外地主都老老实实交出了地契。在土改斗争中,村里发展了第一批中共党员。从此受压迫、受剥削的农民真正成了土地的主人。

互助合作与统购统销

土地改革后,广大农民从封建土地制度的束缚下解放出来。常营村、十里堡、五里桥村、公主坟村的农民生产积极性都有了很大的提高,农村生产获得丰收,家庭副业也有了起色,农民家庭生活有了明显的改善。但是,也有一些农户因缺乏劳动力,单家独户,无力耕种分得的田地，又请不起雇主，土地又不能出租，因此有些人家便慢慢地把土地荒芜了，有的甚至出现私下出卖土地，两极分化明显存在。仅常营村就有100多户把刚分到的土地卖掉。1952年春，中共中央下达了《关于农业生产互助合作的决议(草案)》，号召农民“组织起来”，发展劳动互助合作。

合作化初期 1953年冬天，常营村出现了第一个互助组，由7户组成，组长吴国富。对此，当地政府非常关心。中共通县县委和县民委特地派马士珍、王景春等人前来指导。在这个互助组的影响下，1954年春，村里又先后组织了21个互助组。可村里的上中农认为，多数是“穷组”，搞不出什么名堂。吴国富互助组的头一年，粮食产量就有了增加，平均亩产量比单干户多35至40公斤。他们还种了6亩地的实验田，实行小陇密植，每亩地2400棵，施用麻渣，肥田粉，结果每亩地收了225公斤，比一般的产量增加了20%—30%。老农张玉荣不相信，还亲自跑到地里去数棵数。比吴国富互助组稍微晚一点成立的是马荣江互助组。马荣江有一辆大车，如果单干赶车，一天可挣20多块，有人劝他何不赶马车挣钱，马荣江回答说：“这是指个人发财的道我不走！我要听党的话，干革命。”于是马荣江坚决把大车入了组，并说服其他穷哥们坚持下来。

创办初级社 1954年年底开始酝酿，1955年2月常营乡常营村正式建立了初级社，一个是由吴国富领导的互助组扩大为一个社，共23家；一个是马荣江领导的互助组扩大为一个社，共18家。为了象征回汉两族人民团结，一个社叫“民族友爱社”，社长吴国富，一个社叫“民族联合社”，社长马荣江。合作社初期在生产和生活上都遇到了许多困难，由于有党支部领导，党员干部带头，加上社员之间互相帮助，许多困难得以克服。如畜力不够，就用人拉犁；肥料不足，四处寻找；农具缺乏，自己制作。同时，开垦荒边荒埂200多亩。就在合作社成立的1955年，合作社平均每亩产粮100多公斤。“民族社”还种了20多亩棉花，每亩收皮棉40公斤，这些在常营村都是开天辟地头一回。社员平均收入90元，粮食按劳力和土地六四分成，每个人平均分到150多公斤。合作化的优越性的初显，未入社的群众纷纷申请入社，中途退社的要求再回到社里来。

与常营村同时，十里堡村也办起来了互助组。最早的是姚宽互助组和何少江互助组。到1954年春，村里成立了第一个初级农业生产合作社，共26户。社长姚宽、副社长韩百祥、李荣。是年年底，何少江和孙旺两个组合并转为初级合作社，初为18户，后发展为38户，社长李仲(由重工业部回村)，副社长霍文海，干部带头参加劳动，当年粮食亩产150余公斤，棉花籽棉100多公斤，工分日值1.7元，收入比过去增长了一倍多，大伙都说：“组织起来就是好!”

公主坟村的互助合作热情也很高。1953年全村组织了3个互助组：张宽、张悦、李森一组；王希文、张兆祥等一组；李才、李四、韩佩英、李德山等一组。齐工找分，以工换工，村里95%的农户都入了互助组。互助组比单干增产20%。1954年，18户贫下中农积极响应党的号召，成立了公主坟村第一个初级社，即先进农业生产合作社。社长李才，会计李森，出纳兼保管林宝元。1955年秋收，平均亩产达250公斤，超过互助组，更超过单干，社员每个劳动日合1.4元。此时社外的观望者也都要求入社。

五里桥村办互助组比较早，1952年年底打长工出身的王德山率先办起来互助组(仅8户)，他们只有70亩土地，除了两只手，别的很少有，在政府的支持下，贷款买了一头骡子。当年获得大丰收,每亩比单干多打了四五斗粮食。1954 年五里桥村又成立了郭忠互助组(13 户),后店樊景荣互助组,当年收成不错,比单干平时每亩多打一石多粮食。1954 年年底和 1955 年年初,在互助组的基础上成立了五里桥和后店两个初级合作社。五里桥合作社 400 多亩地,有 2 头骡子、3 头驴、2 辆大车,社长郭忠、副社长李洪源。后店合作社 32 户,社长于万红,副社长樊景荣,实行"劳六地四"分红。后来后店社因人心不齐散了,但五里桥社却坚持了下来。

创办高级社 1956 年年初,北京市通县召开社干部和贫下中农代表参加的转社大会,号召举办高级农业生产合作社。4 月,常营村所有的初级社、互助组合并一起成立了"常营民族联合农业生产合作社",社下分设 5 个生产队,到了 1957 年又分成了 14 个生产队。经过一番周折,成立了大车副业队,以增加集体收入。然而,随着合作社的发展,两条道路的斗争就更加激烈,常营高级社成立不久,6、7 月就发生了"拉车退社"事件,其他地方也发生了类似的"退社风"。此时,中共中央主席毛泽东发表了《一九五七年夏季的形势》,号召全党对资本主义思想开展说理斗争,一场声势浩大的社会主义教育运动在通县农村开展起来,把农业合作化问题上纲上线,用阶级路线斗争的方针把"退社风"压了下去。在这种形势下,常营社重点批判了村干部白崇福后,退社风也就销声匿迹了。至 1957 年,常营村每亩土地粮 150 多公斤,比中华人民共和国成立初期增加了一倍多。高级社取消了土地分红,生产资料归集体所有,集体劳动,按劳分配,社员的口粮和现金收入都比初级阶段有所增加。

1956 年春,先是五里桥村、十里堡村、公主坟村都各自成立了高级社,但不久又将邻近 6 个村子(五里桥、十里堡、公主坟、邓家窑、西马庄、竹木厂)合并成一个五星高级农业生产合作社。到了秋后,又因规模太大、不便于管理,又改为一村一社。五里桥高级社社长吴祥,副社长郭忠;十里堡(辛庄)高级社社长李荣、副社长李仲;公主坟(草房)高级社社长刘永全、副社长张宽(后改选李锐)。是年冬,各村高级社都组织社员兴修水利,仅五里桥村就打了 310 眼机井,十里堡(辛庄)村架设了从重工业部到公主坟的高压线,开创了机电灌溉的历史。各社的副业生产也随之组织起来。

统购统销 几乎与互助合作同时,1953 年 10 月,国家开始实行粮食统购统销政策。这项政策的基本内容是,在农村实行粮食计划收购;对城市居民和农村缺粮户实行粮食计划供应;由国家严格控制粮食市场。在很长一段时间内,粮食统购统销、互助合作成为了相互联系、相互促进的对农民进行改造的两大战略措施,农民称之为"统购统销运动"。

常营村农民对统购统销明显存在两种态度:一边是广大贫下中农热情拥护党的政策,不管有什么干扰,都积极把余粮卖给国家,当年全村出售余粮 8.5 万公斤;一边是富裕农民从中作梗,甚至公开抵制,如富农分子高崇祥,家里囤积了大量余粮,硬说没有,并在群众中煽动:"这个政策不好,大家硬不卖,他们也没辙。"十里堡村不仅贫雇农积极卖余粮,还动员 20 多户中农也踊跃卖余粮,一共卖了 5000 多公斤。公主坟、五里桥村农民亦拥护统购统销政策,把余粮卖给国家。只有个别积极分子为了出风头卖了过头粮。随着合作化运动的推进,1956 年之后统购统销不再直接从农民手中购粮,而是直接向社队下达征购任务。由于国家不再与农户直接发生关系,加之,任务一定数年不变,以及实行奖售政策，农民对统购统销也就习以为常了，每到丰年，都能积极踊跃交售余粮，以表示对国家建设的支持。

“大跃进”与人民公社化

为了加快经济发展速度，尽快建成社会主义巩固的物质基础，1958 年，全国开展了“大跃进”和人民公社化运动。常营乡各村都热烈响应中共中央的号召。1957 年冬天至 1958 年春，常营生产大队掀起以积肥和抗旱为中心的春耕生产“大跃进”的热潮。白天，积肥的战场上红旗飘扬；入夜，灯笼火把将全村照得通明。社员们夜以继日，将两条河挖了几尺深，同时还派了 100 多辆大车到普闸通惠河段去挖河泥，并规定外出搞副业的大车晚上回来，也要统一到普闸拉一车河泥回来，许多社员把多年的老炕也拆了。在积肥运动的同时，又掀起了打井挖渠的热潮，连除夕夜也不休息。有一天，一夜打了 3 眼井。4 月份，常营村有 800 名青壮年参加常营灌溉渠的修建，这条渠东到五里桥，西达建通窑，长达 2.5 公里，全部工程只用了 5 天完成任务。

1958 年 10 月，朝阳区双桥人民公社成立，撤销常营乡的建置，设立常营管理站，下辖常营村 8 个生产队，以及十里堡（辛庄）、公主坟、五里桥等生产队。人民公社成立后，提倡组织军事化、劳动战斗化、生活集体化。常营大队按照公社的要求，大搞“一平二调”，把家家户户的自留地统统收归集体所有，同时将农民家里的农具甚至锅头、饭碗等统统上交集体使用。社员吃集体食堂，实行供给制，并提出“有衣同穿，有屋同住，有福同享”的平均主义口号。

在“大跃进”年代里，农村大搞“大协作”，大搞平整土地，大办水利工程。所谓“大协作”，即打破村、社、队的界限，全区统一指挥，哪里有活就到哪里去，带上行李，住上几天，干完一个工程，再转移到另一个地方。常营村北的大水渠、水利湖就是“大协作”的产物。常营大队的劳力先后到过王四营、金盏、马各庄、楼梓庄等地干活。“大协作”深翻土地时，成立了“青年突击队”“十八勇士”“大镐队”等组织，到哪儿干活就在哪里吃饭。常营的回民不方便在外面吃饭，就由常营集体食堂送饭。有人说：“这就到了共产主义不分你我。”

此时，社会上的浮夸风越刮越大，电台报道某地水稻亩产万斤、几万斤，说水稻扔上鸡蛋掉不下去，报纸上刊登了小姑娘坐在稻穗上的照片。双桥公社的口号是：“每亩施万斤肥，今年过黄河，明年跨长江，誓夺亩产千斤，棉花 500 斤。”鼓动大胆搞试验，一般地深翻近 0.7 米，有的深翻 1 米或 1.5 米，玉米小垅密植，小麦播种一亩地下籽 100—125 公斤。为了使白薯亩产达万斤，发动群众打狗煮狗肉汤用作追肥，先用小木棍在白薯根旁扎个洞眼，再把凉汤倒进去，把眼封住，并给白薯搭架牵藤，效果并不显著。

由于 1958 年的“浮夸风”“瞎指挥”“一平二调”，再加上自然灾害、农业歉收，从 1959 年下半年起，全国进入了“三年困难”时期。1959 年，常营一带遇到前所未有的涝灾，水齐腰深，绝大部分庄稼被淹没了。生产队食堂风光不再，人人减少口粮，从吃双蒸窝头到吃玉米骨头磨的窝头，食堂维持到 1960 年年底实在维持不住，也就散伙了。1961 年人均口粮标准每月 8.7 公斤，好多人家因吃粮而闹意见，后来退还了自留地，“低标准，瓜菜带”，一直到 1962 年始见好转。

附:常营大跃进民歌

嫦娥织女通电话

月宫接上电话机,
嫦娥悄声问织女。
听说人间“大跃进”,
你可有心下凡去。
织女含笑把话提,
我和牛郎早商议。
我去人间纺织厂,
他去学开拖拉机。

出 勤 歌

每天我催太阳起,
月亮困了我不眠。
一年三百六十日,
日夜出勤当两年。

学 文 化

煤油点灯灯花亮,
人有文化心头亮。
煤油灯下学文化,
灯也亮来心也亮。

荒地披绿袍

千年荒地披绿袍,
万亩旱田井水浇。
人也笑,地也笑;
《四十条》,康庄道。

老头突击队

大跃进,搞的欢,
人人心中喜洋洋。
如今老汉不服老,
敢与青年比比看:
做稻田,插秧苗,
庄稼活茬咱占先。

大娘突击队

易鼓咄天红旗飘,
老姐老妹逞英豪。
大娘组成突击队,
乐得主任哈哈笑。
打冲锋,头一炮,
吓得懒汉不敢瞧。

农业中学好

石榴开花红似火,
咱社鲜花又一朵。
队队都把农中办,
青年社员乐呵呵。
藤缠树来树缠藤,
农民学生一身兼。
科学知识堂上学,
种田实践地头忙。
生产学习齐跃进,
能文能武双状元。
(摘自《常营乡跃进百首诗》)

“四清”运动和“文化大革命”

常营“四清” 1964年10月初,“四清”工作队(以下简称工作队)进驻常营和东三村(十里堡、五里桥、公主坟)和广大社员群众见面后便和社员群众一同劳动,分别在社员家里吃饭,并住在村中群众家里。工作队的同志利用和群众一块劳动,同桌吃饭的机会,发动、宣传群众,一边宣传贯彻“双十条”精神,一边在社员群众中访贫问苦,扎根串联,并在群众中发现运动积极分子,组织起以贫下中农为主体的积极分子群众组织。经过工作队同志细心讲解、不断宣传,使广大贫下中农提高了阶级觉悟。认识到:“社会主义思想阵地如果无产阶级不去占领，资本主义就要占领。无产阶级政权如果人民不掌握，就可能被阶级敌人掌握，人民就要吃二次苦，受二茬罪。”经过3个多月的宣传，广大贫下中农被发动起来啦。在工作队的指导下，展开了向“四不清”干部的说理斗争，通过摆事实、讲道理，使犯有“四不清”问题的干部认识到自己所犯的错误的严重性，纷纷表示：“一定要真心接受贫下中农的批评，痛改前非，重新做人”，并表示主动退赔，早日得到贫下中农的谅解。

1965年1月25日，北京市农村社会主义教育工作总团（四清工作总团）召开万人千播大会，公布中央发布的“二十三条”，市委书记彭真发表讲话，号召广大农村干部要“自觉革命、洗手洗澡、轻装上阵”，要求广大农村群众一定要按中央“二十三条”精神办事，对可以改造好的干部给出路，团结一切可以团结的力量，搞好“四清”工作。

工作队在“二十三条”精神的指导下，发动群众，揭发四不清干部“多吃多占”，不参加集体劳动，巧立名目多记工分以及个别干部的贪污盗窃行为和工作作风等诸多问题进行面对面的说理斗争，并对犯有严重问题的个别人员进行批判。经过批评教育，大多数四不清干部交代了自己的问题，也得到广大贫下中农的谅解。经过“三定三允许”，对四不清干部所交代的问题进行定案，并分别情况实施了减、免、缓的处理，极个别问题严重的人员给予从重、从严处置。

运动后期，进行了重新划定阶级成分，通过自报会议的形式认真进行评定。本着自愿参加的原则，组建了贫下中农自己的组织“贫下中农协会”。工作队注重抓好思想、组织和生产三大建设，协助成立新的农村政权机构。农业生产一派热火朝天的大好形势，广大社员群众思想觉悟经过社会主义教育的洗礼大幅度地提高，纷纷表示：“要永远跟党走，坚持不断革命，永远不忘依靠广大基本群众，将社会主义革命进行到底。”

常营“文化大革命”　1966年5月16日，中共中央发出“5.16”通知，宣布在全国范围内开展“无产阶级文化大革命”。8月24日、25日常营大队组织部分干部和群众分两批到北大参观大字报，在当时的政治气氛影响下，第一批回来的人于8月25日把斗争的矛头指向宗教人士，先从常营清真寺把阿訇拉出来游街。26日，在常营小学召开批判阿訇大会，当日还发生有人冲进常营清真寺砸坏建筑物上兽头的事件。从而，拉开了常营村“文化大革命”的序幕。

此时，常营大队各生产队与社队企业纷纷成立红卫兵，大队为方便大家贴大字报还搭起了芦苇墙。因为有人打砸清真寺，引起了另一部分群众和红卫兵的不满，常营六队红卫兵贴出一张大字报说，文化大革命主要整党内走资派，不能以破“四旧”为主，这是“五一六”通知精神。常营一队红卫兵跟进支持，并有人在大队广播站播发了六队红卫兵的大字报的内容。大队的红卫兵不同意这个观点包围了广播站，并质问广播员：“谁要你广播这份大字报？”双方发生激辩。常营六队红卫兵得到消息后，立即敲钟集合社员前往大队声援。在混乱中，发生了扭打。此时大队红卫兵又有人给农场及附近的管庄三院、建工学院打了电话，请求支援。管庄三院和建工学院来了几千名红卫兵，手拉手组成人墙，把常营大队院子围了六七层。眼看势态逐步扩大，此时，双桥农场的领导刘章林、王德厚等人也闻讯赶到（因为当时常营大队归公社和农场双重领导），最后决定让当事责任人第二天到一队劳动，并给一队群众赔礼道歉，直到夜里12点多，双方人群才散去了。

大队红卫兵中有人认为,此事不能就这样算了,有人连夜起草刻印传单并散发到牛街一带,说常营清真寺被砸了,老百姓造反了,要求牛街穆斯林支援。之后,他们又派人去区、市的有关部门反映,但因涉及民族问题都没人敢去逮人。这就是"文化大革命"中所发生的所谓"八二七"事件。事后,常营一队和六队部分人联合组成"八二七造反团",其他各生产队也纷纷建立造反组织。其中,五里桥村在北医八一八造反派和北京建材学院新老八一造反团支持下成立了造反队。1967 年 1 月 31 日,常营大队的群众组织在冶金干校礼堂召开批判大会,批判常营大队的领导干部。会后造反派宣布夺权。彼时,群众组织就分裂成两派,相互斗争。直到 8 月,在支农解放军的帮助下,才实现了"大联合",组成了"第一线指挥部"。

在支农解放军的帮助指导下,搞"政治建队",生产队建成连的编制。每天"早请示,晚汇报"。早上所有劳动力要集中在一起,在毛主席像前,学习毛主席著作,唱革命歌曲,然后解散,各自回到自己的工作岗位上去干活。晚上收工还要到统一的地点集合,向毛主席汇报一天的工作。他们把原来合作社的干部说成是"低头拉车,不看政治",说他们拉的是资本主义车,走修正主义的路。在"斗批改"阶段,大批判开始,重点批判"三自一包":收回社员的自留地,限制家庭副业和集贸市场。把自留地、自负盈亏、自由市场和包产到户说成是刘少奇推行的"三自一包",要批深、批透、肃清流毒。把自留地,家庭副业和集市贸易说成是复辟资本主义的温床,要割掉资本主义的尾巴。

批判"工分挂帅":把人民公社的劳动管理,特别是生产责任制说成是对群众的管、卡、压,把评工记分说成是工分挂帅,把合理的物质利益说成是物质刺激,把包工到组、责任到人的生产责任制说成是"复辟回潮"。推行突出政治,执行大寨式的管理模式,导致劳动"大拨轰"分配"大锅饭"。多干少干一个样,干好干坏一个样,严重影响了社员的劳动积极性。片面强调以粮为纲:把社队搞工副业说成是"脱轨转向"不务正业。提出"劳力归田,车马归队",把劳动力全部集中到有限的土地上,大种特种社会主义粮。严重地影响了农村集体经济的发展,减少了广大社员群众的收入。

1968 年 2 月,开展清理阶级队伍,只是纠斗了一些地主、富农身份的人,没有到城里去揪人。3 月,成立常营大队革命委员会,原大队党支部和大队干部大多被结合到革委会领导班子之中,"造反派"没有掌上权。1969 年开展整党,"吐故纳新",吸收了数名新党员。同时贯彻贫下中农管理学校指示,安瑞龙被派驻常营小学,张万才被派驻管庄小学,以后还有安瑞江、马淑珍、马国泰、马桂臣也参加管理学校。1970 年北方农业会议后,大队革委会响应号召学大寨,兴办社队企业。

经过"文化大革命"这番折腾,常营大队群众生活依旧贫困,尽管"文化大革命"中天天喊"抓革命、促生产",也未能找到通向富裕之路。

(资料出处:《常营村史》《公主坟村史》《十里堡—辛庄村史》《五里桥村史》《常营一村村史》)

三　农场记忆

从1958年9月，常营乡并入双桥农场，至1998年9月，场乡体制改革，常营乡与双桥农场脱钩分开，常营乡的干部和群众在“以场带社”“以场带乡”的体制下生产和生活了40年，共同经历了一些令人难忘的岁月，留下几多难以磨灭的记忆。

双桥农场　话说从头

民国31年(1942年)7月，侵华日军以残暴手段强占了通县的双树、塔营、咸宁侯、郭家场等4个村的民田，建立起“偕行社军用农场”，归属侵华日军北平后勤机关偕行社管理，主要生产供应日军的农副产品。民国34年(1945年)日本投降后，农场由国民党励志社北平分社接收，改名“励志社双桥农场”。1949年1月31日北平解放。2月，北平军管会财经部农业水利处派员接管了这个农场，当时满目疮痍，一片废墟。中华人民共和国成立初期，农场归农业部直接领导，定名农业部国营双桥农场。当时有土地2700亩，其中耕地2400亩。新中国成立之初，农业部先后在此举办过拖拉机训练班和机耕学校、北京农业机械化学院，这里曾被誉为新中国农机事业的摇篮，农机技术人才的种子从这里不断撒向全国，遍地开花结果。为此，双桥农场还一度更名为“国营双桥机械化农场”。

1953年，农场面积扩大一倍以上。接着，北京农业机械学院迁出，国家农垦部成立后双桥农场改隶该部。1956年年底，由农垦部投资购买双桥牛场至定辛庄西土地3412.7亩，农场土地面积扩大到8707亩。总之，双桥农场的建立，对周边农村起了不可估量的影响，据说浩然小说《艳阳天》就是以当时河北通县和双桥农场的历史背影创作的。常营乡是双桥农场北部近邻，地相接，人相亲，该乡的干部和群众把农场视为“老大哥”，是自己的希望、未来的榜样，尤其对农场的机械化无不投以羡慕的目光，无不心存美好的向往。

1958年6月，中共北京市委农工部向北京市委提交了《关于吸收一部分农业社转入国营农场的请示》，详细地阐述了把一部分农业社转入国营农场的理由：“根据市委关于几年内在郊区农村实现全民所有化、水利化、机械化、深耕化、高产化、多种经营化、电气化以大大地加速农业生产发展的指示，和王震同志的几次倡议，经过市委两次召集郊区区委书记和农场场长会议讨论研究之后，大家一致认为：在郊区有计划、有步骤地把一部分农业合作社变为全民所有制的国营农场，以作为把郊区的农业由集体所有制的社会主义农业变为全民所有制的共产主义农业的实验，是必要的、可行的、也是适时的。这样做将加速郊区农业向前大跃进，将可以提供更多的商品粮食，蔬菜、乳肉、水果、蛋类供应城市的需要。同时也将加速郊区农业现代化的建设，树立起全民所有制的共产主义新农村典型。而且国营农场实行机械化耕作，将有可能使一部分农村劳动力转入工业建设。”这是一项战略性的措施，若付诸实践，常营乡作为双桥农场的北部近邻，并入农场已顺理成章之事。

场社合并　共渡难关

1958年6月,农垦部将双桥农场下放给北京市地方管理。农场拥有8027亩土地,222名职工。北京市决定:扩大双桥农场,把双桥建成首都副食品基地,重点解决对市民的鲜奶供应。场社合并是一项战略性措施,具体实施方案:将地处农场周围台湖乡的四合庄、苏坟、幺铺、定辛庄和豆各庄附近的各村合并成为豆各庄乡;将咸宁侯乡和常营乡合并,成立常营乡。使农场的正南、西南和西部为豆各庄乡,西北、北部和东北部为常营乡,与农场环绕成一个整体,形成一个南北长12公里、东西宽6公里,土地5万余亩的规模,境内农村人口近3万人,其中劳力近1万人,这就为解决农场发展所缺的土地、劳力创造了条件。1958年9月,根据北京市统一规划,双桥农场和新合并的2个大乡——豆各庄乡和常营乡合并。此时恰逢人民公社化运动勃兴。10月,朝阳区首先成立双桥人民公社,其范围即包括双桥农场和豆各庄乡、常营乡。尽管之后,随着形势发展公社机构多次变更,常营和双桥紧密联体,40年一直未变。

常营乡与双桥农场合并不到半年,"大跃进"的消极影响凸显出来,发生了全国性的饥荒,1959—1961年被称为"三年困难时期"。1960年9月7日,中共中央发出《关于压低农村和城市的口粮标准的指示》。那时农场职工、社员的口粮也是"低标准、瓜菜代",据史料记载:1960年至1961年常营农村人均口粮大约在125公斤至130公斤(原粮),加之副食品短缺,少数人出现了浮肿,由于营养不良,使社员的健康受到很大的影响。

面对全国性的饥荒,双桥农场职工和社员并没有被困难所吓倒,在公社党委(农场党委)的领导下,上下团结一致,一起正视现实,党员、干部以身作则,与广大职工、社员群众同甘共苦、勒紧裤带、咬紧牙关、战胜困难。当时,常营乡已改为常营管理站,采取措施有四:

(一)通过整风整社,坚决纠正"五风"①,公开退赔社员未付报酬、现金投资及被平调的实物,从而改善了党群、干群关系。

(二)清理了账目,明确了家底,为进一步改善经营和加强管理打下基础。

(三)解散了食堂,社员分配自留地,给群众生活带来方便。

(四)推行"三包一奖""定额管理""评工记分"等制度,促进生产发展。

困难时期的常营,虽然没有旧社会那样吃草根、啃树皮,但为了生存,为填饱肚子,也是千方百计绞尽了脑汁。前期常营的公共食堂为让大家多吃一口,采用"双蒸法"(即先把玉米面熬成粥,凉了之后掺上干玉米面蒸窝头。)这比直接蒸要多出20%左右分量出来。同时,动员社员利用工间休息或午间休息时间,到地头、沟边挖野菜,交到公共食堂做菜窝头。食堂解散后,把口粮分到家,群众自救的办法也就更多了。春天榆树上的"榆钱",地里长的吊瓜、老倭瓜、角瓜等都用来充饥。经济条件稍好一点的人家就到河北地区买点地瓜干(白薯干)搭配吃,但要夜里去,因为白天"打击投机倒把办"设有关卡,一旦被发现,统统没收。彼时,政府和农场也动员社会力量,从外埠调来土豆、萝卜以及常营地区工厂出厂的粉碴,分发给社员各户,帮助社员渡过难关。

---

① "五风":即共产风、浮夸风、命令风、干部特殊风和生产瞎指挥风。

国家对农垦农场有多种政策上的优惠和扶持，自然会漏泽到同一联体的社队和农民。在困难时期，农场在申请统一分配的物资时，总是尽可能考虑到农村大队、生产队之需；对于农场完成国家计划后的其余产品，尽量照顾到农村生产队社员。就常营而言，没有发生一例"非正常死亡"，广大社员相对安全地度过了严重困难时期。凡从"三年困难"走过来的常营人，无不感受到与国营农场牵手的好处，感受到农场的温度。

一场两制　探索前行

双桥农场和周边农村社队，是两个完全不同所有制类型的经济实体，合在一起怎么办？1959 年 3 月，双桥公社宣布：凡同期并入双桥农场的社队，"率先转为全民所有制"，新进的农民无不欢欣鼓舞。可是，执行起来实际问题太多，如若对并入农村集体所有制按全民所有制办法实行管理，社员分配后的积累、利润应一律上缴，所需资金再向上要，实际是"国家拿钱，农民种地"，这样做只会养成依赖思想，不仅调动不了广大农民种田的积极性，而且会影响到集体经济发展。绕了一大圈，结果还是"承认差别""区别对待""一场两制"，在公社（农场）的统一领导下，属于农场编制的职工继续享有全民所有制企业职工待遇，并进来的常营、豆各庄的社员继续执行集体所有制。形成"国营带集体""全民、集体两种所有制并存"，为此，有些人觉得"不像原先所想的""空喜欢一场"。但主流认识是："农村并农场，优势互补"，"背靠大树好乘凉，有利于农村发展。"

1959 年春，中共北京市委召开农村工作会议，传达贯彻中共中央郑州会议精神，会议决定：由国营农场参加组成的人民公社，可以挂人民公社、国营农场两块牌子，原则上仍实行场社合一，以场带社，实行统一领导、统一经营、分级管理、分级核算、各负盈亏。开始是以生产大队为基本核算单位，1965 年改为以生产队为基本核算单位。双桥公社（双桥农场）根据上级政策、农场经验，在不同历史时期都制定一整套管理制度和实施办法，探索前行。

起初，常营管理站实行的是"供给制 + 工资制"。所谓"供给制"即对社员的生、老、病、死全包起来；所谓"工资制"即把劳动力分成等级，每月发给少量的"津贴费"。实际上形成"国家拿钱，农民种田"。为此，造成农场（公社）经济入不敷出，财政拮据，难以为继。20 世纪 60 年代初，公社（农场）根据"统一领导、分级管理、统一核算、承认差别、共负盈亏"的基本原则，对农村社队推行"四固定"：即公社对大队实行定产值（含产量、商品量）、定开支、定工资、定积累（70% 上交公社）。大队对生产队在土地、劳力、牲畜、农具四固定的基础上，实行"三包一奖"，即包收入（含产量、商品量）、包开支、包工分、超奖励（奖超纯收入的 30%，罚减纯收入的 30%）。规定大队三包分配总数的 70% 为工资部分，30% 为供给部分。不久，又取消了三七开的供给办法，只对"五保"实行伙食供给，因为伙食供给制易于造成"干不干一样算，干不干三顿饭"的弊病。

1962 年，农场对农村社队管理，又有所变化。公社（农场）对大队，大队对生产队实行"两死两活"的包干办法。上交粮、菜，上交积累两项任务数包死，完成任务多产多吃，多收多分，社员工资平时发 40%—60%，年底结算。这套办法，有利于调动社员的积极性。

1963 年，全场（公社）实行统一领导、三级管理、三级核算。农场是管理单位，分场是经营单位，生产队是从事农牧的生产单位。奉行承认差别，逐步缩小差别，最后消灭差别为指导思想。其分配办法:以1962年决算为基础,从1963年起,把65个生产队的数十个工资水平划为5个等级,各生产队按各自被划分的工资水平乘本队人数即为该队的全年工资总额,平时预发50%—70%(按月或季发),年终再发30%—50%。5个工资水平分别为50元、60元、70元、80元和100元。根据各生产队1962年人均分配水平凡分别达到52元、62元、72元、85元水平的,给予提到60元、70元、80元、100元的水平;凡不足50元、60元、70元、80元水平的,仍保留在50元、60元、70元、80元的水平上。执行这个分配办法,农场从1962年利润中抽出20万元补贴不足部分。从1965年开始,改为除人均分配在50元以下的队,根据农场经济力量给予补贴到50元的水平外,其余各队一律年度的分配水平上,不再上提。

正是由于农场(公社)不断探索合适的管理制度,尤其是分配制度,调动广大社员的生产积极性,从而使得1959—1965年农场中农村社员分配有所提高。

双桥农场(公社)1959—1965年农村分配情况统计表

表9-1

年　份	分配总额(万元)	人均分配(元)	附　注
1959	167.4	63.60	
1960	200.5	76.20	人均口粮125公斤(原粮)
1961	176.9	67.68	
1962	184.7	67.28	
1963	197.3	73.06	
1964	203.2	70.70	
1965	303.0	87.30	人均口粮165公斤(原粮)
1965比1959年增减	+81%	+37.9%	

1966年5月,“文化大革命”开始,极“左”思潮泛滥,原有农场的管理体制被打乱。虽说农村经济体制上仍实行“三级所有,队为基础”未变,但在生产队内部分配体制上却受到冲击,由于记工方式不与产量相联结,劳动力只按等级记分,有些地方记“卯子工”,男女同工不同酬,形成干多干少一个样,干好干坏一个样,出勤不出力。特别是推广大寨“政治记工”后,“大拨轰”“大锅饭”等现象越来越严重。

在生产经营上,当时的口号是“以粮为纲,全面发展”,实际上是“以粮为纲,全面砍光”。农村社队只允许抓农业,农业又单纯抓粮食,要求农村生产队“车马归队,劳力归田”,限制工副业的发展。农村生产队里的能工巧匠不准外出做工,私自外出者被斥为“抄肥自搂”处以自罚。生产队长派出的人员,挣钱交队,由队里按劳力等级记分,个人只能得到一点补助。农村社队处处割“资本主义尾巴”,家庭养殖被说成是“复辟资本主义”,规定:养鸡鸭不能出院,养牛羊不能出村。除少量的自留地外,农户家庭副业基本停止,社员的现金收入,只靠生产队秋后交售国家粮食后返还的卖粮款,扣除社员全年开支后的剩余部分,丰年少得可怜,歉年只能给生产队打个欠条。

更为严重的是，这个期间认为按制度管理就是“管、卡、压”，使得部分领导不敢理直气壮地抓经济管理，怕被扣上“低头生产、不问政治和只拉车不看路”的帽子。对一些不利于生产管理的现象也是“睁一只眼，闭一只眼”。结果出现生产管理“耪地只耪地头。割小麦、水稻只割穗头”；畜牧饲养是：“一天三朝（三次）、一顿三瓢，吃不吃管不着。”从而造成农场系统粮食产量下降，经济收入滑坡。

1968 年，各级纷纷成立革命委员会，混乱局面有所好转。北京市农场局下发了《京郊国营农场农村生产队经营管理试行办法》，指出原有国有农场存在六大问题：(1)过早并社；(2)平调生产资料；(3)公社集权，大队形同虚设，生产队无实权；(4)大搞“三喂”“三吃”（投资、设备、义务劳动）；(5)铺张浪费，场社合并后，国家投资盖了许多“猪公馆”“牛公馆”，高级水泥渠道，追求“高、大、精、尖、洋”；(6)铁饭碗（基本工资）加橡皮圈（按劳付酬），使社员产生依赖思想。怎么办？文件提出：农场实行统一领导，分级管理，以现有生产队为基本核算单位，根据国家计划，因地制宜地确定生产队主要生产任务，推行大寨的劳动管理方式。公正地说，文件一针见血地指出了“以场代社”体制的弊病，但未能真正找到解决问题的好办法。

1972 年 10 月，双桥农场（公社）根据《北京市国营农场座谈会纪要》的管理原则，对农场两种所有制的经济账目，做到结算彻底分开，并制定了相应的规定。至此，才真正理顺国营农场带集体一种特殊的管理形式。

1983 年，中共北京市委、市政府批准，撤销北京市长城农工商联合企业和农场局，改名为北京市农工商联合总公司，不再具有政府职能。但实际上，仍延续原来管理体制。1984 年，北京市政府决定撤销农场的人民公社，带农村的农场建立乡人民政府，是年常营回族乡政府正式成立。双桥设立办事处，作为所在区县政府的派出机构。如果说 1984 年前所实行的是“以场代社”的场社体制，那么 1984 年后，农场所辖的农村建乡，仍由农场（办事处）管理，应称作“以场带乡”的管理体制。

优势互补　惠泽难忘

场社合并，是以农场为基础与附近农村社队合并。目的是为了解决随着生产发展表现出来的农场缺少土地、劳动力，农村缺少技术、资金设备这一对突出矛盾。常营乡、豆各庄乡并入双桥农场后，为场社的优势互补创造了更为有利条件。

根据规划，双桥农场是以发展奶牛为主的副食品基地，需要不断扩大耕地和饲料地，而并入的社队拥有全社（农场）90% 以上的耕地，这些土地资源优势就是农场奶牛业和畜牧业发展的坚强后盾。1961 年筹建、1963 年投入使用的常营奶牛场，是一座能容纳约 200 头乳牛的现代化养牛场。场部、牛舍、奶牛运动场、饲料地及其他配套用地共计近千亩，这些土地都是从常营管理站所辖社队划出的。

在劳动力的资源上，农村社队可以向农场就近输送和补充，农场除有计划地从农村招收合同制农民工外，并从其中选拔符合条件者转为正式职工，成为国有企业职工的基本队伍。常营牛奶场建成后，除管理人员、技术人员和农场安排固定工外，近 60% 的劳动力都是常营管理站输送的。有效地解决了农民离土不离乡的就业机会，增加了农村农民的经济收入。

农场与农村社队相比，有其资金、技术、管理方面的优势，场社合并，农场惠泽农村、农民是多方面的，特别是科技兴农，给常营干群留下深刻的印象。

双桥农场是北京市农机摇篮，也是最早实现农业机械化的单位。场社合并后，双桥农场将机务队的机耕组扩大成双桥机耕队，在农场机务队修理组基础上建立起双桥第一家农机修理厂。1964 年，常营机务队和修理厂加盟双桥机务站，形成统一管理机械作业和修配，对于常营农业机械化立下汗马功劳。在农场的带领和影响下，常营早在 20 世纪 70 年代，旱粮从耕种到收割实现了机械化，水稻生产实现了部分劳作机械化，就其速度和程度而言，与周边相比，都处于领先地位。

农业技术是农场优势，早在 1963 年 3 月，双桥农场就在石槽苗圃建立了“良种繁育试验站”。农场的科技人员转战南北，开展玉米良种的培植，20 世纪 70 年代就培育出“丰收”和“朝阳”等 5 个高产、优质、抗病的中早熟杂交玉米种，在北京市和外省推广。为了配合耕作制度改革，双桥农场培养、选育了一批水稻、小麦的优良品种。如小麦品种：京双 8—10 号、京双 14—16 号，不仅高产、稳产，又能抗麦锈病。水稻品种：京稻 1 号、京稻 2 号、中作 180 号、极优 20 号、京稻 4 号、水源 300 粒等。特别是小麦、水稻早熟、高产品种，为水稻提早插秧创造了条件。对常营来说，这方面是“近水楼台先得月”，从 70 年代开始，常营各队年年播种农场培育和引进的优良品种，加之农场的植保干部悉心指导，各生产队的粮食总产和单产不断被刷新纪录。

常营历史上小麦当家，不种水稻。20 世纪 60 年代，农场党委从农场及周围土地盐碱易涝的实际出发，提倡扩大水稻种植面积，这一决策，收效十分显著，1965 年比 1964 年扩大水稻面积 1773 亩，总产高出 133.65 万公斤。在农场的号召和示范下，20 世纪 60 年代常营的五里桥社员，在党支部带领下，平地修渠，把低洼盐碱的“东大洼”治成水稻高产田。70 年代，常营六队搞了 10 亩水稻试验田，亩产达到 400 多公斤。

常营一带农村，过去没有养鱼习惯。1969 年开始，农场发起养鱼，有 3 个单位带头，水面 335 亩，经济效益，逐步提高，从而激发了社员们对养鱼的兴趣。20 世纪 80 年代，常营将小常沟以北不宜种粮的 200 亩低洼地，改挖成 130 亩水面的养鱼塘，1999 年全乡鱼塘达 325 亩，年捕捞成鱼 7.5 万公斤。

根据规划，1966 年之后常营以种菜为主，为了实现科学种菜，农场曾派人到东北等地学习保护地生产经验，1973 年全场建立蔬菜大棚、小拱棚 1000 亩，温室 4000 间，喷灌 500 亩，并投资 20 万元，在科技站建玻璃温室，总计 4000 平方米，1975—1976 年农场蔬菜大棚生产已达全市一流水平。榜样的力量是无穷的，科技种菜，向农场看齐。到 20 世纪 90 年代，常营的温室已达 220 亩，日光温室 34 亩，塑料大棚和小拱棚 50 亩。其中，日光大棚亩产能达到 11000 公斤，产值可达 11450 元。有人说：常营在农业上每个进步，都能看到农场的影子。诚者斯言。

场社合并之后，双桥农场统一规划，连续多年大规模地开展农田水利建设，投资甚巨。1973、1974 年开展“平地战”，以常营、管庄、三间房三家为主，削土丘、填废沟，大平大整土地 1.7 万亩，削平的土坡高达 2.5 米，填平的废沟最深达 9 米，打井 70 多眼。使全场土地连片。沟、路、林、渠成方格局，其中常营受益颇多。同时，常营的水利建设亦被纳入整体规划。20 世纪 70 年代，常营分场共建设 6 座扬水站。1990 年常营的南水北调工程，总场和分场共同投资 30 万元。1992 年中心沟改造工程，总投资 220 万元，总场与分场共投资 80 万元。由于农场的支持，使得常营形成“一纵两横”的水网格局，既解决了农田基本用水，又改善了村民生活环境。

20 世纪 70 年代常营地区建设扬水站统计表

表 9－2　　单位:公里、万亩、年、万元

扬水站名称	水源	干渠长度	控制灌溉面积	建成年份	设备		投资
					水泵时/石	电机	乡队自筹
外贸后扬水站	通惠河	2.50	0.13	1972	16/1　10/1	72	2.00
十里堡扬水站	通惠河	1.20	0.11	1972	12/2　8/1	97	2.50
五里桥扬水站	通惠河	1.00	0.11	1972	12/8　8/1	57	3.00
常营扬水站	朝阳干渠	1.30	0.11	1973	12/1　8/1	57	72.00
大桥头扬水站	通惠河	3.00	0.15	1972	14/2　12/1	185	4.00
三间房扬水站	通惠河	3.00	0.20	1973	14/2　12/1	130	2.50

此外，农场十分重视农村人才的培养。早在 20 世纪 60 年代初期，农场与双桥中学合办了蔬菜、大田中技培训班，由各村生产大队选送具有初中文化水平的青年入学，文化课由双桥中学教师负责，农技专业课由农场技术人员承担，并组织现场实习，学制一年半，学员 100 余人，这次培训班为各农村大队培养了一批技术骨干力量。1965 年，农场又从农村生产队抽调 30 名知识青年，在朝阳医院医疗队的协助下，开办了半农半医训练班。经过 3 个冬春，1968 年 5 月正式结业，为农村防病治病培养了一批骨干力量。此类培训班，40 年间曾举办多次，包括常营在内，农村社队无不受益。更令人难忘的是，农场党委和管委会以艰苦创业、热爱科技的农场精神，在 40 年中为各社队培养了一批批年轻干部，他们都先后走上领导岗位，把双桥农场精神传向四方，开花结果。

场乡改革　谱写新章

场乡改革　势在必行　场社、场乡体制已延续了 40 年，这种模式在计划经济体制下，已经产生了一定的矛盾，那时有些矛盾并没有引起激化，但随着市场经济的建立，场乡体制所反映出的矛盾越来越突出。主要有两个原因：其一，在计划经济的条件下，有政府配置资源，而农场在配置资源上和政府享有同样的权力，甚至比所在的区县政府在配置资源上还有更大的优势。进入市场经济，配置资源方式已经由政府配置改变为市场配置，整个资源配置的形式已经发生了变化。又加上改革以后农村利益多元化，到 20 世纪末农村当中，国有企业、集体企业、合资企业再加上户营经济的大发展，农村利益多元化也造成了农场体制的矛盾逐渐暴露出来。因为没有政府职能，所以在原有资源配置上的作用减弱以后，又由于农工商联合总公司作为一个企业出现，在整个体制当中是处于一种矛盾的焦点。其二，政府虽然在配置资源上职能大大减弱，但对经济发展中的宏观调控作用却得到了很大的强化，很多的政府职能部门在市场经济的发展中，作用比在计划经济时期更加突

出。比如项目的审批，土地的管理、财政、税收的杠杆作用都比计划经济时期更加突出。恰恰在这方面，农场系统没有这部分政府的职能，所以对于整个农村社会经济的发展的支持度相应减弱。

这种以场带乡的模式暴露出来的矛盾，随着时间的推移还会越来越尖锐，主要有三个方面：

(1)领导体制问题。农工商联合总公司和所在区县的双重领导体制，长期以来实际上已是一种又管又不管的体制，20 世纪 80 年代以来这个矛盾已经越来越突出。集中反映的就是这种双重领导体制问题。在市场经济的条件下，某些地方已经演变成一种彼此制约，出现了相互扯皮的现象。

(2)各利益主体间的矛盾越来越尖锐。过去是“三级所有，队为基础”，农村当中主要是集体经济，而且农村集体经济中，某种程度上也是一种小全民的性质。因此在这种情况下，矛盾并不突出。但随着市场经济的发展，农村利益的主体进一步明确，各利益主体之间在利益上的矛盾，越来越突出了。带来的产权矛盾、利益冲突已初见端倪。而且在有些地方还比较激烈。各种潜在的矛盾，特别是国有和农民之间潜在的矛盾已经是十分突出。

(3)不利于对农村工作的领导和农场地区社会经济的发展。例如市政府制定了鼓励郊区广大农民发展家庭种养业和扶持农户发展二、三产业的财政扶持政策，配有市里的支农资金，还有区县对农民的扶持，但农场的乡镇就很难得到这部分投入。区县认为这不归我管，农场本身又没有这个能力，农民主营经济的发展就没法得到应有的支持。

同时，农场体系本身没有规划部门，市政管理部门缺乏规划，市场管理等手段对所辖地区的社会经济发展也很难做出全盘的规划，所以就会影响到这个地区的社会发展。此外，农场地区在文教、卫生、体育事业的发展上，与区县中其他乡、镇相比也相对处于比较落后的位置。因此，场乡体制改革势在必行。

改革的指导思想 市、区党和政府确定的场乡体制改革的指导思想有 6 点：

(1)必须有利于各区县委、区县政府对农村工作的整体领导。这次改革就是要彻底理顺农村所在地区的党政领导关系。

(2)必须有利于市农工商联合总公司的经济发展。这次改革绝不能简单地看作是一种产权的划分，而应当从郊区的整体经济发展出发。这次改革也不是对农工商联合总公司的削弱，而是要使农工商联合总公司在这次改革中保存自己的经济实力，深化体制改革，促进农工商联合总公司下一步的经济发展。场乡体制改革绝不是对农工商联合总公司的制约，而是要加快农工商联合总公司的发展。

(3)必须有利于富裕农民。这次改革中很重要的一点，就是要充分发挥区县委、区县政府对农村工作的领导。但是这个领导的落脚点是要富裕农民带动农民致富。所以从改革一开始，就要注意保护农民的利益。现在利益主体很多，在所有的利益主体中处于劣势的是农民。这次改革如果弄得不好，可能区县、乡镇、村不会受到损失，而受损的是农民利益。改革的指导思想是必须要保护农民利益。

(4)必须有利于农村经济的整体发展。这次改革一定要使农工商联合总公司所属的国有企业得到发展。农工商联合总公司除去国有企业还可以搞很多形式的企业，和农村经济的发展齐头并进。这次改革，不是通过削弱某一方面去强化某一方面，而是要使农工商联合总公司和郊区的经济有一个同步的发展。

(5)必须确保社会稳定。场乡体制改革反映了郊区广大农民要求,同时也反映了农工商联合总公司广大干部、职工的要求,利益是基本一致的。改革对推动郊区整体经济发展是大有好处的。但同时也要看到这次改革是一次重大的利益调整,非同一般,要看到任务的艰巨性和复杂性。艰巨和复杂就是因为它是一种重大的利益调整。既然是一种利益调整,就难免发生各种摩擦和碰撞,各种社会矛盾也可能会激化。所以这次改革必须是一开始就把稳定放在非常重要的位置,各项工作一定要按市委、市政府的基本精神去做,保证改革顺利进行。

改革目标　市、区党政领导确定的场乡体制改革目标有3点:

(1)政企分开,改革行政管理体制。即将原农场管理时乡镇政权机构划归区县管理,理顺政权上下级领导关系。乡镇政府和农场脱钩,乡镇政府干部脱离企业,纳入政府序列。在上级人民政府领导下,统一管理本辖区范围内的行政工作,执行上级人民政府的决定和命令。

(2)改革经济管理体制。农村集体经济原则上划归区县管理,国有经济继续归农工商联合总公司管理。产权交叉,但产权比较明确的,搞股份合作制。产权交叉复杂、一时难以清理的,经市农工商联合总公司和区县协商,归区县或农工商联合总公司所有。协商不成的,由领导小组裁决。

(3)农场转制,公司重组。市农工商联合总公司在上述工作的基础上进行现代化企业制度改革,在全公司范围内实行资产重组。以种畜、种苗、奶业加工、食品加工、花卉、旅游服务为主体,建成首都最大的农业集团,并集中优势资产,组织上市。力争成为北京市现代农业示范基地,并为全市实现农业现代化提供服务。

改革方案　市、区党政领导确定的场乡体制改革方案,主要有2点:

(1)市农工商联合总公司下辖的37个乡镇政府,与所在农场脱钩,由区县政府实施全面领导,设立同级党委。移交后的乡镇政府重新定机构、定职能、定编制,组建精干的政府机构。乡镇政府行政人员由市编办定编纳入公务员序列,行政管理经费纳入区县财政预算。农场系统现有的农业技术推广服务机构(科技站、林业站、畜牧站、水产站、水管站、农机站、经营站等),原则上纳入区县管理,在农村部分较少的地区,这些单位也可以与区县协商后留在农场管理,同时继续为农村集体服务。乡镇卫生院、学校、敬老院及其他为社区发展服务的社会文化设施,纳入区县管理。凡在乡镇政府任职和党委系统从事农村工作的农场系统干部、职工,原则上"人随岗位走"。

(2)调整经济管理体制。划归区县管理的乡镇,由市农工商联合总公司向区、县办理移交手续。产权交叉且一时难以理清的,由市农工商联合总公司与区县协商解决。

改革实施　场乡体制改革于1998年8月至1999年1月进行。按中共北京市委、市人民政府的部署,在市委、市政府场乡体制改革领导小组领导下,经有关区县和市农工商联合总公司共同努力,顺利完成。

根据市委市政府的决定,1998年8月,朝阳区成立了场乡体制改革领导小组,全面主持场乡体制改革工作,制定了《关于场乡体制改革若干原则意见》《关于场乡体制改革中调整和确认土地权属关系的若干意见》《关于农工商联合总公司场乡体制改革资产划分的若干意见》《朝阳区场乡体制改革机构人员分流方案》等实施意见和方案。

按照人随岗走的原则：崔文荣、冯德茹、何郁松、周满生、董国强、刘桂荣等11人分流到常营乡，乡党委书记李建海亲自去农场接回这些人，并召开全乡机关欢迎会。这些人到岗后能很快进入角色。各自在自己新的工作岗位上努力工作。崔文荣 一年后被乡十四届人民代表大会选举为常营乡乡长，业绩良好。

常营牛奶场是1963年建成的，所占用的土地都是原常营管理站划拨的。几十年来，常营牛场吸纳了常营几百名劳动力，确实解决了当地农民离土不离乡的就业机会，给乡域经济增添比重。至今还有不少退休老人说起自己在常营牛场工作的经历，仍津津有味，常营乡个体养奶牛户也曾得到常营牛场的帮助，解决鲜奶的销路及提供技术指导等。场乡体制改革后，常营部分群众纷纷找到乡党委，要求把原常营的土地要回来。理由是：常营牛场饲料地已经不种植青储饲料了（农工商联合总公司压缩牛群数量，常营牛场的奶牛生产停止，牛群被调往其他牛场）。另外朝阳区搞城市东移，占用常营乡土地，造成常营耕地面积减少，等等。常营乡党委就此召开会议，宣传市、区场乡体制改革文件，说服群众，最后按照朝阳区场乡体制改革领导小组所制定关于土地产权权属的规定，经常营乡党委和双桥农场协商，把常营牛场饲料地两家平分。常营乡分得土地375亩，并于2002年全部绿化。

双桥农场与常营乡相聚40年，虽然业已分开，但守望相助的近邻没有改变，40年培育的场乡兄弟情谊没有变，祝愿两者为着共同的理想，比翼高飞。

四　土地承包与企业承包

土地承包

1978年，全国农村逐步推行联产承包责任制。1979年10月，中共朝阳区委召开农村三级干部会。学习中共中央《关于加快农村发展若干问题的决定》，重点解决农村几个重点问题，即实行四定一奖（定人员、定地块、定产量、定产值、超产奖励）联产计酬。区、场级领导根据本辖区具体情况指出，常营地区地处北京近郊，农田基本设施齐全，机械化程度高，不宜采取“人人分地，户户种田”的责任制形式，可以采取专业户、专业组和专业队的承包方式。各农村合作社，在所有制不变、耕地队为所有的前提下，实行各种责任制。村集体与土地承包者签订联产承包合同，合同中下达经过努力可以实现的生产指标。超奖，亏罚，激发土地承包者的劳动积极性。同时结束了30年来“上班靠打钟，派活靠点名”的集中劳动习惯。承包者根据承包地里的农活，自行安排劳动时间，彻底打破了合作化以来“大拨儿哄”的做法。

1981年常营分场党委搞联产计酬的试点，在五里桥合作社的东园田，率先搞专业组承包责任制，取得很好的成果。园田亩产值由原来的400元提高到1135元。劳均收入由原来的180元，提高到1375元。农民看到了联产承包的好处。各种责任制层出不穷。

1985 年后，因粮价低，土地承包者对粮食生产放松管理，不太注重对粮食生产的必要投入。又因当时的政策可以在抓粮食生产的同时，可以搞多种经营。农村土地承包者，把主要精力放在二、三产业上，对自己所承包的粮田面积，有所放松。有时间就去地里看一看，错过了粮食生产过程中田间管理、施肥、病虫害防治等适当时机，造成粮食减产。同时村集体的农机具承包者只用不修，农田水利基础设施同样遭到人为地损坏，并造成村集体资产流失。常营地区因种植结构特性，水稻生产是集体种，机械收割。所以承包者只承包管理。曾出现把村集体发放的化肥和农药私自出卖，承包田里不施肥、不打药的事件。在土地承包期间，在插秧、浇水、病虫害防治和先后收割过程中也曾出现"以强凌弱"的现象，造成农业生产过程中不和谐的事件发生。

项目名称	单位	序号	年份，年				
			1978	1980	1985	1990	1991
农业户数	户	7	1843.0	1955.0	2243.0	2825.0	2894.0
非农业户数	户	8	53.0	100.0	264.0	510.0	782.0
总人口	人	9	8500.0	9619.0	10131.0	10155.0	10521.0
农业人口	人	10	8077.0	8011.0	8434.0	8207.0	8022.0
非农业人口	人	11	423.0	1437.0	1497.0	1544.0	1641.0
流动人口	人	12	—	171.0	200.0	404.0	858.0
劳动力合计	人	13	3583.0	3765.0	4563.0	3388.0	3243.0
农业	人	14	1800.0	1911.6	643.0	688.0	709.0
工业	人	15	838.0	1221.0	2277.0	1217.0	1249.0
建筑业	人	16	60.0	51.0	9.0	123.0	80.0
运输、邮电业	人	17	33.0	75.0	150.0	380.0	378.0
商饮、物资供销、仓储业	人	18	—	—	111.0	477.0	220.0
文化艺术、教育和广播事业	人	19	—	—	—	—	3.0
卫生、体育、福利事业	人	20	18.0	39.0	84.0	85.0	11.0
其他	人	21	834.0	468.0	1289.0	415.0	593.0
年末实有住宅面积	万平方米	22	15.2	12.5	20.7	20.2	29.4
地方财政预算内收入	万元	23	—	—	—	3.0	18.4
地方财政预算内支出	万元	24	—	—	—	3.0	6.5
银行信用社各项贷款年末余额	万元	25	27.0	89.0	443.0	493.0	1075.0
银行信用社各项存款年末余额	万元	26	20.0	118.5	35.9	643.2	508.8
城乡居民储蓄年末余额	万元	27	0.5	10.3	25.0	166.8	367.6
城乡社会总产值	万元	28	401.4	779.0	2277.0	4607.0	5516.3
农业总产值	万元	29	151.9	166.6	174.5	597.5	733.3
工业总产值	万元	30	204.0	538.6	809.4	1611.6	1741.1
建筑业总产值	万元	31	6.5	4.5	10.4	124.7	148.8
运输业总产值	万元	32	39.0	22.0	1020.0	1330.7	1197.1
商饮业总产值	万元	33	—	47.3	262.7	942.5	1796.0
工农业总产值（1990年不变价）	万元	34	—	—	—	2209.1	2475.0
工业总产值（1990年不变价）	万元	35	—	—	—	1611.8	1741.7
农业总产值（1990年不变价）	万元	36	—	—	—	597.5	733.3
工农业总产值（1991年不变价）	万元	37	355.9	705.2	983.9	2209.1	2474.4
国内生产总值	万元	38	230.4	373.4	913.7	1409.7	1297.9
第一产业	万元	39	120.9	162.0	288.2	282.1	276.4
第二产业	万元	40	100.5	180.4	525.5	8[illegible]2.1	671.5
第三产业	万元	41	9.0	31.0	100.0	264.9	350.0
粮食总产量	吨	42	3506.0	3203.0	2742.0	3055.0	3108.0
经济作物总产量	吨	43	11.0	14.1	27.0	—	—
干鲜果总产量	吨	44	—	1.0	5.0	1.0	3.0
干鲜果商品量	吨	45	—	—	—	—	—
鲜奶总产量	吨	46	—	—	—	748.0	792.0
鲜奶商品量	吨	47	—	—	—	748.0	792.0
蔬菜总产量	吨	48	5489.0	4914.0	4961.0	5500.0	4950.0
蔬菜商品量	吨	49	5477.0	4914.0	4961.0	5500.0	4950.0
鸡蛋总产量	吨	50	1.0	1.0	170.0	163.0	248.0
鸡蛋商品量	吨	51	—	—	115.0	136.0	112.0
肉类总产量	吨	52	87.0	52.0	92.0	125.0	131.0
肉类商品量	吨	53	82.0	41.0	92.0	94.1	114.0
猪肉产量	吨	54	82.0	41.0	51.0	71.0	58·0

图 9－1　土地承包数据表

各级农村党组织针对农村推行联产承包责任制中存在的"重承包轻管理"和以包代管的错误倾向。及时调整思路，本着"宜统则统，宜分则分"，统分结合的精神，完善双层经营机制，强化农村基层组织的管理和服务水平，充分发挥村集体在农机、农技和农田基础设施方面的优势，加强对土地承包单位（人）产前、产中、产后的服务，帮助土地承包者解决在土地承包过程中遇到的困难和问题。使土地承包工作逐步走向正轨，粮食生产形势好转，产量大幅提高。土地承包者的收入提高。农村社会人心相对稳定。1986 年全乡总收入 2624 万元，是 1978 年总收入 600 万元的 4.4 倍。1986 年全乡人均收入 972 元，是 1978 年人均 105 元的 9.3 倍。

1987 年，上级提倡在不放松粮食生产的同时，调整农业产业结构。大力发展养殖业，在原有承包的土地上可以多种植。村集体可以向农民出租土地搞养殖。以增加土地的产出为目的，以提高集体经营实力为前提，联产承包的经营方式向集体规模方式的方向发展，宜粮则粮、宜菜则菜、宜养则养。一切为巩固农村集体经济为出发点，提高农村人口的生活水平，扩大农村集体经济。在包10之后的1988年，全乡全年总收入达到3907万元，人均收入1122元，比承包前的1978年分别增长5.5倍、10倍。

企业承包

在改革开放政策的推动下，冲破"二元体制"的束缚，乡镇企业异军突起，乡镇企业提供的"以工补农""建农资金"为农村和农业生产的发展给予了充实的保障，起到了巨大的支撑作用。20世纪80年代，常营的乡、村集体企业基本上是由乡、村集体统一管理，企业领导由乡、村集体任命，职工是统一招收安排，财务统收统支，财产统一管理处置，职工报酬统一确定。企业只管生产，职工只管劳动，企业自身没有经营自主权，也不承担任何经济责任，存在着企业吃乡、村集体大锅饭，职工吃企业大锅饭的弊端，束缚了乡、村企业管理者和劳动者的积极性和创造性。

1983年，中央一号文件《当前农村经济政策的若干问题》中明确指示：社、队企业要建立多种形式的生产经营责任制，有的企业可以试行厂长承包责任制，企业的所有权和企业积累属于集体。1984年10月，市政府农林办公室下发了《关于社队企业经营承包若干问题的规定》明确实行承包责任制的企业所有权性质不变，企业积累归集体、承包形式可以多种多样，以集体承包为主，有的可以实行厂长承包，规模较小的企业也可以承包给个人。并规定了承包合同时的主要内容，指标和期限。明确收益分配要正确处理国家、集体和个人利益关系。要加强企业民主管理和财务管理。集体资产不能流失，要保障机械设备的保值、升值。当时流行的承包方式有"利润包干，超额分成""包干上交，超额归己""费用包干，自负盈亏""个人承包，包干上交"。

图9-2 20世纪90年代企业被承包后的北京市九州制衣有限公司

常营乡的乡镇企业大都是乡级投资兴建的，而且企业的领导主要管理人员都是乡党委、乡政府搭的班子，企业职工结构复杂：企业内部职工，有固定工（一般是居民身份，国家正式工人），有农民身份的社调工、社员工和部分临时工。各种人员的待遇是不一样的，特别是职工退休后，待遇五花八门，加之部分固定工是乡级政府因人、因事刻意安排的。为保证职工队伍相对稳定，对乡级企业采用"集体承包，厂长负责"的办法。乡级对该企业定指标，对企业负责人定分配，采用超额奖励的办法，对企业中、下级管理人员，由乡级根据企业领导的分配情况给予定出一定分配比例，由企业负责人负责实施。企业承包者按照乡级对该企业所定经营指标，分解到下属班组，各司其职，千方百计完成自身应承担的各项指标。

乡属各农村合作社的队办企业，建场设备投资都是村集体投资，企业由村集体指派专人负责管理，员工由合作社领导指派，收、支由合作社统一管理，企业负责人只管员工干活，检查成品质量和一般企业内部事务。企业想要调出、调入个人都要事先向村合作社打招呼，企业的盈利和亏损由村集体承担，致使外行管企业，业务不对口时有发生。严重束缚着村办企业的发展。

1983 年，为适应村办企业的发展和生存，各农村合作社对所属各村办企业进行改制，把队办企业发包给个人，以企业厂长负责制的方式转换经营方式，企业由承包厂长直接管理。企业的业务、生产及外事关系，村级不参与、不干涉。企业招工、用人，厂长自己决定；企业员工的去留，厂长说了算。通过协商核算，企业每年向村级集体上缴一定数量的上交款。企业在完成国家税收，交足上交款后，才可以进行员工分配。为保障企业资产的保值升值，为保证企业的健康、持续发展，企业还要提取一定数额的发展基金。村集体只保留对村办企业的生产、财务进行把关。

改制后，队办企业突飞猛进，发展形势一片大好。常营铸造厂 1987 年承包前年收入 304 万元，1988 年承包后年收入 369 万元，增长 21.38%；常营金属柜厂 1987 年年收入 106 万元，1988 年年收入 132 万元，增长 24.5%；常营阳光玻璃厂 1987 年年收入 35 万元，1988 年年收入 58 万元，增长 65.71%；常营化工厂 1987 年年收入 10.7 万元，1988 年年收入 21.4 万元，增长了 100%。招商引资，项目合作，引进来，走出去。各类经营模式多种多样，企业各种经济指标日新月异，经济效益成倍增长，为乡域农村建设和农业生产的投入提供了资金保障。

卷十 人 物

一 人物传略

张兆麟

字子岐,回族,清同治四年(1865 年)12 月(农历十月十六日)生于顺天府通州常营村。幼时家道中落,只在本村读过私塾。稍长,去北京经营杂货铺,“一面习营业,暇时念书写字,看《春秋》《聊斋》《今古奇观》《西游记》等书”。光绪二十六年(1900 年),八国联军侵入北京,他“困居无策”,于光绪三十二年(1906 年)与其弟张兆龄“东出榆关,投亲抵营口”。在营口创办了《醒时汇报》,对官军胡乱杀害群众,巡警随意踢死店员进行揭露,为受害者申冤,深受群众赞许。但由于营口人口较少,报纸的销量很低,后停刊。

光绪三十四年(1908 年)11 月,张子岐正式获准创办《醒时白话报》,请孙普笙任主笔,并邀在顺天府(今北京市)的二弟张兆龄至奉天协办。起初,张子岐在沈阳回回营东端的太清宫西院租 3 间房建社,报纸在奉天习艺所(奉天监狱所属营业)承印。宣统元年(1909 年)2 月 10 日,《醒时白话报》正式出版,为四开小报。该报办报宗旨是“改良社会,开通民智,提倡教育,振兴实业”,并提出“以言论济世,以教义济人”。报纸仿照当时《北京白话报》的版式,注重登载有关回族习俗民情及伊斯兰教义等内容,且报价低廉,因此成为广大回民喜闻乐见的报纸。后来改办成对开四版,仍然畅销。于是,又增刊半张,报价随之提高,销量下降。

民国 15 年(1926 年)以后,报社营业大有起色,报纸销路不断扩展。张子岐的长子友兰、媳王维祺,次子友竹、媳杨宪英相继担任报务,另聘请韦尘侠担任文艺编辑,后来又有富梦槐参加。男女编辑共 6 人,外勤记者 5 人,并在各省聘请通讯员。在设备上,先后购置 4 台打印机,并承印《奉天市报》《新亚日报》等。由于人员团结配合,报社规模不断扩大,每天出版两大张,日销量最高达两万份之多,在东北各大城市都设有分社或分销处,发行于奉天、开原、大连、营口、铁岭等地,直至远销北平(京)。至“九一八”事变前夕,该报达到全盛时期。

在张子岐七十寿辰后,《醒时日报》便移交他的儿子友兰和友竹接办。这时日伪对新闻界的限制越来越紧,报纸上的新闻报道一律被迫采用伪“满洲国通讯社”(简称国通社)的电讯。后来日伪当局又成立弘报处,对报刊的内容进行了严格的审查,《醒时日报》沦为世俗小报,再也没有什么生气了。

张子岐办报的目的本为唤醒人们的觉悟,如今办报不成,国家被外国欺凌,他认为这是由于中国国力太弱，科学技术不发达所造成。究其原因，则是文化教育落后，所以他就把目光投向自己的家乡的教育事业，他要用文化拯救常营。他在常营买了几顷地，然后用地租办学堂，还把这些地称为张子岐学田，并刻上石碑。过往行人均可学字，不交学费、发书、本、铅笔，一天发两斤玉米面。当时常营流传一首歌谣：弟子规，不白念，一天两斤棒子面。

杨万录

回族，生卒年不详。杨万录阿訇曾于民国26至30年（1937—1941年）间在常营清真寺任教长。他是京津一带久负盛名的大阿訇，学识渊博，社会经验丰富，曾在许多清真大寺开学执教。他在常营的一个业绩就是抵制日寇侵占寺产拟建电台的阴谋，保护了常营清真寺领地的完整。

民国28年（1939年）春天，日本侵略军驻京部队派兵到常营清真寺西边的一块寺产地勘察地形，扬言要在此建电台。闻讯后，杨万录阿訇感到了问题的严重性。寺产地是礼拜寺的生命线，保护寺产地的完整，是在任教长的义务。一旦工程开工，古老的常营清真寺将被日本侵略军陆续蚕食。他瞒过当时常营地区的汉奸头目，奔赴通州，找到当时的通县回族联合会会长金吉堂（他是一位回族学者，爱国人士，在通县回族群众中享有很高的威望）。当杨万录阿訇将来意说明后，金吉堂认为事不宜迟，当即去找日军驻通县参事长小林，无果。他又去找北京回教联会会长完木，多次交涉均无结果。当时，北京地区处于日本人的势力范围之内，要想使日本侵略军改变计划，夺回土地，无异于虎口拔牙，稍有闪失，就会被扣上“破坏大东亚新秩序”的罪名，招来杀身之祸。

但为了穆斯林的利益，杨万录阿訇早将自己的生死置之度外，他代表广大回族群众向日本人提出了正义的要求。富于民族正义感的金吉堂会长也积极支持杨阿訇，并与他四处奔走，最后直接找到了日伪华北回教联合会机关长茂川。起初茂川的态度十分强硬，一口回绝了杨阿訇提出的要求。尽管困难重重，杨万录阿訇矢志不渝，毫不退缩，与日本人进行了顽强斗争。迫于民众和穆斯林的压力，日本人最后还是让步了，茂川答应将此事请示侵华日军最高长官冈村宁次。数日后，茂川与冈村共同批示“改变建台地点”。从此，杨万录阿訇爱国爱教、义胆刚肠夺回寺产的美名便传遍了常营四乡，一直流传至今。

肖宝恒

回族，民国11年（1922年）4月生于河北省通县常营村。民国35年（1946年）6月，解放战争开始。是年7月，16岁的肖宝恒，被国民党部队“抓兵”，随着国民党军队一路向东北开拔。得知队伍中大部分人同自己一样，都不是自愿加入的，那些逃跑的人很多被发现抓回，最后枪毙了。但他设法逃出去的念头仍没有动摇。

1948年，肖宝恒所在国民党部队来到东北营口，这是一个地形复杂，管理混乱的地方。于是，他趁看守不严的时候迅速逃离军营躲藏起来，不久营口被共产党接收。于是，肖宝恒加入了中国人民解放军，成为138师414团的一名侦察员。攻打天津时，国共双方激战夜晚，肖宝恒的腿被一颗子弹击中，但他仍然紧握扳机继续冲着敌人的方向扫射。受伤后的他没有休息，继续参加战斗。天津解放后他又奉命走向丰台集结。

1949年6月，肖宝恒随部队南下至湖北孝感，光荣加入中国共产党。1950年，他随中国人民志愿军入朝参加抗美援朝战争，上甘岭战役是他终生难忘的战斗。由于头部不幸被子弹击中，从战场上被担架抬了下来，送回祖国九江医院，医治半年又被转往四川医院进行手术，但没能完全康复，头颅中仍有无法取出的弹片。在部队肖宝恒荣获一个一等功、两个二等功。

1953年，负伤后的肖宝恒转业回到常营，任常营乡政府财经主任、高级社社长；1958年当选为常营乡党总支书记、常营管理站站长。1980年退休后，为了发挥余热，肖宝恒又义务担任了常营清真寺管委会主任，负责管理清真寺的日常事务、民族宗教活动等。在担任常营清真寺管委会主任的19年里，他率先提出以寺养寺的思路，并为清真寺开办了馒头厂、切面厂、碾米厂等3个工厂，使清真寺的年收入从1983年的3万多元增加到2000年的75万元，而在这19年里，他分文不取，全凭志愿。先后7次被评为先进共产党员。在他和同事们的共同努力下，常营清真寺被评为全国模范清真寺。而他也因为认真负责，先后被聘为北京市伊斯兰协会党委成员、朝阳区伊斯兰协会副会长等。

2016年6月1日逝世。

张玉昆

回族，民国19年（1930年）12月出生于河北省通县常营村。1947年至1949年上半年，他在北京得胜桥清真寺（今北京市西城区后海清真寺）随张殿卿阿訇念经；1949年下半年至1956年跟随张殿卿阿訇转至天津新城清真寺，历时9年；1956年至1958年在天津西寺跟随阿訇刘绍棠念经；1958年由阿訇刘绍棠在天津西寺给予穿衣挂账；是年进入天津橡胶厂，成为橡胶厂一名正式工人。

1962年为响应中国共产党的号召，回乡务农，并任农业技术员。1980年至2008年在常营乡政府的安排下，他在常营清真寺任阿訇，负责本寺教务工作。

在对东南亚海啸、南方雪灾、汶川地震等大的募捐活动中，他都积极带头，以身作则，信教群众对张阿訇的善举非常敬佩和感动。同时，他还引经据典，宣传伊斯兰教义中扶贫济困、帮弱赈灾、乐于助人等传统美德，宣传中华56个民族大家庭相互团结、相互帮助的兄弟之情和共同责任。张阿訇的工作非常辛苦，从早到晚带领信教群众做宗教活动将近20个小时，没有节假日，因为越是公众节假日，穆斯林群众办事的越多。近80岁高龄的张玉昆阿訇，从不言累，同中青年阿訇一道带拜、宣教、游坟、宰牲，积极为广大穆斯林群众服务。常营清真寺保留着一个优良习惯——阿訇外出诵经，也贴归清真寺所有。

在常营乡城市化建设过程中，张阿訇发挥了巨大作用，当时有很多群众对农民上楼持怀疑态度，不愿离开自己居住了几十年，甚至几代人的祖产房屋。不理解、不支持、意见很多。一时间，有的群众情绪波动很大，思想混乱，处理不好将会出现意想不到的严重后果。

在这种情况下，阿訇张玉昆想到的是本身的责任和义务，想到的是团结局面和农村城市化的美好未来。于是利用每周五（主麻日）讲“卧尔兹”的机会，利用教义，引经据典，教育引导群众，要用发展的眼光看问题，要以大局为重，以国家的利益为重，并宣传党的有关政策和国家法律，举例对比其他地区，说明在拆迁中乡政府给出的种种优惠政策，使本教群众提高了认识，拆迁后群众对政府也变得更加信任了。在常营清真寺的改造和扩建过程中，阿訇张玉昆真实、积极地向常营乡政府反映信教群众的合理化建议，认真向群众传达上级领导的指示精神，为政府和群众之间的沟通做了大量工作，在政府和群众之间起到了穿针引线、上下沟通的桥梁纽带作用，化解了许多矛盾，使信教群众对政府的工作更加理解和支持，使清真寺的改造扩建工作进展顺利。

党的宗教政策落实后，1982 年至 1998 年，张玉昆被推荐为朝阳区政协委员。其间，他积极参政议政，认真履行一个政协委员的责任；1999 年至 2008 年，他当选为朝阳区人大代表，任职期间，严格履行党和政府赋予人大代表的职责，维护法律的尊严。2001 年至 2008 年，他担任朝阳区伊斯兰教协会代会长、会长、法人代表（朝阳区伊斯兰教协会老会长马春圃归真后，张玉昆曾任代会长）。在职期间负责全区伊斯兰教的工作，在党和政府与信教群众之间积极发挥了宗教人士的桥梁纽带作用。在工作中，阿訇张玉昆除认真履行参政议政的职责外，还经常征求群众意见，了解身边周围的社会动态、群众生活情况，特别是少数民族最为敏感和关心的清真不清真的问题。每次听到反映，他都亲自暗访，对出现的问题及时向有关部门和领导反映，并向群众做工作，解释其中有误会的问题，避免冲突，减少矛盾，把问题解决在萌芽状态。无论担任政协委员，还是人大代表，张玉昆都积极履行委员和人民代表职责，提出了一系列合理化建议，有力地促进了朝阳区少数民族地区的发展，保障少数民族的合法权益。

20 多年来，张玉昆多次受到党和政府的表彰。1989 年被评为“朝阳区民族进步先进个人”；1990 年被评为“北京市第三次宗教界为四化建设服务先进个人”；1998 年被朝阳区人民政府授予“民族团结进步先进个人”称号；等。常营清真寺先后被中国伊斯兰教协会授予“全国百座模范清真寺”称号，并多次被北京市授予“首都民族团结进步先进单位”，多次被朝阳区评为“五好宗教活动场所”。

阿訇张玉昆于 2016 年 8 月 6 日逝世。

吴国兴

民国 22 年（1933 年）出生于常营村的一个穷苦农民家庭。从小就跟随父母下地干活。吴国兴不仅肯干农活，而且会干农活，那时常营村的许多农户靠种韭菜、埋大葱，收获后拿到市上卖，维持生计。吴国兴插葱，一个人能顶两个人干的活，他埋葱开沟直，垅整齐，质量高。

1948 年，国民党反动派垂死挣扎，在常营组建自卫武装，所谓 38 团，户户抽丁。当时吴国兴两个哥哥已成家立业，有妻小牵挂，弟弟妹妹年龄还小，只好由他代表吴氏家庭去当兵。不久，38 团离开常营，开赴前线，在张恒战役中被击溃，吴国兴被中国人民解放军67军“解放”了。16岁的吴国兴听了解放军首长报告,看到了真正的人民军队,他如梦初醒决心留下来当一名光荣的解放军战士。参军后,他成了67军600团1营2连战士。他思想进步,工作积极,每次都能出色完成任务,于1949年10月光荣地加入了中国共产党。11月,部队开展练兵活动,吴国兴浑身是劲,不仅自己埋头苦练,而且还能主动帮助他人,成绩显著,获师政治部记功授奖。

1950年6月25日,美帝国主义悍然发动侵朝战争,把战火烧到了鸭绿江边,吴国兴决心誓死保家卫国,随时准备听从中国共产党的召唤。在部队入朝前夕,他被安排回乡探亲,鼓励弟弟吴国泉“好好学习,将来做个有用的人”。临走时,给家人留下一张自己的军照,表示暂时不会给家里人写信。孰知,这是他当兵后第一次回乡探亲,也成了最后一次。吴国兴回到部队,所在部队被编入中国人民志愿军第200师,他们成了首批跨过鸭绿江的战士。部队到达朝鲜后,立即进入战斗准备,当时整个战场给养不足,缺少棉衣,很是艰苦。为了阻击敌人,身为班长的吴国兴带头报名参加突击队。战斗十分惨烈,吴国兴和突击队员,个个视死如归,决心血战到底。虽说他们的阵地被炮火夷为平地,烈士们尸骨无存,但美军也付出了极高代价,死亡无数。吴国兴烈士牺牲时,才刚满18岁。

苗德宝

民国27年(1938年)4月出生于河北省通县徐辛庄一个普通农民家庭,自述:“从小什么苦都吃过。”新中国成立以后的1958年,他初中毕业报名参军,在0216部队二支队当上了排长,1962年复员回乡务农,在徐辛庄乡窑上村担任团支部书记、民兵连连长。他担任民兵连连长时,带出了一个先进民兵连。他被分配养猪,从3头发展到300头,个个膘肥体壮。苗德宝给人的印象是个干事的能人。

1976年,徐辛庄乡综合厂发生亏损,苗德宝被调到该厂担任供销科科长、厂长,很快扭亏为盈,连续3年盈利90万元。其间,他偶然萌发了生产再生纸的想法,便在很短时间内办起了一个小造纸厂,经济效益好于预期。然而,无论他怎么努力,总有人对他持怀疑的眼光,因得不到信任,使他感到心灰意冷,于是决心离开家乡,到外边世界去闯一闯。

1984年,经人推荐,苗德宝来到常营回族乡五里桥村筹建造纸厂。当时村里提供给他的是一座倒塌的土窑、20亩荒地和几间破旧小屋。荒地坑坑洼洼,长满了齐腰深的荒草。他带领一群农民工在这里白手起家,搞起了纸张加工,硬是凭着一点一点地积累,加上贷款,购置了办厂的设备。工夫不负有心人,终于在苗德宝一手操持下办起了京东造纸厂,苗德宝出任总经理,经济效益见好。1990年苗德宝被北京市科技干部局评为经济师,1991年被评为优秀农民企业家,并当选为中国优秀企业家协会副主任,名气渐播常营及朝阳。

为了扩大生产规模,到了20世纪90年代初,苗德宝先是与河北邯郸玉峰煤矿联办造纸厂。1992年,京邯造纸厂投入生产,日产新闻纸7吨,年产值500万元,年利润100万元。是年,苗德宝又与香港商人合办宝港造纸有限公司,积极向外向型发展。1994年,宝港公司总收入16541.1万元,占全乡总收入51.9%,占全乡企业71%。1995年6月,荣获中国乡镇企业“明星企业”称号，在全国同类 100 家乡企中经营规模排名第三，在全国 1000 家利润高的乡企中排名为第 168 名次。10 月，被评为农业部“七星级企业”。是年，苗德宝担任宝港三信造纸工业有限公司董事长、总经理。1996 年 6 月，苗德宝加入中国共产党。

苗德宝不仅是位优秀的企业家，而且热衷公益事业，为五里桥村做了很多实事。20 世纪 80 年代，由他领办的企业，投资 9 万元，为五里桥村建造了一座水塔，使村民们吃上了自来水；投资 13 万元，为村里修建了水泥路，安装了路灯；投资 7 万元，修建了五里桥小学，为该校配备了电教室和电教器材；为全村 6 位老人每月发放 45 元生活费（后扩大为给全村 200 名老人每人每月发给 30 元生活补助费），为全村 450 名从业人员购置了工作服、为村委会建立办公室 8 间。此外，他们还出资赞助过女排赛事、残疾人事业以及扶持困难个企脱困，深受社会广泛赞誉。

苗德宝于 2006 年 3 月 12 日因病逝世，享年 69 岁。

陈振英

民国 26 年（1937 年），出生在北京市宣武区（今西城区）牛街地区的普通回民家庭。1960 年他以优异的成绩毕业于北京回民师范班，服从组织分配来到常营。当时的办学条件很差，教育教学工作开展起来困难较多。他每天骑自行车往返近 50 公里，早来晚走，风雨无阻，后来索性住在简陋的宿舍里，几乎没有休息日。他在常营中心小学，先后任教师、教导主任、校长。1981 年该校改为常营民族小学，1997 年命名为北京市民族学校，陈振英担任校长、支部书记，直至 1997 年退休。退休后，他依然为常营地区民族教育而操劳。他把自己的一生都献给了常营的民族教育事业。

陈振英初到常营之时，常营小学校舍破旧没有院墙，教室因常年失修，门窗损坏不全，学生上课时，鸡鸭满院串走，有时还飞进教室，引发课堂秩序混乱。学校仅有一块小操场，村民们夏天把它当晒场，冬天把它当粪场。面对这样的条件，陈振英没有丝毫退缩和埋怨，1964 年他对中共组织立下誓言：“我决心以苏联电影《乡村女教师》中的主人翁为榜样，自力更生，艰苦创业，贯彻党的教育方针，在常营回族乡扎下根，为世代回族儿童办教育。”陈振英没有食言，他从农民那里学会了插秧、种麦子、割草、打草绳、摔坯、烧砖，又学会变废为宝，用废纸板做出漂亮的棋子。仅靠着一台 20 世纪 30 年代淘汰下来的印刷机办起了校办印刷厂。他带领师生自己盖房、平操场，为了节省开支，只请技术工，他和一些教师当小工，白天忙不过来就挑灯夜战。终于盖起了新教室，学校面貌大改观。

为了提高教学质量，陈振英从加强教师队伍建设入手。首先，抓教师的德育水平和业务水平，对青年教师以办培训班形式学习业务。其次，他和青年教师一起备课，亲自做示范课，言传身教。他认为在课堂上的教态很重要，要以姿态助说话，板书的技巧不可忽视，培养学生兴趣尤为重要。他还经常把教育专家和特级教师请进学校辅导青年教师。工夫不负有心人，在陈振英努力培养下，一批青年教师很快成长起来，使教学质量有了明显提高。

随着经济快速发展,在市、区和乡党委、乡政府的支持关怀下,常营的民族教育突飞猛进,自1997年更名北京市民族学校之后,成为直属市教育局的九年一贯制学校。陈振英不忘初心,继续奋进,在他谋划下学校的规模、校舍的建设、成为一所名副其实的花园式的学校。为此,陈振英获得全国优秀教育工作者的称号。1997年1月陈振英退休,之后又被朝阳区民族教育委员会聘为顾问。

2015年8月16日,陈振英因病逝世,享年78岁。常营的师生、干部群众无不怀念这位为民族教育事业鞠躬尽瘁的陈校长。

二 人物简介

乡党政主要领导简介

1953—2015年,有28位领导干部先后担任常营乡党政一把手,其中肖宝恒已立传,另有1位历史上被撤职不计在内,现将穆祥义等26人简介如下:

穆祥义 出生于1923年6月,北京市人。回族。1955年4月参加工作,1954年4月加入中国共产党。1953年4月—1957年3月,任常营乡秘书。1954年4月—1957年7月,常营乡乡长。

马德洲 出生于1927年3月,河北省承德市人。1947年6月参加工作,1947年6月加入中国共产党。1947年6月—7月,河北省承德市文书、总务。1949年7月—1953年5月,通州市财政科科员。1953年6月—1956年6月,通县八区区委副书记。1956年7月—1958年9月,任中共常营乡委员会书记。

周作民　出生于1927年7月,北京市人。1948年10月参加工作,1950年2月加入中国共产党。1948年10月—1951年5月,国民党金盏大乡乡队副班长、民兵队长、团支部书记。1951年6月—1952年1月,通县九区委员会楼梓庄村组织干事。1952年2月—1954年5月,通县八区委员会双桥区副组织委员。1954年6月—1954年9月,通县地委学校学生、委员。1954年10月—1955年10月,通县八区委会(双桥)组织委员。1955年11月—1958年9月,常营乡党委副书记、常营副乡长。1958年10月—1959年3月,朝阳公社双桥站和常营站副站长、副书记。1959年4月—1959年11月,三间房站总支部书记。1958年1月—1960年4月,双桥公社常营站站长。

胡文顺　出生于1930年7月,北京市人。1947年8月参加革命工作,1948年6月加入中国共产党。1947年8月—1947年10月,通县武工队战士。1947年11月—1950年6月,通县公安局交通员、侦察员。1950年6月—1951年3月,通县马驹桥派出所勤干。1951年3月—1957年6月,通县公安局股员、副股长、秘书股长、副局长。1957年6月—1958年5月,通县尹各庄乡党委书记、乡长。1958年11月—1960年2月,双桥派出所所长。1961年6月—1965年4月,常营大队总支书记。

张　勃　出生于1926年,河北省定州市人。1945年参加革命工作,1950年加入中国共产党。1949年10月—1952年,农业部双桥机耕学校学生、人事科副科长。1954—1955年,农业机械化学院工农速成中学党支部书记、分校党委副书记。1965年5月—7月,双桥农场常营大队党总支书记。

耿春胜 出生于1928年4月，北京市人。1956年1月加入中国共产党，1958年参加工作。1958年—1961年5月，定福庄创办初级社社长、高级社大队长。1961年6月—1965年5月，常营大队大队长。

张宝文 出生于1927年8月,北京市人。1952年参加工作,1950年4月加入中国共产党。1952年—1953年2月,通县七区区委宣传干事。1953年—1957年12月,通县县委干事、副主任。1958年1月—10月,通县楼梓庄乡党委书记。1958年11月—1959年3月,朝阳公社办公室主任。1959年3月—1965年5月,双桥公社(朝阳公社)副书记。1965年5月—7月,常营大队党总支副书记。1965年8月—1971年5月,常营大队总支书记。

刘章林 出生于1927年5月,河北省雄县人。1942年参加工作,1945年6月加入中国共产党。1942年4月—1944年10月,雄县武装队民兵。1944年11月—1946年12月,冀中军区雄县武委会干部。1947年1月—1948年4月,冀中军区雄县四区武委会教导员。1948年5月—8月,冀中军区雄县四区武装大队队长。1948年9月—10月,冀中十分区武装部军训队班长。1948年11月—1949年1月,冀中雄县三区武装大队部教导员。1949年2月—3月,冀中十分区武装部训练队区队长。1949年4月—11月,大兴县武装部长副股长。1949年12月—1953年2月,任大兴县二、三、四区武装部部长。1953年3月—1954年8月,北京通县八区武装部部长。1954年9月—1958年4月,通县武装部政工科科长。1958年5月—1962年1月,双桥公社咸宁侯大队总支书记。1962年—1969年8月,双桥公社武装部部长、生产科科长、科技站站长。1971年6月—1973年12月,双桥公社常营大队党委书记。

薛 恒 生卒年不详,北京市人。参加革命工作时间和加入中国共产党时间不详。1973年1月—1978年12月,常营大队党委副书记、常营大队大队长、常营大队党委书记。

闻连生 出生于1935年5月,北京市人。1958年9月参加工作,加入中国共产党时间不详。1958 年 9 月—12 月，1959 年 12 月—1964 年 12 月，郎各庄生产队队长。1966 年 10 月—1968 年 2 月，黑庄户大队副大队长。1968 年 3 月—1969 年 10 月，黑庄户大队革委会主任。1971 年 5 月—1972 年 11 月，三间房乡大队大队长。1974 年 2 月—1984 年 2 月，常营大队副大队长、大队长、管理区书记、管理区主任。

吴国泉 出生于 1939 年 11 月，北京市人。回族。1953 年参加工作，1958 年加入中国共产党。1953—1958 年，常营村互助组统计员、高级社统计员。1959—1960 年，常营理工元件厂副厂长。1961—1964 年，常营管理站团总支书记。1965—1969 年，常营四队党支部书记。1970—1978 年，豆各庄大队副大队长。1978 年，双桥公社生产组工作。1979—1983 年，双桥农场豆各庄牛场党支部书记。1983 年—1990 年 11 月，常营乡党委书记、乡党委（常营分场）副书记、常营分场场长、农工商总公司经理。

白继良 出生于 1947 年 6 月，北京市人。回族。1968 年 9 月参加工作，1971 年 10 月加入中国共产党。1968 年 9 月—1970 年 1 月，朝阳区常营乡第八生产队政工员、民兵连长、团支委。1970 年 2 月—1972 年 8 月，朝阳区常营管理区政工组政工员。1972 年 9 月—1980 年 11 月，朝阳区常营第八生产大队党支部书记。1981 年 2 月—1990 年 1 月，朝阳区常营乡党委副书记、纪委书记。1990 年 2 月—1992 年 4 月，朝阳区农场农村经济工作部党支部书记。1992 年 5 月—1998 年 2 月，朝阳区常营乡党委书记、乡长、人大主席。中华人民共和国第五届全国人民代表大会代表，北京市第七、九、十届人民代表大会代表。

王景乐 出生于 1939 年 7 月，辽宁省海城市人。1956 年 8 月参加工作，1956 年 1 月加入中国共产党。1956 年 8 月—1958 年 10 月，豆各庄乡乡政府秘书。1958 年 10 月—1969 年 9 月，双桥公社党委委员、秘书、团委书记。1969 年 9 月—1971 年 5 月，管庄大队党总支委员。1971 年 5 月—1987 年 4 月，三间房乡副书记、乡长。1987 年 5 月—1990 年 1 月，管庄乡乡长。1990 年 2 月—1993 年 3 月，常营乡党委副书记、党委书记、常营分场场长。

侯俊臣 出生于1937年6月,北京市人。回族。1954年8月参加工作,1958年7月加入中国共产党。1954年8月—1958年10月,常营乡统计员、秘书、文书、民政主任。1958年11月—1983年,双桥公社(朝阳公社)干事、民政干事、计财科干事、科长。1984年2月—1993年3月,中共朝阳区常营回族乡委员会副书记,常营分场副场长、常营乡乡长。

穆怀敏 出生于1937年4月,天津市人。回族。1953年1月参加工作,1969年加入中国共产党。1953年1月—1962年12月,天津7530厂工人。1963年1月—1973年2月,常营六队务农。1973年3月—1984年6月,常营大队、分场治保主任。1984年7月—1994年1月,中共朝阳区常营回族乡委员会副书记、常营回族乡乡长、乡人大主席。

郭文荣 出生于1930年5月,北京市朝阳区人。1953年7月参加工作,1953年5月加入中国共产党。1953年7月—1959年12月,郭家场村生产队队长、党支部书记。1960年1月—1962年9月,大鲁店大队党支部书记。1965年6月—1972年12月,常营大队副大队长、大队长。

杨玉清　出生于1940年10月，北京市人。回族。1958年参加工作，1960年11月加入中国共产党。1958—1959年，常营八队记工员。1959—1964年，常营一队统计员。1965—1990年4月，常营一队党支书记。1990年4月—2000年2月，朝阳区常营回族乡副乡长、乡人大副主席、乡人大主席。

李建海　出生于1953年3月，北京市人。满族。大学文化程度。1970年11月参加工作，1973年10月加入中国共产党。1966年9月—1969年9月，双桥管庄中学学生。1970年11月—1984年10月，北京化工八厂工人。1984年10月—2002年10月，常营乡规划科科员、双桥农场常营分场副场长、仓储公司经理、农工商总公司总经理、中共朝阳区常营回族乡委员会书记、乡人大主席。

侯景增　曾用名：侯井增，出生于1960年2月，北京市人。回族。大学文化程度。1979年参加工作，1986年12月加入中国共产党。1988年2月—1989年2月，常营乡铸造厂厂长助理。1989年3月—1992年3月，常营回族乡企业办主任、财政所副所长。1992年3月—1995年6月，中共常营乡第七村支部书记、第七合作社社长。1995年7月—1999年11月，常营回族乡农工商公司副总经理、乡党委副书记、常营回族乡乡长。

崔文荣 出生于1953年6月，北京市人。回族（女）。大专文化程度。1972年2月参加工作，1973年12月加入中国共产党。1972年2月—1975年9月，常营回族乡团委书记、中共朝阳区常营党总支委员会委员。1975年9月—1998年11月，双桥农场文化站干事、纪律检查委员会干事、司法办公室主任［其间，1995年9月—1997年9月，北京市农工商联合总公司职工大学企业管理专业读书（大专）］。1999年7月—2006年6月，常营回族乡办公室主任、常营回族乡副乡长、常营回族乡乡长、中共朝阳区常营回族乡委员会副书记（其间，2003年3月—2006年6月，兼任常营地区办事处主任）。

吕　贵 出生于1956年1月，北京市人。研究生文化程度。1974年12月参加工作，1976年11月加入中国共产党。1977年3月—1999年11月，朝阳区高碑店乡水利员、武装部干事、团委书记、办公室副主任、副乡长。1999年12月—2001年3月，朝阳区南磨房地区办事处副主任、南磨房乡副乡长。2001年3月—2003年2月，朝阳区东风乡乡长。2002年11月—2006年7月，中共朝阳区常营地区工委（乡党委）书记、乡人大主席、乡正职调研员。

吉广平 出生于1962年3月，河北省阳原人。研究生文化程度。1982年12月加入中国共产党，1983年8月参加工作。1983年8月—1984年9月，北京钢铁学院金属压力加工系教师。1984年9月—1986年7月，北京钢铁学院社会科学系学生，副科待遇，团总支书记、副主任、党总支副书记（其间，1984年9月—1989年9月，在北京钢铁学院思想政治教育专业在职大学学习，攻读法学学士学位）。1996年10月—2001年10月，中共朝阳区亚运村工委副书记、街道办事处主任（其间，1998年7月—2001年7月，在中央党校马克思主义哲学专业在职研究生学习）。2001年10月—2002年4月，朝阳区科委主任。2002年4月—2004年5月，朝阳区科委党组书记、主任。2004年5月—2005年12月，朝阳区科委党组书记、主任，知识产权局局长兼中关村科技园区健翔园管理办公室主任。2006年7月—2014年2月，中共朝阳区常营地区工委（乡党委）书记、乡人大主席。

蔡淑敏 出生于1957年5月，北京市人。回族（女）。1976年7月参加工作，1990年4月加入中国共产党。1976年7月—1987年9月，朝阳区管庄金属结构厂工人。1987年10月—1995年4月，朝阳区光明开关控制设备厂、激光医疗设备厂厂长。1995年5月—2002年4月，双桥农场管庄分场副厂长。2002年5月—2005年6月，管庄乡副乡长。2005年6月—2006年6月，朝阳区管庄地区办事处主任、管庄乡乡长。2006年7月—2011年7月，中共朝阳区常营地区工委副书记、常营地区办事处主任、常营回族乡乡长。

王　刚 出生于1964年4月，北京市人。回族。研究生文化程度。1982年10月参加工作，1984年10月加入中国共产党。1982年10月—1985年10月，解放军步兵某师某团四连战士。1985年1月—1985年10月，解放军步兵某团4连班长。1985年10月—1986年6月，解放军某军某连一排排长。1988年8月—1990年5月，解放军步兵某师某队4站副连职报务员。1990年6月—1991年5月，解放军某军养殖场副连职助理员。1996年6月—1992年11月，解放军某军伯各庄农场正连职参谋（其间，1990年9月—1992年7月，在解放军后勤学院后勤参谋在职大专学习）。1992年11月—1995年8月，总参某局后勤部办公室正连职、副营职政治干事。1995年9月—2001年5月，朝阳区香河园街道办事处科员、宣传部副部长、宣传部部长、团委书记、街道工委办公室主任。2001年6月—2003年4月，中共朝阳区委办公室督查室主任科员。2003年5月—2008年5月，朝阳区安贞街道办事处副主任（其间，2004年9月—2007年7月，在中共中央党校马克思主义哲学专业在职研究生学习）。2008年6月—2011年7月，朝阳区朝外街道办事处副主任。2011年8月—2014年2月，中共朝阳区常营地区办事处主任、中共朝阳区常营地区工委（乡党委）副书记、常营回族乡乡长。

刘大庆 出生于1964年3月，吉林扶余人。研究生文化程度。1985年9月参加工作，1995年6月加入中国共产党。现任中共朝阳区常营地区工委（乡党委）书记。1982年9月—1983年8月，北京市第九十四中学学生。1983年9月—1985年8月，北京市仪器仪表工业学校精密机械专业学生。1985年9月—1990年3月，北京自动化控制设备厂技术员。1990年3月—1995年7月，朝阳区土地管理局土地科用地科员。1995年7月—2002年5月，朝阳区房屋土地管理局建设用地科科员、副科长。2002年5月—2005年3月，朝阳区国土资源和房屋管理局建设用地科副科长、科长、局长助理。2005年3月—2009年

4 月，北京市国土资源局朝阳分局局长助理、建设用地科科长、副局长、党组成员。2009 年 4 月—2012 年 6 月，垡头文化休闲产业区管理委员会办公室副主任。2012 年 6 月—2014 年 1 月，中共朝阳区小红门地区工委（乡党委）副书记、地区办事处主任、小红门乡乡长。2014 年 2 月中共常营地区工委（乡党委）书记、人大主席。

方　泽　出生于 1980 年 3 月，河南淮阳人。回族。研究生文化程度。2005 年 7 月参加工作，1998 年 8 月加入中国共产党。现任中共朝阳区常营地区工委（乡党委）副书记、地区办事处主任、常营回族乡乡长。1995 年 9 月—1998 年 8 月，河南省淮阳中学学生。1998 年 9 月—2005 年 7 月，中央民族大学马克思主义民主理论与政策专业学生。2005 年 8 月—2011 年 4 月，奥运村地区办公室科员、副主任、主任助理、社区办主任。2001 年—2014 年 1 月，奥运村街道主任助理、社区办主任、地区办事处副主任。2014 年 2 月—2015 年 1 月，中共朝阳区双井街道工委副书记。2015 年 2 月，中共朝阳区常营地区工委（乡党委）副书记、地区办事处主任、常营回族乡乡长。

社会闻人简介

秦玉文（中）接受采访

阿訇秦玉文　1920 年，秦玉文出生在常营村北的一户回族人家。十几岁时，秦玉文前往固安、济宁等 20 多个地方，拜师不同的阿訇，却领悟到相同的境界，“那是一种为民族宗教事业忘我的精神”，为北京地区著名大伊玛目管华亭之得意门生。20 世纪 40 年代，秦玉文第一次在宣武区教子胡同挂账出师，成为前门扫帚胡同清真寺的阿訇。新中国成立后在常营清真寺担任阿訇期间，曾积极倡建穆信小学，致力于发展民族教育事业。1982 年，常营清真寺恢复重建后，秦玉文便被调任为常营清真寺的掌教阿訇。为了使穆斯林群众更正确、深入地领悟教义，秦玉文一边教课，一边利用自己的学识功底，把《古兰经》的经堂语、汉语、阿拉伯语原文、马坚译文合订本编译成一本厚达 548 页，集三位于一体的《尔嘎一德注释》。书籍由他亲自手写，并和地区办事处合资印刷 1000 册，免费赠给有需要的穆斯林群众。在岗时敬业执着，离休后坚持无私奉献，几十年来，秦玉文阿訇用行动感动了大家，也像所有人展示了一种精神，为人们昭示了“爱”的含义。自 1998 年退休后，每天中午，秦玉文都会赶到常营清真寺为穆斯林群众教经，一直到 2010 年未曾间断。秦玉文历任朝阳区伊斯兰教协会三任副会长，朝阳区人大七至十一届代表，十一届常委，积极参与参政议政。是常营清真寺名副其实德高望重的伊玛目。

阿訇尹凤桐 1923年5月，尹凤桐出生于常营村宗教世家。其父为常营村的三师傅，专门负责常营回民的殡葬服务，是世袭的常营村阿訇。这样他从小就开始跟随老阿訇攻读《古兰经》，学习宗教知识，为接替三师傅这个职业打基础。当他学成阿訇，挂了帐子（毕业），因老三师傅还健在，只能先在外边做阿訇。

尹凤桐（左）

1958国家进行宗教改革，他也和所有的阿訇一样转业了。那时他30多岁，先在常营村里参加生产劳动，后到常营基建队学会了一门瓦工手艺。1980年拨乱反正落实宗教政策，他仍在基建队当瓦匠。后因杨闸村缺阿訇，斋月没有人领拜，请他去领拜。他白天当瓦工上班干活，晚上去领拜，自己在家开完斋，再赶到杨闸清真寺去领拜。一个月下来，人消瘦了很多，寺里乡佬给他钱，他坚决不要。在广大乡佬要求下，让他辞掉基建队的工作，做了杨闸清真寺的阿訇。清真寺刚恢复，修缮的活很多，他一有时间就拿起瓦刀忙起来，除去礼拜一会儿不闲着。乡佬请他念经，他拿回乜贴往褥子底下一放，自己从不要。寺没有煤了，拿着乜贴去买，缺汤瓶了，也拿着乜贴去买。乜贴本应是阿訇自己应该拿的收入，但他从来不拿。就这样先后在万子营、管庄都做过阿訇，都是把自己应该拿的乜贴贡献给清真寺。

1998年，常营清真寺的秦玉文阿訇要退休，在常营民管会的邀请下，尹凤桐阿訇来到常营做大阿訇。他提出回常营可以，但不要拿寺里的工资（他知道常营阿訇是挣工资的），为了把他请来，暂时答应了他的要求。于是1998年9月17日，来到常营清真寺。管庄的乡佬200多人含泪为他送行，乡佬们说真不愿让尹阿訇走。来常营后还把省吃俭用买的一台扩音器送给了常营清真寺。

到常营清真寺后，寺领导找他做工作，说"常营的阿訇是工资制，您不拿，别的阿訇怎么拿。""这样，工资您拿着，您可以举意再给寺里一部分。"就这样才同意了，每月只留部分工资，念经的乜贴一律交回清真寺。常营念经的多，阿訇收入高。可他在常营做阿訇，家里没有一件好的家具，除去电灯没有一件电器。因为他的言传身教，他的夫人和子女们，对他的做法都很支持，都能自力更生。

尹阿訇还写一手漂亮的阿文书法，义务为清真食品店书写门匾。给外国友人赠送自己抄写的古兰经。尹凤桐阿訇而今已是90多岁高龄，开斋节还能头戴太斯他勒，开经时领念法提孩。常营的广大穆斯林、乡佬无不从心底里佩服这位虔诚克己的老阿訇。

文人王川 王川（字钏）是常营福第社区的一名居民，也是一名中共党员，来自河南省新乡市。在2011年，他成了一名新北京人，入住了常营福第社区。现为社区民族文化书画院常务院长。

王川酷爱书法，在书坛耕耘近50年，在全国多个地方举办过书法作品展。来到常营福第社区，他也和其他书法爱好者一起开创了社区文化建设的新格局，筹划并建立了社区的民族文化书画院，同时他很注重精神文明建设，在书记杨文明的认同、肯定和主持下，他偕同“北京好人”“全国人大代表”“活雷锋”李高峰及2000多个志愿者共同创建了雷锋精神传承馆，成为全国第一个雷锋精神传承进社区的典范，得到了中央领导和北京市委主要领导的肯定。

王川

他的作品曾先后多次在美国《世界日报》、河南《大河报》《新乡日报》《平原晚报》《公安报》《社区报》等多家报纸上先后发表。作品《中国梦》遍洒全国。在2013年5月，雅安地震后，王川书写八尺榜书作品《中国梦》，拍出了5万元，此笔款项全部捐给了雅安的受灾人民。

文人康书贵　康书贵，回族，1947年4月25日出生。常营乡人，中共党员。自幼酷爱书法，学习书法30余年，笔耕不辍，曾在通州《水韵纵览》书中，发表过作品，并多次参加书法展，受到各界人士好评。先后担任中国文化遗产保护研究院民族文化书画院执行院长，中国国际书画研究院院士，中国书法家协会会员，北京收藏协会会员，北京朝阳区常营诗书画协会会长，北京朝阳区墨艺协会会长，北京市朝阳区常营民族诗书画协会会长。

康书贵

康书贵书法艺术作品，只有带着感情去欣赏，才能感受、体会和理解他的风采神韵。

草根艺人高永旺　1939年3月，高永旺出生于常营七村回族家庭。1958年从通州潞河中学高中毕业回到家乡务农。他能写会画，有着一副铜钟般的歌喉。他回到故乡无疑是给当时文艺匮乏的常营农村文艺点亮了一束火把。他为人忠厚老实，有求必应，乡亲们来了家信，不会念找他帮忙，写回信也找他帮忙，他都能认真地为邻居们去做。

“大跃进”时代宣传是头等的事。领导们发现他的才能，把他从生产队抽出来，写标语、搞壁画。平整的墙面画上巨幅宣传画，他的写字、画技能得到淋漓尽致的发挥。一时间他成了青年们的偶像，向他学文化、学写字、学绘画、学唱歌，听他唱歌的大有人在。北京歌舞团来农村招生，公社领导推荐他去应聘，面试技能都过关了，结果被政审挡着了。因为家庭出身富农，没有被录取。

虽然这次没有被录取，他并不灰心，认为自己在农村仍然大有可为。20世纪70年代，常营各队都在搞特种工艺，上级领导安排七队搞象牙雕刻。队领导不敢接怕干不好，他知道后，主动找领导接下这活。他也知道象牙是比较贵重的物品，给特艺厂带料加工，一刀下错，料就废了，不但挣不到钱，还要赔钱。为了给七队创收入，他决定担当这个风险。他虽然能写会画,干雕刻的活儿他也没干过。他选中几个干事细心的人,先到象牙雕刻厂学习了一个多月。那时外边吃饭,吃不起,就叫大家自带干粮,喝点开水。经过一段学习,初步掌握了技术,就回来接活,先接较粗的活,练手。接活后,他一刻也不停地照看着,害怕出现废品。这个小作坊在他的带领和指挥下,每批活都完成得不错。两年之中,没出现一件残次品。高永旺竟成了草根艺人。象牙雕刻厂开办,工人们学到了手艺,为生产队创造了收入。后来因原料不足,对方停止了合同。

此后,七队搞了一个喷漆厂,领导又想到他,让他当会计,这一干就是十几年,直到2007年11月23日,去管庄农商行结账,突发性心梗发作,去世在工作岗位上。乡亲们个个眼含着热泪为他送行,赞扬他心灵手巧,是位难得的草根艺人,他把一生献给了家乡农村建设。

三　人物表录

常营乡革命烈士英名录

表10-1

烈士姓名	性别	籍贯	出生年月	参加革命时间	牺牲时间	牺牲地点
吴德清	男	常营乡	1926年	1949年	1951年	朝鲜战场牺牲
李　来	男	常营乡	1948年		1971年	黑龙江省东宁县执行公务牺牲
肖宝清	男	常营乡	1932年	1948年	1950年	朝鲜战场牺牲
吴国兴	男	常营乡	1933年	1948年	1951年	朝鲜战场牺牲
马巨祥	男	常营乡	1928年	1948年	1952年	朝鲜战场牺牲
安永荣	男	常营乡	不详	1948年	1952年	朝鲜战场牺牲

常营乡庚子殉难名表

表10-2

姓　名	殉难地点	殉难情况	亡年	生前职业	故后荣典
吴　三	五里桥	被枪杀	18岁	务农	旌表
陈　三	五里桥	被枪杀	48岁	务农	旌表
赵　奎	五里桥	被枪杀	18岁	务农	旌表
崔　大	五里桥	被枪杀	21岁	务农	旌表
李　大	五里桥	被枪杀	51岁	务农	旌表
石　有	常营	被枪杀	55岁	务农	旌表

接上表

姓　名	殉难地点	殉难情况	亡年	生前职业	故后荣典
石　大	常营	自焚死	34 岁	务农	旌表
石　三	常营	自焚死	55 岁	务农	旌表
于　大	常营	自焚死	40 岁	务农	旌表
杨国珍	常营	被枪杀	53 岁	务农	旌表

注:表题庚子系指清光绪二十六年(1900 年),表内殉难者均为西方列强军队所杀害。

常营乡劳动模范、先进工作者表

表 10－3

年　份	姓　名	授予称号	授予机关
1989	陈振英	全国优秀教育工作者	国家教育委员会
1990	陈振英	北京市劳动模范	北京市人民政府
1995	安瑞龙	人民调解工作先进个人	北京市司法局
1999	朱振刚	北京市计划生育先进工作者	北京市人口计划生育委员会
2001	李国启	绿化隔离地区建设先进个人	北京市绿化隔离地区建设总指挥部
2001	崔文荣	北京市计划生育先进工作者	北京市人口计划生育委员会
2002	崔文荣	北京市计划生育先进工作者	北京市人口计划生育委员会
2003	董明慧	北京市计划生育先进工作者	北京市人口计划生育委员会
2003	李廷海	首都民族团结进步个人	北京市民族宗教委员会
2003	崔文荣	首都民族团结进步个人	北京市民族宗教委员会
2003	张玉昆	首都民族团结进步个人	北京市民族宗教委员会
2004	董明慧	北京市计划生育先进工作者	北京市人口计划生育委员会
2004	何李玲	北京市计划生育先进工作者	北京市人口计划生育委员会
2005	崔文荣	北京市计划生育先进工作者	北京市人口计划生育委员会
2005	李建海	北京市先进工作者	北京市人民政府
2006	洪淑娟	北京市计划生育先进工作者	北京市人民政府
2006	李建海	首都精神文明建设先进工作者	首都精神文明建设委员会
2006	洪淑娟	北京市计划生育先进工作者	首都精神文明建设委员会
2006	李建海	北京市爱国卫生先进个人	北京市爱国卫生委员会

接上表

年 份	姓 名	授予称号	授予机关
2006	岳卫红	北京市动物防疫先进个人	北京市爱国卫生委员会
2007	崔文荣	北京市先进工作者	北京市人民政府
2007	蔡淑敏	北京市三八红旗手	北京市人民政府
2007	李冠男	北京市人口和计划生育先进工作者	北京市人民政府
2008	吉广平	北京奥运会、残奥会工作先进个人	北京市体育局
2006	何文东	北京奥运会、残奥会工作先进个人	北京市体育局
2009	杨立英	北京市首都十大道德模范、北京市和谐家庭标兵	首都精神文明建设委员会
2009	蔺 军	法治宣传业务能手	北京市司法局
2010	杨淑英	北京市三八红旗手	北京市人民政府
2010	蔡淑敏	北京市计划生育先进个人	北京市人口计划生育委员会
2010	李冠男	北京市计划生育先进个人	北京市人口计划生育委员会
2010	岳卫红	北京市计划生育先进个人	北京市人口计划生育委员会
2010	蔡淑敏	全国三八红旗手	全国总工会
2010	洪淑娟	民政工作绩效考评优秀个人	北京市民政局
2010	王永文	消防工作先进个人	北京市防火安全委员会
2011	蔺 军	司法行政系统先进个人	北京市司法局、北京市人力资源和社会保障局
2012	蔺 军	北京市法律援助先进个人	北京市司法局
2015	肖 静	首都社区志愿服务工作者之星	北京市民政局

1978 年之前常营各生产队支部书记、队长(社长)名录

表 10－4

职 务	姓 名	任职时间
常营第一生产队		
党支部书记	杨玉清(回)	1964 年 5 月—1978 年 12 月
队 长	吴国顺(回)	1964 年 5 月—1965 年 5 月
	安瑞江(回)	1965 年 5 月—1968 年 4 月
	管连贵(回)	1968 年 5 月—1978 年 12 月

接上表

职　　务	姓　　名	任职时间
常营第二生产队		
党支部书记	吴国祥(回)	1958年4月—1959年11月
		1961年6月—1963年12月
	尹桂喜(回)	1964年1月—1964年12月
	高贵明(回)	1965年1月—1978年12月
队　长	海德增(回)	1958年4月—1959年11月
		1961年6月—1964年12月
	孙德旺	1965年1月—1978年12月
常营第三生产队		
党支部书记	吴国珍(回)	1964年5月—1969年11月
	尹桂喜(回)	1969年12月—1976年11月
	杨桂兰(女,回)	1976年12月—1977年5月
	李瑞增(回)	1977年6月—1978年12月
队　长	吴国珍(回)	1964年5月—1973年12月
	金德元(回)	1974年1月—1976年9月
	马玉亮(回)	1976年10月—1977年2月
	张万和(回)	1977年3月—1978年12月
常营第四生产队		
党支部书记	吴国全(回)	1965年1月—1969年12月
	白增福(回)	1970年3月—1972年12月
	安士斌(回)	1973年1月—1975年12月
	马凤奎(回)	1976年1月—1976年12月
		1978年1月—1978年12月
	张连荣(女,回)	1977年1月—1977年12月
队　长	安德良(回)	1965年1月—1971年12月
	安贵连(回)	1972年1月—1977年12月
	王贵才	1978年1月—1978年12月

接上表

职　　务	姓　　名	任职时间
	常营第五生产队	
党支部书记	马　祥(回)	1958 年 4 月—1964 年 12 月
	马巨海(回)	1964 年 12 月—1968 年 12 月
	杨书珍(女,回)	1968 年 12 月—1972 年 1 月
	管瑞桐(回)	1972 年 1 月—1974 年 1 月
	毛　光(回)	1974 年 1 月—1974 年 7 月
	安茂英(女,回)	1974 年 1 月—1976 年 8 月
	马国增(回)	1976 年 8 月—1977 年 4 月
	马德贵(回)	1977 年 4 月—1978 年 12 月
队　长	管瑞明(回)	1958 年 4 月—1964 - 12 月
	安德明(回)	1964 年 12 月—1968 年 5 月
	马德贵(回)	1968 年 5 月—1977 年 4 月
	安崇祥(回)	1977 年 4 月—1978 年 12 月
	常营第六生产队	
党支部书记	马凤奎(回)	1958 年 5 月—1966 年 12 月
	马国泰(回)	1966 年 12 月—1970 年 12 月
	马巨海(回)	1971 年 1 月—1973 年 10 月
	张士荣(女,回)	1973 年 10 月—1978 年 12 月
队　长	洪玉荣(回)	1958 年 5 月—1965 年 12 月
	侯国章(回)	1965 年 12 月—1975 年 10 月
	杨正文(回)	1975 年 10 月—1978 年 9 月
	常营第七生产队	
党支部书记	马国泰(回)	1964 年 1 月—1973 年 8 月
	蔡恩会	1973 年 9 月—1973 年 12 月
	马凤奎(回)	1974 年 1 月—1974 年 12 月
	刘书文(女,回)	1975 年 1 月—1975 年 12 月
	卢玉林	1976 年 1 月—1978 年 12 月

接上表

<table>
<tr><th>职　务</th><th>姓　名</th><th>任职时间</th></tr>
<tr><td rowspan="2">队　长</td><td>卢玉林</td><td>1964 年 1 月—1975 年 12 月</td></tr>
<tr><td>侯国瑞(回)</td><td>1976 年 1 月—1978 年 12 月</td></tr>
<tr><td colspan="3">常营第八生产队</td></tr>
<tr><td rowspan="6">党支部书记</td><td>马巨海(回)</td><td>1958 年 4 月—1963 年 12 月</td></tr>
<tr><td>白　瑞(回)</td><td>1964 年 1 月—1968 年 12 月</td></tr>
<tr><td>姜玉清</td><td>1969 年 1 月—(卸任时间不详)</td></tr>
<tr><td>安桂连(回)</td><td>(不详)</td></tr>
<tr><td>李桂兰(女)</td><td>(上任时间不详)—1971 年</td></tr>
<tr><td>马巨海(回)</td><td>1972 年 4 月—1978 年 12 月</td></tr>
<tr><td rowspan="4">队　长</td><td>马巨海(回)</td><td>1958 年 4 月—1964 年 6 月</td></tr>
<tr><td>宋文贵</td><td>1964 年 6 月—1974 年 5 月</td></tr>
<tr><td>白　瑞(回)</td><td>1974 年 5 月—1975 年 12 月</td></tr>
<tr><td>宋启贞</td><td>1976 年 1 月—1978 年 12 月</td></tr>
<tr><td colspan="3">公主坟生产队</td></tr>
<tr><td rowspan="6">党支部书记</td><td rowspan="2">刘永全</td><td>1964 年 1 月—1965 年 12 月</td></tr>
<tr><td>1970 年 2 月—1972 年 12 月</td></tr>
<tr><td>李　财</td><td>1966 年 1 月—1967 年 2 月</td></tr>
<tr><td>张　举</td><td>1967 年 2 月—1968 年 2 月</td></tr>
<tr><td rowspan="2">张永松</td><td>1969 年 2 月—1970 年 2 月</td></tr>
<tr><td>1973 年 1 月—1978 年 12 月</td></tr>
<tr><td rowspan="4">队　长</td><td>张　宽</td><td>1964 年 1 月—1968 年 12 月</td></tr>
<tr><td>李　财</td><td>1969 年 1 月—1973 年 12 月</td></tr>
<tr><td>范　庚</td><td>1974 年 1 月—1974 年 12 月</td></tr>
<tr><td>杨文生</td><td>1975 年 1 月—1978 年 12 月</td></tr>
<tr><td colspan="3">十里堡生产队</td></tr>
<tr><td rowspan="4">党支部书记</td><td>李　仲</td><td>1958 年 4 月—1960 年 3 月</td></tr>
<tr><td>王希彤</td><td>1962 年 1 月—1972 年 2 月</td></tr>
<tr><td>陈德清</td><td>1972 年 3 月—1976 年 10 月</td></tr>
<tr><td>何焕品</td><td>1976 年 10 月—1978 年 12 月</td></tr>
</table>

接上表

职　　务	姓　　名	任职时间
队　长	李　荣	1958 年 4 月—1960 年 3 月
	刘德贵	1960 年 3 月—1961 年 12 月
	韩启增	1962 年 1 月—1964 年 12 月
	李　仲	1965 年 1 月—1972 年 2 月
	何焕品	1972 年 3 月—1976 年 10 月
	姚士君	1976 年 10 月—1978 年 12 月
五里桥生产队		
党支部书记	郭　忠	1958 年 4 月—1959 年 12 月
	李　铭	1960 年 1 月—1964 年 12 月
	赵希山	1965 年 1 月—1967 年 12 月
	倪瑞波	1968 年 1 月—1969 年 12 月
	石振江	1970 年 1 月—1972 年 12 月
	赵希增	1973 年 1 月—1978 年 12 月
队　长	李　铭	1958 年 4 月—1960 年 12 月
	王书臣	1961 年 1 月—1965 年 12 月
		1977 年 7 月—1978 年 12 月
	郭维起	1965 年 12 月—1977 年 6 月

1978 年之后常营各生产队支部书记、队长(社长)名录

表 10－5

职　　务	姓　　名	任职时间	附　　注
常营第一生产队			
党支部书记	杨玉清(回)	1978 年 12 月—1984 年 8 月	1978 年 12 月,延续生产队建制;1984 年 8 月,生产队设为行政村
队　长	管连贵(回)	1978 年 12 月—1984 年 8 月	
常营一村			
党支部书记	杨玉清(回)	1984 年 4 月—1990 年 10 月	1984 年 8 月,生产队设为行政村,选举产生村民委员会
队　长	管连贵(回)	1984 年 8 月—1986 年 10 月	
常营第二生产队			
党支部书记	张庆发(回)	1978 年 12 月—1982 年 12 月	1978 年 12 月,延续生产队建制;1984 年 8 月,生产队设为行政村
	高贵明(回)	1983 年 1 月—12 月	
	张庆发(回)	1984 年 1 月—8 月	

接上表

<table>
<tr><th>职务</th><th>姓名</th><th>任职时间</th><th>附注</th></tr>
<tr><td rowspan="4">队长</td><td>孙德旺</td><td>1978年12月—1979年12月</td><td rowspan="4">1978年12月,延续生产队建制;1984年8月,生产队设为行政村</td></tr>
<tr><td>吴树金(回)</td><td>1980年1月—1981年12月</td></tr>
<tr><td>海德才(回)</td><td>1982年1月—1983年12月</td></tr>
<tr><td>王振营</td><td>1984年1月—1984年8月</td></tr>
<tr><td colspan="4">常营二村</td></tr>
<tr><td>党支部书记</td><td>张庆发(回)</td><td>1984年8月—1990年10月</td><td rowspan="2">1984年8月,生产队设为行政村,选举产生村民委员会</td></tr>
<tr><td>队长</td><td>王振营</td><td>1984年8月—1986年12月</td></tr>
<tr><td colspan="4">常营第三生产队</td></tr>
<tr><td>党支部书记</td><td>李瑞增(回)</td><td>1978年12月—1984年12月</td><td rowspan="2">1978年12月,延续生产队建制;1985年1月,生产队设为行政村</td></tr>
<tr><td>队长</td><td>金德元(回)</td><td>1978年12月—1984年12月</td></tr>
<tr><td colspan="4">常营三村</td></tr>
<tr><td rowspan="2">党支部书记</td><td>李瑞增(回)</td><td>1985年1月—1987年11月</td><td rowspan="4">1985年1月,生产队设为行政村,选举产生村民委员会</td></tr>
<tr><td>胡永光(回)</td><td>1987年12月—1990年10月</td></tr>
<tr><td rowspan="2">队长</td><td>金德元(回)</td><td>1985年1月—1987年4月</td></tr>
<tr><td>尹启华(回)</td><td>1987年5月—1990年10月</td></tr>
<tr><td colspan="4">常营第四生产队</td></tr>
<tr><td rowspan="2">党支部书记</td><td>马凤奎(回)</td><td>1978年12月—1980年12月</td><td rowspan="5">1978年12月,延续生产队建制;1984年8月,生产队设为行政村</td></tr>
<tr><td>张连荣(女,回)</td><td>1980年12月—1984年8月</td></tr>
<tr><td rowspan="3">队长</td><td>王贵才</td><td>1978年12月—1979年7月</td></tr>
<tr><td>李凤明(回)</td><td>1979年7月—1980年12月</td></tr>
<tr><td>吴国喜(回)</td><td>1980年12月—1984年8月</td></tr>
<tr><td colspan="4">常营四村</td></tr>
<tr><td>党支部书记</td><td>张连荣(女,回)</td><td>1984年8月—1990年10月</td><td rowspan="2">1984年8月,生产队设为行政村,选举产生村民委员会</td></tr>
<tr><td>队长</td><td>吴国喜(回)</td><td>1984年8月—1990年10月</td></tr>
<tr><td colspan="4">常营第五生产队</td></tr>
<tr><td>党支部书记</td><td>马德贵(回)</td><td>1978年12月—1984年11月</td><td rowspan="2">1978年12月,延续生产队建制;1984年11月,生产队设为行政村</td></tr>
<tr><td>队长</td><td>安崇祥(回)</td><td>1978年12月—1984年11月</td></tr>
<tr><td colspan="4">常营五村</td></tr>
<tr><td>党支部书记</td><td>安崇祥(回)</td><td>1984年11月—1990年10月</td><td rowspan="2">1984年11月,生产队设为行政村,选举产生村民委员会</td></tr>
<tr><td>队长</td><td>安崇祥(回)</td><td>1984年11月—1990年10月</td></tr>
</table>

接上表

职　　务	姓　　名	任职时间	附　　注
常营第六生产队			
党支部书记	杨正文(回)	1978 年 12 月—1980 年 12 月	1978 年 12 月,延续生产队建制;1984 年 11 月,生产队设为行政村
	马荣江(回)	1981 年 1 月—1982 年 2 月	
	侯国瑞(回)	1982 年 3 月—1984 年 4 月	
	张士荣(女,回)	1984 年 4 月—8 月	
队　长	杨永瑞(回)	1978 年 12 月—1980 年 12 月	
	杜宝贵(回)	1981 年 1 月—1984 年 8 月	
常营六村			
党支部书记	张士荣(女,回)	1984 年 8 月—1990 年 10 月	1984 年 8 月,生产队设为行政村,选举产生村民委员会
队　长	杜宝贵(回)	1984 年 8 月—1985 年 12 月	
	张广庆(回)	1986 年 1 月—1990 年 10 月	
常营第七生产队			
党支部书记	卢玉林	1978 年 12 月—1984 年 7 月	1978 年 12 月,延续生产队建制;1984 年 11 月,生产队设为行政村
队　长	侯国瑞(回)	1978 年 12 月—1980 年 12 月	
	夏文才(回)	1981 年 1 月—1984 年 7 月	
常营七村			
党支部书记	卢玉林	1984 年 7 月—1990 年 10 月	1984 年 7 月,生产队设为行政村,选举产生村民委员会
队　长	张广山(回)	1984 年 7 月—1986 年 7 月	
	张广荣(回)	1986 年 8 月—1990 年 10 月	
常营第八生产队			
党支部书记	马巨海(回)	1978 年 12 月—1980 年 11 月	1978 年 12 月,延续生产队建制;1984 年 7 月,生产队设为行政村
	王玉明(回)	1980 年 11 月—1984 年 7 月	
队　长	宋启贞	1978 年 12 月—1984 年 7 月	
常营八村			
党支部书记	王玉明(回)	1984 年 7 月—1985 年 10 月	1984 年 7 月,生产队设为行政村,选举产生村民委员会
	白　瑞(回)	1985 年 11 月—1990 年 10 月	
队　长	宋启贞	1984 年 7 月—1985 年 10 月	
	杨启凤(回)	1985 年 10 月—1990 年 10 月	
公主坟生产队			
党支部书记	张永松	1978 年 12 月—1984 年 8 月	1978 年 12 月,延续生产队建制;1984 年 8 月,生产队设为行政村
队　长	杨文生	1978 年 12 月—1984 年 8 月	

接上表

<table>
<tr><th>职　务</th><th>姓　名</th><th>任职时间</th><th>附　注</th></tr>
<tr><td colspan="4">公主坟村</td></tr>
<tr><td rowspan="4">党支部书记</td><td rowspan="2">张永松</td><td>1984 年 8 月—12 月</td><td rowspan="6">1984 年 8 月,生产队设为行政村,选举产生村民委员会</td></tr>
<tr><td>1985 年 12 月—1990 年 2 月</td></tr>
<tr><td>李德林</td><td>1984 年 12 月—1985 年 12 月</td></tr>
<tr><td>杨文生</td><td>1990 年 2 月—10 月</td></tr>
<tr><td rowspan="2">队　长</td><td>杨文生</td><td>1984 年 8 月—1986 年 3 月</td></tr>
<tr><td>张凤荣</td><td>1986 年 3 月—1990 年 10 月</td></tr>
<tr><td colspan="4">十里堡生产队</td></tr>
<tr><td>党支部书记</td><td>何焕品</td><td>1978 年 12 月—1984 年 8 月</td><td rowspan="2">1978 年 12 月,延续生产队建制;1984 年 8 月,生产队设为行政村</td></tr>
<tr><td>队　长</td><td>姚士君</td><td>1978 年 12 月—1984 年 8 月</td></tr>
<tr><td colspan="4">十里堡村</td></tr>
<tr><td rowspan="3">党支部书记</td><td>何焕品</td><td>1984 年 8 月—1985 年 12 月</td><td rowspan="6">1984 年 8 月,生产队设为行政村,选举产生村民委员会</td></tr>
<tr><td>王希彤</td><td>1985 年 12 月—1989 年 7 月</td></tr>
<tr><td>陈德清</td><td>1989 年 7 月—1990 年 10 月</td></tr>
<tr><td rowspan="3">队　长</td><td rowspan="2">姚士君</td><td>1984 年 8 月—12 月</td></tr>
<tr><td>1985 年 12 月—1990 年 10 月</td></tr>
<tr><td>霍学义</td><td>1984 年 12 月—1985 年 12 月</td></tr>
<tr><td colspan="4">五里桥生产队</td></tr>
<tr><td rowspan="2">党支部书记</td><td>赵希增</td><td>1978 年 12 月—1982 年 6 月</td><td rowspan="4">1978 年 12 月,延续生产队建制;1984 年 8 月,生产队设为行政村</td></tr>
<tr><td>郭维起</td><td>1982 年 7 月—1984 年 8 月</td></tr>
<tr><td rowspan="2">队　长</td><td>王书臣</td><td>1978 年 12 月—1983 年 2 月</td></tr>
<tr><td>张振国</td><td>1983 年 2 月—1984 年 8 月</td></tr>
<tr><td colspan="4">五里桥村</td></tr>
<tr><td rowspan="2">党支部书记</td><td>郭维起</td><td>1984 年 8 月—1987 年 6 月</td><td rowspan="5">1984 年 8 月,生产队设为行政村,选举产生村民委员会</td></tr>
<tr><td>张振国</td><td>1987 年 7 月—1990 年 10 月</td></tr>
<tr><td rowspan="3">队　长</td><td rowspan="2">张振国</td><td>1984 年 8 月—1985 年 12 月</td></tr>
<tr><td>1987 年 7 月—1990 年 10 月</td></tr>
<tr><td>陆凤才</td><td>1986 年 1 月—1987 年 6 月</td></tr>
</table>

农工商合作社社长名录

表 10－6

<table>
<tr><th>职　务</th><th>姓　名</th><th>任职时间</th><th>附　注</th></tr>
<tr><td colspan="4">常营一村农工商合作社</td></tr>
<tr><td rowspan="2">党支部书记</td><td>杨玉清(回)</td><td>1990 年 10 月—12 月</td><td rowspan="4">1990 年 10 月,撤销生产队建制,成立村农工商合作社</td></tr>
<tr><td>管连贵(回)</td><td>1991 年 1 月—1998 年 2 月</td></tr>
<tr><td rowspan="2">社　长</td><td>管连贵(回)</td><td>1990 年 10 月—12 月</td></tr>
<tr><td>张万才(回)</td><td>1991 年 1 月—1998 年 2 月</td></tr>
<tr><td colspan="4">常营一村经济合作社</td></tr>
<tr><td rowspan="3">党支部书记</td><td>管连贵(回)</td><td>1998 年 2 月—5 月</td><td rowspan="4">1998 年 2 月,村农工商合作社更名为村经济合作社</td></tr>
<tr><td>张万来(回)</td><td>1988 年 5 月—2000 年 5 月</td></tr>
<tr><td>杨文明(回)</td><td>2000 年 5 月—6 月</td></tr>
<tr><td>社　长</td><td>张万才(回)</td><td>1998 年 2 月—2000 年 6 月</td></tr>
<tr><td>党支部书记</td><td>杨文明(回)</td><td>2000 年 6 月—2010 年 12 月</td><td rowspan="3">2000 年 6 月,长营一村更名为常营一村</td></tr>
<tr><td rowspan="2">社　长</td><td>张万才(回)</td><td>2000 年 6 月—7 月</td></tr>
<tr><td>张春生(回)</td><td>2000 年 7 月—2010 年 12 月</td></tr>
<tr><td colspan="4">常营二村农工商合作社</td></tr>
<tr><td>党支部书记</td><td>张庆发(回)</td><td>1990 年 10 月—1998 年 2 月</td><td rowspan="2">1990 年 10 月,撤销生产队建制,成立村农工商合作社</td></tr>
<tr><td>社　长</td><td>王振营</td><td>1990 年 10 月—1998 年 2 月</td></tr>
<tr><td colspan="4">常营二村经济合作社</td></tr>
<tr><td rowspan="3">党支部书记</td><td rowspan="2">张庆发(回)</td><td>1998 年 2 月—1999 年 12 月</td><td rowspan="5">1998 年 2 月,村农工商合作社更名为村经济合作社</td></tr>
<tr><td>1999 年 12 月—2000 年 5 月</td></tr>
<tr><td>王永新</td><td>2000 年 5 月—6 月</td></tr>
<tr><td rowspan="2">社　长</td><td>王振营</td><td>1998 年 2 月—1999 年 12 月</td></tr>
<tr><td>夏全胜(回)</td><td>1999 年 12 月—2000 年 6 月</td></tr>
<tr><td colspan="4">常营二村经济合作社</td></tr>
<tr><td>党支部书记</td><td>王永新</td><td>2000 年 6 月—2010 年 12 月</td><td rowspan="2">2000 年 6 月,长营二村更名为常营二村</td></tr>
<tr><td>社　长</td><td>夏全胜(回)</td><td>2000 年 6 月—2010 年 12 月</td></tr>
<tr><td colspan="4">常营三村农工商合作社</td></tr>
<tr><td>党支部书记</td><td>胡永光(回)</td><td>1990 年 10 月—1998 年 2 月</td><td rowspan="2">1990 年 10 月,撤销生产队建制,成立村农工商合作社</td></tr>
<tr><td>社　长</td><td>胡永光(回)</td><td>1990 年 10 月—1998 年 2 月</td></tr>
</table>

接上表

职 务	姓 名	任职时间	附 注
常营三村经济合作社			
党支部书记	胡永光(回)	1998年2月—9月	1998年2月,村农工商合作社更名为村经济合作社
	马万路(回)	1998年9月—2000年6月	
社 长	胡永光(回)	1998年2月—8月	
	马万路(回)	1998年9月—2000年6月	
党支部书记	马万路(回)	2000年6月—2005年10月	2000年6月,长营三村更名为常营三村
	胡永光(回)	2005年11月—2010年12月	
社 长	马万路(回)	2000年6月—2005年10月	
	胡永光(回)	2005年11月—2010年12月	
常营四村农工商合作社			
党支部书记	张连荣(女,回)	1990年10月—1995年7月	1990年10月,撤销生产队建制,成立村农工商合作社
	任振军	1995年7月—1998年2月	
社 长	吴国喜(回)	1990年10月—1998年2月	
常营四村经济合作社			
党支部书记	任振军	1998年2月—2010年12月	1998年2月,村农工商合作社更名为村经济合作社
社 长	吴国喜(回)	1998年2月—2000年2月	
	任振军	2000年2月—2000年6月	
常营五村农工商合作社			
党支部书记	安崇祥(回)	1990年10月—1992年3月	1990年10月,撤销生产队建制,成立村农工商合作社
		1993年2月—1995年7月	
	白 荣(回)	1992年3月—1993年2月	
	安庆林(回)	1995年7月—1998年2月	
社 长	安崇祥(回)	1990年10月—1995年7月	
	安庆林(回)	1995年7月—1998年2月	
常营五村经济合作社			
党支部书记	安庆林(回)	1998年2月—2000年6月	1998年2月,村农工商合作社更名为村经济合作社
社 长	安庆林(回)	1998年2月—2000年6月	
党支部书记	安庆林(回)	2000年6月—2010年12月	2000年6月,长营五村更名为常营五村
社 长	安庆林(回)	2000年6月—2010年12月	

接上表

<table>
<tr><th>职　务</th><th>姓　名</th><th>任职时间</th><th>附　注</th></tr>
<tr><td colspan="4">常营六村农工商合作社</td></tr>
<tr><td rowspan="3">党支部书记</td><td>张士荣(女,回)</td><td>1990年10月—1991年4月</td><td rowspan="6">1990年10月,撤销生产队建制,成立村农工商合作社</td></tr>
<tr><td>张善英(女,回)</td><td>1991年4月—1993年1月</td></tr>
<tr><td>杨正文(回)</td><td>1993年2月—1998年2月</td></tr>
<tr><td rowspan="3">社　长</td><td>张士荣(女,回)</td><td>1990年10月—1991年4月</td></tr>
<tr><td>张广庆(回)</td><td>1991年4月—1993年2月</td></tr>
<tr><td>杨正文(回)</td><td>1993年2月—1998年2月</td></tr>
<tr><td colspan="4">常营六村经济合作社</td></tr>
<tr><td rowspan="2">党支部书记</td><td>杨正文(回)</td><td>1998年2月—4月</td><td rowspan="4">1998年2月,村农工商合作社更名为村经济合作社</td></tr>
<tr><td>白增玉(女,回)</td><td>1998年4月—2000年6月</td></tr>
<tr><td rowspan="2">社　长</td><td>杨正文(回)</td><td>1998年2月—4月</td></tr>
<tr><td>张广庆(回)</td><td>1998年5月—2000年6月</td></tr>
<tr><td rowspan="2">党支部书记</td><td>张广生(回)</td><td>2000年6月—2007年5月</td><td rowspan="3">2000年6月,长营六村更名为常营六村</td></tr>
<tr><td>康　维(回)</td><td>2007年5月—2010年12月</td></tr>
<tr><td>社　长</td><td>张广生(回)</td><td>2000年6月—2010年12月</td></tr>
<tr><td colspan="4">常营七村农工商合作社</td></tr>
<tr><td rowspan="3">党支部书记</td><td>卢玉林</td><td>1990年10月—1992年3月</td><td rowspan="6">1990年10月,撤销生产队建制,成立村农工商合作社</td></tr>
<tr><td>侯井增(回)</td><td>1992年3月—1995年6月</td></tr>
<tr><td>张广荣(回)</td><td>1995年7月—1998年2月</td></tr>
<tr><td rowspan="3">社　长</td><td>卢玉林</td><td>1990年10月—1992年3月</td></tr>
<tr><td>侯井增(回)</td><td>1992年3月—1995年6月</td></tr>
<tr><td>张广荣(回)</td><td>1995年7月—1998年2月</td></tr>
<tr><td colspan="4">常营七村经济合作社</td></tr>
<tr><td>党支部书记</td><td>蔡俊芹(女)</td><td>1998年2月—2000年6月</td><td rowspan="2">1998年2月,村农工商合作社更名为村经济合作社</td></tr>
<tr><td>社　长</td><td>蔡俊芹(女)</td><td>1998年2月—2000年6月</td></tr>
<tr><td colspan="4">常营七村经济合作社</td></tr>
<tr><td rowspan="2">党支部书记</td><td>蔡俊芹(女)</td><td>2000年6月—2009年11月</td><td rowspan="4">2000年6月,长营七村更名为常营七村</td></tr>
<tr><td>侯井富(回)</td><td>2009年11月—2010年12月</td></tr>
<tr><td rowspan="2">社　长</td><td>蔡俊芹(女)</td><td>2000年6月—2009年11月</td></tr>
<tr><td>侯井富(回)</td><td>2009年11月—2010年12月</td></tr>
</table>

接上表

职 务	姓 名	任职时间	附 注
常营八村农工商合作社			
党支部书记	白 瑞(回)	1990 年 10 月—1992 年 3 月	1990 年 10 月,撤销生产队建制,成立村农工商合作社;1995 年 5 月,撤销村建制
	杨慈光(回)	1992 年 3 月—1995 年 5 月	
社 长	白 瑞(回)	1990 年 10 月—1992 年 3 月	
	杨慈光(回)	1992 年 10 月—1995 年 5 月	
公主坟村农工商合作社			
党支部书记	杨文生	1990 年 10 月—1993 年 4 月	1990 年 10 月,撤销生产队建制,成立村农工商合作社
	李书秀	1993 年 4 月—1998 年 1 月	
社 长	杨文生	1990 年 10 月—1993 年 4 月	
	李书秀	1993 年 4 月—1998 年 2 月	
公主坟村经济合作社			
党支部书记	李书秀	1998 年 2 月—6 月	1998 年 2 月,村农工商合作社更名为村经济合作社
	范先玉	1998 年 6 月—2000 年 6 月	
社 长	李国启	1998 年 6 月—12 月	
	范先玉	1999 年 1 月—2000 年 6 月	
草房村经济合作社			
党支部书记	范先玉	2000 年 6 月—2009 年 12 月	2000 年 6 月,公主坟更名为草房村
	孙彦俊	2010 年 1 月—12 月	
社 长	范先玉	2000 年 6 月—2009 年 12 月	
	孙彦俊	2010 年 1 月—12 月	
十里堡村农工商合作社			
党支部书记	陈德清	1990 年 10 月—1992 年 3 月	1990 年 10 月,撤销生产队建制,成立村农工商合作社
	张长利	1992 年 3 月—1993 年 2 月	
		1995 年 5 月—1997 年 8 月	
	韩敬贵	1993 年 2 月—1995 年 5 月	
	孙彦俊	1997 年 8 月—1998 年 2 月	
社 长	陈德清	1990 年 10 月—1992 年 3 月	
	孙彦俊	1992 年 3 月—1993 年 2 月	
		1995 年 5 月—1998 年 2 月	
	韩敬贵	1993 年 2 月—1995 年 5 月	

接上表

职　　务	姓　　名	任职时间	附　　注
五里桥农工商合作社			
党支部书记	张振国	1990 年 10 月—1993 年 4 月	1990 年 10 月，撤销生产队建制，成立村农工商合作社
	张秋华	1993 年 4 月—1995 年 7 月	
	郭维起	1995 年 7 月—1998 年 2 月	
社　长	张振国	1990 年 10 月—1993 年 4 月	
	张秋华	1993 年 4 月—1995 年 5 月	
	郭维起	1995 年 5 月—1998 年 2 月	
五里桥经济合作社			
党支部书记	郭维起	1998 年 2 月—2000 年 5 月	1998 年 2 月，村农工商合作社更名为村经济合作社
	刘连成	2000 年 6 月—2001 年 2 月	
	李文华	2001 年 2 月—2004 年 6 月	
	白国良	2004 年 7 月—2010 年 12 月	
社　长	郭维起	1998 年 2 月—2000 年 5 月	
	刘连成	2000 年 5 月—2001 年 2 月	
	白国良	2001 年 2 月—2003 年 7 月	
		2004 年 10 月—2010 年 12 月	
	李文华	2003 年 7 月—2004 年 10 月	

常营管理站站长、常营大队负责人名录

站　　长　马荣江（回）

　　　　　周作民　　1959 年 12 月—1960 年 4 月

大 队 长　耿春胜　　1961 年 6 月—1965 年 5 月

　　　　　张宝文　　1965 年 6 月—7 月

　　　　　　　　　　1968 年 3 月—1971 年 6 月

　　　　　郭文荣　　1965 年 7 月—1973 年 1 月

　　　　　薛　恒　　1973 年 1 月—1978 年 12 月

副大队长　马荣江（回）　1961 年 6 月—1978 年 12 月

　　　　　张景林　　1961 年 6 月—1962 年 12 月

　　　　　余淑林（女）　1961 年 6 月—1964 年 12 月

　　　　　马敏庄　　1961 年 6 月—1964 年 12 月

　　　　　李占凤（女）　1964 年 12 月—1966 年 12 月

　　　　　姜玉清　　1965 年 5 月—1970 年 12 月

　　　　　郭文荣　　1965 年 5 月—7 月

李清安	1966年1月—1978年12月
刘 勤(女)	1970年12月—1973年12月
程艳萍(女)	1968年3月—1971年6月
刘文杰	1974年1月—1978年12月
闻连生	1974年2月—1978年12月
李殿奎	1974年2月—1978年12月

注:1968年3月—1978年12月大队行政负责人称大队革命委员会主任、副主任。

四 名人与常营

常遇春与常营

明初,回族大将常遇春北攻元大都曾在乡域内屯兵扎营,成村后名常营,为回族聚居地。明代杨行中编纂的《嘉靖通州志略·官纪志》记载了常遇春在通州的两次军事活动。一是洪武元年(1368年),常遇春作为大将军徐达的副将北伐,攻下通州。二是洪武二年(1369年),常遇春进军山西,此时元将也速残兵再次侵袭通州,通州告急,常遇春奉命率兵驰援通州,击败也速,通州转危为安。据《康熙通州志》载,徐达、常遇春等筑台驻军于通州,距城15公里为营。今天常营距京城朝阳门、东直门大约是13公里。可见,常营村名得自常遇春屯兵扎营为可信。常营有清真寺,始建于明正德年间,清嘉庆年间重修,是京城近郊规模最大的一处清真寺,目前仍是穆斯林群众礼拜的场所。

李德全与常营

李德全(1896—1972年),女,祖籍内蒙古。后迁居于河北省通县,今北京市通州区复兴庄(过去叫南地)。出身农牧民家庭,幼年在富育小学读书,清宣统三年(1911年)就读于贝满女子中学。民国4年(1915年)考入北京私立协和女子大学,曾任学生会会长。民国8年(1919)年参加五四运动。同年8月毕业,任贝满女中教师。民国13年(1924年)2月在通县与冯玉祥将军结婚。民国15年(1926年)春陪同冯玉祥将军至苏联考察,开始接触马列主义。民国19年(1930年)、民国22年(1933年)两次随冯玉祥退隐山东泰山。民国26年(1937)年“七七”事变爆发,参加全国慰劳总会。与中国共产党密切合作,广泛发动妇女支前。民国27年(1938年),发起筹办中国战时儿童保育会,并抢救保护战地儿童。民国34年(1945年)8月,抗战胜利后,她发起组织中国妇女联谊会,任主席并参加反内战、反独裁、争民主运动。民国35年(1946年)于重庆政治协商会议上当选为军事考察团成员,在抗议“校场口暴行”斗争中坚定地站在前列。同年9月随冯玉祥赴美考察,并出席世界妇女代表大会,撰写“联合世界各国妇女为争取和平而斗争”及“反对美国援助蒋介石打内战”的提案。民国37年(1948年)11月回到东北解放区参加人民解放斗争。

1958 年加入中国共产党，历任中央人民政府政务院文化教育委员会委员，中国红十字会会长，中国人民救济总会副主任，国家体育委员会委员，卫生部部长等职。1972 年病逝于北京，享年 76 岁。

以前曾有报道说李德全是常营乡草房村人，此系误传。据草房村老人李福清（李福清，女，截至 2015 年 96 岁，是李德全堂叔李福林的妻子，李德全称其为老婶）回忆，1946 年冬季，李德全和妹妹陪同母亲一同乘车来到草房村探亲，当时李德全母亲点名要吃柴锅贴棒子面饼子和柴锅蒸红薯，是李福清老人到邻居张家借的棒子面和红薯给做吃的。饭后李德全母亲吩咐给包上两个棒子面饼子回北京吃。李福清老人回忆：当时李德全曾问过堂叔李福林有什么困难，是否需要帮助，但被堂叔李福林婉言谢绝了。1966 年春，李德全又来过草房堂叔家探望。1972 年李德全病逝于北京，李德全后人来车接堂叔李福林参加了李德全的追悼会。

卷末 附 录

一 重要文献辑存

碑文

洪熙圣旨碑文

（碑文上半部分）

奉天承运，皇帝敕曰：

朕惟为人子者，孰不欲显扬锦懿，故子能岂劳效职者，朝廷必推恩以报之。所以，遂其显亲之心（愿），劝天下之为孝者也。尔户部河南清吏司主事郭诚故父郭恭，积善毓庆，欲有子效用于朝，推厥本原，宜锡褒显，今将赠尔为承直郎、户部河南清吏司主事。亶奖不庥，尚其歆承。

洪熙元年三月二十二日

奉天承运，皇帝敕曰：

朕惟人之为材，虽本于父，而资于劳亦深矣。故国家推恩，臣下存则有褒崇之，命没亦有追赠之典。为尔王氏，乃户部河南清吏司主事郭诚之母，践能效劳，于国籛厥，所自宜有崇褒兹贤，赠尔为安人。笃其歆承，永贲幽壤。

洪熙元年三月二十二日

宣德元年二月十三日吉

（碑文下半部分）

大明赠承直郎、户部河南清吏司主事郭诚□□□[①]

赐进士出身监察御史、前翰林院侍制兼修撰、洵水罗汝敬撰

赐进士出身徵仕郎、中书舍人、临川程南云书丹并篆额

公讳恭，姓郭氏，世家顺天府之通州。公殁之三十有九年，始以其子诚贵，敕赠承直郎、户部河南清吏司主事，诚以幽阴之石未有刻，惧宠命之或于久远也。

① □符号代表碑文字迹不清。下同。

状其行来，征文以表其郭公之先世，有显人文行，（功）绩辉映前史，祖遵道元万户府，万户豪爽俊迈，为乡间所崇见。元政日衰，军纪荡佚，乃奋饰武佫，以戒不虞。及天兵下元都，乃曰：天命有属生民，得所士嘉赖矣，吾老不任世用，得保首领，从先人地下诚不憾？于是，引身恬退，以终余年。父顺卿，克承先志，隐居以自老，而赀产饶裕则倍蓰焉。公以元至正丙癸三月十八日生，自幼聪敏，不事群儿嬉，比长知读书，颇达大慈，恒以负荷令，绪为不易也。不敢以一毫非礼，自处惟力行善事，以裕其躬。于是，邻里有贫穷者，则资以赒之；死丧忧患者，时而赴之；宗戚婢嫠有饥寒者，则殚力以饫燠之。由是德公者，相与称之。为长者云：公性甚孝，于二亲之奉一，饮食以侍，少不安节，必肤殷黾，亲殁殡葬，无远尤善，教其子居，尝语诚曰：吾家享有缘富累世矣，其何以报太平盛治？汝能致用于世，以就吾志，吾复奚尤？诚感悟思奋，以显其亲暨公殁之十五年。

太宗文皇帝兴兵平内难，诚以郡弟子员，累官主户部河南司事，公之德报于冥冥者盖如此。以洪武丁卯四月十四日卒，享年五十一，葬于州城西北之刘家庄，原配王氏有贤行，后公二十年卒，葬公圹右。子男一即诚也，居官有贤能声。孙男三人：曰“远”、曰“进”、曰“达”，皆乃发好学；女一人适福懿镇东卫指挥同知王成。呜呼！公之盛德所施，唯如是追赠之际，钦赐宝钞二百锭，谥赐“光隆”。讵可代讣用敬之，隧道之石而表之曰：大明赠承直郎、户部河南清吏司主事之墓。而系之诗曰：

惟德之茂，爰启厥后。繄庆之延，寔开厥先。

呜呼承直，延庆茂德。子孙承之，有永无斁。

承直郎、户部河南清吏司主事男诚，孙男远、进、达同建。

（碑文因年代久远，字迹难辨，恐有鱼鲁之误——编者）

名友万古碑

钱君仲斌字□□，山东临清人。少而任侠，磊落好施，已历有年。又因克勤克俭，故家业日隆。惟以年届古稀，伯道素怀，爰将北平齐外八里庄自己坟茔十亩九分八红契付与常营清真寺。每年收入地租，提两元付修理坟人李宽，又提十元付现任阿衡，以便岁时省墓，下余之资付八里庄清真寺大学。每年地租，常营经理转付八里庄，如此地有意外时错，常营概不承认，必将地权收回另作他用，恐其久而废也。更置良田二十二亩，施舍常营清真寺，供养大学钱君向教苦心。恐有他故，将两处地字红契完全交常营寺中经理，乡佬继续保管有。嗟夫，产不施子仍而名□人，钱君无子，而名友是用勒碑刻铭以昭告。于附两契曰：至八里庄地，十亩九分八，东至何姓，西至韩姓，南至马姓，北至高姓，长二十八丈五尺，宽十八丈五尺。常营村地二十二亩，东至谭姓地，西至安姓地，南至车道中，北至杨姓地。八里地租，每年九月十五日由常营村取付八里庄清真寺项，年由常营村二十二亩地租提出银洋十元，拣选阿林于钱君游坟。

介绍人：侯金堂、安永瑞

中华民国十年三月吉日

通县常营村众教末等仝人公启敬立

古原教根碑

通州长营庄重修清真寺碑记，后附山东济宁州禁三掌教世袭序：

从来清真寺之设立者，原为极尊极贵，单另独一之真主，普慈今世，独慈后世，所以能足万物所需，略无缺乏，其恩惠广大无边无塞，至公无私，诸天世界无所不及，微虫细介，咸被其泽也。故东西向北之远，日出日入之际，但有回民居住者，莫不修盖天房。每日五时内，赞拜始于原造之思屏补千万一耳。长营庄古有清真寺一座，考其曩昔，乃大明正德年间创建，数经重修，今世连年湮受风雨吹损，残归难堪。有本庄乡佬等触目惊心，不忍坐视倾圮，且不吝资财，置买砖瓦木石等项，以备匠艺需用，众乡佬见此胜举，心悦诚服，亦协助工资。自嘉庆二年春三月起工，至三年冬十月告竣。修整殿宇辉煌，廊腰奂猗与休哉，何其盛也。然非徒一巨观也。盖清真洁静之所，即系悔道迁善之地，今世之善恶，乃后世贴身之伴侣。天堂之许，邀地禁之惊赫，斯即明命之赏善罚恶，昭昭不爽也已。因近真主之阙下，复往考算善恶邪正而无丝毫之或遗也。凡归信之人，当知斋拜天课与朝天房、孝父母乃真主勅论之命，正教首务之端。诚欲省躬寡道，戒慎恐惧，按时交还，方脱重大之干系，虽然难言之矣。斋拜天课数端，义理精微，难以悉具佼来受耳，提面谆谆告诫。共于可行可止之事，忙无所措，可胜叹哉。乃有指示于前者，而吾始得效法于后也。由是聘请闻望之教铎，招安诚心肆业之弟子，阐扬教法，宏宣经文、□□典籍之条件颇多，讲究洞彻，家喻户晓，其在师弟授受一堂之际，焉复置地一顷四十亩，随大学永远弗用。然则有志教门者，可不洁己好施，孜孜向善，慎勿勤始，终直至悠久于不衰也哉。更可虑者，贵圣辞世千有余年，惟赖学行并懋。奉命遵圣者，所以代圣而传教也。由此，知掌教之设，开系沸等间哉！故立之不可稍缓，承之尤非场易耳。得拘于胤袭之说，而谓不学无德者可以漫然胜任乎？山东济宁州有禁三掌教世袭序，特抄录之，以遗后人。云：彼以为人生不齐有，有父贤子愚者，亦有父愚子贤者。即如□□大圣也，而生□□忤父悖主之子，衍及后裔，愈悖愈远，即□□是也。若可以胤袭构马，将圣人之子若孙皆可以圣人呼之乎？抑有作佛拜佛之而生之圣子，且复育之圣孙，乃必以 胤袭拘马，则逆父命者之子若孙，又不得以圣人称之矣。意大道无亲，体道者使因袭之说，行则学浅行亏者皆得借口肆志，使吾至圣之正教日□□流于清失其清，真失其真不止也。可忧孰甚？诸亲共虑及此，深以为患，遂请教于大教铎常老师、李老师一行传之，勿易使后世教亲知，悉知掌教之任不可滥，务推德学兼优者，始可维持斯教于不衰，倘有徇情而废公，含糊以始容者，皆以此碑正之。□□下，道脉绵长，正教日兴，而洁己好施者，父诫其子，兄勉其弟，族党互相规箴，均以就□□为依归，勿以浮情为是尚，是与真主之明命、至圣之真传相契，租之回赐不能为回民者，循次遵守，庶乎近焉。

（公元一九九二年古尔邦节营新）

长营清真寺重建女礼拜殿碑记

感赞真主。公元一九九四年五月二十一日正值伊斯兰教历一四一四年古尔邦节。长营清真寺重建女礼拜殿正式落成。据寺内碑文记载本寺始建于明武宗正德年间（公元一五〇六至一五二一年），寺的建筑规模宏伟，前后三层院落的建筑群体虽历尽五百年风雨沧桑，但在长营广大回族群众维护下得以保存至今。党的十一届三中全会落实宗教政策后，一九八四年将原楼板车间改作女礼拜殿。根据党中央市区关于合理安排宗教活动场所的指示精神。一九九三年春，长营清真寺民管会决定重建女礼拜殿，五月二十七日开始筹建，组成施工领导小组由民管会主任肖宝恒及洪兴、安贵均负责全部工程的施工监管检查和安全联络工作。七月四日女殿工程正式奠基。历时十个月。一九九四年五月二十一日正式建成。

重建的女礼拜殿坐落在男殿南侧，建筑格局与男殿略同，面积为六百平方米。女礼拜殿及大门二门的建筑共计耗用资金九十五万元。外院全部翻建耗资七十万元。

长营清真寺女礼拜殿的建成是市、区、乡认真落实宗教政策的体证。施工期间乡党政领导多次深入现场具体指导并在资金方面给予大力支援，长营各民族群众热情赞助，为使广大穆斯林后代效法前人热心公益，使神圣的伊斯兰教门更加弘扬光大。特立此碑，以昭后人。

赞助名单见此碑后面

长营清真寺民主管理委员会
一九九五年五月二十一日立

长营清真寺翻修礼拜大殿记文

公元十五世纪初叶创建的长营清真大寺已历经五百年，解放后作过修整，但“文革”期间惨遭洗劫，大殿被拆毁，七十年代晚期古寺破坏的满目伤痕，面目全非。党的三中全会落实宗教政策后，一九八〇年二月一日起，当任阿訇带领乡佬突击抢修，至二月十五日简修完成，并作了“文革”后第一个主麻。一九八三年大殿再次维修，基本恢复原貌。保护古文物建筑，认真按中央政策解决好宗教活动场所，使古寺规模日臻完善是民管会工作重点，也是民管会领导一直以来矢志不移的奋斗目标。十多年来古寺年年有所建树：一九九三年至一九九五年是全寺大规模修整时期。截至目前全寺已基本完成修缮。惟礼拜大殿尚待修整。据寺民管会多次研究大殿修整问题，并多次组织全体委员对大殿要害部位作实地剖析勘察发现墙壁梁柱等已有多处腐朽、溃烂。尽快翻修加固乃势在必行。一九九七年四月民管会做出决议，经区有关部门批准决定翻修大殿。动工前阿訇向全体乡佬做宣传动员，号召广大穆斯林为大殿工程踊跃赞助。数月间筹集乜贴九万元。一九九八年二月五日翻修正式动工。工地管理建材采购款项筹集的宣传动员等事宜由阿訇和民管会主任肖宝恒及洪兴、安贵均等委员全面负责。历经五个月。一九九八年八月十日按文物部门要求顺利完成。感赞真主。翻修后的大殿外形庄严古朴，内部设施完备。至此，长营清真寺已全部修饰一新。这种全新的变化是在市、区、乡领导、部门支持和群众赞助下完成的，工程共耗资七十六万元，本寺积累三十七万元，群众赞助九万元，文物局拨款十万元，乡政府支援二十万元，清真寺全部修饰完成。鲜明的体现了党的宗教政策进一步落实，长营清真寺必将以它全新形象受到中外穆斯林赞许。特此记文以昭后人。

工程由大厂马云付施工队承担

长营清真寺民主管理委员会
一九九八年十月

常营清真寺碑记

常营清真寺始建于明武宗正德年间(公元一五〇二至一五二一年),是目前北京市最大的清真寺,也是朝阳区重点文物保护单位。公元二〇〇〇年,被中国伊斯兰教协会授予“全国百座模范清真寺”的荣誉称号。

常营清真寺历经破坏,也多次修缮、扩建。最早一次是在清嘉庆元年至三年(公元一七九六至一七九九年),由常营穆斯林群众自行筹资进行过整体性重建。二十世纪八十年代至九十年代,常营回族乡政府、党委先后投资一百多万元对清真寺进行了一系列修缮、扩建,主要包括修建女殿、邦克楼及翻修大殿等。

随着国家繁荣、民族昌盛,常营回族乡经济社会快速发展,常营清真寺因原有规模较小,设施陈旧,难以满足地区穆斯林群众进行宗教活动的需要。常营回族乡党委、政府广泛征求阿訇、乡佬、穆斯林群众的意见,于二〇〇二年五月启动了常营清真寺改造工程,此次改造是常营清真寺历史上规模最大、耗资最多的一次改扩建工程。改造总投资一千三百多万元,改造后建筑面积四千五百七十八平方米,总占地面积八千四百五十九平方米。

改造后的常营清真寺格局严谨统一,气势宏伟典雅,成为一座既蕴含古建神韵又充满现代气息的清真寺。

常营清真寺民主管理委员会

二〇〇五年五月十五日

文件

账目越算越细、干劲越算越足

长营大队第三生产队积极开展超产节约竞赛运动

公社常委批语:

长营三队的超产节约竞赛运动,通过群众性的算账已掀起了一个生产高潮,这很好。各队均应效仿他们的办法,通过算账掀起一个超产节约的竞赛运动来。

中共双桥公社党委办公室

一九六一年八月十九日

最近以来,长营三队通过算大账、算细账、算活账、层层算账、样样算账,已经掀起了一个群众性的超产节约竞赛运动。这个队通过总结上半年工作和层层算账以后,情况越算越旺、底数越算越清、决心越算越大、干劲越算越足、积极性越算越高。因而在生产上步步主动,把各项生产推向了新的高涨。

长营三队是个半粮半菜的生产队,全队共有耕地面积 1150 亩,园田占三分之一,大田占三分之二,全队 148 户,668 人,215 个劳动力,每一劳力平均负担耕地 5 亩。32 头能使役的牲畜,11 辆大车。

根据签订的三包合同,全队750亩大田,每亩包产403斤(按耕地计算)粮食三包总产量30.2万斤,晚玉米每亩包产240斤,春菽每亩包产528斤(折粮),麦茬菽每亩包产384斤。335亩园田,全年蔬菜上市任务161万斤。每亩平均上市蔬菜5000斤。全队三包总收入10.9万元,三包总开支3.28万元。

自"十二条"和"六十条"相继贯彻以后,由于认真执行了按劳付酬、多劳多得的分配原则,进一步激发了广大社员的生产积极性,特别是小麦预奖兑现之后,这个队626亩小麦,平均亩产达到192斤,比三包产量164斤超产28斤,全队仅小麦一项就超产17500斤,根据"购四留六"的政策,除去国家征购粮、大队储备粮以及小队机动粮以外,社员得到超产奖励粮7730斤,每户平均52斤,最高的得到150多斤。通过小麦实物预奖,社员不仅得到了实物奖励,而且能为国家增产粮食支援工业和城市而感到自豪。同时也进一步懂得"大河无水小河干,大河有水小河满"的道理,因而积极投入超产节约竞赛运动中来。

全队由于在党支部的领导下,一鼓作气,狠抓田间管理,因庄稼普遍生产良好,整齐茁壮。大棒子又粗又大足有1尺多长,菽蔓粗如手指。夏玉米已吐穗扬花,穗穗饱满。呈现出一片丰收景象。社员们都怀着丰收的喜悦心情,出勤率每天达98%以上,劳动时间在九小时以上。所有社员都在地里早饭,为了多干活不少社员连中饭也在地里吃。

由于社员干劲大,活茬跟得紧。这个队可以在三包合同的基础上,保证超产粮食4万斤(包括已超产的小麦17500斤在内),平均每亩超产53斤。全队可增加收入1万元,按原计划可以节省开支3000多元。由于增加了收入,节省了开支,只要继续努力,鼓足干劲,今年社员的分配水平将可能达到:每人105元,每个劳力322元,每户467元,比原三包分配提高了20%左右。比去年实际分配提高50%左右。同时每户平均奖可能分到超产奖励粮163斤,每人平均36斤。

三包指标与预计完成比较

序列	项目	单位	三包合同	预计完成	备注
1	粮食总产量	斤	302419	343033	已完成小麦12万斤
2	每亩耕地产量	斤	403	457	
3	蔬菜上市量	斤	1617523	163500	已上市47万斤,占29%
4	全年总收入	元	109416	117358	已完成收入52162元,占47.7%
5	全年总开支	元	32825	29750	已支出27400
6	社员总分配	元	59084	69206	由于增加超产奖励金和十边地收入
	每户平均	元	399	467	
	每劳力平均	元	275	322	
	每人平均	元	88	205	
7	社员超产奖励粮	斤		24119	已分小麦奖励粮7730斤
	每户平均	斤		163	
	每劳力平均	斤		112	
	每人平均	斤		36	

一、通过算细账,算出了田间管理的积极性

为了摸清底细,这个队组织了老农和社员逐块检查了庄稼生长情况,然后按作物、按地块一样一样地算细账,并分别提出不同的增产措施。通过算细账,找措施以后,这个队除小麦已超产17000斤,大秋作物还能超产23086斤,合计起来,全队全年共可超产40614斤,按照“购四留六”的政策,预计社员可以得到超产奖励粮18000多斤。另外,再加上大伙集体种植的十边地40亩,每亩预计可收150斤,总产量6000斤,除掉归还籽种和队里适当保留一小部分外,预计可分到5000斤左右,两项合计今年社员可能分得粮食24000斤左右。每户平均可分得163斤。通过算账以后,社员心明眼亮,感到大有奔头,因而都积极投入超产节约竞赛运动。田间管理进度大大加快,活茬质量也普遍提高,社员不仅主动出勤,而且还积极献计献策。如最近对晚玉米的管理,社员主动催促队长说“今年的夏玉米我们至少也得耪四遍地”。目前这个队每天平均有四十五张锄进行耪地,400多亩晚玉米已经耪地完了三遍。从8月16日起已经开始第四遍耪地,大大改变了群众所谓的“拔(八)遍一耠子”的粗放管理方法。目前白菽地也已普遍翻了三遍、耥了三遍、锄了三遍,真正做到了地净无杂草。

二、通过算细账,算出来蔬菜上市的积极性

这个队全年蔬菜上市任务161万斤,到目前为止上市蔬菜47万多斤,完成全年计划的29%,通过逐项算账,全年只能完成上市蔬菜156万斤,比签订的合同数少5万斤。为了全面完成三包计划,保证蔬菜上市任务,队里发动社员出主意想办法。讨论结果一致认为上市任务1斤也不能少。今后除了狠抓秋菜的田间管理,加水加肥,严防病虫害以外,大家动手在白菜的畦埂上点种了五亩多萝卜(净面积),另外接受了老农的建议,准备在处暑以后(8月底)把生长比较差的六亩大椒和7亩茄子,抓紧上市。紧跟着突击整地抢栽大白菜,由于增加了菜地面积18亩,预计可增加7万多斤蔬菜。不仅保证了蔬菜上市任务的完成,也超额完成了三包计划。

三、通过算细账,算出来积肥送粪的积极性

这个队今秋计划播种冬小麦400亩,每亩保证产量250斤。每亩上粪按5000斤(两车)计算,共需肥料200万斤(800车)连同秋播根茬菜可需肥料在内,共计需要250万斤(1000车)。通过算账以后,发现肥料严重不足,而且时间又非常紧迫。把问题摆到群众面前以后,大家坚决表示不种“卫生地”。于是全队立即组织了四个战线积极开展积肥送粪运动。第一是专业积肥,队里把能抽调出来的车辆全部抽调出来。边积肥边送粪。第二是由共青团负责广大青年和团员突击压制绿肥。第三是由饲养员、清洁员负责马棚、厕所、街道的积肥。第四是由各户群众性的积肥。要求每户在播麦以前至少积肥5000斤。肥料按质论价并适当将给一点积肥奖励粮。由于任务明确,分工具体。几天来各个战线就积肥60多万斤(240车)并有五十多户向队里交了肥料,其中已有三十来户完成了积肥5000多斤的任务。目前已经陆续往根茬菜地和麦地里运送肥料。明年的早春菜和小麦的增产创造了物质条件。

四、通过算细账,算出了晒制饲料的积极性

这个队现有大小牲口40头,每天仅青草就需要3000斤左右,冬季期间每天则需要干草800多斤,每月则需要2万多斤,这批数量很大的饲草,如果不自力更生,依靠外购,不仅增加了开支，而且饲料没有绝对的保证。通过算账以后，除了组织了青年打草队（利用业余时间打草，记工分）保证供应牲口每天所需要的青草外，为了给牲畜越冬储备足够的干草，队里发动全体社员在突击抢荒的同时，利用每天收工回家之便把全部锄掉的青草收集到场院摊晒，仅仅三天的功夫，就收集晒制了干草15000多斤，到本月底预计可完成6万多斤，干草按每斤0.04元计算，可节约饲草开支2400元。这个队正组织社员打高粱底，叶，晒成干草。预计全队四十头牲口冬季可以吃3个月不花钱的干草。

五、通过算细账，算出来群众性的护秋运动

目前，这个队丰收已基本定局，社员个个喜气洋洋，为了把辛勤劳动一年的丰硕果实全部拿到手。这个队已经形成了专业组织和群众性相结合的护秋运动，并广泛向群众进行盗窃可耻和保粮光荣的宣传教育。干部、党员、团员、护秋队员以及他们的家属以身作则，不仅保证不偷，而且积极参加护秋工作。从目前田间检查情况来看，各种庄稼基本上没有发生偷青的现象。

最近以来，从这个队的领导工作来看，他们得出一条重要的领导经验。就是开展群众性的算账运动。事实也证明，通过层层算账样样算，情况越算越明，决心越算越大，群众积极性越算越高，责任心也越算越强，通过算账算出了一个轰轰烈烈的群众性 的超产节约竞赛运动来。

常营回族乡开发经济优惠政策

（1992年5月30日乡人大十届第三次会议通过）

我乡是少数民族乡。根据市、区文件精神，享受市委、市政府扶持边远山区、乡村给予的优惠政策。如免征所得税和使用平价电等。

为发展我乡经济、加快改革开放的步伐，广集开发财源，根据我乡的具体情况，除市、区优惠政策外，我乡决定：

1. 凡与我乡独资、合资、合作、联营兴办企业的，我乡提供办理审批占地、营业执照等手续和一些必要的方便条件。总投资不超过1000万元的，一月内办理完毕立项审批手续。建厂需要我乡施工的，建筑面积不超过1万平方米的，保证8个月交付使用。如属租赁我方厂房，每月每平方米5—15元，并提供供电、供水、供气、供暖、交通、通讯等方便。

2. 为使合作对方尽早收回投资，视其规模大小，可给予1—5年的优惠让利。

3. 联营企业的经营权可交对方管理。

4. 外资和“三胞”企业享有经营自主权和用人自主权。自己制定本企业的生产、财务、经营计划。自行制定企业人员编制、管理机构及职工工资、奖励津贴制度。可自行向社会招录用本企业所需人员。

5. 中外合资合作项目，洽谈成功的单位允许派员和中介人出国考察。出国人员申办手续按国家有关规定办理。

6. 除国家规定“三资”企业应尽的义务外，任何部门和个人不得向其乱摊派。如有乱摊派现象，企业有权抵制。

7. 凡是新开发高科技的项目,投资数额在500万元以上的需用资金,除上级主管部门筹集的部分外,短缺部分双方或单方筹集。

8. 凡属列为技改和技引项目,总投资额在100万元以上的贷款,按市、区对少数民族乡技改项目办法执行。利用银行借贷的可用新增利润税前部分50—60%偿还贷款。

9. 积极与大专院校、科研单位挂钩联系,引进科研成果。凡引进科研项目成功的,按其所创效益给予主要经营者和有功科技人员如下奖励:

年创净利50万元以下者,按净利5%—10%提取奖金。

年创净利50万—100万元者,除按净利5%—10%提取金外,另一次性奖励3居室住宅一所。

年创净利100万—200万元者,除奖励有功人员10万元外,另一次性奖励3居室住宅和小卧车一辆。

年创净利200万元以上者奖励更优厚,条件随意。

10. 对开发科技项目有功人员,如有特殊发明和贡献,除物质奖励外,给予特殊荣誉奖(如:事迹登报、上电视、报功、晋升等)。

11. 奖励产品创优。对产品创优者重奖,凡已领优质产品证书的,按该产品所创年度税后利润的10%—15%提取奖金,一次性奖励全厂工人。同时对科技人员和有功人员,除上级主管部门给以的奖励金额外,乡拟定奖励金额如下:

创一项国优产品奖励8000元

创一项部优产品奖励6000元

创一项市、局优产品奖励2000元

12. 积极鼓励技术改造、技术革新。对技术改造项目经过验证成功的有功人员,按其技改项目的产品年度销售额的1%或按其技术项目的直接效益的10%—20%给予奖励。

13. 凡在科技人员及管理人员利用业余时间来我乡提供技术协作,有偿服务,报酬全部归已。如使用本单位的技术设备或资料。由受益企业从该项技术所创年利润中提取10%付给输出单位作为技术服务费。

14. 凡国营单位、集体企事业和科研单位的技术人员、干部、工程师等,我乡需要本人自愿。所在单位同意来我乡工作的,可以在原单位停薪留职,也可以将工资关系、人事关系转到双桥农场,户口落入我乡。工资待遇加倍。有突出贡献的我乡特需人员,给家属以定居住所。户口在外省市的科技人员,除户口待国家政策允许再办之外,其他待遇同享。

15. 离退休有特长的技术人员来我乡工作,工资待遇从优。

16. 乡企业可以根据本单位开发及扩产需要,到大专院校招收毕业生,户口可保留城镇。工资、人事关系可转入双桥农场。待遇从优并参加养老保险。工龄连续计算,报乡备案。

17. 对引进人才中介人奖励:凡为我乡引进经济技术类专业人才(中级职称以上、含高级技工)经使用被企业录用的。由用人单位按签订合同年限给予中介人一次性奖励。签订合同三年以上不满五年的奖励1000元,签五年以上的奖励2000元。

18. 对引进资金中介人奖励:积极提倡股份、联营办企业、鼓励为我乡引进投入资金,凡为我乡引进资金者,其年息在当时银行贷款利息以下(含持平)使用期限在半年至一年的,可提取引进资金金额的1%作为一次性奖励;使用年限在一年以上的,可提取引进资金的1.5%作为一次性奖励;其年息如高于当时银行贷款利息的,使用年限在半年至一年的,可提取引进资金的5‰作为一次性奖励,使用年限在一年以上的,可提取引进资金的1%作为一次性奖励。奖励由使用单位以本单位奖金形式发给。视如银行贷款利息列入成本。

19. 为我乡引进项目的单位和个人。可享受该企业或该项目投产之日起,三年内所产生的税后利润5%—10%的一次性奖励(一年利润在100万元以下的奖5%,年利润在100万元以上的奖10%)分两次付给。项目立项签订合同后,由收益单位按其项目预定效益情况预付500—2000元,其余在结算后一次付清。

20. 为我乡引荐介绍联营、合资企业的,领取营业执照正式投产后,按其对方投入资金的2%奖励引荐人。

21. 我乡企业敞开供销渠道,实行工效挂钩和费用包干的办法。凡为我乡推销产品、购进紧缺物资者,按价格情况可以提供货额或销售额的1%—2%,作为一次性奖励。

22. 为我乡提供信息产生效益的,可以按其效益的1%给予提供者一次性奖励。

关于结合房地产开发建回民新村的意见的决议

(1994年7月7日乡人大第十一届第二次会议通过)

第十一届常营回族乡人民代表大会第二次会议经过审议通过李建海场长关于《结合房地产开发建回民新村的意见》。

会议认为,关于《结合房地产开发建回民新村的意见》,既符合北京市总体规划方案,也安排了村民的生产、生活,彻底改变了居住条件。为保证“回民新村”建设顺利进行特做了如下规定:

1. 回民新村住宅楼高度为四层,层高为2.9米,形式是一梯一户和一梯二户,定价一层、四层每平方米300元;二层、三层每平方米350元,内装修标准为粗装修。

2. 回民新村住宅楼基本按三代同居每5—6口人的结构考虑。

3. 拆迁农民现有住宅每平方米按质作价为300—400元。

4. 回民新村住宅楼方案选用两种:

第二号方案为:每户132.39平方米,一梯一户,三开间三室二厅,二厨二厕,可分可合,厕浴分开。

第四号方案为每户82.95平方米,为三室一厅。

5. 分房条件按现有房屋面积和家庭人口结构来确定。

6. 选用和分配楼房型号比现住房面积多的需补交差价,差价款提前预收。不愿交差价款的只能分配第四号方案。

北京市朝阳区常营回族乡拆迁腾退安置补偿办法

(2001年10月12日乡人大第十三届第五次会议通过)

第一章　总则(略)

第二章　拆迁、腾退工作管理一般规定

第六条　乡政府统一组织拆迁、腾退安置工作，常营乡拆迁腾退领导小组负责具体组织协调工作，拆迁公司按照本办法具体实施。

第七条　乡政府与被拆迁人、被腾退人签订安置补偿协议后，被拆迁人、被腾退人应当按照规定期限自行拆除原住宅及其附属物，被拆迁人、被腾退人原有《集体建设用地使用证》、房屋所有权证明同时废止。

第八条　拆迁、腾退安置用房《房屋所有权证》按照市、区有关政策和规定统一办理，所发生的费用由乡政府承担。

第九条　在拆迁、腾退规定期限内，乡政府与被拆迁人、被腾退人达不成安置补偿协议的，双方当事人均有权向区政府行政主管部门申请行政裁决。

第十条　被拆迁人、被腾退人所在单位或者其上级主管部门，应当协助做好拆迁、腾退安置工作。

第十一条　拆迁、腾退安置补偿采用两种方法，被拆迁人、被腾退人可以任选其一，但在同一宅基地上的被拆迁人、被腾退人必须选择同一种安置补偿方法。

第十二条　安置用房为以下五种价格：

1. 建筑成本价格：1600 元/平方米；

2. 优惠价格：2000 元/平方米；

3. 区位价格：2500 元/平方米；

4. 平均价格：2800 元/平方米；

5. 商品房售价：3500 元/平方米（暂定，具体价格由北京营基房地产开发有限公司确定）。

第十三条　为了改善村民的居住条件，按以上两种方法安置补偿的被拆迁人、被腾退人每一口人安置用房的建筑面积不能低于 35 平方米。

第十四条　原在常营村居住的被拆迁人、被腾退人，除回族外，根据本户意愿提出申请，也可以选择在政法党校东侧拆迁安置用房内予以安置。

第三章　住宅房屋拆迁、腾退安置补偿方法一

第十五条　被拆迁人、被腾退人的划分：对被拆迁人、被腾退人的划分以公安机关发放的户口本为准，但夫妻双方及其未成年子女在拆迁范围内分别立户的按照一户给予安置补偿，达到法定婚龄的子女分户给予安置补偿。

被拆迁人、被腾退人实际人口按照以下原则认定：（略）

第十六条　被拆迁人、被腾退人原住房面积的确定：

1. 原则上按照《北京市人民政府关于加强农村村民建房用地管理若干规定》的规定，以乡政府 2000 年 4 月份入户调查登记面积为依据，予以确认。

2. 2000 年 4 月份以后未经规划管理部门批准的新建、扩建房屋及其附属物属于违法建设，一律不予承认。

3. 宅基地范围以外的任何形式的建筑均属于违法建设不予承认。

4. 被拆迁人、被腾退人在常营乡乡域范围内有两处以上（含两处）合法住房的，合并计算拆迁、腾退面积和安置面积。

5. 常营回族乡第三、四、五、六、七村，十里堡村及原常营八村新批宅基地的认定，按照常政字〔2001〕03 号文的规定执行。

第十七条　安置补偿：

1. 作价：原房屋以 1993 年房屋普查档案为依据，1993 年以前的正式房屋按照《北京市城市房屋拆迁管理办法》的规定作价；1993 年房屋普查以后至 2000 年 4 月份在划定的宅基地范围内所建的正式房屋给予所有权作价补偿。

2. 安置：

(1) 应安置面积每人 30 平方米，每户增加 25 平方米，另每人增加 10 平方米。

(2) 安置用房的价格按照区位价计算，即每平方米 2500 元。另每人给予 10 平方米奖励优惠价格，按区位价优惠 20% 的价格（每平方米 2000 元）部分先行计算。

(3) 补偿面积与补贴面积之和不足人均 40 平方米的，实际安置面积大于补偿面积与补贴面积之和且不足人均实际安置面积（40 平方米）的部分按楼房建筑成本价（ 每平方米 1600 元）计算。

(4) 因安置用房户型限制，当楼房成套建筑面积大于应安置面积时，大于部分按照每平方米 2800 元的平均价格买足实际面积。

3. 利用原住宅房屋从事经营并有营业执照的，给予停产停业综合补助费。

第十八条　奖励及补助办法：

1. 提前签订协议奖：被拆迁人、被腾退人按规定时间签订拆迁、腾退安置协议的，乡政府按照其实际拆迁人口给予每人 3000 元奖励，对于未按期签订协议的被拆迁人、被腾退人不予奖励。

2. 提前搬家奖：被拆迁人、被腾退人按期拆除其原有宅基地范围内正式房屋及其附属物的，乡政府按照其原正式住房面积每平方米给予 100 元奖励（以朝阳区房地产价格评估所的作价为依据），每户另加 3000 元奖励。

3. 周转补助费：拆迁、腾退安置用房没有现房时，被拆迁人、被腾退人自行周转的，乡政府给予每人每月 300 元的补助费，发至提供安置用房时止；有现房安置时，被拆迁人、被腾退人自愿选择期房的，乡政府不给予补助费。

第四章　住宅房屋拆迁、腾退安置补偿办法二

第十九条　被拆迁人、被腾退人的划分及实际人口的认定同本办法第十五条。

第二十条　被拆迁人、被腾退人原住房面积的确定：

1. 原则上按照《北京市人民政府关于加强农村村民建房用地管理若干规定》的规定，以乡政府 2000 年 4 月份以前入户调查登记面积为依据，予以确认。

2. 2000 年 4 月份以后未经规划管理部门批准的新建、扩建房屋及其附属物属于违法建设，一律不予承认。

3. 宅基地范围以外的任何形式的建筑均属于违法建设不予承认。

4. 1993 年至 2000 年 4 月 1 日期间，在本村内插当补空乡政府新批三、四、五、六、七村、原第八村、十里堡村宅基地符合下列条件的，按照本办法给予安置补偿：

(1) 只限本村村民；

(2) 被拆迁人、被腾退人只有一处宅基地，有两个以上（含两个）子女，并且均达到法

定婚龄。其中,有两个子女的可以认定一处新宅基地;有三个子女的可以认定两处新宅基地,以此类推;

(3)被拆迁人、被腾退人家庭人口较多,居住确实拥挤,原有房屋建筑面积不足人均30平方米,有一处新宅基地,原宅基地和新宅基地建筑面积合并计算。

第二十一条 安置补偿:

1. 原住房作价:参照《北京市城市房屋拆迁管理办法》计算。

2. 安置用房按楼房平均价格每平方米2800元计算。

3. 被拆迁人、被腾退人的现有实际人口为安置面积的计算基数,每人40—45平方米。

4. 因安置用房户型限制,楼房成套建筑面积大于安置面积部分,按照每平方米2800元的平均价格买足实际面积。

5. 利用原住宅房屋从事经营的(以营业执照为依据)被拆迁人、被腾退人可以选择按照住宅房屋予以安置补偿或按照商业用房标准给予补偿,但两种方法只能选择其一。

第二十二条 奖励及补助办法同本办法第十八条。

第二十三条 有房无户口的被拆迁人、被腾退人确定及安置:

1. 被拆迁人、被腾退人没有常营乡户口,因继承、赠与、买房等原因,在拆迁、腾退范围内拥有房屋产权并具备《集体土地使用证》的为有房无户的被拆迁人、被腾退人。

2. 对有房无户的被拆迁人、被腾退人,按照京国土房产拆字〔2000〕168号文的规定安置补偿,即其原住房建筑面积不足60平方米的,应补偿建筑面积按原建筑面积计算;其原建筑面积超过60平方米,应补偿建筑面积按照60平方米计算。如需购房,可按照每平方米2800元的价格购买一套两居室安置用房。

关于全乡统一适用绿化隔离地区拆迁安置政策的请示

朝阳区绿化隔离地区建设指挥部:

为促进常营回族乡多民族聚居地区民族经济和社会的共同稳定发展,推进该地区城乡结合部城市化进程,北京市绿化隔离地区建设总指挥部于2001年2月批复同意将常营回族乡整体纳入绿化隔离地区范围(京总指发〔2001〕1号),新纳入绿化隔离地区的可享受旧村改造、新村建设等有关政策。按照区政府提出的“三化四区”的奋斗目标,我乡紧紧抓住绿化隔离地区建设这一机遇,加紧实现乡域规划,在朝阳区第一、第二届国际商务节上分别与北京市城乡房屋建设开发公司和北京天鸿集团签订了土地合作开发协议,合作开发280公顷的土地。

为了新村建设和房地产开发的顺利进行,按照京总指发〔2001〕1号文件精神,2001年10月常营回族乡第十三届人民代表大会第五次会议通过了《北京市朝阳区常营回族乡拆迁腾退安置补偿办法》,为全乡的拆迁腾退提供了政策依据。依据这一办法,我乡绿化隔离地区新村建设二期用地腾退共拆迁安置了616户1367人;为北京市城乡房屋建设开发公司腾地开发建设商品房共拆迁安置了411户912人;朝阳北路建设工程共拆迁约900户1400人(正在进行中),上述拆迁人数已占到全乡总拆迁人数的三分之一,均统一适用我乡的拆迁安置办法。拆迁安置办法得到了绝大多数被拆迁户的拥护和赞成,广大村民们自觉配合拆迁工作,有力地促进了各项工作的进展,可以说,我乡的拆迁安置办法已经深入人心。

按照我乡的乡域规划和开发进度,我乡还有建设用地、市政用地、产业用地有待拆迁腾退,如果这些不同性质的用地的拆迁腾退适用不同的政策,那么会引起拆迁户的思想混乱,产生不安定的因素,直接影响民族团结和地区稳定。为了保持政策的稳定和统一,切实保证各民族群众的切身利益,维护少数民族地区的社会稳定,我乡认为全乡的拆迁腾退不论何种用地性质,均应统一适用于我乡人代会上通过的拆迁安置办法。

妥否,请批示。

常营回族乡人民政府

2002年5月8日

关于将朝阳区常营回族乡整体纳入绿化隔离地区范围有关问题的批复

朝阳区人民政府:

你区《关于将我区常营乡全乡纳入北京市绿化隔离地区范围的请示》(朝政文字〔2000〕127号)收悉,经研究,现就有关事项批复如下:

一、为促进常营回族乡多民族聚居地区民族经济和社会的共同稳定发展,推进该地区城乡结合部城市化进程,原则同意将常营回族乡整体纳入绿化隔离地区范围(具体范围由市规划委审定)。

二、鉴于该乡新纳入绿化隔离地区范围的面积较大,如按政策规定享受有关财政补贴,市财政确有困难。因此,新纳入绿化隔离地区的可享受旧村改造、新村建设和土地置换等有关政策,同时,全额享受新村建设贷款贴息政策。其绿化补助费、养护费按规定标准的50%给予补贴。

三、新纳入绿化隔离地区的绿化建设,必须按照市委、市政府及市绿化隔离地区建设总指挥部的要求进行,不能代替或影响原有绿化任务的按时完成。

四、常营乡整体纳入绿化隔离地区范围后,其绿地系统规划方案、旧村改造和新村建设规划方案,应根据调整后的实际情况进行修改完善,并按规定经审批后统一组织实施。

特此批复

北京市绿化隔离地区建设总指挥部

2001年2月1日

关于朝阳区常营乡统一适用《北京市朝阳区常营回族乡拆迁腾退安置补偿办法》的批复

朝阳区常营回族乡人民政府:

朝阳区绿化隔离地区建设指挥部5月10日《关于全乡统一适用绿化隔离地区拆迁安置政策的请示》收悉,经研究,现批复如下:

(一)2001年10月你乡根据本乡实际情况,在乡第十三届人民代表大会第五次会议上通过了《北京市朝阳区常营回族乡拆迁腾退安置补偿办法》(以下简称《安置办法》),在具体执行本办法过程中,赢得了广大村民拥护和赞同,有力地促进了绿化隔离地区建设各项工作的进展。鉴于上述原因,我绿指办统一批准你乡统一适用该《安置办法》。

(二)对于被拆迁人因对本办法有异议,在规定期限内与乡政府达不成安置补偿协议的,其安置补偿按照北京市、朝阳区现行绿化隔离地区拆迁安置办法执行。

请常营回族乡人民政府根据上述批复精神,按照该《安置办法》明确公布实施,进而保证绿化隔离地区建设的顺利进行。

专此批复

北京市朝阳区绿化隔离地区建设指挥部

2002 年 6 月 3 日

关于朝阳区常营乡已征回民新村用地享受绿化隔离地区有关政策的批复

朝阳区绿化隔离地区建设指挥部:

你区《关于朝阳区常营回族乡已征回民新村用地应纳入绿化隔离地区建设范围享受有关政策的请示》(朝绿指〔2001〕8 号)收悉,经研究,现就有关事项批复如下:

一、鉴于你区常营乡已整体纳入绿化隔离地区范围,为有利于该乡在旧村改造和新村建设中的统一规划、统一建设,促进社会安定和经济发展,改善常营回族乡群众的居住条件和地区整体环境,推进该民族区域的城市化进程,原则同意你区常营乡“回民新村”一期项目(〔2000〕规审字 0674 号审定范围)执行京政办发〔2001〕31 号规定的绿化隔离地区旧村改造和新村建设有关优惠政策。

二、该项目在享受绿化隔离地区旧村改造新村建设有关优惠政策的同时,必须按文件规定安置相应数量的村民拆迁上楼,腾退土地实施绿化。

特此批复。

北京市朝阳区绿化隔离地区建设指挥部

2001 年 7 月 2 日

常营回族乡农村富余劳动力转移就业鼓励暂行办法

(2006 年 11 月 25 日)

第一章　总则

第一条　随着劳动力就业的市场化和常营回族乡农村城市化进程的不断深入,农村劳动力转移就业问题亟待解决。依据市、区有关政策,结合本乡实际,为了推动农村富余劳动力转移就业和鼓励依靠培训提高就业素质,特制定本办法。

第二条　本办法所称农村富余劳动力是指:具有本乡农业户口,属于本乡绿化隔离带政策涉及的《户口本》年龄男在 40 周岁至 55 周岁(不含)、女在 35 周岁至 50 周岁(不含)之间,有劳动能力的人员。

第二章　鼓励办法

一、自主就业鼓励办法

第三条　在乡社保所建立了《转移就业档案》、领取了《转移就业证》，并符合上述条件的农村富余劳动力，有依靠市场、自主就业的意愿，与乡社保所签订《自主就业协议书》，并填写《北京市农村劳动力转移就业登记表》的人员，可以按规定给予奖励。

第四条　《自主就业协议书》的自愿自主就业的年限为三年，以每人月标准 200 元进行奖励。由村（社区）社保工作站按月发放。直至《自主就业协议书》履行完毕或废止。

第五条　本办法废止时，所签订的《自主就业协议书》同时自动废止。协议废止时，协议未履行部分作废，已履行的部分有效。

第六条　未签订《自主就业协议书》的人员可以由乡社保所职介机构在一年内为其推荐 3 次工作岗位，如仍不能成功就业的，将不再为其推荐工作岗位。年内可以选择自主就业。

第七条　在本乡所属企事业单位、乡机关、村（居）委会就业的人员如因违章、违纪等被辞退，不执行此办法。

第八条　已在本乡所属企事业单位、乡机关、村（居）委会、社区就业的人员。可以自愿选择在本岗位继续工作或享受此办法规定自主就业。选择期限截止到 2006 年 12 月 31 日。

二、职业技能培训鼓励办法

第九条　本乡农村富余劳动力每人可以免费享受一次引导性培训和一次职业技能培训。已经享受过的除外。

第十条　在免费培训期间，通过考勤本人出勤率 100%，且考试合格，可以一次性享受 100 元奖励。每人只能享受一次。

第十一条　凡本乡农村富余劳动力自费考取各种职业技能证书（国家承认）的，可以享受一次性补助 200 元。每人只能享受一次。

第三章　实施细则

一、自主就业鼓励办法实施细则

第十二条　奖励申请：每月 20 日前，申请人到本村（社区）社保工作站进行办理，办理时要携带本人《转移就业证》《身份证》原件及复印件各一份。

第十三条　村（社区）社保工作站负责就申请人的资格进行初审并公示一周合格后，留复印件，退回原件。并指导合格申请人填写《自主就业协议书》，于 5 个工作日内将申请人《转移就业证》《身份证》复印件、《自主就业协议书》及花名册送交乡社保所。社保所复审合格后，报主管领导和主要领导批准。批准后由社保所在《自主就业协议书》上盖章生效。

第十四条　由社保所通知该村（社区）社保工作站，工作站通知申请人审批结果，社保所与村（社区）社保工作站共同建立台账。

第十五条　乡社保所将奖励资金下拨各村（社区）社保工作站。

第十六条　从开始申请的次月起算，由村（社区）社保工作站于每月末发放。

第十七条　享受自主就业奖励的人员必须履行《协议书》所列内容，积极自主就业。乡属企事业单位、乡机关、村（居）委会不得聘用签订《自主就业协议书》的人员。

二、职业技能培训鼓励办法实施细则

第十八条　在每期免费培训的最后一天，由社保所负责人员公布出勤率100%的人员名单；考试成绩评定后，社保所将考试成绩合格且出勤率100%的人员名单报主管领导和主要领导批准，并将奖励资金拨到各村（社区）社保工作站。

第十九条　自费培训人员可持本人《转移就业证》《身份证》原件及复印件、考取证书的原件及复印件，在考取证书的年度内、每月20日前到所在村（社区）社保工作站申请，工作站初审合格后，退原件留复印件。

第二十条　各村（社区）工作站将初审合格的材料送交乡社保所，由社保所复审合格后，报主管领导和主要领导批准。乡社保所将审批结果通知社保工作站。并把合格人员名单及应得培训补助资金下拨村（社区）社保工作站。

第二十一条　各村（社区）工作站通知合格人员到本村（社区）工作站领取应得奖励和补助。

第四章　附则（略）

常营回族乡农民生活补助管理办法

（2006年11月25日）

第一章　总则

第一条　为解决绿化隔离地区建设农村城市化进程中农民生活中的实际困难，参照《北京市农村居民最低生活保障制度实施细则》，结合本乡实际情况，制定本办法。

第二章　补助办法

第一节

第二条　补助人员为凡具有本乡正式农业户口，属于本乡绿化隔离带政策涉及的男年满55周岁以上、女年满50周岁以上（以身份证或户口簿为准），包括原男50—55周岁（不含）、女45—50周岁（不含）已享受农民生活补助的人员。下列人员除外：

（一）因子女顶替父母工作，父母从企事业单位正式退休并领取退休费，但父母由非农业户口转为农业户口的人员。

（二）父母投靠子女户口迁至常营回族乡，未参加过乡集体劳动的人员。

（三）因结婚，如一方（本乡人）系非农业户口，其配偶户口迁至本乡，但未参加过乡集体劳动，其配偶不列入此范围。

（四）在乡村或乡属企事业单位领取退休（离岗）金的人员。

（五）按照《常营回族乡离退职农业户口村务管理人员任职补贴暂行办法》享受补贴的人员。

（六）属于挂靠户，从未参加过乡集体劳动的人员。

第三条　每月每人补助标准为300元。

第四条　凡按月领取农民生活补助的人员不再安排到村里或乡属企事业单位工作。男55周岁以上、女50周岁以上在村委会及乡属单位已上班的人员一律清退，按照本办法第二、三条执行。村务管理人员按照《常营回族乡离退职农业户口村务管理人员任职补贴暂行办法》执行。

第五条 原男 50—55 周岁（不含）、女 45—50 周岁（不含）已享受农民生活补助的人员，如正在乡属单位工作的，可自愿选择在现岗位上继续工作至男 55 周岁、女 50 周岁止，然后按本办法第二、三条执行。选择期限截至 2006 年 12 月 31 日并签订协议，在岗期间不得领取农民生活补助费。

第六条 享受农民生活补助的人员，按照属地管理的原则，由本人到所在村（社区）社保工作站申请，村（社区）社保工作站负责初审并公示一周，合格后经乡劳动科审核，报乡主管领导和主要领导批准。社保所和各村（社区）社保工作站分别为合格人员建档。

第七条 劳动科每月 20 日将审核后的名单按照分类交乡社保所；每月 25 日乡社保所将人员名单及生活补助资金下拨到各村（社区）社保工作站，由各村（社区）社保工作站按照名单统一发放。

第八条 生活补助于批准后的次月起，享受按月领取生活补助待遇。

第二节

第九条 补助人员为原常营分场企业社员工，男年满 55 周岁以上、女年满 50 周岁以上的人员。

第十条 月人均补助标准为 300 元，在此基础上另加工龄补贴一年一元钱。曾在企业单位任正职的人员，在此基础上另加 100 元。

第十一条 非本乡户口的农民职工，现正在领取生活补助的人员，可以享受本办法规定，本办法废止时一并取消享受资格（包括原分场社员工和农场社员工）。在本乡所属以外单位正在领取退休费或生活补助费等人员，不执行本办法。

第十二条 凡按月领取企业社员工退休（离岗）待遇的人员不再安排到村里或乡属企事业单位工作。男 55 周岁以上、女 50 周岁以上在村委会及乡属单位上班的人员一律清退。村务管理人员按照《常营回族乡离退职农业户口村务管理人员任职补贴暂行办法》执行。已在原单位办理了退休手续的城镇居民及办理了建设征地农转工自谋职业人员退休手续的，现正在乡属单位上班的人员一律清退。

第十三条 原男 40—55 周岁（不含）、女 40—50 周岁（不含）享受企业社员工退休（离岗）待遇的人员，如正在乡属单位工作的，可自愿选择在现岗位上继续工作至男 55 周岁、女 50 周岁止（选择期限截至 2006 年 12 月 31 日并签订协议），然后按本办法第九条执行。在岗期间不得享受任何生活补助和退休（离岗）待遇。

第十四条 根据《中华人民共和国劳动法》规定，取消原农场社员工、分场社员工身份。个人不再按月缴纳乡内部统筹。

第十五条 由商业公司负责初审，报乡经济管理办公室审核，经主管领导和主要领导批准后，由商业公司按月发放。

第三章 附则（略）

常营回族乡关于调整农民生活补助标准、病残人员生活救助标准及农村富余劳动力转移就业有关条款的意见

（2007 年 11 月 30 日　乡人大十五届三次会议通过）

《常营回族乡农民生活补助管理暂行办法》中第二章第三条规定的农民生活补助标准由每人每月 300 元调整为 450 元。其中，年龄满 82 周岁及以上人员，生活补助标准调整为每人每月 500 元。

《常营回族乡农民生活补助管理暂行办法》第二章第二节中涉及的原双桥农场和常营分场企业社员工的月人均补助标准由原来的每人每月 300 元调整为 450 元。

2008 年 1 月 1 日起开始执行。

常营回族乡关于第六次调整农民生活补助标准、病残人员生活救助标准及农村劳动力自主就业鼓励标准有关条款的意见

（2013 年 11 月 30 日　乡人大十六届五次会议通过）

常营回族乡农民生活补助管理暂行办法》中第二章第三条规定的农民生活补助标准由每人每月 900 元调整为 1000 元。其中，年龄满 82 周岁及以上人员，生活补助标准由每人每月 950 元调整为 1050 元。

《常营回族乡农民生活补助管理暂行办法》第二章第二节中涉及的原双桥农场和常营分场企业社员工的补助标准由每人每月 900 元调整为 1000 元。其中，年龄满 82 周岁及以上人员，生活补助标准由每人每月 950 元调整为 1050 元。

《常营回族乡农村富余劳动力转移就业鼓励暂行办法》中第二章第四条规定的自主就业奖励标准由每人每月 450 元调整为 550 元。

自 2014 年 1 月 1 日起开始执行。

常营回族乡房屋租赁管理暂行办法

第一章　总则（略）

第二章　房屋租赁

第五条　有下列情形之一的，属于房屋租赁行为，应按本办法规定执行：

（一）房屋所有权人将房屋出租给承租人居住的；

（二）房屋所有权人将房屋提供给他人从事生产、经营活动的；

（三）利用自有房屋与他人进行联营、承包经营、入股经营等活动，房屋所有权未发生变更的；

（四）将房屋分割出租给多人使用的（含室内柜台、摊位出租）；

（五）其他属于房屋租赁的行为。

第六条　有下列情形之一的房屋，不得出租：

（一）无合法的房屋权属证明的；

（二）房屋权属有争议的；

（三）共有房屋未取得其他共有人同意的；

（四）已作为资产抵押，未经抵押权人同意的；

（五）属于违法建筑的；

（六）不符合房屋安全标准，影响使用安全的；

（七）已通知列入城市规划范围，准备拆迁的；

（八）有关法律、法规规定禁止出租的其他情形。

第三章　租赁合同

第七条　房屋租赁，当事人应当签订书面租赁合同。

第八条　租赁合同应具备以下条款（略）。

第四章　租赁管理

第九条　建立社区出租房屋管理服务站，配备专职人员，并保障其工作所需办公场所及经费。

第十条　房屋租赁实行登记备案制度，主管部门为社区出租房屋管理服务站。

出租人应当在租赁合同签订之日起 7 日内到社区出租房屋管理服务站办理登记备案手续，并申报纳税。

第十一条　出租人申请房屋租赁登记备案时应提交下列材料：

（一）书面租赁合同；

（二）房屋所有权证或其他合法的权属证明；

（三）居民身份证或法律资格证明；

（四）社区出租房屋管理服务站认为需要提交的其他资料。

出租共有房屋，应同时提交其他共有人同意出租的证明；出租委托代管房屋，应同时提交委托人授权出租的证明。

第十二条　出租人在办理登记备案手续时，应同时将承租人的基本情况告知社区出租房屋管理服务站，并如实填写《租住人员信息登记表》。

第十三条　租赁房屋逾期或到期后续租的，应当到社区出租房屋管理服务站办理延续租赁登记备案手续。

第十四条　租赁合同变更、解除或终止的，出租人应自合同变更、解除或终止之日起 5 日内向社区管理服务站提交有关书面证明材料，办理变更、注销登记备案手续。

第十五条　在房屋租赁合同有效期内，居住人员发生变更的，承租人应当自变更之日起 2 日内告知社区出租房屋管理服务站，并办理变更登记手续。

第十六条　房屋中介组织受委托代办房屋租赁登记备案的，应承担相应的责任和义务。

房屋中介组织应按照《北京市外地来京人员租赁房屋管理规定》等有关规定办理相关手续，诚实信用，不得以发布虚假信息或其他手段蒙骗、坑害租赁当事人。

第五章　权利义务

第十七条　出租人不得将房屋出租给无合法有效身份证明或有犯罪嫌疑的人员。发现出租屋内有违法犯罪活动或违法犯罪嫌疑的，应当及时报告公安部门。

第十八条　签订租赁合同后，出租人应当在承租人入住 3 日内向公安派出所申报暂住登记,办理《暂住证》,并报告暂住人口变动、注销情况。

第十九条 凡出租房屋位于常营民族家园及连心园小区的出租人,均应就出租的房屋向常赢物业公司缴纳物业管理费、供暖费及水费等费用。

费用标准为:物业服务管理费每月每建筑平方米0.65元(不含税);

供暖费每供暖季每平方米30元;

水费每吨3.7元。

以上费用今后随着北京市政策作相应调整。

第二十条 承租人必须如实说明租住人数及有关情况,并出示本人及其他入住人员的有效身份证件,如实填写《租住人员信息登记表》。

第二十一条 承租人不得留宿无有效身份证件的人员。

第二十二条 承租人不得擅自改变出租房屋的使用性质,禁止利用出租房屋进行赌博、吸毒贩毒、卖淫嫖娼、制黄贩黄、伪造证件等违法犯罪活动;禁止利用出租房屋从事非法生产、加工、储存、经营易燃易爆、毒害性、放射性、腐蚀性等危险物品。

第二十三条 转租房屋应当订立转租合同。转租合同必须经原出租人书面同意后,由新承租人、转租人或出租人重新到主管部门办理登记备案手续。

第二十四条 租赁期间,因城市建设需要拆迁租赁房屋的,应服从城市建设需要,具体情况按有关规定执行。

第六章 法律责任(略)

第七章 附则(略)

常营回族乡农民转居转工实施办法

为实施常营回族乡农民转居转工工作,依据北京市政府关于常营回族乡征地转居有关批复及《北京市建设征地补偿安置办法》,结合常营回族乡实际,制定本办法。

一、转居转工安置时点

1. 根据京政地字〔2006〕315号、316号、317号批文确定2006年12月31日为常营大型居住区征地转居人员安置时点;

2. 根据京政地字〔2011〕238号批文确定2011年12月31日为1、2号地征地转居人员安置时点;

3. 根据京国土征〔2014〕19号文件确定2014年1月18日为水源十厂、地铁六号线征地及常营乡剩余转居人员安置时点。

转居人员年龄的计算时间以市政府批准征地之日为准,按现有实际人员结构办理相关手续。

转居人员可自愿选择转非安置时点,乡转居转工工作领导小组根据各时点指标情况,有权对转居人员在各时点中调剂。调剂时以保障转居人员利益为原则,可以打破各村之间的指标界限,在全乡范围内统筹使用指标。调剂后转居人员待遇不低于自己选择的时点的待遇。

本次缴纳户口簿启动时间为2014年5月13日,截至时间为2014年5月31日。无特殊情况，经工作人员提醒仍未按规定时段缴纳户口簿的，视为自主放弃转居转工；有特殊情况需延迟办理的，由乡人代会授权乡转居转工工作领导小组确定。

二、转居转工人员范围及对象

（一）在2014年1月18日之前至户籍农转居办理时户口在常营回族乡的农业户籍人员，包括：

1. 未成年人和在校学生，指在市政府批文批复时点时，不满16周岁的未成年人及16周岁以上正在接受义务教育和学历教育的学生，只办理转居手续，不享受转非安置补偿待遇。

2. 转非劳动力，指在市政府批文批复时点时，在法定劳动年龄范围内（男年满16周岁至不满60周岁、女年满16周岁至不满50周岁）具有劳动能力的人员，不包括16周岁以上正在接受义务教育和学历教育的学生。

3. 超转人员，指在市政府批文批复时点时，转为非农业户口且男年满60周岁、女年满50周岁及其以上的人员，含无人赡养的孤寡老人；同时包含法定劳动年龄范围内经有关部门鉴定丧失劳动能力且不能进入社保体系的病残人员。

4. 户籍在常营回族乡但不具有集体经济组织成员身份的，只办理转居手续，不享受相关安置待遇。各村组织召开社员代表大会确定不具有集体经济组织成员身份人员名单，并上报乡转居转工工作领导小组办公室。

（二）在2014年1月18日之前，从常营回族乡农民中应征入伍且现在仍在服役的义务兵。

三、转非劳动力安置方式

转非劳动力根据自愿原则，可选择自谋职业或单位安置，二者不能同时选择。

（一）自谋职业

凡未在常营回族乡所属集体企业及常营回族乡集体委托的社会企业安置的（具体操作视当时情况而定），为自谋职业。

选择自谋职业的转非劳动力，需提交自谋职业书面申请，填写《北京市转非劳动力自谋职业申请表》，并与村民委员会和乡人民政府签订自谋职业协议书，由公证机关公证，经区相关单位审核后，为其建立个人档案、办理补缴社会保险和档案存放手续，将档案转到区职业介绍服务中心。

自谋职业人员办理公证手续后，按有关规定享受一次性就业补助费。办理完补缴社会保险手续，自谋职业人员以后的社会保险费自行解决。

常营回族乡不再负责自谋职业人员安置就业。

（二）单位安置

凡在常营回族乡所属集体企业及常营回族乡集体委托的社会企业安置的（具体操作视当时情况而定），为单位安置。

选择单位安置的转非劳动力，与常营回族乡所属集体企业或常营回族乡集体委托的社会企业签订安置承诺书，与接收单位签订无固定期限劳动合同，享受相应岗位的工资及福利待遇，劳动力从接收之日到相关单位参加实际工作。接收当年，接收单位为其发放不低于本市最低工资标准1.2倍的工资待遇（不含单位发放的加班费及其他福利待遇），同时办理招工备案手续和缴纳各项社会保险。

四、超转人员安置方式

超转人员由村委会按照政策规定,根据人员年龄和病残情况确定一般超转人员、病残人员名单并进行公示。超转人员办理手续后由区民政局发放相应的生活补助和医疗补助。(略)

五、农民转居转工和集体资产的关系

农村村民转为非农业户口后,不丧失对农村集体经济组织积累应当享有的财产权利。对于拒绝办理转居的人员,转居时点之后的劳动年限不再认定为乡村集体经济产权制度的劳龄。

六、转居转工人员享受城镇待遇后,乡村集体将停发农民生活补助、病残人员生活救助、农村劳动力自主就业奖励、新农合基本医疗补助和大病补助、农民特殊群体医疗临时救助、土地确权收益等待遇。对于拒不转居的人员,也不再进行发放。如延迟办理,对于因延迟办理而增加的社会保险费用、超转人员接收费用,由个人自行承担。

七、因个人选择时点造成指标超过该时点转居批文指标,由此增加的劳动力一次性就业补助、趸补社会保险、超转人员生活补助补差等相关费用,因统筹调剂指标造成的费用增加以及在转居批准之日到办理转居工作完成日前死亡人员的一次性补贴费,由乡集体负担。

八、本办法由常营回族乡农民转居转工工作领导小组负责解释。

二 考辨

穆罕默德创教考

伊斯兰教的创始人穆罕默德,大约出生于公元570年,他家是麦加古来氏部落的贵族家庭,在他出生时家境已衰落。父亲阿卜杜拉在他出生前就已去世,母亲阿米纳在他6岁时又在从麦地那返回麦加的途中遭狂风袭击突然去世。成为孤儿的穆罕默德先是在爷爷阿卜杜拉·穆台列卜的照料下生活,不久爷爷病逝,他被伯父艾卜·塔利卜带去抚养。虽然伯父很疼爱他,但由于哈希姆族正处于微势之中,所以穆罕默德从小失学,只得去从事牧羊一类的力所能及的劳动。长到12岁后,他跟随伯父参加商队,往来于巴勒斯坦、叙利亚等地,多年来以商队保镖为职业。据传,一次在前往叙利亚的归途中,在布斯拉遇见了一位基督教隐士贝希拉。隐士在穆罕默德的双肩发现有先知的印记,就嘱咐他的伯父要防范犹太人对穆罕默德的加害。穆罕默德从小虽贫困,但在德、智、体三方面皆发达。他有特殊的天性和品格,所以麦加人都称他为忠厚的仁人,有时将货物契卷交给他代管,发生争执的人请他出来判断。成年以后,穆罕默德完全自食其力,他一方面非常注重道德修养,一方面又在艰难困苦中谋求独立。他善于独立思考,很厌恶多神偶像,认为偶像是人为所制,它并不能对人们的祈祷做出回答。穆罕默德相信主宰宇宙的只有一个神,所以他努力独自去参悟宇宙之妙。

穆罕默德刚年满25岁，在麦加就已全城闻名了，他的公正廉洁，忠诚善良，尽人皆知。麦加城有个名叫赫蒂彻·宾·胡韦利德的女人，她是古莱什部落的贵族。她的两个前夫从事商业，丈夫死后她独立支撑一个商行，相当富有。赫蒂彻经常雇用一些男人外出为她经商。穆罕默德的伯父得知赫蒂彻的商队要去沙姆，就劝穆罕默德参加，穆罕默德不愿主动求职。当艾卜·塔利卜向赫蒂彻推荐穆罕默德时，这位富有的女人欣然允诺，派人去请早已为她所知的这位忠实可靠的穆罕默德，并且给了他高出一般雇员一倍的薪金。这次贸易取得了从未有过的收获，赫蒂彻从侧面了解到穆罕默德的经商表现，为他的为人、能力和魅力所折服。她主动向穆罕默德求婚。于是这位25岁的青年与年届四十岁的美丽圣洁的古莱什贵夫人结合了。结婚后，赫蒂彻为他生了四男二女。与赫蒂彻结婚，使穆罕默德的生活发生了重大转变，不仅结束了为人帮佣维持生计的贫寒生活，而且在这位开明的贤妻的支持下，他得到了传教的条件。

穆罕默德喜欢思考，妻子从不打搅他。他喜欢隐居，从40岁开始每年都去山洞住上一个月。穆罕默德认为隐居能把人和上天联系起来，能静心养神，点燃起知识的火光。传说就在穆罕默德41岁那年，他又带着食物来到希拉山洞，白天封斋礼拜，晚上起来进行祷告。那年9月17日的夜晚（这就是后来被称为斋月的“盖德尔夜”），穆罕默德在梦中听到一个声音对他说：“诵读吧！”穆罕默德答道：“我不会诵读。”于是他感到有什么东西紧紧抱住了他，使他喘不上气来，然后松开，接着又叫他诵读。就这样连压三次，穆罕默德忽然觉得胸襟明朗，即随之而念：“以创造万物的真主的名义诵读吧，真主用血块创造了人类，真主是最仁慈的，他教人用笔书写，他向人们传授人们所不知道的东西。”穆罕默德从梦中惊醒，飞快地跑出山洞。突然，他听到天上有个声音说：“穆罕默德，你是真主的使者，我是天使伽伯利。”穆罕默德抬头朝天上望去，见到伽伯利站在天上。

穆罕默德心神不定地回到家，把自己所见到的一切告诉了赫蒂彻，妻子很有信心地说：“不要担心！这是喜事，真主绝不会使你受难。”精研新旧约的学者瓦尔格是赫蒂彻的堂兄，他得知此事后对穆罕默德说：“你就是这个民族的先知，你看到的天使，就是穆萨见到的天使。”穆罕默德又来到希拉山洞，但是等了很长时间也没有等到天使伽伯利，正在他陷入深深的痛苦时，突然听到一个声音对他说：“穆罕默德，你确实是真主的使者。”穆罕默德转忧为喜。伽伯利开始向他传授《古兰经》文。每次受命，先闻空中有串铃声，然后穆罕默德眉心立即开放，周身流汗，心悟《古兰经》，从此不忘。穆罕默德接受天经之后，命7个门徒记录，由于当时无纸张，就记在羊骨板、枣树皮或莲石片上。穆罕默德全部领受《古兰经》的时间是22年4个月零22天。开始只是陆续零散地颁布。穆罕默德在世时《古兰经》并未成册，后经第一任哈里发阿布·伯克尔命令整理保存，到第三任哈里发奥斯曼再次订正，编成定本流传下来。全经共30卷114章6200节左右。

穆罕默德在妻子和堂兄的支持下开始宣教，起初是以秘密方式在至亲好友之间进行。最早的皈依者是妻子赫蒂彻、堂弟阿里、挚友艾布·伯克尔和义子宰德。经过3年的酝酿和准备，在公元613年才公开传教。穆罕默德开始宣扬末日审判、死后复活，提出行善济贫者入天堂,作恶者进火狱等教义。这些教义引起了下层群众的共鸣,抨击背弃道德、聚敛财富、为富不仁者,鲜明地触及麦加贵族的世俗观念和社会现实。下层群众积极响应,信教民众很快扩大。615 年穆罕默德号召信奉独一真主安拉,公开攻击多神崇拜。伊斯兰教的信徒——穆斯林们,遭受到麦加贵族们日甚一日的迫害,很多穆斯林只好外出逃难。穆罕默德及其主要信徒,依赖氏族的保护,继续坚持传教。但是穆罕默德未能实现改变族人信仰的愿望,无法阻止私有观念的滋长。他在麦加陷入困境,最后只好放弃他的族人,到部落外去谋求伊斯兰教的生存和发展,622 年穆罕默德随信徒迁往麦地那,麦地那的居民由于同犹太人联系密切,已经有了神教的思想基础,加上他们对麦加居民历史上的原有敌对态度,促成了他们必然支持和接受穆罕默德的新宗教。穆罕默德在麦地那很快确立了宗教首领地位,并创建了清真寺,建立了传教机构。他既作为安拉的使者继续传教,又作为政治首领,组织军队武装进行了一系列的圣战,在确立各种制度和律例的基础上建立了政教合一的宗教组织——穆斯林公社。

随着社团实力的增强和先知地位的巩固,穆罕默德将礼拜朝向改为麦加的“克尔白”神殿。确定莱麦丹月(伊斯兰教历 9 月)为斋月和朝觐“克尔白”为正制。给伊斯兰教涂上鲜明的阿拉伯民族色彩。628 年穆罕默德又率领穆斯林利用朝觐之机向麦加进军,与麦加人在侯达比亚村达成 10 年的休战协定,使麦加人承认伊斯兰教的合法地位。630 年因麦加人参与袭击改奉伊斯兰教的部落的行动,穆罕默德因此发兵麦加,未经认真交战麦加就屈服了。穆罕默德进入麦加后,下令捣毁克尔白神殿的全部神像,把克尔白的“玄石”作为伊斯兰教的圣物保存下来。经过 8 年的斗争,麦加这个拜物教的中心变成了伊斯兰教的圣地。631 年穆罕默德率 3 万大军向叙利亚方向推进,每到一处都有屈服于穆斯林的各部落的代表团前来求和归顺。这使穆罕默德的势力日益发展。公元 632 年,穆罕默德到麦加进行了第一次也是最后一次朝觐。他在阿拉法特山发表了著名的演说,重申了伊斯兰教的基本义务和社会原则。他说:“众人呀!静听我的话,而且谨记在心,须知每个穆斯林都是其他穆斯林的兄弟,现在你们都是同胞。因此,别的兄弟所有的任何东西,不得到他的同意据为己有,这对于你们中任何人都是非法的。”穆罕默德在返回麦地那 3 个月后,因身染重病同年 6 月 8 日逝世。

穆罕默德是伊斯兰教的创始人,在传教的 23 年中,他建立起信仰安拉独一的伊斯兰教,并以宗教为社会组织的基础,使阿拉伯半岛从仇杀掠夺的混乱中解脱出来,走上了文明史的历史舞台。他的逝世没有带来伊斯兰教的瓦解,而且紧接着出现了一个新的发展时期,经过四大哈里发时期,建立起横跨欧亚非三大洲的哈里发帝国。伊斯兰教的影响不断扩展,信教人员不断增加,伊斯兰教成为与佛教、基督教并称的世界文明古教。

(资料来源:王椿立《中国穆斯林与中国文化》)

五里桥谈判的历史地位和意义

震惊中外的平津战役是中国人民解放战争中具有决定意义的三大战役之一,也是战略决战的最后一个大战役。平津战役的重大战果之一,是古都北平获得和平解放。北平和平解放是通过和平谈判实现的。中国人民解放军为争取北平和平解放,与国民党北平守军先后进行三次正式谈判。前两次谈判虽然取得一定成果，但就北平和平解放问题均未能达成协议。1949 年 1 月 1 5 日至 16 日，双方代表在河北省通县五里桥村（今北京市朝阳区常营回族乡五里桥村）举行第三次谈判。此次谈判最终达成了北平和平解放基本协议，为北平和平解放提供了依据、奠定了基础。北平的和平解放，是中国人民革命运动的一个壮丽的历史篇章。它不仅使北平这座历史悠久的名城免遭战祸、北平历史文物古迹得以完好保存，为新中国首都的建立和建设奠定了基础，而且在中国人民解放战争史上树立了一个光辉范例，创造了“北平方式”，成为后来许多城市和地区解放的一个榜样。五里桥谈判具有重要的历史地位和历史意义。五里桥谈判的成功，是中国共产党长期的武装斗争、统一战线和党的建设工作的结果，充分体现了党中央和毛泽东同志的英明决策和无比卓越的指挥艺术，体现了我党我军工作者的聪明才智和灵活的对敌斗争策略及正确的斗争方式方法。五里桥谈判的成功经验仍具重要的现实意义。

一、五里桥谈判的历史背景

五里桥谈判是在中国人民解放军连续取得战略决战胜利、敌我力量对比发生决定性变化、北平守敌陷入重重包围之中、我军与傅作义集团开展和谈工作取得初步成果的历史背景下进行的。

（一）辽沈战役的胜利和其他战场的胜利使敌我双方力量对比发生根本性变化

1948 年秋，中国人民解放战争已进入第三个年头。中国的军事、政治、经济形势发生了更加有利于人民而不利于国民党反动派的巨大变化。根据中共中央政治局九月会议精神，人民解放军在东北、华东、中原、华北和西北战场上，发起了规模空前的秋季攻势。随后，又及时地将秋季攻势引向就地歼灭国民党重兵集团的战略决战。1948 年 11 月 2 日，第一个战略决战性战役辽沈战役在东北战场上胜利结束。辽沈战役共歼灭国民党军东北“剿匪”总司令卫立煌所部 47.2 万人，使东北全境获得解放。11 月 6 日，在华东、中原战场上，人民解放军华东野战军和中原野战军联合发起第二个战略决战性的战役，即淮海战役。到 22 日，淮海战役第一阶段在碾庄地区歼灭黄百韬兵团 10 万人。同时，中原野战军也完成对徐州的战略包围。在西北战场上，西北野战军已将国民党西安“绥靖”公署主任胡宗南所部压缩于关中地区。辽沈战役的胜利和其他战场的胜利，全国军事形势发生了新的转折。国民党军总兵力已经由 1946 年 6 月发动内战时的 430 万人下降为 290 万人，从优势变为劣势。人民解放军总兵力则由战争开始时的 120 余万人迅速增加到 300 万人，从劣势转为优势。正如毛泽东当时分析的：“中国的军事形势现已进入一个新的转折点，即战争双方力量对比已经发生了根本性的变化。人民解放军不但在质量上早已占有优势，而且在数量上现在也已经占有优势，这是中国革命的成功和中国和平的实现已经迫近的标志。”（毛泽东：《中国军事形势的重大变化》，《毛泽东选集》第四卷第 1360 页）

敌我力量对比发生新的变化，人民解放军不但已经能够攻克国民党军强固设防的城市，而且能够一次包围和歼灭十万甚至几十万人的国民党的强大精锐兵团。国民党的反动统治，无论在军事上，还是在政治上和经济上，都已经陷入瓦解状态。为了争取中国人民革命的彻底胜利，坚决、彻底、干净、全部地消灭国民党反革命武装和一切反动势力，不给敌人以喘息之机，党中央和毛泽东同志决定在辽沈战役结束之后、淮海战役将获全胜的时候，在华北战场发起一个规模巨大的平津战役。

(二)平津战役的节节胜利使傅作义集团陷入重重包围之中

1948年11月29日,东北野战军和华北军区第二、第三兵团共100万人,联合发动了平津战役。当时,华北国民党傅作义集团除有5万余人分驻归绥和大同外,有兵力50余万人位于东起北宁路的山海关、西迄平绥路的张家口的约500多公里的狭长地带上,并以塘沽为海上通道口。在此之前,蒋介石提出要傅率部南撤,加强长江防线。傅作义对蒋介石的排斥异己深怀戒心,不愿南撤。这时,傅作义所部为解放军在东北的胜利所震慑,已成"惊弓之鸟",但他估计东北野战军在辽沈战役后需要有三个月到半年的休整时间,到第二年春天才能入关作战。傅作义根据暂守平津、保持海口、扩充实力、以观时变的方针,不断收缩兵力,先后放弃承德、保定、山海关、秦皇岛等地,准备随时从海上南逃或西窜绥远。如果傅作义集团撤走,人民解放军虽可不战而得平津,但国民党长江防线得到加强或保存较多作战力量,对今后作战不利。稳住华北敌军,使其不迅速决策南逃或西窜,成为能否实现就地歼敌的关键。党中央和毛泽东同志从解放战争的战略全局出发,看到傅作义集团虽然有南撤或西逃的很大可能性,但仍处在犹豫不决之中,因此立即决定:东北解放军不待休整,以极其迅速隐蔽的行动,挥师入关作战。根据党中央和毛泽东同志的部署,东北野战军主力在辽沈战役结束后不久,从1948年11月23日起,提前结束休整,取捷径隐蔽挥师入关。入关的东北野战军和华北军区第2、第3兵团一道,以神速动作,先用"围而不打"或"隔而不围"的办法,完成对北平、天津、张家口之敌的战略包围和战役分割,截断了他们南逃西窜的通路,并调动原驻天津、塘沽的国民党军第92、94、105军进到北平地区。随后按"先打两头、后取中间"的顺序发起攻击。12月下旬连克西部的新保安、张家口。在新保安歼灭傅作义嫡系主力第三十五军1.6万人,在张家口歼敌第11兵团部和第105军5.4万余人。1949年1月14日,当东部的天津守敌拒绝接受和平改编后,人民解放军以强大兵力发起对天津的总攻。东北野战军集中5个纵队22个师34万人在刘亚楼指挥下,经过29个小时激战,攻克了这座坚固设防和重兵守备的华北第二大城市,天津国民党守军10个师13万人全部被歼,天津警备司令陈长捷被俘。

天津一战,人民解放军彻底切断了北平守敌南逃的退路。已经被人民解放军包围了足足一个月的北平孤城,不但郊区为人民解放军所掌握,连城里水电都被人民解放军所控制。天津解放后,北平守敌2个兵团部、8个军部、25个师,连同其他地方部队共计25万人,完全陷入绝境,已由"惊弓之鸟"变成"笼中之鸟"。此时,全国战场形势又起了决定性的变化,淮海战役已于1949年1月10日结束,国民党55.5万军队被歼灭。在这种形势下,迫使傅作义在战与和的问题上,不得不做出最后的抉择。

(三)我军在对傅作义集团进行军事打击的同时,和谈工作取得初步成果

北平是华北第一大城市,有人口200万,是举世闻名的历史古都,是世界上拥有文化遗产项目数最多的城市。为保护北平的文物古迹,减少人民生命财产损失,早在1948年11月初,中共中央和中央军委根据当时的形势和对傅作义本人的分析,就决定与傅作义进行和谈,争取北平和平解放。在五里桥谈判之前,北平和平解放谈判先后进行了两次。两次谈判虽未达成协议,但都有进展,特别是第二次谈判,双方草签了《谈判纪要》,为五里桥谈判最终达成协议奠定了基础。

第一次谈判是1948年12月16日至19日,在平津战役已经打响、北平正在被我军包

围的情况下进行的。傅作义派《平明日报》社社长兼总编崔载之为代表,同李炳泉(中共地下党员)一起,带电台和报务员、译电员,在河北省蓟县平津前线司令部附近的八里庄村(今属天津市)与东北野战军参谋长刘亚楼、参谋处长苏静及其助手王朝刚进行谈判。12月17日,苏静与崔载之、李炳泉经过一天多的谈形势、论战场,对对方的和谈意图、条件都有了清楚的了解。傅方的想法是要我方停止一切攻击行动,双方通过谈判,对平、津、张、塘一线和平解决问题。他们还提出这样一些要求:为要搞到一架蒋介石的飞机,要我方退出对南苑机场的控制(傅在我军占领南苑机场时,曾下令国民党第92军夺回该机场而未得逞);为加强城内傅系军队的力量,以制约城内蒋系军队,要我军放出被围在新保安的第35军,使其回到北平城内,在第35军中,我军人员可参与一起进城;傅作义通电全国,宣布实现和平解决,建议建立华北联合政府,傅作义参加华北联合政府,其军队由华北联合政府指挥等。苏静当即将傅方所提的上述谈判条件和要求报告平津前线司令部首长。林彪、罗荣桓、刘亚楼连夜研究,决定由刘亚楼与傅方代表谈一次,看傅方有何反应。12月19日上午,东北野战军参谋长刘亚楼与傅方代表进行第一次正式谈判。刘亚楼分析了全国形势和平津战局发展的前景,根据党中央的方针阐明了我军对于和平解决平津问题的基本原则和办法:第一,平津张绥战事,通过谈判一起解决的方案,我们同意。但傅先生必须丢掉幻想,解除华北"剿总"所辖部队的全部武装,这是和谈的前提,企图以任何形式保存武装的做法,我们绝不能接受。第二,发通电,成立华北联合政府,目的在于傅先生及其军队参加联合政府,我们不能接受。第三,可以给傅先生留下两个军,把中央军的军、师长统统逮捕起来,然后宣布起义。和平解放以后,我们保障傅先生及其部属的生命安全及私人财产不受侵犯。崔载之将会谈情况电告了傅作义。傅认为北平城内蒋系部队比他的部队多十多倍,逮捕蒋的军师长很难做到。显然,双方条件相差甚远,自然不可能达成协议,初次谈判搁浅。

第二次谈判是1949年1月8日至10日在八里庄村进行的。1948年12月21日,平津前线司令部根据中央军委的指示,下达了对新保安之敌进攻的命令,傅系第35军被消灭。12月24日,解放军对张家口的敌人展开了全面的围歼,24日4时,中央军委给华北2、3兵团发来贺电,庆祝他们于数日内歼灭新保安、张家口两处敌人并收复张家口的伟大胜利。1949年1月10日,中共中央决定由林彪、罗荣桓、聂荣臻三人组成平津前线总前委,林彪为书记,统一领导夺取平津和以后一个时期内管理平、津、塘及其附近区域的一切工作。在解放军沉重的打击之下,傅作义的思想上发生了很大变化。中央军委电示平津前线司令部,认真做好傅作义的思想工作,劝其弃暗投明,走和平解放平津之路。在中共政策的感召下,傅作义又回到了谈判桌前。1月8日,傅作义派华北"剿总"少将、民事处处长周北峰和燕京大学教授、民主同盟副主席张东荪到达八里庄谈判地点,与人民解放军平津前线领导人林彪、罗荣桓、聂荣臻、刘亚楼进行第二次谈判。周北峰先转达了傅作义的四点意见:一是平、津、塘、绥一起解决;二是平津等地允许其他党派和报刊存在;三是政府中要有进步人士参加;四是军队不要用投降方式解决,可调到城外用整编的方式解决。此外还提出:新保安、张家口作战中被俘人员要一律释放,宽大处理,不作战俘看待。对军队的行政文职人员和工勤人员要妥善安排工作,给予生活出路,对傅部所属军政人员过去的罪行,不予追究,由傅负责。平津前线领导根据中央的指示精神作了如下的回答:所有军队一律解放军化，所有地方一律解放区化。按照这一总的原则，首先解决平、津两市的问题：由傅作义下令把军队调出平、津两城，按照谈定的协议开赴指定地点，采用整编的方式，改编为人民解放军：解放军开进平、津，和平接管平、津两市，允许傅编一个军，对傅作义不作战犯对待，保全傅的私有财产，并在政治上给他一定的地位；新保安、张家口的被俘人员一律释放；对傅作义所属参加起义人员，将功补过，一律不咎既往，凡愿参加工作者，都可留下安排适当的工作，愿还乡者，发足路费，填发证明，资遣返乡，并通知地方政府不予歧视。上述意见体现了我党和平解决平津问题的诚意和对傅的宽宏大量、仁至义尽。周北峰、张东荪听后非常高兴，并表示，“傅将军一定能够接受”。双方意见渐趋一致，后来又谈了军队改编办法，军政机构如何接管，以及人员的安排等具体细节。谈判记录经整理后，形成一个《谈判纪要》，傅方代表周北峰和我方参加谈判的领导人在《谈判纪要》上签字。《谈判纪要》还专门写上一点：1 月 14 日午夜前为傅方答复的期限。这次谈判，“双方态度诚恳，气氛融洽，都很高兴”，取得了很大进展，北平和平解放出现了希望。

但是，第二次谈判以后，傅作义仍在犹豫观望。周北峰回城后，将谈判情况向傅作了详细汇报，傅作义对《谈判纪要》中谈定的内容不肯明确表示态度；对谈判中规定的 1 月 14 日的期限，还想继续拖延，观察时局的发展，不立即做出答复。在此期间，还在北平城内开辟了天坛、东单两处临时机场，南京来的飞机起落频繁。中央军委鉴于两军对峙，城内军民粮食困难甚大等问题，再次决定迅速解决平津问题。同时电示平津前线，同意傅方代表提议，傅的军队调出平津，在指定地点接受人民解放军整编，仍给傅作义以和平的出路。人民解放军在解决平津问题上一再宽宏大量，示人以缓，完全是为了保全平津人民之生命财产不遭破坏。为促成傅作义走和平解放道路，1 月 14 日，中央军委和毛泽东主席果断决定解放军于当天向天津国民党军发起总攻，同时准备攻打北平。1 月 1 4 日，就在人民解放军向天津发起总攻的当天，中共中央主席毛泽东发表《关于时局的声明》，提出 8 项和平条件，作为同南京国民党反动政府及其他任何国民党地方政府和军事集团进行和平谈判的基础。这时平、津两市人民在地下党的领导下，要求和平解决的呼声越来越高。傅作义周围的开明人士，也一再敦促他早下决心，谈判解决问题。在这种情况下，傅作义认识到只有按照解放军提出的条件通过谈判实现北平的和平解放才是唯一的出路，要保存自己原有的力量是办不到的，拖延时间也是不可能的。于是，派华北“剿总”副总司令邓宝珊、民事处处长周北峰等人，同人民解放军平津前线领导人在通县五里桥村举行第三次谈判。

二、五里桥谈判历史过程

五里桥谈判是 1949 年 1 月 15 日至 16 日在河北省通县五里桥村进行的。协议的补充和具体化是 1 月 19 日在北平城内完成的。

（一）平津前线司令部移到通县，五里桥被选定第三次谈判地点

第二次谈判结束之后，平津前线司令部由蓟县孟家楼村向北平方向推进了，在通县的宋庄村开辟了新的指挥所。苏静所领导的我方工作人员，以及一直留在八里庄的华北“剿总”的译电员、报务员携电台一同来到五里桥村，将五里桥村确定为新的谈判地点。

五里桥在通县县城西北，解放前是一个不足百户名不见经传的小村庄，原属河北省通县管辖，北“剿总”总司令傅作义的代表在这里进行了和平解放北平的谈判。和平解放北

平的协议是在这里达成的。五里桥村一举成名，成为北平和平解放这一重大历史事件的见证者。

(二)谈判不包括天津，只谈北平问题

1949年1月14日上午10时，苏静收到了周北峰发给平津前线司令部的电报。电文称："我偕邓宝珊将军今日前往，请指定路线、地点及接头办法。"平津前线司令部马上复电："欢迎你与邓将军同来，仍在清河接头，我方派王科长等候你们。"

午后一时，他们一行4人(还有王焕文、刁可成)乘车出德胜门，然后骑马前进，到了清河，改乘两辆吉普车前进。一小时后，汽车停在了五里桥村张家大院门口。林彪、罗荣桓、聂荣臻等几位领导人到门口迎接。在苏静的引导下，双方代表边走边谈来到一个明亮的大房间。罗荣桓政委开口说："路上辛苦了，先喝点茶，休息一下，等一会再谈。"周北峰马上接过话茬："不累不累，是不是现在就可以谈？""上次我们说得清楚，十四日午夜是答复的最后期限，现在只剩下几个小时了，我们已经下达了攻打天津的命令，这次谈判就不包括天津了，只谈北平问题，你们有什么意见？"聂荣臻十分严肃、认真地说着。

邓宝珊认为在短期内解放军打不下天津，以一种询问的口气说："要打，你们计划打多久？"林彪说："计划打三天！""三天？恐怕三十天也打不下来！"邓宝珊不以为然地说着。"三十天？三十天打不下来就打三个月，打半年，半年还打不下来，就打一年，非打下来不可！"聂荣臻听了邓宝珊的话非常气愤，表示了要打下来的决心。邓、聂的对话，使得在场的人都感到空前紧张。一阵沉默之后，邓宝珊对周北峰说："用你的名义，打个电报，将这一情况报告总司令，请他作指示。"电报发出时间不长，就收到了傅的复电："我弟与邓先生相商，酌情办理。"

1月15日上午，林彪、罗荣桓、聂荣臻一起来到五里桥与邓宝珊、周北峰举行正式谈判。

毛泽东主席发表的《关于时局的声明》，为五里桥的和谈增加了内容。谈判一开始，双方代表首先座谈了毛主席的声明。邓宝珊说："毛先生昨天提出的八项条件，真是好得很。它不仅戳穿了南京政府的假和平、真喘息的伪面具，并且为国共两党的和谈提出了谈判的基础。当然，我们的谈判也必须以声明为基础，使声明中基本原则和精神，体现到我们谈判中来。"

罗荣桓说："毛主席的声明非常适时，当前国民党南京政府刮起的所谓'和平风'甚嚣尘上，它的确迷惑了一部分人民的眼睛，使一些人错误地认为，蒋介石也是要和平的，毛主席的声明一发表，蒋介石的'和平攻势'不攻自破！"

聂荣臻也补充说："毛主席提出的八条，是真假和平的试金石、分水岭！"

经过一番漫谈、议论之后，谈判又继续下去，会议一直开到深夜。

(三)陈长捷被押到五里桥

16日清晨，苏静和李炳泉将天津解放、陈长捷被俘，17兵团司令侯镜如率部由塘沽乘船南逃的消息转告给邓宝珊、周北峰两位代表。

16日拂晓，3辆全副武装的汽车驶进五里桥村，天津警备司令陈长捷在解放军战士的押解下，低着头、拖着沉重的步子走下车来，慢慢向谈判室走去。不多时，苏静陪着邓宝珊、周北峰两位将军也来到谈判室。

陈长捷看清来人后，猛地站立起来，指着邓宝珊、周北峰大声吼道："你们这些家伙，躲到这里，以和谈为名，吃饱了饭磨牙玩，就是不签字！让我和13万天津兄弟当牺牲品，作为你们讨价还价的资本。呸，我们死的死，伤的伤，被俘的被俘，看你们还靠谁来拖！"这真是戏剧性的一幕，上级在这里谈判，下级却成了俘虏。面对陈长捷的怒斥，邓宝珊、周北峰面红耳赤，一句话也说不出来。

宁静片刻之后，周北峰好言抚慰："陈司令，别着急，坐下休息休息，有话慢慢说。"王朝刚赶紧端来一杯热茶递向陈长捷。陈长捷雷霆之怒尚未完全消失，急忙伸出颤抖的双手，接过了递来的热茶，喝了几口，定了定神，才缓慢地坐在了椅子上。

陈长捷之所以怒火中烧，朝着邓宝珊、周北峰大发雷霆，一方面是因为在天津挨了打，打光了他的13万人马，损失惨重；另一方面，也真称得上是无独有偶，他万万没想到，俘虏他的解放军，正是与他十多年前在晋北一同打日本时就认识的李天佑司令员所领导的东北一纵。被俘后，李天佑司令员还特地传见了他，这使他羞愧交加，无地自容。

（四）谈判进展顺利，全面达成和平解放北平基本协议

由于有了第二次谈判中议定的出城改编基础，这次谈判双方代表就北平国民党军队开出城外改编的方案、地点、时间、团以上军官的安置，北平行政、企业、文教、卫生、邮电、银行、仓库、报社、学校等单位的接收办法，共整理归纳出具体条款14条。双方进行了诚恳的晤谈，发言中，言辞和善，态度友好，谈判进行得十分顺利。

16日清晨5时，毛主席就北平和平谈判问题发来了指示电报。16日上午暂时休会，下午双方代表继续进行谈判。林彪司令员首先发言，他说："毛泽东主席知道了邓先生出马来谈，十分高兴，并致欢迎之意。邓先生8日电示榆林方面，要派人去见毛主席的消息，毛主席已知道了，也表示欢迎。"林彪的这段话，是毛泽东主席电报中谈到的。毛主席还指示林、罗、聂，在今日的谈判中，必须对傅方代表讲清："如果傅方决心和平缴械，或决心出城和平改编，或决心里应外合协同解决中央军（三项中无论哪一项均可由傅方选择），就应下决心站在我们方面，而不要玩花头，那是决不允许的。因此，傅方一切行动，均应事先和我们商量，他们准备发表的通电，必须事先送我们看过，取得我们同意。如果他们突然发表我们所不能同意的通电，我们即将公开反驳，那时弄得傅方下不来台，国共两方均不讨好，后悔也来不及，勿谓我们言之不早……"

邓宝珊听了林彪转达的毛主席向他致意的话，心里十分高兴，他心花怒放地说："毛先生如此抬举我，是对我、对我们的和谈寄予厚望，我邓某决不辜负毛先生的厚望，在保全文化古都免遭战火破坏中，尽我毕生努力。"

双方代表就北平问题达成一致意见后，聂荣臻说："绥远问题，我党中央指示以后再谈。如果北平的和平解放能顺利实现，使祖国几千年的文化古都及文物古迹能完整回到人民的手中，绥远问题就好谈了。毛主席说：那时要用一种更加缓和的方式来解决绥远问题，我们把它叫作'绥远方式'。"

这天的谈判，进行得十分认真，更加融洽。会谈结束后，林彪、罗荣桓、聂荣臻为一方，邓宝珊、周北峰为另一方，在整理好的北平和平解放基本协议上签了字，达成了全面协议。

16日的晚饭，双方代表频频举杯，互相祝贺会谈成功。苏静处长所领导的我方工作人员，以及随崔载之、李炳泉一起出城的华北"剿总"的译电员、报务员，闻讯和谈已经签

约,无不欢喜异常、手舞足蹈。他们在一个多月的相处中,不仅彼此逐渐有所了解,而且结下了深厚的友情。译电员、报务员进来一再表示:如果北平问题和谈不成,他们都不愿意返回城里,要继续留在解放军里,为推翻蒋家王朝而奋斗到底!

晚饭后,林彪、罗荣桓、聂荣臻一起来到邓宝珊下榻的小院儿,向邓宝珊再一次告别。林彪与邓宝珊紧紧地握着手说:“从全国形势看,对我方很有利,死守北平是不可能的,但为保障北平居民及城市不受损失,我仍甚望和平解决,惟不可能再拖延时间。一、限本月21日,首先开出一个军至北平城外30里至60里间地区,除宛平、通县两方外,任何方面均可,以后再陆续开出。二、为指挥军队开出行动,可在德胜门外设两方参加的指挥所。三、这一行动实现后,我方可派军政负责人入城。”邓宝珊说:“林司令所谈几点,我看完全可以照办。不过,贵方派代表入城之事,是否现在就派,明天与我一起进城,便于商谈和联络,不更好吗?”林彪说:“如邓将军认为有此必要,我看可以,就让我们的苏静处长随将军一道入城,算是我军的第一位入城代表。”“好,好。那当然好!苏处长了解和谈情况,人也熟了,继续联络当然好。”邓宝珊满口称赞。原来,这天早晨林、罗、聂看到毛主席来电后,就商量确定苏静为我方代表,第一个入城,负责与傅方联系。现在邓宝珊提出,希望即派代表,同他一道入城,林彪司令员便顺口答应了。但是,站在一边的苏静处长,一听此话真是有点“丈二和尚——摸不着头脑”。可是,在这种场合,他又不便去问。停顿片刻,邓将军又以询问的语气说:“北平问题和平解决后,傅先生去何地为宜?”在场的林、罗、聂对邓的话有些诧异,他们相互看了看,聂荣臻回答说:“依我自己看,傅先生的位置有两个,一是台湾,二是北平。不过我们认为,他依然留在北平为好,只要他能站到人民方面来,以赎前罪,共产党不会亏待他。”邓宝珊又说:“好,我一定将此意见转达给宜生。”

(五)解放军代表入城,傅作义在协议上签字,北平和平解放

1月17日,一辆吉普车从五里桥村驶出,车上坐着邓宝珊、刁可成、王焕文,以及东北野战军参谋处长苏静。此时苏静也换了装,身着长袍、头戴礼帽。周北峰、李炳泉还留在五里桥,对协议的一些具体问题和技术问题继续会谈。17日夜间,蒋介石的嫡系李文、石觉部队中的一些顽固分子发动了兵变。密集的枪声传到了五里桥,留在五里桥的周北峰紧张起来。找到罗荣桓说:“听到枪声好像是发生了兵变,他们知道傅先生要起义,一定会垂死挣扎。傅的两个师,怎么对付他们的十多万的军队?”罗荣桓非常沉着地对他说:“这无关大局,你可以电告傅先生,如需要,解放军开进一个纵队就能解决问题,这个纵队让傅先生指挥。”

周北峰马上发报询问兵变的情况,并传达了罗荣桓的意见。他不时地登高遥望,焦急地等待着傅作义的回电。

“谢谢,我们完全能控制局面,请罗政委放心。”傅作义回电了,但这时还仍有稀疏的枪声。一直到翌日7时,东北野战军政治部副主任陶铸笑容满面地走进周北峰的住处说:“城里已经平静了,傅先生已经通过中央社公布了协议的部分条款。”周北峰、李炳泉这才如释重负地喘了口气:“和平得以实现了。”

1月19日,苏静、王克俊、崔载之、阎又文他们在华北“剿总”联谊处根据在五里桥签订的协议,逐条具体化,将协议正文增补为18条,附件4条,共22条。东北野战军参谋处处长苏静与傅作义的代表王克俊、崔载之在《关于北平和平解决问题的协议书》上签字。

1月21日上午,傅作义召集华北"剿总"机关及军以上人员会议,宣布北平城内国民党守军接受和平改编。1月22日,傅作义在《关于北平和平解决问题的协议书》上签字,并发表广播讲话,对外正式公布了北平和平解放实施协议的条文。1月31日,解放军入城接管防务,北平宣告和平解放。北平和平解放的消息如同春雷一般,把沉睡的古都唤醒。街头巷尾,到处拥挤着欢天喜地的人群,他们盼望已久的这一天终于来到了。

三、五里桥谈判历史地位和意义

五里桥谈判在平津战役乃至整个中国人民解放战争史上具有重要的历史地位。五里桥谈判的成功、北平和平解放,具有重要的历史意义和现实意义。

(一)五里桥谈判的历史地位和历史意义

五里桥谈判是我党我军在中国人民解放战争进入战略决战后期、敌我力量对比发生决定性变化、敌人内部矛盾日益加深的历史条件下,开创出一种在敌军主力被消灭以后,迫使敌军通过和平谈判迅速地彻底地按照人民解放军的制度改编为人民解放军,获得城市和平解放的"北平方式",在中国人民解放战争史上树立了一个光辉范例。其重要历史意义突出表现在以下两个方面:

1. 达成基本协议,实现北平和平解放,保护了古都历史文化遗产和人民生命财产安全,为新中国首都的建立和建设奠定了基础。北平有3000余年的建城史和700多年的建都史,是中国六大古都之一,世界十大名都之一。北平拥有极其丰富的历史文化遗产,是世界上拥有文化遗产项目数最多的城市。有故宫、天坛、北海、颐和园等众多历史悠久的文物古迹,有北大、清华、燕大、女一中、师大附中等著名的高等学府和中学,有藏书达数百万册的全国最大的北平图书馆,还有众多的封建官宦豪宅和名人故居,可谓"人文荟萃之地"。此外,北平作为仅次于天津的华北经济中心,有重工业、轻工业等企业100多家,各种商号1万多家,连同手工业在内,最多时达1000多家工厂。由于北平实行和平解放,使得这些宝贵的历史文物古迹和众多的工商企业、著名学府等完好地保存下来。更重要的是,200万北平人民免遭战火涂炭、大批著名的科学家艺术家等留在了北平。所有这些,为新中国定都北平和北平的进一步发展建设奠定了基础。今天北京能够成为世界瞩目的国际大都市,得益于当年五里桥谈判的成功,得益于北平的和平解放。

2. 创立的"北平方式"在人民解放战争史上树立了光辉范例,为加速全国解放进程做出了贡献。毛泽东同志在部署夺取全国最后胜利以及胜利后大政方针的七届二中全会上明确指出:"今后解决这一百多万国民党军队的方式,不外天津、北平、绥远三种……按照北平方式解决问题的可能性是增加了,这就是迫使敌军用和平方式,迅速地彻底地按照人民解放军的制度改编为人民解放军。"毛泽东同志对"北平方式"做出了高度肯定,认为"这种方法是在敌军主力被消灭以后必然地要出现的,是不可避免的;同时也是于我军于人民有利的,即是可以避免伤亡和破坏"。接着又要求"各野战军领导同志都应注意和学会这样一种斗争方式。"(见《毛泽东选集》第四卷、1424—1425页)"北平方式"成为各个战场学习和效仿的榜样。1949年4月29日,大同和平解放;6月1日,榆林和平解放;8月4日,长沙和平解放;9月25日,新疆全区和平解放……解放战争的最后一年间,以和平方式争取国民党军起义、改编和投诚,占解放军歼敌总数的40%以上,有力推动了解放战争的顺利发展,加快了全国解放进程。

（二）五里桥谈判的成功经验和现实意义

毛泽东同志在总结中国革命的历史经验时指出："统一战线，武装斗争，党的建设，是中国共产党在中国革命中战胜敌人的三个法宝，三个主要法宝。"（毛泽东：《〈共产党人〉发刊词》，《毛泽东选集》第二卷，603页）五里桥谈判的成功经验正是这"三个法宝"的具体运用。具体表现在以下三个方面：

1. 人民解放军的强大与胜利是五里桥谈判成功的决定性因素。我党与傅作义的接触，始于1948年11月（通过中共地下组织），12月中旬两军代表正式举行谈判。此时，辽沈战役刚结束，傅作义感到心理上压力很大。我军解放东北后，下一步必然把矛头指向平津地区。这种形势迫使他不能不寻求出路。但是，傅作义还自恃手中有一定兵力，虽然和蒋介石有一定的矛盾，但又认为蒋是不得不依赖的力量。特别是对美帝国主义抱有幻想，以为美帝国主义是不可动摇的靠山。幻想在美帝国主义的支持下，在蒋傅相互利用中，保存一块地盘。由于这种思想占支配地位，与我军谈判进展缓慢。我党针对傅作义的矛盾心理和举棋不定的犹豫态度，除了进行政治争取，向他讲明形势和政策外，坚决地对其进行严厉的军事打击。因为他手中有几十万武装力量，不给他一定的打击，他对美蒋的幻想很难破灭。事实正是如此，当我们完成了对其的战略分割和包围之后，他才与我们开始第一次正式谈判；当我们消灭了他的主力，截断了他西逃的去路时，才与我们进行第二次谈判；当我们攻打天津，截断了他海上南逃的去路时，才迫不得已地与我们进行第三次谈判。就是在我军攻打天津时，傅作义还是一面表示"平津问题一道和平解决"，一面又暗中命令陈长捷死守。在天津即将被我军攻下之时，他才最后同意接受和平改编。事实上，当时我军也做好了用武力解放北平的准备，如果傅作义不接受改编，我军就将向北平发起攻击。到那时，陈长捷就是他的下场。傅作义终究是国民党高级将领中的明智派，最后还是接受了我军提出的条件，和人民站到了一起，愿意和平改编。正如毛泽东同志1949年2月1日在为新华社写的述评《北平问题和平解决的基本原因》一文中指出的那样："战败了，一切希望都没有了，比较好的一条出路，是军队离城改编，让人民解放军和人民政府和平地接收城市和市政，这是北平问题和平解决的基本原因。和平地解决北平问题的基本原因是人民解放军的强大与胜利。"

2. 卓有成效的统一战线工作是五里桥谈判成功的重要因素。建立广泛的革命统一战线，是我党领导中国革命取得成功的"三个法宝"之一。解放战争时期，我党坚持统一战线政策，争取一切可以团结的人站到革命人民一边。随着形势的发展和党的统战工作的深入，越来越多的人弃暗投明，从而使国民党统治集团日益孤立。平津战役前夕，华北局城工部根据中共中央和华北局的指示，特别花大力量对傅作义开展工作。当时我们党分析傅作义有两种可能：一方面他曾是抗日的爱国将领，与蒋介石的独裁卖国、排除异己有较深的矛盾，在蒋介石国民党政府即将覆灭时，有把他争取过来的可能性；另一方面他反共，跟我们打过仗，他自己有2个军的嫡系部队，整个华北由他统帅的国民党军队有60万人，不到不得已时，他不可能轻易接受和谈。因此，在对其进行军事包围和打击的同时，积极对他做政治争取工作。早在1948年年初，晋察冀城市工作部部长刘仁同志就指示北平地下党，要通过各种社会关系去接近影响傅作义周围的人，做傅作义的工作。北平地下党的同志审慎地选择对象，以亲友关系谈心、谈形势，经过较长时间的了解，逐步宣传党的政策,争取他们与共产党合作,有的条件成熟后则发展为共产党员。在一年多的时间里,北平地下党先后联系的能和傅作义"说上话"的人有曾延毅、刘厚同、杜任之、傅冬菊、李腾九、邓宝珊等人。这些人在关键的时候都不同程度地发挥了作用,特别是派傅作义的女儿傅冬菊了解其父亲的动态。在直接谈判阶段,主要是通过3个人:傅作义的老师刘厚同,傅作义的同事、华北"剿总"副总司令邓宝珊和傅作义的女儿傅冬菊。选择刘厚同作为与傅作义谈判的桥梁,是因为他和地下党有较长时间的接触,对形势有比较清楚的认识,对和谈的态度是积极的,他对傅作义了解较深,同时深得傅作义的信任。对傅作义的犹豫动摇,刘厚同以坚定的态度反复地向他谈形势、摆利害,揭露蒋介石的阴谋,转达我党的政策和对傅作义的希望、要求,明确指点傅作义要顺应人心,当机立断,只要和平谈判就有光明前途,切不要自我毁灭。邓宝珊于抗日战争时期率部在陕西榆林,曾多次在延安见到过毛主席,与共产党、八路军保持良好关系。1948年12月下旬,傅作义专程派飞机将邓从包头接到北平来共商大计。邓宝珊对蒋介石必败认识明确,极力劝说傅作义下决心和谈。傅作义从犹豫不定到下定决心,邓宝珊起了重要作用。通过多层次、多方面的活动,统战工作取得了重大成就。其结果,使北平问题的最终解决找到了更有利的途径。

3. 地下党组织的发展壮大和开展的各项工作为五里桥谈判成功起到了重要的促进作用。解放战争时期,北平地下党组织有了很大发展。北平解放前夕,地下党员由抗战胜利时的200余人发展到3376人:党的外围组织"民主青年同盟"、"民主青年联盟"等有盟员5000余人。学校、工厂、市政、新闻、出版、医院、铁路、电讯部门以及服务行业都有地下党组织或地下党员在活动。地下党还指派一些有条件的党员打入国民党的军政机关和军队开展工作。1948年11月以后,根据华北局城工部的部署,北平地下党组织全力投入了迎接北平解放的准备工作之中。在积极争取傅作义接受和谈、和平解放北平的同时,把工作重点放在武装夺取上,十分重视发动党员和进步群众并组织纠察队,搜罗枪支武装自己,护厂、护校、保护档案和文物古迹,配合解放军做好攻城的准备。开展社会调查。争取专家学者留北平。在各阶层中开展宣传工作。群众希望和平解放北平的呼声越来越高,形成巨大的舆论力量。此外,十分重视对国民党军队进行分化瓦解工作。平津战役期间,北平地下党成功地策动了国民党第29军和铁甲总队起义,还有些国民党人员自己通过关系找到地下党主动投诚。"北平人民,包括劳动人民、资产阶级及绅士们在内,一齐渴望和平解决";"近20万的国民党军队除少数几个死硬分子外,从士兵到将军们,一概不愿打了"。(见毛泽东《北平问题和平解决的基本原因》)这是构成北平问题和平解决的重要原因。

五里桥谈判的成功经验,对今天仍具有重要的现实意义。"统一战线,武装斗争,党的建设"是革命时期的三个主要法宝,同样也是今天和平建设时期的三个主要法宝。

1. 党的建设是新时期夺取改革和建设胜利的根本保证。五里桥谈判的成功经验表明,北平地下党组织的发展壮大和开展的各项卓有成效的工作,为促进谈判的成功、和平协议的达成起到了重要作用。如上所述,当时北平的"学校、工厂、市政、新闻、出版、医院、铁路、电讯部门以及服务行业都有地下党组织或地下党员在活动"。实践证明,不论是搞革命还是搞建设、搞改革,首先必须把党自身建设好。特别是当前,在世情、国情、党情发生深刻变化的新形势下,党的建设的任务更加迫切。比如,随着改革开放的不断深化，涌现出许多非公有制经济组织和社会组织，它们是我国经济社会生活中的一支重要力量，为促进经济繁荣和社会发展，扩大就业，维护稳定做出了重要贡献。非公有制经济组织和社会组织党的建设虽然近年来逐步得到加强，但与非公有制经济组织和社会组织蓬勃发展的势头相比，非公有制经济组织和社会组织党的建设工作还相对滞后，许多单位党的组织和党的工作甚至是一片空白。我们应该从巩固党的执政基础、实现党的任务目标的高度，充分认识加强非公有制经济组织和社会组织党的建设工作的重要性，"加大非公有制经济组织、社会组织党建工作力度，全面推进各领域基层党建工作，扩大党组织和党的工作覆盖面"。（胡锦涛：《在中国共产党第十八次全国代表大会上的大报告》）

2. 统一战线是实现中华民族伟大复兴中国梦的坚实物质基础。五里桥谈判的成功，也是统一战线工作的胜利。在整个新民主主义革命时期，我们党正是把统一战线与武装斗争、党的建设密切配合，共同发展，才得以"组织千千万万的民众，调动浩浩荡荡的革命军"，从而正确地领导中国革命，战胜敌人，走向胜利。新中国成立后，我们党继续坚持统一战线的方针，团结全国各族人民、各民主党派和一切爱国力量，不仅巩固了新生的人民政权，而且在巩固的工农联盟的基础上保持了同民族资产阶级的联盟，以和平的方式完成了对手工业和资本主义工商业的社会主义改造，走出了一条具有中国特色的社会主义改造道路，将马克思主义经典"和平赎买"资产阶级的设想变成现实，为全面确立社会主义制度奠定了坚实的基础。十一届三中全会后，统一战线进入了新的历史发展阶段。以邓小平为核心的党的第二代中央领导集体恢复实事求是的思想路线，重新确立了统一战线工作在党和国家各项事务中的重要地位。在新的实践中，邓小平创造性地将"革命统一战线"发展到"爱国统一战线"。新时期的"爱国统一战线"，以爱国主义为政治基础，恢复并巩固了与广大党外人士、民主党派的友好关系，纠正了把阶级斗争扩大化的错误观念和做法，从而把各方面的智慧和力量都凝聚到经济建设这个中心上来，实现了党和国家工作重心的转移，实现了香港、澳门的回归。进入新世纪新阶段，统一战线作为党的一个重要法宝，绝不能丢掉；作为党的一个政治优势，绝不能削弱；作为党的一项长期方针，绝不能动摇。爱国统一战线为社会主义现代化建设服务、为实现祖国统一大业服务、为维护世界和平服务，将发挥越来越大的作用。只要我们把统一战线的作用发挥好，就一定能够推动我国社会主义现代化的跨越式发展，从而为实现中华民族伟大复兴的中国梦奠定坚实的物质基础。

3. 武装斗争虽然在国内不复存在，但是，保持强大的国防实力、做好军事斗争准备，是维护国家主权、安全、领土完整，保障国家和平发展之必需。五里桥谈判的成功经验表明，在与敌对势力作斗争的过程中，没有强大的军事实力做后盾，和平解决问题的愿望是不能够实现的。所以毛泽东同志明确地指出："和平地解决北平问题的基本原因是人民解放军的强大与胜利。"今天，武装斗争在国内已经不复存在，然而世界并不太平。20 世纪 90 年代以来，随着冷战结束和两极格局终结，世界各主要国家围绕争夺战略地位展开激烈角逐，霸权主义、强权政治有新的发展，局部战争、武装冲突从未停止。我国安全环境总体上是好的，但也存在许多不确定、不稳定因素。西方敌对势力加紧对我实施西化、分化战略，特别是近年来我国周边影响稳定的因素时有增加。军队可以千日不战，不可一日无备。胡锦涛同志在党的十八大报告中指出："建设与我国国际地位相称、与国家安全和发展利益相适应的巩固国防和强大军队，是我国现代化建设的战略任务。我国面临的生存安全问题和发展安全问题、传统安全威胁和非传统安全威胁相互交织，要求国防和军队现代化建设有一个大的发展。”同时要求：“要适应国家发展战略和安全战略新要求，着眼全面履行新世纪新阶段军队历史使命，贯彻新时期积极防御军事战略方针，与时俱进加强军事战略指导，高度关注海洋、太空、网络空间安全，积极运筹和平时期军事力量运用，不断拓展和深化军事斗争准备，提高以打赢信息化条件下局部战争能力为核心的完成多样化军事任务能力。”我们一定要认真贯彻党的十八大精神，把加快推进国防和军队现代化建设工作提高到一个新水平。

（资料来源：《朝阳党史》 撰稿者：祁凤山、张春玲）

常营安氏溯源

据史料记载：明永乐王朝实行了比较开明的强国富民之策，国民经济繁荣昌盛，科学技术领世界之先。明成祖朱棣凭富强的国力，制定了“耀兵异域，示中国富强”“以宣德化而柔远人”的和平外交政策，特派回族的航海家郑和，七次寻访西（南）洋诸国，宣传了明朝友好和平等的贸易政策，显示了中国的富强。

古苏禄国东王巴都葛叭答剌审时度势，为了学习中国治国方略，加强两国之间的关系，借以巩固本国权威，毅然亲率西王、峒王及其眷属、官员等340多人，冲破艰难险阻，来华访问。明成祖根据对外开放发展贸易的需要和苏禄国战略地位的重要，非常重视东王的来访，下令沿途地方官员隆重接待。

东王从福建登岸，不日到达应天府（今南京），皇帝专使、留在应天府的吏部尚书和应天府知府，在应天会同馆举行盛大的宴会，为东王一行接风洗尘。东王稍作休整后，乘船沿运河北上，于永乐十五年（1417年）到达北京。明成祖朱棣在奉天店举行了盛大的会见仪式。东王向成祖递交了“金缕表文”，赠送了珍珠、宝石、玳瑁等珍贵礼品。皇帝朱棣封东王为苏禄国东王，并回赠了印诰、袭衣、冠带、仪仗器物等。会见后，又设国宴招待，太子朱高炽作陪，并由皇宫乐队伴歌献舞，气氛祥和、欢乐。

东王一行在京逗留27天辞陛回国，明成祖朱棣又“各赐玉带、黄金百、白金二千，罗锦文绮二百、帛二百，钞万锭、钱二千缗，金绣蟒龙、麒麟衣各一”（《明史》卷三百二十五）。其礼遇之优、赠予之厚是罕见的。东王沿运河南下，到达德州迤北安陵镇时，突发急症归真。噩耗传至北京，明成祖不胜痛悼，立派礼部郎中陈世启携带祭文赶赴德州，为东王举行了隆重葬礼，请当地阿訇诵念《古兰经》，祈求真主为东王敞开天国之门，并按照中国王礼的礼制，在德州北郊为东王造墓，谥曰“恭定”。

东王安葬后，明成祖命东王之长子都马含继王位归国掌管国事，次王子安都鲁、三王子温哈剌、偏妃葛木宁及随从十人留德州守墓。为表达对东王的感怀之情，于次年又修建了祠庙，树立了《御制苏禄国东王碑》，并亲自撰写了碑文，赞誉东王“聪明特达、超出等伦”，肯定东王访问中国的功绩是“光荣被其家国，庆则流于后人，名声昭于史册，永世而不磨”。

明成祖朱棣特别厚待东王之后裔，赐祭田238亩永免地税钱粮，每人每月拨俸粮一石，另给布花钞贯等生活用品，还从历城县拨来三户回民（陈咬柱、马丑斯、夏乃马当）供王裔役使：耕种祭田、供王祀事。全户豁免杂役差徭。大约在万历至天启年间（1573—1621 年）朝廷又拨巨款修清真寺一座，于安温二姓中各选掌教一人，每逢回教大典，率东王之儿孙诵经祭典，成为定例。崇祯元年（1628 年）礼部令山东济南府发给清真寺掌教温守孝“札符冠带荣身印”，率众辅教，以崇教化。

明崇祯十七年（1644 年）李自成起义军攻克北京，崇祯皇帝吊死煤山，明朝灭亡。东王后裔的俸禄中断，王墓和祠庙被毁。清康熙时德州人冯延魁《咏王墓》诗中有“太息松楸尽，牛羊上墓阡”的句子，陵墓树木砍伐殆尽，地上牛羊乱窜，现出一番凄凉景象。至此，享受了 227 年的皇室待遇随之破灭，再加上连年发大水，东王后裔没法在德州生活了，纷纷四处逃荒。

这时有一支安氏支脉起程来到京城，因为常营是一个回民村，村西又有一个清真寺，就落户了，这就是安氏家族最早的住户。也是安都鲁始祖第八代传人，清道光二十年（1840 年）第十三代传人安福来带着家眷来到常营东头另起炉灶，繁衍生息，这就是常营东头的祖先。

安氏家族虽具有菲律宾血统，但早已融入中华民族大家庭。

续篇　上篇安氏溯源详细介绍苏禄东王在华活动，后成为安氏第八代族人。因国情及生活所迫后人选择北上，后落户京东常营，聚集村西头，繁衍生息。据考证，十三代安福来由西向东扩大居住，人口一代一代增生，分支也颇多。如：小大门安、西场安、小铺安、草铺安、车场子安、油安、庆安楼安、包子铺安等，应运而生。

大约 150 年前，安氏第十五代三兄弟外出谋生，据考证去营口、张家口等地。

为纪念苏禄东王访华 600 周年，营口安氏以安凤东为代表一行三十多人到北京常营寻根省亲，他们制作了安氏营口支脉图，标题写道：“同源、同根、同祖、同心”。

安氏族谱已有三百多年历史，人口超过千人。

（资料来源：安瑞龙提供）

三　志余

收藏趣闻

古稀老人的蝴蝶梦

丛林和绿草间飞舞着五颜六色、千姿百态的美丽蝴蝶，这是多少人孩童时代向往的美好画面。只是蝴蝶的美丽太过短暂，一般的蝴蝶最长的生存时间也不过一个月，最短的则是朝生暮死。为了弥补如此缺憾，许多人选择收藏蝴蝶标本，以此留住蝴蝶的生命，常营民族家园社区居民管志芳就是这样一位蝴蝶标本收藏爱好者——目前已收藏 500 余种蝴蝶，近千只。

1941 年,管志芳出生于常营。1963 年,管志芳与妻子一同从学校毕业,被分配到黑龙江齐齐哈尔第一重机厂,在那里一待便是 34 年。34 年的时间里,齐齐哈尔留给管志芳夫妇的除了生活的历练外,还让他们爱上了蝴蝶,并与其结下了不解之缘。退休回家后,并没有任何相关专业知识的管志芳便开始惦着寻找美丽的蝴蝶。

1997 年,管志芳得知中国昆虫协会成立了蝴蝶分会,通过朋友的介绍他成了蝴蝶分会的第一批会员,同时也是永久会员。在拿到会员的证书时,管志芳十分激动又担忧。他觉得自己现在成为会员,自然就成为专业人士了,光凭着一腔的热爱是不行的。于是,管志芳开始购买与蝴蝶有关的书籍学习,最贵的一本 700 多元。为寻最美蝴蝶,他三次攀登雾灵山。

走进管志芳的家,如同走进了蝴蝶世界,墙上挂的、书架上陈列的、书桌上正在制作的,全是蝴蝶标本。在那些琳琅满目的蝴蝶世界中,不乏珍贵品种。黑蝴蝶通体墨黑泛着靛蓝色亮光,无色的蝴蝶像玻璃一样清澈透明,白色的蝴蝶就像两块白玉片……管志芳介绍,目前,他已经收藏了 500 余种蝴蝶,近千只。但是他还不会满足,对于蝴蝶收藏爱好者来讲,无论自己收藏了多少,总还会有一双更美丽的翅膀在飞舞,让你梦寐以求。为此,通过种种渠道,他陆续认识了来自北京乃至全国的许多蝴蝶爱好者和专家,在一起欣赏、交流,交换蝴蝶标本。在管志芳家中,记者看到不仅有在橱窗里展示的,还有把蝴蝶标本放在盘子里做的工艺品。有谁能够想到,一幅精美的工艺画,是用干化的蝴蝶翅膀粘贴而成。管志芳说,做这些标本要十分的细心,用镊子夹住蝴蝶的胸部轻轻地放在涂好玻璃胶的盘子上。蝴蝶在风干以后十分“脆弱”,一不小心就会把触角弄折。为了整体的美观,管志芳还买来转印纸贴上与蝴蝶相配的图案。除了自己欣赏,管志芳夫妇还经常制作蝴蝶制品送给亲朋好友,比如用已经展好的蝴蝶粘贴制成的“寿”、“囍”字送给朋友当作礼物,增添喜悦气氛,让大家同他们一起分享那一份份色彩斑斓的快乐。

崔文喜以珍藏毛主席像章为乐

民族家园社区的居民崔文喜痴迷于毛主席像章的收藏,将收藏的 2000 余枚毛主席像章视为珍宝。

20 世纪 60 年代,全国人民都对毛主席怀着一种敬仰与崇拜之情,崔文喜当然也不例外,收集毛主席像章成了那时他觉得最光荣也最自豪的事儿。一次,他连夜用电光纸刻像章,是因为第二天要去参加某部队召开的座谈会,他要将自己刻的主席像章送给该单位。令崔文喜感到惊喜的是,在送出心意的同时,他也获赠了一枚该单位工厂生产的毛主席像章。当年,崔文喜经常克服身体上的不便,参加社会活动,并积极将自己制作的主席像章赠予对方,经过登记,他也会获赠一枚主席像章。一来二去,他一发不可收,爱上了收集毛主席像章并坚持至今。“当时人人都佩戴毛主席像章,佩戴像章那是一种无上的荣誉”。崔老回忆起当年的事情时,眼睛紧紧地盯着毛主席像章,捧着像章的手也开始微微颤抖。如今,年过古稀的崔文喜已收藏了 2000 余枚毛主席像章,为了便于存放和保管,他将像章固定在自制的展板上,为了避免像章磨损,他还在每排像章上面都覆盖了一块透明的塑料薄膜。

崔文喜收藏的毛主席像章样式各异,可最令他珍惜的,并不是那些数量稀少的珍品,而是一个个凝聚着心血和感情的“得意之作”。在众多像章中，有一枚显得格外醒目，这一枚像章中的毛主席围着蓝色围巾，戴着蓝色帽子，笑容和蔼可亲，身后是一片郁郁葱葱的树林。很显然，像章的“底片”是由一张彩色画像裁剪而成的，画像被一块厚厚的有机玻璃覆盖着。整个像章厚约 4 厘米，直径约 6 厘米，背面也不同于其他像章，并没有制作工厂的刻字。崔文喜介绍，这枚像章是他手工制作而成的，耗时一个半月。主席画像是从书里裁剪的，有机玻璃是从建工学院的一个学生那里找来的，为了让覆盖头像的玻璃透亮，用了整整四管牙膏来回打磨，每天早起晚睡，磨了一个月，否则不可能这么多年还能这么亮。“当时我做了三个，其余两个送给朋友了。自己动手做像章，心情就是不一样。做像章的过程，会感觉和毛主席更近了，也更熟悉了。”

2000 多枚像章展现了不同时期毛主席的风采，而对于崔文喜来说，每一枚像章，也都有一段难忘的故事。“这枚毛主席像章，是 1969 年，弟弟崔文贵在青岛沙子口当海军，我母亲去海军部队为他们做忆苦思甜报告，回来后给我带来的”。崔文喜手捧着一枚像章，回忆道。因为残疾，崔文喜没能和母亲同去。得知他喜欢收藏主席像章，返回时，海军方面特意委托母亲带回了这枚像章，送给了崔文喜。像章是毛主席的全身像，后面是蓝色的波浪和高大的军舰，军舰旁飞着两只海鸥，背面清晰地刻着“中国海军制造，1969 年”。向记者展示完后，崔文喜老人用干净的纸巾把那枚像章一层一层包了起来，轻轻地放回了一个方形的铁盒子里。他说，这些主席像章大部分都是有故事的，如今珍藏的已经不是简单的像章，而是在珍藏自己一辈子的回忆。

“这是女儿旅游时给我带回来的”。在一个特殊的袋子里装的全是这些年亲朋好友送给崔文喜老人的毛主席像章。“亲戚、朋友去哪旅游，如果有机会，都会从当地给我带回来毛主席像章，他们知道我最喜欢的就是这个。”袋子里，有八枚像章颜色古朴，与其他由铝制造的像章不同，它们是由镍和银制作的，手感较沉，颜色发旧，每一个像章上的毛主席都是不同的表情、不同的着装。崔文喜老人介绍，这八枚像章是一个朋友送的，当年他帮了朋友一个不小的忙，朋友为了表示感谢，有人送钱，有人送礼，全被他拒之门外。后来，了解到崔文喜喜欢收集毛主席像章后，这位朋友忍痛割爱，将家里收藏的这几枚像章送给了他。

常营掌故

五里桥与无理桥　说起五里桥，早在明朝以前就有了这个村子。五里桥原来叫“无理桥”。

据说在很早以前，在五里桥东面有一个白衣庵，也叫姑子庙，在庙里住着一个“戴发修行”的尼姑。她为了筹款重修姑子庙，就在村北一条不宽的小沟上搭起了一座小木桥，每天带着一个盘箩，坐在桥头，向来往的行人化缘，不给钱就过不了桥。因此人们认为，这钱要得不合理，这是“无理桥”，天长日久传开了。直到明朝弘治年间，才开始重修白衣庵。为了不使这“无理桥”永世流传，于是就被改名为“五里桥”，并在白衣庵内的匾上下款写上“五里桥”，这样“无理桥”的名字逐渐消逝。

（按：五里桥的由来，另有一说：据传，明代有一僧人名经海，在常营东部的一个村落修建了一座真武庙。庙后的河沟上架起一独木桥，距通州北门五里，取名五里桥，村由此得名。)

后店的由来 五里桥在明朝时就是一个交通要道,由此往西直达北京城,由此往北直通内蒙古。五里桥有几家客栈,来往的行人、大车、马群、骆驼队都要在这里歇脚。那时在五里桥前街有个谷家店,由于兄弟二人不和,其中一人就跑在后边截道开了一个新店,人们将它称之为"后店",后店村也就因此而得名。后店原在五里桥村东北,属五里桥村。

五里桥的"三山" 新中国成立前夕,五里桥有一股名为"三山"的反动势力,即王作山、王庆山、张立山,他们平日里欺压百姓,祸害乡里。当国民党13军从五里桥撤退,他们见势不妙,就将村公所的粮食及其他实物,偷偷地弄到通州卖了,逃往北京。五里桥的百姓给他们编了一首顺口溜:

五里桥,运气强,保长代表孙华堂。
孙华堂,心眼偏,外边请来两座"山"。
加上村里张立山,三人勾结成奸党。
这"三山",真有心,偏巧来了十三军。
十三军,住民房,"三山"帮助要食粮。
你一担,他一担,哪担也不交通县。
十三军,退了却,"三山"赶紧逃出街。
出了街,合了意,北京开了"四合意"。

十里堡——辛庄 十里堡距京城15公里,是北京通往东陵的白差道,因它东离通州10华里,故名十里堡。与十里堡紧紧相连的是辛庄,据说百年之前,外地有个地主霸占了这里土地,派了一个山西人专门在此收租,这个人就住在十里堡的西头。后来,移居到这里的人多了,人们就把新的村落叫作"新庄"。因为"新"与"辛"谐音,时间长了,"新庄"就演变成"辛庄"。十里堡和辛庄,庄连庄,户连户,虽说是两个村子,实际上是一个自然村。公社化后两个庄合为一个生产队,以十里堡为名,辛庄已成为历史意义的地名。

十里堡的"租" 新中国成立前地主对农民的剥削主要是靠地租、高利贷和雇工剥削。十里堡地主孙家,地租形式花样多,不仅有"死租"和"活租",而且还有"上交租"和"下交租"之别。所谓收"死租",即不管年景好坏,租金是死的,1亩地6斗粮。到"齐日"必须交清,不许拖欠。"齐日"即地主规定农历九月十五日必须交齐租子的日子。所谓"活租",就是可变地租,它随着产量的增加而增加,一般是采取对半的形式。所谓"下交租",即是先种地后交租。不论采取何种形式,地主都是想多收地租。常营地区的其他村的地租和十里堡大体相同。交不上租粮的农民,只好借贷,或卖地卖房、卖妻卖子,或逃亡乞讨他乡。旧社会地租乃是穷人头上的一把刀。

红眼军 民国28年(1939年),有一支打着"招挥军"旗号的部队,实际就是日伪军,从顺义香河一路抢劫来到十里堡村,一到村里就要钱要粮要白面,要鱼要肉,要做鸡油烙饼吃。不仅如此,他们还挨家挨户翻箱倒柜,抢劫民财。刘秀兰一家30多件衣服和放在箱子里的几块洋钱,全给抢了。并且,谁要是开箱启柜稍微慢一点,轻则挨骂,重则挨鞭。他们抓住何少海、何少全哥俩索要枪支,何家兄弟说:"我们哪有枪?"不问青红皂白,被吊起来打了一顿。次日,他们临走时,再次把村里洗劫一空,将十几头大牲口都抢走了。村里人气愤不过,把"招挥军"叫作"红眼军",就是见什么都要,嘴馋、眼红。

棍团　民国27年(1938年),通州沦陷。日本人高桥在十里堡一带组织了一个准军事组织叫做棍团,就是把村里16—45岁的青壮年男子组织起来,每人发一根5尺长的木棍当枪使,操练"立正"、"稍息"、"枪放下"等动作,训练后派去站岗放哨,盘查来往行人。组织棍团的目的就是防范八路军的,绝大多数农民不愿干,可是在沦陷区不干也不行,后来十里堡、辛庄的棍团便采取消极对抗。民国29年(1940年)年初,日本侵略军以比赛的名义,把十里堡、辛庄及周围一些棍团骗到那家坟,强行体检,合格者即抓去当兵,结果十里堡被抓走3人,此后无论怎么逼迫再没有人去棍团受训,棍团从此也就消散了。

童子军谣　常营民国小学建有童子军,统一着装,上身衣服是土黄色,两个兜,兜上印有"中国童子军"的字样,蓝底白字。头戴船形军帽,脖扎蓝白二色领巾,腰系军绳,每人持一根军棍。因为童子军有后备军之意,故有些人故意在没钱上学的孩子们面前显摆。为此,常营的穷孩子编了这样一首歌谣讽刺童子军:

童子军,小黄人,头上戴着接尿的盆,脖上系着擦脚布,腰里掖着上吊的绳。

圣贤道　又名"秘密还乡道",清同治十一年(1872年)由平房杨家村传到十里堡。道首们以"敬天"、"行善"为名,向信众勒索钱财。它的组织形式是按照帝王的体系编排的。道内分14个等级:号厂、麦厂、秋厂、户厂、领供法号、法号、麦士、秋士、三花、上梁、中梁、下梁、一勺、白丁。号厂流师全国道务,相当于皇上,麦厂是皇上的儿子,秋厂相当于府尹,户厂相当于州官,领供法号和法号相当于知县,麦士相当于举人,秋士相当于进士,三花相当于秀才,以下(上梁、中梁、下梁、一勺、白丁)全为庶民。一层一层形成一座金字塔。下层道徒为:"敬天"、"行善"。下层道徒不但在经济上受到许多变相的剥削,而且在思想上受着严格的束缚和统治。在上层道首(大道首)中,在生活上他们吃的是白米细粮,小锅饭,此外,他们还抽大烟,扎吗啡,嫖赌玩乐,肆意妄为,无法无天。圣贤道规定的"教规"对于他们是不起作用的,它只适用于下层道徒。

圣贤道分布很广,仅京东就有四大支(唐继先、霍长山、金廷贵、陈垂瑞)。其中,霍长山居住在十里堡,该村有111户215人被骗入道,占全村18岁以上的村民总数的46%。每逢"四季""六节"都得向道首送"心意钱",据后来大道首霍长山供认,从1935年到1954年的19年间,他勒索信众2000元法币,折合玉米400多石,圣贤道像一座大山压在十里堡农民的头上。

1949年1月,圣贤道作为反道会门被取缔,道首霍长山阳奉阴违,一面向人民政府登记,一面暗地里进行秘密活动,直到"四清"运动才把他们揭露出来,宣布将霍长山这个监外就医犯置于群众监督下,就地劳动改造。

锅盖张　新中国成立前十里堡村有一个锅盖张记,他家占本村百户人家的百分之一,占全村做木器加工业的十分之一,家境贫寒,就是这个小家族,通过改革开放,经济、文化生活发生了翻天覆地的变化。因为张家做锅盖闻名乡里,本村和附近村子里的乡亲都称他家为"锅盖张"。

锅盖张家族的父辈原来只有兄弟三人,家里的老大、老二都是20世纪初生,老三比二位兄长小几岁,在老哥俩十六七岁时父母就先后去世。由于家里贫穷,就把老三送给别人家抱养,老三在4岁时,才从别人家要回来,兄弟3人团聚。在20世纪20年代以后,兄弟们才逐步娶妻生子,过着很贫困和艰难的日子。按新中国成立初期算,兄弟3人家庭共有人口19人,住着6间土坯房,6间共有70多平方米。由于人多房少,有时就需要有人到邻居家去借住。家里每人有1亩土地耕种,家里的运输工具只有一辆两轮的人拉平板车,还有一辆木轮的独轮车,生活来源主要是靠耕种土地和木业加工。那时主要是做些简易木器,如木锅盖和小板凳,自产自销。忙时做农活,闲时做木工活,有时也做些小生意,如卖白薯、大葱或瓦盆,四季闲不住,才勉强维持家庭生活。

新中国成立后,共产党当家,穷人翻身得解放,锅盖张家族分得土地4亩多,房基地一块,瓦房两间,这时才使兄弟3人各有所居住,由于土地增多了,加上做些小生意活,经过全家族人的勤俭持家,生活才有了保障。

进入改革开放时期后,整个家族就业人口逐步增多,生活也得到了很大改善,每个小家庭纷纷盖新房,翻盖旧房,20世纪80年代就盖起新房20余处,翻建新房250多间,外购楼房20多套,为上下班方便,购买汽车近10辆,生活水平明显提高。

进入21世纪后,随着党的深化改革各项政策的落实,锅盖张全家生活都空前提高,特别是通过旧村改造和市规划搬迁,首先是各家的房屋得到了很大改善,整个家族发生了巨大变化。

牛黄清心 过去常营的交通很不方便,跑趟前门大街半天时间都不够。村中有位居民经常要去前门大街的同仁堂药店买药,每趟都是一大清早揣上两张贴饼子起身,就这样到达前门已经过中午。每次买药回到家中,太阳早已落山了。因为他总是买一味名为“牛黄清心”的丸药,身边的朋友们便戏谑地送他一个绰号叫“牛黄清心”。买几颗小小的丸药,便要用一天的时间,来回走上百里的路程。在“牛黄清心”这个绰号中,饱含了过去落后的交通给常营人带来的辛酸与无奈。

晚稻不插七月秧 1974年,共产党员安茂英刚满26岁,便当上了常营第五生产队党支部书记。1975年,为了扩大水稻种植面积,她把一岁半的小女儿放在奶奶家,5岁的大女儿送到生产队幼儿园,一心扑在水稻生产上,拔秧、运秧、插秧,连续3天苦战,终于在农历六月二十二日完成水稻栽插任务,喜获水稻大丰收。第五生产队受到双桥农场的通报表扬。年底,安茂英代表双桥农场到市、区召开的大会作经验介绍,说了一句农谚:“晚稻不插七月秧。”40多年过去了,人们还把它作为故事传扬。

两部汽车拉回3万元 1984年,在常营分场党委的支持下,原常营汽车修理厂副厂长马朝清离职跑运输。他经过3、4两个月准备,用贷款购置了一辆“黄河”、一辆“江淮”,两辆汽车载重是十六七吨。他自己是司机,又招聘了2个司机和9个装卸工。5月,开始运营,到当年年底共收入了8万元,扣除工资、汽油、税收等各种开支,纯利润为3万元,马朝青成了常营乡最早的万元户之一。马朝青“2部汽车拉回3万元”的故事,不胫而走,极大地鼓舞了常营群众发家致富的热情,从那时起,“两部汽车拉回3万元”便写入常营人的词典。

打赌“五斤酱牛肉” 2004年春,一个叫许权的师傅闯进了常营空竹队。他原来是个普通工人,退休后玩起了空竹游戏,而且能抖大空竹。他不仅会玩空竹,而且还能亲手制作空竹。

有一天,阳光明媚,和风吹拂,许权带着他亲手做的直径80厘米、重达8.5公斤的巨形空竹来到了抖空竹的活动场地,大伙儿都来观看、点赞,许权师傅自然十分得意。然而听了大伙儿议论,他一时激动,便在现场大声宣布:“谁能抖起我这只大空竹,我请他吃5斤酱牛肉!并且把这只空竹白送给他!”站在许权身边的海明利、吴树光和几位50开外的退休老人一直用眼盯着这只大空竹思量着,回去之后,他们便夜以继日的苦练起大空竹。

时过3日,大伙儿又聚集在一起,海明利对许权提出:“我来试试你的大空竹。”不料,抖了几下,大空竹竟在海明利手上飞舞起来,嗡嗡作响。接着吴树光也把这只大空竹抖了起来,耍了片刻。许权和大伙儿都为之欢呼、鼓掌。许权没有食言,真的买来5斤酱牛肉请他们品尝。打赌“五斤酱牛肉”竟成了常营空竹活动的一段佳话。后来,许、海、吴3位师傅都成了常营空竹队的骨干成员。

四 限后重要资料辑存

常营回族乡区域产业发展的设想

“十二五”时期,常营乡经济社会发展取得了良好成绩,经济综合实力不断提升,城镇化建设水平日益提高,地区基础设施更加完备,发展环境逐渐优化,为“十三五”时期发展文化创意产业奠定良好基础。

一、发展概况

(一)发展基础

1. 经济水平不断提升

常营乡紧紧围绕“现代化新城区”的发展定位,积极推进多个重点产业项目的建设,以项目为龙头带动地区经济发展。2015年,常营乡地区经济总收入实现27.64亿元,同比增长8%,地区经济综合实力明显增强,人民生活水平稳步提升。常营乡不断优化投资环境,积极引进新税源,2015年实现乡级财政收入1.28亿元,稳步推进税源建设。

2. 基础设施逐步完善

“十二五”时期,常营乡被北京市政府列入一绿城市化建设试点乡,城市化建设进程逐渐加快,各项基础设施不断完善。道路、水、电、天然气工程建设稳步推进,设施条件不断完备;住宅开发量巨大,社区建设更加成熟,商业配套逐步完善,居住条件更加优越。常营乡各项基础设施已经形成一定的规模,地区综合承载能力显著提升。

3. 交通优势更加凸显

常营乡交通条件优越,可快速直达北京重要商圈和交通枢纽。常营乡位于朝阳区东部,临近通州区,是连接主城区和行政副中心的重要通道。常营乡交通发达,朝阳北路和地铁6号线横贯其中,管庄路南北贯穿,30分钟交通圈内顺畅连接天安门、中央商务区、通州运河新城、三元桥—燕莎商圈、望京—酒仙桥等核心板块,区位优势突出。常营紧邻机场第二高速,可快速到达首都国际机场,出行十分便利。

4. 环境资源优势明显

常营乡属于第一道绿化隔离带地区,依据北京市绿隔地区总体规划及对常营乡绿隔建设的有关指示,常营乡先后完成绿化建设5349.96亩,达到市区规划的绿化目标。此外,绿色产业项目建设有序推进,规划3个3%—5%绿隔产业项目,其中北京常赢绿洲假日运动中心项目已经建成,常营公园内绿色产业项目和东部绿化用地对应产业项目按规划实施。常营乡政府积极整合绿色资源,不断优化绿隔建设,充分发挥绿色生态资源优势,为产业发展提供了良好的环境资源。

(二)发展现状

1. 产业发展规模不断扩大

随着地区经济的进一步发展，常营乡产业规模不断扩大，初步形成了以第三产业为主,第二产业为辅,以商业和现代办公等现代服务业为支柱的产业格局。2014年常营乡第三产业有49家企业,较2013年新增6家企业;资产总计283.6亿元,较2013年增长15%;收入合计近70亿元,比上年增长四分之三;创造利润超过5600万元,扭转了上年亏损近1.2亿元的局面。但是与朝阳区第三产业发展的整体水平相比,企业数、资产总计、利润总额所占比重都不到1%,常营乡的产业发展有待进一步提升。

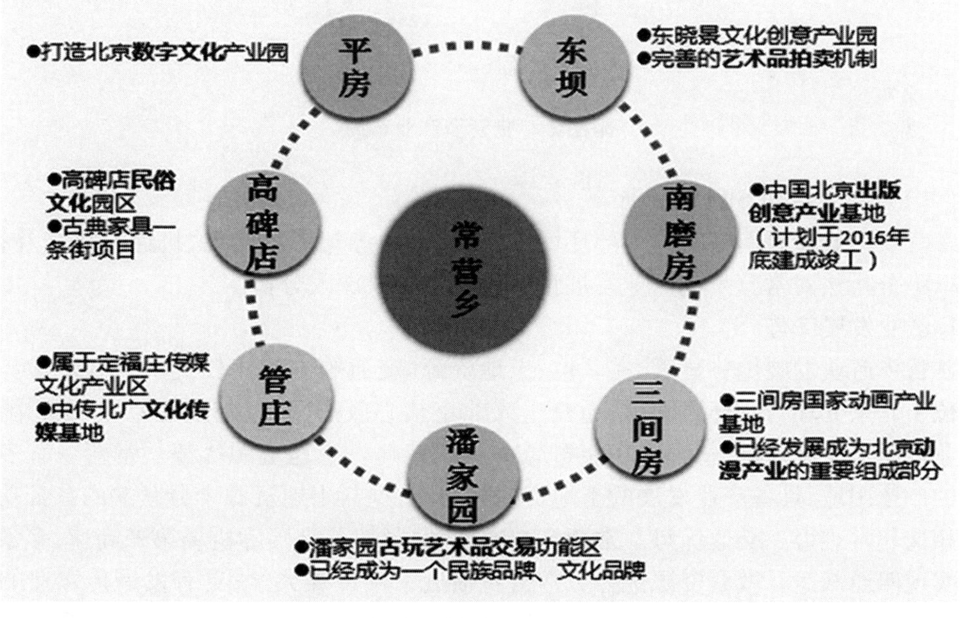

附图1 常营乡周边地区特色产业对比

2. 产业结构特色有待发掘

常营乡与周边地区相比,尚未形成具有常营特色的产业发展结构。朝阳区文化创意产业发展在全国具有重要影响力,三间房有国家动画产业基地、潘家园有古玩艺术品交易功能区、高碑店有民俗文化园区、平房打造北京数字文化产业园,这些地区都形成了独具优势的文化产业。与之相比,常营乡清真餐饮特色产业和绿色产业的发展虽然已初具规模,但是在全区的影响力较弱,目前缺乏能带动全乡产业发展的主导产业。

3. 空间布局初步形成

常营乡目前基本形成了“一核三区”的产业布局。依托龙湖、华联、北辰三大项目,打造集现代传媒文化产业、零售、娱乐、办公、休闲餐饮等功能于一体的一站式现代服务业核心；围绕核心区，建设非中心信息传媒产业园区、阳光东方文化广场产业区、临港国际商务园区，发展文化产业和商务服务业，提升地区产业层次。

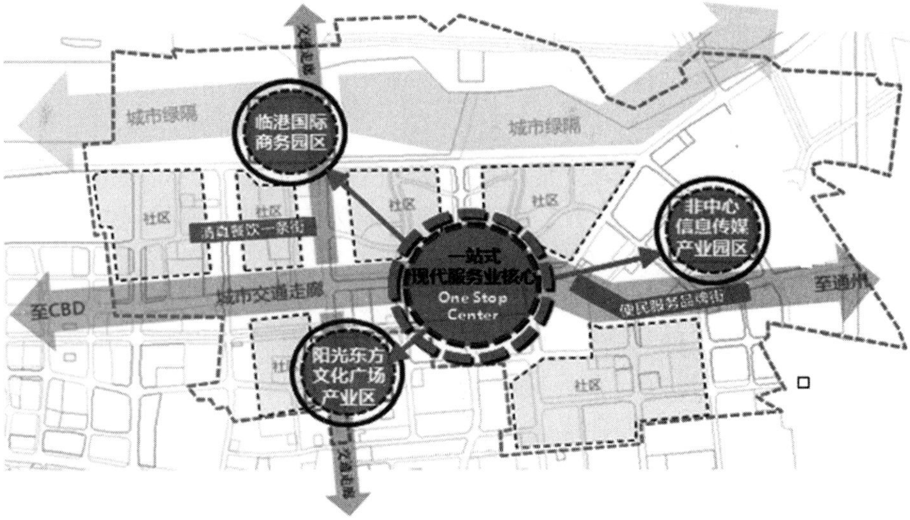

附图 2　常营乡产业布局

（三）产业发展的 SWOT 分析

常营乡产业发展面临的内外部环境比较复杂，优势与劣势同在，机遇与挑战并存，利用 SWOT 分析法对常营乡的产业发展情况进一步加以深入分析。

1. 产业发展优势（S）

常营乡产业发展优势显著，在区位、土地资源、交通等方面比较突出。区位优势。常营乡位于北京五环与六环之间，是通州进入北京核心区的门户，临近北京 CBD 和国家文化产业创新实验区，属于朝阳区功能布局“一廊”范畴。土地资源优势。常营乡有多块待开发的产业用地，具备产业发展的土地资源和空间，这与土地资源十分紧缺的首都功能核心区相比非常难得。交通优势。常营乡交通便利，紧邻首都国际机场第二高速，多条交通线路实现四通八达。教育资源优势。常营乡临近中国传媒大学，具有发展传媒业的良好基础。配套设施优势。常营乡配套设施健全，地区内生活性服务业存量巨大，且拥有长楹天街等高端零售业，汇聚了大量人气，地区医院、养老院等公共服务机构健全。生态资源。常营乡被北京市政府列入一绿城市化建设试点乡，地区内有常营公园、常营体育公园、乡村俱乐部等多处生态环境良好区域。常营乡作为绿化隔离地区城市化建设试点，2010 年完成全部农民安置上楼，共建设农民新村约 81 万平方米，2014 年完成农民转居转工 6730 余人，为常营产业发展奠定了社会基础。

2. 产业发展劣势（W）

尽管常营乡产业发展具备许多优势，但是也存在一些不足。经济基础薄弱。当前常营乡的经济基础仍相对薄弱，产业发展的经济支撑力度有限。产业发展能级偏低。绿隔建设带来的拆迁腾退导致地区产业发展缓慢，亟须功能升级。发展资金有限。在推进农村城市化的过程中处处需要资金支持,导致支持高端产业发展的资金存在缺口。人员素质不高。常营乡聚集了一批回迁人员和社会底层人员,居民受教育程度较低,引领产业发展的高端人才和技术型人才紧缺,这些都制约了产业的发展。

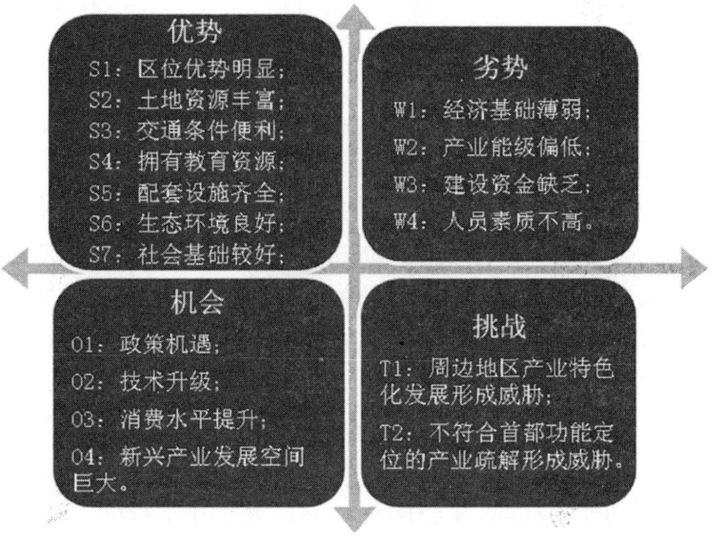

附图 3　常营乡产业发展 SWOT 分析

3. 产业发展机会(O)

“十三五”时期北京地区总体经济形势良好,为常营乡带来了重大机遇。国家和北京市政府更加注重产业发展的顶层设计,出台多项政策引导体育产业、生活性服务业、创意设计等新兴产业加快发展,朝阳区政府也从资金支持、创新资助、人才服务等方面出台更加务实的指导意见和管理办法,加之国家文化产业创新实验区建设率先推出改革创新政策,优良的政策环境为常营乡产业发展创造了机遇。技术升级。北京打造全国科技创新中心,深入实施创新驱动战略和技术创新行动计划,不断增加研发投入,大力促进科技成果转化,产业升级的技术条件更加完善。消费水平提升。随着居民收入水平提升和消费观念改变,各类产品和服务的市场需求更加旺盛,文化消费潜力不断释放,健身休闲需求不断增加,产业发展的内生动力十足。新兴产业发展空间巨大。随着体育健身需求急速扩张,体育休闲市场将迎来爆发式增长,北京市到 2025 年体育产业总规模将超过 3000 亿元,参加体育锻炼的人数占总人口的比例达到 50% 以上,2022 年北京冬奥会将开启冰雪运动热潮,体育产业发展潜力巨大。

4. 产业发展挑战(T)

常营乡产业发展面临来自周边地区产业竞争的威胁。周边地区竞争。朝阳区文化创意产业发展在全国处于领先水平,常营乡周边的三间房、潘家园、南磨房、高碑店等地都形成了独具优势的文化产业,相邻的通州区也拥有特色的文化产业发展优势,这些地区对常营乡形成了一种“包围”态势,导致常营乡寻求文化创意产业的突破点较为困难。功能疏解的要求。非首都功能疏解改变了部分产业发展路径,常营乡原有不符合首都功能定位的产业须按规划要求迁出,同时对接替这些产业的替代性产业要求较高。综上,常营乡未来产业发展应在符合首都功能定位基础上，充分发挥常营的区位和资源优势，抓住国家和北京市支持产业发展的重大政策机遇，率先部署既能满足居民精神文化需求，又能引领市场发展方向的新兴产业，建设富有常营乡特色的新兴产业生态圈。

——抓住国家和北京大力发展体育产业的机遇，常营乡要抢在其他区域开展体育产业布局之前，率先部署，大力发展体育产业。考虑到体育传媒属于体育产业中附加值高、带动力强的行业，且在北京尚处于发展初期，结合常营乡临近传媒走廊与传媒大学的区位优势，常营乡应把握发展先机，选择体育传媒作为发展体育产业的突破口之一。

——响应国家和北京发展体育产业以及推行全民健身的号召，结合常营乡所拥有的体育公园、常营公园、绿隔等绿色生态资源，常营乡应大力发展体育休闲等融合性产业。

——抓住国家加快发展生活性服务业促进消费结构升级以及北京市提高生活性服务业品质行动计划的机遇，常营乡应积极升级地区内生活性服务业，改变当前产业低端、辐射能力弱的现状，促进产业功能升级。

二、发展思路

（一）指导思想

深入贯彻党的十八大和十八届三中、四中、五中全会精神，牢牢把握北京"四个中心"战略定位，抢抓国家文化产业创新实验区和通州行政副中心建设的战略机遇，牢固树立"创新、协调、绿色、开放、共享"的发展理念，以引领经济发展"新常态"、打造"高精尖"经济结构为宗旨，围绕建设文化体育产业生态圈的目标定位，实施错位竞争，突出发展体育传媒产业，重点发展优势产业项目，有序改进发展方式，全面提高发展质量，巩固常营乡首都副中心门户地位，为北京建设国际一流和谐宜居之都做出积极贡献。

（二）发展原则

坚持特色化发展。立足常营乡区位优势、生态优势、空间优势及资源优势，坚持体育传媒、体育健身、高端生活服务业等新兴产业发展定位，创新产业生态发展模式，探索具有示范意义的新兴产业跨越式发展经验。

坚持高端化引领。聚焦领军企业、高端环节、高端功能，严格产业准入，优先发展带动效应强、创意程度高、附加值高的产业业态，重点培育内容原创、版权交易、体验消费等产业环节，充分发挥大文化体育产业生态圈的带动和融合效应。

坚持协同化推进。充分发挥文化和体育服务社会经济发展的重要作用，积极培育体育传媒、健身休闲等新兴业态，大力推进传媒、体育赛事、体育医疗、高端商务等资源的整合，形成以体育及文化产业为核心的相关产业高水平、深层次的融合发展格局。

坚持市场化运作。实施创新驱动战略，完善产业管理体制和服务机制，健全社会动员和参与机制，完善现代文化体育市场体系，优化市场发展环境，营造良好的创新创业氛围，不断激发市场活力。

（三）产业定位

坚持"跨行业、建生态"的发展理念，促进资源集聚化、产业融合化、区域协同化发展，积极巩固常营乡作为通州副中心的门户地位，努力把常营建设成为首都建设国际一流和谐宜居之都、实施创新驱动发展战略、构建"高精尖"经济结构的重要支撑点，争取到2020年，全乡文化体育产业生态圈初步形成，产业结构逐步优化、市场体系更加完善，空间布局日趋合理,努力打造“1+1”的产业格局:即以体育文化融合发展生态圈为产业主体,高品质生活性服务业为产业支撑的产业格局,成为北京市新兴产业驱动区域经济跨越式发展的高地及绿隔区产业结构提质增效的示范。

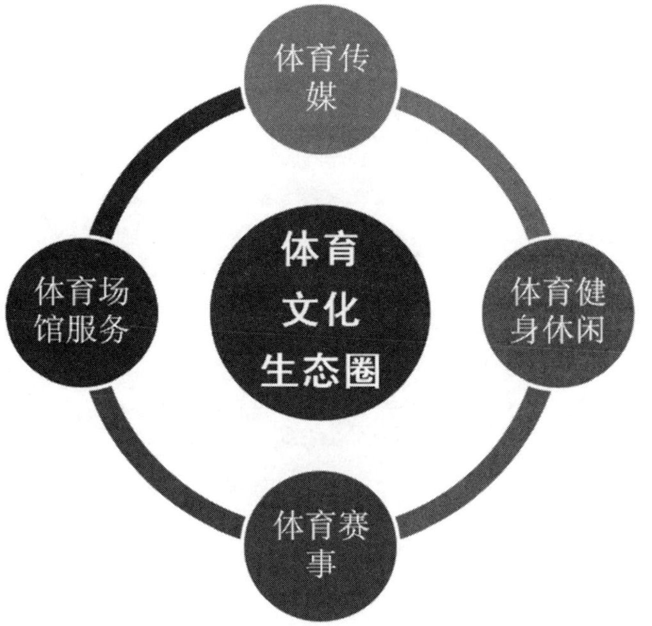

附图4　常营乡体育文化融合发展生态圈

三、产业空间布局

以体育赛事表演、体育传媒、体育健身休闲、体育场馆服务业等体育文化融合产业为本区域主导产业的承载内容,积极构建“一园两轴三极”的产业空间格局。合理配置区域内公共体育资源,提高体育场馆资源的社区普及率。适时调整社区体育设施的规划建设目标与方向,使设施类型得以不断更新,功能和配套措施得以不断完善。

(一)一园

体育文化主题公园作为常营乡文化休闲和全民健身的主承载区,集自然、人文、体育、休闲、娱乐等多功能于一体,突出打造新型时尚运动和民族民俗体育运动的体育文化特征,建立综合性体育运动场馆、时尚运动主题馆、回族民俗馆、室外休闲健身区等多种功能的体育设施,充分适应当代各项文化娱乐及体育运动的需求,成为北京东部新兴体育运动项目最齐全、设施最完善的全民健身基地。

(二)两轴

1. 体育健身休闲示范轴

以常营公园和常赢绿洲假日运动中心为主承载区,并以承载马拉松运动等1—3个群众性时尚运动赛事品牌为核心内容,强化该区域内马拉松线路基础设施建设及绿化等景观设计,将该区域积极打造成为京东跑步运动集散地。

2. 体育娱乐时尚消费轴

重点依托朝阳北路长楹天街等存量商业项目，以及未来新增的体育文化综合体等商业项目，培育并引入“体育时尚消费节”、“时尚休闲运动节”、“娱乐体育嘉年华”等品牌活动，强化该区域文体活动、休闲娱乐、集中商业、主题餐饮、健康居住、特色酒店等城市功能，着力扩大以体育娱乐、文化休闲、旅游购物、会展会务等消费形态，进一步推动体育文化消费规模扩大和结构升级。

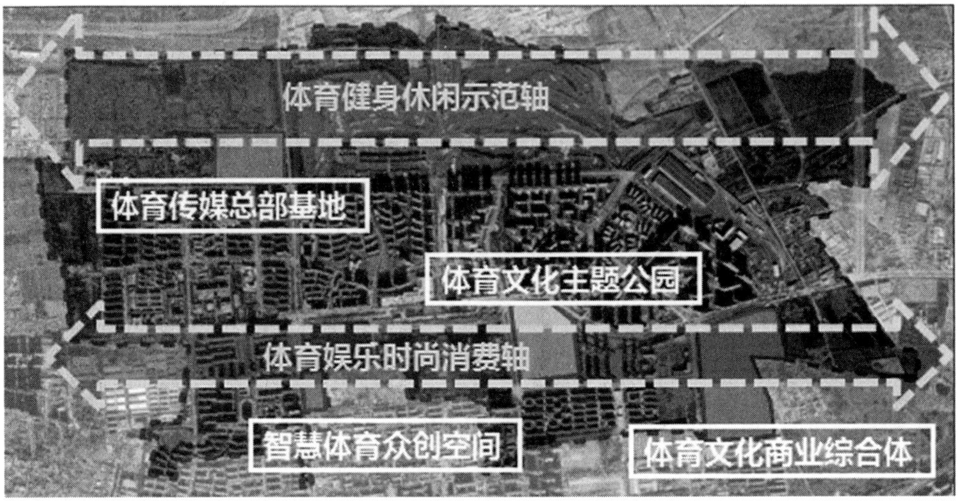

附图5　常营乡区域产业空间布局

（三）三极

1. 智慧体育众创空间

以朝阳北路以南，管庄路以东的产业用地为主承载区，引入文化体育类创新创业企业落户，积极培育该区域“互联网＋体育”的产业特色，建立体育产业众创空间，成为专业服务于体育产业创新创业企业的孵化基地，并力争打造成为国家级的体育产业基地。

2. 体育文化商业综合体

以朝阳北路以南，朝阳南路以东的产业用地为承载区，新建体育文化综合体项目，引入“sport－entertainment shopping center”（体育娱乐购物中心）的商业模式，并将其与北京消费市场趋势结合，以家庭为单位提供“一站式”体育文化服务，涵盖体育培训业、体育器材、体育装备等高端零售业、体育文化主题餐饮业、康体休闲业、室内体育场馆服务业等多种业态，并将丰富的业态与顶级的休闲环境资源相融合，以开放式的购物空间为北京市的中高端人群和游客营造现实轻松的商业氛围，最终打造成为中国首家体育娱乐消费示范区。

3. 体育传媒总部基地

以幺家店路以北，管庄路以西为主承载区，积极引进并培育体育传媒龙头企业，构建符合首都城市战略定位的体育传媒产业体系，培育1—2家国内顶尖、国际一流的知名体育传媒企业，以酒店、总部小公寓、技术转移中心等完善配套设施形成一个体育传媒总部聚集、集办公、研发、服务于一体的体育总部经济新区。

（摘自《“十三五”时期常营回族乡区域产业发展研究》）

2016年常营乡主要经济指标

截至2016年年底,全乡经济各项指标实现跨越增长,乡集体年经济总收达到2.44亿元,比5年前增长55%;区级财政收入1.4亿元,比5年前增长238%;税金总额实现420万元,比5年前增长167%;人均劳动所得达到2.8万元,比5年前增长48%。

今后5年经济社会发展总目标

今后五年全乡经济社会发展总体工作目标是:保持区域经济社会健康、稳定、快速、协调发展,努力实现地区农村城市化,力争把常营建设成为民族团结示范区、创新创业标杆区、和谐家居典范区。力争到2021年年底,全乡集体年经济总收入突破3.8亿元,税金超过3200万元,区级财政收入2亿元,居民人均收入不低于全市平均水平。

一、以区域经济发展为中心,推进产业优化升级

突出重点,把握节奏,增强发展内生动力。把握功能定位,整合资源、创新机制,促进经济提质增效升级。

大力发展高端商务服务业。充分利用释放出的产业空间,集聚发展高端商务服务业,提高经济增长的质量和效益。"十三五"期间,常营乡自有的产业规模总额至少将达到25万平方米。以商业、服务业为主体的东方华瑞项目和定位为第四代产业园的东方和瑞项目将陆续建成运行,逐步形成业态完整、布局合理、档次高端的商务服务业聚集区,实现经济效益与社会效益的双赢。

创新发展体育休闲健身产业。充分利用副中心与主城区连接带优势,依托现有医疗及体育资源,引进和培育互联网体育创业企业,推动健身休闲产业集聚,打造城市体育休闲服务综合体。加快体育场地设施建设,加强公共体育场馆、全民健身活动中心、户外多功能球场和乡域内东北部整体公园环健身步道建设,全面推动体育健身休闲产业专业化、全产业链发展,实现健身、休闲、购物、餐饮一条龙服务。

提升发展生活性便民服务业。利用市场化运行机制,提升社区商业服务品质,构建便利消费、便民生活服务体系。重点提升少数民族集聚区和清真寺周围的商业品质,在和谐发展的基础上利用"互联网+"打造具有常营特色的民俗文化产业。鼓励养老服务企业自主创新,多元化开发老年服务产品,促进老年金融、夕阳休闲等融合发展。

二、以农村城市化为主线,提高服务管理水平

全面落实全市一道绿隔城市化建设试点各项任务,妥善解决城市化转型发展中的遗留问题,率先实现农村城市化。

全面完成乡级产权制度改革。按照"资产变股权、农民当股东"的基本方向,以保障集体经济可持续协调发展为导向,按照"村乡联动、资产量化"的原则,以乡集体资产运营公司为依托,全面完成集体经济产权制度改革,构建与城市化相适应、符合现代企业制度的新型集体经济运行体制机制,提高集体资产的运营管理水平,使广大群众充分享受到改革发展带来的实惠。

加快推进社区建设与管理转型。逐步撤销村委会建制,工作重心由农村管理逐步转向城市管理、工作职责由乡属管理逐步转向区域管理、工作重点由抓资源促发展逐步转向抓治理促和谐，建立新型地区治理体制机制。加强农村社区，商品房、保障房和老旧小区的分类治理，下大力气引导推进农民市民化转变，最终形成全部社区各具特色的协调统一整体发展格局。继续完善居民自治体系，深化“一刻钟服务圈”建设，不断提高地区居民的满意度和幸福感。加强档案规范化管理，推进档案信息化建设。

加强城市环境综合治理。统筹城乡建设管理，突出问题导向，聚焦发展短板，对接群众需求，完善违法建设查处监管长效机制，加大城市环境综合治理力度，实现城市环境的立体化、网格化监督管理，为地区百姓提供整洁优美的宜居环境。继续推进“靓丽朝阳东大门”综合整治系列工程，打造朝阳北路“亮丽一条街”，提升常营整体形象。

三、以利民惠民为立足点，着力改善群众生活质量

继续完善大民生工作格局，深化城乡一体化社会保障体系建设，加快社会事业发展，努力提高百姓生活水平。

完善公共服务资源。积极对接教育主管部门，争取优质教育资源入驻。鼓励社会力量根据劳动力市场需求开展培训业务，促进社区教育内涵发展，形成多层次职业培训和创业培训体系。协调社区卫生服务中心，全面推广预约挂号，缩短候诊时间，缓解群众“就医难”问题。规范重大传染疾病和突发公共卫生事件应急工作制度，全面推广家庭式医生服务理念。

完善社会保障体系。开展技能培训助民活动，鼓励和支持居民自主创业。落实低保低收入、困难家庭、优抚对象、残疾人等各项惠民政策。构建民政救助、劳动保障、残联帮困的大民生、多保障工作格局。建设“养老服务驿站”，为地区老年人开展日间照料等服务项目。积极推进常营地区养老助餐服务体系建设，切实发挥基层老年人协会的作用。

加强文化文明建设。以满足居民自身精神文化需要为目标，加强精神文明建设，推动地区文化大繁荣、大发展。深入开展社会主义核心价值体系学习教育，弘扬中华传统美德和时代新风，充分发挥公共文化事业发展促进居民融合的重要作用。挖掘文化人才，引导组建文化协会及社团组织，以群众需求来确定文化活动主题和内容，突出生活化和参与性。

加强民族宗教工作。坚定不移地贯彻落实好党的民族宗教政策，广泛深入地开展民族团结进步创建活动。充分尊重少数民族群众的风俗习惯和宗教信仰，保障少数民族群众在节庆、饮食、丧葬等方面的特殊需要。充分发挥清真寺民管会、少数民族干部和民族宗教界代表人士的积极作用，妥善处理好涉及少数民族风俗习惯和宗教信仰的各类问题。

四、以安全维稳为重点，营造良好生活环境

继续深化基层平安建设，努力营造安全、稳定、公正、和谐的社会环境。

维护社会治安秩序。严格落实安全稳定工作责任制，积极构建以专群结合为基础、以科技手段为保证的地区治安综合防控体系，依法惩治违法犯罪行为，严厉打击暴力恐怖活动，增强人民群众的安全感。充分发挥地区综治维稳中心作用，加强工作协调、延伸工作触角，形成上下联动、全地区“一盘棋”的大综治维稳工作格局。

加强安全生产管理。切实落实监管责任和主体责任，强化属地安全管理作用。深入开展安全专项整治行动，健全监测预警应急机制，着力抓好消防安全以及水、电、气、热等基础设施的运行安全和防灾减灾能力建设；完善和落实安全生产责任制度和考核机制，严格监管执法，坚决遏制重特大安全事故发生，切实保障人民生命财产安全。加大食品、药品监管力度，保障地区群众饮食、用药安全。

强化矛盾化解工作。进一步落实信访工作责任制，建立健全重信重访专项治理工作长效机制。加强政策宣传、法制教育和正面疏导，引导群众依法依规反映合法诉求，切实做好信访及矛盾纠纷的排查、调处和化解工作，积极预防和妥善处理群体性事件，努力营造地区和谐稳定的社会环境。

五、加强政府自身建设，提高施政能力和服务水平。

深入贯彻落实新发展理念，把万家忧乐放在心头，建设人民满意的法治政府、创新政府、廉洁政府和服务型政府。

坚持依法履职。把政府工作全面纳入法制轨道，加强政府工作人员法制教育，主动运用法治思维和法治方式推动工作，做到法定职责必须为，法无授权不可为。深入推进政务公开，充分发挥传统和新兴媒体作用，使群众了解政府做什么、怎么做，接受社会和舆论的监督，让权力在阳光下运行。

坚持廉洁履职。深入推进反腐倡廉建设，认真落实党风廉政建设责任制，严厉整治“为官不为、为官乱为”行为。加强行政监察，深化审计监督，推动党风廉政建设向基层延伸，坚决纠正侵害群众利益的不正之风。

坚持勤勉履职。深入践行“三严三实”和“两学一做”，增强政治意识、责任意识、核心意识、看齐意识，加强作风和能力建设，打造高素质专业化的公务员队伍。健全工作责任制，确保各项政策和任务不折不扣落到实处。健全督查问责机制，坚决整肃庸政懒政怠政行为。健全激励机制和容错纠错机制，让广大干部想干事、能干事、干成事。

（以上摘自2016年常营回族乡《政府工作报告》）

五 参考文献

1 清《日下旧闻考》 北京古籍出版社 1983年第一版
2 光绪顺天府志 北京古籍出版社 1987年第一版
3 北京通史 中国书店出版社 1994年第一版
4 北京农场志 北京出版社 1999年第一版
5 民国通州志稿 通州区史志办整理出版 2002年4月第一版
6 通县志 北京出版社 2003年11月第一版
7 明《嘉靖通州志略》 中国书店出版社 2007年第一版
8 朝阳建设史 北京出版社 2006年11月第一版
9 中共北京市朝阳区历史 中共党史出版社 2014年6月第一版

10　北京市朝阳改革开放 30 年　中共文献出版社　2008 年 11 月第一版

11　北京市朝阳区志　北京出版社　2007 年第一版

12　朝阳区年鉴　中华书局出版社　2007 年 12 月第一版

13　中共北京市朝阳区基层组织史资料·农村卷　中共党史出版社　2011 年 6 月第一版

14　中共北京市朝阳区组织史资料　中共党史出版社　2011 年 6 月第一版

15　朝阳区改革开放纪实　朝阳区委党史办编(内部)　2006 年 6 月

16　朝阳英模名录篇　朝阳区委党史办编　2005 年 9 月

17　北京市朝阳区地名志　北京出版社　1993 年 12 月

18　通县地名志　北京出版社　1992 年

19　通县组织史　北京市通县档案局　1990 年 11 月

20　常营村史　手稿　1965 年 5 月

21　公主坟村史　手稿　1965 年 5 月

22　十里堡—辛庄村史　手稿　1965 年 5 月

23　五里桥村史　手稿　1965 年 5 月

24　常营一村村史　手稿　1965 年 5 月

索 引

条目索引

说 明

本索引是乡志各卷中所有条目以及子目名称的汇集，以首字笔画多少为序，组成索引。(1)已列入篇目中的各卷、类目不列入;(2)志书中不设条目(子目)记述的事物不列入;(3)各卷中人名条(子目)不列入，均见人名索引;(4)附录中相当于条目(子目)的文件标题不列入;(5)因承前省形成的重目或指代不明的条目(子目)，另加括注。

一 画

一场两制 334

二 画

“十三五”常营文化产业建设规划 71
十里堡村土改 324
十里堡—辛庄 419
十里堡的“租” 419
人口总量与分布 39
人口分布 40
人口结构 42
人口民族构成 42
人口性别构成 42
人口年龄构成 42
人口受教育程度构成 43
人口自然变动与流动 43
人口自然变动 43
人口流动 44
入教仪式 162
入驻辖区的工商企业 212
(入驻辖区的工商企业)发展概况 212
入驻辖区重点企业 213
(入驻辖区)72 家工商企业名录 214
九州服装厂 204

三 画

土壤 28
土地资源 29
土地改革运动 323
土地承包 341
三角大烟囱 61
“三讲”教育活动 99

三兄弟(涮肉店) 219
38 团始末 323
工会 105
(工会)组织建设 106
(工会)主要工作与活动 108
工业公司 207
万海工贸公司 203
大净和小净 162
“大跃进”与人民公社化 328
小麦 190
小场排水沟工程 200
乡名由来 33
乡党委沿革 88
乡党委主要领导人更迭 89
乡党员代表大会 90
乡纪律检查委员会 91
乡纪委领导人更迭 91
乡党群系统机构设置图 104
乡人民武装部 120
(乡人武部)机构与职能 120
(乡人武部)主要工作与活动 120
乡人大机构设置 125
乡人大主席团 125
乡人大工作办公室 125
(乡人大)决定重大事项 126
乡政府历史沿革 127
乡政府机构 128
乡长办公会制度 132
乡内自救 137
乡镇企业 201
(乡企)发展概况 201
乡农工商总公司 207
乡党政主要领导简介 351

四 画

历年人口统计 39
历史上的农民组织 118
历届人代会 123
历史上的常营清真寺 163
开展门前“三包” 157
开斋节 280
开斋节活动报道 281
五里桥小学 235
五里桥村土改 325
五里桥谈判 403
五里桥与无理桥 418
五里桥的“三山” 419
专项整治 101
专职阿訇名录 169
反腐案件审查 102
互助合作与统购统销 325
中心沟改造工程 199
中国特色经济之窗(非中心)项目 227
中小学选介 235
中秋节 302
日照 29
日伪时期的一桩命案 321
水资源 30
水稻 190
水利工程 198
(水利工程)发展概况 198
公主坟遗址 55
公主坟兴衰始末 56
公主坟村土改 325
公园 68
公共交通 70
公共汽车 71
公共卫生管理 247
公民道德建设 276
气候 28
气温 29
仓储公司 207
牛黄清心 421

今后5年经济发展总目标 429
计划生育 45
计生制度及实施 45
计生管理模式转变 46
文体机构 250
文体活动 255
斗膝 273
方言土语特点 305
方言土语例举 305
认干亲 305
双拥共建 136
双桥农场 332
尹芳斋食品店 222
书法作品 263

五 画

区位 27
四季特征 28
四大公司 208
“四清”运动和“文化大革命” 329
东三村早期中共组织 87
东方华瑞文化产业中心项目 226
节日习俗 280 302
古原教根碑 381
古稀老人的蝴蝶梦 416
打赌“五斤酱牛肉” 421
电信 70
北京同达穆斯林专用面粉有限公司 205
北京常营清真方便面食品有限公司 206
北京通润达建筑拆除工程有限责任公司 206
北京常赢物业公司 209
北京常赢盈鑫商贸公司 209
北京常赢新月迅洁保洁有限公司 210
北京常赢园梦绿化有限公司 211
北京世界服装生产研发中心 227
北京市忠德学校 236
北京市劲松职业高中常营校区 236
北京市新教育实验学校 237
北京政法管理干部学院 242
团结爱国宗教人士 103
生活习俗 283 293
生育习俗 286 295
动物资源 31
市容管理 157
讨白 162
主要农作物的面积和产量 189
礼仪习俗 286 295
对外援助 137
民兵组织与训练 121
民兵组织演变 121
民兵组织训练 122
民族团结进步标兵 181
民间故事 267
民间游艺 272
民间儿歌 274
处理民宗事务的“三个到位” 176
发型胡须习俗 285
圣纪节 283
圣贤道 420

六 画

地貌 27
地质 28
地上水资源 30
地下水资源 30
地铁6号线 71
地震监测点 33
共青团 111
(共青团)代表大会 112
(共青团)组织建设 112
(共青团)主要工作与活动 113

老汉推车 272
老鹰抓小鸡 274
场社合并 333
(场乡)优势互补 336
场乡改革 338
(场乡)改革的指导思想 339
(场乡)改革目标 340
(场乡)改革方案 340
(场乡)改革实施 340
农会 118
农村“五保” 144
农民生活补贴 145
农业机械 196
农业技术服务公司 207
长营清真寺重建女礼拜殿碑记 381
长营清真寺翻修礼拜大殿记文 382
回族方言土语 315
回族方言土语列举 315
回民殡葬服务 174
回民公墓管理 175
回汉融洽相处 179
回民队夜袭保公所 322
自然资源 29
自然灾害 31
行政归属 33
优抚安置 135
伊斯兰教的传入 161
伊斯兰教文化传承 161
色俩目 161
合作化初期 326
创办初级社 326
创办高级社 327
企业承包 343
后店的由来 419
名友万古碑 380
交通安全管理 150
产业调整 75
安记特色熟食店 221
“安秃”只身破马队 271
安全珍与爱心奉献小组 278
安置帮教与社区矫正 154
妇联 115
妇女代表大会 115
(妇联)组织建设 116
(妇联)主要工作与活动 116
纪律检查 100
红旗李玉 269
红眼军 419
收藏趣闻 416

七　画

劳动力培训 78
劳动力就业 79
村居合一 81
两起欠薪纠纷调解纪实 109
两部汽车拉回3万元 421
李小老烧饼店 221
抖空竹 272
抖蛐蛐 274
寿诞习俗 297
抓周礼 286
邮政 69
财政体制 134
财政收支 135
助残与养老服务 138
助残与残疾人事业 139
串门 304
饮食习俗 283 293
邻里见面 304
冻土、霜期及降水 29
应急避难场所 32
社区建设 82
社会救助 137

社会养老保险 147
社区文化活动室与文化企业 251
社会杂俗 304
张贵春劫黄杠 268

八 画

拆迁安置 73
拆除违章建筑 157
环卫管理 158
林业 197
(林业)发展概况 197
(医疗卫生)发展概况 243
抽陀螺 272
丧葬习俗 290 298
其他岁时风俗 303
拜师学徒 304
拜把兄弟 305
味高食品有限公司 206
国耻难忘 320
和平谈判纪念碑 54
供水 63
供电 66
供气 67
供暖 68
贫协 119
知名清真餐饮企业 219
知名清真食品企业 221
知名人士简介 351
金老三饭庄 220
法定权限与例会 132
法定权限 132
法律服务与法律援助 154
治安建设 148
治安管理 149
法图麦会 283
宝港三信造纸工业有限公司 205
(房地产)发展概况 223
房地产开发项目 225
学前教育 233
诗·书·画·摄影作品选录 261
诗歌作品 261
放风筝 272
(居民)收入 49
(居民)支出 50
(居民)居住 50
(居民)闲暇时间安排 52
居民最低生活保障 146
居民医疗保险 147
居民住宅小区 225
居住习俗 286 294
组织建设(党) 92
经济综述 185
绘画作品 265

九 画

面积 27
标志性建筑 61
政务公开 134
城市化后民族团结进步创建纪实 182
南水北调工程 199
春节 302
珍藏毛主席像章 417
思想建设 98
《品常社区报》报社 251
保持共产党员先进性教育活动 99
保障民生 178
种植业 188
重点乡镇企业 203
重阳节 303
服务房地产开发企业 228
服饰习俗 285 294

待客习俗 293 304
看望病人 304
家庭人口构成 43
洪熙圣旨碑文 379
养老服务 141
养殖业 192
神跤吴六巴 268
诞生礼 286
统战建设 102
统购统销 327
除夕 303

十 画

落实民族宗教政策 102
耕地面积 188
捐资助学 238
秦三太爷修建清真寺 267
拿手 162
特色产业的形成与发展 219
党员队伍建设 92
党群服务中心 97
党服中心概况 97
党服中心职能 97
党服中心功能 97
党服中心服务拓展 97
党服中心组织框架 98
党服中心运营管理模式 98
消防管理 151
调解纠纷 153
海天一色 220
扇洋画 274
斋月封斋 280
宰牲节 282
退休农村干部生活补贴 144

十一画

基层组织建设 95
基层司法建设 152
基本医疗 246
基本路线教育活动 98
培养少数民族干部 102
排水 62
职工代表大会 105
职能转变 133
职工养老保险 144
接杜阿宜 161
(教育)发展概况 231
领导班子建设 96
第八届人代会 123
第九届人代会 123
第十届人代会 123
第十一届人代会 123
第十二届人代会 123
第十三届人代会 124
第十四届人代会 124
第十五届人代会 124
第十六届人代会 125
银行 70
常营清真寺 53
常营清真寺碑记 383
常营地标 61
常营村早期党组织 87
常营社区青年汇 114
常营地区慈善分会与爱心家园 142
常营派出所 148
常营司法所 152
常营乡帮教活动的几点做法 155
常营乡荣誉录 159
常营乡穆斯林朝觐名录 171
(常营乡穆斯林)服务中心建设 173

常营汽车修理厂 203
常营长顺铸造厂 204
常营五金箱柜厂 204
常营光明玻璃厂 205
常营清真食品有限公司 205
常赢绿洲假日休闲运动中心项目 226
常营民族学校 235
常营广播站 250
常营乡文化服务中心 250
常营地区文体协会 251
常营摔跤队 253
常营乡老年空竹表演队舞动悉尼 259
常营有“三宝” 317
常营村土改 324
常营大跃进民歌 329
常营“四清” 329
常营“文化大革命” 330
常营乡革命烈士英名录 362
常营乡庚子殉难名表 362
常营乡劳动模范、先进工作者表 363
常营生产队支部书记、队长(社长)名录 364
常营管理站站长、常营大队负责人名录 376
(常营乡)文件 383
常营安氏溯源 415
常营掌故 418
常营回族乡区域产业发展的设想 422
常营乡主要经济指标(2016) 429
常营乡、公主坟乡 1953 年行政区划 37
常营乡 1956 年行政区划 37
常营乡 1983 年行政区划 37
常营乡 1998 年行政区划 38
常营地区(常营乡)2014 年行政区划 38
常营公园 68
常营保利公园 69
常营畅心园公园 69
清真古寺 61
(清真寺)初建与重修 163
清真寺管理 163
(清真寺)恢复与扩建 164
(清真寺)管理机构与人员 167
(清真寺)民管会成员名录 167
(清真寺)管理职责与制度 169
(清真寺)对外友好往来 170
清真餐饮、食品渊源 218
清真小吃一条街 222
清明节 302
剪刀·石头·布 273
绿隔建设 72
绿隔工程建设 198
婚姻登记与殡葬管理 143
婚姻习俗 287 296
弹弹子 273
猜字瞒 273
谚语 311

十二画以上

植物资源 30
棍团 420
紫光园 220
歇后语 310
晚稻不插七月秧 421
集体产权制度改革 77
腊八节 303
道路建设 58
欻羊拐 272
锅盖张 420
富人与穷人 318
童子军谣 420

摄影作品 266
禁忌习俗 279 304
照明 62
跳绳 273

跳皮筋 273
跳房子 273
解绷绷 273
廉政思想教育 100
廉政制度建设 101
新中国成立初中心任务 87
新时期的常营清真寺 164
新型农村合作医疗 249
(新农合)筹资标准 249
(新农合)资金筹措 249
滚铁环 272
群众路线教育实践活动 100

碑文 379
精神文明创建活动 275
端午节 302

踢毽子 273
蔬菜 191

穆罕默德创教考 401
整建制转居 84

人名索引

说　明

本索引将出现于志书正文(含概述、大事记)中所有的名字汇集在一起,以姓氏笔画多少为序,组成索引。(1)不含政治术语中作为定语用的人名;(2)不含帝王纪年、照片说明词和引文中出现的人名;(3)不含卷末附录中人名及民间故事中人名;(4)某一人名在同页上重复出现只收一次。

二　画

丁秀田 120
丁秀德 49 240
丁清光 168 169 172 282
丁瑞峰 323

三　画

万贤民 104
于　大 10 363
于　泉 325
于　全 319
于　振 320
于　海 319
于万江 12
于万成 319 320
于万红 327
于国永 211
于洪源 264
于崇福 253 254
于淑芳 119
习近平 98 100
也　速 377
小　林 346
小孩李 243
马　青 10 318 322 323

马　珍　318
马　祥　366
马　爽　104
马士珍　326
马万金　173
马万荣　116
马万录　239
马万路　242　373
马文虎　132
马文瑞　90　240
马凤山　244
马凤启　172
马凤岐　173　240
马凤奎　276　365　366　369
马月强　169
马云茹　241
马云贵　242
马书军　239
马书林　167　263
马双喜　261
马立芳　244
马玉花　172
马玉亮　365
马玉清　167　168　180
马巨祥　362
马巨海　168　180　366　367　370
马守仁　88　119　324
马连生　119　318
马运华　240
马红秀　180
马长青　317
马全祥　120
马会清　173
马国元　167　168
马国泉　172
马国泰　331　366
马国增　366
马启云　219
马凤启　172
马希金　222
马宝忠　239
马建全　105
马建忠　148
马荣江　12　187　239　326　370　376
马荣艳　115
马贵臣　167　168
马贵英　119
马贵宝　169
马贵泉　172
马贵海　74　172　238　240
马桂才　172　173
马桂臣　331
马桂荣　87
马洪叶　239
马春圃　348
马俊珍　172
马海英　149
马敏庄　376
马淑兰　167　168
马淑珍　168　173　331
马朝田　240
马朝启　240
马朝旺　254
马朝清　49　239　421
马惠芬　276
马福英　168
马福泉　276
马德才　242
马德山　57
马德洲　89　351
马德贵　119　366　369
马德恩　119
马德路　318
马增龙　254
马增寿　240

四　画

王　川　360　361
王　氏（郭诚母）　57
王　刚　24　89　91　125　131　188　282　358
王　红　19
王　均　319　320
王　纯　13
王　晴　148　149
王　坦　117　262
王　恒　319
王　雁　266
王　震　332
王　灏　201
王一喜　241
王力军　22
王士山　172
王月波　243
王凤启　241
王文武　242
王世山　318
王书臣　368　371
王玉英　120
王玉明　370
王玉亮　167　168
王玉清　120
王玉敏　245
王永文　364
王永兴　241
王永林　74
王永新　259　372
王立荣　90
王末指（王老儿）　322
王会香　245
王守吉　239
王亚荣　239
王庆发　259
王庆秀　87　119
王庆荣　244
王希文　326
王希彤　87　88　119　324　367　371
王岐山　20
王忠孝　241
王金农　171
王宝英　172　173
王建忠　149
王贵才　119　365　369
王贵芳　319
王炳顺　242
王振生　319
王振华　168　173
王振声　243
王振营　240　369　372
王爱录　282
王淑兰　245
王淑芳　167
王淑萍　240
王维祺　345
王景凤　173
王景乐　16　89　91　188　208　238　239　354
王景春　326
王德山　11　326
王德厚　330
王德瑞　319
王耀平　20
牛有成　23
牛桂芬　74
韦尘侠　345
瓦希德　20　171
甘连华　259
冈村宁次　346
毛　光　167　168　172　366

毛　荣　172
毛凤奎　173
毛文存　254
毛文彬　322
毛玉荣　167　168
毛玉亮　317
毛玉珍　172
毛永明　172
毛永珍　242
毛永茹　244
毛亚芹　232
毛明满　148　149
毛翠仙　172　173
毛德贵　324
毛殿臣　317
方　泽　25　26　89　131　188　282　359
尹凤桐　169　360
尹玉祥　317
尹全元　11　131　318
尹长贵　317
尹秀英　276
尹志超　222
尹启华　210　211　239　369
尹宝明　240
尹贵喜　168　174
尹桂元　208　239
尹桂喜　241　365
尹增元　222　240
尹翠清　244

五　画

石　大　10　363
石　三　10　363
石　有　10　362
石柏林　21　24　25　91　92　120　124　132
石振江　368
石富宽　19　255
石德山　87　119
东德福　119
艾兴有　221
卢　娴　113
卢玉林　241　366　367　370　374
卢志文　237
史耀军　91　120
白　宇　169
白　连　120
白　荣　88　373
白　瑞　239　367　370　375
白凤英　167
白凤青　168
白凤明　242
白凤喜　131
白玉英　244
白永亮　172
白永福　241
白老定　322
白秀珍　120
白秀亭　246
白国良　211　376
白继丰　240
白继文　241
白继刚　172
白继成　241
白继良　15　16　89　91　92　123　125　131　172　238　239　354
白继顺　242
白丽英　245
白崇福　87　131　327
白淑芹　119
白淑秀　241
白淑珍　241

白增玉 374
白增福 365
白殿魁 219
冯玉祥 377
冯关寿 276
冯志良 277
冯振海 88
冯根海 325

六 画

吉广平 24 22 89 91 125 126 282 357 364
吕 贵 18 19 89 91 124 126 357
吕桂珍 172
朱元璋 33 161
朱世海 241
朱永新 237
朱振刚 363
任振田 241
任振军 239 373
任殿华 282
华云龙 33
伊 苏 33
安 祥 119
安士合 244
安士明 174
安士斌 74 365
安士亭 49
安世亭 242
安凤英 180 242
安玉凤 241
安玉珍 119
安永荣 362
安永珍 10 322
安永亮 318
安全珍 173 278
安自兰 241
安兆龙 241
安庆才 173
安庆芳 168
安庆林 241 373
安希尧 88 118 324
安希荣 119 168
安希舜 243
安茂英 15 91 116 119 123 131 240 366
安宝忠 172 173
安树民 173
安树君 244
安树清 16 18 91 112 123 124 132
安贵田 241
安贵均 167 168 277 278
安贵连 242 366
安贵增 119 367
安崇祥 240 366 369 373
安崇路 242
安瑞龙 74 168 331 363
安瑞生 119
安瑞江 331 364
安德良 366
安德明 366
安德普 238 239
刘 永 88
刘 刚 120
刘 芳 87 88 119
刘 淇 23 182
刘 琳 261
刘 勤 112 377
刘大庆 25 26 89 126 188 282 358
刘大麻子 322
刘子华 244
刘子珍 119

刘少奇 331
刘凤文 240
刘凤生 120
刘凤芝 15 16 116 123 132 239 245
刘凤祥 242
刘书文 366
刘书印 250
刘书芹 324
刘玉英 172
刘玉荣 87
刘永全 87 119 325 327 367
刘永清 88
刘连成 92 107 112 376
刘金香 116
刘仲奎 244
刘志文 240
刘秀英 120
刘秀丽 242
刘希泉 22
刘君敏 221
刘英民 120
刘春连 244
刘绍棠 347
刘淑英 245
刘淑敏 172
刘章林 90 330 353
刘瑞祥 88
刘殿兰 172 173
刘德兴 88 324
刘德贵 368
齐 伟 266
齐大辉 117
齐怀远 15 171
闫秋莎 92
闫丽娟 24 113 125 132
闫雪峰 22
江泽民 99
许 权 260
许德旺 242
孙 立 145
孙 旺 326
孙 茂 120
孙 贵 119
孙 喜 244
孙凤英 242
孙立权 120
孙兴祖 33
孙长顺 119
孙志忠 241
孙志恩 254
孙彦军 241
孙彦俊 375
孙桂兰 120
孙振才 120
孙普笙 345
孙德才 131
孙德生 325
孙德成 232
孙德旺 365 369
孙德祥 241
孙德常 325
阮大文 282

七 画

李 才 326
李 大 10 363
李 四 326
李 田 120
李 来 362
李 刚 88
李 仲 12 326 327 367 368
李 孝 120

李　财　367
李　顺　211
李　荣　11　12　87　326　327　368
李　明　171
李　松　87　120
李　春　13　31
李　宽　119
李　铭　368
李　锐　327
李　森　88　326
李　琳　246
李大忠　119
李士祥　20　23
李小老(李桂林)　221　222　239
李凤明　172　240　369
李凤珍　119
李文华　376
李书秀　375
李玉芳　87　88　119　324
李占凤　376
李会珍　173
李永珍　120
李长友　88
李长有　119　320　325
李长旺　120
李廷海　363
李老太太　179
李光润　119
李克强　23　226
李连元　244
李连仲　240
李连华　15　16　91　123　132　208　239
李志芳　321
李希增　239
李国启　363　375
李国胜　19　255
李建民　244
李建华　254
李建海　16　17　19　89　91　124　125　188　207　208　239　341　356　363
李建颖　211
李桂兰　367
李桂友　239
李桂荣　88　119
李俊兰　232
李洪元　88
李洪斌　88　325
李春敏　239
李冠男　21　24　25　89　91　112　124　132　364
李莲英　241
李郭氏　320
李海峰　24　125　132
李树芹　241
李树清　239
李淑静　261
李高峰　361
李振启　282
李清安　377
李福清　378
李福林　378
李殿奎　90　377
李瑞增　174　365　369
李德山　326
李德全　377　378
李德林　371
李嘉存　19　255
李嘉诚　82　225
杨　兵　169　173
杨　林　167
杨　凯　169
杨万录　10　346
杨万祥　164　232
杨广亮　282

杨广智 243
杨止敏 119
杨文生 16 18 89 91 124 126 208 240 367 370 371 375
杨文明 240 361 372
杨世云 241
杨书珍 366
杨玉珍 318 321
杨玉清 15 16 91 123 124 125 126 131 168 239 356 364 368 372
杨正文 239 254 366 370 374
杨正凤 241
杨正良 172
杨正彬 92
杨立英 277 364
杨会光 172
杨永贵 324
杨永瑞 370
杨华增 241
杨全禄 318
杨行中 377
杨连旺 172
杨连茹 244
杨启凤 239 370
杨国太 241
杨国珍 10 363
杨国桐 219
杨忠泉 169
杨桂兰 244 365
杨宪英 345
杨淑仙 244
杨淑英 244 364
杨淑珍 239
杨普军 169
杨瑞秀 173
杨瑞宽 254
杨慈光 239 375
杨德明 320
杨德亮 324
杨慧茹 239
杜仲元 10
杜连红 92
杜国荣 167 168
杜国瑞 323
杜宝贵 370
杜宝琴 173
杜振国 17 18 91 124 126 208
杜淑兰 241
苏德茂 120
陈　三 10 362
陈　刚 20 22
陈　涛 25 26
陈广元 20 171
陈少奎 88 119 324
陈正平 240
陈立云 240
陈永利 88
陈兴波 20
陈志平 265
陈利新 222
陈进伶 173
陈明智 21 24 91 124 125 126
陈振英 232 239 350 351 363
陈振霞 221
陈常玲 244
陈朝明 238
陈增义 148 149
陈德清 241 367 371 375
陈德福 241
陆凤才 371
吴　三 10 362
吴　祥 12 327
吴三桂 1 9 55 56
吴山贵 319
吴六巴 253

吴世林 56
吴永江 324
吴来荣 244
吴应熊 1 9 55 56
吴连福 120
吴秀元 87
吴国权 188
吴国全 365
吴国兴 348 349 362
吴国英 168 174
吴国泉 15 89 91 112 208 349 354
吴国清 119
吴国祥 365
吴国珍 365
吴国顺 364
吴国喜 239 369 373
吴国富 11 12 326
吴学义 120
吴学荣 87
吴树光 260
吴树金 369
吴贯一 323
吴铁良 240
吴振海 240
吴德清 362
吴敏贵 119
肖 静 364
肖凤兰 241
肖凤英 172
肖宝恒 87 89 90 164 165 167 168 201 240 278 281 346 347 351
肖宝清 362
佟德福 11 88
何 宏 92
何广会 240
何广瑞 239
何子龙 241
何少江 326
何凤英 172
何文东 24 91 125 132 364
何李玲 112 113 116 153 363
何其元 278
何其顺 168
何起森 241
何焕品 367 368 371
余淑林 376
辛振英 232
辛燕琴 22
宋文贵 367
宋启珍 210 241
宋启贞 367 370
宋淑玲 245
完 木 346
闵乐夫 117
沈 莉 54
张 立 91 207 208 239
张 全 88
张 英 322
张 昆 167
张 茅 259
张 勃 90 352
张 举 367
张 宽 11 326 327 367
张 悦 88 119 326
张 堃 119
张 喜 10
张二英 240
张士杰 325
张士诚 33 161
张士荣 241 366 370 374
张万才 204 239 331 372
张万千 242
张万元 173
张万友 173

张万仙 241
张万来 172 240 372
张万芝 244
张万成 167 172
张万岐 254
张万和 365
张万玲 222
张万茹 167 168 244
张万春 244
张万顺 242
张万清 240
张万喜 240
张万谦 168
张之闪 204
张义山 90
张广山 370
张广文 74
张广生 168 240 374
张广庆 370 374
张广明 254
张广荣 241 244 370 374
张广珍 232 239
张子岐(张兆麟) 231 345 346
张文山 321
张文元 57
张文生 10 324
张文恒 87 88 119
张文奎 11 12 131
张友兰 345
张友竹 345
张井义 173
张元清 317
张凤荣 371
张云禄 119
张少安 318 319
张玉芳 219
张玉臣 168
张玉芹 244
张玉林 172
张玉昆 19 103 104 164 167 168 169 172 181 239 347 348 363
张玉忠 172
张玉荣 326
张玉柱 241
张玉海 172 240
张玉清 119
张玉禄 167 168 172
张玉增 119 168
张永松 15 123 131 239 367 370 371
张永珍 242
张永祥 240 254
张会海 242
张连荣 239 365 369 372
张兆芹 242
张兆祥 322 326
张兆龄 345
张全利 211
张竹林(张淇园) 243
张庆云 172
张庆生 318
张庆发 172 240 368 369 372
张庆余 119
张庆旺 240
张庆春 173
张庆俊 172
张庆海 119
张长利 375
张秀云 16 91 92 116 123 132 152 208
张松清 16 89 91 92 239
张国恩 88
张金海 240
张金鑫 91
张宝文 90 353 376

张宝善　87　88　119　325
张春生　372
张秋华　240　376
张洪霞　222
张淑荣　232
张建华　245
张桂珍　232
张继东　239　244　245　246
张振国　240　371　376
张悦骞　265
张晓波　24　125　132
张淑田　244
张淑荣　232
张淑玲　119
张淑琴　211
张景文　244
张景凤　240
张景林　90　244　376
张善英　239　374
张番甫　319
张瑞华　239
张殿卿　347
张德云　245
张德兰　245

八　画

林　莽　103
板本昭文　17
苗德宝　205　208　236　242　349　350
果秀玲　282
范　庚　241　367
范子寿　88　119
范文英　319
范先玉　375
茂　川　346
苑文新　282
周云朋　88
周汝泽　232
周作民　11　89　131　187　352　376
周伯琦　19
周俊卿　16　17　89　91　92　107
明宝萍　91
罗建臣　87　88
金玉良　119
金凤明　240
金凤泉　167　168
金凤祥　169
金少武　232
金吉堂　346
金兴甫　243
金全友　254
金华章　173
金宝生　253
金丽娟　115
金德元　119　365　369
和硕恪纯　1　9　39　55　56
岳卫红　24　125　132　364
郑连成　323
孟庆榆　241
奇垒氏　55

九　画

胡　唯　153
胡文顺　90　352
胡凤华　242
胡永才　211
胡永光　112　239　369　372　373
胡永忠　241　254
胡怀群　262
胡杰华　282
胡顺友　240　254
胡顺来　49　240

胡顺利 254
胡顺明 238 240
胡顺增 240 253 254
胡盛军 221
胡盛强 221
胡锦涛 23 226 414
夏文才 370
夏凤军 241
夏书卿 266
夏全胜 210 372
夏全臻 244
夏和喜 12 87
夏恩芹 241
夏德顺 172
郝文顺 250
郝庆福 120
郝芝兰 245
郝志清 325
郝荣玲 168
赵 书 282
赵 军 148
赵 奎 10 362
赵 晨 108
赵 祥 240
赵久合 20 21
赵希山 368
赵希禄 120
赵希增 368 371
赵金祥 91
赵根武 201
柏正明 10
哈宝玲 74 242
哈宝祥 172
侯大新 168 174
侯士华 241
侯井光 173
侯井花 172
侯井富 168 374
侯景志 242
侯景增（侯井增） 16 17 89 91 123 131 208 356 374
侯景珍 112
侯景利 240
侯永山 241
侯国兴 242
侯国章 242 366
侯国瑞 119 241 367 370
侯金堂 10 380
侯春山 321
侯满山 240
侯俊臣 15 16 89 91 123 131 175 239 355
侯晓东 241
侯崇华 173
侯群山 241
侯耀文 19 255
钟殿元 322
皇太极 1 39 55
律更强 232
闻连生 90 187 353 377
闻秀英 168
洪 兴 167 168 277 278 382
洪少岩 263
洪玉荣 366
洪淑娟 363 364
洪德才 208
姜玉清 367 376
姚 宽 326
姚士发 245
姚士君 368 371
姚广元 321
姚玉文 241
姚世春 241
姚世芬 241
姚长友 321

十 画

秦玉文 103 164 167 168 169 171 180 232 239 359 360
秦玉才 173
秦玉义 168
秦玉秀 241
秦有功 167 168
秦贵喜 168
秦鸿梅 222
贾文贤 245
贾玉桂 91 92 105 107
贾玉福 88 119
贾得林 194
耿文华 87
耿文荣 119
耿春胜 187 353 376
耿淑平 240
埃斯特万·拉索 16
顾德全 88
倪瑞波 87 244 368
徐 达 33 161 377
徐 玲 152
钱仲斌 10 163
钱家宝 239
钱淑琴 119
笑 林 19 255
郭 明 321
郭 忠 12 327 368
郭 诚 57 379
郭 恭 57 379
郭 福 239
郭文杰 25
郭文荣 187 355 376
郭光辉 18 21 91 92 124 132 208
郭延彬 169
郭荣录 321
郭顺乡 57
郭遵道 57
郭维起 368 371 376
高 顺 322
高 桥 320 420
高 森 108
高月华 242
高永旺 361 362
高永宽 173
高全顺 254
高贵明 119 365 368
高洪兴 242
高宏鹃 266
高思颐 105 107 113 116
高桂全 18 91 112 120 124 132
高振清 167
高晓霞 222
高崇祥 327
高敬茹 18 21 89 91 92
唐继先 325 420
梁幼林 250
梁长明 172
梁树凤 88 119
梁满洞 169
浩 然 332
海书珍 240
海书桓 240
海明洪 242
海明利 261 422
海淑云 119
海洪瑞 318
海朝山 167 168
海朝通 167 168
海德才 369
海德印 172 173 242
海德录 242

海德增 365

十一画

黄　沛 148
黄永春 88 119
黄晓伟 282
曹　峰 91 92
菅进军 92 153
常　艺 246
常遇春 1 9 33 39 161 377
康　奇 221
康　维 374
康凤山 172
康凤仙 173
康凤全 172
康凤英 172
康书贵 91 119 207 208 239 254 263 361
康瑞宝 244
崔　大 10 363
崔马氏 119
崔文荣 17 18 19 89 91 112 116 124 131 132 188 341 357 363 364
崔爱荣 244
崔继先 322
绳连相 320

十二画

韩　三（韩铁塔） 10
韩百祥 87 326
韩宝珍 173
韩启增 87 88 119 324 368
韩佩英 120 326
韩桂凤 168
韩桂英 173
韩贵增 172
韩敬贵 240 375
彭　真 13 330
董自良 261
董明慧 18 124 132 363
葛　琦 322
路京荣 240
程　红 23
程连元 22 23
程南云 57 379
程艳萍 377
程淑桂 232
傅作义 1 11 55
鲁　平 225
温长和 317 318
温洁琴 11 131 321
靳成和 107 112
黑　荣 254

十三画

蒋　璐 104
蒋宝香 242
甄秋兰 117
福田茨方 17

十四画

蔺　军 105 113 116 153 364
蔡　二 322
蔡　兴 33
蔡　佬 322

蔡仲明　321
蔡仲德　322　323
蔡俊芹　374
蔡恩会　366
蔡淑敏　21　89　91　124　131　188　358　364
蔡淑惠　119
蔡景泉　321
槐　杰　148　149
管连贵　239　365　368　372
管旭颖　116
管华亭　359
管志月　240
管志全　242
管洪英　173　244
管朝文　323
管瑞启　239
管瑞桐　204　366
管瑞福　241

十五画

樊井荣　120
樊金良　148
樊景荣　327
樊景绪　320

十六画

穆罕默德　283　289　293
穆怀昌　221
穆怀敏　15　23　89　91　119　123　125　131　238　239　253　254　355
穆祥义　12　131　351
穆祥宽　192　242
穆祥斌　240
穆瑞顺　17
穆瑞洪　238　240
薛　恒　90　353　376
薛书兰　241
薛寿松　168
薛寿泉　172　173　241
薛宝福　240
薛福珍　242
霍　俊　324
霍文海　326
霍学义　371
霍建国　18　21　89　91
霍雪增　241

十七画以上

戴宝会　276
戴永宽　318
魏凤雪　107　113　116
魏桂兰　88　119
魏丽芳　242
霸永年　241
霸春利　115

后 记

以乡为单位独立修志是地方志编纂工作的创新和发展。按照朝阳区志办《关于启动区第二批修志单位编纂志书的通知》要求，常营回族乡乡志编纂工作自2015年8月启动，至2017年12月审定付梓，历时两年零五个月，采取乡自主收集整理史料、专家全程指导总纂模式，对庞杂的资料进行考证、筛选、整理，补其缺、纠其谬、存其真、求其精，力争还历史本来面目。

编纂前期筹备始于2015年5月，成立了由党委书记刘大庆、乡长方泽、人大主席何文东共同担任主任的编纂委员会，聘请中国地方志协会原副秘书长、著名地方志专家欧阳发老师担任总纂，安瑞龙、杨文生、甘连华3位退休干部、教师以及丁清光阿訇任顾问，举乡重视、准备充分，为修志工作奠定了良好的基础。

正式启动修志后，开始了资料收集与整理工作。这期间，欧阳老师对全体编纂人员进行了专业培训，组织大家挖掘、收集资料，向各社区、机关各科室等单位及部门征集入志资料。结合乡情，分门别类确定了编纂纲目，起草编写大纲。2016年3月，资料收集整理工作基本完成。

在汇总编纂阶段，分纂工作有序开展，至2016年9月形成40万字的初稿，2016年11月形成36万字的征求意见稿。根据要求，乡志时间断限上限应追溯事物发端或建置之始，下限为2015年。但从收集到的资料来看，从常遇春在常营驻军(1369年)到新中国成立，此间近600年的史料可谓寥寥无几，遂遵照详今略古的原则，着重记载新中国成立之后的事件，兼顾之前。

2017年3月，将《常营回族乡志(征求意见稿)》分送乡领导和各社区、村委会、机关各科室征集意见，根据45条反馈意见再次完善，于8月底前完成修改。10月底前完成送审稿，送专家集中评审，并根据评审意见，对篇目结构进行再完善、再优化，对志稿内容进行再调整、再斟酌，对语言文字进行再打磨、再锤炼，至12月底形成验收稿，验收后交付印刷。

在篇目设定上，本志以类设卷，卷下不分章节，以类目贯之。全志共设12卷(内含64类目)，收录彩页照片62幅，图300份，表84份。卷一基本乡情(上)，主要介绍区位面积、自然环境、建置沿革、行政区划、人口和人民生活等情况；卷二基本乡情(下)，主要介绍文物古迹、市政建设、公共事业，特别是以较大篇幅记述了常营回族乡作为朝阳区“一绿”试点乡的巨大变化以及取得的重要成绩；卷三党群组织，主要记录党组织建设与发展情况，以及纪检监察、工青妇群团组织的发展建设情况；卷四行政机构与政事纪略，记录历届人民代表大会的重大决策以及乡政府各项职能工作情况；卷五民族与宗教，记载常营作为少数民族乡的源流及伊斯兰文化的传承，清真寺沿革，民族宗教事务及民族团结进步；

卷六经济产业，记录了经济发展、产业转型情况；卷七文化建设与传承，记载了教育、医疗卫生、文化体育、精神文明建设情况；卷八民俗与地方特色语言，收录了地区特有的民族习俗以及方言与回语等；卷九丛谈，从中华人民共和国成立以前、解放初期、改革开放三个历史时期重点记述了乡域内的生活片段、改革运动、历史事件等；卷十人物，记录了历史上生在常营回族乡并且做出过重大贡献或有突出事迹的人物，以及历任党政主要领导简历。十卷专志外，卷首安排序言、凡例、概述和大事记，为本志总纲。序言介绍了编纂意图和写作经过；凡例既述通例，更注重本志特点；概述和大事记，从横、纵两个方面浓缩介绍1369—2015年全乡经济与社会发展的总貌；卷末附录有四方面内容：一是重要文献辑存，收录历史文献和重要文件；二是考辨，以今人之所知、所研而追本溯源；三是志余，即民间的收藏趣闻、掌故；四是限后资料辑存，存志书下限之后至付印前的重要资料。

本志的顺利完成，离不开领导的重视和支持，党委书记刘大庆、乡长方泽多次强调要举全乡之力，打造精品良志；同时离不开总纂欧阳发及安瑞龙、杨文生、甘连华、丁清光几位老师的指导。尤其是欧阳老师，虽年逾古稀仍5次从安徽亲临常营现场指导。更与区志办的悉心关怀、业务辅导密不可分。同时，修志工作还得到了区档案馆（局）、区委党史办公室、双桥农场档案室、通州区档案局、辖区内众多供稿单位以及个人的大力支持和积极配合。在志书出版过程中，得到国家图书馆出版社的悉心审改。对于以上单位和个人，值此成书之时，谨表谢忱！

编修乡志是一项系统的文化工程，能否充分发挥其存史、资政、教育等功能，还有待实践和历史的检验。编纂人员虽尽心竭力，但水平有限，加之时间跨度大，缺失错漏难免，敬祈领导、专家和广大读者赐教。

常营回族乡地方志编纂委员会办公室

2017年12月